北京大学史学丛书

简明印度通史

·上卷·

古代部分

林承节　著

社会科学文献出版社
SOCIAL SCIENCES ACADEMIC PRESS (CHINA)

《北京大学史学丛书》出版说明

《北京大学史学丛书》是2018年北京大学百廿周年校庆之际，我系在学校财政大力支持下启动出版的一套历史学研究丛书。与已经开始出版的《北京大学人文学科文库·北大中国史研究丛书》《北京大学人文学科文库·北大世界史研究丛书》《北京大学中国古代史研究中心丛刊》《未名中国史丛刊》相比，《北京大学史学丛书》选题范围更为广泛，除新撰专著外，也包括旧作增订、学术集刊、专题论文集、个人论文集等，旨在更加全面和充分地展示我系的学科建设成就。

北京大学历史学系渊源于1899年京师大学堂设立的史学堂，是全国高等教育中最早建立的史学教育机构。其学术实力在全国高校历史学院系中长期居于领先地位，在国际学术界也具有很高的声誉。近年来，随着兄弟院校历史学学科建设的不断加强，我系原有优势地位渐趋微弱，面临巨大的挑战。在未来的时间里，我们将保持和发扬前辈师长的优秀学术传统，在已有基础上继续补充力量，整合队伍，拓展研究领域，明确学术标准，树立竞争意识，创造良好的学术氛围，鼓励和保护学术创新，力争产生更多的高水平学术成果，为北京大学的“双一流”建设做出应有的贡献。《北京大学史学丛书》出版的意义，亦在于此。

本套丛书出版，得到了社会科学文献出版社的大力支持，谨致谢意。

北京大学历史学系

2019年3月

前　言

随着中国印度友好关系的增进和两国人民经济文化往来的频繁化，随着印度在亚洲和世界事务中话语权的日益加强，作为印度的近邻，中国有越来越多的读者想要了解印度，包括其历史和现状；有些对印度已经有初步了解的人希望得到更多信息，有更系统的认知。知识界对印度更是越来越有兴趣，期望从学术视角更深入一步，探索印度整个历史发展过程及各阶段的变化，从而能对今日印度社会的方方面面有更理性的认识。

的确，从研究的角度说，印度历史是非常丰富，非常有典型性，很值得深入探讨的：上古时期，印度是世界文明发源地之一。整个古代，印度灿烂的文明包括思辨领域的活跃和科学技术领域的创造发明足以使它置身世界文明前列，对世界文明的发展有很大贡献。古代世界各国历史发展的差异性很大，不仅东西方不同，就是东方国家也存在很大差别，印度作为社会结构有突出特点的东方国家类型之一，可供与其他类型国家做比较研究。近代时期，印度是世界最大殖民国家英国的最大的殖民地，英国殖民剥削的各个阶段、各种殖民政策和措施几乎都在这个世界最大的试验场试验和实行，要了解世界范围的殖民剥削和压迫对所在国造成什么影响，没有哪个国家能像印度这样提供完整的答案。印度民族独立运动同样特色鲜明，非暴力不合作道路为印度首创并取得成功（在一定条件配合下）。没有人能否认，在世界反帝反殖民主义的伟大斗争中，这种别具一格的斗争方式被不少殖民地半殖民地国家的革命者在实践中应用，甚至奉为榜样，对这些国家民族斗争的最后胜利起了重要的，有的甚至是决定性的作用。独立后的印度是一个新兴大国，在发展中国家中、在世界舞台上都占有重要地位。它是最早摆脱殖民枷锁的国家，如何清除长期殖民统治留下的创伤，如何从本国国情出发，建设一个独立繁荣富强的国家，这在世界上是没有先例可循的。它在摸索中前进，尽管困难重重，走了不少弯路，还是找到了适合本国国情的发展道路，并得以逐渐崛起，成为日益强盛的世界大国。印度历史既然具有上述这般特色，难怪学界都想了解它、深究它。研究印度历史，不仅可以使学者们更深刻地知道印度的发展由来，看懂今日印度，而且对他们扩展观察问题的历史视野，丰富对世界历史发展规律的认识和增强人文素养都大有裨益。

本书就是适应这种需要而出版的，既是出于与学界同人的学术探讨，又是为了满足广大非历史专业读者增长知识的需求。

笔者在多年从事印度史教学研究中，已就印度古代史部分、殖民地时期和独立以后的历史分别写过断代史。近年来用了一些时间对这些断代史加以补充、修订、整理，吸收国内外研究新成果，整合成这部通史。全书分为三卷，即上卷“古代部分”、中卷“殖民统治时期”和下卷“独立以后”。下卷从自治领时期写到 2004 年团结进步联盟建立政府为止。全书力求线索清晰，观点鲜明，衔接紧密，一气呵成。每卷卷首都设有绪论，把该时期历史的重点和主要特点提炼和勾画出来。

通史内容广泛，史料浩繁如海，非任何一个人所能完全把握。本书有笔者在多年研究中形成的对印度历史发展的一些看法，但必须说，在更大程度上是继承国内外学术界已取得的成果，是转述前人的成就。继承是主要的，自己的探索只是一小步，且范围狭窄。由于自己水平有限，无论在史料的收集上，在分析论证的深度上，在新信息的补充上，在叙述表达的准确性上，都一定有很多欠缺之处。笔者只望本书的出版能在现阶段填补短缺，满足需求，并望能起抛砖引玉的作用，促进我国史学界更深入地研究，早日产出更能适应读者需要的印度通史著作。

书中疏漏和错误之处，敬请读者指正。

2018 年于北京大学

目　录

绪 论

研究印度史是为了认识印度历史的真实面貌，探索其发展规律，了解其与世界其他国家历史发展的共性与特殊性，从而对它的历史发展过程有较深刻的理解和较准确的把握。

印度社会发展也经历了由低级到高级、由简单到复杂的循序的、曲折的变化过程。生产方式逐步演进，国家的形态和功能、社会的组织和结构以及人的精神面貌和生活方式也都随之发生相应的改变。这点可以被认为是它与世界各国历史发展的共性的最简约的概括。作为一个东方国家，它的国情和历史发展轨迹又有独具特色的一面，不但与西方国家相比有很大的不同，就是与其他东方国家如中国、埃及相比，也有鲜明的区别。世界历史发展的共性是应当了解的，否则在历史研究的汪洋大海中，就会方向莫辨、无所适从；不同国家发展的特殊性同样亦必须深入认识，不然，我们的认知就只能停留在粗线条地了解其轮廓上，把生动复杂的历史过程看得简单化和千篇一律。本书不过多地讨论印度与世界各国历史发展的共性一面，而是侧重探索和揭示印度历史发展的个性。

什么是印度古代发展的特殊性呢？这是本卷阐述的重点。大致上，可以用以下几点来概括（不一定全面）。

第一，印度古代社会结构是一种阶级-种姓复合型社会，就是说，构成社会基础的不仅有阶级制度，还有种姓制度，两者一起成为社会的框架。由于阶级形成之时大致上也是种姓形成之时，两者又紧密相连，所以阶级社会形成的同时也形成了种姓社会。居于统治地位的阶级（统治上层、宗教上层、奴隶主等）是高级种姓，低级种姓大致上就是那些被统治、被压迫的阶级。这样，阶级制度和种姓制度两者就交织在一起，但又是平行发展的，在功能上各有所司，相辅相成，成了特权阶层压迫全国大多数人的两大利器。阶级压迫是赤裸裸的，种姓压迫则包藏在宗教外衣下。婆罗门把种姓制度的产生归于神，把接受种姓歧视和压迫定为宗教戒规。这种戴上了宗教光环的制度对人民特别起蒙蔽作用。其实，种姓制度在禁锢人们思想、阻碍社会交往和流动、扼杀人性等方面所起的恶劣作用，比阶级压迫有过之而无不及。历史上印度下层人民的起义比较少，种姓制度的蒙蔽和约束是个重要原因。

不过，阶级制度和种姓制度虽然在大方向上一致，但在各自行使功能中也有结果不一致甚至完全相悖的时候。如高级种姓中少数人可能成为战俘，因而成为奴隶，或因生活无着沦为债奴；而出身低级种姓的冒险家可能利用战乱篡夺权力，成为统治者。在上述两种情况下，他们的种姓身份和现实阶级地位就发生了严重的背离。如何对待高级种姓奴隶？如果按阶级规则行事，就会损害高级种姓的整体形象，降低种姓制在低级种姓心目中的权威性；如果按种姓规则行事，则奴隶主就不能像对待其他奴隶那样对待高级种姓奴隶，这样，奴隶主的权威性就要受到限制。至于低种姓冒险家的篡权，承认则会有损种姓制度的威严；不承认，又怎能改变他们靠武力已经掌握权力的现实？上述两种情况解决的办法只有妥协，即掌握统治权的高级种姓从全局利益考虑，迁就现实，照顾既成事实，如规定高级种姓奴隶享受优待，在一定情况下可以免除奴隶身份，又如为低级种姓冒险家编家谱，伪造其刹帝利家世，以符合各种姓职司的规定。这样就使阶级制度和种姓制度都得到照顾，尽可能不顾此失彼。这种复合型结构对印度社会构成和历史发展带来的影响是很深刻的。印度古代阶级关系发展不充分，阶级形态不够成熟，奴隶制以使用家庭奴隶为主，强调善待奴隶等，都与此有密切关系。

第二，印度有奴隶制但并没有奴隶制社会。和世界大多数国家一样，印度在原始社会瓦解阶段出现了奴隶和奴隶制。奴隶的来源多种多样，有战俘、债务奴隶、购买和赠予的奴隶、奴隶生的子女等，这也和大多数国家一样。不同之处有二。一是奴隶用于生产劳动的不多，主要用于家内服务性工作，如仆役、侍从、歌手、舞女、奶妈等，主要集中在宫廷、权贵之家和寺院，女奴占相当大比例。二是奴隶的境遇和大多数国家相比要好些。固然，和别的国家一样，奴隶是主人的财产，受剥削，被役使，但没有史料记载主人可以杀害奴隶，没有考古材料发现奴隶被用于殉葬。当时法律规定奴隶可保有挣得的财产，且可以由子女继承。在一定条件下奴隶可以赎身，获得自由，奴隶主不得拒绝。对女奴不准侮辱虐待，否则要受到惩罚。奴隶制在印度的鼎盛期是孔雀王朝，孔雀王朝的君主阿育王提出的“达摩说”、孔雀王朝的首相考底利耶写的《政事论》，都强调要善待奴隶。甚至那时期婆罗门教学者撰写的法论也这样强调。阿育王还把这一强调刻在岩石上要人们谨记。

为什么会有这两个不同点？前面已经提到，这与印度存在种姓制度有密切关系。由于农业、手工业生产主要是由被征服民族和部落转化而来的首陀罗种姓及贱民承担，并不缺少人手，还有什么必要将大量奴隶用于生产劳动？由于沦为奴隶的也有不少高级种姓的人（主要是战俘、债奴），如果像其他国家那样残酷地对待奴隶包括高级种姓奴隶，高级种姓的权威还怎样维护？

总之，奴隶制在印度没有充分发展起来，是因为经济上没有这种客观需要，而从政治上说，统治上层为了维护种姓制度，也为了保持社会稳定，有意限制它的发展。

孔雀王朝是奴隶制社会吗？这是国内外学术界一直争议的问题。争议的焦点是，是否有大量奴隶从事生产劳动，奴隶的生产劳动是否成了占主导地位的生产关系。有些学者的回答是肯定的，认为奴隶用于生产劳动的不在少数，奴隶制的生产关系已占主导地位，并决定着小生产者的分化方向，就此认为孔雀王朝就是奴隶制社会。不过，说奴隶大量从事生产劳动，现有的材料不能证明。就生产关系来说，当时存在的生产关系有多种，奴隶制是其中之一，不占主导地位，占主导地位的是国家和农民的关系。由于国家（国王）是最高土地所有者，公社农民就是其佃农，他们之间的关系既是君王和臣民的关系，又是初始形态的租佃关系。再就奴隶制对小生产者的影响而言，小生产者分化成为雇工或佃农的居多，成为奴隶的极少。所以，说奴隶制决定着小生产者的分化方向也不符合事实。另有些学者肯定孔雀王朝为奴隶制社会用的是另外的论证方法，即认为虽然奴隶从事生产劳动的数量很少，但作为主要生产者的首陀罗种姓实际上是“集体奴隶”，相当于斯巴达的“黑劳士”。这种说法是生搬希腊的模式，忽视了印度种姓制固有的特点和种姓与奴隶的不同之处。首陀罗固然是受奴役的，但并没有失去人身自由，他们是独立的生产者，只要按规定纳税，就没有人能剥夺他们世代占有使用其份地的权利。他们的财产权是受保障的。这和奴隶的地位完全不同。如果单凭他们受奴役和处于下层就说他们是“集体奴隶”，那么，比首陀罗受奴役更重、处在更低层的贱民又算什么呢？可见这样论证也是很难说得通的。

原始社会瓦解后进入奴隶制社会，这是许多国家社会发展的共同途径。但由于客观条件不同，不是每个国家出现了奴隶制都会得到充分发展，也就是说，不是每个国家都会形成奴隶制社会。在印度，奴隶制主要采取家庭服务形态，这是发展不成熟的表现。学者们认为，判断一个社会是奴隶制社会，固然不能都要求像希腊、罗马那样奴隶在总人口中和生产劳力中占有很高比重（希腊、罗马有其特殊原因，不能作为标准），但必须有相当部分奴隶被用于生产，奴隶制的生产关系必须在社会生产中占主导地位并决定社会经济发展的方向，这个基本的条件是不能少的。如果用这样的标准来衡量，则应该承认，家庭奴隶制作为奴隶制的形式之一固然也很重要，但毕竟不属于生产领域；家庭奴隶再多，也不能决定一个社会的生产方式和社会形态。因此，结论只能是：印度的奴隶制在当时的社会生产中所起作用有限，还远没有发展到占主导地位，孔雀王朝不能被认为是奴隶制社会。

第三，印度土地国有制长期存在，对商品经济的发展起严重阻碍作用，而且影响到封建社会的形成途径及其形态。土地制度各国多有不同，印度是土地国有、多层占有、农村公社有使用权、分给农民作为份地世代使用。东方国家土地制度从公有到私有都有一个发展过程，有的国家这个过程比较短，印度却非常漫长。直到英国统治后，才在法律上确立了土地私有制。

土地私有制出现的前提是商品经济有一定发展。在印度，长期没有形成土地私有制并非因为没有商品经济有一定发展的这个前提，而是因为土地国有制一直被统治者维护以及农村公社和种姓制度的存在，阻碍了土地买卖的发展。土地买卖受阻，限制了土地资源、资金和劳力更好的配置，结果使自然经济超常强固，商品经济发展受到严重阻碍。

土地国有制的长期存在，直接影响到印度封建社会形成的途径和形态。古代社会的主要财富资源是土地。在印度，从国家出现起，土地就被宣布归国家或国王所有。统治者很早就拿土地来封赠、赏赐，作为对忠诚或贡献的奖赏。最初主要封赠给寺庙，赏赐给婆罗门和宗教学者，后来扩大到世俗封赐，再后来，发展成为普遍实行的以地代薪的官员采邑制和军事采邑制。随着土地封赐和采邑制的普遍化，国家土地上的农民大量转变为受封赐的土地占有者的私人佃农。这些占有者不但获得该土地上的税收收入，而且用非法手段加重剥削，并力图把对封地和采邑地的占有权世袭化。这样，印度社会就进入了封建社会阶段。

印度的封建主大都来自封赐和采邑制，是统治者通过行政手段培植的，通过并购、抢占和掠夺土地而成为地主者并不多，这是与东方许多别的国家不同之处。无论是宗教世俗封赠还是官员采邑的授予，无论受封赐者是奴隶主还是官员封建主、军官封建主、寺庙封建主，他们得到的都不是土地所有权，而只是使用权。即便是那些在赐地文书上被注明了可以世代相传、“与日月同光”的封赠，也必须以受封者忠于统治者为前提条件。土地被封赐只是土地税收收益权的转移，所有权仍属国家（国王），该土地上的农民仍有继续耕种权，其世袭使用权不能被任意剥夺，由国家也即土地所有者来保障。这种制度使统治者和受封赐者都得到好处：统治者可以把土地这个国家最重要资源的最终支配权保持在自己手里，从而控制受封赐者，巩固自己的统治权；受封赐者可以得到稳定的利益。对耕种土地的农民来说，由于其耕种权不会因土地封赐带来太大的影响和波动，有利于保持农村稳定。

这种占有权的转移既是通过行政手段进行，市场关系就基本被排除，这对土地买卖的流行无疑起了排斥和限制作用，加之种姓制度限制商人买卖土地，所以在古代印度土地买卖一直发展缓慢（当然，生产力低下也是重要原因）。史料所见的土地转让记载实际上大多是使用权的转让，而且即便这样的土地买卖也只是少量事例而已。

由于土地国有制一直持续，农村公社得以长期存在。而土地长期国有和农村公社长期存在，大大增强了自然经济的生命力。自然经济本来就具有惰性，改变缓慢，所有东方国家的历史都见证了这一点。印度由于上面讲到的原因，情况尤为突出。印度自然经济的最终解体是由于受到外来的英国商品的强烈冲击和殖民统治的强制改造，这个冲击和改造的过程比东方其他国家都要猛烈，但即便如此，印度自然经济也并非很快就瓦解了，它表现出的顽强的抗拒力甚至令英国殖民者也惊诧不已。

第四，印度作为多宗教国家，有古老的宗教传统，伊斯兰教在这里实行宗教同化政策行不通，只能实行多宗教和平共存政策。穆斯林进入印度前，印度存在婆罗门教（后演变为印度教）、佛教、耆那教等不同宗教，它们之间一直是和平共存与和平竞争。尽管各宗教竞争激烈，但都是用自己的宣传力、组织力去吸引信众，靠暴力把自己的信仰强加于人者极其罕见。这当然与这些宗教的教义和一贯的传播方式有关，它们都主张和平的竞争。印度古代的国家都是赞成、支持这种和平共存的，历朝历代，国家政权对宗教都实行兼容并蓄政策。即便是在婆罗门教和佛教最兴盛时，也不曾有大帝国或地区国家把某一种宗教宣布为国教，排斥、压迫其他宗教；相反，是对各宗教兼容并蓄，尽管统治者有个人的偏爱，在封赠上会有所偏重。正因如此，在很长时间，印度很少有不同宗教的信众因宗教差异而发生暴力冲突的严重事件。然而，这种状态在伊斯兰教传入印度后根本改变了。

按伊斯兰教的通常做法，他们试图把整个次大陆伊斯兰化，却发现这是不可能的。

在南亚次大陆，伊斯兰教同化不了被征服居民信仰的印度教。因为印度教作为一种宗教和文明有悠久的历史和辉煌的过往，它不但在居民意识中深深扎根，而且早已外化为一种社会结构、一种生活方式。何况印度教人口又远远多于穆斯林人口，要通过强力压服，使他们都放弃信仰、接受同化是根本做不到的。穆斯林很快认识到在这样的对手面前他们无能为力。而在印度教方面，也没有足够的力量把军事实力上比自己强的穆斯林赶走。何况在民间，一批又一批贱民为摆脱种姓制压迫而改宗伊斯兰教，成了不可阻挡的趋势，致使穆斯林人口大量增加。这样，两大宗教势力在争夺控制权的斗争中各有强项和弱势，大致形成均势，出现了谁也打不垮谁的局面。南亚次大陆的这种情况在伊斯兰的世界性扩张中是极其罕见的。

两大教派都无可回避，只能长期面对，承认共存的现实。如何共存？对政治上处于统治地位从而掌握主动权的穆斯林来说，在他们面前有两条路：要么顽固地保持武力压制态势，要么和平相处。武力压制已引起不断的反抗，印度教王公的反叛接连发生，使穆斯林政治统治的根基一再受到撼动。当在实践中终于认识到这是一条绝路时，像阿克巴这样有远见的英明的穆斯林君主出现了，放弃了原来的压制方针，采取了平等的宗教政策，主张宗教和谐。一时雨过天晴，出现了两大宗教群众和睦相处的新景象。

民间的文化交流在新的环境下有了更广泛的开展。这就表明，宗教和平相处的路不但是必需的，而且是可行的。

然而，这条路并不平坦，在伊斯兰教内部来自上层的阻力甚大。奥朗则布上台后，重新实行被阿克巴废除的宗教区别对待政策，使历史走上回头路。不过，各地接连发生的起义是人民对这种倒行逆施的回应，统一的大帝国也跟着呈现瓦解之势。奥朗则布去世后，他的后继者不敢遵循他的做法，再度回到阿克巴的政策上来。尽管回归很不到位，但至少说明，实行宗教同化政策只能碰壁，在印度，宗教和平共存是唯一可行的道路。

如果和平共存的阻挠力量仅仅来自内部，那可能只是一时风浪，持续的内部斗争总会拨云见日，使风浪转趋于平静。不幸的是，英国统治印度后，成了更严重、更可怕的宗教冲突的操纵者。英国统治者为了殖民统治的利益，利用印度宗教矛盾，实行分而治之政策，以伪装得极其巧妙的具有欺骗性的手段，在两教派间挑起冲突，结果使印度所有有远见的政治家和社会改革家付出的和平努力都化为泡影。教派冲突的火焰再次被点燃，其浓烈程度较过去有过之而无不及，最后的结果是印巴分治，为次大陆人民带来了严重的恶果。

时至今日，宗教对立的恶劣影响依然存在，不过是以另一种形态表现出来。印巴分治后，印度还留有大量穆斯林人口，实现各民族、各宗教的大团结是保证印度政治和社会生活正常运转的关键。尽管印度政府在独立后就把实行宗教平等的世俗化政策规定为国策，然而长期的教派对立和印巴分治的危害在印度教内造成了强烈的反弹，导致印度教教派主义势力不断增强。印度开国总理尼赫鲁早就指出，印度教教派主义是独立后影响印度社会安定的主要危险。印度教教派主义势力的增强有一定的群众基础，除了现实的利益冲突外，最重要的原因是群众受教派主义者欺骗宣传的蒙蔽。

印度教教派主义者说，穆斯林是外来势力，为捍卫印度本土文明，应当以印度教文明同化他们；如果不接受，就以“二等公民”对待他们。这当然是不正确的。这涉及历史观的问题，即如何看待穆斯林进入次大陆的问题。印度教教派主义者至今不愿承认穆斯林已是南亚居民的一部分，仍视他们为外来势力。他们曲解了印度本土文明的概念。什么是印度本土文明？如果说印度本土文明是指南亚最早的居民创造的文明，那么后来从外部进入次大陆的雅利安人也不属于原居民之列。如果本土文明的创造者包括后来陆续入住次大陆、以这里为家的外来迁移群体，那么，不仅应该承认雅利安人是本土文明的创造者之一，也要承认在其后不断进入次大陆定居的外来者都属于本土文明的创造者。印度古代一直发生外族入侵。雅利安人之后还有很多，其中有些入侵仅仅是为了掠夺财富，并不在这里定居，更多的是征服伴随着人口迁徙，入侵者到哪里就在哪里安家落户，逐渐成了当地居民的一部分，也带来了他们原有的文明，逐渐融入次大陆本土文明中。穆斯林征服对次大陆来说是古代外族入侵之一，伴随大规模的迁徙和外来者定居，也带来了伊斯兰文明。那么次大陆本土文明是否应该把穆斯林定居者和他们带来的文明也包括在内呢？为什么雅利安人带来和创造的文明属于次大陆本土文明，外来定居者穆斯林带来的文明就不属于呢？应该说，今日印度文明本质上是合成文明，是以雅利安文明为主体，加上原来的文明和后来不断加入的外来文明构成的，是多元的统一体。固然雅利安人创造的印度教文明对次大陆本土文明的形成和发展贡献最大，但对其他外来定居者各有特色的贡献也不可抹杀，正是这些不断加入的新的文明元素使次大陆文明成为五光十色、绚丽多彩的人类文明的亮点之一。由此可见，把次大陆文明等同于印度教文明，把次大陆本土文明的创造者仅仅局限于雅利安人，是既不符合历史事实，也不符合逻辑的。

印度教教派主义者的活动是对独立前伊斯兰教派主义造成的危害进行报复，其目的是打压在印度的穆斯林。无须说，这也是错误的，是同样有害的。

第五，印度社会构成要素的多元性极其突出，处理这个问题的唯一正确道路是实行多元统一的方针。世界上绝大多数国家社会构成的各种要素（种族、民族、语言、文字、宗教等）差不多都是多元的。有些国家即便有些要素（如种族、语言）最早的时候比较单一，但随着历史的变迁，特别是随着外族入侵、征服、迁徙，单一成分逐渐变成多元成分。有些国家多元成分经过长期的磨合，在自然的演进中，或者在政权的掌控下，逐渐形成和谐共存的框架，这就是多元统一或统一下的多元。也有些国家对这个问题处理不好，结果是冲突不断，甚至导致国家的分裂。

印度和其他国家相比，在社会多元性方面格外突出。这一则是因为次大陆远古时代就有多个种族在这里生存，如尼格罗矮黑人、原始澳语人、古代蒙古利亚人、阿尔卑斯人、达罗毗荼人等。后来，他们有的消失了，有的则繁衍后代，或多或少留存下来，成为现今某些地区居民和部落民的祖先。二则也是更重要的，即历史上外来族群进入次大陆的接连不断。在雅利安人进入印度之后，又有波斯人、希腊人、塞种人、安息人、大月氏人、白匈奴人、蒙古人、阿拉伯人、突厥人、阿富汗人等，整个古代史就是外族不断入侵的过程。这些外来者具有不同的种族、语言、文字、宗教、文化等。他们在印度定居下来，逐渐落地生根。由于次大陆土地辽阔，交通闭塞，外来者人数多的，散布各地后，在与当地原有居民逐渐接触中，相互受到影响，在不同地区，在语言、文化、宗教等各方面形成了不同特点。而人数较少的外来者，由于势力弱，通常只能到达一个局部地区，有的到达这里，有的到达那里。这样，从整个次大陆看，便形成了众多的在种族、民族、语言、文化等方面各具特色的区域。由于外来入侵是多次的，受影响地区极其广大，很多地区受到不止一个入侵者的叠加的入侵，这就造成了许多地区多种种族因素混杂在一起，形成不同的族群。由此产生了一个非常突出的现象，即印度社会各种要素的构成几乎无一不是多元的。印度被称作“种族博物馆”也就毫不奇怪了。

社会构成诸要素的多元性在东方国家并不少见，印度的突出之处在于，每一种要素在构成上都是数量多，分得很细碎。例如语言，仅印度独立后宪法列举的全印度被较多人使用的主要地区语言就有 14 种，至于使用人数较少、流行范围较小的地方语言，全国不下 1000 种。再如种姓（贾提），究竟有多少个种姓，无法说清。民族也是，其确切数量迄今也很难确定。宗教也很特别，印度教也好，佛教也好，表面看是一个宗教，其实在它们内部，部派之众、神祇之多，在世界上都是绝无仅有的。

印度的问题还在于，别的国家上述社会诸要素的构成虽然也不是单一的，但每种要素的构成成分中大都主次分明、强弱悬殊，形成了自然的主体。印度相反，有的主次不鲜明，有的虽分主次，但强弱不悬殊，自然主体的强势不突出。这就带来了很多实际问题。再以语言为例，虽然印地语是印度最大的语种，但使用人口只占全国人口三成多，也就是说全国近 2/3 的人口不说印地语，而是操各地区的地方语言。印度古代的宫廷语言是梵语或波斯语，并不为民间广泛使用。英国殖民统治时期则以英语为官方语言。全国没有一个为大多数人共同使用的语言，这在世界上也是少有的。

社会要素的构成是多元的，要使多元在统一的框架内和谐共存需要人为的努力，包括官方的和民间的。因为多元性常常伴随着这种或那种矛盾，有权势者出于维护私利的考虑会排斥、欺压弱小，而当权者会利用矛盾，扶此抑彼，挑动对立，制造冲突，以达到维护统治的目的。这样的事例举不胜举。

社会要素多元化、细碎化的应对之策只能是统治者在施政中自觉奉行多元统一或统一下多元的方针，倡导和睦，实行平等的政策，统筹兼顾，使各有所用、各得其所。这是有远见的统治者都会考虑的兴国大计。印度古代统治者虽然在认识上不一定能达到这样高的境界，但有远见的君主或者对此有一定认识的君主也是大有人在的，他们在实践中或多或少注意到兼顾多元的必要性。在宗教方面，穆斯林进入前几乎所有君主都采取兼容政策就是一个突出的例子。各宗教和平共处，社会得以保持安宁。穆斯林统治印度后，破坏了这一传统，造成社会撕裂。非常难能可贵的是，在穆斯林君主中，也出了像阿克巴这样的有远见的领导人，他认识到，实行宗教压迫、破坏社会的多元统一，对国家、对社会都是极端有害的。他果断采取了措施重建宗教和睦，带来了一个和平繁荣的时期。

英国统治时期，在利用印度的多元性制造分裂方面达到了登峰造极的地步。虽然它一再以西方平等自由思想相标榜，也做了一些实事，但为了殖民统治的私利，它不放过任何机会实行分而治之政策，印度社会要素多元化、细碎化正好为它提供了可乘之机。除利用教派矛盾外，另一做法是利用土邦制造分裂，破坏民族独立运动，阻挠印度实现真正统一。其造成的极恶劣的后果一直到印度独立后还长期存在。

独立后政权转到印度人手中。印度宪法保障公民的各种平等权利，这样，多元统一的方针就上升到国策高度，成了政府和所有公民的行为准则。语言多元问题的解决就是一个绝好的例子。英国征服和统治造成的地域割裂导致独立后各邦的行政区域与居民的语言分布极不一致，每个邦都有多种不同语言地区，有的连主次之分都不明显，给各邦的行政治理和自身发展带来很大困难。有些邦有两种主要语言，要求分别单独建邦。群众上街请愿，甚至发展成动乱。印度政府为解决这一问题，改变全国邦的划分，按语言分布建立语言邦。每个邦以一种语言为主，主要语言被定为该邦官方语言，便于各邦发展自己的文化、教育、经济。对邦内其他少数语言，也强调要重视兼顾，保障其应有的发展机会。关于全国的官方语言，原来宪法规定以印地语为国语，15 年后取消英语的官方语言地位。由于全国 2/3 的居民不讲印地语，他们担心，这样一来会对非印地语人口的升学、就业、服务带来困难，造成不公，故强烈反对，多处发生动乱。印度政府认识到问题的严重性，积极谋求解决办法，最后宣布以印地语为国语的同时，保留英语作为官方辅助语言的地位，继续在各种场合使用，直到非印地语群众认为不再需要为止。争议妥善地得到解决，这是多元统一方针灵活运用的成功范例。多元统一是平等的统一、和谐的统一，这个人们世代憧憬的目标只有在独立后才有实现的可能。

第六，印度古代在政治上合少分多，分裂时间远比统一时间长。这和中国的情况正好相反。在古代印度，为数众多的国家或王朝中，能够被称为统一或基本统一的国家或王朝，只有孔雀帝国、贵霜帝国、笈多帝国、戒日帝国、德里苏丹国和莫卧儿帝国，而且每个国家也只有少数帝王统治时期实现了统一。这些较大的统一帝国，说是统一，实际从地域上说，没有一个国家实现了半岛的完全统一，都是在其疆域外，还有或多或少的独立国家与其共存。再则，这些统一的帝国无论哪一个，其版图内其实也都不是完全的统一，都有或多或少地区处在半独立状态，如保留有半独立的王公，他们对朝廷只尽有限的义务，如朝觐、贡献、为朝廷提供军事服务等。所以，即便是统一的帝国，统一也很松散，中央集权很强的不多。上面列举的几个较大的统一国家存在的时间大多不长，最长的莫卧儿帝国三百多年，较长的笈多帝国二百多年，最短的戒日帝国只有几十年。通常两个统一王朝之间的分裂时期都比较长。最突出的是，在戒日帝国和德里苏丹国之间竟有长达五百多年的全国分裂时期。这期间，地区王国割据，相互争霸，连形式上的中央政权都不存在。这段分裂时间之长超过任何统一帝国的统一时期。

为什么会这样？这首先与印度是多种族、多语言、多宗教、多种姓的国家有密切关系。这种社会多元性好像一道道屏障阻隔了人与人之间、地区间的自然流动和相互影响，增强了自然经济的内聚力，而自然经济就通过闭塞性的地区经济表现出它的耐久力。不同的地区处在不同的种族、语言、宗教势力掌控下，又有地区性的经济以为支撑，所以很容易形成地方势力。在遇到强大的征服者时，他们可能被征服，但不过是一时的屈从，只要征服者势衰，他们就会坐地称王。其次，也与印度的地理条件以及不断遭受外族入侵有密切关系。古代印度由于海路不便，与外界交往的主要孔道是西北路线。每次外族入侵，都是把北印度核心地区原来的政治势力往东、西、南方向挤压，后者有力量的又常常把新到地区的原有势力驱赶到更远的地区，这样就形成了波浪式的推进，而每支力量都只能随遇而安，就地盘踞。一旦有了条件，就会形成不同地区大大小小的国家。而对于那些有实现统一的抱负的征服者来说，在古代那种交通和军事装备条件下，要全部征服这众多的各自为王的地区，是极其艰难的任务。最后，统一的帝国是需要一定的经济基础并有较强的财力作为支撑的。在古代印度，这些条件只是初步具备但还不成熟，统一帝国的建立靠的是个别帝王的才干和威望，靠的是使用武力，一旦这样的帝王过世，或国家的财力拮据不足以继续支撑战争，帝国就会顷刻瓦解。

合少分多的局面给印度历史发展带来了很多负面影响。它造成了地区国家间无休止的冲突，使争夺利益的战争成了永无尽头的灾祸；它束缚经济活力的发挥，妨碍全国性市场的成长，为文化交流和传播人为设置藩篱；最后，它使历史的巨流一再发生停滞，造成倒退、断裂。总之，它是动荡和灾难的化身，是历史的最大的负能量。试想，如果莫卧儿帝国的统一和强大能保持得更久，小小的英国东印度公司还能那么轻易地吞噬印度这头大象吗？

第七，印度古代发展本来较先进，到近代前夕明显落后于西方先进国家。历史不是沿直线前进的，发展速度不能始终如一，这是世界的普遍规律。有些国家是最初发展慢，而后逐渐加快；有的是一直发展缓慢，起伏不大。印度的特点是，前期发展较快，而后慢下来，并相对地越来越慢。印度的经济在4~6世纪就达到了较为繁荣的程度，无论是农业、手工业还是内外贸易，其发展水平都属于当时世界先进之列。稍晚到过印度的外国旅游者在讲到印度的状况时大都称赞印度物产的丰富和城市的繁荣，都说城市规模之大不亚于欧洲最大的城市。然而到了近代前夕，虽然表面上看，城市手工业和商业还保持繁荣，但若和同时期欧洲先进国家比，则发展速度实际上已慢下来。关键的弱点是，欧洲先进国家在生产技术和经济组织上已有突破，国家的政策力促经济发展，而印度依然是原地踏步，在老圈子里打转。德里苏丹国时期至多是农业有所发展，莫卧儿帝国阿克巴至沙贾汗时期也只有工商业有较大发展，但在生产技术、劳动组织上，在国家的经济政策上没有什么创新，若和英国、尼德兰等比，则到16~17世纪时，无论是技术发展水平、经济发展程度还是经济结构都已大大落后。此时，英国等先进国家已步入资本主义手工工场阶段，重商主义成了国家的指导思想，原始积累在加速进行，为技术创新和工业革命准备土壤。而印度依然是自然经济占统治地位，商品经济发展不充分，资本主义萌芽性质的手工工场只是沙漠中的点点绿洲。古代印度在数学、医学、天文学等领域的杰出成就享誉世界，而在进入近代时期，世界科技成就的光荣榜上很难再看到印度的身影。在思想领域，古代印度宗教哲学思想的活跃和著述的兴盛在世界上是很突出的，然而之后再无新的光彩。至于务实领域，进入近代时期，人文科学方面和政治、经济学方面几乎很难看到堪称传世之作。

东方国家中像印度这样早期先进、近代前夕落后的不止一个，中国也是其一。这种情况有多种原因。有属于共性方面的原因，如东西方封建社会结构的不同，城市作用的不同，重农思想传统的不同，上层建筑对经济基础控制力的不同等；当然也有属于个性方面的原因。就印度来说，什么是它由先进变落后的个性方面的原因呢？前面列举的印度古代史的几个突出特点不是可以提供一些重要的线索吗？国家竭力维护土地国有制，墨守成规地恪守农本主义思想，加上农村公社的长期存在，使自然经济超常牢固，商品经济发展受到严重阻碍；商业和城市受封建势力控制，城市和商人都没有西方那种自主权；种姓制度阻止社会流动和职业的自由选择，造成社会的僵化；对科学技术的漠视，对外界发展的不闻不问；国家周而复始地由统一到分裂和不停的战争造成反复的、巨大的破坏性……所有这些因素都在起作用，阻碍资源的更有效配置，阻碍人们去追求更高的效益和效率。社会越是有一定发展，要求突破束缚继续前进时，这种阻碍作用就表现得越突出，8世纪以后的印度就是这种情况。在这样沉重的桎梏下，经济怎么可能有更高的增长率？社会怎么可能有更快的进步？和当时的西方先进国家相比越来越落后就是不可避免的了。也正因此，印度可悲地成了世界殖民侵略浪潮中最早的牺牲品。

这就是古代印度，一个自身充满矛盾的印度，一个有这么多特色的印度，一个与其他国家既近似又很不同的印度。本书期望能在平实的叙述中，通过展示印度的真实发展轨迹，挖掘印度种种矛盾形成的根源和发展变化过程。

研究印度古代史也是为了更深刻地了解今日印度。今日印度的许多特点都与古代一脉相承。对古代的各种结构、传统和演变清楚了，就能更深刻地理解印度的现实，了解各种现象的历史根源。印度是正在崛起中的大国。工业化在全线推进，科技水平不少方面已进入世界先进行列，议会民主制运作正常，世俗化在曲折的道路上坚持前行。在现代化事业蒸蒸日上的同时，社会也在不断地吐故纳新，自我蜕变，新的秩序确立，过时的制度逐渐被取代，国家面貌日新月异。突出的事例很多，例如今天在联邦、人民院和邦立法院，可以看到一半以上议员席位上坐的是原来的低级种姓和贱民。原来的贱民如今可以当总统，当部长。又如在高等院校、科研机构，到处都可以见到女性的活跃身影，大量的骨干人员是女性，昔日压在妇女头上的种种陈规陋矩在法律层面上已基本被扫除。如果我们了解贱民在古代所受的是什么样的非人待遇，如果我们知道古代印度妇女遭受的是什么样的压迫，就会深刻理解这一切是多么了不起的变化，就会由衷地赞美这一变革是多么伟大，多么可敬！在看到无处不在的新变化时，人们当然也不会忽略各个领域尚存的旧事物。并不是所有旧事物、旧传统都会自动退出历史舞台，有的旧事物、旧传统变化很小，有的改变的节奏极其缓慢。其最重要的原因是人为的干扰，而这种干扰都是出自既得利益者的利益驱使，如高级种姓竭力维护自己的特权地位，宗教上层竭力维护宗教上的特权等。在我们了解古代史后就会知道，这是必然的。古往今来，特权阶层总是要千方百计维护其特权，阻挠和破坏改革。因此，我们就会深刻懂得，要继续改革就要有决心，就要排除一切障碍，持之以恒。

由于除旧布新是一场激烈的斗争，特别是涉及思想观念领域，需要时间的冲刷；也由于除旧布新需要有生产力的发展提供物质基础，要循序渐进，不可能一蹴而就，因此，当看到今日印度新事物与旧事物并存、现代性与传统并存这些极其醒目的现象时，我们就不会感到奇怪。历史就是这样走过来的，传统积淀的旧因素在许多方面与现代化的步幅紧密交织，呈现一幅反差鲜明的图画。例如工业、交通运输业追求信息化甚至智能化的高速度，农业却相对落后，很多地区还使用简陋的农具。高等教育相对先进，基础教育却十分薄弱。科技人才之多居亚洲前列，文盲人数之众也为世界之最。印度宪法明确宣布要建立世俗主义国家，却有一些教派组织明目张胆鼓吹教派主义，一有机会就制造宗教骚乱，而每次骚乱居然都有大批人一哄而起，盲信盲从，狂热地跟着打砸烧杀。印度的议会民主制正常实行，可是有些政党把本教派、本种姓的诉求列入政纲，只在本教派、本种姓中发展成员，把教派、种姓变成了争取选票的工具。

在当今发展中国家，新旧事物并存是普遍现象，但像印度这样反差如此强烈，实属罕见。只有历史能给予这种现象以合理解释。在历史的长河中，新旧事物交替本来是随时进行的自然过程。印度的不幸在于，这种交替的过程受到殖民主义者的人为干预和阻挠。殖民统治者在追逐自身利益的目标下，维护某些过时的但可以为他们服务的东西。这样就使本来应该即时消失的事物残存下来，或使整个消失的节奏变慢或发生畸变，使社会发展变得畸形。印度实现现代化的任务本来就艰难繁重，殖民统治留下的负面遗产又给它加上了更沉重的包袱。

要使除旧进行得更顺利，必须借助历史，掌握来龙去脉，才能有的放矢，切中要害。印度今日正在各个领域为实现现代化而努力。殖民主义留下的欠债要逐步清偿，更多的新事物要靠人民的辛勤劳动和智慧去创造。只有对历史的全部遗产包括传统有清醒的辨识和正确的评价，才能对现代化的各种变革有充分的思想准备和正确的态度。

最后，让我们把话题回到各国历史发展的共性上来。研究印度古代史对我们更好地理解世界古代史和整个东方古代史也是非常有好处的。世界历史是极其复杂的。人类对自己历史的认识还很肤浅，对古代的认识尤其欠缺。如果说，在欧洲上古中世纪史研究方面学界公认取得了较多成果，那么，对东方古代社会的研究就差得很远。西方资产阶级为殖民侵略服务的东方学研究，其为殖民主义服务的一面已受到觉醒的东方学者乃至世界学人的批判。同样，以西欧历史进程为模式来简单地解释东方史，削东方之足以适西方之履的做法，也越来越被东方国家学者拒绝。东方古代社会究竟是什么样子？发展的特点是什么？与西方相比有什么不同之处？为什么会有这些不同？这些特点对今日东方社会的发展有什么影响？这都是摆在东方国家史研究者面前需要回答的重大问题。再进一步说，东方国家也有不同的文化圈，这些不同文化圈的发展轨迹有同有异，例如印度与中国。如果我们不去研究其各自的特点，而是满足于站在远处宣布它们差不多，都属于不同于西方的东方类型，那就是继续犯简单化、表面化的错误。东方国家的发展各有特色，对众多的东方国家，我们一时做不到逐个细致研究，至少也要划分不同类型，选择典型，重点深入剖析。如果这种认识是合理的，那么，毋庸赘言，印度就是值得首先被挑选出来，加以解剖的典型之一。印度古代史厘清楚了，可以使我们的东方史知识丰富一大块。我们再概括东方社会发展的共同性时，就能视野更开阔，概括得更全面，更有血有肉。

第一章

古代印度综介

一　古代印度地理范围和印度名称由来

印度是南亚次大陆一个历史悠久的文明古国。在 1947 年印巴分治前，其领土包括今日的印度、巴基斯坦和孟加拉国。古代印度是指分治前的次大陆的古代时期。在大多数时间里，次大陆是分裂的，并无一个统一的国家，但在孔雀帝国、笈多帝国、德里苏丹国和莫卧儿帝国时期，基本实现了或在较大程度上实现了统一。孔雀帝国和莫卧儿帝国版图最大时，包括除半岛南端一隅外的南亚次大陆的全部，西北部的疆界甚至超出了次大陆的界线，深入今阿富汗地区，最盛时东西宽约 2500 英里，南北长约 2000 英里，总面积为 200 多万平方英里。

古代印度人并不把次大陆叫印度，而是叫婆罗多伐娑，意为婆罗多的领土。传说中婆罗多是史诗时代一个处于恒河中游的国家，因版图较大，国势较强，当时的人及后人即以其名称称呼整个南亚次大陆，说次大陆都是婆罗多的土地，居民都是婆罗多的后裔。史诗《摩诃婆罗多》和《毗湿奴往世书》都把南亚次大陆称为婆罗多伐娑。所以印度独立后梵文名字叫婆罗多。

印度一名来自印度河（梵语 Sindhu）的名称，最早是波斯人入侵印度河流域后，以印度河之名称称呼印度河流域及其以东的土地。公元前 327 年马其顿国王亚历山大入侵后，希腊人沿袭这一叫法，以后又为其他西方人袭用。英国征服印度后，把他们直接统治的地区称为英属印度。印度人也逐渐接受了这一名称。所以印度独立后，最初称为印度自治领，后正式定名为印度共和国。

我国最早知道印度是在张骞通西域的时候。《史记》《汉书》称之为“身毒”，《后汉书》《三国志·魏书》《宋书》《梁书》等称之为“天竺”“贤豆”等。唐朝时玄奘的《大唐西域记》始改译为“印度”。《大唐西域记》写道：“详夫天竺之称，异议纠纷，旧云身毒，或曰贤豆，今从正音，宜云印度。印度之人，随地称国，殊方异俗，遥举总名，语其所美，谓之印度。”①

二 地理特点及其对历史发展的影响

印度位于南亚次大陆，濒临印度洋，三面环海，北有喜马拉雅山、兴都库什山做屏障，地理上自成格局。喜马拉雅山峰峦尖峭，终年积雪，由这里与外界交通十分困难，只有蜿蜒崎岖的极少山间小道可行。在东北部，把阿萨姆和缅甸分开的山脉中有一些山峡，由这里可与外界相通，但也十分困难。只有横亘在西北边境的欣杜拉季、苏莱曼、基尔塔尔山脉有一些山口（如苏莱曼山脉的开伯尔山口、古马尔山口，基尔塔尔山脉的波伦山口等）可以通行。印度古代史上接连不断发生的外族入侵和迁入，都是从这个方向来的，经此向次大陆形成一个又一个冲击波，对印度历史发展有重大影响。但从另一方面说，这条途径很早就使次大陆与西亚、中亚紧密相连，成了次大陆与外界经济文化交流的重要通途，对印度历史发展也有积极意义。半岛的海岸线绵延5000余英里，东、西、南海岸都有港口，是次大陆与外界交往的另一重要渠道，但只是在航海业发展起来后，这种交往才变得频繁起来。（见图1-1）

印度本身按地表结构可以明显地分为四大区域：第一，北部高山区，包括东段山脉、西段山脉及它们的斜坡。第二，由印度河流域和恒河流域构成的北部平原。这块广袤的平原被拉其普他那沙漠和阿拉瓦利山脉分为两个不等的部分。沙漠以西的平原为印度河所灌溉，以东的平原受恒河及其支流滋润。两大河流使此地土壤肥沃，交通便利。印度河发源于我国冈底斯山脉西部，其上游汇合五大支流（杰卢姆河、切纳布河、拉维河、比亚斯河和萨特累季河）冲积成旁遮普（五河之意）平原后，向西南注入阿拉

① （唐）玄奘、辩机著，季羡林等校注《大唐西域记校注》卷第二，中华书局，1985，第161页。

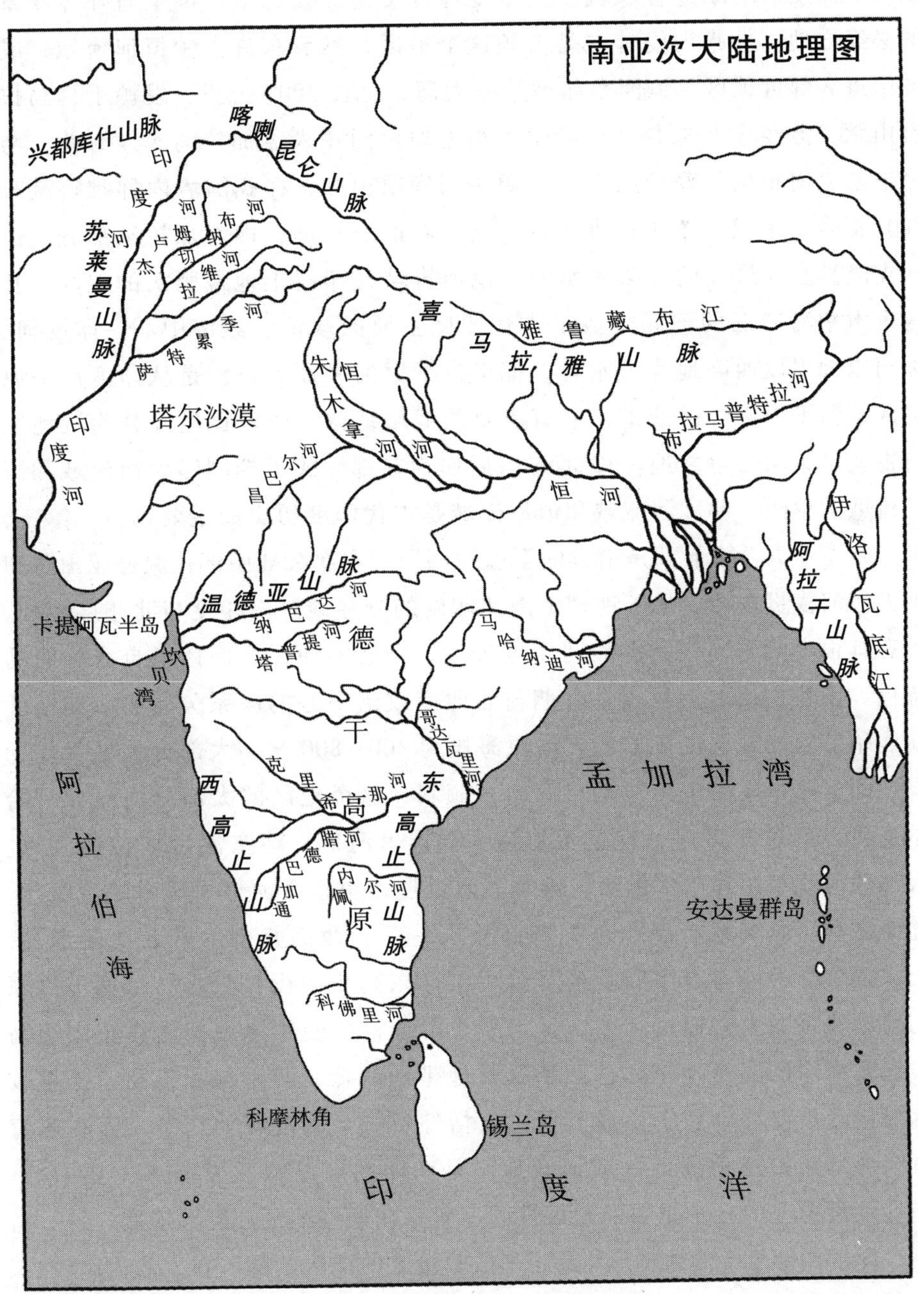

图 1-1　南亚次大陆地理图

伯海。印度河平原适合农牧，是印度远古文化的发源地，也是与外界联系的必经之地。外族入侵首先是占领这个地区，然后东进占领恒河流域，或向南进入邻近地区。恒河是印度第一大河，全长3000公里，发源于喜马拉雅山脉，流经今北方邦、比哈尔，在孟加拉国注入孟加拉湾。入海前，与另一条大河布拉马普特拉河（发源于冈底斯山脉，在我国境内称雅鲁藏布江）汇合，形成一个水道纵横、渠流密布的三角洲，即孟加拉国部分。恒河支流甚多，最大的是朱木拿河。恒河流域是印度土地最肥沃的地区，其与朱木拿河交汇的河间地成了古代印度主要的政治、经济中心。印度河、恒河以德里以西高地为分水岭，德里位于恒河平原入口，是从印度河平原进入恒河平原必经的通道，具有重要的战略地位，所以德里及其附近地区自古就是兵家必争之地。13世纪以后作为首都，成了控制印度河流域和恒河流域的枢纽。印度河流域和恒河流域是古代印度历史的主要舞台。第三，南印度德干（“德干”是南方的意思）高原。在次大陆中部，温德亚山脉和纳巴达河横贯东西，成了地理上南北印度的分界线。南印度与北印度地理、生态有很大的不同，又因离北印度较远，交通不便，故保持了自身鲜明的特色。反映在政治上是较长时期与北印度政治中心的联系欠紧密，即便处在北印帝国控制下也是如此。高原海拔为300~800米，大部分地区气候干燥，雨量稀少。由于高原是自西向东倾斜，这个地区的大部分河流如马哈纳迪河、哥达瓦里河、克里希那河、科佛里河等，均东流孟加拉湾入海。大部分河流水源靠雨水供给，雨季洪水泛滥，旱季则河道干涸，缺少航行、灌溉之利。围绕德干高原东有东高止山，西有西高止山。后者比前者高，山口不多，内地与沿海间交通受到局限。东高止山山口较多，是德干高原与海岸联系的主要通道。第四，东高止山至科罗曼德海岸和西高止山至马拉巴尔海岸的滨海地带。这两条狭长地带地势低，多系冲积土质，土壤较为肥沃。沿海港口利于商业发展，包括外贸。半岛南部的几条大河在东海岸入海形成的三角洲地区或河间地区是南印度经济文化发展的主要中心。南印度历史上的几个重要的地区性国家就是在这些地区分别形成的。

印度内部复杂的地理形势易于形成政治上的地区割据。在人口流动较少、贸易联系不足的情况下，山脉、大河常常成为政治、文化区域的自然疆界。由西北来的外族入侵的冲击波，虽人为造成人口流动，但总是进入一个地区后就停留下来，许多这样的地区自成格局，这就形成了多种族、多语言并存的局面，给全印的政治统一和经济、文化交流造成相当大的困难。

印度海岸线虽长，但天然良港有限。在西海岸和半岛南端有较多良港，便于海外贸易。这也是那些地区海上贸易开展得较早和较繁盛的一个重要原因。

由于次大陆主要处于亚热带，喜马拉雅山又挡住了北方冷空气南下，印度大部分地区终年气温较高，凉季也有10多摄氏度，暑季则平均达30摄氏度以上。西北部属山地气候，印度河平原属亚热带草原、沙漠气候，恒河流域属季风型亚热带森林气候，德干半岛的大部分属季风型热带草原气候，半岛西南部属热带雨林气候。各地降水量的分布在很大程度上依赖季风的来去。每年6~10月，由印度洋西南方向吹来季风，给大部分地区带来充沛的降水量。其他时间则天气干燥，雨量稀少。由于气温高，降水又过于集中，季风来的早晚和强弱对印度农业有相当影响。所以，人工灌溉在印度一向是非常重要的。外贸航行也同样受季风的很大影响，利用了季风之便，也受季风时间的束缚。

三　印度古代文献简介

和中国不同，印度古代留下的文献大都是宗教典籍和带有强烈宗教色彩的文学作品。在德里苏丹国时期以前，可以称作真正历史著作的文献极少。《摩奴法论》《政事论》有重要史料价值，但连其本身的年代都还不能确定。宗教典籍和文学作品多少能反映当时的社会情况，但夹杂着大量的神话，不能完全作为史料看待。直到亚历山大入侵前，印度历史发展只能知道个大概，任何一个历史事件的年代都无法确定。亚历山大入侵后，希腊人开始记载在印度的见闻。对照希腊历史，才知道印度历史事件的确切年代。直到13世纪穆斯林在印度建立王朝后，才有宫廷的编年史记载。但由于印度史上大部分时间是诸国割据，宫廷史记载范围有限，不能反映印度全貌。有些地区性国家有记载，大多数没有。所以，要把印度历史发展线索完整地描述出来十分困难。反映社会经济情况的材料尤其缺乏。这一时期外国旅游者或参学僧人对印度情况有所记载，有的有重要价值，但除少数外，大都比较零散，限于表面观察。

主要史料如下。

（一）文献材料

1. 印度教典籍与史诗

吠陀本集 吠陀意为“知识”。吠陀本集是古代印度婆罗门教最早的经典，包括《梨俱吠陀》《娑摩吠陀》《耶柔吠陀》《阿闼婆吠陀》四部。《梨俱吠陀》形成最早，成书于公元前1500~前1000年，内容为祭祀时颂神的诗歌，共10卷1028首，是四吠陀的基础。其余三部出现较晚，都形成于公元前1000年以后。《娑摩吠陀》是祭祀时唱的歌词，共1549首，大多来自《梨俱吠陀》的诗篇。《耶柔吠陀》是祭祀祷文，也有部分颂诗。《阿闼婆吠陀》是祛灾除病的咒语，也包括部分颂诗。它形成最晚，成书于公元前10~前8世纪。在早期没有文字的情况下，吠陀的内容被长期口头传诵，代代相承，最后才形成文字。吠陀文献特别是《梨俱吠陀》反映了由西北进入印度的雅利安人的征服战争、他们的部落生活和社会制度、由氏族社会向阶级社会的转化以及原始宗教和婆罗门教的形成等情况。《梨俱吠陀》是研究这段历史最主要的史料。四吠陀用的是吠陀语，每部都不可能出自一人之手，它们都是集体创作，在流传中不断增补。

《梵书》 《梵书》是用散文阐发吠陀经典的著作。每种吠陀本集都有其《梵书》，基本内容是讲述吠陀本集中提到的祭祀的起源、仪式及其意义等，形成于公元前1000年后。

《森林书》 《森林书》是《梵书》的附属部分。有多种，供森林中的隐士静诵传授使用。

《奥义书》 共有108部，有些包括在《森林书》内，有些是其补遗，也有些是独立的著作。其主要内容是关于宇宙、神、灵魂关系的哲学思索。古代印度宗教哲学思想在此开始有系统的表述。

《梵书》《森林书》《奥义书》都是用古梵语写成，形成最晚时间为公元前6世纪。这三部经典与后三部吠陀本集合称后期吠陀文献。其中《奥义书》最为重要，是研究宗教和思想史的重要史料。

《梨俱吠陀》和后期吠陀文献合称吠陀文献，这些经典被认为是神启。

经书 经书是由研究吠陀不同侧面的专门学派解释吠陀不同侧面的著作，不属于吠陀文献，被称为传承经。主要经书有六支：语音学、仪礼学、文法学、语源学、音韵学和天文学。仪礼学又分三种：所闻经、家范经和法经。法经讲宗教法的理论和规定。主要法经有《乔达摩法经》《阿跋斯檀巴法经》《波达衍那法经》等。经书是吠陀支翼，被认为是古代圣哲传下来的。成书时间为公元前6~前2世纪。这六类著作对研究古代印度法学、语言学和自然科学有一定价值，其中法经对研究古代社会经济有参考作用。

大史诗　即《摩诃婆罗多》和《罗摩衍那》。《摩诃婆罗多》主要内容的形成时间为公元前5~前4世纪，《罗摩衍那》核心内容的形成时间约在公元前3世纪。最后定型时间前者约为4世纪，后者约为3世纪（两者的初步形成和最后定型时间都有另外的种种不同说法）。据传说，前者作者是毗耶娑（广博仙人），后者作者是蚁垤仙人。实际上，他们可能都只是在成书上起了重要作用，这两部巨著均不可能出自一人之手，只可能是许多世代无名诗人共同创作的结晶。《摩诃婆罗多》有18篇，10万颂，描述公元前11~前9世纪发生在北印度婆罗多王国的俱卢族和般度族之间的战争故事。除了主故事外，还穿插了许多其他方面的内容和情节。其中的《薄伽梵歌》更是一部哲学、伦理学大全，被认为是印度教全部宗教哲学的精华。《罗摩衍那》共7篇，19000多颂，是写恒河中游十车王国家发生的宫廷阴谋和王子罗摩与妻子悉达悲欢离合的故事。两大史诗反映了雅利安人在印度的扩张和由部落联盟向国家转变时期的社会情况，特别是《摩诃婆罗多》中，穿插了大量的宗教哲学、政治、伦理内容，被称为印度古代大百科全书，对研究这一时期的社会各方面的情况有重要的参考价值。

法论　法论不是国家颁布的法律，而是婆罗门法学家制定的人的社会、宗教行为规范；有多种，包括《摩奴法论》《祭言法论》《那罗陀法论》等。其中最重要的，也是最早的一部是《摩奴法论》。它第一次系统地规定了四种姓的义务和人生四阶段的行为规范。其他法论都承认《摩奴法论》的权威，都是在它的基础上修订的产物。从《摩奴法论》中可以了解到当时社会的经济制度、种姓制度、社会生活和阶级关系等情况，具有重要的史料价值。不过该书成书年代说法不一，多数学者倾向于在公元前2世纪至2世纪之间，有的主张书中原始部分完成较早，有的则主张后续部分不晚于1世纪。至今仍不能十分确定。

往世书　又称古事记。有18部大往世书，18部小往世书。主要记载婆罗门教大神世系、王朝世系及历史。由于把历史和神话混杂在一起，真实性差，不能完全当作史料看待。成书时间一说始于1世纪，一说不早于6世纪。书中反映的北印度诸国的情况特别是 4 世纪后的王朝世系有一定的真实性，但需要对照其他史料仔细分辨真伪。

梵语文学著作 各时期文学作品包括诗歌、故事、小说、戏剧等，都或多或少是现实生活的写照，对研究该时期的社会生活和经济、文化状况具有参考价值。

2. 佛教、耆那教文献

佛陀本人未留下任何文字。他去世后，经过弟子数次结集，形成佛教经典。在公元前 3 世纪第三次结集时，最后形成三藏，即律藏、经藏、论藏。这是早期佛教的经典。最早用摩揭陀语写的经典已经失传，只有巴利文本保存下来。

第一次结集之经藏分为四部，即《长阿含经》、《中阿含经》、《增一阿含经》和《杂阿含经》。后又增加《小阿含经》。阿含意为“集”“传承”。前四部是佛陀教诲，用的是散文体，也有诗体。“长”“中”是按经文长短分别，“增一”是按数目递进排列，“杂”是按类集录。四阿含共包括 4000 多部经文。《小阿含经》包括 15 部集子，以宣传教义和介绍佛陀生平为主要内容。

大乘佛教兴起后，逐渐使用梵文撰写经典，出现了大乘派的佛教经典，如《妙法莲华经》《大般若波罗蜜多经》《瑜伽师地论》等。

佛教于 13 世纪在印度消亡，所以印度保留下来的佛教经籍远不完备。其他佛教流传国家保存了不少。我国各种版本的《大藏经》收入的汉译佛经就达 1000 多部，主要是从梵文经典译过来的，有少数译自巴利文经典。

佛教经典中，无论经藏、律藏，都包括许多带有浓厚文学色彩的经文。这是因为在宣传教义时，为了能吸引众多的中下层群众，常常采用易于为群众接受的故事、比喻等文学形式，贬恶扬善。《佛本生经》就是一个典型。《佛本生经》是《小阿含经》的一部分，记述佛前生的故事，用巴利文写成，成书于公元前 3 世纪中叶。书中汇集了关于佛的寓言、故事共 547 篇。其中大多数是就民间早已流传的故事内容改编的，文体是诗歌、散文相结合。这些故事反映了当时的社会情况和风土民情，对研究公元前 6 ~ 前 4 世纪的印度社会有重要的参考价值。不仅《小阿含经》类似的故事题材很多，《中阿含经》、《杂阿含经》及律藏中也不少。《长阿含经》《中阿含经》

还包括很多佛教与婆罗门教、耆那教论争的情况，是了解公元前 6 世纪后宗教发展史的重要资料。

耆那教经典通称“阿笈摩”或“悉檀多”，是大雄去世后 1000 年，即 5、6 世纪编纂的。使用的是半摩揭陀语。其中也包括许多故事，反映了那个时期印度的商业发展和社会状况。

3. 政论、编年史、帝王回忆录和传记

《政事论》是印度最早发现的一部少有的论述国家管理学说的著作，作者考底利耶，相传是孔雀王朝的宰相。成书时间有的学者认为在公元前 2 世纪前后，也有人认为要晚得多，并认为现存文本很可能是后人以他的原著为基础增扩而成。书中不仅探讨了统治者的职能和策略，也提出了增加国家财富的途径。从书中可以看到当时的政治经济制度、社会思想和宗教生活状况，是研究孔雀王朝的重要史料。

13 世纪以前留下的历史著作不过寥寥数种。主要有：戒日王宫廷诗人巴纳的《戒日王传》，记述了戒日王的早期活动，不过这部著作用词华丽夸张，与其说是历史著作，不如说是历史文学作品；克什米尔宫廷史家伽兰纳撰写的《诸王世系》，记述了克什米尔诸王的朝代编年史，是直到 12 世纪的古代印度著作中唯一一部通史性著作，写成于 1149~1150 年，不过 7 世纪前材料真实性差，7 世纪后的记述较为可靠；属于历史著作的还有比拉纳的《毗讫罗曼加本行》，记载了南印遮娄其国王超日王六世的生平业绩。

13 世纪穆斯林建立了对北印的统治后，引进了编写宫廷编年史的做法，印度开始有了官修正史。德里苏丹国各王朝和莫卧儿王朝宫廷都有专门的史官，也有私人编纂的史书。这些史书多用波斯语撰写，体裁有通史、断代史或专史。

德里苏丹国时期主要有：明哈杰-乌德-丁·西拉兹的《纳西尔通史》，完成于 1260 年，从穆斯林王朝在北印建立统治写起，至 1260 年止；齐亚-乌德-丁·巴兰尼的《菲鲁兹王史记》，内容是德里苏丹国前三个王朝（“奴隶王朝”、卡尔吉王朝、图格卢克王朝）的历史，写成于 1359 年；阿菲夫的《菲鲁兹王史记》，记述菲鲁兹·图格卢克统治的历史，是巴兰尼著作的续集，续写到 1388 年；菲鲁兹沙自己写的《菲鲁兹王的胜利》，记录了本朝的政绩；亚希亚·宾·阿赫默德·萨尔欣迪的《穆巴拉克王朝史》，主要记述赛义德王朝的历史，从 1414 年起到 1451 年止。

莫卧儿王朝时期主要有：（1）巴布尔本人的《回忆录》。（2）胡马雍的侍者乔哈尔写的《大事回忆录》，记述胡马雍统治的成功和挫折。（3）阿布尔·法兹尔的《阿克巴本纪》和《阿克巴则例》。前者简述了巴布尔、胡马雍统治时期和阿克巴幼年发生的事件，然后逐年记载阿克巴统治直到1539年的大事，颂扬阿克巴的伟大业绩。《阿克巴则例》是《阿克巴本纪》第3卷，单独成书。其中汇集了阿克巴颁发的各类诏令，有很多统计数据，还记载了当时天文、地理等学科成就及宗教哲学状况。阿布尔·法兹尔是阿克巴的亲信和重臣，对其政策了如指掌，又有官方文件供他使用，所以，这两部著作有很高的史料价值。不过他的叙述多少带有过分歌功颂德的色彩。关于阿克巴时期的著作还有尼扎姆·乌德·丁·阿赫默德的《阿克巴王朝通史》，系编年史体裁，记述较为准确；巴道尼的《史乘选萃》，是从伽色尼苏丹时代开始写起，直到阿克巴统治末年，其中除政治史外，土地田赋制度的材料也不少，是研究莫卧儿王朝时期土地制度的重要文献，巴道尼是宗教领袖，观点保守，对阿克巴改革持激烈的批评态度，本书完成于1595~1596年，是阿克巴、巴道尼都去世后由后人出版的。（4）关于贾汉吉尔和沙贾汗时期的著作有《贾汉吉尔的光辉业绩》，是贾汉吉尔本人的回忆录；还有穆塔马德汗写的《贾汉吉尔鼎盛大业史》，阿卜杜勒·哈米德·拉霍里写的《帕迪沙本纪》等；沙贾汗的《回忆录》也是一部出色的史料。（5）奥朗则布时期的著作有伊萨尔·达斯·纳加尔的《阿拉姆吉尔的辉煌胜利》，记述了奥朗则布在位头34年的历史；《阿拉姆吉尔本纪》，是米尔札·穆罕默德·卡齐姆奉命编纂的，时间只包括奥朗则布在位头10年；《精华录》为著名史家穆罕默德·哈希姆·哈菲汗所著，比较全面地记述了莫卧儿王朝的历史，自1519年起，至1733年止，最初得到奥朗则布鼓励，中途被制止后秘密编纂，本书对奥朗则布的政策多有揭露，是研究奥朗则布时期历史的重要材料；此外，穆罕默德·萨吉的《阿拉姆吉尔的同代俊杰》、苏简·拉伊·卡特里的《简史》等，也提供了一些有价值的材料。

（二）考古材料

考古发掘的实物材料对研究印度古代史十分重要。

印度的考古发掘始于英国殖民统治时期。19世纪初，在东印度公司对印度的全面调查中，古迹开始被注意。一系列石刻碑铭被搜集，阿旃陀、象岛的石窟也被发现。1837 年英国人詹姆士·普林塞普（孟加拉亚洲学会秘书）经过 7 年努力，认读阿育王石刻诏书上的婆罗米字体文字成功，使大量阿育王时期的铭文为人们所了解。他的努力为菲尔盖逊、坎宁汉等继承。他们认读、翻译了大量铭文，奠定了印度考古学的基础。1862 年官方采取了措施，总督坎宁任命亚历山大·坎宁汉为考古总监。后者走遍全国，调查古迹，特别是对钱币有了深入的了解。各省也做了调查。寇松任总督后，进一步促进考古发掘和研究。建立了中央考古局，吸引了一批不同国家的著名梵文学者和考古学家来印度工作。马歇尔被任命为考古局局长。开始由考古局主持在印度的发掘，一些受过训练的印度青年也参加了发掘工作。最初几年，主要是在著名的佛教圣地（如桑奇、鹿野苑等）挖掘。1912 年开始在呾叉始罗发掘古城市遗址。1913 年开始在巴特那发掘孔雀王朝都城华氏城遗址。第一次世界大战时期，政府的发掘工作中止。1917 年伦敦皇家学会资助发掘佛教那烂陀寺庙遗址，此项工作持续了 20 年。

划时代的成就是印度河流域文明的发现。这是 1921～1922 年在哈拉帕和摩亨佐-达罗发掘的成果。哈拉帕在旁遮普蒙哥马利县拉维河左岸（今属巴基斯坦），摩亨佐-达罗在信德拉尔卡纳县印度河右岸（今属巴基斯坦）。后者本是个佛教遗址，由于从中发现了一些象形文字印章，引起注意。1875 年坎宁汉在哈拉帕也发现了一枚有文字的印章。1921～1922 年开始发掘哈拉帕和摩亨佐-达罗遗址。主持发掘的马歇尔对遗址和文物进行研究后得出结论，断定它们属于迄今还不为人知的史初文明。这样，印度河流域文明就被发现。这一发现把印度文明史的开端提早了至少 1000 年。因这两地都位于印度河流域，故被命名为印度河流域文明（后又被称为“哈拉帕文明”）。马歇尔写了《摩亨佐-达罗和印度河文明》一书，介绍发掘成果，该书共 3 卷，1931 年出版。这一震撼世界的发现，对考古界是极大的鼓励，英印殖民政权开始资助在其他地区发掘。各省也成立了考古局，在本省内调查、发掘。有的土邦如迈索尔也开始了这项工作。这样，考古调查和发掘工作便在更多地区开展起来。独立后，印度和巴基斯坦都在全国进一步开展了发掘工作，发现了从旧石器时代以后各个时期的大量遗址，对印度河流域文明的了解也比以前深入多了。考古发掘出的大量文物，使学者们对印度古代史的认识前进了一大步。

遗址的发掘和文物的出土，填补了文献记载的许多空缺。如雅利安人由北印向东扩张及当时的社会经济情况从考古发现的陶器、铁器等文物的分布中可以得到很好的说明。遗址的发掘对说明城市的兴衰、佛教的起落以及艺术的发展都有特别大的帮助。

出土的文物和地面的文物中有大量铭文和钱币，对它们的研究逐渐发展成为专门的铭文学和钱币学。

铭文在全印都有发现。主要是石刻（包括石柱、石窟），也有铸在铁柱上的铭文以及铜版文书，还有陶铭、砖铭等。铭文内容有很多种类，如国王诏书、功德碑铭、捐赠土地的契约文书、家谱世系铭文和记事铭文等。铭文大规模出现是在阿育王时期，最主要的是石刻诏书。主要用两种字体。在西北印度是伽罗斯底体（驴唇体），写法从右至左。在其他地方，是婆罗米体，写法从左至右。用的语言主要是各地的俗语。贵霜帝国、笈多帝国和南印度国家铭文也都有许多出土，笈多帝国及其以后的铜版文书非常突出。大量铭文可以帮助了解王朝版图范围、征战兴衰、经济关系，有些铭文还能帮助确定历史事件的年代。捐赠土地的铜版文书是研究印度古代土地关系的珍贵史料。由于文献记载很少，只有拿铜版文书和文献材料两相对照，才能得到较准确的认识。

钱币学对研究古代王朝兴衰、领土伸缩、生产技术发展和财政状况都能起很大作用。一个帝王发行的货币的出土范围常常是他的领土范围，而货币的发行量和成色常常能较准确地反映他的朝代的商业兴衰和财政盈亏情况。已发现最早的钱币是打印钱币，时间约为公元前 7 世纪，有银、铜两种。有国家发行的，也有私人铸造的。希腊人入侵后始有铸造钱币发行，有金、银、铜三种，并开始在钱币上出现国王的名字，有的还有头像。随后侵入的塞种人、安息人发行的钱币上开始有年代出现。笈多帝国钱币的文字改用梵文。穆斯林王朝的钱币上有很长一段时期只有波斯文文字，莫卧儿王朝时始有帝王头像。钱币上国王的名字和年代还可以帮助印证历史文献的记载，确定年代，补充文献的缺漏。如希腊文献记载希腊人统治印度的国王只有四五人，但从钱币的头像看，大约有 30 个国王和王后。

（三）外国人的记载

由于印度古代留下的历史著作有限，外国使节、僧人、旅游者关于印度见闻的记述就具有特别重要的史料价值。这样的著作不少。

外国人的记载最早见于波斯统治者大流士的铭文，时间为公元前5世纪初。希腊作家希罗多德在其名著《历史》中讲到波斯人对印度西北部的征服及印度西北部的政治情况。但他未到过印度，了解的情况不多。

马其顿的亚历山大入侵后，有些随军入印的人（如海军将领尼阿卡斯等）写了印度见闻录。后来有些希腊、罗马作家根据他们的见闻录，撰写了历史地理著作。如希腊人阿里安写有《亚历山大东征史》，斯特拉波写有《地理学》等，都有重要的史料价值。亚历山大去世后，叙利亚、埃及等地的希腊统治者派到孔雀王朝的部分外交官也写了关于印度的著作。其中最重要的是塞琉古帝国常驻孔雀王朝的大使麦伽斯提尼的《印度记》。原著已失传，其片段在阿里安、斯特拉波的著作中保留下来。麦氏长期住在孔雀王朝都城华氏城，注意观察印度社会，其书的内容涉及印度经济情况、国家体制、社会等级和宫廷生活，许多材料是第一手的。因此他的记述是研究孔雀王朝时期印度的珍贵史料。希腊人阿里亚诺斯写的《进军记》，包括印度人工灌溉制度和阶级分化情况的记述。佚名作者写的《红海漫游记》记载了著者见到的印度港口的商业繁盛情况。托勒密的《地理学》包括关于印度地理的记述。普林尼的《自然史》对印度的动植物和出产产品做了介绍。

在外国人的著述中，中国人的著述占有重要位置。最突出的是东晋法显的《佛国记》、唐朝玄奘的《大唐西域记》和义净的《南海寄归内法传》。法显399~412年去印度求经时正是笈多王朝旃多罗·笈多二世统治时期。他遍游印度，也到了锡兰。回国后写成《佛国记》，记述了目睹耳闻的社会各方面的情况。这部游记对研究笈多帝国的社会，特别是土地制度、宗教、种姓等有很大帮助。玄奘629~644年访印，正值戒日王统治时期。回国后由他口授、辩机执笔写就的《大唐西域记》记载了他在印度多年的见闻和他对印度社会的认识。书中既有对印度宗教、社会、经济制度、政治和风土人情的总体论述，又有逐国的介绍，对研究戒日王时期的印度历史具有极其重要的价值。印度学者公认，玄奘的著作是研究戒日帝国的基本依据之一，如果没有《大唐西域记》，靠印度人自己留下的一鳞半爪的材料，恐怕连戒日帝国最粗略的历史轮廓都无法勾画出来（参见本卷附录一《〈大唐西域记〉对印度历史学的贡献》）。唐朝另一高僧义净 673~685 年去印，稍晚于玄奘。他写的《南海寄归内法传》记述了佛教的律仪和内部情况，又写了《大唐西域求法高僧传》，记述了唐初以后 61 位僧人去印求法的情况。这两部著作不仅为研究印度佛教史提供了重要资料，也有很多关于当时社会情况的记述。北魏道荣、宋云、慧生等僧人也写有关于印度的游记，其片段在《洛阳伽蓝记》中保留下来。

除了这些到过印度的高僧的游记外，在中国史书中，还有大量关于印度的记载。公元前 2 世纪即西汉时，中印已有外交使臣往来。唐朝时达到高潮。宋朝以后与印度某些地区性国家仍有往来。所以，中国正史中关于印度的记载，从《史记》《汉书》开始，未曾间断，几乎历朝都有记述。正史以外，还有一些官员和商人写的游记，也有一定的史料价值。其中特别重要的是郑和下西洋的随员马欢写的《瀛涯胜览》、费信写的《星槎胜览》和巩珍写的《西洋番国志》。三位作者都到过印度的一些港口城市，在其游记中都对在印度看到、听到的情况做了生动的描述。

8 世纪阿拉伯人征服信德后，开始出现阿拉伯人关于印度的记载。9 世纪中，据说一名叫苏莱曼的阿拉伯商人数次由波斯来印度和中国，著有《中国印度见闻录》。后来，一个叫阿布·赛义德·哈桑的学者以此书材料为基础，又从到过印度和中国的商人那里搜集了一些新的材料，写了续篇。1718 年，法国人优西比乌斯·勒诺多将这两个手抄本合在一起，译成法文出版。因手抄本原稿开端缺页，不知原书名和作者名，便起名叫《九世纪两位穆斯林旅行家印度及中国游记》。该书关于印度的叙述反映了 9 世纪印度的港口贸易情况，有一定的参考价值。11 世纪初，阿拉伯学者阿尔比鲁尼随伽兹尼入侵者进入印度。他在印度研究文学，观察社会，回国后，写有《访印记》，记述了印度的经济情况和社会情况，对了解穆斯林入侵前后的印度历史有很大价值。14 世纪中期，摩洛哥旅行家伊本·巴图塔在穆罕默德·图格卢克宫廷住了几年，写有《伊本·巴图塔游记》，是了解图格卢克王朝的重要史料。

13 世纪后，来印度的外国旅游者增多，有东方人，也有欧洲人。许多人写了游记。其中主要的有：《马可·波罗游记》，马可·波罗 1292 年由中国返国途中，访问了南印度，他写的游记包括在印度的见闻；15 世纪，俄国旅行家尼基丁到过南印巴曼尼国家，写有《三海环行记》；15 世纪中期，波斯人阿卜杜尔·拉扎克提任过驻南印维贾耶那伽尔国家宫廷的使臣，写有游记介绍该国情况；1520 年，意大利旅行家尼可曼·孔蒂访问印度，葡萄牙旅行家帕埃斯也访问过维贾耶那伽尔，两人都写有游记；17 世纪法国医生贝尼埃访印，住了 12 年，写有《莫卧儿帝国游记》，他去过很多地方，对沙贾汗统治时期和奥朗则布统治前期的社会情况和经济情况有较多了解，他的游记是研究莫卧儿王朝历史的重要史料。

16~17 世纪来印度的外国旅游者还有：法国浸礼会教徒塔韦尼埃，1640 年来印，写有《印度游记》；英国传教士特利，1616 年来印，写有《东印度航行记》；葡萄牙修道士曼里克，1612 年到过孟加拉，写有《旅行记》；等等。他们的记载有着不同的侧重面，大大丰富了莫卧儿王朝时期的史料。

四　印度古代史研究概况

英国在印度的殖民统治建立后，英国以及其他西方国家的学者开始用资产阶级的观点方法研究印度古代史。虽然他们是站在殖民主义立场上，目的是巩固英国的殖民统治，但在翻译、整理史料方面，在考古调查和发掘方面，在对历史的综合研究方面，他们中一些人确实做了大量的开创性工作。用近代方法研究印度古代史就是从这时开始的。

这方面的奠基人和做出较大贡献的人有威廉·琼斯、马克斯·缪勒、詹姆士·米尔、文森特·史密斯等。威廉·琼斯（1746~1794）是东印度公司加尔各答高等法院法官、语言学家。1784 年他建立了孟加拉亚洲学会，担任主席，学会办有刊物《亚洲研究》。他首先在这个刊物上发表梵文原著和译文，自己翻译了迦梨陀娑的《沙恭达罗》以及《摩奴法论》，又最先提出欧洲最早的语言很像梵语和波斯的语言，引起很大轰动，推动了公司官员研究印度历史文化。一些吠陀典籍和《薄伽梵歌》都被译成英语。这个浪潮扩展到其他管区，以及英国乃至欧洲。许多欧洲特别是英国学者对研究印度历史文化也产生了浓厚兴趣。1804 年孟买建立了亚洲学会，1823 年英国也建立了亚洲学会。于是，兴起了东方学。法国学者安奎提尔·杜帕让以波斯语翻译出版了四种《奥义书》。马克斯·缪勒（1823~1900）是最著名的早期东方学家，出生于德国，长期住在英国。他用比较语言学方法研究梵语，提出了梵语与欧洲早期语言同属印欧语系，印度人是雅利安人的一支的论断。他出版了《梨俱吠陀》的新版本，并主持编辑了50卷的“东方圣书丛书”，把重要的印度教和佛教经典都收录进来。编辑此书是为了更好地了解印度的宗教和法律，也是为了找到印度教的薄弱环节。这都是殖民统治者所需要的。深入了解印度的宗教和法律，不仅为建立殖民统治的司法、税收制度所必需，而且可以有针对性地加强基督教的宗教宣传，促进改宗。这套丛书起了很好的为殖民统治服务的作用。詹姆士·米尔是印度通史的最早撰写者之一，1817年出版了三卷本的《英属印度史》。不过他只能说是为通史搭了个框架，在这方面更前进一步的是文森特·史密斯（1848~1920）。史密斯是印度文官，在印度工作多年。他是第一个受过科班训练的通史著者，1900年退休后从事历史写作。1904年出版了《早期印度史》，1919年又写出了《牛津印度史》。后者在很长时间内，成了印度大学的历史教科书。史密斯也写了多篇关于阿育王和阿克巴的论文。E. J. 拉普森教授对印度史研究也做了许多开创性工作，他是《剑桥印度史》第1卷的编辑。

英国和欧洲其他国家的史学家重视考古文物和文献资料的对照，把印度历史研究置于比较科学的基础上，对印度史学发展所起的作用是不可低估的。但他们既然都为巩固殖民统治服务，他们的研究必然是扭曲的。所有这些著者都是站在殖民主义立场上歪曲印度历史，竭力突出其落后面，目的是要说明印度人愚昧落后和英国殖民统治的教化作用。如詹姆士·米尔在《英属印度史》中把印度历史分为印度教时期、穆斯林时期和英属时期，提到前两个时期都是野蛮的、专制的、反理性的，印度社会从一开始就停滞不前，只有英国统治才能给它提供动力，使它解冻和苏醒。他的书是英国海里伯锐学院的教科书，而这个学院是当时培养印度文官的摇篮，其所起的作用不言而喻。又如史密斯的《早期印度史》夸大希腊入侵对印度古代发展的影响，把印度社会的任何发展都说成外来影响的结果，亚历山大入侵史在该书占1/3篇幅，以此间接说明英国统治的积极作用；又过分夸大印度古代君主的残忍和专制制度的暴虐，目的是要说明印度人不适于自己管理自己，只有靠英国统治才能得到文明和进步。英国学者的著作在体系上是以总督为中心的变相的王朝史，或纯粹的政治史、制度史，研究经济史的也有，但比较少。

19 世纪后期以后，随着资产阶级民族运动的发展，印度资产阶级活动家为了重新发现印度的价值，为了提高人民的民族自尊心、自信心，也开始用资产阶级观点研究印度史，出现了一批印度学者和民族运动活动家撰写的历史著作，这就产生了民族主义史学。19 世纪在印度古代史研究方面重要的学者有巴格万拉尔·英迪拉吉、巴乌·达吉、拉金德纳拉尔·密特拉等。他们的贡献主要在编辑整理铭文方面。19 世纪末 20 世纪初，一批学者写出了历史专著或通史。如 R. G. 班达尔卡（1837~1925）1894 年出版了《早期德干史》，随后又写出了《早期印度史初探》；K. P. 贾雅斯瓦尔（1881~1937）写了《印度帝国史》、《公元 150~350 年的印度史》和《印度教政治》；R. K. 穆克尔吉写了《古代印度地方政治》《印度的根本统一》《笈多帝国》《阿育王》《戒日王》等；H. C. 莱乔杜里写有《古代印度政治史》；R. C. 马宗达主编了多卷本的《古代印度历史和文化》，还有多部印度古代史的著作，包括与阿尔提卡尔合著的《伐卡塔卡-笈多世纪》；K. A. 尼拉坎塔·夏斯特里写有《朱罗》《南印度史》，对研究南印度史做出了重要贡献；等等。这批史学著作的特点是，著者都是站在民族主义立场上，反击英国和其他西方学者对印度历史的歪曲。如贾雅斯瓦尔批评英国人过分强调和渲染印度君主专制制度，他通过研究证明了印度古代也有共和制，也有一定程度的自治存在。莱乔杜里的《古代印度政治史》在许多方面批评了史密斯的武断说法，用完全不同的观点改写了笈多帝国以前的历史。这批作者充分肯定了印度文明的成就，批驳了印度社会停滞不前的说法，论证了印度古代社会经济、政治、思想、文化等各方面的巨大发展。他们是有成就的，功不可没的。但是他们之中许多人也带有一种倾向，即美化印度古代、美化印度教的倾向。这部分是出于树立民族自尊心的愿望，要以自己古代的完美来说明印度人在管理自己的能力方面不亚于别人，从而为要求民族改良和自治提供历史依据，并鼓励印度人起来斗争；部分也是出于他们对印度文明本身的盲目崇拜和不加分析地一概肯定。他们的侧重点也并非一致。有的偏重赞美印度教，认为吠陀经典是一切知识和理性的根源，甚至说所有现代发明都可以在其中找到胚胎形式；有的着重宣扬古代社会的和谐、进步、和平、繁荣，认为笈多时代是印度历史上最理想的黄金时代；有的着意夸大古代政治思想和政治实践的成就，用以证明印度人很早就已具备民主代议制的传统；有的则把印度文明史尽量提前，以期证明印度文明是世界最古老的文明；还有的受英国史学家影响，继续采取印度史三段分期法，肯定印度教统治时期，贬低穆斯林统治时期。民族主义史学家在争取印度独立斗争中以史学作为武器之一，驳斥英国殖民统治者的诬蔑，增强印度人民的自信心，起了一定的积极作用。但他们的非历史主义的态度给印度古代史的深入研究带来了某些负面影响。

这一时期的后期和独立初期，随着国大党与穆斯林联盟矛盾的尖锐化和印巴分治口号的提出，印度古代史研究中又出现了强烈的教派主义倾向。某些印度教学者和穆斯林学者竭力用丑化对方教派统治时期、美化本教派统治时期的办法为本教派利益服务。这种教派主义倾向在印巴分治后一段时期更为严重，使古代史研究带上了新的浓厚偏见。

独立后，随着新史学派的出现，印度古代史的研究进一步深入。就印度史学界本身来说，国家独立消除了继续盲目美化古代的必要性；时间的推移、分治创痛的减弱，也使历史研究中的教派主义倾向不再能得到那么广泛的赞同；经济和政治的发展要求实事求是地认识印度国情，总结历史经验。于是，在发展、振兴社会科学的呼声中，重新研究印度古代史的任务也提上日程。加之马克思主义的传播，不少研究者运用辩证唯物主义和历史唯物主义的方法研究历史，给历史研究以新的推动。因而这一时期，在印度，对古代史的研究出现了新气象。一是突破王朝史、纯政治史的框架，社会经济研究被置于重要地位，把经济、政治、文化发展作为一个整体来探讨，已成为普遍做法；二是按社会发展形态划分历史时期的做法被部分学者采用，尽管观点不一，有的人不赞成五种形态分期法，但赞成这种把经济基础和上层建筑作为一个整体来考察的研究方法；三是不少学者提出，要清除古代史研究中的美化夸张成分，强调实事求是；四是教派主义倾向越来越受到批评。由于学者们认识程度有差别，在这几个方面，尤其是后两方面，还有一定的分歧，还有些学者在这方面或那方面坚持原来的观点，于是出现了旧派、新派之分。坚持原来观点的被称为旧派，持新主张的被称为新派。罗米拉·塔帕是新派代表之一，著有《阿育王和孔雀王朝的衰落》、《印度史》第 1 卷和《历史与偏见》等。新派对旧派的观点提出了批评，有些旧派也在逐渐改变观点，但学术思想的接近需要时间，分歧不可能很快消除，论争仍在继续。此外，学者中也出现了马克思主义学派。这派学者重视社会经济形态和阶级关系的研究，对古代史看法有独到之处，但结合印度国情的具体分析比较欠缺。如丹吉写的《从原始社会到奴隶制时期的印度》，提出印度古代同样有奴隶制社会阶段,① 多数学者认为不符合印度实际。在学术界真正有影响的是高善必。他被认为是用马克思主义研究印度史的权威，代表作是《印度史导论》《古代印度文明史纲》。他用辩证唯物主义和历史唯物主义方法解释印度古代史，不认为印度有发展的奴隶制和奴隶制社会，认为当时被剥削者主要是首陀罗，不是通常的奴隶；他也不承认东方社会不变论。② 他的观点在学术界较多地受到赞同（有些观点人们也有异议）。总的来看，真正属于马克思主义学派的人不多，更多人只是赞成马克思主义的某些研究方法，但历史观和立场仍是民族主义的。

---

① S. A. 丹吉：《从原始社会到奴隶制时期的印度》，新德里，1949，第 187 页。

② 高善必：《印度史导论》，孟买，1956，第 10~12、231、241 页。

第二章

史前史、印度河流域文明

一　史前史

学者们较普遍的看法是：迄今在南亚次大陆发现的人类活动最古老的遗迹属于旧石器时代。[①] 旧石器各阶段的遗址在次大陆西北部、中部、南部都有发现。

印度河流域北部有梭安文化（取名于印度河支流梭安河），是由大约第二间冰期就在这里生活的人类创造的。它经历了一个长期的发展过程。从打制圆石砾和一些片状、块状的石器开始，经过一段时间，学会了控制火和驯养动物帮助狩猎，并会用兽皮、树皮和树叶御寒，最后能打制较好的砾石砍斫器和用于刮削、切割的石片工具。没有人骨发现，人种不详。梭安文化的年代为 40 万年至 5 万年前。在次大陆南部，有手斧文化，其遗址在科罗曼德海和马德拉斯周围多处发现，马德拉斯最为典型。其突出特征是都有一种两面打制的手斧，主要材料是石英石，前期用石核做成，后期主要利用石片。在西印的孔坎和马拉巴尔海岸也有类似文化遗址发现。次大陆西部、中部的拉贾斯坦、古吉拉特、中央邦和东印的孟加拉、比哈尔、奥里萨也都发现了旧石器时代的遗址，有的是梭安文化和手斧文化的混合型。旧石器时代的人过着狩猎、采集和捕鱼生活，或住森林，或住河岸，游徙不定。

① 据《印度斯坦时报》2001 年 4 月 23 日报道，印度索波尔学位学院考古队在克什米尔斯利那加附近的加兰德尔村发掘出 57 件石器，有片状的、矛状的、斧状的等，系玄武石打制，其时代断定为 150 万年至 60 万年前。报道还说，有大量猛犸象化石被同时发现。

中石器时代的遗址分布得较为广泛，从俾路支到孟加拉，从西北边境到南印度都有发现。其中，古吉拉特的朗格拉杰、拉贾斯坦的巴戈尔和纳巴达河边的阿达姆加尔等遗址较为重要。这一时期的特征是制作、使用较小的石器，有刮削器、小手斧、砍刀、钻头等。主要材料是燧石。人们仍主要以狩猎、采集、捕鱼为生，但开始饲养某些牲畜。活动范围已深入远离森林、河岸的地区。其年代在 4 万年前至公元前 7000 年。

公元前 7000 年后进入新石器时代。新石器时代遗址分布更广，次大陆从北到南、从东到西许多地区都有发现。20 世纪 70 年代开始发掘的梅赫尔格尔遗址是南亚次大陆最重要的新石器时代遗址之一。它位于今巴基斯坦的俾路支斯坦，离波伦山口不远。遗址中包括个别小的农业村落，其年代据认为属公元前 7000 年至公元前 5000 年。各地发现的新石器遗址多在山坡、河谷。这时人们已经懂得农耕，比哈尔的奇兰德遗址发现有烧焦的稻壳和麦粒。能用木块、竹子摩擦取火，饲养家畜（牛、羊等）已很普遍。作为工具使用的石器已打磨得较为精细和锋利。有了陶器，并已知使用陶轮，陶器上还有绘画装饰。能纺棉、毛，织布蔽体。开始时住地穴，后逐渐用泥土和土坯在地面上建造茅屋。新石器时代著名遗址还有南印的桑加那卡鲁遗址、毗克利哈尔遗址，克什米尔的布尔札豪姆遗址，俾路支斯坦的基利·古尔-穆罕默德遗址等。有些遗址在洞壁上还可以看到描绘他们狩猎、舞蹈等生活情景的壁画。

就在这一时期的后期，也即新石器时代文化发展到一定阶段后，在俾路支中部、南部和旁遮普、信德地区，出现了较多农业小村落，形成了一个个居民点，俾路支的阿姆利遗址就是个典型。这时铜器开始被使用，但石器还是主要工具。铜器有斧、锤、凿、匕首等。在科特迪吉发现有赤陶纺锤锭盘，说明纺织有所进步。还发现了中亚产的天青石和绿宝石，表明有了商品交换。这是一种初始的金石并用文化，考古学称之为前哈拉帕文明。它意味着在次大陆，文明史的新纪元就要从这里开始了。

南亚次大陆远古时代的居民究竟是什么人，迄今学术界虽有一些看法，但并非完全清楚。特别是对旧石器时代的居民，几乎是一无所知；只是对新石器时代的居民有了大致一致的看法。这些看法是：从哈拉帕和其他地方考古发掘的遗骸中可以判断，在次大陆揭开文明史新纪元的帷幕时，次大陆有多个种族存在，有尼格罗矮黑人、原始澳语人、古代蒙古利亚人、阿尔卑斯人、达罗毗荼人。尼格罗矮黑人出现较早，可能旧石器时代已出现，也消失得较早。其他种族大概就是新石器时代文化的主要创造者。到文明史新纪元揭幕时，这些种族中达罗毗荼人势力发展较好，其他种族或被征服，或一直零散地居住在森林中及边远地区。尼格罗矮黑人今日几乎绝迹，只是在个别地区如喀拉拉邦、安达曼群岛中还可以看到他们残存的原始部落。原始澳语人是今印度中部孟达人的祖先。古代蒙古利亚人为今印度北部、东北部廓尔喀人、布提亚人和卡西人的祖先。至于达罗毗荼人，他们是今日构成印度居民的主要种族之一，最初主要居住在次大陆西北部。他们很可能就是印度文明史新纪元——印度河流域文明的创造者，在这个文明衰落和雅利安人进入次大陆后大量移居到次大陆南部。具体情况以后还会论及。

二 印度河流域文明范围、年代和起源

大约从公元前 2500 年起，印度河流域一马当先，进入金石并用时代，创造了印度历史上第一个灿烂辉煌的文明——印度河流域文明（又称哈拉帕文明[①]）。它也是世界史上值得骄傲的最古老的文明之一。

印度河流域文明是 1921～1922 年发掘哈拉帕遗址和摩亨佐-达罗遗址[②]（见图 2-2）后发现的，以前无人知晓。1930 年代发现了第三个城市遗址强胡-达罗（今巴基斯坦信德境内）。独立后，印度和巴基斯坦考古发掘发现，这个文明的范围要比印度河流域大得多。到目前为止，已知范围是：西起萨特卡金·杜尔，东至阿拉姆吉尔普尔，北起查谟，南至纳巴达河河口。总面积近 130 万平方公里，比两河流域文明、古埃及文明的范围都要大。在这片广大的地区内，发现的大小遗址已近千处，包括处于这一文明早期阶段的、成熟阶段的和晚期的，成熟阶段的较少。成熟阶段的遗址中属于城市遗址的，有七八处。最大的城市遗址是摩亨佐-达罗、哈拉帕和甘瓦里瓦拉（在巴基斯坦的旁遮普境内，尚未发掘），三处遗址占地大约都有 1 万平方公里，人口都有 30000 人左右（估计摩亨佐-达罗有 35000～40000 人，哈

---

① 对整个印度河流域文明遗址的发掘始于 1921 年对哈拉帕遗址的发掘，故有此名。哈拉帕遗址在今巴基斯坦境内，见本卷第一章。

② 摩亨佐-达罗遗址在今巴基斯坦境内，见本卷第一章。

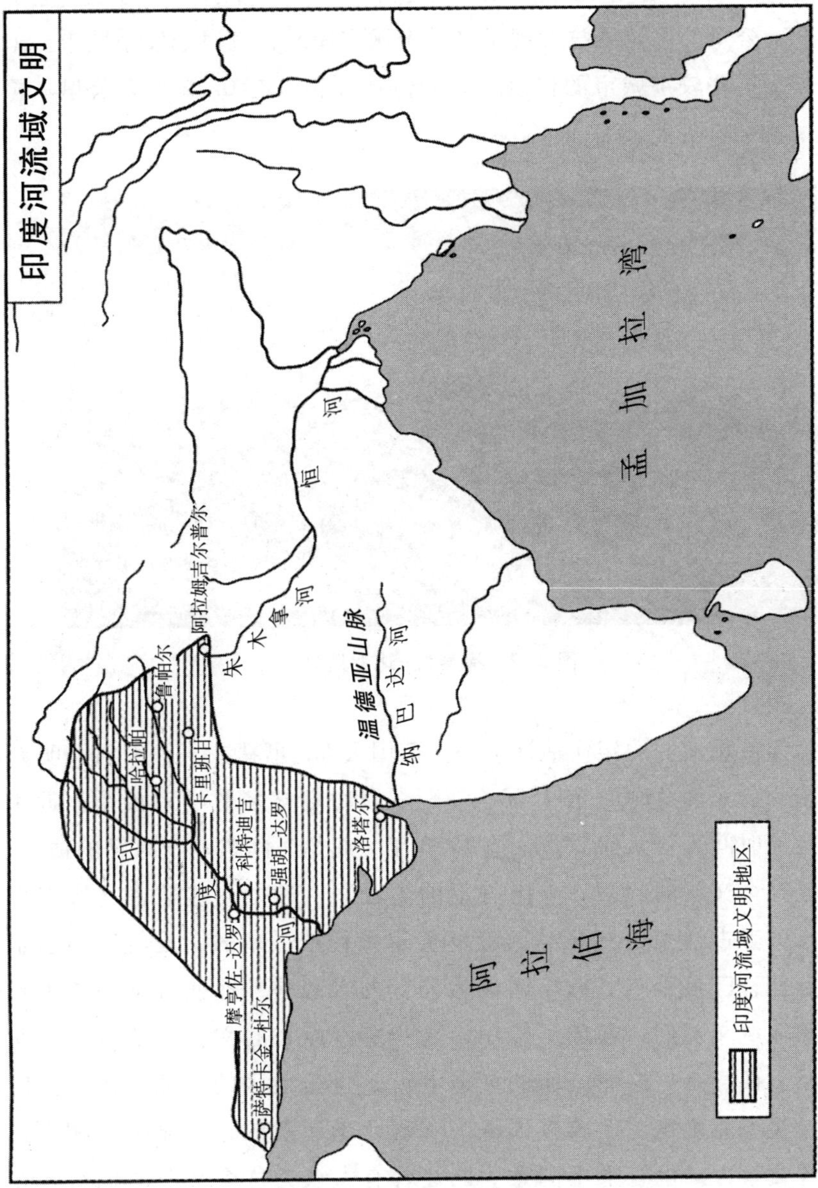

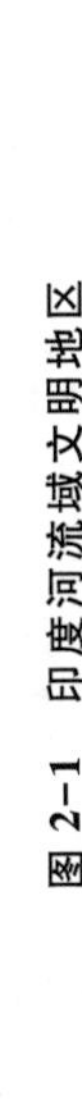

图 2-1　印度河流域文明地区

拉帕有 20000~35000 人，甘瓦里瓦拉也不会少于 35000 人）。比这三个城市小一些的城市有强胡-达罗、卡里班甘（在拉贾斯坦）、洛塔尔（在古吉拉特，是港口遗址）、巴那瓦里（在哈里亚纳），1970 年代在摩亨佐-达罗以南相距 350 公里的多拉维拉发现了又一个城市遗址，也属于较小城市。卡里班甘可作为这些较小城市的代表，它的占地面积只有 0.22 平方公里。再小些的遗址就是村落了。

图 2-2 摩亨佐-达罗遗址

印度河流域文明的年代估计不一。英国人 M. 惠勒在《印度河文明》一书中提出为公元前 2500~前 1500 年，[①] 一段时期被多数学者接受。近年来碳测确定的时间为公元前 2300~前 1750 年，起始时间略晚于惠勒的估计。

关于这个文明的起源，一向有不同的看法。过去一些学者（大多数是西方国家的考古学家）主张是西亚苏美尔人移植过来的，是美索不达米亚文明的延伸，已被否定。近年来较为公认的看法是，即使有某种外来影响对印度河流域文明的兴起起了作用，这一地区原来的文化仍是这一文明的直接先驱。换言之，这一文明的创造者就是这一地区的本地居民。他们的人种至今仍不能确定。但较多人认为和现今南印度的达罗毗荼人相近，推断为达罗毗荼人。也有人不同意。以往曾有人认为这个文明的创造者在人

---

① M. 惠勒：《印度河文明》，剑桥，1953，第 93 页。

种上属于好几种类型，有地中海人、蒙古人、原始澳大利亚人等。近年来的考古发掘发现其人种较为纯一，否定了这种说法。在哈拉帕文化的许多遗址的底层，可以看到早于哈拉帕文化的遗迹。例如在阿姆利就发现在哈拉帕文化层下有和俾路支村落文化一致的文化，已有铜器。卡里班甘、科特迪吉也发现有早于哈拉帕文化的文化。科特迪吉的叶形石箭头使人联想到同时代俾路支的石箭头。卡里班甘的彩陶使人联想到俾路支彩陶。学者们由此对这一文明的兴起提出以下推断：哈拉帕文化是由当地原来的文化直接地、逐步地发展过来的，当地原来文化与俾路支村落文化处于同一水平，它们的创造者大概是（或部分是）俾路支斯坦的居民。这些居民最初在俾路支斯坦高地的山麓和河谷建立了许多以经营农业为主的居民点，例如梅赫尔格尔新石器遗址就有农业村落。以后人口增多，需要寻求更适合农业生产的地区，就向印度河平原地区迁移（约在公元前三千纪初）。这里由于印度河泛滥，有广大的冲积平原，森林、沼泽少，更适合农耕。他们来这里后建立了新村落。又过了很多年，有的村落发展为小镇。再进一步发展，大约在公元前2300年，出现了重大的新的变化：城市文明形成，前哈拉帕文化阶段结束。这个过程中可能通过贸易受到两河流域文明的很大影响，但它主要是次大陆本身生产技术有了新的发展的结果。

三　印度河流域文明的特点

印度河流域文明以城市文明为其特征。城市以手工业制造和商业活动为主，但更广大的农村地区居民以农业为主，兼营畜牧业。印度河平原地区有灌溉之利，又由于经常洪水泛滥，带来肥沃的淤地，在当时生产工具简陋的情况下，较易耕耘，宜于种植农作物。离河道较远的半干旱地区、灌木丛和草原地区以畜牧业为主。主要种植作物是小麦、大麦，其次为棉花、胡麻、芝麻、豆类、甜瓜、芥末等。棉花大概是世界上最早种植的。洛塔尔遗址发现有稻谷，但别的地区没有发现。代马巴德遗址还发现了向日葵、扁豆。以往认为那时农业很原始，只是在河水冲积的土地上掘地撒播，就可收获，实际不是这样。考古发现除大量使用石锄、石镰外，已使用青铜制的锄、镰，虽然比较少；还有用犁耕地的痕迹，表明当时已知使用木犁或带燧石头的轻犁翻耕土地；还有一种齿耙，是用来松土的；还发现

图 2-3　出土人像

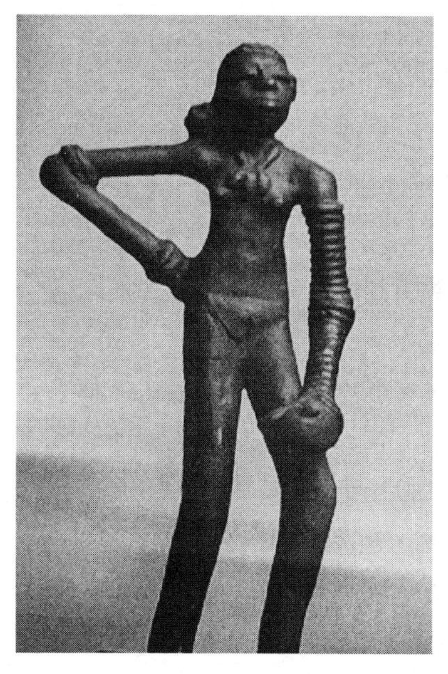

图 2-4　青铜舞女

在高地有筑坝拦水的遗迹，说明已知人工灌溉。要养活几万人的城市人口，需要有大量粮食供应，没有农业的一定发展是不可能的。从出土的赤陶像和印章中，可以看到许多家畜和野生动物的形象，表明饲养家畜已是普遍现象。家畜有驼峰牛、水牛、山羊、绵羊、猪、猫、狗、鸡、驴、骆驼等。马骨仅在多拉维拉遗址发现。牛用来耕地。驴和骆驼用来驮物，是重要的陆上交通工具。

印度河流域文明是金石并用时代的文明，铜与青铜已进入使用阶段。首先是用来制造各种工具，如斧、凿、刀、矛、箭头、锯等，用浇铸或锻锤方法制成；也发现大量铜或青铜制的用具，如镜子、灯等，以及人物和动物雕像等艺术品（见图 2-3）。著名的青铜裸体舞女小雕像造型活泼，栩栩如生（见图 2-4）。不过青铜器不如黄铜器多。青铜器是由铜和锡的合金制成，由于这两种矿物在哈拉帕文明区都得之不易，所以青铜器的使用还不是很普遍。铜产自拉贾斯坦的克特里铜矿，也从俾路支斯坦输入。锡可能来自阿富汗斯坦，在比哈尔的哈扎里巴可能存在锡矿。除青铜器外，还用其他金属制造物品，如金银首饰、念珠、垂饰等。银器较普遍，男女都喜爱首饰，有项圈、手镯、戒指、脚镯、鼻饰、耳坠等。所有这些工艺品制作得都比较精细。洛塔尔发现有金银器场、铜器场和制珠场。

大量出土的彩陶制品更是种类繁多，做工细致。有念珠、护符、印章、小容器、首饰、塑像等。还有玩具，如会点头的羊、会穿孔爬绳的猴子等。

还有骰子和梳妆用具。一般家用陶器已使用陶轮成批生产。大部分是素陶，烧制工艺很好，但造型缺乏美感。也有许多陶器是用红赭石上红釉做底儿，再涂以黑色彩饰，这可说是印度河流域文明最具代表性的陶器。图案有植物、交切圆等。

印度河流域文明中石制工具仍占重要地位，石制工具和物品也很精致。摩亨佐-达罗东北 50 里的苏克尔有石矿和石器制造场，用大块燧石制作整齐匀称的石刀片。这种石刀片几乎在哈拉帕文明所有遗址中都有发现。犁头也是燧石制作的。房屋的奠基和街道铺设用石条。水沟的盖子是用石灰石块制成的。石制物品还有雕像、念珠、印章等。除石制品外，还有玉、贝壳、象牙加工成的工艺品，如念珠、各种镶嵌物、梳子、首饰等。有个珠子上刻有三个猴子嬉戏，生动逼真。

在手工业方面最引人注目的是摩亨佐-达罗发现的棉纺织品碎片。尽管数量极少，但它说明当时人们的衣着正是由已发展起来的棉纺织手工业提供的。工艺包括轧棉、纺、织、染色，发现的大染缸证明了有染色工序存在。有的遗址发现了大量的陶纺锤，也有少数玉石的，表明搓线、纺纱已成为家庭副业。织工除织造棉织品外，还织造毛织品，同样用来缝制衣服。制砖业有较大发展，这与房屋、谷仓和排水设施大量使用泥砖和烧砖有关。石器、陶器、金银器和珠宝的制作都是重要的手工业门类。作为原材料的金银主要来自阿富汗斯坦，迈索尔也有金矿，原料宝石则来自次大陆南部和伊朗、阿富汗。

印度河流域地区的贸易有相当发展。许多地方出土的物品中有青铜刻度尺、燧石砝码、青铜或赤陶制的车船模型以及作为商品和制造者标记的印章等。陆上交通工具主要是牛车，水上是木筏船。贸易可分为三类：一是印度河流域文明地区内部的贸易。农村生产的粮食、畜产品和某些手工业原料由商人运往城市，换回农民和牧民需要的工具、食盐和手工制品。有些工艺制品需要从原料产地购买原料，在城市的作坊加工成产品后销往各地。二是与相邻的非印度河流域文明地区的贸易，这种贸易主要是购买印度河流域文明地区没有的或缺乏的各种特殊原料，如迈索尔的黄金、马哈拉施特拉的紫晶石、俾路支的铜等，向那些地区销售受欢迎的各种手工制品。三是与西亚的贸易，主要是与两河流域文明地区的贸易。这类贸易主要是满足上层社会对奢侈品的需要。印度河流域发现了美索不达米亚的波斯湾型的印章，美索不达米亚一些城市则发现了印度河流域文明的印章，证明了印度河流域与波斯湾及两河流域有海上贸易往来。索特卡科和巴拉科特遗址都距阿拉伯海不远，大概是海上贸易港口。印度河流域输出各种工艺制品，进口宝石和贵金属，如阿富汗、伊朗的白银，阿富汗的天青石，伊朗的琉璃、绿松石，以及中亚的玉石等。运输主要靠海路。坎贝湾北岸的洛塔尔发现了船坞遗址，还有大型帆船模型，这种船是海上航行用的。

没有发现货币，贸易可能是以物易物。使用的度量衡重量标准是十六进制。

城市似乎是按一定规划建立的，设计和建筑有相当水平。这是印度河流域文明的鲜明特色。从两个最大的遗址摩亨佐-达罗和哈拉帕及另外几个城市遗址看，共同的地方很突出。大致是南北向，格子形，都在河道旁，都由卫城和下城两部分组成。卫城建筑在较高的土丘之上，四周有高大的砖墙，有的还有守卫用的塔楼。卫城内有宽大的建筑群，大概是统治者和祭司的住所和会议室。有规模较大的粮仓。摩亨佐-达罗发现的大粮仓是很大的建筑物，长 45.71 米，宽 15.23 米。在哈拉帕的卫城中也发现了粮仓的遗迹。这个粮仓由 12 个大小相同的单位连接在一起构成，分为两排。每排 6 个单位，每个单位长 15.23 米，宽 6.09 米。两排单位间有一条较宽的通道。建筑的地基用泥砖铺设，有通风设置。12 个单位总共有效使用面积为 838 平方米，比摩亨佐-达罗粮仓还要大。粮仓的南面，有一些泥砖铺设的空场地，在其地面缝隙中发现了小麦、大麦残存的麦粒，显然这是供晾晒粮食使用的。在卡里班甘，也发现了粮仓。可见，粮仓在城市遗址中是非常重要的建筑物。卫城内另一种引人注目的建筑物是大浴池。摩亨佐-达罗卫城中发现的大浴池最为典型，浴池长 11.88 米，宽 7.01 米，深 2.43 米，池基用烧砖铺成，两端有砖砌台阶通到池底，池水由附近屋内一口大井引入，由池角的出水口排入下水道，池边有更衣室。据分析，这个大浴池很可能与净身的宗教仪式有关。

下城是居民区，地势较低。街道布局呈直角交叉，排列整齐。房屋是砖砌的，有烧砖，也有泥砖。有店铺、作坊，更多的是普通居民的住房。住宅的门多开在小巷，而不是街道上，人们从小巷的门进入屋中。房屋已有差别，有的窄小，有的宽大，甚至有两层楼房。从城市建筑可以清楚地看到，富人和穷人在生活上已有明显的差别。大院子都有自己的水井，穷人住处有共用水井。废水都排入街道两边的排水道，再进入地下管道，整个城市有配套整齐的下水道。下水道贯通每条街道，是用砖或石板砌成的，上面有砖或石板覆盖，在检查和维修时可以方便地掀开。这种良好的排水系统是两河流域文明和尼罗河文明所没有的，是印度河流域文明的首创。

值得注意的是，上述摩亨佐-达罗和哈拉帕城市的规划和布局，在印度河流域文明区域内的较小城市几乎都可以看到它的缩小版。在所有较小的城市，甚至海岸边的小城洛塔尔，也都有卫城和下城之分。道路也都是直角交叉，居民区呈格子形，有较好的排水系统，而且所有砌墙和盖房用的砖，无论是烧砖还是泥砖，其长、宽、高的比例，都和摩亨佐-达罗、哈拉帕一样，为4∶2∶1。城市布局何以如此相似，这一直是学者们想解而迄今未解开的谜。

当时流行土葬，已发掘的某些墓葬证明了这点。墓穴是砖室形式。有的尸体戴有许多金银饰品，显然是富人；穷人则只有铜首饰、贝壳的和陶制的首饰。

印度河流域文明出土的印章有数千枚，多数有铭文和图像（见图2-5）。迄今这种有文字的文物已发现约2500件，不仅在城市大量出土，还分布在边远地区的村镇和沿海货栈。文字符号加在一起约500个，为象形文字，书写多为由右而左。在印章上，有的只有一个字，最多的有20个字。至于印章上的图案，主要是动物形象，独角兽最多，次为公牛，此外有象、山羊、犀牛等。关于印章的用途，由于许多印章盖在商品上，学者判断很可能是商品的所有者用来作为自己财产的标志。长期以来，许多学者做了各种努力去解读这些文字符号，有的试图证明这种文字和原始达罗毗荼语有关，有的说与梵文有关，也有的说与美索不达米亚人的语言有关。可惜到目前为止，尽管提出了多种说法，但没有一种能真正解读，让人接受。这就使许多问题包括这个文明的真正创造者是谁，仍处在五里雾中。

印度河流域文明居民的宗教情况，现有的发掘材料只能提供一些推测的线索。除了大浴池被认为可能与宗教有关外，出土的许多印章、赤陶塑像、石雕像、护身符等很可能都与宗教有关。从这些图像看，当时似乎崇拜许多神，其中最突出的是许多印章上出现的一个头上有双角，呈瑜伽坐式，周围有象、虎、犀牛、水牛、鹿等动物的神，它和后来印度教湿婆神的形象很接近。印章上也有女人像，似乎是女神崇拜。如有个图像是从一

图 2-5 印章

个女人肚子里长出一棵植物，很可能是崇拜象征丰产的大地女神。还有的图像表明崇拜男女生殖器，崇拜某些动植物如象、驼峰牛、老虎、菩提树等。但没有庙宇发现。从上述情况判断，人们当时崇拜各种偶像，这是自然崇拜，还没有形成真正的宗教。

从印度河流域文明达到的社会发展程度看，穷富有明显区别，显然已进入阶级社会，有了早期的国家。那么，当时的阶级关系、国家性质是什么样的？

从现有的考古发掘结果看，没有发现宫殿遗址，也没有发现大型墓葬，说明阶级分化似乎还不是非常强烈，既不像是形成了专制王权，也不像社会财富过度集中到少数人手中。

这一广阔地区是一个统一的国家吗？从各个遗址出土的文物看，它们在许多方面有惊人的一致性：同样的工艺水平和风格，同样的印章文字，同样的度量衡，同样的城市设计。这就使提出这一疑问不是空穴来风。经济文化上的同一性通常是由政治统一来保证的。如果是这样，那么，在这么辽阔的地域里（摩亨佐-达罗和哈拉帕两大遗址相距 400 多公里，边远遗址相距更远），统一的国家是通过什么样的机制有效地实行管理的？从现有的出土文物和遗址中看不到有任何这样的管理机制存在的迹象。

一切都在云里雾里，只有解读了令人迄今不明究竟的文字，才能指望得到答案。

学者们现在的推测多倾向于认为，存在一批小国的可能性更大，这些国家由于联系密切而形成了经济文化的同一性。它们在行政上可能有某种联系体制，类似邦联性质。这些国家的统治者可能是一些寡头，他们由最有实力的部落或家族首领和富足的、有影响的大商人构成。政体可能是寡头政治。

四　印度河流域文明的衰落

印度河流域文明存在约600年，大约在公元前1750年，这一文明衰落了；只有在洛塔尔，这个文明持续到公元前1000年才终结。衰落原因迄今仍然是个谜。只知道城市遭到破坏，商业停顿，手工业衰败，人口流散。从发掘的遗址看，在摩亨佐-达罗遗址最后几层有一些散乱的骸骨，像是发生过屠杀。在哈拉帕，卫城的顶层也似乎有动乱迹象。新的陶器式样的墓葬（瓮埋）在哈拉帕出现，H墓地很典型。以往学者多据此推论说，发生了外族入侵，并说可能是雅利安人的入侵，毁坏了这里的文明。但是，雅利安人入侵在时间上要晚数百年，况且各地终结的情况也很不同，多数遗址并没有发现类似摩亨佐-达罗那样的骸骨，看不到战乱迹象。所以近年来多数学者否定了这种说法，特别是否定了雅利安人入侵说。

近年来的新看法认为，这一文明的衰落可能是多种原因综合的结果。其中，生态环境的改变是首要因素。有人提出可能是印度河发生了河道大改变，截断了农业所依赖的水源，造成严重干旱，导致城市居民断粮和农村居民拥入城市，形成动乱；有人提出可能是印度河洪水泛滥，淹没沿岸城市，造成饥荒和难民外逃。考古发现，哈拉帕城被水淹过，摩亨佐-达罗不止一次被淹，强胡-达罗也曾两次被淹没。也有人提出，沿海城市的毁灭可能与海岸线的后退有关。还有人认为，可能是气候变得异常干燥，使土地没有收成，或因烧砖大量砍伐树木造成植被破坏。总之，多数学者倾向认为，自然条件的改变在不同地区以不同形式破坏了生态平衡，使这里人们的生存发生严重危机。也有人认为，自然灾害、外族入侵两种因素同时起作用。在摩亨佐-达罗、哈拉帕等城市外族入侵比较明显，自然灾害引起的灾难便利了入侵。不过入侵者不是雅利安人，而是西部近邻俾路支斯坦、伊朗的落后部落；另一些城市和广大乡村，则是毁于自然灾害。其居民为了获得一条生路，只得向东、向南迁移。当然，这些都是猜测，很难定论。

印度河流域文明衰落了，但对后来印度文化的发展却有很大影响。它的许多成就通过后来文化的继承而流传下来。如农作物的各种品种、家禽家畜的绝大多数品种、纺织工艺和许多手工制造工艺都留传下来。像有盖篷结构的二轮运货牛车的样式，直到近代也没有多大变化。印度河流域文明的居民对首饰等装饰品的喜爱，影响到后来印度人的社会生活。印度河流域文明的宗教的某些因素，如女神崇拜、类似湿婆神的崇拜、生殖器崇拜等都被婆罗门教吸收。印度河流域文明的成果没有因这个文明的毁灭而泯灭，它是印度文明史的起点，其流传下来的因素，构成了后来的印度文化的渊源之一。

印度河流域文明是世界最古老的文明之一，它的居民所表现出的伟大创造性不仅在印度，而且在世界文明史上都占有光荣的地位。

印度河流域文明衰落后，次大陆又回到史前时代。分布在各地的居民点，有些属于早期金石并用文化阶段，大多数还处于新石器时代的前期和中期。就前一部分来说，它们中有些是受了印度河流域文明的影响，或多或少继承了其遗产。

在印度河流域文明遗址哈拉帕、阿姆利等废墟上或附近，出现了一种新文化。有新的陶器式样出现，其遗址特征是黑灰陶，比较粗糙。这种文化是村落形式，以强胡-达罗附近的朱卡尔遗址命名为朱卡尔文化，时间约为公元前 1500 年。在强胡-达罗，哈拉帕文化上层也出现了相当于朱卡尔文化的文化。哈拉帕遗址中的 H 墓地的陶器类似朱卡尔的陶器，瓮花边有孔雀、公牛、菩提树叶的图案，还有人像。这种文化与哈拉帕文化相连接，其创造者可能是从西北方相邻部落来的人，也可能有最早进入这一地区的雅利安人。在洛塔尔，原哈拉帕文化上层发现一种红色磨光陶器。与哈拉帕的陶器不同，学者们推测，从工艺的进步看，很可能是流散到古吉拉特的原印度河流域居民创造的。在印度河-恒河分水界地区，发现赭色彩陶，其与哈拉帕文明的陶器在工艺上有某些相似之处，地理分布上也颇为相近，故学者们称之为晚期哈拉帕文化。在萨特累季河和朱木拿河分水界地区，出现了灰色彩陶。学者们认为，它把两种传统结合在一起，一是比哈拉帕文明更早的锡斯瓦尔文化的特点，一是哈拉帕的陶器制作工艺。在原印度河流域文明地区最南端的代马巴德，发现在哈拉帕文化遗址上，又出现了几个相互连接的金石并用文化，即布富-克利姆文化、马尔瓦文化和乔尔维文化。乔尔维文化有大量陶窑，建造细致，有匀称的排气孔，还铺有一层砾石，以控制窑内温度。这也是后哈拉帕文化的一种。

在次大陆其他地方，原来的新石器文化继续发展。纳达陀利、尼瓦沙、纳西克等地的发掘表明，马尔华、马哈拉施特拉许多居民点已进入早期金石并用文化阶段。居民经营农业，饲养家畜，有少量铜器，工具依然以石器为主，制造陶器已使用陶轮。

南印度、东印度的金石并用文化是独立发展的。在恒河-朱木拿河流域有铜窑文化，可能是孟达部落创造的。北比哈尔有以黑红陶器为主的文化，也为当地居民创造。南印度存在巨石文化，在埋葬方式上与北印很不相同。其创造者为南印原来居民，没有受北方文化的影响。

总之，这一时期各个文化创造群体种族不同，起源和水平不一，都继续在原有基础上发展。有些是独立发展的，与哈拉帕文明没有关系；有些文化或多或少受到印度河流域文明的影响，或继承了它的部分遗产。但它们在水平上都比印度河流域文明低得多，都不是城市文明，而是村落文化，都只是处在由游牧业向定居农业转变阶段，其社会组织都依然停留在以氏族和部落为基础的阶段。有些文明虽然进入了金石并用阶段，但只是初始，只有黄铜器，还不像哈拉帕文明那样懂得制造和使用更坚硬的青铜器。

第三章
雅利安人进入印度

一　雅利安人占领印度河、恒河流域

大约从公元前 15 世纪开始，雅利安人从西北方分批地陆续进入次大陆，并在这里定居下来，成了后来印度人的主体。雅利安意为高贵的人。这个词出现于吠陀经典，是他们的自称。雅利安人并非一个种族，过去欧洲学者把他们视作一个种族的观点已被否定。他们可能有不同的部落起源，并经历了多次部落的分化与融合，共同点是都属印欧语系。他们中的一部分在比公元前 15 世纪更早的时候就离开了南俄、中亚一带印欧草原，来到伊朗。经过一段时期后，在伊朗的雅利安人中的一部分经阿富汗陆续进入南亚次大陆西北部。这一部分人逐渐形成自己的语言即吠陀语。这一部分人在历史上就被称为印度雅利安人。

雅利安人大约是在数百年的时间内分批来南亚次大陆的。他们来这里后早期的历史在吠陀文献中有较多反映，考古发掘也发现了属于他们的许多文化遗址。从这些文献和遗址中可以看出雅利安人由氏族社会向阶级社会过渡和形成国家的情况。这段时期史称吠陀时代，时间是公元前 15 ~ 前 6 世纪，其中，梨俱吠陀时期为早期吠陀时期（公元前 15 世纪 ~ 前 1000 年左右），以后为晚期吠陀时期（公元前 1000 年左右 ~ 前 6 世纪）。

雅利安人首先占领印度河上游的五河流域。① 在这里遇到原居民的激烈抵抗。这些原居民可能是后期哈拉帕文明的幸存者或者是哈拉帕文明衰落

---

① 印度河的五条支流，即杰卢姆河、切纳布河、拉维河、比亚斯河和萨特累季河。五条河都流经旁遮普，旁遮普即由此得名（意为五条河流域）。

后的居民，他们被雅利安人称作达萨或达休（意为敌人）。吠陀文献说，达萨是黑皮肤，说邪恶语言，扁平鼻子，不事献祭。学者多推断是达罗毗荼人。身材高大的雅利安人善于骑马和驾驭马拉战车冲锋陷阵，战胜了装备比自己低劣的原来居民。这在《梨俱吠陀》里反映为雅利安人的战神因陀罗经常施展霹雳般的威力，搜集敌人的首级踩在脚下，或摧毁城堡，夷平敌人的住地，他因而被称为“城堡的摧毁者”。这些原居民或被杀戮，或被赶走，或被奴役而变成了奴隶。所以达萨以后又转意为奴隶。被征服的居民中，也有少数肤色和雅利安人相同的，可能是更早进入次大陆定居下来的外来人。这些人也成为被奴役者，其中的战俘变成奴隶，也被叫作达萨。

当进入次大陆时，雅利安人还处在部落社会末期，以畜牧业为生。母牛受到珍视，被认为是最重要的财富，有些战争就是为争夺或劫掠母牛而战。占领印度河流域后，开始时他们没有改变游牧生活，后来在与当地居民的接触中受到影响，逐渐吸收当地先进文化，学会农业生产，懂得利用河水灌溉土地。这样，就逐渐从游牧生活转变为定居生活。农作物和饲养的家畜与哈拉帕文明基本一样，不同的是马被雅利安人带来，量比较多。住房很简陋，或者是有屋顶的半地下室，或者是半圆形、圆形的泥屋子，墙壁用泥砖垒砌，没有烧砖。衣着原以毛织品为主，后学会了植棉织布。手工业开始脱离畜牧业、农业而成为单独部门，《梨俱吠陀》中讲到有木匠、陶匠、瓦匠、皮匠、纺织工、造车工等专业手工业者。制陶业有了发展。考古发掘在旁遮普、东北拉贾斯坦发现一种彩绘灰陶，时间为公元前12~前9世纪，可能是雅利安人在吸收当地居民制陶技术后创造的。最近在哈里亚纳邦的巴格万普拉和旁遮普邦的三个地点的发掘中也发现了这种彩绘灰陶，时间测定为公元前1600~前1000年，再次表明这可能就是《梨俱吠陀》时期雅利安人创造的。巴格万普拉遗址还发现一座有13个房间的大泥屋，可能是一个大家庭的住房，也可能是部落首领的房屋，或者属于使用奴隶的氏族上层。巴基斯坦在斯瓦特发掘，发现属于公元前9~前8世纪的墓葬有灰色、红色陶器，据研究也是雅利安人一支的创造。铜器和青铜器逐渐被使用。有商人从事贸易，交换是以物易物，也常常以牛作为等价物。没有城市，只有村落。运输靠牛车、马车。从《梨俱吠陀》中也可知道，雅利安人喜爱音乐、饮酒、掷骰子和战车比赛，也喜爱首饰等装饰品，表明已与当地文化逐渐融合。雅利安人的社会组织形式是部落-氏族-家庭结构，实行一夫一妻制，男子在家庭和社会中都占支配地位，不过女子并不受歧视。氏族社会已逐渐解体，耕畜已私有，土地属氏族公社，但由各户占有使用，定期重新分配。奴隶属私人财产，可赏赐、赠送。《梨俱吠陀》中讲到有个僧侣从部落首领那里得到大量金银赏赐，还得到10车少女奴隶。又讲到有人以大量羊、驴和达萨作为对部落首领的奉献。奴隶主要被用于家庭服务，很少用于农业和手工业生产。

随着人口的增长，公元前12～前11世纪，雅利安人逐渐向恒河流域首先是恒河上游和恒河-朱木拿河河间地扩展。考古发现朱木拿河上游及恒河上、中游有彩绘灰陶文化，其遗址的分布由西向东伸延，反映了雅利安人逐步东进。那时恒河中下游许多地区被森林覆盖，气候潮湿，沼泽遍布，顺河而下很难通行。他们只能沿喜马拉雅山脚高地或朱木拿河南岸和恒河以南靠近温德亚山脉的地带向恒河中下游逐渐移动。这是一个比较长的过程。这里的原居民除达罗毗荼人外，还有属于澳-亚语系的孟达人，他们有的被征服，有的被赶到森林地区。雅利安人又吸收了恒河流域的地方文化，最突出的是学会了种水稻以及吸纳了当地某些宗教因素。

在恒河流域，生产力有了新的发展，开始使用铁器。《梨俱吠陀》没有提到铁，只提到Ayas，至于是铜还是铁，不明。《耶柔吠陀》《阿闼婆吠陀》提到了铁，称为黑铜。考古发掘最早发现铁的地点是今北方邦的阿特兰吉凯拉。与彩绘灰陶一起有铁器出土。据碳14测定时间为公元前1025±110年。德里以东河间地带发现了史诗中一个雅利安人部落的都城哈斯提那普拉遗址。在彩绘灰陶文化层上发现有铁制武器和工具，时间在公元前600年左右。在阿拉姆吉尔普尔、考沙姆比等地的发现，也说明约公元前1000年后已使用铁器。铁器是适应开发森林和开垦荒地的需要而出现的，是生产力的革命性的变革。铁器比铜器、石器都坚硬，有了铁制的斧头、犁头、箭头、矛头和刀剑，对开发恒河流域起到了重大作用。恒河北岸的森林以前是靠火烧开路，《梵书》记载说，火神引路，一路向东，遇到大河方停。有了铁器后，林木可以砍伐而不必完全烧毁，这对维护森林资源是有积极意义的。铁犁出现后，土地可以深耕，提高了农业生产效率。《百道梵书》讲到与犁田有关的仪式时提到用六头、八头、十二头、二十四头牛犁地。牛也更珍贵了。母牛逐渐被神化，雅利安人此时仍然食牛肉，但杀母牛的事渐渐少了。也正是在恒河流域，因雨水充足，灌溉便利，水稻成了主要种植作物。棉花、甘蔗的种植也增加了。水稻和这些作物对灌溉要求较高，推动了小型水利设施的兴修和使用，如修建小水渠、挖掘蓄水池、在小河上修建拦水坝等。《阿闼婆吠陀》中记述了把河水引进新渠道的仪式。水田农业的管理比旱地的粗放耕作复杂得多，需要更多的劳力，这一时期农业使用雇工和奴隶的记载较前增多。

手工业也有了进一步的发展。工匠种类中又增加了铁匠、编织工、刺绣工、染工等，表明出现了新的手工业部门。棉纺织业发展起来，专业织工增多。玻璃制造开始出现。当然，规模最大的手工业部门还是制陶业和冶铜业。恒河中游发现了北方黑色涂釉彩陶，其制作远比彩绘灰陶精细，属公元前6~前4世纪，是雅利安人文化与地方文化融合后的文化，从旁遮普到恒河下游都有发现。

商业的发展更为突出。地方贸易主要商品是盐、金属，形成了一定的商业路线。另一种是与西亚间的贸易，陆上通道的枢纽是呾叉始罗。还有海路贸易。除实物交换外，已发现用贵金属（金块）作媒介。在生产发展的基础上，开始出现少量城镇。它们既是政治中心，又是商业中心，但规模都很小，不能和摩亨佐-达罗、哈拉帕相比。

这时，雅利安人的氏族社会进一步解体，逐渐向形成阶级社会发展。部落还保留，但在部落中基层组织已不是氏族公社，而是农村公社（村社）。它由许多父系大家庭组成。土地由各家庭长期占有、使用。每个部落都包括许多这样的村社。部落首领大多数由选举产生，部落还有长老会议和全体成员会议，部落首领的权力要受这两个机构的制约。由于战争频繁，奴隶增多，部落首领、村社首领在战争中可以得到大量奴隶，一些上层也能得到赏赐，这样，奴隶拥有者的范围就逐渐扩大。

吠陀时期还没有形成文字。吠陀内容是口口相传的。雅利安人说的吠陀语逐渐发展为梵语，公元前7~前6世纪形成梵文，用婆罗米字体书写。与此同时，雅利安人在各地吸收当地土著语言，形成了有别于梵语的俗语，成为民间语言。不同地区有不同的俗语，一般也都用婆罗米字体书写。

二　国家的形成

随着生产的发展，为掠夺财富而进行的战争越来越频繁。除征服当地土著的战争外，雅利安人各部落之间的战争也开始了。某些部落力量越来越发展，占地越来越多。相传婆罗多部落在北印势力最强大。为了战胜对方，部落间常常结成联盟。实力最强的部落首领常举行马祭以显示力量，震慑四方。马祭是放出一匹白马，任其自由自在地游荡，由专门养马者跟随。马所到之地都被视为征服领土，不接受者即对其讨伐。年底收回马，宰杀献祭，以示庆祝。《梨俱吠陀》中描写了10个部落联合起来对婆罗多部落的一场大战。婆罗多部落位于萨拉斯瓦底（印度河古代支流之一）和朱木拿河之间，威震北印。参加反对它的联盟的有普鲁、雅都等雅利安人部落，还有三个非雅利安人部落。结果还是被婆罗多部落首领修达斯击败。史诗《摩诃婆罗多》描写了另一次规模很大的战争。这次是婆罗多族内部两个支系——俱卢族和般度族间进行的争夺王位的战争，北印度几乎所有部落都分别参加到两方，结果般度族获得胜利。这次战争的时间大约是公元前9世纪，其记述的真实性还有待考古发掘证明。另一史诗《罗摩衍那》描写的故事，多少反映了北印农耕部落与南印狩猎、采集部落的冲突。

经济发展和越来越多的战争造成了以下结果：第一，由战俘转变成的奴隶增多，拿奴隶赏赐、赠礼的现象较多出现，握有奴隶的人已不限于少数首领。这样就最终形成了奴隶和奴隶主阶级。一处文献提到，在鸯伽国，有1万名从各国掳来的女奴，被鸯伽国王分赠给他的婆罗门祭司。这个史料未见提到男奴隶。战俘奴隶有土著居民，也有雅利安人。第二，当雅利安人占领地区越来越大时，不能把被征服土著都变成奴隶或赶走，变成奴隶的是少数，绝大部分居民还是留在土地上，继续从事生产，但土地被征服者宣布为己有，他们成了被奴役者。这就出现了征服者对广大被征服居民的统治。第三，在雅利安人中，经济的发展和战争掠夺加速了部落成员的两极分化。部落首领和上层、祭司靠得到更多战争掠获物而经济地位上升。首领们贪欲日增，开始强迫部落成员把过去向部落首领自愿交纳的贡献变成强制性赋税。而在另一极，以农业、手工业和经商为职业的雅利安部落普通成员不仅分不到战利品，还被迫缴纳赋税；有少数人因天灾人祸等，无力偿还欠债，更被迫当奴隶还债。这样，在雅利安人部落内，也出现了阶级分化，逐渐形成了不同阶级。总之，经济发展不平衡和经常性战争造成了社会阶级的区分和阶级压迫、种族压迫的出现。

就是在这种阶级压迫和种族压迫中，部落首领的权力越来越大。当雅利安人由流动的游牧生活转变为定居农业生活后，领土的重要性突出出来了。部落首领把部落所辖领土（无论是雅利安人居住地还是被征服的土著居民的土地）都视为部落所有。他的权力不再是部落性质的，而是地域性质的，地域性质的王权开始形成。再进一步，部落首领把对部落领土的管理权和所有权等同起来。在《阿闼婆吠陀》中就提到，领土由王据有。部落首领成了国王，部落领土成了国王所有的土地。国王加冕典礼称作灌顶大礼。还举行马祭，象征统治权的不可挑战。原部落的长老会议变成了少数贵族垄断的机构，部落全体成员会议也失去了作用。国王建立了职业军队，任命了高级官吏。村社头人成了基层官吏和国王的收税人。这样，原部落组织就转化成了国家机关。国家产生了。由上可见，印度雅利安人国家的形成是沿着阶级分化和种族压迫两条交织在一起的路线的，是出于维护阶级统治和对被征服种族统治的双重需要。

没有史料能确切说明雅利安人最早的一批小国形成的年代。但据吠陀文献和往世书记载，大体可以推断国家形成的时间在公元前700年稍前。讲到的国家有：居楼国（都阿桑迪瓦特，后迁乔尝弥），为公元前9~前8世纪形成，可能是最早的；稍晚的有乾陀罗（都呾叉始罗）、开卡亚、摩德罗、般阇罗、迦尸和拘萨罗等。这些国家中有君主制的，也有共和制的，后者反映了还保存有军事民主制时代的特点。从整个次大陆看，由部落转变成国家的还是少数，多数部落还处在原始社会的后期阶段，即便转变为国家，也只是雏形而已。

三　种姓制度的产生

就在阶级社会和国家逐渐形成的过程中，带有突出的印度特色的社会等级制度——种姓制度也同时形成。种姓制度经历了两个阶段，第一阶段是瓦尔那制，以后又在它的基础上，发展为贾提制。我国佛教典籍把瓦尔那和贾提都译作种姓。其实，两者是有区别的。

梵语“瓦尔那”的词义为“色”“质”，最初是用来区别征服者与被征服种族的，目的是保持雅利安人对被征服种族的统治地位。在《梨俱吠陀》中可以看到，雅利安人自称“雅利安瓦尔那”，而把黑皮肤的被征服种族称为“达萨瓦尔那”，含有轻蔑、贬损之意。到《梨俱吠陀》后期，一方面随着雅利安人自身的社会分工进一步发展（分化为战士、祭司和普通生产者），瓦尔那制被用来区分雅利安人因社会分工不同而形成的不同的社会群体；另一方面，随着对土著部落的大量征服，瓦尔那制用来区分雅利安人和由土著部落构成的被统治种族的重要性增强。这两方面功能汇合，就形成了一套维护雅利安人上层对下层劳动者和被征服居民的统治的社会等级制度，这就是瓦尔那制。

按照这个制度，社会被分成四个瓦尔那，即婆罗门、刹帝利（《梨俱吠陀》中叫罗贾尼亚）、吠舍、首陀罗。四个瓦尔那职责不同，地位不同，这些都在吠陀文献中做了规定。婆罗门掌管祭祀，垄断教育。刹帝利负责征战和管理。吠舍包括农民、牧民、部分手工业者和商人，职司物质财富的生产和纳税。首陀罗主要由被征服居民构成，其义务是作为手工业者、农民和奴隶为上述三个种姓服务。

从世界各国历史看，在进入文明社会时形成社会等级，这本是普遍现象。印度的特点在于，这种等级的形成不但与社会分工相关，且与种族压迫联系在一起，受到统治者维护。更重要的是，瓦尔那制很早就被婆罗门加以宗教化、神圣化，把它变成婆罗门教的社会结构。《梨俱吠陀》中把瓦尔那制的产生说成是神的安排。第 10 卷第一次讲到四个瓦尔那时说：“他（指布鲁沙，即生主神）的嘴变成了婆罗门，他的双臂变成了罗贾尼亚，他的双腿变成了吠舍，他的双脚生出首陀罗。”学者一般倾向认为，这首赞歌是婆罗门后来添加到《梨俱吠陀》中的，婆罗门这样做是为了确立其在社会中至高无上的地位，并把对非雅利安人的压迫固定化。

祭祀被认为是人与神沟通的途径，是求得神护佑的手段，在当时社会这是头等重要的事。这个神圣的职业由婆罗门垄断，就使他们在社会上占有极重要的地位，而且每主持一次祭祀仪式都可以得到丰厚的赠礼回报，更增强了他们的实力和影响力。刹帝利是世俗权力的执掌者，又是财富再分配的主宰，他们的垄断地位是由婆罗门利用自己的宗教地位来维护的，反过来，婆罗门的地位又由刹帝利利用其世俗权力来保障。这样，婆罗门和刹帝利就成了两个居于统治地位的高级瓦尔那，在他们之间形成了一种互相依赖、互相保障的联盟关系，这就决定了瓦尔那制从一开始就成了这两个高级瓦尔那压迫低级瓦尔那、维护自己特权利益的工具。

瓦尔那制分别规定婆罗门、刹帝利、吠舍和首陀罗的不同职责，其深层的用意在于，要借助神安排的名义来保障婆罗门、刹帝利的统治地位和特权地位。按照瓦尔那制的规定，婆罗门、刹帝利享受吠舍缴纳的赋税和首陀罗提供的服务，无须从事体力劳动，他们也不应从事体力劳动这种低等瓦尔那才做的事。而对吠舍、首陀罗，则规定他们只能从事劳动和服务，绝对禁止僭越职责权限，否则会受到严厉处罚。这样的规定目的就是要在婆罗门、刹帝利和吠舍、首陀罗之间树立一道神圣的防线，前者的伊甸园绝不许后者涉足。

从吠陀末期起，婆罗门开始炮制种种说法、制定清规戒律，在宗教生活和社会生活中宣扬婆罗门、刹帝利生而高贵，对低级瓦尔那采取歧视措施，人为地加剧本来就因经济、社会地位差别而形成的不平等。如在法律地位方面规定，高级瓦尔那可以不受惩罚地打骂首陀罗，更严重的欺压行为也只受很轻的惩罚，而首陀罗如冒犯高级瓦尔那则要受重罚。“洁净”“玷污”等宗教观念是打压低级瓦尔那的重器，这是婆罗门精心编造出来的，被用作实行压迫措施的理论依据。按照这个理论，不同瓦尔那宗教地位的高低正是由“洁净”的不同程度决定的。与神最接近、掌握着与神的交流手段的婆罗门是最洁净的，因而具有最高的宗教地位。其次为刹帝利，再次是吠舍，首陀罗从事的职业是不洁净的，因此在四个瓦尔那中地位是最低的。前三个瓦尔那被定为再生族，能参与吠陀宗教生活，可佩戴作为再生族标志的圣线；首陀罗不可以再生，没有参与吠陀宗教生活和佩戴圣线的资格。高级瓦尔那必须保持和维护自身的“洁净”，防止被低级瓦尔那玷污。为此，高级瓦尔那不能与首陀罗有身体接触，不能与他们共餐和通婚，不能接受他们的食物。高级瓦尔那男子娶低级瓦尔那女子（称顺婚）是可以的，但反过来（逆婚）则不行。如发生逆婚，除低级瓦尔那本人要受惩罚外，其子女还要降为贱民。当然，这些都是理论上的规定，在现实生活中是否都严格实行了还待更多考证。有一点可以肯定，比起后来的贾提制，《梨俱吠陀》时期，瓦尔那制关于共餐、接受食物和通婚的限制还没有那么严格，甚至改变瓦尔那身份也不是不可能的。有文献提到一个家庭的不同成员职业各不相同。各种规定的严格化是逐渐加强的。

上述种种歧视，矛头是指向首陀罗的。吠舍瓦尔那介于婆罗门、刹帝利和首陀罗之间，地位不太稳定。在《梨俱吠陀》时期，如上所述，它排在婆罗门和刹帝利后面，也列为再生族，在与前两个瓦尔那通婚、共餐和接受食物方面没有限制。可是到了吠陀后期，其地位开始有下滑的趋势。在它与婆罗门、刹帝利之间，上述共餐和通婚等方面对首陀罗的歧视也逐渐向吠舍蔓延，虽然在程度上要弱于首陀罗。这是雅利安人社会内部贫富分化开始加剧，等级和特权观念增强的结果。

除上述四瓦尔那外，大约从吠陀后期起，出现了四瓦尔那以外的贱民，即不可接触者。最早的不可接触者是首陀罗中那些从事屠宰、制革、埋葬、清扫等职业的人，这些职业被婆罗门认为是最污秽的，是亵渎神的，从事这些工作的人也就被认为是最不洁者。贱民队伍后来不断扩充。一些原始部落在被征服后，其居民也被视为贱民。有些首陀罗甚至高级种姓的人因在婚姻等问题上严重违反规定，丧失种姓身份，也成了贱民。

自贱民这一群体出现后，婆罗门编造出的“玷污说”重点转到了贱民身上。不仅先前所有对首陀罗歧视的规定都适用于贱民，还规定贱民不能住在村里，不能在公共水井打水，甚至不能在某些公共道路上行走，不能让贱民的影子投射在高级瓦尔那身上。婆罗门大肆宣扬说，高级种姓只要接触了贱民，不管是何种接触，都会被玷污，失去自身的纯净，因此避免接触对他们来说是头等重要的事；被玷污的，要举行相应仪式净身。贱民是种姓金字塔中处于最底层的受压迫者。这个发展是与婆罗门、刹帝利在国家生活中权势日益增强的趋势相一致的。不过对贱民的压迫更多是后来的事，这一时期贱民刚产生，人数少，主要的受压迫者还是首陀罗。

由上可见，瓦尔那制是这样一种制度，它的社会等级反映了阶级压迫和种族压迫的内容。对首陀罗、贱民的歧视、压迫既带有阶级压迫性质，又带有种族压迫色彩（征服者压迫被征服种族）。它把阶级压迫、种族压迫和社会压迫交织在一起，再用宗教使之神圣化。这样，这种等级压迫制度就比任何其他国家的等级压迫制度更严酷。瓦尔那区分与阶级区分一致又不一致。大体说来，统治者、剥削者属于婆罗门、刹帝利两个高级种姓，但这两个高级种姓内又都有贫富之分、有权无权之分。吠舍、首陀罗和贱民虽然都属于下层群众，但吠舍中包括有大商人，这些人不能算是被剥削者；从社会和宗教角度来说，吠舍属高级种姓，而贱民连首陀罗的地位都没有。奴隶大部分来自低级种姓，但高级种姓沦为奴隶的也并非个别现象。可见，这种制度与阶级压迫有一定联系，但又不是一回事，不能把两者简单地画等号。

种姓制度是印度进入阶级社会后社会组织的基本结构，与各时期的阶级关系并存。这种制度把社会各个集团隔离，使之相互封闭，同时又使之相互依存，形成一种静态的平衡。对于阶级压迫，它是一种补充，又起掩盖作用，所以在古代社会一直受到统治者的维护。印度是阶级社会，又是种姓社会，它是阶级-种姓复合框架。这是了解古代印度历史发展必须掌握的一把钥匙。

四　婆罗门教的形成

在阶级社会和国家形成的过程中，婆罗门教也逐渐形成。雅利安人原始宗教信仰是自然崇拜，是万物有灵论，表现为崇拜各种代表自然现象和社会现象的神，如天神、太阳神、雨神、风暴神、战神等，还崇拜各种地方保护神。《梨俱吠陀》提到数十个大神的名字，最主要的有因陀罗（雷电和战神）、阿耆尼（火神）、瓦鲁那（天神、宇宙秩序维护者）、布鲁沙（生主神）等。后期吠陀时期，婆罗门学者把原始的宗教学说加以整理发挥，构成体系，形成了婆罗门教。它成了统治阶级统治人民的重要精神武器。主要经典是“四吠陀”（《梨俱吠陀》《娑摩吠陀》《耶柔吠陀》《阿闼婆吠陀》）、《奥义书》、《薄伽梵歌》等。吠陀被认为是天启，是神的意旨的体现。

婆罗门教保留了多神崇拜的特点，但有新的变化。第一，万神殿中神的位置有变化。在诸神中，逐渐出现最高的神，叫普拉贾帕提，是宇宙创造神，由《梨俱吠陀》中的生主神布鲁沙演变而来。普拉贾帕提在《奥义书》中被进一步抽象化，成了宇宙精神——梵天。另外，史诗时代逐渐突出的毗湿奴神和湿婆神得到了确定。毗湿奴神原为太阳神的形式之一，现在成了宇宙维护神。湿婆神由原动物神演变而成，职司破坏和毁灭邪恶。毗湿奴、湿婆和梵天一起，成为婆罗门教三大主神。此外，象头神甘奈希、女神帕尔瓦蒂开始受崇敬，毗湿奴神开始有了各种化身，包括罗摩、克里希那等。因陀罗、阿耆尼、瓦鲁那等《梨俱吠陀》时期的大神地位下降，有些神的职司发生变化。如因陀罗演化成王权保护神，瓦鲁那演化成司法神，照看牲畜的普贤神成了首陀罗的神。这些变化反映了王权建立后人间等级创造了天堂等级，也反映了随着政权的建立维护统治制度受到强调。婆罗门教在形成过程中，保留了原来崇拜的许多神和动植物神，也吸收了当地原来居民的一些宗教内容，包括印度河流域文明的某些宗教因素，表现为湿婆神的形成、女神崇拜、生殖器崇拜等。第二，在《奥义书》等文献中，形成了婆罗门教的基本神学体系。后期吠陀时期，过分强调杀牲祭祀，引起不满。新的主张批评这种做法，强调认识和内心信仰。按照这种主张，“梵”这个至高无上的神，是世界的创造者和主宰，它创造万物，存在于万物之中，表现为灵魂、小我。宗教信仰追求的最高理想是梵我如一，达到至乐境地。婆罗门教提出了作业（羯摩）和轮回转世说。按照这种理论，灵魂不灭，会转世到新的形体上，这就是轮回。怎么转，要依据前世作业。人生在世每个行动、意念都是在作业。善有善报，恶有恶报。今世造福，来生会向好的方向轮回；坚持下去，最终能从轮回中解脱。否则，就会向坏的方向轮回，永无解脱之日。如何正确作业？婆罗门教又提出达摩（身份、本分、法）说，即每个人、每个种姓都有其达摩，都必须按照达摩的要求行动。这是行为规范，不能背弃，不能超越。在这里，遵守种姓义务和戒律就被规定为宗教义务和行为规范。遵守达摩要求还包括执行各种宗教仪式；对再生族来说，要恪守宗教要求的人生四阶段（梵行期、家居期、林栖期、苦行期）。妇女要尽自己的本分。《阿闼婆吠陀》已提到寡妇殉夫制即萨蒂制。《奥义书》这套说法奠定了婆罗门教神学的理论基础。第三，形成烦琐的祭祀仪式，确立了婆罗门在宗教方面的至高无上地位。虽然《奥义书》宣扬梵我如一和证悟神，但其带有哲学色彩的主张普通人不懂，甚至多数婆罗门当时都不懂或不接受。《森林书》强调静思和弃世遁世的苦行主义，非一般人所能做到。所以在日常宗教生活中，强调的仍是仪式主义，形成了烦琐的祭祀礼仪，有些仪式还必须大量杀牲献祭。不仅在某些专门的场合要举行祭祀仪式，日常生活中也要实行。一个人一生要执行至少 40 次仪式，生老病死、婚丧嫁娶都要请婆罗门举行仪式。婆罗门自称只有他们才能与神沟通，这种复杂的仪式事实上也只有婆罗门才能主持。《梨俱吠陀》中讲到有 7 种祭司，后期吠陀文献中增加到 17 种，不同的仪式由不同的祭司主持。这样，婆罗门既是宗教教义的解释者，又成了宗教仪式唯一有资格的主持人。这就保证了他们在宗教领域无可取代的垄断地位。每次祭祀，婆罗门都会得到大量布施，这也是他们热衷仪式的原因之一。神的偶像这时开始出现，不过还只是处于萌芽阶段。

吠陀天启，祭祀万能，婆罗门至上，这是婆罗门教的突出特点。婆罗门教信仰多神，但《奥义书》有一神论倾向，它强调梵是万物的创造者，又论证了一和多的统一。所以婆罗门教并非纯粹的多神教，称它为一元多神似更贴切。作为一个宗教，它很松散，既无公认的创始人，最初又无僧侣组织和庙宇。这表明作为世界最早的宗教之一，它还不完备，还带有一些原始宗教的特点。不过《奥义书》中所体现的神学思辨很高深，在当时世界上可说是少见的。

婆罗门教是为巩固婆罗门、刹帝利上层的统治地位而创立的宗教，是以维护现有阶级-种姓秩序，使受压迫者接受现实和安于现状为目的的。它把人间剥削和压迫说成神的安排，把改变现状的希望引向来世，排斥现世的任何反抗和进取。因此，它虽在思想、文化、教育领域起一定积极作用，但给社会发展带来的消极面很大，它的许多做法有碍经济发展和社会进步。

第四章

十六国时期

一　十六国并立与摩揭陀的兴盛

关于印度最初形成的一些国家的情况，最早在吠陀文献和往世书中有所记载。不过这些记载夹杂着神话传说，不能完全相信。公元前 6 世纪，佛教、耆那教经典开始有了记述，其真实性据认为基本上是可靠的。这样，我们就能从早期佛教、耆那教经典中了解到当时的一些情况。

据《长阿含经》第 5 卷记载，大约公元前 6 世纪初，北印度有 16 个较大国家存在。它们是：鸯伽、摩揭陀、迦尸、拘萨罗、跋祇、末罗、支提、跋沙、居楼、般阇罗、阿湿波、阿般提、婆蹉、苏罗婆、乾陀罗和剑浮沙。其中乾陀罗、剑浮沙在印度河流域上游，婆蹉在拉贾斯坦，阿般提在温德亚山脉以北，阿湿波在温德亚山脉以南，其余的都在恒河流域。这就是说，随着雅利安人向恒河流域扩张，恒河流域已经成了主要的活动舞台。十六国是就主要的国家而言，事实上，从许多记载可知，还有一些小国和向国家转变的部落联盟存在，如释迦族的迦毗罗卫国、考利耶国等。所以，十六国只是一个概称，并不是准确的国家数。这些国家都以一个较大城市为政治、经济中心，版图包括周围农村地区，有的比较大，覆盖较广阔的地区。它们是区域性国家。

国家机器在逐步发展，部落长老会议和全体成员会议名义上还存在，但已失去作用。军队已成为领津贴的常备军，兵种有步兵、骑兵、战车兵和象军。王权神授观念开始出现。神赋予国家以神性需要婆罗门的中介作用，而婆罗门需要国王的布施，这就为国王与婆罗门的紧密结合、互相依存提供了新的需要和可能。宗教和行政是分离的。宫廷有主祭司负责祭祀、占卜和充当国王顾问，但他并不是行政官。国王手下有分别管理行政事务和军事事务的官员。地方行政官有千村长、百村长、十村长，最基层的是村。立法和司法制度已具雏形。旧的平等的部落立法已失去作用，新的法令由国王颁布。婆罗门法学家也开始撰写建立在种姓制度基础上的法经法论，逐渐形成在本宗教领域内有影响的宗教法。有各级官员审理案件，国王是最高法官。判案以国王法令为依据，宗教法对判案也有一定影响。

国家的主要收入来源是税收。最重要的是土地税，税率一般为总产量的1/6，所以国王又被称为"六分之一享有者"。有专门税收官员收税，村社长老协助。《乔达摩法经》讲到税率还有1/8、1/10的，可能土质不同，税率不同。这个法经讲到其他方面的税率为：牧畜和黄金1/5，商品1/20，花、果、蜜、肉1/16等。这大概是商业税和手工业税了，另外还有商品输入税。手工业者每月必须为国王工作一天。《佛本生经》描写税收官员至少有6种，常用捆绑、鞭打等暴力手段征税。

就政体而论，这些国家可以分为两种类型：君主制国家占大多数，也有少数实行共和制。后者存在于印度河流域、今北方邦东部喜马拉雅山山脚地区和比哈尔，如跋祇国、末罗国等。这些地区或许是阶级分化还不充分，或许是部落上层和贵族对部落联盟的传统印象深刻，更愿意继续保留这种具有原始民主制意味的体制。这些实行共和制的国家与君主制国家的不同在于：第一，君主制国家是国王垄断最高权力，主宰一切，国王就等于国家和政府。共和制国家重大事务由一个高级会议决定，参加这个会议的成员为部落首领（较小的国家由部落首领和贵族家族首领组成）。如史料提到，跋祇国的高级会议有7707个部落首领参加（一说为500人）。这是种寡头共和政治。第二，君主制国家的国王是世袭即位，共和制的国家首脑由部落首领推选产生，不能世袭。第三，君主制国家的国王是国家税收的垄断者，在共和制国家，除国家首脑有权征税外，每个部落首领在自己的部落也有收税权。第四，君主制国家唯有国王拥有军队，只有在国王允准下贵族才可以养兵。在共和制国家，除国家有军队外，部落首领也可以有自己的军队。第五，君主制国家在精神统治和立法方面倚重婆罗门，婆罗门在君主决策和处理重大事务中有一定地位和影响。在共和制国家，婆罗门在政治上没有这种地位。如在跋祇，高级会议没有婆罗门参加。这表明在这些国家，还没有像君主制国家那样倚重神权实行统治。总之，共和制国家不同于君主制国家的地方是还保留着部落联盟时期的原始民主，而不是一切权力集中于君主；但和部落联盟又不完全相同，此时由于已存在阶级对立，国家权力已成了统治阶级的权力，也即少数寡头的权力，对下层人民来说，同样是压迫机器，民主只属于少数寡头和贵族。这是一种由部落联盟向君主制国家转变的过渡形式。当历史进入十六国时期时，许多部落联盟一步到位直接转变为君主制国家，而实行共和制的国家比较来说转变节奏较慢，或晚了一拍，但最终还是都会转变为君主制国家。也有个别国家情况是君主制一度退回到共和体，最后又返回到君主制。

十六国为争夺领土不断互相征战。在这种征战中，恒河流域的摩揭陀国势力日盛，成为列国中最强大的国家。摩揭陀位于比哈尔南部，创建人不详。最早是哈雅恩卡王朝，可能建立于公元前 7 世纪中期。公元前 6 世纪后半期频毗沙罗（中文文献称“瓶沙王”）在位时（公元前 544~前 492），开始实行征服扩张政策。首先征服了恒河下游的鸯伽，又通过实行与多个国家联姻的政策，向周边扩张势力和影响。他娶了三位妻子。第一位是拘萨罗国王的女儿。这桩婚姻不仅为摩揭陀带来了作为嫁妆的出产丰盛的大片土地，更重要的是缓解了其与拘萨罗国的敌对关系，使它能集中精力在其他方向扩张。第二位妻子是跋祇国的公主，由此两国关系增强。第三位是旁遮普一显贵氏族首领的女儿，使摩揭陀的影响力扩大到北印度地区。联姻政策显示了瓶沙王杰出的外交能力，提高了摩揭陀的威望，也为该国此后向西部和北部征讨开辟了道路。摩揭陀此时最主要的对手是阿般提，其都城在乌贾因。瓶沙王两次与之交兵，都不能胜。后来罢兵，改为友好相处。瓶沙王的努力奠定了摩揭陀强盛的基础。摩揭陀的都城是王舍城（今比哈尔邦的拉杰吉尔）。

瓶沙王之子阿阇世在位时（公元前 492~前 460），继续大力奉行扩张政策。这促使北邻强国拘萨罗和迦尸国结盟共同抗御。摩揭陀和拘萨罗的战争持续多年，最终迫使拘萨罗的国王与之联姻和好，拘萨罗也被迫舍弃盟友迦尸国任由摩揭陀兼并。阿阇世也和北印另一邻国跋祇进行了长达 16 年的战争，在经过一番分化瓦解的努力后，最后征服了它。此后，阿阇世击退了阿般提国的进攻，开始向西方扩张。至此，摩揭陀已成了次大陆东部地区最强大的国家。

到乌达伊统治时（公元前460~前444），在恒河与宋河交汇处附近的波吒厘建立了新的都城即华氏城。他和后继者打败了劲敌阿般提，使摩揭陀版图继续扩大。

在这以后，摩揭陀经历两次王朝更替（先是建立什苏那加王朝，后被难陀王朝取代）。难陀王朝是公元前362年摩诃巴达玛建立的。摩诃巴达玛据说是一个首陀罗女子所生或说是一个理发师的儿子，不属于刹帝利种姓。在难陀王朝统治下，摩揭陀征服了恒河流域其他国家及温德亚山脉以北的阿般提并向南印扩展，版图包括整个恒河流域、中印度部分地区、羯陵伽部分地区和南印个别地区。难陀王朝拥有当时最强大的兵力，计步兵20万人、骑兵6万人、战车2000辆、战象6000头，成了当时最强大的区域性国家。

摩揭陀之所以强盛，在于它所处的恒河下游土地肥沃，盛产木材、大象，铜铁资源丰富，又享有沿河近海贸易之便。华氏城是当时的交通要津和重要的工商业城市，经济比较发达。摩揭陀重视发展手工业和商业，注重税收，各种制造品和来往贸易品都在纳税之列，再加上土地税，国库比较充裕。

当恒河流域逐渐统一于摩揭陀时，印度河流域却遭到外族入侵。公元前6世纪中期，波斯阿契美尼德王朝创建者居鲁士（公元前558~前530年在位）派军侵犯，未能得逞。到大流士为王时大约公元前516年再次远征。大流士的碑铭分别讲到乾陀罗、旁遮普是被征服地区。他还派远征队探寻印度河入海口。波斯统治者把他征服的印度领土（旁遮普和印度河以西地区）划为波斯帝国的第20个省，每年所征贡赋合100多万英镑，相当于阿契美尼德王朝年现金收入的1/3。阿契美尼德王朝派省督来这里管理，征收贡赋，上缴朝廷。次大陆西北部当时还没有文字，民间使用的语言是由梵语结合地方语言形成的俗语。波斯人带来了阿拉米文字和语言，为了能表达当地俗语的全部语音，阿拉米字母被附加了各种符号，演变成佉卢体，因字体像驴唇，亦称驴唇体。这种以佉卢体书写的俗语在次大陆西北部一直流行到4世纪。波斯人的艺术也对次大陆有影响。阿育王石柱的公牛和狮子柱顶雕刻就是从波斯传来的，阿育王诏书的写作风格也是学波斯的。到大流士三世统治时，波斯对印度省的统治衰弱，整个印度西北地区分裂成众多的小国，彼此征战不休。

公元前 327 年，马其顿的国王亚历山大在并吞波斯帝国后不久，率大军越过兴都库什山侵入印度西北部地区。他宣称要继承波斯帝国对这里的控制，做“奶和蜜的土地”的统治者。在波斯帝国瓦解后，这里一些恢复独立的小国和部落联盟此时忙于互相征伐，对亚历山大的入侵毫无思想装备，不可能团结对敌。有些统治者想借助外来势力对付自己的敌人，公开站到侵略者一边。如呾叉始罗的国王安姆比主动向侵略者屈膝，引侵略军入境，并派兵助其征服别的国家。类似的还有一些小国和部落。亚历山大让这些归顺的统治者保有自己的领地，有较大的自治权，他们则承认自己是亚历山大的藩属。亚历山大更多遇到的是抵抗。如哈斯提部落守卫城市的战斗持续一个月。阿斯瓦卡亚纳斯部落的全体将士在王后领导下誓死防守城堡，保卫领土，连妇女都参加了防御战，城堡沦陷后，遭到疯狂屠杀。最激烈的战斗发生在杰卢姆河地区。杰卢姆的波鲁士王率领 34000 人的军队隔河与亚历山大的军队对峙。亚历山大知道正面渡河强攻不可能取胜，便于一个夜晚，制造噪音，使对方误以为要发动进攻，实则在 16 英里外的地方偷渡，然后突袭波鲁士军营。波鲁士军队猝不及防，陷于混乱，但仍英勇作战，结果牺牲 20000 余人，波鲁士身负重伤后被俘。亚历山大被他的勇气感动，他被保留在王位上，以承认是藩属为条件。亚历山大的军队在奢羯罗城也遭卡塔义俄部落的顽强抵抗。该部落 17000 人被杀，70000 人被俘。这些英勇的抵抗使亚历山大的军队有很大伤亡。

亚历山大的目标是进一步征服北印度广大区域。当军队抵达比亚斯河时，他得知北印度的摩揭陀是一个强大国家，要征服摩揭陀国绝非易事。他想过河东进，但此时全军将士普遍思乡厌战，不愿前进；而沿途遭到的抵抗，也使他必须正视继续进军的困难。迫于形势的压力，他最终做出决定，放弃继续东进的计划。公元前 325 年，亚历山大率军撤到拉维河，沿途不断受到部落民的袭击；后沿印度河南下，直到信德的帕塔拉，然后兵分两路，一路由海上撤回波斯，他本人率另一路从俾路支斯坦回波斯。他在印度一共停留了 19 个月。公元前 323 年，他到达了巴格达附近的巴比伦，当年在那里去世，时年 33 岁。

撤军返国前，亚历山大对征服的印度地区如何管理做了以下安排：在信德和杰卢姆河以北地区留下马其顿军队驻守；印度被征服地区被分成六省，印度河以西三省由他分别派总督管辖，印度河以东三省交还归顺的王公统治。

马其顿入侵是雅利安人入主印度后遭到的第二次外族入侵。波斯和马其顿入侵使印度河流域得到某种统一，但这种在外来势力强制下的统一是不能持久的，亚历山大去世后又重新分裂。除少数戍军继续驻守外，其统治机构近乎瓦解。印度河的一些王公又纷纷自立，恢复自己昔日的小王国。

马其顿入侵给次大陆带来了损害，不过在客观上也带来了某些积极因素。印度与西亚、欧洲的联系通道加宽了，与希腊建立了直接联系，希腊的学者、旅行家大量来到印度，记述其所见所闻。这些关于印度的书的出现，使印度开始为西方知识界所知晓。希腊许多人包括学者、艺术家、工匠进入印度西北部，建立了一些居留地，许多人留在那里，带来了他们的艺术成就。希腊文明开始对印度产生影响，包括雕刻艺术风格的影响，希腊艺术与印度艺术结合形成犍陀罗艺术流派。天文学知识方面也受到希腊的影响，史学方面的影响更大。亚历山大的史学家留下了有价值的历史、地理著作，其中记载有准确的历史年代，使印度得以比照，开始有了准确的历史纪年。通过同一条渠道，印度也在许多方面，如哲学、宗教思想、数学和天文知识等，向西亚，以及希腊甚至整个欧洲传播自己的影响。印度与希腊甚至整个欧洲的贸易路线打开了，这对印度后来的经济发展是十分有利的。

二　经济发展和阶级-种姓关系的变化

这一时期物质生活情况可从佛教典籍的某些记载和考古发掘材料中了解。考古发掘表明，从公元前 6 世纪起，一种黑色磨光陶器在恒河上中游广大地区发现。这种陶器质地精良，表面光亮无瑕，敲击声音清脆，主要被富裕人家用作餐具。和这种陶器一起出土的还有较多的铁器、钱币，后期还有烧砖和城市建筑遗址。这就表明次大陆居民的物质文明已由彩绘灰陶阶段发展到一个新的时期。

农业生产方面，公元前 500 年以后由于铁矿的开采和冶炼中风箱的利用，大规模制造铁器成为可能，农业已较多使用铁器，深耕所必需的铁犁铧已较广泛使用。土地有的翻耕二至三次，并按照土质不同而种植不同的作物。铁犁铧的使用对水稻的扩大栽种和增产非常有利。兴修水利也相应受到重视，灌溉面积扩大。除了水稻外，还种植豆类、小米、大麦、棉花、甘蔗等。农业产量有了很大增加。

农业基本生产者是村社农民，包括雅利安人吠舍种姓的农民和被征服土著中的农民。他们生活在农村公社内。土地属于国有，实际上为村社占有使用。耕地分到户，作为份地，由各户长期占有使用，使用者要把产量的1/6作为土地税缴给国家。牧场是村社公有公用的。森林和荒地在村社附近的，村社可使用。当时土地只有少量被开垦，在村社与村社间都有大片森林和荒地存在。村社小的几十户，大的数百户。村社上层常常占有较大的份地，雇工帮助耕种，成为较富裕的农业主，有的还兼营商业。份地不能买卖或转让。佛教文献讲到奥德和南比哈尔有土地买卖、转赠的事例，但那是指私人的园林地或私人开拓的森林地，如舍卫城长者须达多买一片园林给佛陀传教使用。这一时期，国王把一些土地捐赠给婆罗门的现象开始出现。如早期佛经里有拘萨罗波斯匿王向婆罗门捐赠土地的记载，还有摩揭陀国王向婆罗门赠赐土地的记载。这种土地称为“梵分”或“梵封”。但捐赠给婆罗门的不是土地所有权，而只是土地上的税收收入。捐赠的土地，有的面积很大。佛经记载，波斯匿王常常是把一个村子甚至几个村子作为“梵分”封赠。另据记载，摩揭陀伽耶城的婆罗门毕波罗延摩纳有“九百九十田宅犁牛”,① 王舍城的婆罗门迦毗罗有“九百九十九头耕牛田作”,② 该城萨林迪耶村的婆罗门考西耶果陀有1000迦梨沙（土地面积单位，1迦梨沙约等于1英亩弱）地产等。③ 这些记述数据不确定，不能作为确实的史料看待，但也多少能反映一些情况，说明捐赠土地有的有相当规模。不过这一时期从全印看，捐赠土地仍是个别现象。农业生产的基本形式还是村社框架下的小农经济，最基本的阶级关系是村社农民向国家缴纳地租税。此外，得到赠地的婆罗门和村社富有的上层使用雇工耕地，但数量有限。

手工业有了进一步发展。村社农民以纺织为副业日渐普遍。专业手工业者的数量大为增加，出现了一些手工业村，如木匠村、铁匠村、陶匠村等，表明农业手工业分工加强。在城市，手工业的种类越来越多。《佛本生经》中提到有18种匠人，说明生产领域的分工越来越细。各种手工业者组

① 《五分律》第26卷。

② 《增一阿含经》第20卷。

③ E. B. 考埃尔编《佛本生经》第4卷，剑桥，1895，第484页。

成了各自的行会。佛教典籍讲到王舍城有 18 个行会，行会自行管理，由专门的官员监督，他通常是国家财政部门的官员。

城市的出现是这一时期经济发展的最突出现象。史学界把这一时期城市的出现称为哈拉帕文明消失以后的新的城市化，即第二次城市化。农业产出更多剩余产品和手工业、商业的发展使较多城市的出现成为可能。公元前 6 世纪，新的城市首先出现在恒河中游地区，以后在北印其他地区也陆续出现。佛经提到许多城市，如王舍城、华氏城、吠舍厘、舍卫、婆罗尼斯、阿瑜陀、萨拉瓦斯提、瞻波、咀叉始罗、考山比、萨哈贾提、马土腊、乌贾因等。据考古材料，已发现的属于公元前 600 ~ 前 300 年时期的城市遗址共约 60 座，其中大城市有 20 座。这些城市或坐落在交通干道上，或坐落在河道旁，货物运输便利。城市的房屋初为泥砖、木料结构，公元前 3 世纪后有了烧砖、水井、下水道。有的城市还筑有城堡守卫。

城市既是政治中心，也是手工业和贸易中心，大量手工业者和商人来这里居住。通常他们按职业居住在一起，各类手工业者分别集中居住在专门的街区中。如婆罗尼斯有商人街、象牙雕刻工匠街，吠舍厘的萨达拉普达有 500 个陶器店。城市是商品生产和交换的中心，与农村有密切联系。他们收集农村生产的农产品、畜牧产品和手工业原料，向农村供应生产资料和生活用品。城市是纽带，是中介，不但衔接农村与城市，还把四面八方连接起来。

城市的出现对商业的进一步发展反过来起促进作用。由于雅利安人的政治活动中心转移到恒河流域，这些新出现的城市成了次大陆主要的贸易中心和货物集散地。恒河流域与印度河流域以及南印度开始建立繁忙的贸易往来。陆路贸易为主，运输靠车辆，商队有时达到几百辆牛车。《佛本生经》讲到有次佛陀正在禅坐，一个有 500 辆大车的商队从他身边走过。又讲到佛陀去王舍城途中遇到商人贝拉塔，他的商队有 500 辆车，装满糖罐。当时主要商道一条是华氏城通向印度河流域和西亚，其重要枢纽是咀叉始罗；另一条由王舍城经过奥德的萨拉瓦斯提至哥达瓦里河岸；还有一条经拉其普他那进入印度河下游和纳巴达河的港口，从这里通往西海岸，或西下人德干西北部。商路不够安全，拦路抢劫是常有的事。与西亚的贸易此时继续发展。这一时期文献还常提到与锡兰、缅甸和泰国的贸易。由于航海技术条件的限制，船舶只能沿近海岸航行。佛经中提到几个大港口，如巴鲁卡剌恰（今布罗奇）、苏帕拉卡（今孟买以北的索帕拉）、塔姆拉里普提（今西孟加拉邦的塔姆卢克），它们是海外贸易的商品集散地。海外输入品有贵金属、宝石，输出品有棉织品、香料、药材、象牙、珠宝、铁器等。

商业发展的一个重要表现是货币的出现。考古发现最早的货币是压印货币，即在作为货币的金属上打上某种标志，如山、树、象、牛等，有银的，有铜的。货币在佛教文献中叫卡哈帕那，其重量和成色由打印的标志保证。最早的压印货币窖藏点在今北方邦东部、呾叉始罗等地都有发现。货币的出现大大便利了贸易的开展。除货币外，有些大商人开始使用银票，在不同城市间兑换。这也是商业发展的一个标志。有些大商人兼营存放钱业务，向手工业行会和个人贷款，收取高利，利率为15%左右。商人有的独资经营，也有的合资经营。他们也像手工业者建立行会一样建立了自己的同业公会，其势力和影响远远超过手工业行会。值得注意的是，许多刹帝利甚至婆罗门都插手商业，积累钱财。《佛本生经》讲到一个婆罗门建造和使用一只船满载各种商品去缅甸、泰国贸易。早期法论作者波达衍那谴责婆罗门放高利贷，说明婆罗门也插手这种营业。

商品货币关系的发展造成了社会阶级-种姓关系的重大变化。

在商品货币关系的刺激下，国王们和地方统治者们的榨取更重，苛捐杂税猛增。《佛本生经》讲到康毗罗王国的国王和大臣行恶政，其臣民被赋税所迫，背井离乡，逃往森林。人民把征税官吏比作盗贼，说夜间有盗贼为害，白天有收税官压榨。另一个故事讲到婆罗尼斯的暴君摩诃宾揭罗通过课税、罚金和各种暴行，像榨取甘蔗汁那样压榨人民。

大商人、达官显贵和婆罗门上层越来越富有。大商人靠牟取暴利，达官显贵靠榨取更多，婆罗门上层则依靠国王和上两种人的赏赐捐赠。《增一阿含经》提到一个婆罗门在布施时，“用八万四千银钵盛满碎金，复有八万四千金钵盛满碎银”。[①] 虽系夸张，却也说明婆罗门有的已成富豪大户。又如王舍城的富豪迦兰陀长者，把自己的竹园施舍给佛陀，为之建立精舍，供其传道。瞻波城长者首楼那有资产二十亿钱，人称“首楼那二十亿”。佛典描述富有大商人的家室“饶财多宝，金银珍珠，砗磲玛瑙，水精琉璃，仆从奴婢，不可称计”。[②] 在农村，少数受赐大片土地的婆罗门收入丰厚，

① 《增一阿含经》第19卷。
② 《增一阿含经》第18卷。

有的也拥有奴隶。上述这些人在佛典中被称为“大家”“长者”“居士”，他们的权势随着财富的增多而上升。

农民、手工业者和小商人属于下层人民。商品货币关系的发展、税收的加重，使他们的地位恶化。农民开始分化为使用好犁的、使用劣质犁的和无犁的三类。土地收入不足以糊口的只好做雇工，以求增加些收入。佛教文献记载摩揭陀阿阇世王逼夺百姓资财赏赐豪贵，使贫者更贫，甚至无立锥之地。高利贷的流行也反映了下层人民的贫困。借债利息视种姓高低而有别，种姓愈低，利率愈高。欠债不能还者即沦为债务奴隶。

佛教文献多处提到奴隶。奴隶来源有战俘、债奴、买来的、在主人家出生的，也有被惩罚为奴的。其中大量的是非雅利安人，也有雅利安人，包括高级种姓。债务奴隶期满可解除奴隶身份。奴价很高。奴隶数量不是很多，其中女奴较多。奴隶绝大多数用于家内服务，直接用于农业和手工业生产的可能有，但很少，文献也很少有这方面的记载。奴隶受到残酷役使，主人可随意处罚。商品货币关系发展的结果，一方面使债务奴隶增加；另一方面，上层社会又以奴婢成群为荣，因此奴隶数量呈继续增加趋势。

不但阶级关系有了变化，商品经济的发展使种姓关系也有了变化。刹帝利掌握政治权力，又可以通过战争大量掠夺，地位上升，在宗教上已不甘屈居于婆罗门之下。吠舍种姓中大商人和富裕农业主经济地位上升，但宗教地位依然较为低下。他们对婆罗门享有过分的特权，对他们利用宗教限制商业、农业发展感到愤愤不平。

阶级-种姓关系的变化促使两种矛盾尖锐起来。

一是阶级矛盾的尖锐化。下层人民受剥削、压迫，生活困苦，特别是奴隶，失去人身自由。这就引起了最早的阶级反抗。佛教文献中有不少这类反抗的记载。《佛本生经》讲到有的国王为起义者所杀。如迦尸国国王在都城婆罗尼斯城乘象路过街头时，下层人民自发起来捉拿这个暴君，杀了他并把他的尸体扔到壕沟里。[①] 佛教文献还记载了奴隶的反抗，如讲到逃亡奴隶聚集山中举行起义。还讲到迦毗罗卫国的“五百奴叛”，他们大闹寺院，痛打僧侣奴隶主。

另一个是刹帝利、吠舍大商人、富裕农业主与婆罗门上层的矛盾。这

① E. B. 考埃尔编《佛本生经》第1卷，第180页。

是高级种姓中不同利益集团的矛盾。刹帝利不愿看到婆罗门垄断宗教权力并把宗教引向仪式化道路；每年国家要花费大量钱财献祭和赠赐婆罗门，刹帝利的收入受到影响，这也是他们感到不公平的原因。吠舍大商人对发展商业看得高于一切，而某些婆罗门宗教法立法者对城市发展、海外贸易、放高利贷都加以反对，认为有悖婆罗门教义，违背种姓戒规。如规定出海贸易要丧失种姓，谴责航海是一种邪恶行为。早期立法者阿跋斯檀巴规定，婆罗门不应当接受收取利息者给予的食物，还宣称婆罗门如果与这种人接触就会受玷污。婆罗门立法者还反对在城市开饭店，阿跋斯檀巴要求高级种姓拒绝吃店铺的食物。有的婆罗门立法者甚至连城市都反对，说它充满罪恶，是不洁净之地。吠舍大商人认为这是对发展商业的限制，因而对婆罗门不满。富裕农业主对婆罗门主张和实行的杀牲祭祀很不赞同，认为大量牲畜被宰杀有碍农业生产的发展。这些高级种姓内部的利益受到损害的集团希望打破婆罗门的特权地位和种种限制，又不希望从根本上改变种姓制度和触动现有的社会秩序，因为维护这种制度和秩序也是他们的利益所在。这种形势导致了反抗运动以一种较温和的形式表现出来，这就是反婆罗门各流派的兴起。婆罗门教在东印度的控制较弱，这里成了新的思潮和运动的发祥地。这是高级种姓中不同利益集团的矛盾在意识形态领域的表现，它也间接地反映了下层人民的不满，因而得到要求改变自己地位的下层人民的积极响应和参与，成为有广大群众参加的宗教运动。

三 佛教和耆那教的兴起

这一时期新出现许多教派和学派，最突出的是佛教。除佛教外，《长阿含经》还讲到外道有“六十二见”。著名的有六大师，即阿耆多·翅舍钦婆罗（顺世论派）、尼乾陀·若提子（耆那教）、末伽梨·拘舍罗（生活派）、富兰那·迦叶（生活派）、波浮陁·迦旃那（生活派）和散惹耶·毗罗梨子（不可知论派）。说明当时各种思潮蜂起，颇有百家争鸣之势。

反婆罗门教、反婆罗门特权地位是各派共同的斗争目标。各派主张则各有特色。

佛教是新出现的最流行、影响最大的一派。创始人是悉达多·乔达摩。他是迦毗罗卫国净饭王之子，属刹帝利种姓。迦毗罗卫位于今尼泊尔南部与印度接界的提罗拉科特一带。悉达多出生在兰毗尼，其生卒年有不同说法。一说为公元前 565~前 485 年，一说为公元前 563~前 483 年，也有认为是公元前 567~前 487 年或公元前 624~前 544 年的，没有定论。据说他 29 岁出家修行，先是奉行苦行主义，后放弃，35 岁时在菩提伽耶树下冥思得道，从此被称为释迦牟尼（他属释迦部落，牟尼意为圣者）或佛陀（意为觉者）。在婆罗尼斯（今贝拿勒斯）之鹿野苑他首次对弟子说法，逐渐形成佛教教义。此后 40 多年，他带着大批弟子在今北方邦、比哈尔一带传教，信徒越来越多，还建立了僧伽（教团）、寺院，男女都可为僧人。他的不懈努力使佛教广为流行。他去世后，佛教不但在印度继续传播，而且流传到包括中国在内的亚洲许多国家，成为世界三大宗教之一。

佛教创立者不承认婆罗门教吠陀经典的权威，提出了一套与婆罗门教有很大不同的主张。这套主张在佛陀圆寂后由其弟子汇集，编纂成佛教经典。

缘起说是早期佛教的哲学基础。佛教不承认神造万物、万物中有神说。它对世界的看法是缘起说，认为世界万物是由包括四大（地、水、火、风）在内的五蕴（蕴，积聚之意。五蕴为色蕴即物质现象，受蕴即感觉，想蕴即知觉或表象，行蕴即意志，识蕴即意识或认识作用）构成。每一事物都是合成的、相对的、暂时的，都有起因而且产生结果，都在不断变动中。任何事物包括人都是依一定条件而存在，依一定条件而改变或消亡。这就是无我无常，即无永恒主体，无不变事物。把缘起说用于解释人生现象，又提出了十二因缘说。十二因缘说说明人的意识、欲望如何产生，如何引起各种结果，引起来世再生等，强调过去的因造成现在的果，现在的因造成将来的果。缘起说正是佛教教义的基本前提。

从这个前提出发，佛教又提出了四谛说。谛，真理之意。四谛为：（1）苦谛，说明人生充满痛苦，是个苦海。不但有生老病死之苦，还有别离、怨憎会、失望、五阴（炽）盛等痛苦，谓之八苦。（2）集谛，说明痛苦的根源是有各种欲望。本来世间一切变化无常，不值得去追求。然而人们由于无明或无知，产生各种爱欲、贪欲，这就不能不导致各种痛苦。人的每一思想、言语、行动都是作业，作业就有果报，形成轮回，重新受苦。作业和轮回说采自婆罗门教，与缘起说是矛盾的。（3）灭谛，说明要免除轮回，解脱苦难，关键在于根除欲望。做到这点就能停止作业和轮回，进入佛教的最高理想境地，即涅槃（意为灭），亦即不生不灭的极乐境界。

（4）道谛，规定了修行的道路，即八正道：正见、正思惟、正语、正业（正确行为，包括身、口、意三业清静，戒杀生、戒偷盗、戒淫乱、戒妄语、戒酒等五戒）、正命、正精进、正念和正定。提出任何人只要遵循这八正道，不论社会出身，都可得到解脱，修成阿罗汉果。对在俗弟子的要求宽些，但五戒中前三戒必须遵守。

佛教主张每个人依靠自身修行即可达到解脱。这就排除了婆罗门教的杀牲献祭和烦琐仪式，而且排除了婆罗门的中介作用。

佛教不受瓦尔那制限制，提出“四种姓者皆悉平等”,[①] 宣布除奴隶和未还清债务者外，任何人都能入教，都能成为僧人或在俗弟子，都能通过修行得到解脱。佛陀要求弟子到各地去宣传佛音，强调富人、穷人、高种姓、低种姓在教内一律平等。佛教僧尼可以接受任何种姓的布施，包括食物。对婆罗门高踞人上、自命不凡，佛教提出激烈抨击，揭露他们愚冥无识，指出他们所宣扬的神造四姓（种姓）说是欺诈。佛教并不否定四姓的存在，认为是人类形成之初职业分工不同造成的，但反对种姓歧视。在四种姓中，强调刹帝利应占首位，认为没有王权就无以正法治民，社会就不能存在。《长阿含经》说：“刹利生为最，能集诸种姓……天人中最胜。”[②] 至于婆罗门，只能居第二位。

佛教对商业持赞同、支持态度。佛教著作以赞许口吻提到城市、航海。佛陀接受了给孤独长者和其他富商的捐赠。佛教不谴责高利贷，相反，与高利贷商人有密切联系，规劝负债人还清债务，不许接纳未还清债者入教。无怪乎在佛陀最早的在俗弟子中，就有两个路过菩提伽耶的商人。商人是佛教的主要支持者，给予佛教大量布施。

佛教不赞成奴隶制度，禁止其弟子买卖奴隶。《长阿含经》中规劝奴隶主体面待奴。但佛陀禁止度奴。被解放的奴隶可以受戒，未被解放的不允。佛教寺院本身也役使奴隶。

佛教反对婆罗门的特权地位，反对杀牲祭祀和仪式主义，主张抬高刹帝利的地位，赞同城市发展和航海贸易，这些都鲜明地反映了刹帝利、吠舍大商人和富裕农业主的要求，代表了他们的利益，他们是佛教的主要支

---

① 《长阿含经》第6卷。

② 《长阿含经》第22卷。

柱。另一方面，佛教的四姓平等主张、廉价的简便易行的修行方式，以及用通俗易懂的俗语传教，都和婆罗门教形成鲜明对照，对下层群众有吸引力，因此也受到下层人民欢迎。他们以改宗佛教表示对婆罗门的抗议，并期望提高自己的地位。其中的首陀罗在婆罗门教内备受歧视，更是热烈欢迎佛教，把加入佛教作为寻求宗教地位平等的手段。

早期佛教在加强王权、削弱种姓歧视、打破婆罗门教对经济发展的阻碍等方面有一定的进步性。但作为一种宗教，它的进步作用有很大局限，消极作用则很突出。早期佛教并不是根本反对种姓制度、奴隶制度，只是要在宗教领域内加以改善。就宗教思想体系说，虽然看起来它是否定神，但整个学说是把人们导向追求虚幻的来世幸福，使人不是积极地而是消极地看待生活，不是进取，而是容忍和安于现状。所以它同样是宗教体系，对人的思想同样起麻醉作用。

刹帝利贵族、吠陀大商人和富裕农业主既要利用下层群众力量反对婆罗门特权地位，又要维护现行社会秩序和统治秩序，在这种情况下，佛教正好成了他们控制群众的有效工具。

佛教传播很早就得到一些国王和富商的支持。摩揭陀的瓶沙王、阿阇世王都成了佛教徒。王舍城的竹林精舍是他们赞助设立的，它成了佛陀活动的基地之一。拘萨罗的胜军王也给予很大支持。他的都城舍卫城的富豪须达多买园林捐赠给佛陀得到他的支持，这座园林就是著名的祇树给孤独园，是佛陀活动的另一中心。

佛陀去世不久，在阿阇世王的赞助下，在摩揭陀都城王舍城举行了第一次佛教结集。各僧伽成员共 500 人出席，集体会诵佛陀的说法言论，结果汇编成律藏和经藏。第二次结集于公元前 387 年在吠舍厘城举行。第三次是在孔雀帝国阿育王时期举行，早期佛教经典律藏、经藏、论藏三藏最后汇编完成。大约公元前 1 世纪初，佛典开始被记录成文。

佛陀传教不讲神，但他去世后就被神化。后来进一步演变成复杂的神的系列，完全背离了他的初衷。

耆那教是反婆罗门教派中另一有影响的派别，尽管其影响远不能与佛教相比。耆那教是一个群众性的宗教，创始人是伐弹摩那。相传在他之前已有 23 个先知，他是第 24 位。伐弹摩那是跋祇国（今比哈尔境内）一个部族的王子，属刹帝利种姓。他的出生年代也是众说纷纭，一说生卒年是公元前540~前468年，一说生于公元前538年，一说生于公元前599年，大致说与佛陀是同时代人。他28岁离家修行，进入森林过苦行生活，据说12年后方得道。此后开始传教，收纳了大批弟子。他被尊称为大雄（意为伟大的英雄）或耆那（意为胜利者、完成修行的人），其创立的教派也就被称为耆那教。佛经上称他为尼乾子，他就是当时著名的六大师之一。在比哈尔，大雄组织了僧团，信徒越来越多。后来，该教又传播到南印和西印，成了有全印度影响的教派。

耆那教也否认吠陀经典，不相信神造万物，认为婆罗门至上是人为的、骗人的，祭祀、祈祷是白费精力和时间，徒然杀害生灵，增加罪恶。耆那教教义可集中概括为七谛说。七谛为：命（灵魂）、非命（非灵魂）、漏入、系缚、制御、寂静、解脱。该教反对神创世说，认为世界万物是由非灵魂和灵魂构成。非灵魂，指定形的物质与不定形的物质。定形的物质由原子（极微）和原子复合体（极微复合体）构成，形状万千，形成万物不同形态。不定形物质指时间、空间等物质存在的方式与条件。灵魂万物皆有，总是和某种物体联系在一起，受物质（业）束缚。灵魂有倾向行动和情欲的趋势，并且易受虚伪的信念的迷惑，结果就导致作业。耆那教也吸收了婆罗门教的轮回转世说，认为之所以会轮回，是因为人由种种情欲和愿望驱使作业。业有八种：愚业、不见业、受业、痴业、种业、遮业、寿业、名业。与婆罗门教、佛教不同，它认为业也是一种细微不可见的物质，作业后就附于灵魂上，这就叫漏入。业随灵魂流转，并束缚灵魂，使之轮回，一个人今世地位是由前世作业决定，这叫系缚。制御，指要摆脱轮回就要摆脱这八业，为此，就要以种种方法抑制情结和欲望。积极的方法为谨持三宝——正智、正信、正行，即正确认识和执行教规教义。还有五戒：不杀生、不欺诓、不偷盗、不奸淫、戒私财（无所得）。只有经过如此苦行磨炼，才能消除现有业对灵魂的系缚，不再造新业。这就达到了寂静，从而能最终达到解脱。[①] 耆那教同样强调，人生的目的就是求得灵魂解脱，进入不生不灭的极乐境界。

严格要求不杀生和实行禁欲主义是耆那教的突出特点。按教义要求，越是苦行，越有利于摆脱业的束缚。僧侣应抛弃家庭，在森林隐居，或游

---

① 参见黄心川主编《世界十大宗教》，社会科学文献出版社，2007，第86~87页。

方，奉行苦行主义。大雄去世后，出现天衣派与白袍派之分。前者连衣服都抛弃，后者较灵活，主张允许占有一定的生活必需品。对在俗信徒只要求遵守五戒中的前三戒。

耆那教虽不反对种姓制度，但谴责婆罗门的特权地位，主张种姓平等，对低级种姓采取比较宽容的态度。据说大雄的第一个女弟子曾是个女奴。耆那教不禁止低级种姓的信徒获得知识；允许僧侣接受低级种姓的布施，包括食物。但教规规定，出生于贫苦的低级种姓家庭和婆罗门家庭的人不能担任导师。耆那教禁止在俗弟子买卖奴隶，但和佛教一样，也不许未解放的奴隶及未偿清债务的人入教。这说明，它也和佛教一样，并不在原则上反对奴隶制度。耆那教和佛教一样也强调王权至上，这与反对婆罗门特权地位是一致的。它也赞同发展商业。这和它五戒中的戒私财一条看似矛盾，实则不矛盾。因为戒私财被解释成仅仅禁止占有地产，对经商、放高利贷则不加限制。这就能够说明，为什么耆那教会受到商人的积极支持。

耆那教的出现就其社会意义来说，与佛教有很多相似之处。它也代表了商人和刹帝利的利益，反映了他们的要求，反对杀牲祭祀，支持商业，支持加强王权，这都对社会经济发展有利。和佛教不同的是，它过分强调不杀生（连昆虫都不能伤害）和苦行主义，注定了在农民和许多手工业者中得不到支持，农民耕地、手工业者做工是不可能像它要求的那样不杀生的。这样，耆那教就不能有广泛的支持者，而是仅仅成了商人、少数手工业者和城市居民的宗教。耆那教作为一种宗教，同样对下层群众起麻醉作用。

耆那教的经典是《十一支》（支，意为部分），是大雄去世后 200 余年他的弟子结集汇编的。大雄否定崇拜神，在他去世后，也被神化。这是必然的。任何宗教思想体系都要把人引向彼岸世界，如果不造出个神来，彼岸世界就不会有谁来主宰乾坤了。

这一时期兴起的派别还有生活派（阿什斐迦派），汉译佛经称之为邪命外道。主要代表人物是末伽梨·拘舍罗。该派也否定神及有关神存在的观念，认为宇宙和一切生命是由各种元素组成，其中有物质的，也有精神的。而且各种元素的结合是命定的，在命定的锁链中，人的意志无能为力。这是一种宿命论。它强调一个人今世的苦乐由前世行为决定，前世的苦构成今世的乐，两者相等。因此，它主张必须以极端苦行为来世创造幸福。这一派对苦行强调得更极端，在群众中没有多少信徒。

佛教、耆那教、生活派尽管最初都以无神论反对婆罗门教，但它们本身也是宗教派别。它们的作业、轮回、解脱观念都借自婆罗门教。从思想体系上说，它们与婆罗门教只能说是大同小异，不过是以一种神学唯心主义反对另一种神学唯心主义。

这一时期在反婆罗门教诸派别中，有一个唯物主义流派。它不属于宗教派别，而是一种哲学思想流派，这就是顺世论派。其创始人是阿耆多·翅舍钦婆罗，属佛经所说六大师之一。

顺世论哲学大约在公元前一千纪前半期即已出现，在公元前6~前4世纪社会思想激烈变动时期异常活跃，成了反映劳动人民利益的一面旗帜。它和佛教、耆那教客观上形成了反婆罗门教势力的统一战线，但从思想体系上说，它不但成了婆罗门教的一个强有力的对手，而且对佛教、耆那教也是个挑战。

顺世论哲学否定神的存在，否定神创世说，主张世界是由地、水、火、风四大元素组成。人也如此，人生为四大的统一，死后四大复归。四大构成人，包括肉体、意识两方面，意识属于肉体，人死了也就没有意识存在。这就否定了一切关于灵魂存在、轮回转世、梵我如一和涅槃的说法。这种说法虽然本身还不是真正科学的，但它强调物质第一性，在思想领域独树一帜，对启发人们思想起了重要作用。顺世论还反对祭祀和苦行主义，肯定现实世界的生活，指出前世、来世不存在，轮回不存在，人生目的是要努力追求现世的幸福生活。对种姓制度也坚决反对，认为人生来平等。这个派别的主张反映了下层人民的要求，因此在下层人民中传播开来。

顺世论的唯物主义和反宗教主张遭到婆罗门教和佛教、耆那教的一致攻击，被认为是邪门歪道。其文献绝大部分被烧毁，没有任何典籍被保存下来，现在知道的观点主要是从其他派别批判它的著作中零零星星搜集起来的。这一事实反映了当时思想领域的斗争中尽管反婆罗门教是主调，唯物主义和唯心主义的斗争也是一个重要方面。

在佛教、耆那教、生活派和顺世论派等得到传播的情况下，婆罗门教的影响大为削弱。杀牲祭祀不得不减少，婆罗门的威望降低。但婆罗门还是竭力维护自己的特权地位。刹帝利、吠舍大商人支持佛教、耆那教，但还想同时利用婆罗门教，所以婆罗门教依然有相当影响。佛教、耆那教未正面否定种姓制，因此对婆罗门教的冲击作用很有限。

第五章

孔雀帝国时期

一 孔雀帝国的建立

亚历山大从印度河撤军的时候，北印摩揭陀国难陀王朝的统治也处于风雨飘摇之中。大概是各地发生了起义，详细情况不知。这时，一个叫旃多罗笈多·毛里亚的年轻人夺取了难陀王朝的王位，建立了孔雀王朝。关于旃多罗笈多的出身、种姓，说法不一。婆罗门传说他是难陀王朝的国王和一个首陀罗女子所生，也有说他家族是为宫廷养孔雀的，佛教文献则说他出身于毛里亚族。毛里亚来源于 Mora，意为孔雀。这个家族原住在靠近今尼泊尔边界的哥拉克浦尔地区，属刹帝利种姓，也有说属吠舍种姓的。相传他生在华氏城，父早亡，母亲把他交给一个牧人收养，后者把他卖给一个猎人。适有学者考底利耶路过，带他到呾叉始罗学习。在那里他学到了知识和本领。佛教、耆那教的文献说，他在呾叉始罗和考底利耶制订了推翻难陀王朝的计划。这些说法的可靠性如何很难确定。希腊史学家查士丁在《庞培·特洛吉〈腓力浦史〉摘要》中说，他招募了一帮“盗匪”，鼓动印度人推翻不得人心的政府，拥戴他的领导。① 很快有很多人加入，发展成一支强大的武装力量。亚历山大死后，其占领的印度河地区局势不稳。旃多罗笈多领导了驱逐亚历山大留下的驻军的斗争，较顺利地取得了成功，公元前 317 年马其顿驻军撤走。推翻难陀王朝则经过了艰巨的战斗。佛教文献说，在决定性战斗中，难陀王朝方面投入庞大兵力，死伤甚众。旃多罗

---

① 转引自 V. D. 马哈江《印度史，从远古到 1526 年》，新德里，1981，第 164 页。

笈多攻下华氏城后，仍以之为都城，逐渐控制了整个恒河流域。公元前 322 年，旃多罗笈多加冕称王（时间有不同说法。有说为公元前 324 年的，有说为公元前 317 年的）。因族姓意为孔雀，他建立的帝国史称孔雀帝国。

旃多罗笈多把原难陀王朝的领土和从马其顿人统治下解放出来的西北地区都置于自己统治下，印度河流域一些小国被兼并。这样，帝国的版图便包括整个印度河流域和恒河流域。

公元前 305 年，西亚塞琉古王国（马其顿帝国瓦解后出现的）国王塞琉古一世率军侵入印度河以西地区，声称要继承亚历山大在这里的统治权。塞琉古一世的军队过了印度河，但被旃多罗笈多打败，被迫签订条约，把阿富汗斯坦的一部分包括今坎大哈、喀布尔、赫拉特等地区和俾路支斯坦部分割给旃多罗笈多，后者给他 500 头大象作为补偿。两个国王还结为姻亲（旃多罗笈多娶塞琉古一世之女）。孔雀王朝的西北边界达到了兴都库什山脉和阿富汗斯坦。旃多罗笈多还向次大陆西部、南部扩张，西部征服了索拉施特拉，南部征服了纳巴达河以北地区。旃多罗笈多成了促进全印统一的第一个国王，这是他的历史功绩。据耆那教传说，他晚年皈依了耆那教。

旃多罗笈多在位 24 年，他去世后由其子宾头沙罗继承王位。宾头沙罗在位期为公元前 298～前 273 年。他统治时呾叉始罗曾两次发生人民起义，但都被镇压。他继续在南印征服，把帝国疆界扩大到南印德干地区。

宾头沙罗去世后，其第二个儿子庇耶陀西即位，他就是阿育王。有记载说，他的即位在诸王子间引起一场激烈的王位争夺战，他的许多兄弟被杀，具体情况无法确证。他在位期为公元前 273～前 232 年。

阿育王即位后继续扩张领土。他把在东印的征服推进一步，公元前 261 年也即他在位的第 13 年征服了东海岸的羯陵伽。这是他在位期间最重要的战事，也是最后一次。阿育王铭文中提到这次战争俘虏 15 万人，10 万人战死，因战争关系，死亡的总人数还要多此数倍，说明是遇到了激烈抵抗。此后再没有扩大征服；孔雀帝国版图至此达到顶点：东起布拉马普特拉河，西至阿拉伯海，西北包括阿富汗斯坦大部分地区，南抵佩内尔河。次大陆处在其版图之外的只有迈索尔南部地区和半岛最南端。据记载，半岛最南端这时已出现一些小国，主要有朱罗、潘地亚、基腊罗普特拉和萨蒂亚普特拉。这样，经过从旃多罗笈多到阿育王的征服，孔雀帝国扩展成次大陆有史以来第一个统一的大帝国（见图 5-1）。

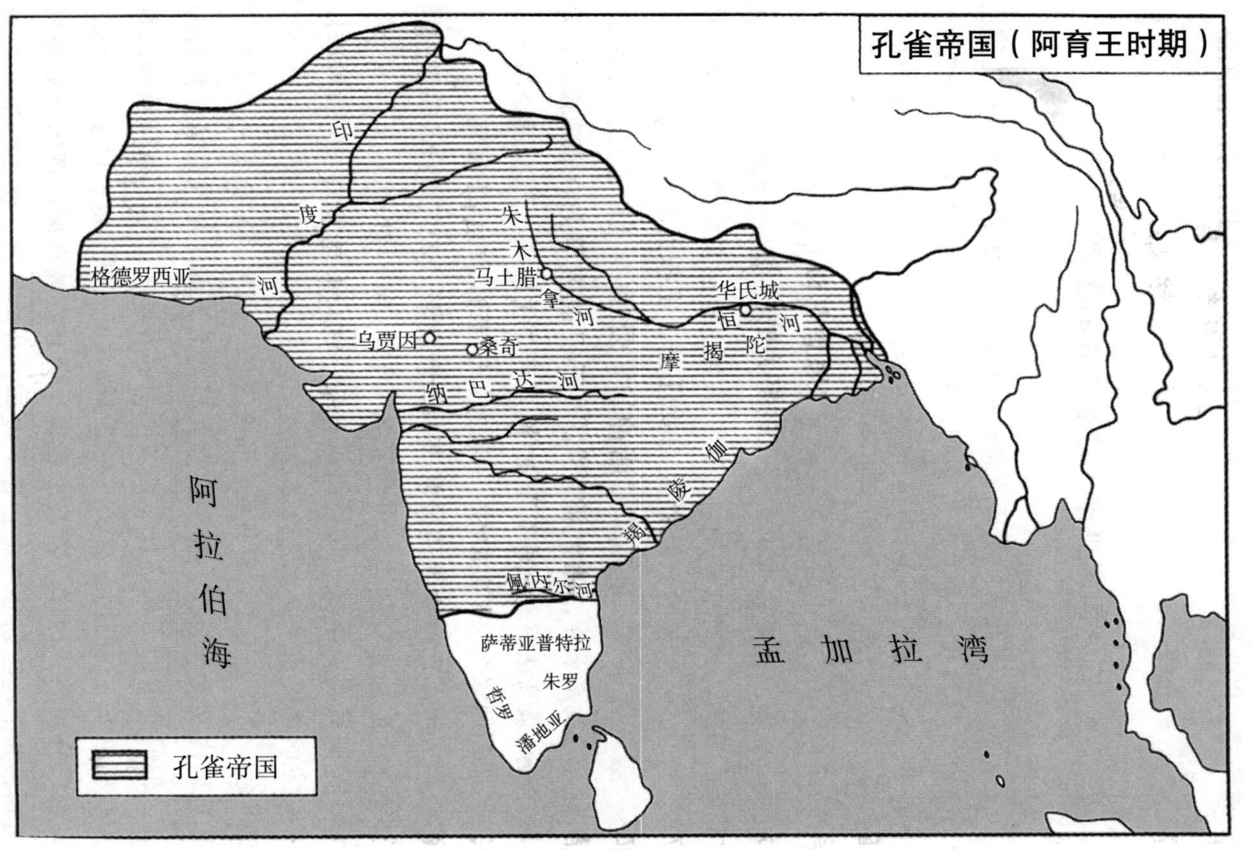

图 5-1　孔雀帝国（阿育王时期）

孔雀帝国与次大陆以外的周围国家建立了联系。塞琉古帝国先后派麦伽斯提尼和德玛科为使节常驻华氏城。阿育王铭文还提到埃及、马其顿、叙利亚、施勒尼、伊庇鲁斯等国家，并说与它们互有使节往来。他还向一些国家派出佛教使团。

二　国家机器和统治方式的发展

孔雀帝国的广大领土是征服得来的，要巩固征服成果，就要有比较完备的政治统治体制和较牢固的经济基础、思想基础。孔雀王朝的帝王们，特别是阿育王，在这方面是做了很大的努力的。他们建立起了印度历史上第一个中央集权的统治体系。

建立以王权为中心的国家机器是首要任务。王权开始被神化。阿育王在铭文敕令中自称“天爱喜见王”，即“诸神的宠爱者”。《摩奴法论》则宣称国王是由雷神、风神、死神、日神、火神、水神、月神和财神的不朽的分子“创造的，所以他的光辉胜过一切生物”，他是“具有人的形象的伟大神明”，“从本性来说，他就是火神、风神和日神，他就是月神和法王，他就是财神，他就是水神，他就是雷神”。① 国王握有国家的最高权力，是最高行政首脑、最高法官和最高军事统帅。《政事论》说“国家就是国王”，这相当于“朕即国家”。王位世袭，一般由长子继承，由国王确定。一切高级军政官员都由国王任命。国王诏谕成了最高法律，这些诏谕甚至对人民的社会和宗教生活都加以规定。诏谕常说“所有人都是我的孩子”。这样，国王就成了专制君主。不过，在行使权力时，国王还多少受大臣会议的限制，军事民主时代的遗风尚未完全绝迹。

《政事论》说，国王之下有首相、税务总长、司库、军队司令、主祭司等大臣。他们构成大臣会议，在一切重大问题上为国王出谋划策，执行国王的决定。他们都由国王挑选任命。大臣们都有助手，成了各行政部门首脑。还有规模更大一些的国务会议，在紧急需要时召开会议，供国王咨询。

行政部门有税收、国库、公共工程等，设有各级官职。帝国核心地区由中央直辖，其余地区划分为省，省下设县，基层是村。宾头沙罗和阿育

---

① 《摩奴法论》，蒋忠新译，中国社会科学出版社，1986，第七章。

王在位时最重要的省有四个：北部省，首府呾叉始罗；南部省，首府苏瓦纳吉里；西部省，首府乌贾因；东部省，首府陀萨里。这四个省省督由王子们担任。他们有处理地方事务的大权，不过，处理重大事务要通过省的部长会议。省部长会议权力较大，可直接向国王报告。这也是牵制省督、防止反叛的一种办法。省督经常派遣特别的官员去各地视察，监督地方官员的工作。东部省由原羯陵伽构成，因征服不久，统治办法有些特殊。这里一般事务由地方上层处理，省督不具体干预。国王不定期来此巡视，这也是对羯陵伽上层的一种安抚政策。孔雀王朝对新征服地区的统治有不同形式。麦伽斯提尼就提到，在帝国的边远地区还保留一些原有的小部落共和国，维持着传统的政治形式。

华氏城、考山比、呾叉始罗、乌贾因是最重要的城市。阿育王铭文讲到城市分内地城市与外地城市两种。内地城市指中央直辖地区的城市，中央控制较严。城市大都设总监治理。麦伽斯提尼记载说，都城华氏城的管理机构是中央任命的、由 30 人组成的行政会议。它分为六个委员会，分别负责手工业管理、外来人管理、户口登记、商业管理、销售产品盖印和税收工作。较小城市不一定有各种委员会，但有大致相当的官员。外地城市同样有省督任命的管理机构，但有些城市保留了自己独特的印章，也可能行政会议官员是自己选出后报请省督认可的。对边缘地区和城市采取较灵活的统治体制有利于安抚地方上层，增强帝国的凝聚力。

保持一支强大的军队是帝国统治的根本。据罗马史家普林尼记载，帝国兵力在旃多罗笈多时为步兵 60 万人、骑兵 3 万人、战象 9000 头，还有 8000 辆战车和一支水师。麦伽斯提尼说孔雀王朝军队有 40 万人。中央军事机构分为六部，分管骑兵、步兵、战车、战象、运输和水师。军队驻扎在战略要地。希腊史家认为，孔雀王朝军队的庞大不仅在印度历史上，就是与同时期亚洲其他国家比起来，也是相当突出的。

使用密探是另一个重要的控制手段，这一办法并不始于孔雀王朝，但正是孔雀王朝使其达到极大规模。密探按系统直接向国王密报。各式各样职业的人都被利用起来做密探的线人。国王白天接见大臣，晚上接见密探。不但一般百姓、各级官员，就连国王的儿子也有密探暗中盯梢。

这样庞大的行政机构和军队，其薪金和花费要求有充足的财政供给。

孔雀王朝时期形成了一整套税收制度。《政事论》开列的税单包括土地税、城市税、森林税、矿山税、道路税、执照税、产品税、商品税等，说明税收名目的繁多。有一套机构负责收税。农业税从产量的1/6到1/4不等。使用国家提供的水利设施要另外缴纳水税。

倡导社会和谐的重要性越来越被孔雀王朝的帝王们所认识。尤其是阿育王，他在这方面有深谋远虑。其做法：第一，通过石刻铭文直接向百姓发布旨意。考古发现在整个帝国范围内许多地区都有阿育王的铭文。铭文刻在专门竖立的石柱上或岩石上。现已发现45处，181篇。用的是各地的俗语，以婆罗米字体书写（见图5-3），在西北地区，也有用佉卢体和阿拉米体书写的。他要百姓知道，他是为了百姓幸福、为了和平而统治帝国的。铭文多刻在交通要道处或人群聚集的地方，显然是希望让尽可能多的人知晓。

图5-2 石柱

图 5-3　铭文的婆罗米字体文字

第二，利用佛教，安抚民心。阿育王第 13 号大铭文讲到，羯陵伽之战给人民带来的大量伤亡使他感到痛苦和悔恨，他决定不再使用暴力并皈依佛教。这是可能的。但看来更重要的是，他看到靠武力建立的这个大帝国并不巩固，安抚民心对巩固统治是必不可少的。当时，佛教正处在上升阶段，颇得民心，所以他要利用这个新宗教来服务于巩固帝国的目的。孔雀王朝的帝王们包括阿育王原来都是信奉婆罗门教的，但对其他宗教并不反对。阿育王接触过佛教僧伽，研究过佛教经典，对佛教有一定了解，他皈依佛教也不是没有思想基础。他声称，从佛教教义中找到了安慰自己负罪心灵的最好手段，并说这样做也是为了满足人民的愿望。他大量建筑佛塔，广修精舍，对佛教寺院慷慨捐赠，亲自去各地巡礼佛迹，还带着女儿去了兰毗尼园，访问了迦毗罗卫城。佛教第三次结集就是在他的赞助下在华氏城举行的。他还要求僧伽保持团结，规定对破坏僧伽团结的僧尼要逐出教团。佛教大规模传播到国外是从这时开始的，阿育王派大量僧侣到希腊化国家、锡兰和缅甸传教。他的儿子摩哂陀和女儿僧伽蜜多去锡兰，受到国王帝须的热烈欢迎，该国成了佛教国家。

不过，阿育王并没有把佛教变成国教，作为一个帝王，他把个人信仰和国家政策区分开来。对于国家的宗教政策，他实行的仍是兼容并蓄政策。他知道，尽管佛教、耆那教传播日广，婆罗门教势力减弱，但其在群众中依然有强大影响，在这种情况下，作为国家的政策，独尊任何一派而排斥其他，都会激起相当一部分人的反对。所以他宣布“国王尊重所有教派的人”，“天爱喜见王以种种布施和礼遇对各派宗教僧团的人表示敬意，无论他们是出家行者，还是居家俗人”。[①] 又说，国王所希望的是“一切教派皆能在他的版图之内的所有地方和睦相处”。[②] 大量的铭文宣传宗教团结和容忍，规劝各教派相互尊重。他向各教派布施，还建造石窟提供给生活派、耆那教僧侣居住。

第三，他自己提出一种“达摩说”（达摩意为大法、诚信），广为宣传，力图创立一个具有包容性的新的思想体系，作为国家的指导思想。阿育王感到，通过暴力建立统治，被征服者是不甘心的，他们对统治者心存的忌恨是很难化解的；在宗教方面，存在不同教派，它们会为争夺群众随时发生冲突，成为社会不稳定的根源。正是为了疏通民心，消除宗教间冲突扩大的可能性，促使这个庞大的帝国内部各种不同成分间建立起和谐的秩序，形成一种共同的责任感，他提出了自己的“达摩”主张，要求全国人民遵守和奉行。他的“达摩说”的主要内容是：孝顺父母、尊敬长上、宽厚容忍、自制自洁、尊重别的宗教、善待奴隶和仆人等。如第 11 号大岩石铭文讲到遵循达摩就是“善待奴隶和仆人，服从父母，对朋友、熟人、亲戚、沙门、婆罗门友爱慷慨，不杀生”。第 2 号石柱诏书说：“遵行达摩就是做了功德。然而达摩都包括哪些内容呢？它包括少作恶、多行善、慈悲、慷慨、真诚、纯洁。”第 12 号石刻诏书说：“达摩基本精神的发扬光大可以表现在很多方面，而根本所在则是出言谨饬，即不在不当的场合称扬自己的教派或贬低别的教派。”每个人“都应该在所有的场合，并以一切方式对别的教派给予充分的尊重”。[③] 为了防止宗教冲突，他禁止举行公众的宗教节日庆祝活动或集会，只允许举行由国家举办的活动。禁止杀牲祭祀，禁止宰杀天鹅、鹦鹉等许多种生物食用。他本人停止狩猎，并命令御膳房每天

---

① 《阿育王铭文》，西卡尔译，新德里，1975，第 49 页。

② 《阿育王铭文》，第 45 页。

③ 《阿育王铭文》，第 49 页。

只准宰两只孔雀、一头鹿。阿育王说，坚持这些原则不仅对社会有利，而且于每个人都有益。这些主张很像中国的儒家伦理。有人说，阿育王宣扬达摩主张就是宣扬佛法，传播佛教，这是不正确的。他的“达摩说”并非佛法，并非佛教信仰，而是把佛教中道德伦理因素和其他宗教的及非宗教的道德伦理因素糅合在一起，构成一个超越各宗教之上的、阐明君臣关系和各种人与人之间关系的道德伦理体系和行为准则，在多数情况下是从世俗角度而不是从宗教角度说的。这是出于巩固统治的需要而不是为了弘扬佛教。所以把它说成宗教宣传是不适当的，毋宁说这是一种具有明显政治目的的道德倡导。在“达摩说”提出后，阿育王命令所有官员都要大张旗鼓地宣传它，又专门设立了达摩大监察官的职位，委派强有力的人担任，监督各项原则的落实。他本人还亲赴各地巡视，并要求各级官员也都要深入自己的辖区，检查贯彻情况。当时，帝国境内还有很多仍然过着狩猎、渔牧生活的土著部落。阿育王要求官员对这些部落也要灌输“达摩说”，促进他们的文明开化。

上述这一切制度和措施对缓和矛盾、维系全国统一，使孔雀帝国能维持 130 多年都起了积极作用。整个阿育王统治时期政治局势较为稳定。他本人非常自豪地说，由于他采取的政策正确，已“使鼓声化作法音”，他的“达摩说”“已为人民所效法，并正在遵行。他们由此而获得了进步并将继续进步”。①

阿育王是印度历史上第一位伟大君主，孔雀王朝统治体制和政策的确立大都是和他的名字联系在一起的。他着眼于帝国的巩固和发展，敢于突破陈见，独树一帜，不愧为有远见、有魄力的政治家。他的建树对后世有很大影响，一直是帝王们效法的榜样。然而，阿育王的愿望并未能完全实现。他提倡不诉诸暴力在当时基本上完成了征服的特定情况下是可以理解的，但不能作为原则实行，对一个国家政权来说也不现实。他的“达摩说”被遵行是有限的，在宗教思想牢牢支配群众的时代，世俗伦理的提倡显得苍白无力。如果说他的“达摩说”在一定范围内被遵行了，那只是作为帝王的命令被臣民去奉行，而不是被人们当作信仰去追求。所以阿育王去世后，他的“达摩说”也就再无人提起。

---

① 《阿育王铭文》，第 68 页。

三 农业和工商业的发展

孔雀王朝100多年的相对和平局面为帝国经济发展创造了条件。

农业发展受到特别重视，农业税是国库收入的最基本的来源。《政事论》强调农业是社会财富的基础，应任命具有丰富农业基础知识的人担任农业官员。农业的发展表现为铁犁、铁锄、铁斧等工具使用地区的扩大，以往在恒河中下游比较普遍，现在在印度河流域以及南印、西印也很普遍了。这大大有助于开垦荒地，扩大种植面积和精耕细作。孔雀王朝实行有组织的垦荒，建立了许多移民村，羯陵伽战役的大量战俘可能很多都被送去开荒。水利灌溉朝着形成系统的方向发展，多数是村社和地方政府兴建的，有渠道、水池、水井，村社有管理水利的人员，地方政府有专门的水利官员。中央和省政府也在最需要的地方重点兴建，如在卡蒂亚瓦尔的苏达尔萨纳湖上修筑了水坝。凡是受灌溉之益的要缴水税。在西印度朱纳加发现的一个属于150年的铭文，讲到孔雀王朝兴建的水坝还在使用。孔雀王朝时期耕地面积扩大，产量有了提高。经济作物棉花、麻等种植面积也较前增多。

到孔雀王朝时期，土地国有制（国家所有或国王所有是一回事）已经正式形成。国王成了全国土地的最高所有者。印度教某些经书、某些佛教经典、麦伽斯提尼的记载都指出了这点。印度教《卡提雅纳法经》说，国王是全国土地的主人，有权获得土地产品的1/6。佛教《长阿含经》卷6说，国王是"田地的主人"。麦伽斯提尼的记载说"全国皆为王室之所有"，"全印度皆为王室的土地，私人不得占有任何土地"。希腊地理学家斯特拉波根据亚历山大东征时期随军人员的著述和麦伽斯提尼等的记述写的《地理学》也讲道："整个国土归国王所有，农民耕地要缴1/4的产品。"① 在原始社会末期，土地本为部落或村社公有。随着国家的形成和王权的增长，一个国家的领土便被宣布为国家或国王所有。十六国时期已初步形成这个趋势，孔雀帝国时最终完成了这个发展过程。这是中央高度集权体制建立的必然结果。

但土地国有只意味着国王或国家拥有土地的最高所有权，包括对耕地、森林、荒地、矿藏的所有权。至于土地实际上的占有，则有不同形式。

---

① 斯特拉波：《地理学》第7卷，琼斯译，伦敦，1916，第69页。

第一种占有形式是国家领有土地，即国有土地。它又分为两类：一类是土地仍然由村社长期占有，按户分成份地，由村社农民世袭占有使用。牧场由村社农民共同使用。在经济落后的边远地区和山区，氏族公社还存在，那里土地公有共耕的情况还多少保留。无论是村社还是氏族公社，耕种土地的农民都要向国家（国王）纳税，通常是收获物的1/6，也有高于或低于此数的，从1/8到1/4不等。多数文献记载，土地税只此一种，但斯特拉波在其《地理学》中讲到，农民缴纳两种地税：一种叫巴利，是土地税；一种叫巴加，为产品的1/4。阿育王兰毗尼园诏谕铭文也讲道，他豁免了该村的土地税（巴利），把应缴给国家的农产品（巴加）减为1/8。究竟是缴一种税还是两种税，没有更多材料说明。地税是以村社为单位收缴的，税额规定到户，由村社头人收齐上缴。土地既已由各户长期占有使用，其占有权就受到保障。《那罗陀法论》强调："三代相继据有的田地……不能靠强占使之脱离（其合法主人）。""家长的房屋和田地被认为是他生存的两个基础。因此，不要让国王颠覆其中的任何一个。"[①] 农民只要按规定纳税，其占有、使用权是不能被剥夺的。

另一类是《政事论》所说的王室土地，即国王或国家直接领有的土地，包括王庄、移民村以及荒地、森林、水源、矿藏等。王庄、移民村都有专门官员管理。王庄由奴隶、雇工和囚犯耕种，移民村土地由首陀罗移民或战俘耕种。王庄的劳动者中，奴隶、囚犯只能得到口粮，雇工可以得到微薄的工资或实物分成；移民村每户农民分种一份属于国家的土地，分得收成的一部分，缺少牲畜和种子的，国家提供，分成时扣除这部分垫支。王室土地的收入直接上缴国库。

第二种占有形式是国王赏赐、捐赠土地给婆罗门、佛教寺院或某些宠臣，由他们私人占有。赏赐给婆罗门的"梵分"地，数量增多。如《佛本生经》讲到一个婆罗门从国王那里得到5个村子、100个女奴和700匹马的赏赐（第456、546篇）。《阿育王经》讲到赐给高僧优波笈多"一国"（一个地区）封邑。在移民村，按照《政事论》的说法，可能一些管理的官员也得到封地。《政事论》说：在新建的移民村，国王"应给予祭官、国师、

---

① 《那罗陀法论》第11篇第27、42条，见马克斯·缪勒主编《东方圣书》第33卷，牛津，1879。

王室祭司、博通吠陀的婆罗门以梵分土地，不收罚金和租税，由其继承人世袭。给予各部门主管人、理财官等人和高帕（地方负责人）、斯塔尼（地方负责人）、驯象人、医生、驯马人和信使以土地，但不得买卖和抵押”。[①]这个办法是否都实行了，不得而知。各类赏赐和分封土地，赏赐和分封的都不是土地的所有权，而是税收收入，只不过有的可以世代继承。赐封的土地有的是国家直接领有的荒地，有的是村社农民耕种的土地。在后一种情况下，只是把一些村社的土地划拨给受封赐者，由他们收取原来村社应缴纳给国家的土地税，村社对土地的占有权不变，这些土地上原来的耕种者照样占有和耕种其土地。如果说这种划拨对耕种土地的农民有什么影响，那就是：以前他们只是和国家发生关系，现在他们上面多出了一个私人占有者，他们成了这些占有者占有土地上的农民。这个变化会带来什么结果，以下有关章节将会论述。私人向婆罗门或寺院捐赠土地的也有，但这类记载很少。

第三种是私人垦荒而得到占有权。《摩奴法论》说，土地属于最早砍伐树木的人，而鹿属于第一个射死它的人。这一规定可以说明对私人开荒是鼓励的。开垦的土地有的自耕，更可能是雇工耕种。税收开始时减免，一段时间以后再按正常税率缴纳。

这一时期的文献如《政事论》等讲到了土地的转让、抵押和买卖，表明已有这类情况发生。但很明显，土地买卖受到国家所有制、村社占有制的双重限制。如《政事论》规定：“纳税者只应把自己的田地卖给或抵押给纳税者……否则他们应被处以头等罚金。”[②] 又规定：“购买不动产，优先权按下列次序安排：一、亲戚，二、邻居，三、债主，然后其他人。买者应在该屋前向四十户受人尊敬的邻居宣布。”“要当着邻居和村庄首领的面指明该地产、园圃、灌溉设施、水池或水塘的边邻四至所在。”[③]《政事论》还规定：“婆罗门只应把自己的梵分地即被赠与的土地卖给或抵押给受领有类似土地的人，否则，他们应被处以头等罚金。”[④]

土地的捐赠、抵押、买卖是否表明已有土地私有制出现？古代印度到

① 《考底利耶的政事论》，N. P. 乌民译，德里，2006，第 2 卷第一章。

② 《考底利耶的政事论》，第 3 卷第十章。

③ 《考底利耶的政事论》，第 3 卷第九章。

④ 《考底利耶的政事论》，第 3 卷第十章。

底存不存在土地国有制？在这两个问题上学者们看法不一。第一种看法是肯定此时不但形成了土地私有制，而且形成了大地产，土地当然可以转让、出卖。持这种观点者不认为有土地国有制存在，认为文献中所谓国王是全国土地所有者的说法不过是“溥天之下，莫非王土”一类空泛的王权观念，并不真正构成对土地的所有关系。他们说买卖就是个人对土地拥有所有权的表现。第二种看法相反，认为土地国有制是真实存在的，并非空泛的王权观念。因此，土地转让、买卖只是占有权、税收收入权的转移，不是所有权的转移。不存在土地私有制和土地所有权的买卖。第三种看法认为印度由原始公有制向私有制的转化是个漫长的过程，直到英国征服前夕还没有完成这种转化。随着时间的推移，私有制的因素越来越强，公有制的因素减弱，但只要没有完成这种转化，就会表现出地权的公私二重性和由此而产生的地权的分割。[①] 笔者同意第三种看法，认为土地国有和私有倾向的逐渐增强是并存的，并非有此无彼或有彼无此。印度在原始社会瓦解后产生了土地国有制，形成了土地国有、村社占有、农民世袭使用份地的结构。土地国有制长期存在，直到英国征服时也没有被突破。不过随着商品经济因素的出现和发展，在土地国有制框架下，确实很早就出现了私有倾向和私有因素，而且随着时间的推移，总的趋势是私有制因素越来越强，国有制因素越来越弱。份地世袭反映了向私有制转变的趋势，当它可以转让、买卖时，就是向转变为私有制迈出了关键的一步。这是商品关系发展的表现，是国家控制力削弱的表现。但只要国有制存在，它对这个转变就仍有约束力，这个转变就还是在国有制的大框架内进行，因此就不是完全的真正的私有化。土地捐赠和分封也是这样。开始时封赠的只是税收收入，后来封赠的范围越来越大，且权利的转移可永远世袭，实际上与土地所有权的转移几无差异。但只要土地国有制的框架仍在（如规定在特定条件下土地可由国家收回），受封赠者得到的就不是完全的所有权，土地的转让、买卖就只是占有权的转移。我们必须这两方面都要看到，既不能对私有倾向的日益增强视而不见，同样，也不能一看到土地买卖和赐地的现象，就断言是土地所有权的买卖，是土地私有制的体现，进而否定土地国有制的存在。土地关系在印度确实是很复杂的。土地转让和买卖的出现只是土地由

---

① 黄思骏：《〈印度土地制度研究〉前言》，《南亚研究》1996 年第 Z1 期。

国有制向私有制转变的漫长历史过程的阶段性进展的标志。

村社是农村的基本结构。耕地以村社为单位分配给各农户，作为份地，牧场共用。村社内部实行农业与手工业直接结合。纺织是家庭副业，家家男耕女织。村社内有专门的手工业者如铁匠、木匠、陶工、理发匠等。他们或有小块份地，或靠村社农户提供口粮，作为对他们服务的报酬。村社头人由村社全体成员会议选出，他接受政府任命，成为村长，负责收税，也负责村社的行政管理。村长下有由长老们组成的评议会（潘查雅特），处理各种事务。村社内有自己的婆罗门，他除主持祭祀外，还担任教师；还有会计、警卫等公职人员。由于税收是以实物缴纳，生活用品大多能自给自足。除了购买食盐、铁器等自己和本村社不能生产的产品，村社很少与外界联系。当一个村社人口增长到容纳不下时，一部分人会迁出，另建一个同样模式的村社。这样一种构成使印度广大农村自给自足，处在闭塞状态，不管外界王朝如何更替而长期保持，变化缓慢。

孔雀王朝也重视手工业和商业的发展。《政事论》对如何发展手工业和商业的问题做了专门的探讨。

手工业在孔雀王朝时有了较大进步。公元前 2 世纪开始能炼钢，在恒河中游发现了钢制的坚韧工具和锋利武器。属于王室的手工业作坊已能生产较精细的纺织品和金银宝石装饰品，供王室享用和对外输出。纺织品生产已出现地区专业化倾向，《政事论》提到许多生产地点，各有不同品种。《佛本生经》《政事论》提到中国的蚕丝，说明中国蚕丝已传入。《政事论》讲到印度已有自己的丝织业。恒河中游精制的黑色磨光陶器工艺精美，行销全印，北自呾叉始罗，南至阿玛拉瓦蒂的广大地区都在使用。犍陀罗毛毯全印闻名。造船、石雕、采矿、冶炼等业得到较大发展。阿育王时官营的造船工场已能造出出海的大船。现在存留的阿育王时的石柱，重量达 50 吨，高 15 米以上，柱头雕有精美的动物形象，充分显示了手工业者的高超技艺。采矿和冶炼业是由国家垄断的，国家设有矿业监督。迈索尔金矿、乔塔纳格普尔的金矿和铜矿可能都是孔雀王朝时开始采掘的。开采的矿藏还有银矿、铁矿等。国家对矿山享有垄断权，但并非所有矿业都是官营，一大部分出租给商人经营。国家垄断矿业，不仅是为了增加收入，也是为了控制制造武器的物质资源。手工业的行会组织有进一步的发展。每个行会都有自己的规章，对自己成员的利益起某种保障作用。国家政权控制行会，但对其内部事务并不干预。手工业行会内有雇工，实行按时或按件计资，或给予产品价值的一部分，作为工资。官营作坊除使用手工业者的劳役和雇工外，有的也使用奴隶，私人手工业者使用奴隶的少见。

帝国版图的辽阔和长期的相对和平局面，使已经形成的以恒河下游为枢纽的辐射交通网保持畅通，大大便利了内外贸易的发展。孔雀王朝重视修筑道路，要求在路边植树挖井，改善了交通条件。麦伽斯提尼讲到皇家干道，它以华氏城为中心，西北通到边境，向东通到孟加拉、奥里萨。与南印的贸易逐渐发展起来，恒河流域先进的手工艺开始传播到南方。恒河是水上主要交通干道，承担了货物运输的相当部分。贸易品除手工业产品外，也有农产品。《佛本生经》讲到有一个富商，有成百辆牛车，在城乡间进行粮食交易。① 海外贸易继续发展，东南与锡兰、缅甸，西北与波斯湾、西亚有贸易往来。输出品有铁器、宝石、纺织品、珍贵木材等。海外贸易要冒很大风险，文献记载，航行常常要数月（那时还不知季风，季风知识公元初才获得），旷日持久。为鼓励海外贸易，《政事论》提出要为海外贸易规定240%的高利率。这个利率后来降低了一半，表明这种贸易有了发展。商人也组织了各种同业公会。国家对商人征收营业税，一般是商品价值的1/10。

压印货币普遍使用。有材料说孔雀王朝本身发行了统一的货币，但在各地区仍有种种不同的货币流通，大概是地方政府或商人同业公会发行的。孔雀王朝发行的货币有王朝的符号和发行货币的君主的符号，没有文字。每枚钱币上有5个符号，其中太阳和车轮两个符号是每枚钱币上都有的，是王朝的符号，另三个符号因发行者不同而各异。《政事论》讲到有专门官员监督铸币和管理货币流通。钱币不仅用于商业，也用来支付官员的薪俸。民间赠礼也有不少是钱物并赠。私人开钱庄的多了起来，商业借款年利一般为15%。汇票使用已不是新鲜事。

在工商业发展的基础上，一批城市繁荣起来。都城华氏城成为商业最繁荣的大城市。它的城墙雄伟壮观，据记载有570个塔楼，64个大门。孔雀王朝注重城市管理，一方面为城市保留一些权利，另一方面对市场实行

---

① D. R. 查那那：《巴利文与梵文文献中所描写的古代印度奴隶制》，新德里，1960，第159页。

严格管理，在各城市派有各种监督官员。如商业监督官员负责批准商品价格，调节商品余缺；市场监督官员防止和处置欺诈事件；度量监督官员监督使用标准度量衡；税务监督官员负责征税，规定商人从利润中应得的比重，多余的归国家；等等。这些措施对商业活动免不了有所束缚，甚至妨碍，但是保证了市场秩序和城市稳定，对工商业发展和城市繁荣起了积极作用。对于一个新建的大帝国来说，这是必需的，其积极作用是主要的。国家本身也经商，官营手工作坊和矿场的产品，一部分直接供王室消费，一部分批发给商人，投入市场销售。

四　奴隶制的发展

孔雀王朝时期，奴隶制有进一步的发展，奴隶数量增多。

《摩奴法论》提到，奴隶的来源有七种："在行伍中或战斗中捕获的俘虏、为了衣食而为人服役的家奴、在主人家生于奴隶妇女的奴隶、被买来或被赠与的奴隶、由父子相传为奴者、不能清偿罚金被罚为奴者。"[①] 孔雀王朝之前，奴隶来源已趋于多样化，孔雀王朝时更为突出。值得注意的是，债务奴隶增多，这些人多半是陷入债网逃脱不出的农民、手工业者，也有婆罗门、刹帝利高级种姓沦为短期债奴者。这反映了随着商品经济的发展，社会贫富分化日益加剧。

奴隶被主人视作会说话的工具，可随意处置，包括鞭打、处罚、买卖、转赠。一个奴隶的卖价相当于八头牛的价格。奴隶受主人役使，没有任何自由。《佛本生经》经常讲到奴隶遭主人鞭挞，受到各种折磨。

奴隶的数量无法知道，但从奴价昂贵可以推断，数量不是很多。雅利安人征服者本来可以把战俘都转变为奴隶，甚至掠掳被征服部落的平民为奴，但没有这样做。这是因为：第一，经济上没有这种必要性。土地有吠舍农民和由被征服土著转化而来的首陀罗耕种，手工业生产和服务业有首陀罗和贱民担当，一切运转良好，并不存在缺乏人手的问题。第二，从政治上说，把被征服居民纳入雅利安人文明体制要比把被征服部落居民都转变为奴隶安全得多，更有利于巩固帝国统治。阿育王铭文强调善待奴隶，

① 《摩奴法典》，迭朗善译，马香雪转译，商务印书馆，1982，第209~210页。

说明他认识到奴隶制的存在是个不稳定的因素，所以羯陵伽战役尽管有 15 万战俘，但并没有把他们变成奴隶。第三，种姓观念和宗教习俗的限制。土著居民被认为是不洁的，许多工作不能让他们做，高级种姓甚至不能和他们接触，这就限制了把他们大量转变为奴隶的可能性。而雅利安人国家间战争获得的战俘都是高级种姓（只有刹帝利种姓才有资格当兵），把高级种姓变为奴隶对维护强调高级种姓尊严和权威的种姓制度是不利的，这也是不能把战俘都变为奴隶的原因。

从现有材料看，只有很少部分奴隶直接从事农业生产。在国王庄地上用的奴隶可能稍多些。《政事论》提到国王庄地可用三种劳动者耕作，即奴隶、雇工和罪犯。原文是："农业监督人应该用奴隶、雇工和罪犯在多次犁过的王田上播种。"[①] 佛教文献也有一些关于国王庄地奴隶劳动情景的描述。但国王的庄地并不多。奴隶用于私人土地上的记载有一些。如佛经中曾说到贝拿勒斯附近有奴隶村，一个叫庇法里·马纳瓦的人有奴隶村 14 个。[②] 大概他的田地主要是奴隶耕种的。佛教文献提到婆罗门考西耶果陀有 1000 迦梨沙稻田，一半雇工耕种，一半由主人"自己的人"耕种。这"自己的人"中可能有主人的家人，也可能有奴隶。佛教、耆那教文献都提到了一些大地产。如提到婆罗豆婆遮有 500 具犁耕田，波腊沙罗有 600 具犁耕田，迦毗罗有 999 头耕牛田作等，但都没有提到耕种者是什么人。据推测可能有雇工，也可能有奴隶。《生经》中讲道，一个婆罗门"苦役奴子，酷令平地，走使东西"。[③]《五分律》记载，文荼长者家有一名奴隶从事耕耘。还提到"有诸比丘尼，畜田犁牛奴，自看耕种"。[④] 奴隶用于辅助性劳动的多一些，如做饭、推磨、舂米、收割等，这类奴隶中女奴较多。这就是已知的一些记载了，其中多数都不确定或只是推测。

奴隶用于手工业生产的也有一些。《政事论》中讲到王室纺织作坊使用女奴和女雇工。男奴隶有用于酿酒和榨油的。私人手工业者和商人使用奴隶的极少。

从现有文献材料看，奴隶大部分用于家庭服务，做仆人、侍从、舞女、

---

① 《考底利耶的政事论》，第 2 卷第二十四章。

② D. R. 查那那：《巴利文与梵文文献中所描写的古代印度奴隶制》，第 42 页。

③ （西晋）法护译《生经》卷 1。

④ 《五分律》卷 22。

歌手、奶妈等。主要集中在宫廷和显贵之家，女奴居多。有的权贵家女仆前呼后拥，为数甚众。《佛本生经》讲到一个大臣家有 700 女奴，提到贵族或富商女子出嫁时，常有大量女奴陪嫁。《梵书》中也提到统治者赠送大量女奴给婆罗门僧侣。[①] 值得注意的是，佛教寺院也有大量供役使的奴隶。《大唐西域记》记载佛寂灭后第 50 年，寺院便“于诸异国鬻买贱人，以充役使，以供僧用”。[②] 这里的贱人，指的就是奴隶。

奴隶的阶级地位是最低的。但如果和希腊、罗马的奴隶做比较，印度的奴隶的处境要好一些。没有主人可任意杀害奴隶的规定，也没有用奴隶殉葬的做法。阿育王的铭文、法论和《政事论》都强调要善待雇工和奴隶。《政事论》规定，奴隶可以有自己挣的财产，其财产可以由亲属继承。债奴的孩子不应是奴隶。女奴隶如果为主人生了孩子，母子都可获得自由。善待女奴被特别强调。《政事论》规定，如果强迫抵债的女奴收拾尸体、污物或残羹剩饭，如果逼迫女奴为裸体的主人洗澡，如果鞭挞或强奸女奴，所抵债务即被勾销。[③] 强奸和侮辱女奴的主人，出卖怀孕女奴而不提供必要食物的主人，强迫女奴做肮脏下贱工作的主人，都要受到罚款惩处。还规定，债奴到期应获得自由，主人不给自由者要受罚。奴隶还可以赎买自由，主人不允者也要受罚。高级种姓战俘奴隶在一段时期后可获得自由，或以奴隶价格的半价为赎金赎回自由。对奴隶不许苛待，没有正当理由监禁奴隶者，要受罚款的惩处。这些清楚地表明，国家不允许过分虐待奴隶，特别不允许虐待高级种姓奴隶。

不能说印度的奴隶主特别善良，也不能说上述规定都实行了，以至于所有奴隶特别是出身低级种姓的奴隶都受到了较温和的对待。但从总体上说，不能不承认印度奴隶受的待遇略微宽松一些。其原因除了统治者巩固帝国的策略考虑外，更主要的是种姓制度的影响。种姓制度的存在使首陀罗、贱民成了人数庞大的固定的受奴役者，限制了对奴隶的需求；种姓制度对高级种姓尊严的维护与对低级种姓接触的禁忌，限制了把战俘和被征服土著大量转变为奴隶的可能性，也就是说限制了奴隶的来源。这样，奴

① 高善必：《印度史研究入门》，孟买，1985，第 133 页。

② 《大唐西域记》卷第三。

③ 《古代东方史资料选辑》，第 415 页。

隶制在印度就没有充分发展的客观需要，也不存在这种可能。前面已经提到，印度进入阶级社会后，其社会框架是阶级-种姓复合框架。阶级压迫、种姓压迫大方向是一致的，两者互为补充，都是为刹帝利、婆罗门上层的利益服务。但两者又有互相影响和制约的一面。阶级分化使每个种姓内部也发生分化，并不是每个刹帝利、婆罗门都能保持上层地位。听任分化而不加干预是和维护种姓制的要求相矛盾的。换言之，维护种姓制会使阶级关系难以发展充分。统治上层既掌握这两种压迫手段，就要使两者都发挥效能。奴隶制的发展会给种姓制造成损害，这就注定了它不可能得到充分发展。阶级关系、种姓关系两者交织在一起形成复合型社会结构，这是了解古代印度社会的钥匙。

孔雀王朝是奴隶制社会吗？这是国内外学术界一直有争议的问题。当初，塞琉古王国驻孔雀王朝的使节麦伽斯提尼断言印度不存在奴隶制。这种说法虽被学术界否定，但学术界也认为，他的论断证明了，他所了解的希腊式的奴隶制在印度是不存在的，也即不存在奴隶大量用于生产劳动的事实。印度有奴隶制是个事实，问题是，是否大量使用奴隶于生产劳动，奴隶的生产劳动是否成了占主导地位的生产关系，是否当时的社会形态已是奴隶制社会，而这第三点是由前两点决定的。有些学者的回答是肯定的，认为奴隶用于生产劳动的绝不在少数，奴隶制的生产关系已占主导地位，并决定着小生产者的分化方向，因此，认为孔雀王朝就是奴隶制社会。不过，说奴隶大量用于生产劳动，有什么事实根据呢？现有的材料不能肯定这一点，迄今又没有人能提出有说服力的新材料，许多论证只能是半论证半推测。这是不能让人信服的。再就奴隶制对小生产者的影响而言，小生产者分化成为雇工或佃农的居多，成为奴隶的极少。所以，说奴隶制决定着小生产者的分化方向也不符合事实。另有些学者肯定孔雀王朝为奴隶制社会用的是另外的论证方法，即认为虽然奴隶用于生产劳动的数量很少，但作为主要生产者的首陀罗种姓实际上是“集体奴隶”，相当于斯巴达的“黑劳士”。这种说法是把希腊的模式套在了印度身上，忽视了印度种姓制固有的特点和种姓与奴隶的不同。首陀罗固然是受奴役的，但并没有失去人身自由，他们是独立的生产者，只要按规定纳税，没有人能剥夺他们世代占有使用其份地的权利。他们的财产权是受保障的。这和奴隶的地位有什么相同之处？如果单凭他们受奴役和处于下层就说他们是

“集体奴隶”，那么，比首陀罗受奴役更重、处在最下层的贱民又算什么呢？再说，在笈多王朝以后的封建社会里，首陀罗依然是首陀罗，那还是不是“集体奴隶”呢？如果还是，印度还有没有封建社会？可见这样论证也是很难说得通的。

原始社会瓦解后进入奴隶制社会，这是人类社会发展的一般规律。印度在原始社会瓦解后，同样出现了奴隶制，这一点和其他国家没有不同。然而在印度，由于前已述及的种种原因，特别是由于存在种姓制度，奴隶制没有充分发展起来，奴隶在总人口中的比重微小；在奴隶中，直接用于生产劳动的很少，绝大部分用于家庭服务，也就是说，奴隶制主要采取了家庭服务形态。学者们都认为判断一个社会是奴隶制社会，固然不能都要求像希腊、罗马那样奴隶在总人口中和生产劳力中占有很高比重（希腊、罗马有其特殊原因，不能作为标准），但必须有相当部分奴隶用于生产，奴隶制的生产关系必须在社会生产中占主导地位并决定社会经济发展的方向这个基本的条件是不能少的。家庭奴隶制作为奴隶制的形式之一也很重要，但毕竟不属于生产领域；家庭奴隶再多，也不能决定一个社会的生产方式和社会形态。因此，结论只能是印度有奴隶制，奴隶制是生产关系中的一种，但在社会生产中所起作用有限，还远没有发展到占主导地位，孔雀王朝不能被认为是奴隶制社会。

印度在原始社会瓦解后出现的生产关系有多种。不仅有奴隶制，还有雇工制，以及由私人土地占有而产生的租佃制。后两者在生产领域中都占有一定比重，起一定的作用，但也不占主导地位。占主导地位的生产关系是国家（国王）作为统治者和全国土地所有者与村社农民的关系。两者的关系是否仅仅是国家向居民征税（还有少量劳役）的关系，有没有剥削的因素？这是需要认真研究的。马克思在研究东方土地制度时，对包括印度在内的一些国家实行的土地国有制十分重视。在论述土地国有下的剥削形式时，他指出：在亚洲，“地租的实物形式（它同时又是国税的主要因素）是建立在象自然关系那样一成不变地再生产出来的生产关系的基础上的”。[①] 又说：“如果不是私有土地的所有者，而象在亚洲那样，国家既作为土地所有者，同时又作为主权者而同直接生产者相对立，那末，地租和赋税就会

① 马克思：《资本论》第1卷，人民出版社，1975，第161页。

合为一体，或者不如说，不会再有什么同这个地租形式不同的赋税。在这种情况下，依附关系在政治方面和经济方面，除了所有臣民对这个国家都有的臣属关系以外，不需要更严酷的形式。在这里，国家就是最高的地主。在这里，主权就是在全国范围内集中的土地所有权。”① 这就是说，在实行土地国有制的情况下，地税和地租是合一的。国家向农民征收的地税中包括地租。笔者认为这一论断很重要，它揭示了国家（国王）与村社农民关系的两重性和土地国有的实质。考虑到后来印度封建土地关系形成的特点（由国王捐赠土地给婆罗门和寺庙，分封食邑、采邑给官员和札吉达尔），难道不可以说，这种国家（国王）对村社农民的剥削正是后来形成的私人封建剥削的胚胎和原初形式吗？后来的土地捐赠、赐封不正是税收权和剥削权的双重让渡吗？这样看来，国家（国王）剥削村社农民这种生产关系对小生产者的未来发展趋向真正具有决定性的影响。基于这种看法，是否可以考虑把孔雀王朝的社会形态称作原始封建社会？原始封建社会和其他社会一样，也存在多种经济成分，除了国家（国王）剥削村社农民这种主要成分外，还有其他次要成分，奴隶制是其一，还有雇工制、租佃制。这个社会是从原始社会脱胎而来，对生产力水平的要求与奴隶制社会的要求没有什么不同。它不同于封建社会，后者是以私人封建剥削为主，而且是以生产力发展的较高水平为条件的。把孔雀王朝时期的社会称作原始封建社会还可以在上层建筑方面找到理由。如果孔雀王朝时期是奴隶制社会，那就意味着奴隶主阶级和奴隶的矛盾是主要矛盾。如果是这样，上层建筑的任务就应该突出维护对奴隶的压榨。但无论从阿育王铭文中，还是《政事论》《摩奴法论》中，都看不出这点。相反，前两者强调的是善待奴隶和对奴隶主的种种约束。与此同时，阿育王的“达摩说”和《政事论》提出的行为规范是封建式的道德伦理、宽厚容忍和非暴力，这与维护奴隶制关系不大，倒是与巩固对农民与其他下层人民的统治关系密切。《摩奴法论》对首陀罗的种种限制，可以看作婆罗门、刹帝利需要保持对农民的牢固控制的反映。

如果对孔雀王朝社会性质的这种认识能够成立，那么就同样可以说，印度原始社会瓦解后至封建社会形成前，其社会形态是原始封建社会。这

---

① 马克思：《资本论》第3卷，第891页。

个问题涉及理论和史料两个方面，关系重大。笔者的认识还不成熟，还需要做进一步的探讨。

五 宗教状况

孔雀王朝时期，多种宗教并存，同时发展。帝国统治者的兼容并蓄政策为共存提供了条件。总的趋势是佛教发展势猛，婆罗门教走下坡路，耆那教小有增长。佛教反对婆罗门特权地位和反对杀牲祭祀，以及它的较平等的社会主张得到吠舍商人、刹帝利和下层广大人民的支持。阿育王皈依佛教更给了它以强有力的推动，使它迅速在整个次大陆传播开来。在向横广发展中，它内部出现了分裂。约从公元前 4 世纪起，进入了部派佛教时期。这是因为佛教传入各地后，不能不接受各地居民原宗教信仰的影响；商品经济的发展也提出了新的问题，特别是对戒律产生了不同解释，这就不可避免地要出现分派现象。大约在佛祖逝世 100 年后，开始分为上座部和大众部。最初分裂的具体原因记载不一。有的记载说是对戒律的看法不一引起的，有些比丘主张可以接受钱财施舍，多数人认为这是犯戒。另外的记载说，分裂是由于对教义解释的不同，原始佛教主张教徒修行可得阿罗汉果位，有人则提出阿罗汉仍有局限，要进一步修行成佛。在上述两种记载中都讲到主张改变者分出，另成一派，叫大众部；主张维持原状的一派主要处在有地位的僧人领导下，故称为上座部。以后两派又都发生分裂，共形成 18 个或 20 个部派。这时分歧已发展到更多是对教义的不同解释。佛祖提出的主张本来就有不能自圆其说的地方，如轮回与无我的矛盾；也有许多点需要进一步解释，弟子们的解释各不相同，就出现了不同主张。另外，佛教既得到广泛发展，就需要把它的理论雕琢得更精细，那么多僧侣去钻研，都要弄出一套说法，必然会众说纷纭，形成不同部派。这是发展中不可避免的现象。当然，它给佛教发展带来了不利的影响。彼此的激烈竞争使人莫衷一是，影响人们对佛教的崇敬。阿育王对此也不满意，他强调僧团必须保持一致，甚至说，如果哪个僧侣试图分裂僧团，就应将他驱逐出去。当然行政命令制止不了教团的分裂倾向。

部派佛教争论涉及的主要问题是：宇宙是否真实；灵魂是否存在；佛陀是人是神；等等。有的派别承认物质和精神现象都是实有的，灵魂不存在，佛陀非神。如一切有部主张“三世实有，法体性有”。有的派别则认为世界是虚幻的或是心识的表现，灵魂存在，是轮回的主体；佛陀有肉体和真身之分，真身就是神，是遍布宇宙一切事物的主体。这种争论越来越烦琐，各部派都殚精竭虑，编织自己的体系。一般群众不了解它们那些深奥玄秘的理论，只是抱着对原始佛教基本教义的热情而保持着对佛教的信仰。

婆罗门教这时在走下坡路，表现为婆罗门地位下降，杀牲祭祀大大减少；最主要的是阿育王皈依佛教，使婆罗门不可能像过去王室信奉婆罗门教时那样受宠和得到丰厚赏赐。大量居民如今转而信奉佛教，使婆罗门教在群众中的阵地缩小。但这绝不意味着婆罗门愿意交出地盘。它仍努力维持对群众的影响，它仍然是强大的宗教。阿育王的兼容并蓄政策为它能保持影响提供了条件。

耆那教传播远不如佛教，主要是它的教义妨碍了广大农民、手工业者的广泛加入，但多少也有发展。

阿育王向各种宗教捐赠、施舍，建造石窟为各种宗教的僧侣（包括佛教、耆那教、生活派等）提供住所，虽有偏重，但没有歧视和排斥。各宗教竞争激烈，阿育王不希望一个教派摧垮另一个，而主张共存。他提出“达摩说”就是希望各教派僧侣和群众能突破宗教的狭隘偏见，实现团结。

六　种姓制度的进一步发展

随着孔雀王朝版图的扩大，在西北印，许多原居民和留居此地的希腊人成了帝国居民的一部分；在东印、中印、南印，大量土著部落被征服，其居民被纳入帝国统治。这些人除部分接受佛教外，大部分在最初都接受了婆罗门教。接受婆罗门教，就意味着被纳入种姓制度的社会框架内。通常接纳的办法是，外来种族中有权势者被承认为刹帝利，但不是地道的刹帝利，而是“不纯的刹帝利”。至于被征服的土著部落，只有极少数上层和僧侣被接纳为刹帝利，绝大多数人成了首陀罗，有的成了贱民。这样，外来者、被征服者就被同化于雅利安人的社会。自然，同化有个过程，是伴随这些地区与孔雀王朝中心地区政治、经济、文化联系的加强而逐步实现的。

孔雀王朝时期，种姓制度随着社会经济的发展，出现了以下两个方面的新变化。

第一，受商品经济的冲击，婆罗门、刹帝利、吠舍三个高级种姓内部发生分化，部分人经济地位下降，不得不从事低级种姓的某些职业。这样就发生了种姓理论与现实脱节的现象。按照瓦尔那制的规定，婆罗门只能从事祭祀和教育职业，刹帝利只能从事军事、国家管理职业。这些是高贵的职业，其他种姓是没有资格担任的。婆罗门、刹帝利不可以从事农业、商业、手工业等属于吠舍、首陀罗种姓的职业，这些职业对他们来说是低贱的、不洁的。然而现实的生活压力是严峻的，不少陷于贫困的婆罗门和刹帝利发现，如果要保持种姓的高傲，就可能面临无米下炊的窘迫局面。因此，越来越多的人顾不得高级种姓的尊严，去经营农业、手工业，或成为小本商人。极少数欠债而无力偿还的，甚至沦为债务奴隶。这种情况婆罗门比刹帝利更为突出。毕竟刹帝利有较多担任管理工作的机会，而婆罗门随着婆罗门教阵地的萎缩，随着主持祭祀从而得到布施的机会减少，一些人收入明显降低，不从事其他职业，就很难维持哪怕是较低水准的生活。吠舍作为一个种姓，其内部的分化是尤为突出的。大商人经济实力的增强在孔雀王朝时期更加醒目。凭借雄厚的财力地位，他们事实上加入了社会统治上层的行列，成了刹帝利、婆罗门统治者的经济支柱。吠舍下层则有许多人经济地位下降，其中包括雅利安人农民、手工业者和小商人。在陷入破产后，其经济地位接近首陀罗；也有些人沦为债奴。总之，种姓制规定的各种姓义务和不可超越的界限已被严峻的经济现实冲破。在现实生活中，一个人的财富地位、阶级地位已比宗教地位具有更突出的实用价值。

第二，贾提制的形成。这是种姓制度在内容和结构上的重大发展，是长时期逐渐演化的结果。在瓦尔那制框架下，产生了大量的亚种姓，其中有些是被接纳的外来的种族集团，有些是被征服的土著部落，更大量的是随着社会劳动分工发展而形成的众多的社会职业群体。吠舍、首陀罗的商人、农民和手工业者本来就分为各种各样的行业，如纺织工、木工、铁匠、粮商、日用品商、珠宝商等，随着各行业从业人员的增多，每个行业都成了一个社会职业群体。当新行业出现后，新行业的从业人员又成了一个新的社会职业群体。新行业越来越多，新的职业群体也越来越多。婆罗门和刹帝利两个瓦尔那内部也按照分工的侧重逐渐形成了各个职业群体。

值得注意的是，不同的社会职业群体在形成和壮大中，出现了一种倾向：在社会分工越来越细的形势下，各群体不是加强相互的沟通，增强社会交往，相反，各自走向自我封闭和小圈子化。这是因为各社会群体是在瓦尔那制框架下形成的，种姓等级观念和婆罗门多年宣扬的“洁净”观念在继续起制约作用，也与各群体一定的经济利益的考虑联系在一起。表现为：其一，在出现越来越多的社会职业群体的情况下，属于各较高瓦尔那的职业群体要保持自己原先的较高的瓦尔那地位，不愿其他瓦尔那群体与自己混同。其二，从事自认为是洁净职业的各职业群体都要保持自己的纯洁性，不愿被其他“不洁的”群体玷污。其三，各职业群体都希望以保持职业垄断来保障自己生活地位的稳定。商人要垄断市场，手工业者要垄断手工技艺，各行各业都不希望有外人插足。

要保持自己原来的优势地位和利益，无论是宗教上的还是世俗的，最可靠的手段就是筑起藩篱，严格排外。最有力的办法就是实行职业世袭，实行职业群体内婚制以及在处理各职业群体的关系上严格遵守瓦尔那制的种种规定。不用说，越是瓦尔那地位高的职业群体，这种要求越强烈，而且率先付诸实施。这样，首先是婆罗门、刹帝利、吠舍等高级瓦尔那的各职业群体实行起严格的职业世袭和内婚制，而后较低种姓中那些从事被认为是较洁净职业的群体，也出于维护纯洁性的考虑跟着实行。在这种大环境下，低级瓦尔那的职业群体别无选择，也只得被动地实行。这种做法甚至影响到贱民。贱民中有些职业集团自认为比别的贱民职业集团地位高，也主动实行封闭。于是，从上到下，整个社会就被分割成无数个以职业世袭、内婚制、在相互关系上严格遵循瓦尔那制规定为特征的封闭性的小集团，这种集团就叫贾提。瓦尔那制就这样衍生出了自己的新载体——贾提制。

上述表明，贾提制的形成固然与社会劳动分工的进一步发展有密切关系，但仅仅社会分工这个自然过程并不足以促使它形成。另外两个因素起着决定性作用，这就是婆罗门一直灌输的种姓等级观念和所谓洁净观念对人们的精神影响，处于较高地位的社会集团竭力利用种姓制度维护自身的利益和地位。总之，是与婆罗门教的人为作用紧密联系在一起的。

贾提是梵语，意为“出身”“种”，与瓦尔那的含义（意为“色”“质”）已有所不同。

贾提制是瓦尔那制的发展，是在它的大框架下出现的，不是取代了瓦尔那制，而是瓦尔那制在新形势下的具体表现。

在瓦尔那制的大框架下，贾提制依然是等级化的，而且比瓦尔那制的等级制更严格、更复杂。属于婆罗门、刹帝利瓦尔那的各个贾提，地位高于吠舍、首陀罗瓦尔那的各个贾提。属于吠舍的各贾提，地位高于首陀罗各贾提。贱民中的各个贾提依然是处于瓦尔那等级金字塔的最底层。同一瓦尔那内部的贾提又各有高低之分。瓦尔那制的等级制依然是贾提制的基础和决定每个贾提地位高低的坐标。

贾提制与瓦尔那制的不同在于：第一，瓦尔那制是宗教地位和社会地位的等级，贾提制则把这种等级细化，体现为不同的社会职业集团。瓦尔那制为每种瓦尔那划定的职业范围很宽泛，在瓦尔那范围内可以选择改变职业。贾提制则专业化、世袭化，不能改变。第二，瓦尔那的划分是全国性的，全国各地的婆罗门，都属同一个婆罗门瓦尔那。贾提则是范围很小的地方性的集团。即便同一职业，在不同地方也会形成不同的贾提，彼此并不认同。如同是纺织工，在这个城市和那个城市就可能是不同的贾提。第三，瓦尔那制讲出身，但不是十分严格，一个人一生中属什么瓦尔那有改变的可能。贾提制则非常严格，出身决定一切，一个人从出生那天就由他父亲是什么贾提决定了他属于什么贾提，终生不能改变。第四，瓦尔那制在婚姻、饮食方面的限制较宽，贾提制实行小集团内婚，在婚姻和社会交往方面的限制严格得多。第五，瓦尔那只有四个，而贾提的数目无法统计。加上融入印度社会的外来种族和被征服的大量土著部落，它们一起构成了日后印度数不清的形形色色的种姓，统称为亚种姓。总之，如果说瓦尔那制起了人为地把社会割裂的作用，贾提制则在这条道路上又迈出了灾难的一步。

贾提制的形成与社会经济发展的大趋势是相悖的，它加剧了社会的割裂，使已经造成的裂缝加深。它既然把社会分割成细碎的、封闭的蜂窝状组织，就造成了它们间的相互制约和依存，形成了较牢固的僵化的静态平衡。要打破这种平衡很难。人们的思想境界、活动空间、创业积极性和交往能力都受到很大的束缚，社会流动性和社会进步受到很大妨碍。

种姓理论规定和现实的脱节，贾提制的形成，这都是随着社会经济发展出现的新变动。它由于触及了种姓制原来的秩序，带来了一系列新问题，特别是高级种姓的职业分化问题。应当如何看待这些变化？应该采取什么态度对待？如何维护种姓制的稳定？这些是婆罗门教立法者不得不做出明确解释的重大问题。

面对实际生活中的变化，为维护种姓制，婆罗门上层采取的对策是：以灵活的态度顺应形势，在顺应中加强控制，努力保持瓦尔那制根本秩序的稳定。这个对策清楚地表现在这一时期由婆罗门法学家编纂的法论中。

最典型的是《摩奴法论》。这部据认为是公元前 2 世纪（一说公元前 3 世纪）到 2 世纪间编纂完成的法论集中反映了新形势下婆罗门的应对手段。法论撰写者不得不承认婆罗门、刹帝利中有些人从事低级种姓职业的现实。关于高级瓦尔那生活陷于困境应该怎么办，它提出的总的原则是允许从事低级瓦尔那的职业，但要有选择。如规定婆罗门靠完成自己的义务不能维持生活时，可以经商或从事畜牧业；如果还不能维持生活，可以务农，但务农会伤生，与婆罗门的义务抵牾，故应尽量避免。法论也规定，刹帝利为了生计，可从事农业和商业，吠舍不能以履行自己的义务维持生活时，可从事首陀罗的职业，但只要有可能应尽早脱离。法论在这样对高级瓦尔那允许一定程度的变通的同时，却规定低级瓦尔那无论在任何情况下都不得从事高级瓦尔那的职业。如发现这种情况，国王有责任立即剥夺其财产，并处以流刑。[①]《摩奴法论》还承认了吠舍种姓“放债”的合法性。[②]

顺应形势变化还表现为承认正在形成的贾提制的合法性。婆罗门立法者看到，贾提制与瓦尔那制并不冲突，瓦尔那制的规定都可以通过贾提制来实现，因此，很快就赞同和支持这个新趋势。《摩奴法论》中把贾提与瓦尔那等同看待，有时甚至把瓦尔那也叫作贾提，把婆罗门、刹帝利叫作婆罗门贾提、刹帝利贾提，把低级瓦尔那叫作低级贾提。[③] 这样做显然是为了把贾提制牢固地保持在瓦尔那制框架内，强调它是瓦尔那制的新形式，以保证种姓制的基础结构不致因贾提制的出现而受到破坏。这个承认对维护种姓制是很重要的。事实上，贾提制最后固定下来正是婆罗门参与促进和通过宗教立法予以承认的结果。

顺应是为了在变化中求不变。贯穿《摩奴法论》的总的精神是维持瓦

---

① 《摩奴法论》第十章。

② 《摩奴法论》第一章。

③ 《摩奴法论》第八章、第十章。

尔那制的基本秩序并使之严格化。法论中对瓦尔那制的各个方面都做了较之以前更严格的规定和强调。由于法论已把瓦尔那与贾提等同，法论中所有提到的对瓦尔那的规定也就是对贾提的规定。

法论继续强调神创四种姓说，强调四个瓦尔那的义务是神规定的，必须忠实履行。在婆罗门与刹帝利关系上，继续鼓吹婆罗门至上，宣称："婆罗门因为从最高贵的肢体所生，因为首先被产生，因为掌握经典，理应成为一切创造物的主人。"又说："在万物中，有气息者最优秀；在有气息者中，有理智者最优秀；在有理智者中，人最优秀；在人中，婆罗门最优秀。""婆罗门一出生便为天下之尊。"① 这表明婆罗门立法者绝不愿使婆罗门的最高地位受到任何削弱，纵然现实做不到，在理论上也要坚持。佛教、耆那教越谴责婆罗门特权，他们越要维护。关于吠舍，法论继续把它排在第三种姓地位，不考虑大商人经济地位上升的现实。法论重申以往关于高低瓦尔那间婚姻、饮食等方面的戒规，强调其界限的不可逾越性。鉴于贾提制已形成职业世袭，法论把职业世袭也列为宗教义务。对首陀罗和贱民，法论规定的种种歧视较以往尤甚。"让首陀罗女子上床，婆罗门就下地狱；跟她生一个儿子，他就丧失婆罗门种姓。"② 在继承遗产时，母亲的瓦尔那出身，决定儿子的继承份额。母亲的瓦尔那越低，儿子的份额越少。借债的利息种姓有别，婆罗门借债利息为2%，刹帝利3%，吠舍4%，首陀罗5%。就连对罪犯的惩处法律也因瓦尔那不同而异。犯同样的罪，不同瓦尔那得到的惩处不一样。婆罗门、刹帝利伤害首陀罗，只处以少量罚款；如果首陀罗被认为伤害了再生族，"须割掉他的舌头"，"以滚开的油灌入他的口中和耳中"，"以十指长烧热的铁钉插入他的口中"。③ 通向神的道路是绝对不许首陀罗和贱民介入的，他们没有参与宗教的权利，不能再生，不能学习和诵读经典，甚至连听别人诵读吠陀都不能。假如首陀罗故意听别人诵读吠陀，"须向他的耳中灌入熔化的锡或蜡"；假如他诵读吠陀，"须割去他的舌头"；假如他记忆吠陀原文，"须将其身体劈成两半"。④ 贱民的地位更加低下。他们被认为是"不可接触者"，不能住在村

① 《摩奴法论》第一章。
② 《摩奴法论》第三章。
③ 《摩奴法论》第八章。
④ 《摩奴法论》第七章。

内，不能从公共水井中打水，工作时要戴标志，出门上路要避开行人，被别人看见或身影投到别人身上都被认为是玷污。这种非人的待遇在世界史上也是罕见的。

强调高级种姓对首陀罗和贱民的特权地位，反映了婆罗门和很大部分依然信奉婆罗门教的刹帝利上层强化对下层人民控制的需要。首陀罗和贱民是下层劳动群众，奴隶的大多数也属于首陀罗种姓。在婆罗门立法者看来，加强对他们的控制有利于维护阶级压迫和确保婆罗门、刹帝利上层的利益；对低级种姓控制得越严厉，对上层越有利。

不过，婆罗门立法者笔下的严苛条文毕竟只能反映上层的愿望，未必符合客观形势的要求。种姓制的严格化确实对维护宗教上层的特权利益和阶级压迫有利，但对低级种姓苛待则不利于全国政局的稳定。把种姓压迫极端化，这和阿育王加强全国团结的方针也不相符合。所以，《摩奴法论》的规定在孔雀王朝时期在多大程度上成为现实是值得怀疑的。和其他法论一样，这个法论也只是婆罗门立法者一厢情愿地为婆罗门教制定的宗教法，并非国家颁布的法典；何况阿育王皈依了佛教后，更不会以婆罗门教的宗教法作为国家的法律。

尽管如此，《摩奴法论》的出台无疑给婆罗门教注射了一支强心剂，它不仅对变化了的形势做出了反应，有些应对措施具有一定的灵活性，而且竭力通过强化种姓制度给宗教和世俗上层灌输一种信心。这正是处于困境中的婆罗门所需要的，故被他们奉为圭臬，大张旗鼓地进行宣传。结果，在印度教现实生活中产生了重大影响，强化了宗教意识对社会的控制，使广大低级种姓群众心生畏惧，为种姓压迫的固定化、持久化提供了新的宗教法的保障。

七　妇女社会地位的变化

印度妇女地位在后期吠陀时期（公元前1000~前600）出现了显著的下降趋势。造成这种趋势的原因首先是经济上的。随着铁器的普遍使用，雅利安人转向以农耕生活为主，加之商业、手工业的发展，男子在经济中的地位上升，妇女的劳动则退居辅助地位。女性在经济生活中地位下降决定了她们在社会生活各方面地位的降低。商品经济的发展和阶级分化大大地强化了这种趋势。上层阶级富有了，又不参加体力劳动，追求享乐成了他们的人生目的。于是，妇女成了他们的享乐工具和玩物。妇女地位的下降与婆罗门教的观念和种姓制度也是分不开的。如果说，妇女地位下降是世界史上一定时期的普遍现象，在印度，由于婆罗门教和种姓制度的影响，就更突出，这正是印度妇女特别不幸之所在，也是印度古代社会最突出的弊端之一。

后期吠陀时期，男尊女卑的思想倾向因受到婆罗门教的肯定和加以神圣化而逐渐成为社会的正统观念。妇女不再能参加部落的长老会议和村社评议会，在国家出现后也不能担任公职，这样就失去了参政权利。除少数上层社会妇女有条件接受教育外，普通妇女既没有受教育的经济条件，也不允许学习吠陀经典。一般女孩只能学习极简单的写算知识，还有就是唱歌跳舞，以供男人们娱乐之用。在早期吠陀时期，妇女参加宗教活动是不受限制的，后期吠陀时期则越来越多地给予限制。许多宗教仪式不许妇女参加，妇女被说成是“邪恶的化身”“痛苦的源泉”，参加仪式不但不会带来幸福，相反会引起灾难。妇女地位的下降尤其反映在婚姻、家庭生活中。在种姓框架下，“顺婚”“逆婚”的规定最鲜明地反映了对低种姓妇女的歧视。低种姓男子不能娶高种姓的女子为妻，低种姓的女子却有义务给高种姓的男子做玩物！女子在家庭中是没有权利的。作为女孩、妻子或母亲，只能处于被动、服从和依附地位。对于一个已婚女子来说，她生活的主旨就是服侍好丈夫。忠贞于丈夫，把丈夫奉若神明，无条件服从，就是婆罗门宣扬的最高“妇道”。《罗摩衍那》中有一节是这样写的：

不管住在城中还是山林，
不管丈夫是罪人还是歹徒，
妇女们只要把丈夫来热爱，
她的世界就非常幸福。
即使丈夫邪恶淫逸，
即使他没有什么钱财，
品质高贵的妇女们，

都把他当作最高神灵看待。[①]

正是为了确立丈夫对妻子的统治地位，妻子提出离婚是不被许可的。忠贞、宽容、服从、逆来顺受被看作是妇女的美德，历来的神话故事都喋喋不休地宣扬这方面的模范事迹，塑造了一个又一个典型，要世人效仿。《阿闼婆吠陀》中提到了“萨蒂”（见图 5-4），即寡妇投身火葬堆殉夫，说明这种做法在某些高级种姓中开始流行，但还不普遍。不过寡妇再嫁已受到多重阻挠，事实上难以实行。一夫一妻制是基本的家庭结构，但统治阶级和有钱人中多妻制已不是个别现象。闺阃制此时也开始出现，妇女的活动受到越来越多的限制。

图 5-4　萨蒂场景

不过，和高级种姓比较起来，低级种姓妇女相对来说受限制较少。高级种姓妇女不参加劳动，经济上完全依赖丈夫。低级种姓要养家糊口，妇女必须参加劳动，要参加劳动就不能不抛头露面。所以，宗教规章的严格限制，在一定程度上对她们不起作用。

佛教、耆那教兴起后，在对婆罗门的特权地位和种姓歧视制度形成挑

① 季羡林：《罗摩衍那初探》，外国文学出版社，1979，第 60 页。

战的气氛下，歧视妇女的某些观念和做法也受到抨击。有些妇女受到鼓励，开始通过各种途径，争取妇女的自由权利。这样，伴随佛教、耆那教的流传，妇女的地位出现了某些改善趋向，这是公元前 6 世纪以后在所有佛教、耆那教流行地区出现的一个新气象。

新气象最突出的表现是佛教、耆那教强调众生平等，不分种姓，不分男女，人人都有参加宗教活动的权利；广大妇女积极参加佛教或耆那教的活动，自主地实现自己的精神追求。佛教僧团成立之初只有男人参加，后来，在佛陀姨母（也是养母）大爱道和大弟子阿难陀的请求下，对妇女开放，从而建立起比丘尼团体。耆那教也接纳妇女出家，据说大雄的第一位女弟子就曾是一个被俘的女奴。妇女出家并形成自己的团体，这是婆罗门教妇女想也不敢想的事。它标志着妇女在宗教方面具有和男人同样的权利，她们的精神追求和人生道路的自主选择同样得到社会的认可。僧尼团体组织传道和学习经典，具有严格的戒律，对妇女知识的丰富和能力的培养也起积极的作用。早期佛教的巴利文经典中有一部《长老尼偈》，由 73 首诗篇组成，它们就是由一批比丘尼创作的。从作者的出身看，来自王室和贵族家庭的 23 人，大商人家庭的 13 人，上等婆罗门家庭的 7 人，下等婆罗门家庭的 9 人，穷苦婆罗门家庭的 2 人，其他种姓的 4 人，种姓不明的 11 人，原为妓女的 4 人。[①] 这说明各阶层的妇女都投入了这个追求精神自主的潮流。一个妇女，特别是上层家庭的妇女也许在物质生活上无忧无虑，但婆罗门教加给她的精神桎梏却令人窒息，当皈依佛教后，她得到的那种从未体验过的解放感绝非一般人所能想象。有一首表达她们喜悦心情的诗篇写道：

啊！妇女获得了自由，多么自由啊，
我是多么彻底地从厨房的苦役中获释，
有些妇女为从丈夫折磨的痛苦中得到解放而无比欢欣。
啊！的确自由了；啊，光荣的自由人，
我已从三大欺压中超脱出来，
从磨盘、捣臼、无赖丈夫的桎梏里，
哎，我已超脱，不再受再生与死亡的摆布，

---

① I. B. 霍纳：《早期佛教中的妇女》，伦敦，1930，第 167 页。

要把我拉回去的一切都已冲刷得无影无踪。[①]

出家为尼并非妇女真正的解放之途，其中带有很大的逃避现实的成分。然而诗篇作者居然有这种发自内心的欢欣，足见婆罗门教对妇女压迫是何等深重。在佛教流行的许多地区，从记载中可以看到有许多人家的妻子、女儿选择出家的例子，这些出家妇女有的成了著名的传教师，有些文化修养较高，成了佛教学者和诗人。

出家的毕竟是少数，更多妇女作为在家信徒，积极参与佛教、耆那教的宗教活动。在这方面她们享有与男子同样的权利。

佛教、耆那教不赞成种姓歧视和对妇女的歧视。这两个宗教在婚姻、家庭、寡妇改嫁、继承权等方面对妇女没有特别的歧视。结婚没有规定限制，妇女同样有财产继承权，寡妇再嫁也不受干涉。佛教得到广大妇女的拥护，一个重要原因就是妇女们渴望通过改宗，挣脱婆罗门教加在她们身上的种种束缚，取得自主权利和平等地位。在当时的条件下，不可能有女权运动，改宗就是反抗的一种表达方法。不过，佛教、耆那教并不能彻底解决歧视妇女的问题。婆罗门教歧视妇女是与种姓制联系在一起的，而佛教、耆那教只反对种姓歧视，并不反对种姓制本身。

孔雀王朝建立的时期，正是佛教蓬勃发展的时期。阿育王后来皈依佛教，使佛教在帝国内得到更大范围的传播。佛教越兴盛，对妇女地位的改善越有利。阿育王统治时期很可能是妇女地位相对来说得到较大改善的时期，这就能够解释为什么阿育王铭文对改善人际关系、增强社会和谐提出了几乎是面面俱到的要求，却没有特别提出改善妇女地位的问题。是因为对妇女的歧视属于婆罗门教内部事务他不便干预吗？可是铭文中关于“不用动物献祭”等呼吁分明是针对婆罗门教而说的，不存在不便干预的问题。是因为他不重视妇女问题吗？这是不可能的，连奴隶、仆人他都呼吁要“善待”“尊重”，怎么可能对涉及人口半数的妇女地位问题视而不见呢？看来较合理的解释就是随着佛教、耆那教的传播，在佛教、耆那教流行的广大地区，歧视妇女的问题得到一定缓解，即便在印度教社会还照样存在，从全国来说已经有所冲淡，不像婆罗门教统治时那样突出。铭文中反复提

① 黎菱：《印度妇女：历史，现实，新觉醒》，世界知识出版社，1986，第23页。

出孝敬和顺从父母的问题，但那是从尊老爱幼的一般原则讲的，并非单独指女性待遇问题。从《政事论》看，孔雀王朝时期，妇女可以受教育，参加社会和宗教活动，还可被雇用作为密探、卫兵。在没有儿子继承遗产的情况下，按法律规定，结婚所生的女儿可以继承遗产。

对于佛教、耆那教传播带来的妇女地位的某些改善，婆罗门持什么态度呢？从《摩奴法论》的制定可以看出，他们仇恨这个新趋向，认为是对神圣的婆罗门教教规和种姓制度的亵渎。对已经发生的变化，他们统统采取不承认主义，相反，在《摩奴法论》中对妇女的限制更是变本加厉。《摩奴法论》中有两章较为集中地论述妇女的义务责任。其一是第五章妇女的法，其二是第九章夫妇法。这两章的主要内容可归纳为如下几点：第一，女子不得享有自主地位。“女子必须幼年从父，成年从夫，夫死从子。”父亲把她许配给谁，她就应一辈子侍候谁。第二，忠于丈夫是妇女的最高美德。“贤妇应该永远敬夫若神，即使他沾染恶习、行为淫乱或者毫无优点。”“女子叛夫，则成为世间指摘的对象，投胡狼胎和得恶病。”第三，寡妇改嫁是不允许的。“夫主死后，她宁可用清净的花、根和果让身体消瘦，而甚至不可提到别的男子的名字。”“她应该逆来顺受，意念清净，守节居贞，渴望着一夫之妻的无上功德直到死去。”“无论在哪里，贤妇都不许有第二个夫主。”第四，妇女参加宗教活动受到限制。“女子不得单独举行祭祀，不得发愿修行，不得斋戒绝食”，也“无权接受伴诵祷告词的圣礼，这是固定的法”。第五，女子生性邪恶，丈夫和家人必须严格管束。“摩奴把贪睡、偷懒、爱打扮、好色、易怒、说假话、心狠毒和行为可恶赋予女子。”女子“不识吠陀，妄语成性，这是常情”。“喝酒、与坏人交往、离开夫主、闲逛、睡觉和在其他人家里住，是致使女子堕落的六种恶行。”“即使受到精心保护，她们也会对夫主变心，因为她们贪恋男人，朝三暮四，天生无情。”第六，鼓励童婚。“30 岁的男子应该娶他喜爱的 12 岁的女子，24 岁的男子应该娶 8 岁的女子。”往世书也讲到，恰当的婚姻应是新娘的年龄正好是新郎年龄的 1/3，即 30 岁的男子娶 10 岁的女子，24 岁的男子娶 8 岁的女子。第七，妻子在家庭只是生育工具。“不妊之妻要在第八年被代替，只生姑娘者十一年被代替。”“在无子嗣的情况下，女子可以受权以适当方式与其叔伯……生一个所需的后代。”

以上种种规定表明，不仅以往对妇女的所有限制都被保留，而且规定得更严厉、更苛刻。如果说印度妇女是世界上受压迫最深的妇女，《摩奴法论》就是婆罗门歧视妇女、污蔑妇女的最典型的写照，它成了婆罗门教及以后印度教压迫妇女的理论和法律依据。当然，婆罗门这些规定只对婆罗门教及后来的印度教起一定约束作用，并非国家法律，但由于佛教、耆那教社会种姓都依然存在，还是不免要受到一些影响。千方百计地限制和抵消佛教、耆那教的影响，这正是《摩奴法论》炮制者和积极宣扬者的用心之一。只要佛教还得势，只要国家的统治王朝倾向佛教，《摩奴法论》所追求的恢复对妇女的严格控制和压迫就会受到制约，然而这个条件在孔雀帝国、贵霜帝国后逐渐消失，对这种反动趋向的约束力就大为削弱。新的约束力的生成需要时间，这就注定了在历史上一段长时间内，对妇女的压迫重又成为一种定式，有增无减。

八　语言文字和文学艺术

雅利安人说的吠陀梵语，在他们进入印度 10 多个世纪后，由于社会生活的变化以及与土著居民的广泛接触，已发生相当变化。有些词失去原意，同时出现大批新词。语法结构也发生混乱，需要把它规范化，于是，出现了文法书。波你尼公元前 4 世纪末编写的《八章书》成了梵语语法经典。之后，迦旃衍那写的《释补》、波颠阇利写的《大疏》对之做了注释、解说。经过规范的语言称为古典梵语。这以后，用梵语写的著作开始出现。《政事论》《摩奴法论》据认为是这时期写的，有些经书也是这一时期写的。

当古典梵语形成的时候，在印度各地，由吠陀梵语吸收当地语言演变而成的俗语已广泛流行。不同地区有不同的俗语，成为民间语言。古典梵语从未成为大众的口头语言。孔雀王朝的官方语言也是一种在恒河中上游流行的俗语——摩揭陀语。俗语在这时已开始文字化。阿育王铭文是流传下来的最早的书写文件，是用摩揭陀语写的。公元前 1 世纪，佛经开始见诸文字。现在流传的最早的佛经是巴利文佛经。巴利语是桑奇和乌贾因地区的俗语。据说最早的佛经是摩揭陀语写的，但已失传。这样，公元前 4 世纪以后的几个世纪，印度就以梵语、俗语两种形式进入精神产品文字创作时代，文字使用的字体是婆罗米体。

带有浓厚宗教色彩的文学是印度早期最主要的精神产品，与思辨的宗教哲学并列为古印度文明最早取得的辉煌成果。吠陀诗歌除大量颂神诗外，还有少量世俗诗、格言诗、对话诗等，中间不乏佳作，其文学价值是得到公认的。《摩诃婆罗多》《罗摩衍那》两大史诗更以其思想内容的丰富、叙事艺术的精湛、人物塑造的丰满，成为文学瑰宝，不但在印度而且在世界文学史上占有突出的地位。世界上也许没有任何别的文学作品，在持久而又深刻地影响一个民族的整个社会生活方面，能和两大史诗相比。其他方面不说，单从文学领域看，后来梵语和各地方语文学作品无不在内容、题材、表现手法方面，受到两大史诗这种或那种影响。两大史诗成了直到近代印度所有文艺创作汲取营养的一个重要源泉。故事体文学作品最早散见于佛教、耆那教的一些经藏中，最典型的是《佛本生经》。它是巴利文经典《小阿含经》第十部经，记述佛陀前生的故事。全书汇集的故事有 500 多个，采取韵散混合文体。这些故事多为吸收、利用民间流传的故事和寓言改编而成，寓意深刻，描写生动，反映了当时的社会状况和人民的生活与斗争。这部书可算是世界最古老的故事集之一。现在的《佛本生经》不是原典，原典失传，这是后人据原典的古僧诃罗文译本写就的。

孔雀王朝时期，印度优美的建筑和雕刻艺术开始崭露头角。麦伽斯提尼说，华氏城宫殿的壮丽像波斯宫殿一样。考古工作者在今巴特那郊区库姆拉哈尔发现一处遗址，包括一个有 80 根石柱的大殿遗址。残存的石基表面光滑，大殿气魄不凡，很可能就是当时的宫殿建筑之一。

遍布帝国的阿育王石柱表明了石刻艺术的精湛技巧。有的学者估计，阿育王当年立的石柱有三四十个，① 但已发现的仅十多个。每根石柱都是由整块巨石雕凿而成。柱头是单独的石块，上面雕有狮子或公牛形象，下面有美丽的钟形垂莲纹图案。萨尔纳特发现的一个石柱的柱顶雕刻最为精美。四头雄狮背靠背蹲踞，面向四方，似在怒吼，威风凛凛，形态逼真。其下的顶板，用浮雕刻着四个佛教法轮，每两个法轮间有一只动物，分别为大象、公牛、马和狮子，象征着佛法的光泽遍及四方，照亮寰宇。所有形象无不栩栩如生（见图 5-5）。这些巨大石柱的运输和竖立都不是容易的事，反映了古代印度人民的聪明智慧。

石窟的开凿很早就开始了。最早的典型是伽耶附近的巴拉巴尔石窟，

① R. C. 马宗达：《古代印度》，德里，1977，第 223 页。

是给佛教僧侣住的。随后，石窟建造扩大到西印、南印。阿育王时期，开始大量修筑佛塔（窣堵波），作为对佛尊崇的表示。佛塔下面或有佛陀圣物，或有最受尊敬的佛僧的遗体。佛塔为一半球形圆丘，顶上为方台，台上有竖立的伞盖（象征佛）。圆丘四周筑有围栏环绕。有门和牌坊，门坊上有佛本生故事浮雕。流传下来的桑奇的佛塔很典型（见图 5-6）。初建时用的是砖，后人在表面上加上石外壳，使其体积增大一倍。门坊和立柱上的浮雕优美动人。当时还没有佛的形象出现，雕刻所表现的只是佛的象征和古诗情节。如小象暗示脱胎，摩耶夫人坐在莲花上，小象浇水代表佛降生，菩提树象征成道，伞盖、宝座代表佛等。用象征手法描写佛的生平是这一时期佛教艺术的特点。

图 5-5　阿育王石柱柱头的雄狮

图 5-6　桑奇佛塔全景

印度的雕刻艺术，如英国考古学家查尔斯·路易斯·法布里所说，在阿育王时期的作品中，可以看出本土风格和波斯的影响。如石柱柱头倒垂的莲花是同时期波斯柱头的模仿品，完全是形式主义的。但顶板上的兽像是印度人的创作，生动逼真。渐渐地，艺术家和工匠们掌握了雕刻动态形象和各种姿势的技巧。这在桑奇佛塔围栏和牌坊的浮雕中体现得很明显（见图 5-7、5-8）。这些浮雕背景有山有水，人物造型各异。其中《王室出巡》浮雕群描写宾头沙罗王出王舍城拜佛的场面，给人留下的印象是又热闹又壮观。这一时期晚期，波斯影响逐渐消退，印度本土风格逐渐突出。雕花多用莲花卷涡纹，以天鹅、孔雀、大象等作雕饰。在男女精灵像的塑造上，女性娇柔丰满，男性健壮挺拔，多裸半身，奠定了后来印度人雕特色的基础。法布里认为，这一时期虽说雕塑技巧逐渐有所进步，但从整体上说仍处于古典艺术时期，与埃及、希腊雕刻艺术的草创阶段有许多近似之处。①

图 5-7 桑奇佛塔门坊雕饰

图 5-8 桑奇佛塔雕饰

① 查尔斯·法布里：《印度雕刻》，王镛、孙士海译，文化艺术出版社，1987，第 5 页。

九　帝国的瓦解

公元前 232 年阿育王去世后，孔雀帝国开始衰落。国王更换频仍，布里哈德罗陀是最后一个国王。在他统治时，孔雀帝国失去了先前的威势。许多地区如克什米尔、犍陀罗、比哈尔、兴都库什山以南地区等都脱离帝国而独立。西北印度又遭大夏希腊人入侵。公元前 206 年，西亚的大夏国王安提奥求斯率军越过兴都库什山侵入印度西北部，迫使这里的统治者缴纳大批贡物，满载而归。孔雀帝国的统治者无力保卫自己的国家，威望一落千丈。此后，握有实力的地方统治者纷纷自立为王，布里哈德罗陀只保有原来摩揭陀的地区。公元前 185 年（说法不一，有说公元前 187 年，有说公元前 180 年），布里哈德罗陀被他的将军普希亚密多罗·巽加杀害。后者建立了巽加王朝，都城仍为华氏城。普希亚密多罗·巽加是婆罗门种姓，个人信仰婆罗门教。他即位后，又举行马祭，倚重婆罗门。有的史学家说，他迫害佛教徒，烧毁佛教寺院，但多数史学家指出这种说法证据不足，认为在国家政策层面，他还是继续实行兼容政策，尽管在封赠上对婆罗门有所偏重。该国的许多佛教建筑依然存在，有的继续得到国家支持。

孔雀帝国持续 130 多年。随着帝国的瓦解，印度又恢复到列国割据的局面。

孔雀帝国灭亡的原因有如下几点。

第一，这样一个大帝国是靠武力建立，靠强有力的国王的个人能力来维系的，并没有内部广泛的经济联系作为统一的牢固基础。各地区经济联系薄弱，且发展很不平衡，特别是南印，许多地区刚进入文明社会不久，与北印经济发展水平有很大差距。政治统一也远不是彻底的。为了减少统一的阻力，孔雀帝国的帝王对许多被征服的地区，允许不同程度地保留原有的体制，保留地方势力在当地的控制权，只是派省督去担任名义上的行政长官。例如印度河流域的犍陀罗、甘蒲阇，南印的羯陵伽、普林达（塔普提河以南）、庇提尼卡、拉希特里卡、安德罗（都在克里希那河以北或以南），以及西印的一些地区都属于此类。阿育王力图用加强行政控制和提倡“达摩说”，促进思想统一的办法来增强内部的凝聚力，但在经济很不发展的情况下，单靠行政手段和道德说教其效果是有限的。阿育王是一位强有力的君主，他以果断的行动、灵活的政策维护了全印统一。阿育王去世后，帝国失去脊骨，其存在就成了问题。

阿育王的后继者都是软弱无能之辈，无法阻止离心倾向的发展。

第二，维持庞大帝国的行政和军事开支在财政上是一个沉重的负担。大量修造佛塔、石窟和慷慨的宗教捐赠进一步造成财政拮据。帝国发行的压印式银币含银量常常不足，表明了财政困难。当中央政府不能提供充足的财源满足各省需要时，地方的离心力自然加剧。

第三，阿育王对佛教的推崇和向佛教寺院大量布施引起婆罗门上层的强烈不满。自佛教传播开后，婆罗门教的影响就日趋减弱，但以往多数国家的统治者都信奉婆罗门教，所以婆罗门上层依然有恃无恐。阿育王作为全印帝国的君主由婆罗门教改宗佛教，这对婆罗门教无疑是个沉重的打击。尽管阿育王对婆罗门教和其他教派并不歧视，婆罗门上层对失去昔日的特权地位还是耿耿于怀。尤其是阿育王禁止动物宰杀、反对举行牺牲祭祀，使婆罗门失去了借主持祭祀获得丰厚收入和特权的机会。婆罗门一心要推翻孔雀王朝的统治，阿育王去世后的帝国分裂趋势为他们实现重建婆罗门王朝的梦想提供了机会。直接从孔雀帝国末代国王手里夺过政权从而终结帝国最后残存力量的巽加王朝就是婆罗门建立的，在孔雀帝国废墟上建立的分裂国家的统治者有一些也是婆罗门教的信仰者，如巽加王朝之后的甘婆王朝、在德干西部和安得拉建立的萨塔瓦哈纳国家等。固然，不能说是婆罗门推翻了孔雀王朝，但毋庸置疑的是，婆罗门在朝廷内外活动能量很大，他们在王朝中的离心倾向削弱了王朝的凝聚力，客观上助长了一些野心家和地方势力趁中央势衰夺权或坐地称王。

有些史学家把孔雀帝国的瓦解归因于阿育王主张非暴力，削弱了帝国的军事力量。这种说法根据是不足的。阿育王并没有削弱军队，目前没有发现记载说他解散了或裁减了军队。在铭文中他还讲到对不服从教化的部落要给予惩治。

孔雀帝国在印度历史上占有重要地位。它是印度历史上第一个全印统一的大帝国。在它统治的一百多年里，以恒河中下游为中心的摩揭陀的政治统治体制和婆罗门教、佛教文化传播到印度其他地区，北印、南印增加了接触，雅利安人与原土著居民加强了融合，许多土著部落被农耕文明同化，次大陆从北到南、自东而西开始有了商业往来。这一切，为地理上的印度逐渐成为真正统一体的印度国家奠定了第一块基石。孔雀帝国的统治体制和许多政策（如兼容并蓄的宗教政策，重视垦荒的农业政策，鼓励与严格管理并重的商业政策等）也为后世许多王朝的君主们提供了有益的借鉴。

第六章

南北诸王国割据和贵霜帝国

一　割据局面的重新出现和贵霜帝国的兴衰

孔雀帝国灭亡后，印度重新陷于四分五裂状态。但和以往十六国时代不同，这时割据局面已扩展到南印，在北印、南印都有一批雄踞一方的国家（见图 6-1）。

在北印，摩揭陀的巽加王朝（公元前 185~前 73）统治地区只有恒河中下游一块，仍都华氏城。这个王朝统治 110 多年，为甘婆王朝（公元前 73~前 28）所取代。甘婆王朝创建者是伐苏迪跋，原为巽加王朝大臣，也是通过宫廷政变，杀国王而取得政权的，因族姓甘婆得王朝名。巽加王朝和甘婆王朝都没有什么突出建树。公元前 28 年，甘婆王朝被南印度的萨塔瓦哈纳国家征服。萨塔瓦哈纳军队离去时，留下一些小王国，存在到笈多帝国建立时止。除摩揭陀外，恒河以南还有些从孔雀帝国分立出来的小国。

在印度西北，从孔雀帝国分裂出的一些独立小国不久就遭到来自西北方的外族接二连三的入侵。首先是希腊人。公元前 2 世纪初，大夏（从西亚塞琉古帝国独立出来的国家，位于巴克特里亚，即阿姆河以南阿富汗斯坦北部地区）的希腊人国王德谟特里阿斯率军越过兴都库什山，占领其以南领土，包括印度的旁遮普和信德，留卫军镇守。公元前 175 年左右，在大夏国内，德谟特里阿斯的政权被另一希腊人首领俞克拉蒂德斯推翻。后者随即派军队来接管德谟特里阿斯在印度征服的土地，但未能全部接管，导致在印度有两个希腊人统治的国家同时存在。详情不知，只知在希腊人统治者中，最重要的是米兰德（公元前 165~前 145 年在位。一说公元前 155~前 130 年在位）。他的国家较大，包括旁遮普、信德、拉其普他那、卡提阿瓦以及恒河流域上游，都城在旁遮普的奢羯罗。他在统治时改宗佛教，使奢羯罗成为新的佛教中心。他曾向佛教龙军大师询问佛教教义、戒律和修行等有关问题，受指引而皈依佛教。在佛教文献中他的名字译为弥兰陀，他和龙军大师的对话被辑录为《弥兰陀问经》，成了著名的佛教典籍。希腊人统治的国家在行政体制上模仿塞琉古王国的制度，全国划分为省，省督分别派军事将领担任，不仅负责征税，还负责维持辖区的安定。希腊人统治者在经济方面直接采取的措施不多，更多的是依赖原来的城市和行会组织去管理。米兰德发行的钱币在今北方邦大量发现，其中包括少量金币。国势强盛时，他曾率军进入恒河—朱木拿河河间区。他去世后，国势急剧衰落。

除希腊人建立的国家外，另一个重要的入侵者是塞种人。公元前 1 世纪，中亚游牧部落塞种人（西徐亚人）被大月氏人驱赶南下，占领巴克特里亚，灭大夏，后被逐，进入波斯，复被赶出，一部分人向南进入印度西北部，在这里建立了塞种人的国家。第一个国王是毛依斯，他的国家在犍陀罗一带，都城是呾叉始罗，后向南扩展，直到马土腊。他自称“王中之王”，统治时期约在公元前 1 世纪末。塞种人国家同样划分为省，省叫萨特拉普，由军事总督管辖。总督有较大的独立性，可自行发行货币。后来，有的萨特拉普就成为事实上的独立国家，导致北印度、西印度存在不同的塞种人国家。

据印度学者研究，塞种人的国家有强烈的安息人因素，后者是随塞种人一起由伊朗进入印度的。有人认为毛依斯就是安息人，是否如此还不能确定。但后来登上王位的冈多菲尼斯肯定是安息人。也有学者认为安息人是继塞种人之后入侵的，单独建立了国家，冈多菲尼斯是最著名的国王。

塞种人的不同国家，也许还有安息人的国家，和希腊人的两个国家交错并存，是印度西北部 1 世纪前后的特点。

1 世纪下半叶，西北印度和北印度政治形势又发生了重大变化，一个新的入侵者由西北方进入印度，这就是大月氏人。月氏人原为我国甘肃敦煌一带游牧部落，约公元前 165 年被匈奴人驱赶，一部分西迁，这部分称大月氏人。公元前 2 世纪后半期，大月氏人赶走塞种人，占其地，后被乌孙人驱逐。复又南渡阿姆河，赶走了先期到达那里的塞种人，占领巴克特里亚，控制了阿姆河与锡尔河流域。大月氏人把辖境分为五部，各由一称为“翎侯”的首领统辖，贵霜是其一部。公元 1 世纪初，贵霜部翎侯丘就却打败其他四部翎侯，建立统一国家，自立为王，国号贵霜，都城在蓝氏城，即今阿富汗巴赫城。

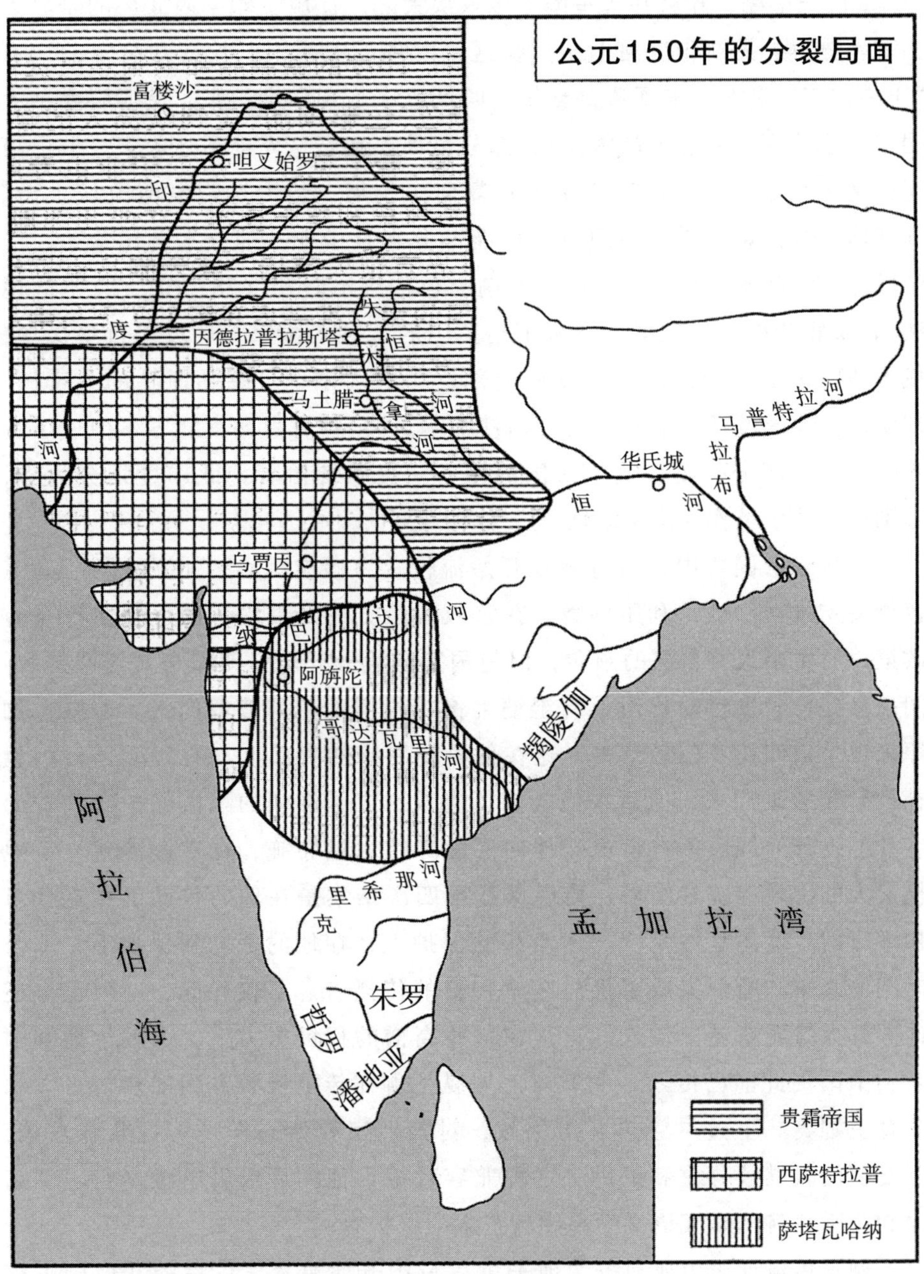

公元150年的分裂局面
富楼沙
咀叉始罗
印
度
河
因德拉普拉斯塔
朱
木
拿
河
恒
河
马土腊
乌贾因
华氏城
恒
河
马
普
特
拉
河
拉
布
纳
巴
达
河
阿旃陀
哥
达
瓦
里
河
羯陵伽
克
里
希
那
河
朱罗
哲罗
潘地亚
阿
拉
伯
海
孟加拉湾
贵霜帝国
西萨特拉普
萨塔瓦哈纳

图 6-1　150 年的印度

1世纪中期，丘就却率军南下侵入次大陆，征服了印度西北部的希腊人国家，势力扩大到印度河上游。在这里发现的钱币上，丘就却名字前冠有“王中之王”称号。其子阎高珍统治时期进一步在印度扩张，又征服塞种人国家（也许还有安息人的国家），部分塞种人和安息人逃到马尔华、卡提阿瓦；又跟踪追击，征服其中部分；复向东扩展，势力达到恒河流域上游。阎高珍发行大量金币，所用黄金可能部分来自中亚，部分来自比哈尔、卡纳塔克，大部分来自罗马帝国。在迦腻色伽统治时期（78～101，有不同说法），贵霜帝国达到极盛，征服了乌贾因的塞种人国家，还攻陷过华氏城，成为地跨中亚、阿富汗和印度西北部、北部（东至贝拿勒斯）的大帝国。都城也由蓝氏城迁至富楼沙（今白沙瓦附近）。这样，印度北方不但成了贵霜帝国的一部分，而且成了帝国的中心。贵霜统治者把北印度划分为省，分别派王族成员作为副王统辖。

在贵霜帝国境内，当时佛教开始流行。为顺应民心，加强统治，迦腻色伽决定推崇佛教，利用佛教。在宗教政策方面，贵霜帝国也是实行兼容政策，君主个人有自己的倾向，但与国家政策分开。丘就却个人信仰佛教。阎高珍在位时发行的货币上有湿婆神像，说明他信仰婆罗门教。迦腻色伽原来也是信仰婆罗门教诸神，这在他早期发行的货币上（有很多婆罗门教神像）也表现出来，但后来他皈依了佛教，成了佛教的积极保护者和赞助者。他发行的钱币上有佛像。他向佛教寺院大量布施，在富楼沙建立了规模宏大的佛教寺院和佛塔。传说佛教第四次结集是在他的赞助下在克什米尔举行的。他还是犍陀罗艺术流派的保护人，在他的资助和保护下，那个时期的画家和雕刻家成了佛教艺术积极的传播者。不仅如此，迦腻色伽还向国外大量派遣传教僧人，正是在这些高僧的积极努力下，佛教传播到中亚、中国（此前已传入）和日本。迦腻色伽在传播佛教方面的热情可以和阿育王媲美。不过尽管热衷于佛教，对其他宗教他同样是实行兼容政策，对婆罗门教继续尊重和捐助。这种兼容政策为他的后继者继续奉行。阎高珍和迦腻色伽都是梵语文学和佛教艺术的保护者。

迦腻色伽死于中亚战争，他去世后帝国开始衰落。以后的几位国王统治时期，虽然有过起伏，但总的趋势是日渐式微。在婆苏德瓦任国王时，受其统治的印度一些地区，包括塞种人占据的西印、中印、马土腊和萨特累季河流域、拉其普他那、朱木拿河流域、纳巴达河以北等地区纷纷独立。

婆苏德瓦之后还有几位继任者。3 世纪中期，贵霜帝国西部地区（阿富汗斯坦和印度河以西地区）被伊朗新出现的萨珊帝国占领。贵霜成为其附庸，只剩下以都城为中心的一小块地区苟延残喘，后被笈多帝国吞并。贵霜帝国后期的君主对佛教的热情减弱，更倾向于崇敬湿婆神。

在贵霜帝国征服北印度部分地区前后，在它的南部和南印度德干地区也出现割据局面。主要的国家是羯陵伽、西萨特拉普和萨塔瓦哈纳。

羯陵伽在孔雀帝国末期事实上已独立。公元前 1 世纪在卡拉威拉为王时向南扩张，打败过泰米尔联盟，并在北方进攻巽加王朝统治的摩揭陀。卡拉威拉重视农业，把难陀国王统治时开掘的一条大灌溉渠加以扩建，该渠后来长时期都在使用。羯陵伽存在数百年，4 世纪沦为笈多王朝的藩属。

西萨特拉普是在呾叉始罗的塞种人国家势衰后，由其原来的西印度的省督建立的国家，在贵霜帝国强盛时臣属于贵霜帝国，贵霜帝国衰落后重新发展起来。西萨特拉普国家有两个分支，一个以纳西克为都城，一个以乌贾因为都城。前者在纳哈帕纳为王时，势力强盛。但也就在他在位后期，其国家被南方的萨塔瓦哈纳国灭亡。以乌贾因为都城的另一个分支存在时间较久，还从萨塔瓦哈纳夺得一些地区。西萨特拉普最杰出的国王是鲁陀罗达曼。他统治时疆土包括今古吉拉特部分、孔坎北部、卡提阿瓦和马尔华部分地区。他 150 年在朱纳加留下的铭文被发现，这使学者对他执政的情况有较多了解。在铭文中他列举了自己对外征服的战功，说他为自己赢得了“大萨特拉普”称号。还讲到他重修了阿育王时期修建的苏达尔萨纳湖的大水坝。这个湖是用来灌溉农田的，年久失修，损坏严重，鲁陀罗达曼决心尽最大努力修复它。可是大臣会议认为工程艰巨，耗资巨大，不赞成从国库中开支这笔巨款，鲁陀罗达曼就从王室收入中拿出钱修复，没有向人民加征任何捐税。还讲到人民拥戴他，称颂他是全体人民的保护人。这是迄今发现的第一个用梵文书写的铭文，以前阿育王的铭文都是用不同地区的俗语书写的。鲁陀罗达曼去世后国势衰落，所夺土地又被萨塔瓦哈纳夺回。

萨塔瓦哈纳国是由萨塔瓦哈纳家族建立的，时间大约在公元前 235 年。关于萨塔瓦哈纳家族的起源，有学者认为原住安得拉，属达罗毗荼人，说泰卢固语，后沿哥达瓦里河西迁，利用孔雀帝国的分裂在西部定居。有人说原为德干的土著部落，为婆罗门教化，上层成了婆罗门。也有人说原来就是雅利安人婆罗门，住马哈拉施特拉的普拉提什塔纳一带，后向东征服了安得拉，同化了那里的土著，建立了国家，信奉婆罗门教。究竟哪种说法更可信，现有材料很难判断。学者们较倾向的看法是，萨塔瓦哈纳国家的创建者不是雅利安人，而是安得拉人，住在德干的一个部落，他们皈依了婆罗门教，后积极向外扩张，建立了国家，征服了大片领土。北印度正统的婆罗门把安得拉的婆罗门称为"混合的种姓"，也间接说明他们不是雅利安人。

在孔雀王朝创立者旃多罗笈多统治时期，萨塔瓦哈纳拥有哥达瓦里河与克里希那河的三角洲，以斯里卡库兰为都城，其领土包括30座城市和广大乡村。阿育王时，萨塔瓦哈纳成为孔雀帝国的属国，阿育王铭文提到了它。阿育王去世后，萨塔瓦哈纳又在辛穆卡的领导下重新独立。公元前28年，一度占领摩揭陀，灭亡了甘婆王朝。在南印它也积极对外扩张。最初主要的对手是羯陵伽，在羯陵伽衰落后是西萨特拉普国家。西萨特拉普统治西印度和德干部分地区。最初，萨塔瓦哈纳在战争中失利，在西印度和马哈拉施特拉的大片领土被西萨特拉普占领，直到乔达米帕特拉·沙达伽尼继任国王后形势才有改变。他征服了西萨特拉普，兼并其领土，王国兴盛一时。他自称"南方之王"。此时国家的疆界北抵马尔华、纳巴达河流域和比拉尔，东、西达到海岸，主要疆域在德干北部，中心是哥达瓦里河与基斯特纳河之间。后来被以乌贾因为都城的西萨特拉普国家另一个分支夺去大片土地。不过，当该国最有能力的国王鲁陀罗达曼死后，萨塔瓦哈纳夺回失地，又占领其许多领土。到2世纪将结束时，萨塔瓦哈纳统治着从克里希那三角洲、泰米尔纳杜北部直到西印卡提阿瓦的广大地区。除直辖地区外，还有藩属国。都城在位于哥达瓦里河岸的帕伊坦（后建的）。

萨塔瓦哈纳沿袭孔雀帝国体制，全国划分为省，省下是县。不同的是，它的行政体制包含某种军事成分。如在广大农村地区，负责分片管理的官员叫古尔米卡，他们是军官，除管理行政外，还领有一支军队，负责维持地方的安定，其组成包括45名步兵、25匹马、9头象和9辆战车。这是因为萨塔瓦哈纳通过战争把大片邻国领土置于自己版图中，其居民很多为部落民，一时不能用婆罗门教同化，只有靠强制手段维持王朝统治。军事成分还表现在萨塔瓦哈纳的铭文中经常出现军营的字眼，意味着国王到各地巡视时常常有一支军队随行。

萨塔瓦哈纳的统治者力求体现和践行婆罗门教法论中关于国王的理念。国王和王后执行各种吠陀牺牲祭祀，大量的赠赐给予婆罗门。国王被认为是达摩的维护者，具有神性，还常被比作史诗和宗教传说中的英雄人物。对佛教僧侣也给予赠赐，大乘佛教在安得拉较为盛行。这表明萨塔瓦哈纳的统治者除诉诸军事手段之外还竭力利用宗教作为巩固统治的手段。

这个国家存在到225年，后分裂为五个小国。

这以后，大约在3世纪中叶，从德干诸小国中又有一个较大的国家出现，即伐卡塔卡。它最早的地区在比拉尔，在打败乌贾因的西萨特拉普国家和德干的一些小国后，领土包括德干大片地区，直至克里希那河流域。

在半岛最南端，阿育王铭文首次提到帝国边界外有四个国家，即朱罗、潘地亚、基腊罗普特拉（后称哲罗）和萨蒂亚普特拉。这是这个地区最早出现的国家，孔雀帝国的征服没有到达这里。孔雀帝国消失后，这四个国家中的前三个依然是独立国家，第四个不复存在。朱罗和潘地亚统治半岛南端的东海岸，前者在后者的东北，处于佩内尔河与维拉尔河之间，后者在半岛最南端。哲罗位于马拉巴尔海岸，在潘地亚的西北。羯陵伽的卡拉威拉国王在铭文中说曾打败过泰米尔联盟，可能就是由这三国组成。

这一大片地区的主要居民是达罗毗荼人。他们的先人原来居住在印度西北部，在印度河流域创造了辉煌的文明。随着印度河流域文明的衰落，其居民向外地流散。雅利安人进入印度后，他们又受到挤压，逐渐迁移到次大陆南部，在这里定居下来，成为居民的主体。他们与北方雅利安人的接触在吠陀时期末期就开始了，孔雀王朝时期有了进一步发展。雅利安人的宗教、文化包括婆罗米字体都传了过来。经济上，北方较先进的农业和手工业技术也传播到这里。达罗毗荼人的经济开始有较大发展，同时形成了自己的文化，包括文字。因这一片地区主要讲泰米尔语（达罗毗荼语族中最主要的语种），故称泰米尔文化；讲泰米尔语的人被称为泰米尔人。泰米尔文化的形成是与他们的国家朱罗、潘地亚、哲罗的兴起相联系的，受到国家的支持。现有的最早的文献是被称作桑伽姆文学的泰米尔语文学作品。桑伽姆意为团体，是古代泰米尔诗人的文学组织。据说古代潘地亚国王很喜爱文学，他赞助建立文学团体，鼓励创作和搜集、整理诗歌作品。这一传统保持下去，结果形成了许多诗集。桑伽姆文学成书时间为3~6世纪，是用泰米尔语写的，使用婆罗米字体。也有传说讲到，在潘地亚都城举行了南印诗人的集会，形成了一批诗歌选集。桑伽姆作品是这片地区留下的主要历史资料，这片地区也有一些考古发掘文物，这是学者认识这片地区古代社会状况和政治变迁的基本依据。

从诗集里可以看出，泰米尔人对北印度有一定了解，知道北印度有强大的国家，知道恒河、宋河、华氏城等。这是多年来北印度商人和婆罗门、佛教徒、耆那教徒带来的信息，阿育王在交通要道竖立的铭文也方便传播孔雀帝国的一些情况。尽管开始时传入的信息较杂，逐渐地，婆罗门教的传入成为主要潮流。泰米尔人除自己的原始宗教崇拜外，已接受某些吠陀仪式。潘地亚国王就举行吠陀祭祀仪式。种姓制也已出现，泰米尔人上层成了婆罗门、刹帝利。婆罗门受到尊重，有的婆罗门诗人得到国王大量赏赐。

三国都位于克里希那河以南。朱罗都城在卡维里帕塔拉姆，潘地亚都城在马杜赖，哲罗都城在卡如乌尔。桑伽姆文献提到潘地亚统治者，说这个国家富裕、繁荣，但只有零散记述。潘地亚从与罗马的贸易中获利丰厚，还向罗马派去了使节。塞琉古帝国派驻孔雀帝国宫廷使节麦伽斯提尼也提到了潘地亚，说这个国家以盛产珍珠闻名。

关于朱罗，桑伽姆文献记述稍多。这个国家的政治中心最初在乌莱伊尔，是个棉花贸易中心。公元前 2 世纪，伊拉拉为王时，国势较强，有强大的海军，征服了斯里兰卡东北部，统治近 50 年。2 世纪，著名的国王卡里卡拉统治时，建立了普哈尔，即卡维里帕塔拉姆，以之为都城。还在科佛里河岸修筑了 160 公里的大堤。文献还讲到修建上述工程用了 12000 名奴隶劳工，都是从斯里兰卡掠来的战俘。卡维里帕塔拉姆成了繁荣的贸易中心，考古发掘发现了一个大船坞。卡里卡拉国王去世后，国势迅速衰落。朱罗遭到潘地亚、哲罗、帕拉瓦等外部入侵，卡维里帕塔拉姆被摧毁，部分国土被潘地亚和哲罗占领。4 世纪后，在一段长时期内，朱罗成了三国中势力最弱的国家。

桑伽姆文献也讲到哲罗商业发展，与罗马进行频繁的贸易，罗马在哲罗的姆兹利斯设有商站。哲罗最著名的国王是森古图万，他打败了入侵的外敌，还曾入侵北印。哲罗和朱罗间时而战争，时而结盟，和潘地亚的关系也是摇摆不定，战战和和。2 世纪后朱罗势衰，数百年不再被文献提到，直到 8 世纪。

半岛南部这三个国家都被称赞为富裕、繁荣，表明这里的经济确实有了一定发展。这是与铁器技术和压印货币已较早地从北印度传入分不开的。铁器农具及刀斧的使用不仅便利了耕作，也促进了森林的开发。压印货币的传入则使日益发展的贸易有了更大的方便。这三国有丰富的自然资源，盛产胡椒、象牙、珍珠、宝石，很早就与德干地区和北印度有贸易关系，这里的棉纺织手工业也发展较早，棉纺织品的精细广受称赞。还与罗马、埃及及东南亚国家有频繁的商业往来。三国输出品有胡椒等香料、珍珠、象牙、各种宝石、棉织品、丝织品等，深受海外国家欢迎。1 世纪时季风的发现和利用对海上贸易促进更大。

三国政治史最突出的特点就是相互间的不断征伐，不同时期三方各有胜负，但谁也吞并不了谁。三国也曾不止一次地结成两国联盟，对付第三国；或三国结盟，共同抵御来自北部的入侵者。但多是昙花一现，不是被打败，就是自行瓦解。之所以相争不绝，主要是为了争夺土地和商业利益；在长期发展中，泰米尔人的不同地区形成了各自的文化特点，甚至语言都有了区别，这也是三国长期不能统一的重要原因。

总之，从公元前 2 世纪到 3 世纪，印度政治舞台呈现出的是一副外族不断入侵和诸国割据的动荡局面。各个国家之间你争我夺，战争不断，全国形成不了统一的中心。与孔雀帝国的大一统局面相比，不能不说是种倒退。但在混乱中可以看到一个积极因素，这就是南印在印度政治舞台上崭露头角。这表明次大陆中、南部这一大块原来经济、文化都不够发展的地区有了发展，与北印的差距逐渐缩小。这一事实也表明，北印在政治、经济、文化各方面对南印的影响已产生显著成果，次大陆从整体上说在前进。

这一时期大多数王国都很小，只有北方的贵霜帝国和南方的萨塔瓦哈纳较大。由于贵霜帝国是一个靠武力形成的多种族的集合体，而萨塔瓦哈纳国家境内发展很不平衡，各地闭塞性很强，所以这两个国家的相对强大和统一也只是少数强有力的帝王的霸业，只能维持很短的时间。

二　社会经济发展

在印度全境，农业生产在缓慢地发展着。由于铁器农具的普遍使用，耕作已较前精细。农具式样有所改进。呾叉始罗考古发现，属于 1 世纪的铁斧、铁锹的式样与以往均有所不同。水利灌溉普遍受到重视。羯陵伽国王卡拉威拉在哈提古姆法留下的碑铭中自豪地说，他在他的国土上修建了许多渠道和水库。这说明南印也和北印一样重视水利兴修。耕作技术包括耕耘、播种、施肥都开始讲究了。这一时期的文献中有许多关于农业技术和农业生产过程的描述。例如有的讲到某种土壤适合种某种作物，有的专门讲收获、储藏技术。种植作物的种类增多，水稻栽种在南方水利条件好的地区已普遍化。半岛南端的国家还向外国输出大米。文献还讲到蔬菜、果树种植种类多种多样，表明园艺技术也有进步。南方特有的作物如香料、椰子已大面积栽种，文献记载了栽培技术和防止病虫害的方法。畜牧业继续发展，饲养家畜、家禽非常普遍。文献还讲到养鱼业，这些都表明，农业已向多部门化的方向发展。

这一时期的土地关系较前变化不大。迄今发现的属于这一时期的铭文表明，西萨特拉普国家和萨塔瓦哈纳都实行土地国有制，在占有方式上和北印基本相同。国王继续向婆罗门赠赐土地，也向佛教寺院赠赐。赠赐的都还是税收收益权而不是产权。迄今考古发现的最早的赠赐土地的铭文内容是公元前 1 世纪萨塔瓦哈纳统治者向主持吠陀献祭的祭司赠赐一个村庄税收收益权。另一个属于 2 世纪初西萨特拉普的纳西克石窟铭文记载说，国王纳哈帕纳的女婿乌沙瓦达塔把一块土地上的收入赠给僧侣。值得注意的是，当萨塔瓦哈纳国王乔达米帕特拉·沙达伽尼征服了西萨特拉普，兼并其领土后，将乌沙瓦达塔原捐赠给僧侣的土地，以新的土地最高所有者的身份重新赠赐给原僧侣。这也是为了确认征服者对被征服的土地拥有最高所有权。

这一时期国王在赠赐土地税收收入权时，也有连同行政权力一并赐给的。如 2 世纪萨塔瓦哈纳国王乔达米帕特拉·沙达伽尼在给佛教僧侣的赠地铭文中，指示官员不要干涉赠地范围内的行政事务，受赠者可以自由处理这类事务；还规定军队不得进入。① 这种土地赠赐实际上成了领地赠赐。不过这种情况在当时还只是个别现象。

也有个别铭文讲到土地买卖。如上面提到的乌沙瓦达塔捐赠给僧侣的土地就是他在圣地普什克罗（在拉贾斯坦）花 4000 银币向私人买的。这一

---

① R. S. 夏尔玛：《印度封建主义》，德里，1965，第 2 页。

时期文献直接提到土地买卖的不多，但提到了不动产的买卖。如《那罗陀法论》《布梨哈斯跋提法论》都讲到不动产的出售问题。《布梨哈斯跋提法论》（编纂于300~500年）说，获得不动产有七种途径，即学识、购买、抵押、勇敢、嫁妆、直系继承和无后裔的亲属继承。这里的不动产可能包括土地，但现实有多少土地买卖，很难确定。不过可以肯定的是，土地买卖也只是收入权的买卖，土地所有权还是归国家所有。

这一时期手工业和商业的发展远较农业醒目。手工业的发展表现在专业分工的进一步加强和手工工艺的较大提高上。据佛教著作《大事》（约2世纪）记载，拉杰吉尔城内居住着36种以上的工匠。《弥兰陀问经》列举了75种职业，其中60种与手工业有关，仅采矿、冶炼、金属品制作方面就有8种。金银珠宝饰品制作精巧，畅销国外。金属冶炼和铸造有明显进步，《红海漫游记》讲到印度的铁制品和钢制品已远销埃及。除王室作坊外，也有私人作坊从事此类生产。棉纺织业达到较高水平，有些专业生产地区如贝拿勒斯、马土腊的织品染成各种颜色，色彩绚丽，享有盛誉。《弥兰陀问经》讲到米兰德的都城奢羯罗的商店有专卖贝拿勒斯产品的柜台。欧洲人讲到印度的细棉布，说它“薄得像蛇蜕，看不见纱”。[①] 丝织业也发展起来，在中国蚕丝传入后，印度人学会了植桑和丝织技术。在西北部地区，毛织业有了发展，毛织品在希腊化世界有很大市场。玻璃制造业也出现了，主要制造餐具和装饰品。象牙制品也远销罗马。可以说，各手工业部门生产技术都有了相当大的发展。

手工业者继续被纳入行会中，行会有自己的规章，对产品质量和价格进行管理，对从业者的行为进行约束和监督。还设立仲裁机构，在行会成员间发生纠纷时处理纠纷。仲裁机构的裁决在行会内部就是法律，违者要受处罚。一个材料说到行会成员中的妇女要当尼姑需要得到行会同意。每个行会都有自己的领导机构，有自己的会徽和会旗。行会接受国家商业机构的监督管理，国家机构一般不干预其内部事务。

随着城市的发展，有些行会规模越来越大，活动范围也扩大了，有的行会还兼营存放款业务。如2世纪萨塔瓦哈纳王朝的一个记载说，佛教的在俗弟子将银币存放于陶工、榨油工、织工行会，利息捐赠给佛僧，用来添

---

① 罗米拉·塔帕：《印度史》第1卷，伦敦，1966，第113页。

置袈裟和日用品。纳西克一个石窟的铭文说，国王纳哈帕纳的女婿捐一个石窟给佛僧，并且把3000银币存在织工行会，利息用作佛僧的生活费用。马土腊的一则记载说，一个地方首领在面粉作坊行会存款，用利息维持100名婆罗门的生活。看来吸收存款是行会扩大资金的一种手段，利息从扩大生产所得的受益中支付。有些手工业行会也慷慨地做宗教捐赠，这有利于提高本行会的声望，从而扩大产品销路。

商业进一步发展是这一时期最突出的现象，这是由以下诸因素共同促成的：第一，孔雀帝国修筑的大道此时继续发挥作用；第二，这一时期农业、手工业有新的发展；第三，更重要的是，贵霜帝国的建立进一步开拓了次大陆与中亚和西方的贸易通道；第四，南印较大国家的出现促进了次大陆南北地区的交流。

综观这时的内外贸易，可分为三大商路，内外贸易基本上围绕这三大商路进行。北路是穿过贵霜帝国的丝绸之路干线及其通向北印度的支线（从咀叉始罗到乌贾因），以及从印度河入海，经波斯湾和红海去西亚和东北非的海路。印度商人沿陆上丝绸之路，在中亚设立许多商栈和侨居地，不仅作为中间商把中国的丝绸、漆器及其他工艺品销往安息和罗马帝国，把罗马帝国的玻璃器皿、铅和宝石等销往东方，而且把部分往来商品运到印度，把印度的棉布、香料、宝石、象牙、丝绸、钢制品等运往西方。至于海路，除印度商人参与外，这一时期罗马帝国的商人也直接穿过波斯湾和红海来到印度经商。他们住在印度港口收集印度产品，销售带来的西方货物。运到印度的商品主要有金银器皿、珠宝及铜、锡、铅等矿产品，运出的有印度产的各种宝石、棉织品、蓝靛和来自中国的丝绸等。这一时期罗马贵妇人以穿用中国丝绸、印度棉布为荣，又酷爱印度的珠宝、钻石、孔雀、鹦鹉和猴子，每年从印度进口商品数量巨大，印度与罗马帝国的贸易形成顺差，罗马金币和黄金大量流入印度，以致罗马统治者后来不得不禁止输入印度细棉布、胡椒和钢制品。《红海漫游记》讲到从西方来的货船，沿红海、阿拉伯半岛海岸东行，一些去印度河，一些去印度西海岸港口布罗奇和绍帕拉，一些去马拉巴尔海岸。1世纪后，北路陆上贸易和经波斯湾的海道因安息人在伊朗建立统治而受阻，经红海的海上贸易越来越重要。

中路贸易干线主要是从东海岸港口耽摩栗底（塔姆卢克）经华氏城、乌贾因到西海岸布罗奇等港口。这条干线横贯北印，其道路有一大段是孔雀王朝时修的官道，后又经过扩建，通行便利，沿途有许多重要的商业城市。恒河运输在这条贸易干线上同样重要，笨重的货物多由河道运输。中路贸易线不仅是内贸的中枢，而且通过耽摩栗底与对东南亚贸易的海道衔接，通过布罗奇与对西方贸易的海道衔接。布罗奇是印度对外贸易的主要吞吐港，西方商船大量停泊于此，在这里可直接与外商往来。外商中来自罗马帝国的不少，主要运出香料、象牙、宝石、丝绸等。

南路贸易干线主要是沿哥达瓦里河、克里希那河、科佛里河沟通半岛东西两海岸的商路以及海岸贸易和海外贸易航线。沟通东西海岸的商路因河道普遍不够畅通，交通还是很困难，但毕竟是开通了。南印有许多良港，有比较发展的对外贸易，往西与阿拉伯半岛、红海沿岸、东北非、地中海、罗马帝国的欧洲领土，往东与东南亚各国都有频繁的贸易往来。香料是外商输出的大宗货品，由于印度的香料不足以满足罗马帝国的要求，印度商人发展了与东南亚的贸易，从那里获得香料，转卖给罗马帝国商人。考古发现在阿里卡梅杜港（今本地治里附近）有罗马帝国商人的贸易站，其遗址有大量罗马钱币和玻璃器皿出土。这个贸易站是个建筑群，包括仓库、船坞、住宅区和手工业作坊。泰米尔文献中也有不少关于罗马商人来南印港口贸易的记述。罗马商人花在购买印度货品上的大量金币很多被储存起来。迄今次大陆共发现约 150 处罗马钱币的窖藏，其中在温德亚山脉以南发现的占大部分。海上贸易的发展刺激了印度的造船业。萨塔瓦哈纳发行的货币上有船的形象。文献说朱罗国建造有各种船，如沿海岸航行的轻便船、远航的大船等。普林尼在其著作中估计最大的印度船载重量为 75 吨，另有文献讲到最大的船可载 700 人。这些都说明了海上贸易的发展。

三大商路分别被一些地区性大国把持。北路是贵霜帝国，中路是西萨特拉普国家，南路是萨塔瓦哈纳和朱罗。这些地区性国家从贸易中获得厚利。萨塔瓦哈纳与西萨特拉普长期征战，一个重要原因是争夺对中路商路的控制权，特别是争夺西海岸港口。三大商路把印度东西贯穿起来，它们之间又有纵向商路连接，把北方与南方也连接起来。这意味着印度各地之间的联系较以往大大增强。不过，对当时商品经济的发展程度也不能估计过高。这一时期的贸易，第一，还主要是沿商路的城市间的贸易，并未把广大农村吸纳进来。贸易网是点线联结，像天线而不像蜘蛛网。第二，高级消费品是贸易的主要项目，一般日用品只占次要地位。第三，外贸因素占突出的位置。由于输出品多为昂贵的奢侈品，生产这些产品的地区有限，对内贸带动作用不大。第四，由于次大陆处于割据状态，只有地区性的商业重镇，没有全国性的贸易中心。总之，说这一时期商业较为发展只是与以往相比而言，它还是纯粹消费性的，还停留在表层。

商业繁荣使商人力量大大增强。商人同业公会成了城市生活中的重要因素，商人同业公会的势力一般都要比手工业行会强大得多，其也按照商人经营产品的不同分为不同的公会，势力有强有弱。较强的有力量控制较大市场，有的还控制了手工业生产。如有个商人同业公会拥有500个制陶工场和许多船只，载运陶器航行恒河上下游，至各大商埠销售。许多商业公会兼营金融业务，接受存款，发放贷款，从中谋取利润。存款年利9%～12%不等，放款15%。商业公会有的还与王室和大臣有经济联系，接受存款，借钱给他们，从而取得相当的社会影响。商人向佛教寺院、耆那教和婆罗门捐赠大量钱财，有的还出巨资雇用工匠建造石窟，或建筑寺院，馈赠僧人。如一个粮食商人公会捐给佛教僧侣一座石窟。商业公会还是城市活动的资助者，每逢节日、盛会，商人们会成群结队，游行闹市，炫耀自己公会的巨额捐献。商业公会各有自己的印章，代表它在该行业的权威性。和对待手工业行会一样，行政机关对商业公会的内部事务同样不加干涉，但商会要接受行政管理，包括按规定办理登记、服从市场管理规则等。商会以自己的合法地位和较大的社会影响给它的成员以经济和社会地位的保障，在出现纠纷时出面为其成员说话，维护他们的合法权益。商会和手工业行会功能的完善有利于保持社会稳定和经济生活的正常运行。

商业税是国家的重要收入来源之一。各国征税的形式和多少很不同。一般来说，凡国王重视商业发展的，税收都不太重；不重视商业发展的，则把向商人榨取作为解决财政困难的重要手段。各国对商业的控制程度也不一样，有的国家不干预商业，有的国家垄断某些贸易，如萨塔瓦哈纳国家垄断盐的贸易，不许一般商人经营。

货币的发行和使用各个国家也不相同。大夏—希腊国家发行了金币，贵霜帝国发行的金币数量更大，还有铜币，银币未见。黄金主要来自罗马帝国和中亚，也可能部分出自印度的卡纳塔克和南比哈尔金矿。萨塔瓦哈纳国家的货币有金币、箔金币、银币、铅币。其他国家发行银币、铜币，金币少见。这种差别与各国拥有的财富和资源多寡有密切关系。萨塔瓦哈纳的币制是，银币叫卡尔西帕纳，重 146.4 格令，其下为罗提，金币叫苏伐尔纳，每枚相当于 35 枚卡尔西帕纳。罗马帝国的货币在印度被广泛接受，可以在市场上流通。

随着商业发展，一大批城市繁荣起来。西北商路的呾叉始罗、马土腊、乌贾因都成了人口密集的较大城市。布罗奇等港口尤为繁荣，在这里可以看到各国的货品。南印度也兴起了一批城市。普林尼的著作中说，德干东部的安得拉地区有 30 座城市。考古发掘已发现一批城市遗址。这时的城市规模远较以前宏大，居民的物质生活也比孔雀王朝时进步。平民住宅普遍使用烧砖建造，两层楼房已不罕见。城市汇集来自各地的手工业制品和农牧业产品，彰显这一时期的社会进步和经济繁荣。

三　奴隶制的衰落

商品货币关系的发展引起的重要社会变动之一是奴隶制走向衰落。其原因是：在商品经济有了发展的情况下，奴隶价格昂贵，雇工的工资较为便宜，使用雇工比使用奴隶省钱又省事；奴隶制的存在是社会的一个不安定因素，主人的虐待会引起反抗，奴隶逃亡的事时有发生；奴隶中有些人是高级种姓，对维护高级种姓的威严是个漏洞，在婆罗门的眼中，维护种姓制比维护奴隶制作用更大，因而更加重要。既然奴隶在生产中所起作用不大，就没有必要让这种不安定的因素存在。

奴隶制衰落是个逐渐发展的过程。反映奴隶制衰落的材料主要见于晚期的法论，如《那罗陀法论》（约完成于 1~4 世纪）、《布梨哈斯跋提法论》（约完成于 3~5 世纪）等。《政事论》中有些内容据一些学者研究被认为是较晚期（约 2~3 世纪）完成的，这些部分也反映了这方面的情况。

《政事论》提出不要再把自由人变成奴隶，主张国王下令解放能交出赎金的奴隶，把原奴隶耕种的王室土地出租给分成制佃农耕种。《那罗陀法论》规定，奴隶劳动只限于清扫门口、厕所等不洁工作，不能从事属于劳动者职业的洁净工作。就是说，把奴隶排除在生产劳动之外。法论还按来源不同把奴隶分成 15 类，提出其中大部分的解放条件。如在约定期内被奴役的，期满即可解放；债奴只要还清债务和利息就可解放；由于饥荒被收养沦为奴隶的，赔偿一对公牛即可解放；由于与女奴结合而被奴役的，同女奴分开即可解放；战俘奴隶或因赌博而成为奴隶者，在交付与其劳动能力相当的赎金后即可解放；家生的、购买的、继承的、赠送的奴隶解放条件较严，只有为主人提供了特殊服务（如救主人脱险）或得到特别宠爱才能解放。以上是指合法来源的奴隶，如属非法来源的奴隶，如被强盗抓走出卖的、被用暴力手段奴役的，则国王可直接颁令予以解放。《那罗陀法论》还规定了解放奴隶的仪式：主人从奴隶肩上取下水罐打碎，或用混有谷物和花瓣的水浇洒在奴隶头上，或宣布他（她）是自由人，让他（她）向东方离去。晚期法论还规定了奴隶主对奴隶所担负的责任，严重违反规定者要处以罚款。还特别规定对下降为奴的高级种姓要从优对待。这些规定虽然都是有条件的解放，而且有的条件还非常严厉，但总的趋势是逐步解放，减少奴隶，这点是明白无误的。

家庭奴隶获得解放后，不少人继续留在主人家做女仆或男仆，不过已是自由身份。生产领域中的奴隶获释后，大多成为雇工，也有成为佃农的。《那罗陀法论》《布梨哈斯跋提法论》都对雇工、佃农的职责和报酬做了规定。手工业、商业雇工得工资，农业雇工从生产的粮食中分成。分成办法是，凡主人供给衣食的，雇工分成为1/5，不供应衣食的为1/3。这当然都是指长工。佃农也采取分成制，按规定是三七分或四六分，即佃农得三成或四成。佃农大都有自己的耕畜、农具。雇工、佃农都是自由身份，对雇主或地主没有人身依附关系。

四　佛教的继续传播和大乘佛教的产生

这一时期出现的贵霜帝国和其他一些较有影响的国家都重视利用宗教来维护政治统治，正在流行的佛教尤其受重视。这样，本章所讲时期，佛教在印度继续得到发展，其特点之一是，与政治中心的转移和分散化相适应，佛教的重心也北迁南移。

摩揭陀的巽加王朝是婆罗门教的王朝。据佛教文献记载，它一反孔雀王朝的政策，打击佛教而推崇婆罗门教。据说国王普西米特拉破坏佛教塔庙，迫害僧侣，许多僧侣逃往萨卡拉避难。印度一些学者倾向于认为传说夸大了实情。他们指出还有些佛教高僧继续享有国王和大臣的支持，但也都同意，佛教在巽加王朝统治下不如婆罗门教那样受国王重视。甘婆王朝继续维持这种局面。

佛教在西北部得到的待遇完全不同。这里的外来统治者大多选择佛教。原因之一是印度教的种姓制对确定他们的统治地位有碍。固然，婆罗门教立法者用承认他们是刹帝利种姓的办法接纳和拉拢他们，但他们只被视为“不纯的刹帝利”，不能与正统刹帝利并驾齐驱。所以，尽管有些外来统治者接受了婆罗门教，但更多人宁愿选择不讲究种姓的佛教。大夏—希腊国王米兰德接受了佛教，他发行的钱币上有佛教法轮，他被佛教文献称为护法的国王。在他的影响下，许多希腊人向佛教寺院慷慨捐赠。塞种人国家的统治者大多也选择了佛教。贵霜帝国更是推崇佛教，在佛教传播上起了重大作用。贵霜帝国是个大帝国，统治者们看到佛教的传播对维持帝国统一有利，支持佛教利于争取民心，利于削弱地方势力的反抗，也利于争取商人对帝国的支持。商人是佛教的主要资助者，帝国推崇佛教就会得到商人的拥护，从而加强帝国的经济实力。贵霜帝王支持佛教是从丘就却开始的。支持最力的是迦腻色伽，他本人皈依了佛教。在他统治时期，都城和许多地区出现了规模宏大的佛教建筑物，如讲经堂、寺院、佛塔、石窟、石雕等。他的宫廷里有著名的佛教大师马鸣、胁尊者、世友，可能还有龙树。他们都受到尊贵的礼遇。他给佛教寺院捐赠财物，很慷慨。传说也正是在他统治时期，在迦湿弥罗（克什米尔）举行了佛教第四次结集，有500名僧侣参加。这次结集重新审定佛典，使律、经、论三藏最后定型。他还派僧侣到国外传播佛教，使佛教在中亚传播开来。迦腻色伽并不排斥其他宗教，他也像孔雀王朝一样实行兼容并蓄政策。

佛教在南印的萨塔瓦哈纳国也得到很大发展。萨塔瓦哈纳统治者是婆罗门，其地区原信奉婆罗门教。阿育王时曾派遣佛教僧人来这里传教。从那时起，佛教在这里有很大发展。萨塔瓦哈纳独立后，从政治考虑，继续采取兼容政策，虽以婆罗门教为主，对佛教仍大力支持。著名的佛教大师龙树是萨塔瓦哈纳宫廷里的上宾。萨塔瓦哈纳灭西萨特拉普国后，佛教又转向西印。萨塔瓦哈纳国修建了许多佛教建筑物，包括寺院、塔庙、石窟等，仅孟买、浦那周围发现的遗址就有10多处。著名的阿旃陀石窟就是此时开始修建的（见图6-2）。许多遗址的碑铭记载了国王、贵族向寺院捐赠土地、钱财的情况。这样，佛教在萨塔瓦哈纳国就成了仅次于婆罗门教的宗教，受到广泛尊崇。由于得到丰厚的赠赐，这里的佛教寺院有的相当富有，有专门的密室储藏珍贵物品，使用雇工、奴隶，僧侣已不再靠化缘为生，寺院的斋堂按时供应正常的饭食。当佛教在摩揭陀处于衰落状态时，它在西北印和南印却得到了这样令人羡慕的发展。

图 6-2 阿旃陀石窟外景

这一时期佛教发展的第二个特点是大乘佛教的产生，其时间约在 1 世纪。释迦牟尼圆寂后，对佛教教义的解释出现了分歧，结果使佛教分裂为许多部派。约 1 世纪时，又有一个与所有部派不同的新的派别出现（某些教义与大众部有关），即大乘佛教。它首先出现在南印的萨塔瓦哈纳国，不久传到北印，贵霜帝国信奉的就是大乘佛教。乘，运载之意，喻达到解脱之途。大乘，意为宽阔通途。它兴起后即贬称原来的部派佛教为小乘，从此，佛教就有了大乘、小乘两大派。第四次结集承认了分裂的现实。

大乘与小乘的主要区别在于：第一，大乘佛教称自己的宗旨是自度度他，是兼度，而小乘只是自度。他们说大乘的宗旨正是佛陀的初衷。佛陀曾说达到涅槃有三类途径，即听闻乘，听讲道而觉者；缘觉乘，靠自觉不从闻和先世因缘而得道者；佛乘，通过普度众生而觉悟者。前两者是为求得个人解脱，第三类不但为个人解脱，也为众生解脱。大乘佛教的倡导者说，佛陀这三乘的提法是权宜之计，他真正的主张是第三种。之所以要强调普度众生，是因为按照缘起说，任何人与一切众生都有同体关系，一切以一切法为缘而生起，又是生起一切法之缘。“一切众生是我父母”，我“视众生如一系”，故必然有慈悲之心。大乘派批评小乘主张太局限，歪曲了佛的教导。

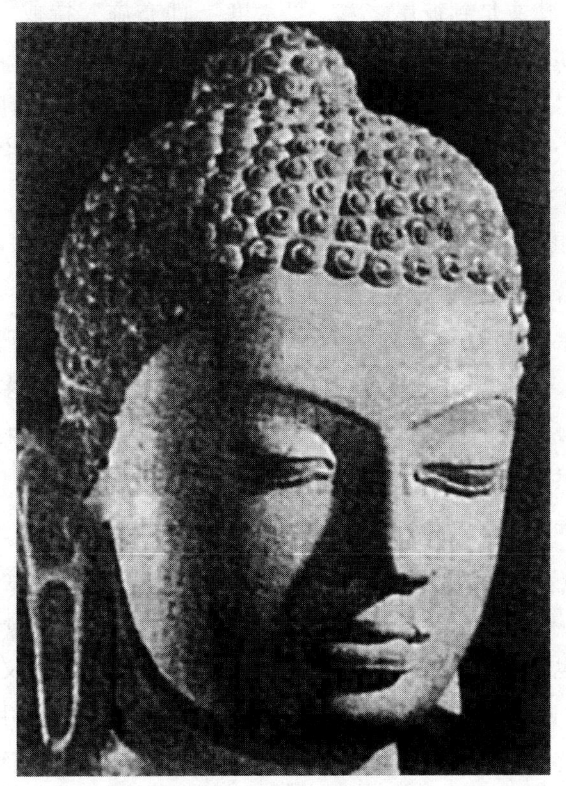

图 6-3 释迦牟尼头像

第二，小乘以修阿罗汉果为目标，大乘则以修佛果为最高目标，并提出修菩萨行作为第一步目标。菩萨是梵文菩提萨埵的简称，菩提意为觉、智，萨埵意为众生，菩提萨埵即为“觉有情”“道众生”“用诸佛道成就众生”之意。菩萨一词并非大乘首创，在大乘出现前，小乘《佛本生经》把成道前的佛陀称为菩萨，说他普度众生，累功积德，结果修证成佛陀。大乘倡始者可能是从这里得到启发。菩萨的修行称菩萨行，其教法以达到佛果为目的，称佛果乘。菩萨是修佛果过程中有极高成就而尚未达到佛果的人，或已能达到佛果但宁愿留在人间普度众生，把觉悟所得之果贡献给众生的佛。佛典上常提到的菩萨有弥勒、文殊、普贤、观世音等。大乘高僧或居士特出者也被尊称为菩萨，如龙树、世亲等。大乘佛教主张所有佛教徒都应修菩萨行，成就佛果。

第三，如何修菩萨行？大乘主张是“六度”、“四摄”、学习“五明”。“六度”的度，梵文是到彼岸之意。“六度”即布施、持戒、忍、精进、禅定和智慧，是讲修行的各种途径。“四摄”的摄，意为大众团结的条件。“四摄”即布施、爱语、利行和同事（使自己的生活、活动同于大众）。这是讲菩萨在众生中活动的方法。为了利益众生，必须广学多问，因此要学习“五明”，即五种学问。“五明”是声明（声韵、语义）、工巧明、医方明、因明（逻辑学）和内明（佛学）。这些规定比小乘道谛的规定更广泛，与世俗活动结合更紧密，更易为普通群众接受。

第四，小乘以佛陀为导师，但并不把他看作神。大乘则把他神化，并开始雕塑佛像，供奉礼拜。佛也多起来了，三方十世有许多佛。菩萨后来也有了偶像，成了崇拜对象。小乘没有供佛拜佛一说，大乘这样做是吸收了婆罗门教的供神拜神做法。虔敬拜佛也成了修菩萨行的主要内容之一。

第五，大乘有自己的经典，如《大般若波罗蜜多经》《妙法莲华经》《大宝积经》等，是用梵语写的。大乘的教义与小乘有所不同。从哲学观说，小乘主张“我空法有”，大乘则主张“法我皆空”，即不但否认有一个实有的我体，也否认有客观世界的存在。大乘内部因对教义的解释不同逐渐形成两个派别，即中观派（空宗）和瑜伽行派（有宗）。中观派理论奠基人是龙树和提婆，主张缘起性空。龙树把最高真理或实在称为空，说空是不可用语言或概念描述的。他认为世上万物及人的认识都是一种相对的、依存的关系（因缘），一种假借的概念或名相（假名），它们本身并无独立的实体或自性。只有排除了执着这种名相的偏见，才能达到真理或空。瑜伽行派理论奠基人是无著和世亲，主张唯识无境，认为空和有应当结合，现象世界是空，但不能说佛性是空。他们提出现象世界是由人们的精神总体或作用——识所变现出来的，世界的一切属性都是人们的主观意识，即所谓“万法唯识”。这派中的陈那是因明学大师，对逻辑学的发展有突出贡献。大乘哲理与小乘大众部有一定关系，大众部中有的派别主张一切事物都没有实体，大乘思想家可能受其影响。

大乘佛教兴起后，逐渐得到传播，与小乘同时流行，并传到国外。通过贵霜帝国直接、间接流传国外的佛教主要是大乘，流行于中亚，以及中国、朝鲜、日本等国家。小乘主要流行于东南亚国家和斯里兰卡。

大乘佛教的出现不是偶然的，是佛教发展起来后，在和婆罗门教争夺群众的过程中适应形势需要而发生的变化。佛教虽广泛传播，但在次大陆还不占主导地位，还在与婆罗门教激烈竞争，争取更广大的群众支持仍是它面临的任务。小乘分裂局面已成定式，更新局面必须更新内容。为争取更多信徒，必须有能吸引他们的新主张。普度众生、自度度他的口号及“六度”“四摄”等一套修行途径对富人和穷人都有吸引力，富人和穷人可以用不同方式修行，积德行善，做起来比小乘要求的容易。至于把佛神化和采用偶像崇拜的新做法，则是为了适合一般人的传统宗教心理。对广大群众来说，相信神的存在和对神顶礼膜拜，这已是根深蒂固的观念，比任何哲理都更易于接受。佛教要争取群众，不能不顺应群众的这种心理。

总之，大乘佛教的出现满足了佛教在竞争中求进一步发展的需要，以及宗教社会化的需要，反映了统治者和大商人力求使佛教成为更有力的控制群众的工具，为巩固其统治和剥削地位服务。

耆那教这一时期也分裂为天衣派和白袍派。天衣派是正统派，主张坚持大雄的教义包括裸体。白袍派主张适当改变，允许信徒拥有财产和穿着衣着。耆那教中心由摩揭陀转移到西海岸的索拉施特拉，在东海岸的羯陵伽有较大发展。南印耆那教人数较多的地区是迈索尔和泰米尔纳杜。整体来说，耆那教没有大的变化。

五　婆罗门教正宗六派哲学的初步形成

面对佛教、耆那教强有力的挑战，婆罗门教内部也出现了不同主张。不同的思想家从不同侧面阐发婆罗门教学说，探讨婆罗门教的发展道路，以求在逆境中保持对群众的控制，巩固婆罗门教的地位。这样，在婆罗门教内部，从公元前 2 世纪到 4 世纪，逐渐形成了六大哲学派别，即数论派、瑜伽派、胜论派、正理派、弥曼差派和吠檀多派。各派创始人或理论奠基人这一时期都撰写了各自的经书，作为本派的理论基础和纲领。阇弥尼（公元前 200~前 100）写了《前弥曼差经》，跋达罗衍那（约公元前 1 世纪）写了《梵经》（吠檀多派经书），伽那陀（约公元前 2 世纪后半期）写了《胜论经》，恶叉波陀·乔达摩（50~100）写了《正理经》，波颠阇利

（公元前100年前后）写了《瑜伽经》，自在黑（4世纪前后）写了《数论颂》。后来各派的追随者都通过对这些经典作注疏，使其含义更加明确，或对原典加以发挥，或提出新的看法，使六派学说得到新的发展。

婆罗门教的哲学体系在《奥义书》中已奠定了基础。《奥义书》不再注重祭祀和祭司的作用，而是注重哲理探讨，强调内心信仰。它不是摒弃吠陀基本思想，而是力求赋予它以新的理论基础。《奥义书》体系的中心是梵我合一说，认为作为宇宙精神的梵是世界万物的本源、本质、最高存在。梵创造万物包括人，又存在于万物包括人之中，是万物的灵魂即本质。梵即我，我即梵，梵我本是如一的，但万物一经创造出来，除灵魂外，还有躯体。它受各种幻象影响，作业轮回。宗教的目的就是指引人们亲证神，解脱轮回，达到梵我合一。

《奥义书》的内容庞杂，且有许多不明确或自相矛盾的地方。这就为不同学派的不同解释留下了相当大的空间。从这里出发，加之受外道影响，各种不同解释便逐渐形成为不同派别。六派中影响最大、传播最广的是吠檀多派。它发展了《奥义书》的一元论思想，成了婆罗门教和后来印度教宗教哲学的基础。它是《奥义书》学说的直接继承者，但作为一个派别则形成较晚。该派创始人跋达罗衍那在其所著的《梵经》中强调梵是最高神，是万物的创造者，是最高存在。在梵我关系上，他的基本倾向是“不一不异”说，认为梵作为世界本源与其创造的生命中的个我是不同一的，但梵和个我是整体和部分关系，两者又是同一的，两者关系就像太阳与其映在水中的影子一样。在轮回解脱问题上，跋达罗衍那进一步发挥了《奥义书》的基本说法，强调解脱最主要的途径是亲证梵我，不过他也认为实行婆罗门教的祭祀有助于正确认识梵。在对祭祀的态度上他代表一种从肯定到否定的过渡。对种姓歧视他是肯定的，宣称首陀罗没有资格参加宗教生活。

弥曼差派起源较早，基本宗旨是尊崇吠陀，相信祭祀的功效，主张借助祭祀认识吠陀天启，并把这看作人生的最高目的和道德职责。可以说它是专门研究吠陀祭祀的学派。数论派和瑜伽派关系密切，两派在许多哲理方面是相同的。数论派认为自性（一种处于未显状态的原初物质）在与一种独立的精神实体神我结合下的演变是形成世界万物的根本原因。宇宙是由二元二十五谛[①]构成的。瑜伽派则在二十五谛之外，又加上主宰神或自在天，并认为神或自在天是自性演变的最初推动力。就是说，古典数论派是二元论，并有无神论倾向，而瑜伽派则实际上主张神是创造世界万物的最初动力。数论派在 9、10 世纪后也逐渐转向有神论，承认神（自在天）是世界的创造者。数论派和瑜伽派都讲轮回解脱。数论派强调解脱之道在于体验二元二十五谛，得到“非我”，这样自性就可不与神我结合，从而断绝轮回。瑜伽派则把强调的重点放在对心作用的控制上，提出要通过长期修习瑜伽的八支行法[②]和离欲，使心的一切变化和作用断灭，从而获得解脱。瑜伽派的理论和修持方法后来被吠檀多派和其他流派部分吸收，成了宗教修持的通用方法之一。

胜论派与正理派关系密切，两者在对世界构成的解释上，在认识论上，有许多共同之处。胜论派认为构成世间万物的基本物质要素是地、水、火、风，即四大，此外有独立的灵魂存在。四大有两类，一类是极微，是运动着的，各有自己的特质，彼此结合构成世上的万物。导致极微运动的力量是一种“不可见力”，它最初被解释为一种类似自然力的力量，在后期胜论中被说成是神的作用。正理派也认为万物的构成有极微存在，也有独立的灵魂实体存在，在分析万物产生的原因时提到了神。两派都持轮回解脱说，都强调解脱之道在于掌握该派教义，获得真知。胜论派要求执行吠陀所规定的义务，包括灌顶、断食、梵行、林居、祭祀、布施等。正理派则强调要实践瑜伽。

六派哲学的出现表明在佛教、耆那教挑战面前，婆罗门教内为寻求应对之策，思想上有相当程度的活跃。值得注意的是，在宇宙观方面不止一个派别有或多或少的唯物论倾向或多元论倾向，对神的创世作用的传统观念有了某种怀疑。在阐述解脱之道方面，除弥曼差派外，都已不把祭祀放在首位，有的甚至不提祭祀。这表明它们在祭祀和婆罗门作用的问题上，

---

① 二元为自性、神我。二十五谛为自性、神我、觉、我慢、十一根（眼、耳、鼻、舌、皮、发声器官、手、足、排泄器官、生殖器官、心）、五唯（香、味、色、触、声）、五大（地、水、火、风、空）。

② 八支行法即禁制（遵守戒律，包括不杀生、诚实、不偷盗、净行、不贪）、劝制（应奉行的道德准则，包括清静、满足、苦行、学习、敬神）、坐法、调息、制感、执持（心注一处）、静虑（心集中于禅定对象）、等持（心与禅定对象合一）。

也开始对婆罗门教的传统做某些修正。这就防止了婆罗门教的僵化，保持了它在群众中的影响，为它日后转变为印度教准备了土壤。

六 文学艺术

1 世纪前后，古典梵语文学作为印度主要的一种文学开始产生。古典梵语是指经波你尼等语法大师规范了的梵语（此前传诵史诗用的是通俗梵语）。除诗歌继续发展外，神话、故事、传记、戏剧等文学形式都开始出现或有初步发展。

往世书（大小 36 部）固然包含历史资料，但神话传说占更重要的地位。它是神话的海洋，围绕梵天、毗湿奴、湿婆三大主神，特别是后两大主神的事迹演绎出内容极其丰富的故事，在民间流传极广。其中的《薄伽梵歌往世书》是颂扬毗湿奴大神的，在群众中家喻户晓的程度几乎可与两大史诗相比。往世书基本上采用诗歌体。

梵语文学另一重要组成部分是梵语佛教文学。大乘佛教用梵文写经，小乘有些部派也用梵文写经。其中都包含带有文学色彩的内容，如传记、故事等。前者有《大事》《神通游戏》等，是关于佛陀的传记；后者有《百缘经》《天譬喻经》等，是故事集锦（许多是讲佛本生故事）。前者内容神奇，描写夸张，已不像巴利文佛教文学那样具有较多民间文学色彩；后者每个故事总结一条道德训谕，比较贴近生活。这两类作品都采用韵散混合文体。

有些佛教诗人、学者创作了诗歌、故事、戏剧等文学作品。最著名的诗人、戏剧家是马鸣。他大约是 1～2 世纪的人，属婆罗门种姓。贵霜帝国的迦腻色伽国王对他很敬重，给予积极的支持、保护。他写了两部叙事诗《佛所行赞》和《美难陀传》。前者是佛陀的传记，内容连贯，结构严谨，穿插的故事都与主题结合紧密，是佛传记文学中最好的一部；《美难陀传》讲佛陀度化异母兄弟难陀的故事，是利用流行的难陀传说加工而成的。这两部是现存最早的古典梵语叙事诗，表现了完全成熟的诗歌技巧。马鸣是虔诚的佛教徒，他通过诗歌要表达的最终意义是尘世的浅薄和过眼烟云性质，心地宁静和保持善心才是真正的幸福。传说波你尼、迦旃衍那写有叙事诗，但均已失传。马鸣还写有三部戏剧，剧本是在我国新疆吐鲁番发现的（1910），都已残破不全。其中《舍利弗传》尚可看出大致内容，剧中有喜剧性丑角，终场有祝福诗。剧中角色中上层人士说梵语，普通人说俗语。三个剧本均用韵散混合形式写成。这是现存的最早的梵语剧本。

1 世纪后，随着俗语的发展，有些人用俗语创作文学作品，由此俗语文学的出现。如一部用马拉特语写的抒情诗集《七百咏》，包括 700 首诗，是约 2 世纪时萨塔瓦哈纳一位国王收集的，反映了马哈拉施特拉地区的社会生活。这些诗富有乡土气息，是乡村生活情景的缩影，用的是农民的方言而不是帝国的行政语言，可能采自民歌或脱胎于民歌。吟唱者多是女性，爱情是主题，背景则是乡村的现实生活，人们的欢乐、勤劳、艰辛和愁苦表现得淋漓尽致。这种现实主义风格对以后梵语抒情诗的发展有一定影响。《故事广记》是这一时期俗语文学的另一代表作品，是用毗舍遮语（流行于温德亚山区）写的故事集。作者是德富，成书时间大约在公元前 100 年。书中所讲故事的背景和内容与古老的佛教故事所讲的相近。原著可能是散文体，已经佚失，现存的是它的梵语改写本，采用诗体。《故事广记》反映的内容有城乡生活、商业发展、妇女地位、宗教活动等，以世俗故事为主。

泰米尔人的文学创作活动开始较早。公元前 5 世纪至 2 世纪是泰米尔文学史上的桑伽姆时期。大批诗人和学者搜集整理和创作诗歌，形成了数以千计的桑伽姆诗篇。原著许多已散失，流传至今的有《八卷诗集》和《十卷长歌》。流传下来的还有古泰米尔语法书《朵伽比亚姆》，它实际上是泰米尔语的一部文艺总论，对早期泰米尔语言、文学发展的规律和成就做了总结。这些宝贵的留世之作，成了泰米尔文学经典，为后世泰米尔文学发展做了铺垫。

雕刻艺术的进步是这一时期造型艺术最重要的发展。由于希腊罗马艺术通过希腊化的西亚人和地中海沿岸居民传入，这一时期在西北印度出现了犍陀罗艺术流派。这是希腊罗马雕刻风格与印度本土风格融合的结果。这种艺术 19 世纪前半期方为世人知晓：考古学家和艺术家从呾叉始罗、白沙瓦等地发掘出的大批艺术品中，发现它们与出土的前一时期这类艺术品在风格上迥然不同。这里的雕刻品大部分是用灰青色和青黑色的云母质片岩做材料（后期也有泥塑的），很少使用金属材料。这种艺术最基本的特征是采用古希腊罗马的艺术技巧和艺术形式反映佛教思想内容。前期雕刻品比较接近希腊风格，人物面庞与希腊神话人物相似，梳希腊罗马式发髻，服饰为希腊式披风，石柱的柱头雕饰也是模仿罗马式样。在表现佛传故事的雕刻中，佛像被创造出来了，并且有了单独的塑像，其形象俨然是希腊神。可以说，初期犍陀罗艺术是希腊罗马艺术在印度的一个支流，它的美学准则遵循大夏时代希腊文化的传统。初期艺术品属于贵霜帝国之前和贵霜帝国前期。到了 4 世纪，犍陀罗艺术才形成自己独具的风格。这时，佛像已不再是希腊神的外形，面部表情严肃庄重，体形粗短，衣服单薄，好像着水后贴在身上一般。犍陀罗艺术成了后来印度古典主义艺术的先驱之一。但它未能发展下去，在 6 世纪白匈奴人入侵时遭到破坏。

图 6-4　阿玛拉瓦蒂佛塔建筑上的雕饰

在印度其他地区，印度本土风格的雕刻艺术也在发展。公元前后的几个世纪，形成了马土腊艺术流派和阿玛拉瓦蒂艺术流派（见图 6-4）。马土腊在犍陀罗南部，受希腊艺术影响较小。这里的雕刻以印度固有艺术为主，多少吸收了希腊艺术特点。使用的材料是红砂石。雕塑品中有许多小神灵像，姿态各异。有一个逗弄小鸟的树神像，树神为一姿容俏丽的美女，裸着上身，微笑地弯着腰肢，手提鸟笼。小鸟刚从笼中飞出，顽皮地啄着她的头发。整个雕像不仅比例精确，姿态优美，而且脱离了庄重的宗教主题，表现了雕刻家世俗的审美旨趣。雕刻品中也有佛像。其特点是稳重典雅，肌肉匀称，所披袈裟如出水状态，腿略长，头后面有圆形的光环。整体来说，比犍陀罗后期佛像精美。马土腊艺术同样成了后来印度古典主义艺术的先驱，而且与它在体系上更接近。阿玛拉瓦蒂艺术有自己的特色。阿玛拉瓦蒂位于克里希那河口，是萨塔瓦哈纳国的都城。这里的艺术很少受希腊艺术的影响，而是直接继承了巴卢特与桑奇的传统，保持了印度自有的风格。在佛传故事雕刻中仍用早期象征手法，如以菩提树、宝座、足迹等代表佛。人物、动物造型上仍与桑奇风格一样，但技巧更臻完美。较晚时期开始有佛像出现，佛像颇似犍陀罗造型，说明受了后者影响。但在其他方面影响不大。正是这派艺术进一步提高、发展，成了后来印度古典主义艺术的主要源流。

总之，印度雕刻艺术此时期仍处于古风艺术阶段，但在技巧上已有长足进步。在人物造型上，佛像越来越占有重要位置，这显然是与大乘佛教的传播密切联系在一起的。佛教得到许多统治者和商人的捐助，佛教建筑的大量兴建为雕刻艺术提供了施展的空间，希腊艺术的传入又给印度艺术的发展提供了有益的借鉴。这一切营造了一种适合雕刻艺术发展的氛围，为它向更高、更完美阶段的转变准备了条件。

第七章

笈多帝国时期

一 笈多帝国的建立

4 世纪初，以恒河中游一带为中心，又有一个新的大帝国出现，这就是笈多帝国。它打破了当时印度的混乱局面，使印度大部分地区又复归统一。

贵霜帝国后期，原被贵霜帝国征服的北印度广大地区纷纷独立，于是又出现了一大批小国家。其中有那加、憍萨罗、考山比、阿约提亚、毛卡里、笈多、梨车族的共和国、西比斯、昆宁达等。在南印度，较大的国家萨塔瓦哈纳于 3 世纪前半期瓦解，分裂成 5 个小国。南印度也是诸侯林立的状态。

笈多王朝的建立者旃多罗·笈多一世的先辈原是比哈尔的一位小君主，信奉婆罗门教。其种姓说法不一，有说是婆罗门，有说是刹帝利，也有说是吠舍的。最初可能是臣属于贵霜帝国，贵霜帝国瓦解后成为独立国家。319 年旃多罗·笈多即位，开始在恒河流域中部扩张势力，征服了憍萨罗、考山比，还用联姻手段，娶了邻近的跋祇国的梨车族公主，与这个国家建立友善关系。他在位期间，疆域包括比哈尔、今北方邦部分和孟加拉部分，大致相当于孔雀帝国瓦解后的摩揭陀国领土。这片地区成了笈多帝国的核心区域。都城在华氏城。旃多罗·笈多自称“王中之王”。印度史上通常说的笈多纪元即从 319 年他即位开始。他指定儿子（非长子）沙摩多罗·笈多为继承人，而后隐居死去。

沙摩多罗·笈多即位（335）后，把对外征服推进到一个新阶段。他的征服是多方向的，既包括北印度，也包括南印度部分地区，征服后的处理也有所不同。从阿拉哈巴德附近发现的他的宫廷诗人诃梨犀那撰写的颂扬他的铭文（刻在阿育王石柱上）中可知，他具有非凡的军事才能，德里和今北方邦西部4个王国被征服，他又成功地征服了雅利亚瓦尔塔（恒河流域西部）9个王国。除铭文提到的外，他还征服了北部、东北部一些边远地区国家（包括阿萨姆、孟加拉、尼泊尔）和西北部边远地区国家（包括旁遮普尚存的小共和国及贵霜残余势力）。这些国家多数被兼并，边远的国家成为纳贡的藩属国。在南印度，从铭文中知道，他打败了德干北部12个王国，俘虏其国王，但鉴于这些国家地处遥远，直接统治困难，便将这些国王都放回复位，使之成为纳贡的藩属。他的军队向南一直到达泰米尔纳杜的建志，那里的帕拉瓦的统治者也被迫承认了他的宗主权。这样，沙摩多罗·笈多就使帝国疆域得到很大扩展，从北印度扩展到南印度。他被称为“征服者国王”。

沙摩多罗·笈多除了在对被征服国家的处理上懂得区别对待、因地制宜外，在治理国家方面也有相当才能。他重视人才的罗致，赞助学术，积极鼓励文学艺术发展。他本人会赋诗，有“诗王”之称，又喜爱音乐，在朝廷发行的钱币上有他弹奏琵琶的图像。

沙摩多罗的儿子旃多罗·笈多二世（375～415年在位）统治时期帝国进一步向南扩张。旃多罗·笈多二世采取传统的联姻手段，与那加王室联姻，巩固了帝国的东部地区，又与德干西部的伐卡塔卡（在原萨塔瓦哈纳国家的核心地区）国王联姻，加强了在南印西部的影响。更重要的是，兼并了此时已成为其藩属国的塞种人国家西萨特拉普（在索拉施特拉、马尔华、卡提阿瓦），控制了西海岸港口，这使笈多帝国可以直接与外国进行海上贸易，大大加强了其经济地位。孟加拉原为笈多帝国的藩属国，在国王叛乱被镇压后，笈多帝国在这里建立了直接统治。这样，旃多罗·笈多二世时期，帝国国势达到极盛，疆土包括几乎整个北印（除克什米尔外）和南印的一部分（东部沿海岸向南深入建志，西部在德干有一些藩属国）。此时政局稳定，贸易繁荣，文化发展。旃多罗·笈多二世自称“超日王”。我国东晋高僧法显访印正是在他统治时期。

旃多罗·笈多二世去世后，其子鸠摩罗·笈多即位。他统治40年（415～455），帝国继续保持和平繁荣局面。到斯坎达·笈多统治时（455～467），占领了巴克特里亚的白匈奴人（嚈哒人）从西北部入侵印度河流域，被击退，一场蹂躏被防止。这是斯坎达·笈多对帝国的贡献。不过白匈奴的

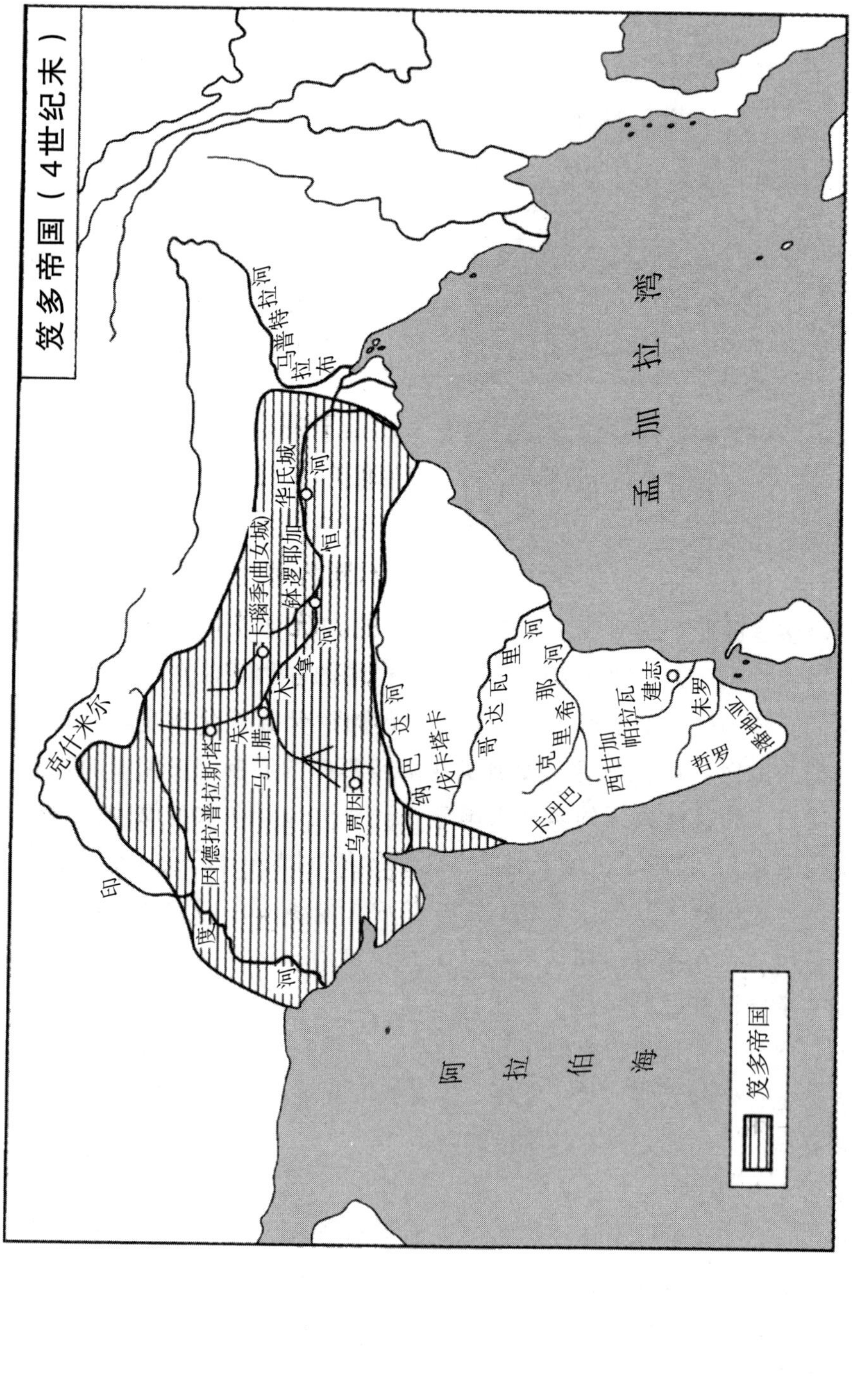

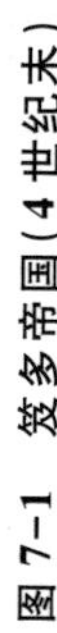

图 7-1　笈多帝国（4 世纪末）

威胁并没有完全消除。

笈多帝国统治者是婆罗门教信奉者，对婆罗门和寺庙的赠赐十分慷慨，帝国发行的货币上有拉克湿米女神（毗湿奴的妻子）头像。不过对其他宗教也都实行兼容并蓄的政策，并不排斥，对其他教派的寺院和僧侣也给予赐赠。沙摩多罗·笈多是佛教著名学者世亲的保护人，任命他做自己儿子的家庭教师。佛教著名学府那烂陀寺受笈多统治者保护，5 世纪得到扩建。旃多罗·笈多二世是毗湿奴信徒，他的将军中有的是佛教徒。

二　南印度的政治形势

南印度除部分地区被笈多帝国征服外，在整个笈多帝国时期，存在许多独立的小国。其中重要的有伐卡塔卡（在德干西部和今中央邦）、卡丹巴（德干西南部）、帕拉瓦（泰米尔纳杜）、西甘加（迈索尔南部）和半岛最南端的潘地亚、朱罗、哲罗等。

伐卡塔卡是这一时期德干最大的国家。其统治者据认为来自今中央邦（也有人认为来自本德尔坎德，或认为来自半岛南端），属婆罗门种姓。原是萨塔瓦哈纳的臣属小国，在普拉伐拉森纳一世统治时（280~340），通过武力征服，建立了一个北起本德尔坎德，南至海得拉巴的帝国，定都那格浦尔。他去世后，其国家一度分裂为二，笈多帝国国王与其一联姻，借助其支持征服了塞种人国家西萨特拉普。与旃多罗·笈多联姻的国王去世后，由王后即旃多罗·笈多的女儿摄政，与笈多帝国的关系更密切。伐卡塔卡成了北方文化特别是婆罗门教向南传播的重要渠道。5 世纪末 6 世纪初，哈里森纳（480~515）通过征服战争，打败了另一支分裂势力，使国家复归统一。他用武力扩大领土，使该国疆界北起马尔华，南至马哈拉施特拉，东起孟加拉湾，西至阿拉伯海，达到历史高峰。但他去世后，王国即趋衰落，领土被周围几个国家肢解，到 6 世纪下半期即从政治舞台上消失。伐卡塔卡在德干统治约 250 年。

南印另一大国是帕拉瓦。帕拉瓦可能原是一个部落，在萨塔瓦哈纳国家灭亡后通过对外扩张建国（3 世纪中期），位于伐卡塔卡以南，克里希那河、通加巴德腊河与科佛里河之间，首都建志。最强盛时，曾打败过卡丹巴、西甘加，南印度泰米尔三国都依属过它。后国势衰弱。4 世纪中期一度被沙摩多罗·笈多征服，国王被俘又被释放，成为笈多帝国的藩属国。笈多帝国瓦解后又恢复独立，成为南印一个较强大的国家。

卡丹巴、西甘加都在南印西海岸。卡丹巴在西甘加以北，都城是卡纳塔克的巴纳伐西，其创建人是马玉拉沙尔曼。他在建志受教育，据说受到驱逐，他借助森林部落的帮助报复帕拉瓦，被帕拉瓦打败，但其在卡丹巴的统治地位受到承认。马玉拉沙尔曼实行马祭，并捐赠土地给婆罗门。

西甘加是帕拉瓦时期的另一个重要国家，其领土在卡纳塔克南部，东部与帕拉瓦相邻，北部是卡丹巴，都城是克拉尔。之所以称为西甘加，是为了与5世纪后在羯陵伽统治的甘加国相区别。

在半岛南端，潘地亚、朱罗、哲罗三国并立的局面依然保持。据记载，6世纪半岛南端曾发生卡拉布拉人的反叛。卡拉布拉人打败了三国统治者，把三个国王都监禁起来，并废除了对僧侣赠赐土地的制度，但对佛教寺院实行保护。潘地亚、帕拉瓦、遮娄其三国联合起来，镇压了这次反叛。由于留下的材料极少，关于这次反叛的性质难以确定。从现有材料看，可能是支持佛教的势力对统治者过分推崇婆罗门教不满的爆发。

南印各国的王朝信奉婆罗门教。如伐卡塔卡统治者是湿婆神的信徒，多次举行马祭。据说普拉伐拉森纳一世实行7种祭祀仪式，对婆罗门赠赐丰厚，建立了许多供奉湿婆神的神庙。伐卡塔卡统治者还重视保护、发展梵文文学，可能迦梨陀娑就在伐卡塔卡宫廷住过。伐卡塔卡国王们对佛教也实行保护政策，著名的阿旃陀石窟这时在继续建造。从考古材料看，卡丹巴、西甘加的国王在大量赐地给婆罗门时，也都赐地给耆那教徒，说明也在实行兼容政策。半岛南端三国统治者很可能较多赐地给婆罗门，对佛教寺院也有土地赠赐，但较少。

三　笈多帝国的统治制度

笈多帝国的统治制度与孔雀帝国有相同之处，又有很大的不同。君主被进一步神化，如沙摩多罗·笈多被说成是降临大地统治人间的神。君主集立法、行政、司法和军事的最高权力于一身，在他下面有各种执行机构和供其咨询的机构。笈多王朝不再有国务会议，只有大臣会议，由王子、大臣和藩属王公组成。其任务一是就国家重大政策问题向君主提出建议，由君主做决定。二是就君主继承人选提出建议。笈多王朝王位通常由长子继承，但也不绝对化。君主在位时就明确指定继承人，并让王储掌管部分政治、军事权力。三是必要时（如国王未成年等）由大臣会议行使摄政会议职能。大臣会议中的大臣是中央各部门（税收、财政、商业、司法、军事、警察等）的首脑，他们下面分别有专门的机构行使部门职能。笈多王朝的地方政权也分为省、县（市）、村三级。省督由国王任命，常由王子们担任。省同样设有各职能部门，包括军事机构。县长由省督任命。城市由上级机构任命的行政官员治理，通常成立一个委员会协助他管理。委员会由商业公会代表、商人代表、手工业行会代表和一名书记官组成。此外，有税收、警察等职能部门。基层政权是村，村长由官府任命。村社有评议会（潘查雅特），是村社长老会议的新形式，不是官方机构，主要任务是协助村长处理行政事务和调解纠纷。

司法系统较以往有所进步。民事、刑事审判分开，民事审判涉及印度教徒的由婆罗门法学家协助。

官方使用的语言是梵语。从中央到地方各级官员薪俸都用现金支付。

和孔雀王朝相比，笈多王朝统治制度最突出的特点是中央集权较弱，权力相对分散。第一，中央直接统治地区只是比哈尔、今北方邦和中央邦部分以及北孟加拉。大部分地区在被征服后，保留原来的王公，采取藩属国制度。这样做，不仅是有意采取怀柔政策，也是力量不足的表现。藩属国王公义务有四：朝见、贡献、军事服务和联姻（嫁女儿给笈多王室）。他们由笈多帝王颁发诏书，获准统治原来统治的地区。第二，就是在中央直接统治的地区，在省和县两级，许多权力也在地方势力手中。地方官员通常从地方势力中任命。地方贵族、大的商人同业公会都参与地方政治。孔雀王朝是权力集中于中央，阿育王要了解每个官员的所作所为，笈多王朝的帝王鲜有人敢抱这样的奢望。第三，笈多王朝常备军不如孔雀王朝的强大。各藩属国提供的军队构成笈多王朝军队的很大部分，这导致藩属国保有相当的军事实力。总之，笈多王朝的统一并不是像孔雀王朝时期那样的中央集权，它的统一之下实际上保存着很大的不统一。孔雀王朝靠统一的行政机构管理全国，靠以权力作后盾的“达摩”宣传维护和巩固统一。笈多帝国对众多的藩属国无法管理，只能靠商业和文化去联系各地。实际上，各藩属国有自己的制度、文化。它们虽然都在不同程度上接受了来自笈多王朝的影响，但都还保留着自己的地区特色。严格说，笈多王朝统治的疆域内，不仅行政上不统一，在制度、文化等方面也从未统一起来。

造成这种现象的原因有三。第一，笈多王朝本身经济力量、军事力量不足，不能实现完全的兼并和统一。第二，从全印看，地区性经济文化进入一个新的阶段，既有发展又不够发展。有发展使各地开始具有越来越强的个性，并都要突出自己的个性；不够发展则造成趋向统一的因素力量薄弱，还无力把个性吸纳到共性中。孔雀王朝较高度的统一是以全国大部分地区经济文化还很不发展为前提的，在那种情况下，先进地区以强力实现统一和保持强有力的中央集权是有可能的。笈多王朝面临已经变化了的局面，有的藩属国有一定发展，朝廷鞭长莫及，再要保持高度统一就很难了。从历史发展的长过程看，这是前进中的现象，不是倒退。第三，与这一时期印度社会开始向封建社会转变有密切关系。封建土地关系的发展必然带来权力分散，妨碍强有力的中央集权的形成。

四 社会经济发展

笈多帝国的建立为次大陆大部分地区创造了较长时期的和平安定局面，这对印度社会经济的发展十分有利。法显记载说，印度经济繁荣，人民殷乐，反映了他的直观感觉。

农业方面，笈多王朝重视兴修水利工程和开荒。在索拉施特拉的吉里纳加尔附近修建的苏达尔萨纳水库，规模宏大，使很多农田受益。许多地方修建了大小不一的水库、蓄水池。重视水利使灌溉面积扩大，大量垦荒使耕地面积增加。耕种技术越来越受到重视，一般都做到了区别土壤，因地制宜，种植最适合的作物。轮作间作、施肥和防治病虫害的知识得到了广泛传播。农产品种类很多，今日印度的农产品种类（包括粮食、蔬菜、瓜果）那时大都有了。农业产量增加，稻米和小麦已能出口（2 世纪的《红海漫游记》中讲到）。桑树种植与养蚕业兴盛起来。

手工业发展表现在：铜、铁等金属的开采、冶炼和铸造有很大进步。415 年在德里库特卜尖塔附近竖立的著名的铁柱，高 23 英尺，虽经一千多年的风吹雨打，但迄今未曾锈蚀，说明冶炼水平之高。造船业有了发展，这一时期已能建造载百人以上的大型多桨帆船。建筑技术有新的进步，普遍以砖石代替土木，佛塔、庙宇、石窟等的建造较前复杂、精巧。纺织工业进一步发展，平纹细棉布蜚声国外，地毯、毛毯的制造业也日益兴盛。只是丝织业因与罗马贸易衰落受到很大打击，西印度不少丝织工改行，或迁居他地，另谋生计。如古吉拉特拉塔地方的丝织工整个行会迁到曼达索尔，改行从事其他职业。

笈多帝国时期内外贸易都很活跃。帝国中央政府重视修筑和养护道路，鼓励商业发展。帝国发行的金币在古代印度是最多的，银币也不少。货币流通量的增加对商业繁荣是一个促进因素。商业发展的突出现象是北印与南印间贸易往来的加强，陆上干线主要有两条。一是横穿占谢浦尔沿东海岸的路线，一是经过乌贾因、纳西克和卡瓦尔沿西海岸的路线。这两条干线把南北连接起来，使北方的手工业制品远销南方，对南方的经济发展是个有力的促进。南印的经济发展水平参差不齐。大致上说，沿海地区发展较好，特别是各大河入海口的三角洲地区，德干高原稍次。半岛南端和帕拉瓦部分地区盛产香料、珠宝、象牙，沿海港口建志、卡维里帕塔拉姆、马杜赖、提鲁加鲁等都是重要的货物集散地。南北联系的加强使南印的产品也能大量运往北印。内河航道这一时期作为商业渠道的作用增加。恒河、朱木拿河、纳巴达河、哥达瓦里河、克里希那河及科佛里河都成了主要商道。这些商道不但连接了东西印度，而且能把来自东西印度的商品输送到贯通南北的两条干线上来。应该说，笈多帝国时期在内贸方面较以往任何时期都要发展。

外贸方面却是发展、萎缩兼有。原来的北路贸易变化最大。由于罗马帝国严格限制印度的部分产品输入，也由于罗马帝国所属各地区的商人越来越多地直接向中国购买丝绸，印度中间商失去转手机会，北路贸易在3世纪后就趋于衰落。罗马帝国分裂后，印度与东罗马帝国维持着低水平的贸易关系，到5世纪中期也宣告停止。北路贸易的衰落对北印经济发展有很大的负面影响。笈多帝国时期，印度与西亚、北非的海路贸易仍然保持。特别是笈多帝国兼并西海岸地区，直接控制西海岸港口后，以这些港口为基地，与西亚、北非、东非的贸易还有发展。半岛南端地区也积极参与了这个进程。这一时期发展最大的是与东南亚的贸易。恒河出海口、羯陵伽各港口和半岛南端各港口是主要基地。印度商人在东南亚设立许多商站并移民各地。移民、传教和商业活动使印度文化传播到东南亚许多国家，包括缅甸、暹罗、越南、马来亚、印尼等。印度文化大规模进入东南亚就始于这个时期。这一时期输出品仍以棉纺织品、香料、珠宝、象牙制品、蓝靛等为主。输入品除继续从西方进口金、银、铅、锡等贵金属外，从中亚、伊朗、阿拉伯国家进口良种马也成为大宗。还从中国进口丝绸，从埃塞俄比亚进口象牙。印度商人有的远至中国广州就地购买中国产品。印度商船穿梭于各个海面，印度商人成了当时亚洲最活跃的商业势力之一。

商业、手工业的行会制在继续发展。有些地方出现了行会联合的现象，甚至有商人同业公会和手工业行会联合的，这意味着竞争的加强和商业资本控制手工业趋势的强化。商业公会兼营信贷业务成为突出现象，不仅在商人内部存放款，也对手工业者贷款。后者要扩大业务，常常依赖商人提供资金。手工业行会也有经营存放款业务的，但比较少，主要带有行会内互助性质。国王或富豪常常在商人公会存钱，指定其利息捐赠给寺院或婆罗门。在个别情况下，也有把钱存到营业比较兴旺的手工业行会里的，指定由后者代办捐赠事宜。信贷业务的开展使商人、手工业者能较灵活地使用资金，对发展生产有利。国王在商业公会和手工业行会存款也反映了他们是有信用的，得到统治者的信任和支持。商业、手工业的发展反过来也增加了国家的税收。

商人行会以及某些手工业行会经济力量的发展，在政治上也得到了反映。各个城市成立的协助官员管理的委员会都有商人、手工业者的代表参加。和孔雀王朝不同，那时城市管理机构人员都由国家任命，这时是推选的，实际由地方大商业行会把持。此外，各行会有自己的规章，在处理内部事务上，实际担负了某些司法职能。笈多王朝通过行会控制商人、手工业者，对其内部事务同样并不太多干预。

五　封建生产关系的形成

在生产力和商品经济发展的基础上，从笈多帝国后期起，印度的土地关系开始发生重大变化。土地关系方面此前已出现的趋势——土地赠赐这一时期有很大发展并有新的变化，从而为印度历史上封建主义社会形态的形成奠定了基础。封建主义形态的最后形成是在戒日帝国时期。

笈多帝国之前，印度土地关系就有两种趋向产生。一是统治者向婆罗门、佛教寺院、少数官员和宠臣赠赐土地；二是村社上层占有更多土地，使用雇工、佃农耕种。

笈多帝国时期，两种倾向都有发展，特别是第一种。沿着以往轨迹更大规模地实行宗教捐赠，成了这一时期最引人瞩目的现象。

笈多帝国成立之初，这种情况还不多见。但5世纪以后，以土地做宗教捐赠的便明显增多。婆罗门、新出现的印度教神庙和佛教寺院都得到了大量赠赐土地。这种情况不但发生在笈多帝国，在南印诸国也是如此。南印的伐卡塔卡、帕拉瓦、羯陵伽、卡丹巴、西甘加这一时期都出现了同样的现象。如帕拉瓦的君主把两个村庄以及两个贮水池赠赐给180个婆罗门僧侣，赐地文书写明豁免一切田赋。羯陵伽也发现统治家族皮希塔帕腊向臣属赏赐土地的文书。卡丹巴、西甘加统治者除赠赐给婆罗门土地外，也赠赐给耆那教僧人。在半岛南端三国，3~5世纪赠赐土地给婆罗门的铭文也有发现。

这一时期的赐地不但数量增多，而且具有一些新的特点。

第一，出现了永久赐地。赠赐土地永久化的趋向在这一时期的法论中清楚地表现出来。在《祭言法论》中提出，国王赠赐土地要立契据，或用棉布，或书铜版，上面要写明赠赐人和受赠赐人的姓名、赠赐土地数量、坐落和赠赐日期，并使这契据万世留传。《布梨哈斯跋提法论》也强调所赐土地不可剥夺，应与日月同久，传之万世。这种永久赐地都是给僧侣、寺院的。迄今考古发掘已发现了一批笈多帝国和南印国家颁发的铜版赐地文书。就时间而言，多为6世纪后的，4~5世纪的还很少。迄今发现的最早的铜版赐地文书是南印建志的帕拉瓦王朝湿瓦斯坎达瓦尔曼国王4世纪中期颁发的。索拉施特拉发现的铜版文书被确认是4世纪末颁发的。北方发现的特奈德赫铜版文书颁发于432~433年，时为鸠摩罗·笈多一世统治时期。[①] 这些铭文都讲到所赐土地“世代永传，与日月同光”。伐卡塔卡、帕拉瓦、羯陵伽、孟加拉、中印度也都有铜版文书发现。我国东晋高僧法显在《佛国记》中记载北印的情况时说：“自佛般泥洹后，诸国王、长者、居士为众僧起精舍供养，供给田宅、园圃、民户、牛犊，铁券书录，后王王相传，无

① A. K. 马宗达：《古代印度简史》第1卷，新德里，1977，第48页。

敢废者，至今不绝。”[①] 这表明除国王外，也有商人、殷富之家向寺院做这种永久性捐赠。这种永久性捐赠使寺院、僧侣成为大片土地的世袭占有者。婆罗门所得赐地最多。

第二，国王赐赠的一般还是土地上的税收收入。但在有些情况下，不仅地税，而且该片土地上居民应缴给国家的一切捐税和应服的劳役也一并赠赐。据现有材料，开这种赠赐先例的是伐卡塔卡的国王普拉伐拉森纳二世。他颁发的一份赐地文书中首先给予了这种一揽子赠赐。

第三，有些统治者把所赐土地上的行政、司法权也授予被赐人。伐卡塔卡发现的赐地文书至少有 6 个讲到，所赐土地上的农民和手工业者不仅要把税收缴给受赐者，而且要服从他们的命令。另两个属于笈多王朝后期的铭文中，统治者命令政府官员和士兵不许烦扰这些婆罗门受赐者。5 世纪统治者在赐地时，一般还保留惩罚偷窃者的权力，以后有的把这种权力也授予了受赐人。据现有材料，这种赏赐办法最初主要是在笈多帝国边远地区实行。笈多帝国末期，在帝国核心地区也有这类赏赐。

第四，把土地赐与某些世俗人士或行会代管，指定其收入用于宗教目的。已出土的某些铭文属于这类赏赐。如中印度乌萨卡勒帕的国王伽雅纳塔就把一个村子的土地赐给指定之人，其收益用于宗教花费。他的继承人萨尔伐纳塔又把另一个村子的土地分成四份，指定专人代管，收入用于宗教目的，士兵不准进入该地。[②]

这样，笈多帝国时期捐赠土地的流行促进了婆罗门和寺院封建主阶层的形成。他们不但得到地税和土地上的其他捐税收入，有的还得到行政、司法权力。土地的世袭权等于赋予他们永久的，可延续的权利。他们承担的义务是为统治者祈求神的保佑并帮助维护现有统治秩序和社会秩序。

从现有材料看，还没有发现笈多帝国时期赐给军政官员土地的铭文。《布梨哈斯跋提法论》讲到要以土地封给官员代替薪金。这种主张是否被采纳，是否有食邑存在，尚待进一步的考古发掘证明。

封赐给世俗人士的有个别例子。如 533～534 年的一份由萨尔伐纳塔颁发的文书，把两个村子连同行政权、财政权都赏赐给一个叫普林达巴塔的

---

① （东晋）法显：《法显传》，文学古籍刊行社，1955，第 14 页。

② R. S. 夏尔玛：《印度封建主义》，第 10 页。

人，后者可能是一个地方首领，他又把这两个村子转赠给寺院做宗教用途。[①]

上述所有捐赠的土地，有的是待垦的荒地，有的是村社农民正在耕种的土地。在前一种情况下，通常由受赐者招募劳力去开垦，土地就由这些人耕种（作为雇工或佃农）。在后一种情况下，则不改变原来的秩序，土地继续由村社集体占有，农民世袭耕种。只不过在他们上面出现了一个由最高土地所有者国王指定的世袭的或非世袭的土地占有者，农民如今必须把原来缴给国家的地税（有的还有其他捐税）缴给他们，成了这些占有者的佃农。佃农一般没有依附身份。法显的《佛国记》记载："人民殷乐，无户籍官法，唯耕王地者乃输地利，欲去便去，欲住便住。"《佛国记》也记载说，国王赐给寺院土地时，常常同时"供给"民户。迦毗罗卫城"城中都无王民，甚如丘荒，只有众僧民户数十家而已"。又说拘夷那竭城"人民也稀旷，止有众僧民户"。[②] 有的学者认为这种民户是拨给寺院耕种土地或侍奉香火、洒扫庭院的，他们对寺院可能具有依附身份，不能随意离开土地。这种可能性不能排除，但只是猜测。也可能他们是出于宗教虔诚，不愿抛下寺院不顾。在一个种姓社会里，农民没有选择职业的自由；在存在村社的情况下，农民离开村社就失去享有份地的权利，所以农民不会轻易离开土地，即便其土地被统治者赠赐于人也是如此。在这种情况下，用依附身份强制农民附着于土地上是没有必要的。无论有无依附身份，赠赐土地上原来的村社农民都成了佃农，这就导致了在村社农民中一个私人佃农阶层的出现。

为什么统治者要把越来越多的土地和权力捐赠给僧侣、寺院？这是维护统治的需要。生产力的提高和农业效益的增加使这种做法有推广的可能。具体来说，第一，统治者需要宗教为他们服务，就不能不给僧侣以优厚报赏。他们希望利用宗教控制群众，就要提高僧侣和寺院的地位。高级僧侣富有，寺院富丽堂皇，都能提高宗教在群众心目中的地位。第二，土地赠赐作为一种报酬手段是可行的，国家负担较轻，比动用国库要方便得多，有保障得多。第三，用荒地捐赠是鼓励开荒和发展农业生产的手段。赋予

---

① R. S. 夏尔玛：《印度封建主义》，第 11 页。

② （东晋）法显：《法显传》，第 23、26 页。

行政、司法权力则可以使婆罗门或寺庙成为教化土著部落、约束下层群众的得力工具。总之，是要把对宗教上层的报赏和动用其力量更好地为巩固政权服务紧密结合起来。无论笈多帝国还是其他国家的统治者，都不可能意识到，他们这样做，客观上是在造就一种封建的生产关系，使这种关系越来越重要。他们更不会意识到，这样做使一种新的社会形态——封建主义社会形态出现。

土地赠赐是在土地国有的框架内进行的。国王仍然是土地最高所有者，他以最高所有者的身份赠赐。那些得到永久赐地者实际上已得到所有权，不过其所有权也不是绝对的，也附有条件。出土的铭文中有的就规定了受赐者应尽的义务，如效忠国王、为国王服务等。如果违背规定，不尽义务，或本人死去而无子嗣，土地还要回归国家。至于非永久赐地，一般只是终生享有，更不是所有权的让渡。

至于笈多帝国以前村社上层占有土地使用雇工或佃农耕种而成为小地主的趋向，在这一时期也有发展，但与前一趋向比较起来，只占次要地位。土地买卖的现象仍不显著。属于6世纪以后的铭文才有一些提到购买土地和转让财产的事例，而且购买土地也是为了捐赠给寺庙。如543年达摩达浦尔的一块铜版文书讲到捐赠给寺庙的5库利亚伐帕[①]土地，是在三个地方买的。达摩达浦尔另一个文书讲到5世纪末一商人买了11库利亚伐帕土地作为给两个神庙的礼物。5世纪北孟加拉的一个铭文说，该铭文主人把1.5库利亚伐帕土地捐给寺院，该土地是在四个地方买的。[②] 马哈拉施特拉出土的铭文也有讲到买土地捐赠寺庙的。但迄今还没有发现仅仅是为了扩大占有而兼并土地的铭文。这说明土地这时还很少进入流通领域。因此，靠土地兼并而形成的封建地主，这一时期即便有，数量也不会很多。

封建关系初步建立后，社会主要矛盾已转变为封建主阶级（作为最高土地所有者的国家地主和大量私人地主）与农民阶级（村社农民和佃农）的矛盾。各种土地受赐者在国家管理严格时，还按照国家规定的税收标准向佃农收取，但只要有可能，就把国家的规定置于脑后，而尽可能多地榨取。佃农的负担大大加重了。

---

① 单位名称，每库利亚伐帕合1英亩强。

② R. S. 夏尔玛：《印度封建主义》，第29、49页。

笈多王朝后期是印度向封建社会转变的开始，当时形成的私人封建主阶层基本上是宗教封建主，世俗封建主还很少。而且，即便是前一类，覆盖地区也不够广。作为一种新的生产关系，它本身还没有发育成熟，还需要时间酝酿进一步发展的条件。

六　婆罗门教转化成印度教

笈多王朝时期，在宗教方面也有一个重大的变化发生：婆罗门教通过自身改变，逐渐演化成印度教，出现了印度教发展势头超过佛教的新局面。

佛教在笈多帝国和南方国家依然是受到保护的，在西北印度、北印度和南印度一些地区还很昌盛。法显 402 年经过葱岭进入印度，游历 20 余国，409 年离印去锡兰。他写的《佛国记》记述了这次西行求法的经历。据他的记载，当时在西北印度和北印度，佛教是相当流行的，有的地区小乘兴盛，有的地区大乘兴盛，有的地区则大、小乘并行。如陀历国“有众僧，皆小乘学”。乌苌国“有五百僧伽蓝，皆小乘学”。宿呵多国“佛法亦甚，多小乘学”。“竺刹尸罗有二大佛塔，皆众宝校饰，诸国王臣民竞兴供养，散华然灯相继不绝。”富楼沙国有佛塔高四十余丈，壮丽无比，这里的寺院有“七百余僧”。那竭国醯罗城有佛顶骨精舍，国王敬重顶骨，每日诣精舍以华香供养。城南寺院有七百余僧。罗夷国“有三千僧，兼大小乘学”。毗荼国“佛法兴盛，兼大小乘学”。毗荼国东南，“诸寺甚多，僧众万数”。“沙河以西天竺诸国国王皆笃信佛法，供养众僧”。关于北印度，他记载道：“长者、居士、婆罗门等各持种种衣物沙门所须以布施僧众。”僧伽施国的龙精舍僧尼可有千人，“杂大小乘学”。拘萨罗国的舍卫城著名的祇洹精舍仍然兴盛，附近“有九十八僧伽蓝，尽有僧住处，唯一处空”。毗舍离国佛塔尽在。摩揭陀国巴连弗邑年年举行佛教“行像”活动，佛像车“可有二十”，“庄严各异”。阿育王建造的佛塔边有二僧伽蓝，一大乘，一小乘，各有七八百僧众，“四方高德沙门及学问人欲求义理，皆诣此寺”。王舍新城有二僧伽蓝，城外有佛塔，“高大严丽”。迦尸国婆罗尼斯城外的鹿野苑精舍佛塔现在，有二僧伽蓝。拘睒弥国的瞿师罗园精舍“今故有众僧，皆小乘学”。多摩梨帝国“有二十四僧伽蓝，尽有僧住，佛法也兴”，等等。① 著名的佛教学者无著、世亲、陈那等也正是在这时写出了他们最好的著作。规模宏大的那烂陀寺也是5世纪由笈多帝王鸠摩罗·笈多扩建，后来它发展成为著名的佛教学术研究中心。笈多帝国时期留下的大量佛像和佛教建筑物，包括阿旃陀石窟、埃洛拉石窟等，也说明佛教的昌盛。

然而，和贵霜帝国时期相比，佛教的发展势头已有所减弱。由于笈多帝国和南印许多国家统治者信奉婆罗门教，也由于北路贸易衰退，商人对佛教的捐助减少，这一时期新建的佛塔、寺院等佛教建筑显然少于前一时期。法显记述的多半是旧景，他提到的新建筑不多。

这一时期更醒目的现象是，婆罗门教自身发生了变化，逐渐转变成印度教，在广大地区重新发展起来，并得到笈多帝国和南印多数国家君主的信奉和推崇。

笈多王朝的帝王沙摩多罗·笈多、鸠摩罗·笈多等都举行马祭。旃多罗·笈多二世本人还钻研梵文经典，具有较高的造诣，被称为“圣人国王”。笈多帝王赠赐婆罗门的土地最多，这一时期有大量学者编纂、诠释婆罗门教原有典籍，撰写新的典籍。这些措施都对婆罗门教的振兴起了推动作用。不过，婆罗门教振兴的更大动力来自它内部的变革。早在佛教出现的同时，婆罗门教内也产生了众多派别。正宗六派哲学的逐渐形成就是婆罗门教内寻求变革的一种反映。其中吠檀多派等反对注重祭祀，强调内心信仰、亲证神和修行。这种思想的传播对破除婆罗门教盛行的祭祀万能、婆罗门至上起一定作用。《薄伽梵歌》（形成年代说法多种多样）对祭祀万能也做了批判，指出它是婆罗门愚弄群众的卑劣手段。《薄伽梵歌》的流行，使对祭祀至上的批判也传播开来。这样，婆罗门教就在佛教、耆那教强有力的挑战面前，不声不响地进行着改革，逐渐地在内容和形式上都发生了变化，演变成了印度教。其变化表现在几方面。

第一，形成了主神崇拜和化身说。婆罗门教原来是多神崇拜，后期从众神中初步形成梵天、毗湿奴、湿婆三大主神。这三大主神的地位此时期得到进一步巩固，特别是毗湿奴和湿婆，受到群众最广泛的信仰，并由此形成了毗湿奴派（又称薄伽梵派）和湿婆派，两派都以自己信奉的神为最

---

① （东晋）法显：《法显传》，第7、12、13、14页等。

高主神。前者主要流行于北印、东印，后者主要流行于西印、南印。两大主神又被说成有众多化身或表现形式。按毗湿奴派的说法，毗湿奴神为拯救人类，不同时期以不同化身出现。往世书描绘毗湿奴有 10 个化身，即鱼、龟、野猪、人狮、侏儒、罗摩、持斧罗摩、克里希那、佛陀、迦尔基。把一些动物和史诗中的主人公罗摩、克里希那作为化身，表明较多居民崇拜的对象被容纳进来；把佛陀也作为化身之一，显然是争取佛教徒的一种手段。湿婆神也有多种表现形式。他通常的形象是戴着骷髅项圈，手持三股叉，也以林伽（男性生殖器）形式接受崇拜，有时也表现为舞王。据说他来到人间是为了止恶扬善，拯救世界。从 6 世纪起，从湿婆派中又分出了一个派别叫性力派。它主张女神的性力（活动力）是最高神或最高实在——梵显现出的积极活动方面，是宇宙万物创造和发展的动因，而男神则是非活动方面，只有男女神结合才能产生强大的力量。这一派崇拜性力，有一系列神秘仪式，有的仪式公开。在它的影响下，梵天、毗湿奴、湿婆三大主神的配偶受到特别崇拜。梵天的配偶是娑罗室伐底（辩才天女），毗湿奴的配偶是拉克湿米（繁荣女神）。湿婆的配偶有各种表现形式：帕尔瓦蒂（雪山神女）、迦里（时母）、杜尔迦（难近母）等。性力派在孟加拉也很流行，东印度土著居民崇拜生育繁殖的女神，性力派正是吸收民间崇拜因素的结果。这样，就形成了印度教的三大派。此外，印度教崇拜的神还有很多，包括甘奈希（象头神）、主神的坐骑以及其他神如太阳神、月神、风神。对母牛、神猴的崇拜盛行。恒河也成了圣水，神话说它是从毗湿奴足下流出的。贝拿勒斯、阿拉哈巴德都成了圣地。

第二，和以往婆罗门教不一样，吠陀虽然仍被视为经典，但它在宗教中所占的重要地位已被《薄伽梵歌》和往世书取代。《薄伽梵歌》被毗湿奴派看作主要经典。往世书则受到两派尊重。和以往婆罗门教不一样，《薄伽梵歌》不再强调那些群众既不理解又没有经济力量实行的祭祀仪式，而是强调个人要获得最终解脱有三条道路可循，即：业道，指严格奉行达摩、羯摩，有为而不追求结果；证悟，指通过一定的修持亲证梵；虔信，指对神的信爱、皈依。它把内心信仰提到突出位置，强调只要虔信神就可接近神。这就是虔诚说的起始，它在《薄伽梵歌》中第一次得到明确阐述。按照这种主张，敬神主要靠内心信仰，不需要复杂的祭祀仪式。从此，在印度教内祭祀少了，开始盛行偶像崇拜，它被认为是内心信仰的重要表现形式。与此相联系，这一时期开始有了简单的印度教神庙。

第三，首陀罗的宗教地位有所提升，允许听诵史诗、往世书，能崇拜克里希那，允许在家里举行宗教仪式。这是为了稳住广大农民、手工业者，阻止他们改信佛教。不过贱民的宗教地位没有任何改变。《佛国记》记载道："旃荼罗，名为恶人，与人别居，若入城市，则击木以自异，人则识而避之，不相唐突。"①

这些改变的结果在一定程度上削弱了原婆罗门教的仪式主义，打破了婆罗门在宗教中的垄断特权，使首陀罗的地位有所改善。这些改变符合广大群众的愿望，因此减轻了群众对接受它的抵触情绪。新的改变还通过化身说、强调女神崇拜等更多地容纳、吸收了各地民间宗教因素。它的松散性、包容性、适应性非常有利于不同地区不同文化背景的人接受。这样，印度教的兴起就有了客观条件，具备了和佛教、耆那教抗争的能力。

印度教在笈多王朝时只是奠定根基，进一步的形成和发展属于以后的几个世纪。佛教发展势头不如印度教，但此时还没有衰落。

耆那教在笈多王朝时期仍在流行，主要是在西印度和德干地区。它也做出努力来加强自身的地位。313 年在马土腊召开了耆那教会议，453 年在伐拉白又召开一次，对耆那教经典做了新的诠释，以适应新的形势。笈多王朝和南方各国所实行的宗教兼容政策同样适用于耆那教，耆那教僧侣也得到捐赠和布施。这一切使耆那教虽没有大的发展，却也大致能保住自己不大的阵地。耆那教这时也盛行偶像崇拜，大雄和其他圣人的雕像在耆那教流行的地区到处可见。

七 文学艺术

笈多王朝时期被认为是古代印度文化鼎盛时期，是印度教文学艺术的黄金时代。笈多王朝和南方主要国家统治者崇奉印度教和印度教的重新得势是促使印度教文化繁荣昌盛的重要原因。佛教文学艺术也得到保护，因而继续有所发展。

印度教典籍的编纂取得很大成就。婆罗门教的许多口头传诵的重要经

① （东晋）法显：《法显传》，第 13~14 页。

典，公元后逐渐形成文字，这一时期被进一步编纂或最终整理完成。史诗《摩诃婆罗多》和《罗摩衍那》的最后定型本是这个时期形成的。往世书这一时期在加紧编写，最终成书在7~12世纪。《摩奴法论》《耶贾纳瓦尔基耶法论》《那罗陀法论》《布梨哈斯跋提法论》也在这时最终完成。印度教六派哲学的后继者这一时期和以后都又写了新的经论，对原典做新的注疏，进一步发挥本派观点。

梵语文学得到相当发展。笈多帝王大力奖掖文学和学术活动。沙摩多罗·笈多本人就能写梵文诗，有诗人国王之美誉。旃多罗·笈多二世宫廷有“九宝”，是指受他保护、恩宠的9位各方面才学名流，其中包括剧作家、诗人迦梨陀娑。4~6世纪是古典梵语文学创作的高峰期。除风格、技巧创新外，在内容和题材方面已不像先前那样完全依属于宗教，而是部分地与宗教拉开了距离，成为独立发展的艺术形式之一。一些文学家开始创作世俗作品，尽管他们多出身婆罗门，思想上免不了仍受宗教束缚。同样情况也出现在佛教、耆那教梵语文学中。另一突出现象是探讨文艺理论的著作较多地出现。婆罗多的《剧论》就是其一。其原始形式产生于公元前后，这一时期最后定型。对戏剧的起源、性质、功能、演出等各方面，该书都做了理论探讨，并总结了实践经验，为古典戏剧的进一步发展奠定了基础。在诗歌方面，伐摩那的《诗庄严经》、檀丁的《诗镜》对诗歌的修辞、韵律、风格等做了深刻的探讨，提出了一些很有见地的看法。古典梵语文学呈现一片欣欣向荣的局面，成了印度文学园地中最绚丽的花朵。

这时期最有成就的文学家是迦梨陀娑，最有代表性的作品是他的诗歌、戏剧。迦梨陀娑的出生年代和生平事迹都不清楚，据推断是3~5世纪的人，婆罗门种姓。他写的诗歌主要有《时令之环》《云使》《鸠摩罗出世》《罗怙世系》等，剧本有《摩罗维迦和火友王》《优哩婆湿》《沙恭达罗》等。这些作品多数依然取材于宗教传说，但着重描写的不是神性而是人性。如《云使》写一个被贬谪的药叉想念妻子，托雨云带信，情意缠绵；《优哩婆湿》写天国女子和人间国王相爱，热烈向往人间自由幸福的生活；《沙恭达罗》写森林修道者的义女忠于爱情，既敢于抗争又宽容大度，是善良妇女的典型；《时令之环》则描写自然景色的变换与男女间的爱情；《摩罗维迦和火友王》也是以爱情为主题，以宫廷生活为背景，与宗教没有多大关系。诗中、剧中作者赞美纯真的爱情，颂扬人民的正直善良，揭露统治阶级的荒淫无耻，表现了追求完美进步的思想。在写作风格上也多有创新，达到了内容与形式的和谐统一。尤其《沙恭达罗》是迦梨陀娑的最高成就，被译成多种文字，成为戏剧宝库的精品。

这一时期梵语名著还有伐致诃利的《三百咏》、阿摩卢的《百咏》、首陀罗迦的《小泥车》等。后者是剧本，描写一个贫穷的婆罗门青年与一个妓女相爱的曲折故事。在通俗文学中，《五卷书》有一定影响。它是民间寓言故事的汇编，是社会民情的生动写照。后来以这些通俗故事为题材编写的多部故事集广为流传，甚至传到国外。

泰米尔语文学也有新的发展，3 世纪后出现了又一个创作热潮。这是在雅利安人文化向南扩展的背景下，泰米尔诗人为维护自己的文化传统和社会秩序而做出的一种努力。这批创作形成了一些诗集，包括有关伦理道德问题的短诗集。流传至今的有 18 部，史称“下 18 部”，以区别于桑伽姆时期形成的“上 18 部”作品。此外，泰米尔语最早的长篇叙事史诗《脚镯记》和《玛妮梅格莱》也出现于这一时期。

在艺术方面，无论是雕刻、绘画，还是建筑艺术，较前一时期都有长足的进步。

雕刻艺术进入了古典主义风格时期。原来三个流派犍陀罗艺术、马土腊艺术和阿玛拉瓦蒂艺术都向这个方向进化，犍陀罗艺术掺和了印度本土风格逐渐演变。三者共同构成了笈多王朝古典主义艺术的源流。

古典主义风格不仅意味着掌握完美的雕刻技巧，而且意味着运用所有技巧和知识去创造理想化的美的崇高目标。古典主义艺术要求和谐、平衡、宁静，不允许夸张，不允许过分渲染与戏化。这方面的代表作有比哈尔的灰泥浮雕塑像《蛇公主》、阿旃陀石窟的石雕嵌板《蛇王与王后》、马德拉斯神庙浮雕《王妃、卫兵和骑象者》、犍陀罗的《王子菩萨》、格罗赫瓦神庙中楣的《两队朝圣的行列图》等。这些作品构图完美平衡。前几幅人物端庄典雅，背景几乎没有单独的装饰图案。最后一幅两队人物错落有致，姿态各异，整个画面气氛和谐而又活泼。

笈多王朝的人物造型逐渐形成一种美学标准。它不用希腊人的几何度量标准，而是采取了大自然中所发现的花枝、动物形体的活的曲线。如人的脸部要像蒟酱叶子般圆润，肩与前臂要像象鼻般弯曲，女性身躯要像母牛口鼻般柔软，男性胸膛要像雄狮肢体般健壮等。这种美学标准一直影响到后来。①

以往雕刻主要是佛教艺术，此时佛教艺术虽仍占相当比重，印度教艺术却是后来居上。毗湿奴、湿婆及其化身和各种表现形式的造型大量出现。占西附近一座寺庙外墙的浮雕，其中有毗湿奴的宇宙梦，构思恢宏灵巧，堪称这一时期印度教雕刻的代表作。南印帕拉瓦王朝时期在马默拉普拉姆的花岗岩石层上建造的浮雕很有特色。其中有以“天降恒河”为主题的摩崖上的大型浮雕，气势磅礴，蔚为壮观。该浮雕意为恒河圣水应圣人之请，从天而降，造福人间。这一时期在朱罗出现的舞王湿婆舞蹈塑像，造型匀称优美，栩栩如生，是印度雕塑最享盛名的精品之一（见图 7-2）。

图 7-2　舞王湿婆

石窟和绘画的发展是紧密联系在一起的。开凿石窟供僧人做住所古已有之，但石窟以壁画装饰则主要是这一时期的新创。最重要的石窟有：阿旃陀石窟，位于温德亚山脉以南孟买东北，公元前 2 世纪时萨塔瓦哈纳开始兴建，中经许多王朝继续，到 7 世纪方完成，共 29 窟，其中 4 窟为佛殿，25 窟为僧房；巴格石窟，在阿旃陀石窟西北 150 英里处，6~7 世纪建造，共 9 窟；埃洛拉石窟，在奥朗加巴德附近，5~8 世纪建造，共 34 窟。

阿旃陀石窟（见图 7-3）最珍贵的宝藏是壁画，这也是古印度留下的最早的绘画作品。其中最早的约为公元前 1 世纪的作品，大部分属于 5 世纪后。绘画主题以佛本生故事和佛悟道、传道的事迹为主，也有表现社会情况与自然风光的，还有放牧、狩猎、战争场面。整个画面布局和谐，色彩鲜亮，人物生动逼真。制作方法是先形成壁画平面，即在选择作画的石壁表面涂一层涂料（由泥、牛粪和牲畜毛混成），再把白石灰泥浆抹在其表面。作画时，勾画轮廓、整体布局用朱砂，再用灰色颜料做进一步的细节描绘，然后涂上需要的各种颜色。画作完成后再用滑石精细打磨，直至画面光

① 参见常任侠编著《印度与东南亚美术发展史》，上海人民美术出版社，1980，第 27~33 页。

滑，色彩柔和。在画法上有不同风格，印度画家认为某些壁画明显带有中国画风格，猜测有中国画家参与制作。阿旃陀石窟不仅壁画创作成就辉煌，在建筑和雕刻方面也都有很高的艺术价值。它不仅是印度人民的辉煌宝库，对我国、对其他东方国家也有很大影响。我国石窟艺术源于古代印度，在发展中逐渐形成了自己的风格。阿旃陀石窟在后来的战乱中被人遗忘，长期湮没在林莽草丛之中，直到1819年被几名打猎的英国军人偶然发现。英国人罗伯特·盖尔用20年时间临摹全部壁画，于1860年公展，引起轰动，不幸毁于大火，仅存5幅，现藏大英博物馆。后来孟买艺术学校校长格列福斯又率学生来此临摹，出版了《阿旃陀佛教石窟画》，使阿旃陀壁画从此扬名世界。后人看《大唐西域记》，发现玄奘关于摩诃剌侘国的记载中有一段讲到那个国家东部山区有个石窟寺，并对其位置、建筑、雕刻等做了描述。考古学家倾向于认为，这里讲的就是阿旃陀石窟。这更使它的名声大振。

图 7-3 阿旃陀石窟内景

巴格石窟也有壁画，大部分是世俗内容，多表现社会情况和人们的生活、娱乐情景。

印度教寺庙建筑这时已经开始。最早是5世纪初建造的，如桑西第17号庙、南印德干高德庙等。这时还比较简陋，但它预示着大规模建造印度教神庙的时期即将来临。

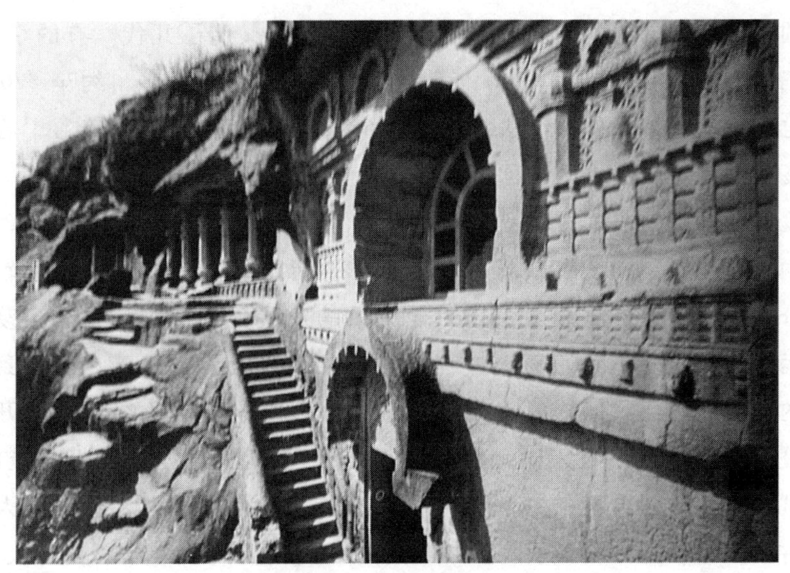

图 7-4　纳西克石窟

八　笈多帝国的灭亡

笈多帝国经过一个多世纪的繁荣后，5 世纪下半期开始走向衰落。斯坎达·笈多（455～467 年在位）以后又有好几位君主，其中较重要的是布陀·笈多和纳拉辛加·笈多。在布陀·笈多统治时（477～495），白匈奴人（嚈哒人）开始新的入侵。5 世纪末 6 世纪初，白匈奴人在其首领头罗曼率领下，从旁遮普南下，征服了北印很大部分地区，包括今北方邦、拉贾斯坦、马尔华等，建立了自己的统治。约 515 年头罗曼死去，其子密希尔库拉即位，以奢羯罗为都城。他进一步向恒河流域中下游进攻，一度还打到摩揭陀边境。但 528 年，他最终被笈多帝国藩属马尔华的耶输达曼和笈多帝国君主纳拉辛加·笈多联合打败。白匈奴人的国家随之瓦解，留在印度的白匈奴人逐渐被同化。随白匈奴人一起来的还有其他一些种族的中亚人，他们也在北印定居下来，逐渐与印度人同化。

6 世纪上半期，笈多帝国开始分崩离析。耶输达曼赶走白匈奴人后，也反叛笈多王朝，接着对周围地区实行征服。在这种情况下，不但各藩属国纷纷脱离帝国而独立，就是帝国直辖地区的省督们也纷纷自立。最后笈多帝国的封臣在摩揭陀也成立一些小国。笈多王位又传了几代。有的学者说，笈多王朝最后的君主是库马尔·笈多三世和维什奴·笈多，约至 570 年灭亡。也有的学者持另外的说法。总之到 6 世纪中期后帝国已不存在。在摩揭陀的笈多封臣建立的小国史称后期笈多，与笈多王朝已不是一回事了。

笈多帝国也是靠武力建立和维持的。帝国内部经济发展不平衡，各地经济联系还很弱，使统一缺乏牢固的基础。帝国的收藩政策保留了较强的地方分散性，这种分散性又由于封建关系的发展日益得到加强。当笈多王朝武运亨通，处在不断的征服过程中时，大量的虏获物和分封能起到稳定局势的作用。当征服停止时，内部潜藏的分裂因素就因争夺利益而开始凸显。笈多王朝的财政收入因赐地增多和与罗马帝国的贸易衰落而受影响。帝国试图用降低含金量的办法维持金币的流通，也告失败。白匈奴人的侵入和占据大片领土，减少了笈多王朝的财政收入，大大增加了其财政负担，使其国库更形拮据。王朝统治者企图以增加税收、贡赋来弥补行政军事开支之不足，就等于向诸藩属王公和地方势力传递出了中央实力空虚的信息，使他们看到了反叛、自立的时机已经到来。笈多王朝的军事实力在对白匈奴人的长期战争中已消耗殆尽，没有力量阻止分裂趋势。统一帝国的瓦解是不可避免的。有的学者把分裂原因主要归为白匈奴人的入侵，这是注意到外因，忽视了内因。白匈奴人终归还是被笈多王朝君主联合其藩属打败了，这说明单凭这一因素并不能置笈多帝国于死地。白匈奴人入侵对促使帝国瓦解起一定作用，但不是决定性作用。

第八章
戒日帝国及其后地区性王国长期割据时期

一　戒日帝国的兴衰

笈多帝国瓦解后，一度统一的北印度再次陷于分裂状态。耶输达曼统治的马尔华国家在他去世后被梅特拉卡和后期笈多灭亡。7世纪后北印度出现的局面是群雄割据、彼此战争不断。较重要的国家有以下几个。

后期笈多，又叫摩腊婆国，原先的领土包括摩揭陀和马尔华，后被穆克里族夺去摩揭陀，只保有马尔华。

穆克里族的国家，叫羯若鞠阇国，都卡瑙季（曲女城），一度势力较强，统治地区包括恒河中游和下游一部分。

普希亚布蒂族国家，叫萨他尼湿伐罗国，都旦尼沙。主要统治地区在恒河与朱木拿河河间区一带。

高达人的国家，叫金耳国，主要统治地区在孟加拉。

古吉拉人的国家，叫瞿折罗国，6世纪中期兴起于今佐德普尔附近，奠基人是哈里昌德拉，主要统治地区是拉其普他那。关于古吉拉人的起源，学术界还没有定论。有人认为是同白匈奴人一起来的外来人，其主要部分定居在拉其普他那的阿拉瓦利山一带，那里叫古吉拉斯坦，故得名；有的人则认为是印度本土人。

梅特拉卡族国家，叫伐腊毗国，都伐腊毗，主要统治地区在卡提阿瓦半岛。

在最北部，有克什米尔国。在阿萨姆，有迦摩缕波国。

这些国家各霸一方，竭力向外扩张势力，在彼此征战中互有胜败。在实现统一的目标上最后取得成功的是旦尼沙的统治家族。

旦尼沙的统治家族原为穆克里族国家的藩属，后争得独立，建立萨他尼湿伐罗国。第三个国王是阿底亚·伐弹那（即日增王）。他娶了后期笈多统治者马哈森纳·笈多的妹妹，生子叫波罗羯罗·伐弹那（即光增王）。波罗羯罗·伐弹那是第四王，他通过武力大力扩展领土，自称“王中王”。萨他尼湿伐罗国所处的河间地区农业发达，又是恒河、印度河两大水系相邻处，扼北印、东印、中印交通之咽喉，商业发达。这种地理位置为其扩张提供了难得的有利条件。波罗羯罗·伐弹那与穆克里族国家联姻，以女儿罗阇室利嫁其王伽罗诃伐摩，共同对付摩腊婆国的统治者提婆·笈多。606 年波罗羯罗·伐弹那去世，子曷罗阇·伐弹那（王增王）即位。这年，提婆·笈多联合高达人国家的国王设赏迦进攻卡瑙季，穆克里族国家的国王伽罗诃伐摩被杀，王后罗阇室利被俘。曷罗阇·伐弹那决心替妹夫报仇并营救妹妹，出兵打败了提婆·笈多，但在讨伐设赏迦时被后者设圈套谋杀。曷罗阇·伐弹那的王位由其弟曷利沙·伐弹那（喜增王）继承。

曷利沙·伐弹那得知妹妹罗阇室利已逃出，进入温德亚山脉森林中，就先去森林中找回了正准备自焚的妹妹。可能是应妹妹的请求，曷利沙·伐弹那同意和妹妹共同治理穆克里族的羯若鞠阇国。初仅自称王子，号尸罗逸多，意译为戒日。六年以后即 612 年，曷利沙·伐弹那宣布萨他尼湿伐罗国与羯若鞠阇国合并，以卡瑙季为都城，恒河上中游从此都处于他的统治下。历史上称他为戒日王。

戒日王对高达人国家展开征讨，但久久未能得手，直到 643 年，得到迦摩缕波国国王帮助，两面夹击，才最终完全征服了这个国家。戒日王占领了西孟加拉，把东孟加拉划给迦摩缕波，但后者不久成了戒日王的藩属。戒日王还向西征服了卡提阿瓦半岛上的伐腊毗，用联姻手段使之臣服于己，获得了西海岸诸港口，从此享有海上贸易的利益。这样，除克什米尔、西旁遮普、拉其普他那、古吉拉特和东印边远地区外，北印度都处在他的统治下。在南方的扩张却遇到了障碍。德干的遮娄其此时国力正强，国王是补罗稽舍二世。大约 630 年，戒日王远征德干，被他打败，不得不退回纳巴达河以北。这样，戒日帝国的疆域就最终被局限于北印度。

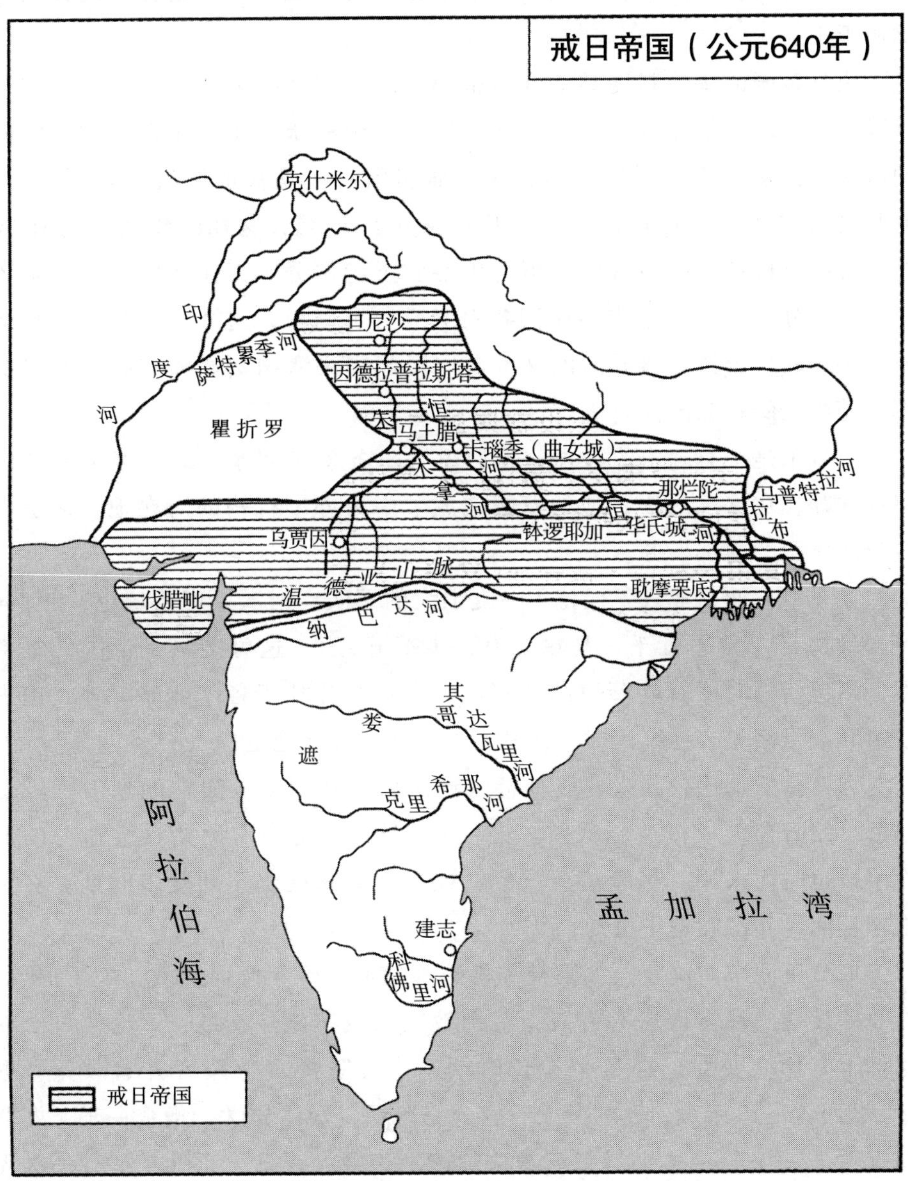

图 8-1　640 年戒日帝国

戒日王终于在北印度大部分地区建立了一个以卡瑙季为中心的大帝国。这不仅意味着北印度大部分地区又实现了统一，而且意味着北印度的政治、经济中心已由恒河下游转移到以卡瑙季为中心的恒河中游地区。戒日王自称通天王。

戒日帝国的统治制度类似笈多帝国。在处理朝政上他也有一个大臣会议辅佐，行政建制也是省、县、村三级。帝国的统一也是不彻底的，保留的藩属国比笈多帝国时期还多，这些藩属国有些是被征服后保留下来的，有些是被迫主动臣服的。据《大唐西域记》记载，这样的藩属国约有 30 个。帝国直接统治的地区限于恒河中游和下游部分，其他地区名义上是帝国的一部分，实际上是许多小国各自为政。可以说，这个帝国其实是众多封建小国的集合体。藩属国的义务是向帝国中央缴纳贡赋和在必要时提供军队随国王的军队出征。

戒日王是个有魄力的君主，不但重大事务事必躬亲，而且经常在全国巡行驻跸。在许多时候，他的营帐就成了中央办事机构的所在地。他也常过问藩属国的内部事务。

在军事方面，戒日王保持了一支强大的军队。据《大唐西域记》记载，帝国最初有“象军五千，马军二万，步军五万”。这可能只是帝国的常备军，不包括随时征召的藩属国的军队。常备军驻扎于各个战略要地，用来戍边和威慑诸侯。他统治时期，基本上保持了政治稳定。

和笈多王朝比较起来，戒日帝国刑法要严峻得多。通常的惩治手段是监禁、终身监禁、流放和截肢。火、水、称、毒等带有原始社会遗习的判案手段也时而采用。尽管法令严酷，社会治安状况仍不如笈多时期。玄奘在印期间，几次在途中遭劫。

戒日王原来对湿婆、太阳神和佛陀都信仰，晚年倾向佛教，大力倡导，在北印度建立许多佛塔和寺院，对佛教徒慷慨布施。不过，不论他自己在信仰上有什么变化，在整个在位时期，他都坚持实行兼容并蓄政策。据《大唐西域记》记载，他“每于行宫日修珍馔，饭诸异学，僧众一千，婆罗门五百”[①]。又据《大慈恩寺三藏法师传》记载，戒日王每五年举行一次无遮大会，邀请各宗教僧侣、学者参加，共开了六次。643 年在钵逻耶加举行

① 《大唐西域记》卷第五。

的大会，有数十万人参加，帝国宫廷大臣、许多藩属国王公都到会了。大会第一天供奉佛像，第二天供奉太阳神像，第三天供奉湿婆像。大会期间，除对佛教僧侣优惠布施外，对婆罗门、耆那教徒等也都给予布施。[①]《大唐西域记》记载说，每次无遮大会戒日王都“倾竭府库，惠施群有”，[②] 各个教派都能得到布施，他也向各教派捐赠土地。戒日王此举是很明智的，为了巩固他所建立的大帝国，需要兼容各种势力。

戒日王重视保护、促进文学艺术，尊重学者。由于他的支持和保护，那烂陀寺成了著名的教育和学术中心。他自己在文学上也有很高造诣。据说他写了三个剧本，两个是古典题材的喜剧，一个是宗教题材的戏剧。不过印度有的学者对此表示怀疑，认为剧本是他手下的人写的，用他的名义问世是为了加强国王的声望，这种情况在印度史上也并非第一次了。

戒日王苦心经营建立起来的大帝国也未能维持长久。由于封建关系的发展，地方分裂倾向日重一日。戒日王的统一是在上层。他的保留藩侯、分封食邑、赠赐寺院土地的政策加剧了地方分裂。他对佛教的推崇使势力日益强大的印度教上层不满，实际上是一部分地方封建势力的不满。所以当647年他去世后，帝国立即陷于混乱状态。戒日王是否有儿子不能确定，他女儿的儿子达罗犀那、他的大臣阿罗那顺等都起而争夺王位。阿罗那顺夺取了恒河流域的许多地方。统一的帝国不再存在。

戒日王与中国唐朝有外交往来。唐太宗多次派使节赴印，都受到戒日王友好接待。据《旧唐书》《新唐书》记载，贞观二十二年，即648年，太宗又派王玄策为正使，蒋师仁为副使，出使天竺。这时戒日王已去世，阿罗那顺发兵半路拦截，抢走所有礼品，王玄策的从骑30余人御战不敌被擒。王玄策逃至吐蕃取得1200人援兵，又得到尼泊尔7000骑兵相助，讨伐阿罗那顺，印度章求拔国的王公也发兵来助。结果取得胜利，俘获了阿罗那顺，将他押回中国。[③] 东天竺王尸鸠摩送牛马三万及弓刀宝璎珞馈军。这说明阿罗那顺的行为也为印度人民所不齿。戒日帝国的史料极少，这个史实在印度史料中没有记载。戒日王去世后的详情不得而知。

---

① （唐）慧立、彦悰：《大慈恩寺三藏法师传》卷5，中华书局，1983。

② 《大唐西域记》卷第五。

③ 《旧唐书》卷198，《新唐书》卷221上。

二　封建分裂局面在全印的发展

戒日帝国昙花一现，在它瓦解后，印度又陷于政治上四分五裂的状态。这次分裂持续时间最长（五六个世纪），在全印范围内形成众多地区性王国，一直延续到13世纪初才有所改变。

北印度　北印度8世纪初有一批国家存在，逐渐形成普罗蒂诃罗、帕拉和拉喜特拉库特三个强国争霸北印的局面。这一批国家中较重要的有以下几个。

克什米尔　曾处在阿育王、贵霜帝国和白匈奴人国家统治下，笈多帝国和戒日帝国时是独立的，由那伽-卡尔科塔王朝统治。8世纪中叶拉利塔迭多·穆克塔毗达在位时，国势日强，不仅征服了旁遮普部分地区，还打败了卡瑙季的统治者耶苏跋摩·伐尔曼，势力扩大到北印，成了北印最强大的国家之一。拉利塔迭多·穆克塔毗达实行宗教兼容政策，兴建了许多寺庙。进入8世纪后半期，国势衰落，退出北印度，仅保住了克什米尔。

卡瑙季　8世纪前半期出现了一位强有力的君主叫耶苏跋摩·伐尔曼。他先前的经历不详，可能是个军事冒险家。690~740年在位，其间征服了摩揭陀和孟加拉，在北印度建立起一个强大的国家。北印发现的铭文中称他为“北印度伟大的王”。然而在向西扩张时遇到了劲敌——克什米尔的拉利塔迭多，后者正向北印扩张。733年，耶苏跋摩·伐尔曼被攻势强劲的拉利塔迭多打败，他的国家随之瓦解。8世纪后期，卡瑙季又出现一个由阿耶达王朝统治的国家。但这个国家地域狭小，势力单薄。这时，在它的西南方、东南方和南方各有一个大国兴起。处在较大的国家包围中，卡瑙季只能成为它们的宰割对象。

瞿折罗-普罗蒂诃罗　是卡瑙季西南兴起的大国，争夺北印度霸权的三个强国之一。创建者属普罗蒂诃罗家族，是随白匈奴人进入印度的古吉拉人的大部落的一部分。6世纪中期由哈里昌德拉在佐德普尔建国，其继承人和这个家族的分支又在布罗奇、乌贾因、南迪普瑞等地建立一些小国家。乌贾因的国家在纳伽巴塔一世统治时（730~756）逐渐强大，成功地使佐德普尔、布罗奇、南迪普瑞的统治者都承认它的宗主权，从而建立起一个包括古吉拉特、马尔华和拉其普他那一部分的强大国家。8世纪后期9世纪

初，又夺取了东拉其普他那和北印度的一部分，开始觊觎北印度霸权。这个国家信奉印度教。

帕拉　是卡瑙季东南方兴起的大国，以孟加拉为基地。戒日王去世后，孟加拉呈混乱状态，一度被卡瑙季的统治者占领部分地区。8世纪中期，孟加拉诸王公推举东孟加拉的一个叫高帕拉的王公做盟主，他750~770年在位，通过武力征服奠定了强大的帕拉帝国的基础。其子达玛帕拉统治时(770~810)，目光注视孟加拉以西，开始征服北印度地区，成了争夺北印度霸权的国家之一。帕拉帝国统治者信奉佛教。

拉喜特拉库特　是卡瑙季南方兴起的大国，属南印度国家，是在遮娄其帝国垮台后建立的。其统治家族起源说法不一。有的学者认为他们是北方的拉若尔人的后裔，有的认为他们是阿育王铭文中提到的拉斯提卡人的后裔，也有人认为他们本来居住在卡纳塔克，由那里迁到马哈拉施特拉居住。多数人认为，他们原是遮娄其国家的地方行政官员，其称号是拉喜特拉库特，由此得名。8世纪中期遮娄其势衰，拉喜特拉库特丹提都尔加乘机扩张势力，打败遮娄其统治者的军队，占领马哈拉施特拉很大一片地区，建立了自己的国家，都城在马利亚克特（今绍拉普尔附近）。克里希那一世(758~773）和德若瓦（780~813）统治时，采取远交近攻策略，打败一系列国家，在南印建立了霸权。8世纪后半期9世纪初，拉喜特拉库特不满足于在南印的扩张，开始把目光转向北印，参与北印的争霸。它也想夺取卡瑙季，成为历史上第一个想控制北印的南方国家。该国统治者信奉印度教。

这样，8世纪中期后，普罗蒂诃罗、帕拉和拉喜特拉库特三个强国争霸北印的局面形成。争夺的焦点地区是卡瑙季国，是其所在的恒河、朱木拿河河间地及周围地区。卡瑙季原为戒日帝国的中心，政治影响大，又处于北印的交通中枢地位，具有战略上的重要性。这里还是富饶的农业区和商业中心。谁控制这里，谁就能控制恒河流域整个上中游区域，在争夺北印霸权中占据战略优势。因此三个强国都把卡瑙季作为首要的攻击目标。三个强国都想成为北印度的主宰，软弱的卡瑙季国无力自卫，只能成为列强的俎上肉。

最先控制卡瑙季的是普罗蒂诃罗。其王伐茨拉吉率大军进攻卡瑙季，打败了卡瑙季王因陀罗育达，迫使其承认自己的宗主权。继之又在河间地区打败了向西扩张的帕拉王达玛帕拉。伐茨拉吉满载战利品回师西印，不料被向北扩张的拉喜特拉库特国王德若瓦打败，虏获物和象征他的权势的两把白伞尽被夺去。德若瓦乘胜占领了卡瑙季，并挥师东进，打败了帕拉王。但德若瓦不能巩固自己的战果：国内爆发的王位之争使他不得不匆忙赶回南方。帕拉并未受到很大损失，达玛帕拉利用德若瓦撤军的机会再度进攻卡瑙季，废黜其王，另立恰克拉育达为新王，自己掌握最高权力。这时帕拉帝国达到极盛，连旁遮普、马尔华、拉其普他那许多脱离普罗蒂诃罗自立的统治者也承认它的霸主地位。在卡瑙季举行了觐见大典，大量藩属王公带着各种珍贵的礼品前来朝见达玛帕拉。达玛帕拉大力支持佛教，那烂陀寺得到了200个村子供养。

9世纪初，形势发生变化。普罗蒂诃罗新王纳伽巴塔二世（803~833年在位）成了帕拉霸权新的强劲的挑战者。他以一系列征服战争恢复了普罗蒂诃罗昔日所占领土，然后进攻卡瑙季，在打败恰克拉育达后，占领了这个国家。接着又打败了帕拉王。帕拉国王受挫后，转移征服方向，向阿萨姆、奥里萨扩张，没敢再和普罗蒂诃罗较量。然而，普罗蒂诃罗的胜利也未能持久。8世纪末，拉喜特拉库特的新王戈文达三世（793~814年在位）又率军进攻北印。在本德尔坎德的一次决定性战役中，重创纳伽巴塔二世的军队。此后一段时期，卡瑙季和普罗蒂诃罗都接受了拉喜特拉库特的宗主权。8世纪末和9世纪头十年是拉喜特拉库特的极盛时期。它在南印打败了帕拉瓦、潘地亚和甘加的联合反叛，版图扩大到建志。这时在全印它是第一强国。然而，由于地处南印，它要牢固地控制北印是很困难的。

9世纪中期，普罗蒂诃罗在强有力的新王密希尔博贾（836~885年在位）的领导下，逐渐恢复国力。这时它的西部领土古吉拉特、马尔华依然被拉喜特拉库特占领，它暂时不理会这些，而是集中全力向东部扩张，一步步进逼卡瑙季，最后占领了它，并宣布以卡瑙季为新都。之后，回师攻打拉喜特拉库特，收复了被它占领的古吉拉特和马尔华的大片领土。在接二连三的胜利的鼓舞下，它又向东，打败了帕拉国，在印度东部扩大了占领地区。9世纪中期该国达到极盛，其疆域北起喜马拉雅山脉，南抵温德亚山脉，东至西孟加拉，西迄阿拉伯海。在这个境内，只有克什米尔、旁遮普、信德、东孟加拉不包括在其版图内。其领土总面积占北印总面积的一半以上，成了威震北印的最强大的国家。

不过，普罗蒂诃罗却无力完全制服帕拉和拉喜特拉库特。密希尔博贾在位时，普罗蒂诃罗国力对两国占据上风，他去世后，由于国内形势不稳，其优势渐趋消失。帕拉和拉喜特拉库特利用这个有利时机发起反击，分别占据普罗蒂诃罗部分领土，拉喜特拉库特甚至一度占领了卡瑙季，使普罗蒂诃罗的实力和威望大受削弱。

就这样，三国形成拉锯局面，势力互有消长，不同时期三国轮流在北印称霸，但谁也不能长期保持霸权地位。

8 世纪初，一个新势力出现：来自西亚阿拉伯帝国的穆斯林侵入印度，占领了信德和木尔坦。此后入侵者一直力图向内地和四周扩张，但每次进攻都受到普罗蒂诃罗或拉喜特拉库特的阻击而不能得逞。普罗蒂诃罗和拉喜特拉库特的强势存在以及对其扩张的阻截成了他们面前一道不可逾越的障碍，成功地粉碎了其扩大侵略的意图。这是两国的重要贡献，当然，也与在信德和木尔坦的阿拉伯人力量较弱有关。

进入 10 世纪后，出现了三国都逐渐走向衰落的局面。普罗蒂诃罗的兴盛维持了一段时间，但由于版图过大，国家实力不足，中央对地方和附属国的控制力明显减弱。加之宫廷内讧，地方藩属乘机纷纷自立，帝国趋向分崩离析。915 年，拉喜特拉库特国王英迪拉三世率军进攻北印度，劫掠了卡瑙季城，并占领了古吉拉特。古吉拉特是北印度与西亚、北非国家的海路贸易基地和出海通道，这给普罗蒂诃罗以摧毁性的打击。大约 963 年，拉喜特拉库特新王克里希那三世又率军侵入北印度，打败普罗蒂诃罗的军队。此后，普罗蒂诃罗迅速瓦解，在其废墟上出现了许多由藩属王公或地方首领建立的国家。其中有恰鲁其（在古吉拉特）、昌德拉（在本德尔坎德）、卡恰帕加塔（在瓜辽尔）、卡拉乔瑞（在中印）、帕尔马拉（在马尔华）、古喜拉（在南拉其普他那）、乔汉（在东拉贾斯坦）、托马拉（原为普罗蒂诃罗藩属，统治德里周围，包括旦尼沙，736 年建迪利卡城，即德里，12 世纪被乔汉兼并）、加哈达瓦纳（在贝拿勒斯）等。到 10 世纪末，帝国只剩下都城周围一小片领土。1019 年被从西北入侵印度的古尔国王马茂德占领。

值得注意的是，新出现的这些国家大都是拉其普特人建立的，这意味着拉其普特人从这个时期起在北印度以拉其普他那为中心的大片土地上崭露头角。关于拉其普特人的来源，迄今众说不一。托德等欧洲学者认为他们是大月氏、白匈奴等外来民族的后裔，来到北印度后定居下来，逐渐同化于印度社会，信奉印度教，自称拉其普特，意为神的后裔。其部落上层构成军事阶层，被纳入刹帝利种姓，下层成为贾特、阿西尔等种姓。V. A. 史密斯认为拉其普特实际上由两部分人合成，一部分是塞种人、大月氏人、白匈奴人等外来人后裔，一部分是印度本地的古老的刹帝利部落。两者接触后逐渐融合，前者也接受了印度教。两者都以军事为业，并请婆罗门编造世系家谱，把自己说成是太阳神或月亮神的后裔。印度学者大多也持类似观点。罗米拉·塔帕说，大部分学者认为，拉其普特人或是在北印、西印定居的白匈奴人后裔，或是随他们一起来的中亚部落，在拉贾斯坦定居。他们来前，这里有许多小共和国。他们同化其中，成为地方势力。拉其普特人在普罗蒂诃罗各地，逐渐成为权力越来越大的军事势力，有的担任高级官职。在普罗蒂诃罗衰落之际，各地军事首领便乘机拥兵自立，建立起一系列国家，成为北印度显赫一时的主要统治势力。

帕拉国家在 10 世纪也发生了内部分裂。阿萨姆和奥里萨的藩侯们纷纷自立。拉其普特人的国家卡拉乔瑞和卡姆博加又从外部进攻，征服孟加拉大片领土。帝国只剩下南比哈尔一隅。马希帕拉国王统治时（988～1120）收复了部分失地，但这种努力又被朱罗、卡拉乔瑞、恰鲁其等国家的不断进攻挫败。内部分裂趋势再度发展，许多地区独立。12 世纪上半期在色纳、纳尼的进攻下，帕拉国家只保有中部比哈尔一小块地区，12 世纪中期完全消失。

拉喜特拉库特在 10 世纪中期虽然还不失为南印大国，但内讧迭起，藩属王公不断反叛，国势急剧衰落。

三雄在北印的争霸最后以三败俱伤而告终。长期的无休止的征战使三者都陷于民穷财尽的境地，谁也没有力量实现统一北印度的目标。它们耗尽了自身的精力财力，留下的是分裂得更加细碎的一大群小国。这就为以后穆斯林征服和统治北印度提供了条件。

南印度　南印度的情况和北印度十分相似。8 世纪逐渐形成一些大国，为争夺南印霸权彼此长期征战不休，没有一个国家能完成统一大业。所不同的是，北印是在统一的戒日帝国瓦解后分裂的，而南印根本就没有统一过。南印的众多国家有些是戒日帝国以前就存在的，有些是后来出现的。

至 8 世纪中期，主要国家有以下几个。

西遮娄其　即原来的遮娄其，因后来又出现一个东遮娄其，故此后原来的遮娄其被史家称为西遮娄其。V. A. 史密斯认为，遮娄其的创建者是外来的古吉拉人的一支。印度学者如 D. C. 西尔卡尔等则认为他们是居住在今卡纳塔克的当地人的家族，自称属刹帝利种姓，建国前为巴达米地区的封建首领。第一个国王是补罗稽舍一世，在位期是 535~566 年，以巴达米为都城。他和他的后继者不断对周围地区征伐，扩大领土。到补罗稽舍二世统治时（611~642），向北兼并了原属伐卡塔卡的国土，又强迫周围一系列国家和部落（卡丹巴、西甘加、凯塔、马拉瓦、古吉拉等）接受他的宗主权。他还征服了哥达瓦里河与克里希那河之间的地区，任命自己的兄弟去做总督。后者后来建立了独立国家，史称东遮娄其，以温吉为都城。在补罗稽舍二世统治时期，戒日王曾率军进攻南印度，被他打败。那时遮娄其军力强盛，戒日王没有再来征服。当西遮娄其要问鼎南印霸权时，遇到了一个劲敌——帕拉瓦。

帕拉瓦　3 世纪中期建国，笈多王朝时已存在。关于其统治家族的起源，多数学者认为他们是孔雀帝国通达曼达拉省的居民，通达曼达拉是泰米尔语，梵语相当词是帕拉瓦，因而得名。也有人认为他们是哥达瓦里河与克里希那河之间的温吉地区的一个部落。其种姓有人认为是婆罗门，有人认为是刹帝利。后来，通达曼达拉被萨塔瓦哈纳征服，帕拉瓦就成为其藩属。萨塔瓦哈纳瓦解后，帕拉瓦成为独立国家，并尽占其东南领土，以建志为都城。在辛哈毗湿奴国王统治时（575~600），向南征伐，势力达到克里希那河岸。马亨德拉·瓦尔曼一世统治时，帕拉瓦与西遮娄其发生尖锐冲突。后者不愿帕拉瓦强大，竭力遏制帕拉瓦的扩张。帕拉瓦积极备战，并赶在与西遮娄其交战之前向半岛最南端扩展势力。半岛南端三国朱罗、潘地亚和哲罗彼此间一直时断时续地互相征伐，最初是朱罗占优势，后来是潘地亚，再后是哲罗，但没有一国能保持住自己的优势。当帕拉瓦向南扩张时，三国便都成了帕拉瓦的藩属。

7 世纪至 8 世纪中期，南印的争霸主要在西遮娄其和帕拉瓦之间进行，潘地亚一度参与，但只是二等角色。7 世纪上半期，西遮娄其国王补罗稽舍二世采用外交手段，笼络半岛南端三国，取得成功后，进攻帕拉瓦，占领了帕拉瓦北方部分领土。从此，开始了两国间长期的战争。双方的目标都是要在克里希那河和通加巴德腊河河间的广阔土地上建立自己的霸权。补罗稽舍二世的进攻不久被粉碎，帕拉瓦转入反攻，占领了西遮娄其南方领土，并一度进占其都城巴达米（642），西遮娄其王补罗稽舍二世战死。帕拉瓦国王纳西姆哈·瓦尔曼给自己加上了“巴达米征服者”的称号。帕拉瓦还深入半岛南端，打败了朱罗、哲罗和潘地亚三国，还参与镇压了那里卡拉布拉人的叛乱。在一段时间的混乱后，西遮娄其新王维克拉马迪提亚二世（733~745 年在位）恢复了对帕拉瓦的战争，打败了帕拉瓦，占领了其大片土地包括都城建志，不过很快就被帕拉瓦赶出。此后战争仍连绵不断，你来我往，西遮娄其三次占领建志。长期战争使双方实力都受到很大消耗，两国政权对地方的控制力都大大减弱，西遮娄其对帕拉瓦的优势未能保持。8 世纪上半期，其北方省的拉喜特拉库特的丹提都尔加兴兵反叛，推翻了西遮娄其国王的统治，占领西遮娄其大半领土，建立了拉喜特拉库特国家。

拉喜特拉库特　拉喜特拉库特建国不久就接替了西遮娄其在南印争霸中的位置。大约 750 年，丹提都尔加打败了疲惫不堪的帕拉瓦，占领其都城。后退出，改行和亲政策加以笼络，使之臣服于己。克里希那一世为王时，进攻迈索尔的甘加和温吉的东遮娄其，迫使两者承认自己的宗主权，又夺取了包括海得拉巴在内的大片土地，成为南印最强大的国家。帕拉瓦已不是其竞争对手。到德若瓦统治时（780~813），又对帕拉瓦用兵，勒索大量贡献而还，帕拉瓦承认拉喜特拉库特是宗主国。拉喜特拉库特和东遮娄其之间也不断进行战争，双方互有胜负。也就在这时，拉喜特拉库特把注意力转向北印，参与北印争霸，一度占据优势，成为雄踞南印和北印的大国。虽然处于优势的时间不长，却掠夺了大量财富，运回国内。拉喜特拉库特的统治者在宗教方面实行兼容政策，对湿婆教派、毗湿奴教派和耆那教同样实行保护，给予大量赠赐。埃洛拉著名的凿石而成的凯拉萨庙就是 9 世纪克里希那一世国王在位时修建的。他的继承者阿莫加瓦尔沙本人信奉耆那教，但对其他教派同样保护和支持。

拉喜特拉库特君主中最后一位有能力的是克里希那三世，934~963 年在位。他不但率军攻打马尔华、东遮娄其，还向半岛南部的朱罗发动进攻，打败了朱罗国王帕兰塔克一世，兼并了其北部地区，遏制了其当时对外急剧扩张的势头。克里希那三世去世后，内部叛乱迭起，国力日衰。972 年，一个藩属泰拉二世起兵反叛，推翻了拉喜特拉库特最后的君主卡尔卡二世的统治，建立了自己的国家，以卡利阿尼为都城，史称后西遮娄其。拉喜特拉库特灭亡。

帕拉瓦也日益衰落。除受制于拉喜特拉库特外，还受到它原来的藩属、半岛南端的潘地亚的不断攻击。帕拉瓦国王阿帕拉基塔想借助另一藩属朱罗对付潘地亚。朱罗国王阿迪提亚一世看到复兴自己国家的时机到了，就佯装应允，派兵站在帕拉瓦一边与潘地亚作战。在打败潘地亚后，随即掉转矛头进攻帕拉瓦。893 年，阿帕拉基塔战败并被杀。帕拉瓦国家就此灭亡。

朱罗　9 世纪中期，半岛南端的朱罗在国王维贾雅拉亚领导下重新崛起。趁帕拉瓦和潘地亚作战之机，占领了坦焦尔，作为自己的新都。到 9 世纪末，朱罗在新王阿迪提亚领导下不仅打败了帕拉瓦，占领其大片地区，又侵入潘地亚，后者大部分领土也被朱罗占领。到帕兰塔克一世统治时（907~953）进一步征服潘地亚，兼并其更多领土。又打败了哲罗，把特拉凡科尔南部大片地区置于自己的控制下，成了南印一个大国。

到了这时，原来南印西遮娄其与帕拉瓦的争霸演变成了拉喜特拉库特与朱罗的争霸。拉喜特拉库特不能容忍一个新的强大的竞争者出现。949 年，国王克里希那三世率大军进攻朱罗。塔科拉姆一役，给朱罗军队以重创，占领其北方大片领土。朱罗的许多藩属包括潘地亚趁此机会不再承认朱罗的宗主权。此后数十年，朱罗不再有所作为。

然而到 10 世纪末，形势发生了有利于朱罗的变化。这时拉喜特拉库特被自己的藩属灭亡，后者建立的后西遮娄其取代了前者的地位。这就给朱罗再度辉煌提供了机会。985 年，拉贾拉贾继任朱罗国王，他是朱罗再度辉煌的第一位创造者。在父亲在位时他就被宣布为王位继承人，协理国务，随军出征。即位后，他利用后西遮娄其实力不强、对朱罗尚构不成威胁的好机会，积极实行征服扩张政策。在特里凡德鲁摧毁了哲罗的海军，又进攻奎隆，占领马杜赖，俘虏了潘地亚的国王。之后，兵锋转向库尔格，占领了乌代格要塞。结果，周围的一些小国——东遮娄其、西甘加、东甘加、潘地亚、哲罗等都成为其藩属国。朱罗的军队也侵入后西遮娄其的领土，但被击退。拉贾拉贾还建设海军，奠定了朱罗强大海军的基础。借助这支海军，他征服了整个马拉巴尔海岸，也征服了锡兰部分和马尔代夫群岛。到这时，朱罗的版图已包括通加巴德腊河以南的整个地区，还有马尔代夫和锡兰部分地区。朱罗再度成为南印的强国，而且比先前更强大。拉贾拉贾在沿海岸广泛征服的目的除了抢占地盘外，还想控制与东南亚国家贸易的港口和通道，以获得海外贸易的最大利益。

拉贾拉贾 1014 年去世，王位由拉金德拉一世继承。拉金德拉一世继承拉贾拉贾的事业，为其辉煌的成果再谱新章。他进一步实行征服政策，最终兼并了潘地亚和哲罗。在西北方，又向后西遮娄其发动进攻，掠夺财富，虽未占领其土地，但迫使其承认通加巴德腊河为两国分界线。拉贾拉贾和拉金德拉一世在所征服之地多处建立了湿婆神庙和毗湿奴神庙，还在其墙壁上镌刻铭文，炫耀自己的赫赫战绩。在东北方，他的将军 1022 年率大军由羯陵伽长驱直入孟加拉，打败了帕拉王国的军队。远征的目的只是显扬声威和掠夺。在回师后，拉金德拉一世在科佛里河口建一新都，取名“恒河的朱罗征服者”城，炫耀这一军事成就。11 世纪的朱罗是南印最强大的国家。一个半岛最南端的国家成为南印大国并能远征孟加拉，这在印度史上还是第一次，也是绝无仅有的一次。拉金德拉一世在甘加孔达-朱罗普拉姆建立了新都，在新都附近修建了大水库，为都城居民提供生活用水，为农民提供灌溉用水。还建立了吠陀学院，拨给大片土地作为教育经费。

朱罗帝国的繁盛持续到 12 世纪前半期。在后西遮娄其取代了拉喜特拉库特的位置后，朱罗与拉喜特拉库特的争霸就变成了朱罗与后西遮娄其的争霸。争斗从 11 世纪就开始了。后西遮娄其虽然不如拉喜特拉库特强大，但还是有一定实力。朱罗与其冲突的焦点是争夺对温吉、通加巴德腊河河间区和卡纳塔克西北部地区的控制权。双方在似乎无休止的战争中互有胜负，但谁都不能取得决定性胜利。长期的战争使双方都感到疲惫。由于求胜不能，出于愤怒和惩罚对方的心理，朱罗的军队在攻占后西遮娄其的城市包括其都城卡利阿尼后实行疯狂的掠夺和屠杀，使战争越来越具有残酷的毁灭性。

正像其他南印强国一样，朱罗的强盛也未能持久。之前在遮娄其、帕拉瓦、拉喜特拉库特出现的情况在朱罗再一次上演。控制一个大帝国使朱罗统治者逐渐力不从心，事实上，从 11 世纪下半期起，就不断有藩属叛乱。帕拉瓦、潘地亚等都宣布独立，其他藩属也不断反叛和宣布独立，帝国逐渐分崩离析。最后（大约 13 世纪中期），潘地亚和霍伊萨那瓜分了朱罗帝国剩余领土，朱罗不再存在。

后西遮娄其在和朱罗争霸中处于劣势，它的更多精力放在与周围国家的斗争上。它比朱罗更早陷于分裂状态。大约 1189 年，在耶达婆和霍伊萨那的进攻下灭亡。

潘地亚在经历13世纪的强盛后遇到了日益强大的霍伊萨那的挑战。它被后者打败，最终成了后者的藩属。

和北印度的情况一样，南印度诸大国在彼此斗争中也是一个个地消失了，留下的同样是众多的软弱无力的小国。它们像被强风吹动的散沙，此起彼伏，飘忽不定，把无尽的财富和大量的精力都消耗在无休止的战争中。

南印德干高原的几条大河如哥达瓦里河、克里希那河等都注入孟加拉湾，无论是西印的高原国家还是东海岸的国家都希望控制整个水域及出海口。位于哥达瓦里河、克里希那河之间的地区以及科佛里河口经常是争夺的焦点。因而南印的争霸地理因素也即经济利益因素始终大于王朝因素，王朝或国家变了，争夺的焦点不变，新起的王朝很快就会顶替原来王朝在争霸中的位置。南印缺乏大的平原，越往南可耕地越少，高原横隔其间，这就造成一种客观限制，使得南印很难形成稳定的、大的农业国家。

三　7~12世纪封建土地关系的发展

戒日王统治时期是印度封建社会最后形成时期。作为封建社会基础的封建土地关系，在戒日帝国内外，以更多样化的形式发展起来。此后至12世纪，继续向横广方向发展，封建土地占有越来越成为全印的普遍现象。

关于戒日帝国的土地制度，《大唐西域记》记载道："王田之内，大分为四：一充国用祭祀粢盛；二以封建辅佐宰臣；三赏聪睿硕学高才；四树福田，给诸异道。"① 这段记述说明：第一，新的突出发展是，实行了官吏食邑制。所谓"二以封建辅佐宰臣"，就是向官员分封食邑或职田，以代替薪俸。关于食邑制，《政事论》中就曾规定在移民村给予官员土地代替薪金。《摩奴法论》中也讲到，对十村长、百村长、千村长，给予土地上的税收收入作为报酬。② 这种办法是否都实行了不得而知。如果实行了，可说是最早的官吏食邑制。不过在实行薪金制的孔雀王朝时期，它至多也只是一种补充的、有限的官吏报酬形式。笈多帝国时期可能仍实行薪金制，迄今尚未发现作为食邑向官吏封赐土地的任何材料。所以《大唐西域记》关于

① 《大唐西域记》卷第二。

② 《摩奴法论》第七章。

分封食邑的记载表明了土地关系的一个最新的最突出的变化。《大唐西域记》还记载说："宰牧、辅臣、庶官、僚佐，各有分地，自食封邑。"[1] 说明食邑制普遍实行。不仅各级官吏得到封邑，有些被授予中央或地方官员名义的藩侯和首领也可能得到封邑。官吏的官级不同，封邑大小有别。理论上说，食邑持有者只是享有土地上的税收，只有做官期间才能享有。但事实上，一经分封，受封者总想世袭占有。有材料说明，有的官职由几代人世袭，如孟加拉有个家族四代世袭宰相职位，中印度有五代世袭同一官职的。在这种情况下，其封邑也就几代相传。除税收外，受封者是否还享有土地上的别的收入不得而知，也未见赋予受封者行政权、司法权的记载。这种食邑因涉及全国官员，其数量不会比宗教赐地少。这样，对土地的封建占有就从以往的宗教赐地为主，改变为以世俗的封邑为主。封邑持有者成了封建主中的主要部分，尽管他们在封邑上享有的权利是有限的，不像婆罗门的永久赐地那样权利无限。

第二，捐赠僧侣、寺院土地的做法继续实行。这种土地称作"福田""教田"。从文献和考古材料看，这时宗教赐地的规模越来越大，往往几村、几十村地赐给。巴纳的《戒日王传》讲到戒日王在一次出征前，把100个村子的土地捐赠给婆罗门。又据《大慈恩寺三藏法师传》记载，那烂陀寺蒙"国王钦重，舍百余邑，充其供养。邑二百户，日进粳米酥乳数百石"。[2] 义净的《南海寄归内法传》讲到，他在那烂陀寺时，该寺封邑为"村余二百"，[3] 说明比玄奘在时又有很大增加。佛教居士胜军论师被戒日王聘请为师，戒日王要赐给他乌荼国八十大邑，胜军未受。许多这样的赐地都是永久赐地，受赐者享有土地上的税收、各种收入和劳役。赠赐土地都有文书作为凭证。如戒日王的一份赐地文书说："曷利沙命令大臣、诸侯和集合在土拉瓦斯塔省毗达丹那县苏马毗达卡村的人以及村中居民：为了我父光增王在宗教上的功绩和声望，按原来的边界，把苏马毗达卡村作为对婆罗门的布施，并附有获得村民的土地赋税，以及诸侯家族能要求的一切收入的权利，作为脱离县管辖的部分而免除一切义务，并附有传给子孙的权利，

① 《大唐西域记》卷第二。

② （唐）慧立、彦悰：《大慈恩寺三藏法师传》卷3。

③ 华涛释译《南海寄归内法传》卷第二。

直至天长地久。根据赐地惯例，赐给婆罗门瓦塔斯瓦明和瓦提伯斯瓦明。尔等即应承认这一赠赐，而愿服从我的命令的村中的居民就应把土地收获物份额、货币赋税和可能征收的其他税只向这两人缴纳，并且为他们服役。”① 有些赐地同时赋予了行政、司法权，对此，文书中都做了清楚的说明。如戒日帝国时期另一份赐地文书说：“连同村庄所应缴纳的一切赋税，以及使用强制劳动之权力，连同实物和黄金收入，连同一切犯罪的审判权，不论耕种或出租，受施者及其子孙后代都有权享用这种布施。任何人包括政府的任何官员都不得干涉布施。”②

第三，硕学高才也能得到土地封赠。这种情况以往王朝也有，但不像戒日王时期这样成为定制。封赐办法大致同于宗教赐地。

第四，部分土地仍由国家直接领有，用于王室和国家开支。

以上四种土地各占多大比重尚无材料说明。有的学者根据玄奘“王田之内，大分为四”的说法，认为各占1/4。这是误解了玄奘原意。玄奘是指分成四类，而不是讲各类比重。

从理论上说，不但“职田”，就是赐地，除永久赐地外，也只能享有土地税收收入。但在事实上，只要有可能，受封者都会在征税之外，以其他名义榨取更多，并力图把占有的土地变成世袭土地。他们都成了国家和农民间的封建地主。

和以前一样，分封食邑和赠赐土地一般并不影响原来耕种该土地的农民对该土地的世袭耕种权。从出土铭文看，国王一般都要求原土地上的农民继续耕种土地，把地税缴给新的主人。但这些农民地位发生了变化，他们实际上已成了受私人封建主剥削的佃农。戒日王时期规定税率为收获物的1/6。《大唐西域记》讲到“假种王田，六税其一”，③ 这就是说，地租率为1/6。此外，还有其他名目的捐税或摊派，如牧场税、池塘税、供应过境军队及官员食宿费用、提供力役等。当然，土地的新主人对农民的索取是不会限制在国家规定的税率上的，只要有可能就会榨取更多。至于赠赐的土地属于荒地者，受赐人组织开垦后，多用雇工和分成制佃农耕种，其分

---

① 《印度金石文集》第7卷，第1902~1903页。

② 奥西波夫：《十世纪前的印度简史》，第99页。

③ 《大唐西域记》卷第二。

成比例或地租率，就由封建主自行规定，国家并不干预。义净的《南海寄归内法传》记载了他673~687年在印期间见到的寺庙土地上佃农交租办法。他写道："初至耽摩立底国，寺院之外有一方地，忽见家人取菜，分为三份，与僧一份，自取两归。"问大乘灯师何故，回答道：僧徒为避免耕垦灌溉杀生，"租地与他，分苗而食"。[①] 这是按1/3税率缴纳实物。在讲到另一地区的情况时说："依如律教，僧家作田，须共净人为其分数。或可共余人户，咸并六分抽一。僧但给牛与地，诸事皆悉不知。或可分数，量时斟酌。西方诸寺多并如是。或有贪婪不为分数，自使奴婢，躬检营农。"[②] 这里讲到三种情况：1/6租率，租率不固定，用"奴婢"自耕。

玄奘、义净都记载，许多寺院有专门的"净人"，承担耕种、洒扫寺院和各种杂役。《大唐西域记》说曲女城临恒河有三伽蓝"役使净人数千余户"。还讲到离伽蓝不远有日天祠和大自在天祠，两者也"各有千户充其洒扫"。[③] 这么多人为各种寺庙服役是以前所没有的。这些"净人"可能是国王赠赐寺庙土地时专门拨给的民户，也可能就是赠赐土地上的农民。这是指派他们提供劳役的一种形式。也可能有一些是雇用的仆役。是否有人身依附关系，尚无材料能够说明。

以上是指王田的情况，也即戒日王直接控制地区的情况。至于戒日王的藩属国，从出土铭文看，封赐寺院和僧侣土地的同样很多，有的也实行官吏食邑制度。藩侯可自主封赐，无须得到戒日王批准。可见，那些地区走向封建化的趋势和戒日王直接控制的地区是一样的。

戒日帝国以外的国家，在7世纪后期8世纪也出现了同样的趋势。拉喜特拉库特、帕拉、帕拉瓦、朱罗等国家都采取了"职田"制度，赠赐给婆罗门及印度教、佛教、耆那教寺院的土地也越来越多。不但赠赐土地税收收入，有的也将该土地上属于国家的各种收入都列入赠赐范围。如帕拉瓦国王辛哈·瓦尔曼446年前后颁发给一个婆罗门的赐地铭文中，列举了赠赐给他的各种税收收入。除地税外，还有赌博税、结婚税以及住在农村的手工业者、零售商、艺人等应缴给国家的税收，共有十多种。该国另一国王

① 华涛释译《南海寄归内法传》卷第二。

② 华涛释译《南海寄归内法传》卷第二。

③ 《大唐西域记》卷第五。

南迪·瓦尔曼三世赠赐土地的同时赠赐的税收收入多至22种。在科钦发现的一件赐地铭文提到，把72种税收收入统统赐给受赐者。这种赐给多种收入的做法比戒日帝国走得还要远。

赠赐土地和封给食邑是印度封建土地制度形成的主要途径。除此之外，村社上层向小地主转化的过程也在继续发展，不过和前者比较，始终处于次要地位。

是什么原因促使国王们实行食邑制度并把更多土地赠赐给寺庙？最主要的原因有二：第一，无论是戒日帝国还是其他较大国家，要维持庞大的行政机构的有效运转，都需要大量的财政开支。可是外贸衰退，国家收入普遍减少，从国库拿出大量现金为官员发薪成为难题。实行食邑制度，以地税代薪，能够缓解这一矛盾。第二，政治上的需要促进了封赠土地的发展。各获得王位者要扩大自己的统治基础，都要实行封赐。封赐土地成了培植个人势力的重要手段。不仅官员得到食邑，各种提供重大服务的人也得到土地作为报偿。各国统治者无论信奉佛教还是印度教，都要利用宗教为维护统治服务，谁占领了一块地区，都要向寺庙慷慨捐赠，用笼络僧侣的办法来笼络人心。对婆罗门和印度教神庙大量捐赠还有其特别需要：不少篡权者出身低级种姓，需要求助于婆罗门替他们杜撰家谱，把他们说成是某个神或某个王室的后裔，从而冒充刹帝利种姓，使自己的统治合法化。对提供这种特殊服务的婆罗门不能不重金酬谢。自然，食邑制的实行，大量土地的封赠，都是建筑在生产力有了发展，农业经营比以往有了较多受益的基础上。只有在这种条件下，人们才会对得到土地封赠感兴趣，并以之为荣。

在不断征战的情况下，随着政治变迁，常常出现这种情况：一个地区被新的征服者占领后，新的征服者对原统治者封赠的土地重新封赠。通常是不改变现状，原来封赠给谁的还封赠给谁，但也有不考虑原有封赠关系重新封赠的。如753年帕拉瓦国王在颁发给婆罗门提兰迦·萨摩耶晋的赐地文书中就讲到褫夺前占有者的权利，把科杜卡利村的土地赐给他，豁免该村应缴的土地税和一切杂税。

戒日帝国时期，印度最终转变为封建社会。土地突出地被看作社会财富的主要形式。取得土地不仅能获得经济权利，在许多情况下也获得了对农民的控制权。土地成了权力的基础，通过担任官职、军职，通过宗教地位得到食邑或赠赐土地而得到剥削压迫权力成了封建社会统治阶级构成的主要渠道和基本模式。世俗的受地人被当时的文献称为萨曼塔、罗多、他库罗等。最常用的是萨曼塔，意为“臣属”，原指藩侯、首领，后把高级官员也包括进来。封赠土地导致了权力的分散化。获得一个地方的土地，就获得了控制该地方的权力。地方上有地位的人通常被任命担任官职，而得到封地则进一步巩固、加强其在地方上的地位。这就促进了以萨曼塔为主要链条的地方效忠关系的形成。从某种意义上说，这种效忠关系就是8世纪以后形成的地区性王国的政治基础，并且是这种王国能够长期保持的重要原因。

8~12世纪，封建土地关系继续发展。无论是最初的三个在北印争霸的主要国家——普罗蒂诃罗、帕拉、拉喜特拉库特，还是以后出现的众多地区王国，都继续实行赠赐和分封食邑制度。发展是不平衡的。拉喜特拉库特宗教赐地数量最多，规模最大。如国王戈文达四世为了宗教和教育目的，赠赐给婆罗门600个村庄，给印度教神庙800个村庄。[①] 受赐者不仅得到土地税和土地上的其他收入，而且被赋予行政、司法权。国家官员和军队不准进入这片土地。有的受赐者还得到授权可以收回土地自耕或转让。帕拉国家在宗教方面的土地赠赐也很多，不过赠赐规模不及拉喜特拉库特。赠赐土地时，一般也伴随着行政权的转让，如规定受赐人有权惩罚小偷及处置赐地上发生的种种不轨行为。普罗蒂诃罗的宗教赐地在数量和规模上都不及前两个国家，而且受赐者只是得到土地上的各种收入权，一般不附有行政权力。在世俗土地封赐方面，上述三个国家在实行上也有差别。拉喜特拉库特实行得较广泛，不仅官员得到土地作为食邑，军人也得到土地代替薪金，藩侯则得到面积很大的采邑，不过都是有条件的，不能世袭。世俗封赠在普罗蒂诃罗不普遍，在帕拉则更少。

笈多帝国和戒日帝国时期土地多层分封的现象很少见，8世纪后这种现象在一些地区发展起来。拉喜特拉库特、普罗蒂诃罗都出现了受赐者把得到的土地以及行政、司法权力转封给部属的现象。甚至拉喜特拉库特有些宗教赐地的受赐者也实行转赠。这种转让权利是国王许可的。一般来说，转让要经过国王允准，但实力强大的藩侯通常不报告国王就自行转封。这

① R. S. 夏尔玛：《印度封建主义》，第67页。

样，多层分封制就在一些地区出现，在马哈拉施特拉、古吉拉特南部和卡纳塔克较为普遍。

11~12 世纪，北印度一批拉其普特国家的封赠土地制度有进一步发展。如加哈达瓦纳的国王坎德拉迪瓦把 100 个村庄赠赐给 500 个婆罗门。昌德拉的国王把 62 个村庄赠赐给 309 个婆罗门。不仅宗教赠地增加，北印度世俗封地也有很大发展。在拉贾斯坦、古吉拉特、马尔华西部和奥里萨等地区，世俗封地的规模已超过宗教赐地。拉其普特国家封建土地关系的特点是：第一，多层分封，附属关系强烈。这种分封常常和氏族关系联系在一起。不少藩臣是王室家族成员，也有些是与王室家族没有血缘关系的官员。藩臣通常还有行政、司法权，官员则只能得到土地上的收益。第二，藩臣负有军事义务。他们需要供养和保持一支军队为国王服务。第三，有些国家，如加哈达瓦纳、昌德拉等也拨给军官土地，作为军事服务的报酬。后两者也即军事采邑制的最初形式。

8~12 世纪，除了上述几种通过合法途径形成的封建主外，还有相当数量的封建主是利用战争造成的混乱局势，凭借武力，抢占土地，自封为所有者的。这一类封建主在对农民的剥削上不受任何约束，他们的意志就是法律。但也有许多人为了笼络人心，不得不遵守通行的剥削惯例，并力图使自己的非法占有得到合法承认。

8~12 世纪，在半岛南端，土地的宗教捐赠和世俗封赐也在日甚一日地发展，以宗教捐赠为主。印度教神庙都得到大量土地，成为一个个有实力的经济中心和大封建主。大约从 11 世纪起，对官员封赐土地逐渐增多，也出现了军事采邑。这片地区的突出特点是土地买卖较其他地区多，封赠的土地也可以买卖。这表明这里 11~12 世纪土地私有制倾向发展程度高于北印，北印的土地买卖一直未能发展起来。

总之，7~12 世纪印度土地的相当大部分已处在各种封建的私人占有形式下，封建的私人占有成为土地占有的主导形式。大量农民沦为封建主的佃农，所受的剥削比直接处在国家控制下沉重，地位趋于恶化。特别是，有些统治者由于在赐地同时授予了受赐人可收回土地自耕或另行出租的权力，也就是授予了逐佃权，所以，在马尔华、拉贾斯坦、古吉拉特、马哈拉施特拉等地，都出现了土地被封赠后世代耕种该土地的农民被剥夺了耕种权的情况。这些农民突然成了无地农民，他们沦为雇工，或沦为分成制佃农，其处境比一般佃农更为艰难。不过，这种被逐佃的只是少数。

在印度古代史上，关于农民反抗压迫的情况我们知道得很少。固然，宗教影响、种姓限制使农民的反抗要发动起来困难重重，在这方面无法和中国农民相比。但是，既受重重压迫，断无不反抗之理，只不过在方式上、规模上、程度上可能受一些限制。我们看不到这方面的史料主要是因为农民自己不可能有任何记载，而婆罗门对此不会关心和留下记载。近年来，历史学家注意从文学作品中搜集史料。著名史学家 R. S. 夏尔玛就从《罗摩本行》中考证出 11 世纪在孟加拉发生的一次农民起义的情况。起义者克伐泰人属低等混合贾特种姓，他们以服力役为条件，在孟加拉北部持有九块土地，由于赋税苛重，食不果腹，被迫起来造反。据记载，他们骑着水牛，拿起弓箭，与前来镇压的军队奋勇搏斗，参加者越来越多。帕拉王朝的国王被杀死，新的国王动员全部藩属力量才把起义镇压下去。此事发生在 1075 年。因为克伐泰人早就打算摆脱他们的低等种姓身份，这次起义也是一场种姓起义。类似反抗或起义的记载在其他文学作品中也有。如《小泥车》描述了牧牛人阿哩耶迦领导的起义，是否真有其事，还需史料佐证。

四　7~12 世纪的经济状况

与封建土地关系的发展密切联系在一起的，是全国范围商业联系的衰退和经济活动地区化倾向的加强。到这时为止，印度社会商品经济虽有一定发展，但仍然是农业手工业直接结合的自给自足的社会。每个家庭男耕女织，每个村社有自己的手工业者。农业手工业在家庭的结合，在村社的结合，加上种姓制限制职业的选择和人口流动，使印度经济的自给自足具有异常牢固的性质。以往的商业发展，对自然经济固然是个冲击，但只要国内外贸易仍以高级消费品为主，只要农村没有真正卷入商品经济范围，有限的商业活动就只能是这个自给自足的经济结构的某种点缀和补充物。

自给自足的经济必然是地方性的。村社是个自给自足的单位，其不足部分由附近以集市为中心的小地区的交换补充。每个小地区也基本上是自给自足的，其不足部分以附近城市为中心的更大一些的地区交换作为补充。

城市的交换包括满足消费的各种日用品，农村的交换则主要限于自己无法生产的食盐、铁器等，其他消费品所需极其有限。

这种自给自足经济的地方性质是不言而喻的。但直到7世纪前，它的地区性被一种大范围贸易的外表所掩盖。这是由于：第一，许多地区手工业还不发展，这些地区城市居民所需的许多日用品仰赖较远的产地供给。第二，孔雀帝国、贵霜帝国、笈多帝国、戒日帝国等大帝国的出现促进了各地的商业联系。第三，外贸的发展，特别是北路、南路贸易刺激了某些出口手工业的生产，形成商品由内地向海港流动的一条条横贯全国的商业大动脉。但戒日帝国以后，情况有了很大变化。一是外贸衰落，特别是北路贸易的衰落，使大范围的商品流通失去主要推动力。二是戒日帝国之后，又形成长期割据和战争局面，使全国范围的商业大动脉难以保持。三是地区王国的长期割据，必然导致经济的地区化发展。各个国家都要立足于在自己版图内的自给自足，都要利用自己的资源，发展手工业、商业，满足本国的需要。四是土地封赠特别是大面积封赠，促成了封地范围内尽可能自给自足。当赠赐内容包括土地上的各种资源时，在封地内发展手工业就有较大的余地。8世纪后，许多获得大面积土地赠赐的神庙、寺院既经营农业，又经营手工业、商业，成了一个个自给自足的经济单位的核心。封地的自给自足成为地区性经济的重要支柱。总之，从戒日帝国时期以后，建立在自给自足基础上的，以一定的地区性商业活动为补充的经济活动地区化就成为发展的主要趋势，在以后地区性王国长期存在的几个世纪里，经济运行一直是在这种框架内进行的。

关于农业经济情况，留下的文献材料不多。从《大唐西域记》、义净的《南海寄归内法传》及出土的铭文中可知，水利灌溉普遍受到重视。在北印，灌溉设施大多是村社或地方自己兴修的。如拉其普特诸国内建造了许多水利设施，包括渠道、堤坝和水井。10世纪时国家兴修水利增多。如克什米尔的大臣苏亚主持修筑了一道可以控制克什米尔河谷洪水的大坝。南印由国家兴修水利的较多。朱罗国王拉金德拉一世在新都甘加孔达-朱罗普拉姆附近建筑了一个灌溉用的大贮水池，即著名的朱罗—甘加姆池。德干高原许多地方都有小型贮水池，收贮雨水。贮水池的保养、维护经费由一些人捐赠的土地上的收入解决。贮水池通常由村社建造，用水统一分配。帕拉瓦铭文讲到农村事务时都强调维护贮水池的重要性。农作物种类很多，

《大唐西域记》讲到许多地区都是“花果俱繁，稼穑时播”。德干东南部发现的6~8世纪的铭文讲到有些农产品在市镇上出售，包括稻米、其他谷物、甘蔗、油料等，表明农产品在小范围内参与交换。

关于手工业，《大唐西域记》说到其种类繁多，工艺精美，特别讲到棉纺织品、金银首饰、珠宝、象牙、漆制品、兵器等，赞美其制作精细，质地优良。还说到各国都有一些手工业专业生产的地区，那里集中大量的专业手工业者，生产各种产品，供应市场。

关于商业，内贸方面的一个突出现象是随着政治中心的转移和分散，原来北印和恒河中游的一些商业都会，如呾叉始罗、富楼沙、华氏城等变得冷落萧条；另一方面，各地一批处于水陆交通枢纽位置的城市兴起，成为一个个新的政治、经济中心。《大唐西域记》记载，旦尼沙、卡瑙季、伐腊毗、婆罗尼斯等城市都是“异方奇货”集散之地。“商贾逐利，来往贸迁，津路关防，轻税后过。”① 商人积蓄了大量财富。如伐腊毗城“家室富饶，积财百亿者，乃有百余室矣”。② 由于北路外贸衰落，此时商品出口减少，主要面向国内。戒日王时期还有较大的流动性，之后，由于诸国混战，较大范围的商业往来受到限制，代之而起的是地方性贸易，这是这一时期另一突出现象。据现有材料，商业活动一般都得到地区王国统治者的支持。甚至有个别出土文书表明，有的商人还从国王那里得到免税经商权、行政管理权，甚至赐地。出土的如6世纪西印度一份国王给商人的特许状，授权一个商人行会管理该商人村的内部事务，并可征用手工业者服劳役，政府官员不得干涉。8世纪西遮娄其国王颁布的铜版文书有两份是给商人的。其一是把8个赠给神庙的村庄的经营管理权，交给神庙所在城镇由5~10名商人组成的委员会行使，免除一切税收。另一文书把一座荒芜的城镇及附近3个村庄赐给两名商人，其内部事务包括司法由商人自行管理，免税，过境官员不得要求供应食宿。这表明地区王国的统治者们希望促进商业发展，以满足本地区的需要。③

外贸方面与拜占庭、伊朗的贸易到6世纪中期已经停止。7~10世纪北

① 《大唐西域记》卷第二。

② 《大唐西域记》卷第十一。

③ R. S. 夏尔玛：《印度封建主义》，第57页。

印外贸衰退，黄金输入急剧减少。8~10世纪很少有国家铸造金币。货币减少是对官员实行以地代薪的主要原因之一。与西亚、北非的贸易还在较低的水平上保持着。玄奘讲到西海岸港口苏拉特是重要的货物集散地，这里能看到许多外国商船。很多居民都利用这个有利条件从事贸易。9世纪后，阿拉伯人来印度贸易和从事转手贸易的增多。西海岸的外贸越来越被阿拉伯人控制，他们从西海岸输出棉布、香料等，成为印度与西亚、北非贸易的中介。印度商人直接去西亚、北非贸易的减少，与阿拉伯商人相比，越来越处于劣势。8世纪前后，由于阿拉伯人蹂躏伊朗，强迫拜火教徒改宗，许多拜火教徒（祆教徒）逃到西印。他们从事贸易，构成了印度商人的一部分，在近代以后发挥重要作用。与东南亚和中国的贸易没有间断，7世纪后还有新的发展。朱罗的海上优势促进了与这些国家的贸易往来。孟加拉、科罗曼德海岸和马拉巴尔海岸出现许多重要港口，如耽摩栗底、建志、故临、普哈尔（在科佛里河口）等。《大唐西域记》讲到耽摩栗底说："国滨海隅，水陆交会，奇珍异宝，多聚此国。"[①] 故临是东南亚商船在印度洋上的最大中转站。每年有大量中国商船来这里，与印度商人以及阿拉伯商人贸易。泰米尔商人、孟加拉商人在这个领域的贸易中起主要作用，古吉拉特商人也有一定参与。海上贸易需要造船业的支持，在南印度、孟加拉、奥里萨、古吉拉特都有很多船坞，造船业没有停顿。这一时期输入和输出商品的主要种类较前一时期没有多大变化。

至于北印的外贸，10世纪后随着阿拉伯帝国的崛起也逐渐复兴。古吉拉特、马尔华等地区受益较大，那里迅速形成了一些新的港口和外贸中心。

总之，8~12世纪商业方面的突出特点是贸易活动地区化，商业城市内移和分散化，外贸总的水平远低于笈多帝国时期。印度有的学者称8~13世纪是衰退时期，这是有一定道理的。当然，也应看到另一面，即贸易活动的地区化对促进落后地区手工业、商业的发展起积极作用，减少了对先进地区和大城市供应的依赖。从全印经济发展的长过程看，落后地区手工业和商业如能跟上先进地区的步伐，对先进地区又可起反作用，这种互动正是印度所需要的。

---

① 《大唐西域记》卷第九。

五 佛教的衰落和印度教的兴盛

戒日王是7世纪最有势力的佛教保护者。他在北印度各“圣迹之所并建伽蓝”，“于殑伽河侧建立数千窣堵波”。[①] 又于城邑、乡聚、达巷、交衢建立精庐，包括在那烂陀寺旁兴建鍮石精舍。[②] 还下令五印度“不得啖肉，若断生命有诛无赦”，[③] 还对佛教徒慷慨布施。这一切使佛教在总的停滞趋势中，一度又有所发展。

玄奘的《大唐西域记》记述了他在印度参学、巡礼的经历，从中可以看到当时印度佛教的流行情况。他是大约630年到达印度的。首先进入西北印度，过印度河，经呾叉始罗等国至迦湿弥罗国。随后入北印度，经一系列国家，至羯若鞠阇国、吠舍厘国、摩揭陀国，巡礼华氏城、伽耶等处圣迹，然后到达那烂陀寺（约633年）。一路上他停留多处，学习经典，但还不满足。那烂陀寺是当时全印最大的佛教寺院，有常住僧4000余人，而且是最重要的佛教学术中心。玄奘在那烂陀寺居留5年，从戒贤法师学大乘瑜

图8-2 那烂陀寺遗址

① 《大唐西域记》卷第五。

② 《大唐西域记》卷第五、第九。

③ 《大唐西域记》卷第五。

伽行派的《瑜伽师地论》及其他经典。戒贤是继承无著、世亲、护法诸大师的权威学者，对瑜伽、唯识、因明、声明都有精深研究。玄奘与印度高僧切磋辩论，声誉日隆。此后，又至东印度、南印度、中印度、西印度各国参学 4 年，向胜军等各地法师学习了《十二因缘论》等。约 642 年回到那烂陀寺，主讲瑜伽行派的《摄大乘论》《唯识抉论》，影响很大。当时正是佛教大乘两派中观派（空宗）和瑜伽行派（有宗）争论激烈之时，玄奘用梵文写出融合两派学说、具有独到见解的《会宗论》，受到两派很多高僧的称赞。又写了《制恶见论》，批驳小乘派正量部的观点。一名婆罗门写出自己的观点，挂在那烂陀寺大门上挑战，玄奘驳倒了他。戒日王十分尊敬玄奘，643 年邀请他主持在卡瑙季召开的佛教法会，戒日王亲自参加大会。出席大会的有迦摩缕波国王，藩属国国王 20 多人，佛教大小乘僧侣 3000 余人，婆罗门及其他教徒 3000 余人，那烂陀寺僧侣、学者 1000 余人。大会以玄奘所著《会宗论》《制恶见论》两论的论点标宗，任人难诘，但过了 18 天竟无一异议提出。据《大唐西域记》记载，参加大会的婆罗门中有人见戒日王如此敬重玄奘的佛教，心怀不满，纵火烧毁了供佛像的宝台并欲行刺戒日王。戒日王宽大处理，只惩首恶，余党不罪。玄奘得到大小乘佛教徒的广泛爱戴，被尊称为“大乘天”“解脱天”。戒日王请他乘大象巡行，宣告大会盛事。后又请他参加在钵逻耶加举行的第六次无遮大会。644 年他由毕迦试出境，过雪山，经于阗返回长安（645）。在印 14 年期间，玄奘足迹遍布五印度，凡 50 余国，其中在戒日王领土上约度过 8 年。他不仅向印度高僧学习到大乘要义，把大量经典带回中国，促进了佛教在中国的传播，他旅印期间的活动对当时印度大乘佛教的发展也起了某种推动作用。

《大唐西域记》详细记述了玄奘见到的印度佛教的情况。当时仍是大小乘并行，大乘在有些地区特别是北印度日益挤掉小乘，但小乘依然兴盛。从玄奘分国的记载看，信仰小乘的国家依然比信仰大乘的多。有些国家如羯若鞠阇国、恭建那补罗国、摩诃剌侘国、邬阇衍那国等是两者兼习，说明势力不相上下。佛教最兴盛的地区是羯若鞠阇国、摩揭陀国、乌荼国、信度国[1]、达罗毗荼国、憍萨罗国、僧伽罗国、恭建那补罗国和摩腊婆国。羯若鞠阇国有“伽蓝百余所，僧徒万余人，大小二乘，兼功习学”。摩揭陀

---

① 《大唐西域记》把信德称为信度。

国有“伽蓝五十余所，僧徒万有余人”，“多宗习大乘法教”。乌荼国有“伽蓝百余所，僧徒万余人”，“皆习学大乘法教”。信度国有“伽蓝数百所，僧徒万余人，并学小乘正量部法”。南印度的达罗毗荼国、憍萨罗国、恭建那补罗国也都有伽蓝百余所，僧徒万余人。前者功习小乘，憍萨罗国功习大乘，恭建那补罗则“大小二乘兼有”。僧伽罗国、摩腊婆国是佛教徒最多的地区，两者都有伽蓝数百所，僧徒二万余人，前者属大乘，后者属小乘。大小乘分布如此混杂，它们间论争的激烈不言而喻。玄奘记述道：“部执峰峙，诤论波涛，异学专门，殊途同致，十有八部，各擅锋锐；大小二乘，居止区别”,① 反映了当时斗争的复杂性。这种状况固然推动了佛学的深入研讨，但对佛教的发展整体上说是有害无益的。

671 年，我国唐朝又一名高僧义净从广州乘海船赴印。在苏门答腊逗留后，673 年到达东印耽摩栗底国。在北印、中印各处瞻礼圣迹，往来各地参学，历经许多国家（按：义净自己说“历三十之外国”，这个数字可能包括赴印途中经历的国家），其间在那烂陀寺就住了十载。685 年离印，又在室利佛逝长期停留，693 年回到广州。据他的《南海寄归内法传》记载，佛教在他所经历的地区还有很多信徒，那烂陀寺“僧徒数出三千，封邑则村余二百，并积代君王之所奉施，绍降不绝”。② 慧立后来据玄奘材料所写的《大慈恩寺三藏法师传》也证明了这点。他写道，那烂陀寺“僧徒主客常有万人，并学大乘兼十八部”，“寺内讲座日百余所”，“凡解经论二十部者一千余人，三十部者五百余人，五十部者并（玄奘）法师十人。唯戒贤法师一切穷览，德秀年耆，为众宗匠”。③ 说僧徒主客常有万人可能是有些夸大了，但总人数大约不会少于玄奘在时，盛况不会亚于当年。

不过其他地区就今非昔比了。佛教虽然得到戒日王推崇又有所发展，但从全印看，它昌盛的地区已经有限了。玄奘在印时已看到这种情况。据《大唐西域记》记载，许多昔日佛教中心，如邬阇衍那、犍陀罗、呾叉始罗、婆罗尼斯、吠舍厘等都已衰落，“伽蓝倾毁，庙宇荒凉，僧徒稀少”。犍陀罗国原来佛教很兴盛，著名的犍陀罗艺术即在这里形成，这里也出了

---

① 《大唐西域记》卷第二、第八、第九、等十等。
② 华涛释译《南海寄归内法传》卷第二。
③ （唐）慧立、彦悰：《大慈恩三藏法师传》卷 3。

许多著名的论师。然而此时只有“僧伽蓝十余所，摧残荒废，芜漫萧条。诸窣堵波颇多颓圮”，居民“多敬异道，少信正法”。呾叉始罗国伽蓝虽多，“荒芜已甚”，“僧徒寡少”。吠舍厘国“伽蓝数百，多已圮坏，存者三五，僧徒稀少”。婆罗尼斯国是佛陀初转法轮的地区，著名的阿育王佛塔等圣迹也在这里。然而此时国人却“多信外道，少敬佛法”。[①] 这些都表明，佛教在许多地区已今非昔比。与之形成鲜明对照的是，印度教却在迅速复兴。玄奘观察到，在羯若鞠阇国，佛教和印度教的力量对比为“邪正二道，信者相半”[②]。倾向佛教的戒日王的核心地区尚且如此，说明佛教势力衰落和印度教势力的增长已成定势。

8世纪在孟加拉兴起的帕拉王国统治者崇信佛教，在摩揭陀建造了飞行寺、超岩寺等大寺院，使佛教在孟加拉又有所发展。超岩寺成了继那烂陀寺后最大的佛教学术中心。帕拉王朝的国王德瓦帕拉也捐赠给那烂陀寺5个村庄的封邑。在信德地区佛教还保留一定影响。但这都不能扭转佛教在全印日益衰落的趋势。

在这期间，也即6~7世纪起，佛教中出现一个新的派别，叫密教。它是大乘佛教与民间信仰的混合物，也吸收了印度教性力崇拜的因素。其教义主张“三密修持”，即身成佛。三密是语密（念咒）、身密（特定的手势）、意密（心观佛尊）。据认为达到心口意三业清净，与佛的心口意相印，即可获得佛果。密教的特点是把原来民间流行的、为佛祖所反对的咒术信仰，包括咒术、仪礼、俗信继承过来并加以系统化，形成一套体系。密教又分右道密教和左道密教，前者以《大日经》为经典，后者以《金刚顶经》为经典，吸收了印度教的性力崇拜仪式。多罗，即男菩萨的配偶，受到类似印度教女神所受到的崇拜。前者主要在西南印流行，后者在东印和南印流行。在11~12世纪，在帕拉王国统治地区，从左道密教中又分出一个支派，叫易行乘。它主张崇拜导师，宣传纵欲（所谓通过大欲大乐达到本性清净），走向败坏。密教的出现对佛教影响很大，特别是后来它把大乘中观、唯识的某些理论吸收进来，使自己具有理论的外貌，很具有蛊惑性。8世纪后，密教逐渐占领了佛教尚存的阵地，佛教逐渐密教化，整个处于衰

① 《大唐西域记》卷第三、第七。

② 《大唐西域记》卷第五。

微状态。11 世纪起穆斯林统治者的入侵和宗教迫害给了佛教致命的最后一击。那烂陀寺、超岩寺等佛教寺院都被毁灭，许多佛教高僧、学者逃到中国西藏和东南亚国家避难。风行了一千余年的佛教在 13 世纪从印度大地上消失了。

耆那教 9~10 世纪继续流行。古吉拉特的西遮娄其统治者、卡纳塔克的西甘加统治者大力保护和支持耆那教。也就在这一时期，耆那教的许多寺庙建造起来，大雄的偶像被立于寺庙中，供信徒崇拜。不过 10 世纪后，随着上述国家的衰落，耆那教失去了一些统治者的特别支持，也处于停滞状态。

印度教却蒸蒸日上。玄奘记载贝拿勒斯有“天祠百余所，外道万余人，并多宗事大自在天”。在恒河与朱木拿河交汇处的阿拉哈巴德，有“天祠数百，异道实多”。[①] 天祠在百所以上的还有犍陀罗国、萨他尼湿伐罗国、羯若鞠阇国、室罗伐悉底国、迦摩缕波国、羯陵伽国、恭建那补罗国、摩诃剌侘国等 18 国。其他国家也有，多少不等。天祠主要指印度教神庙，也包括一部分耆那教寺庙，不过只占很小比重。

8 世纪，印度教内出现一位著名的思想家、改革家，叫商羯罗（约 788~820，有不同说法），他的活动进一步推动了印度教的发展。他是吠檀多派最有影响的思想家，著有《梵经注》等。他的思想以《奥义书》《薄伽梵歌》为依据，认为后期吠陀文献即吠檀多代表了吠陀思想的精华。在对世界的看法上，他提出的学说是纯粹不二论，主张世界的唯一实在是梵，梵体现为小我。除了梵以外没有真正实在的事物，一切外界事物都是不实的，都是“摩耶”（幻）。“摩耶”有一种力量（幻力），能使人把不实的事物看成实在的，这就是无明。按照他的主张，解脱之道就在于破除无明，认识真我唯一不二。破除无明的道路，最根本的是直接证悟梵我同一。商羯罗学说是种泛神论，但他为了迎合一般人对神的信仰，把神说成是梵的有限表现，同意一种情感有神论，把它作为一种不圆满的信条而不是当作最高真理看待。他提出了“真智、愚智”“上梵、下梵”说，认为只有获得真智的人才能认识到梵是绝对存在，不具有任何形式和属性，即认识到上梵；但是在受无明限制而只具有愚智的人看来，梵成了有形式、有属性的梵，即下梵。崇拜神也是只能认识下梵的表现。下梵是不真实的，是主观

① 《大唐西域记》卷第七。

化了的表面现象。一个人要真正获得解脱，必须变愚智为真智，从认识下梵到认识到上梵。但这需要一个长过程。在做到这一点之前，认识下梵、崇拜神是必要的，他自己就常进神庙拜神。这就把他的抽象神学哲理与一般人的宗教观念调和起来，使多数人能够接受他的主张。以商羯罗为代表的吠檀多派学说成了印度教神学体系的主要思想基础。商羯罗还在组织方面加强印度教建设。他借鉴佛教建立僧伽的方法，在印度教中建立了僧侣组织。以前婆罗门教内没有这样的组织，虽然僧侣的小集团是存在的。他又在全印东南西北四个角落——奥里萨的浦里、西海岸的德瓦尔卡、南方的斯林吉利、喜马拉雅山上的巴德里纳特建立了四座印度教神庙。这些神庙成了印度教进一步传播的重要基地。商羯罗反对烦琐的仪式，在他建立的神庙中只有简单的崇拜。在他的推动下，以后有更多印度教神庙建立起来。神庙供奉的神主要是毗湿奴和湿婆，也有的供奉女神及其他神。寺庙逐渐成了印度教敬神的主要公共场所。商羯罗是南印喀拉拉人，婆罗门种姓。他由南印来北印，与佛教高僧们论战，给衰落的佛教以沉重打击，把大批封建上层和普通群众吸引到印度教这边来。

大约在这前后，印度教正宗哲学其他各派也都在继续发展。大批对原典的新注释被撰写出来。一个突出的现象是，原来在哲学观点上有唯物论倾向的都放弃了自己的观点，接受了神创世说，反映了在印度教势力增长的总趋势中，教内的非主流哲学派别也受到了遏制。

印度教之所以能在婆罗门教的基础上崛起，除了宗教本身教义、仪式等的变革外，还有个因素起了不可低估的作用。这就是教内有些派别提出了社会方面的新主张，对群众有很大吸引力。这些派别是性力派、虔诚派和林伽派。性力派反对种姓区分和歧视妇女，主张不分种姓、性别都可敬神，得到神的护佑。这派主要流行地区在孟加拉、奥里萨、阿萨姆。虔诚派和虔诚运动是更主要的。虔诚派 7 世纪后在南印度泰米尔语地区首先兴起，其特点是强调信仰者对神完全敬崇皈依就能得到神的爱助，并主张神的爱是普及一切人的，没有种姓和男女之别。这一派领导人是一些在民间享有威望的印度教圣人，其中有婆罗门，也有出身下级种姓的人。他们从一地到一地，宣传爱的信仰，用通俗易懂的地方语言宣讲或写作诗歌，深受群众欢迎，所到之处，形成热潮，把大批本来对婆罗门教不满而改宗佛教、耆那教的群众重新吸引到印度教旗帜下。林伽派流行于卡纳塔克，敬奉湿婆神，强烈反对种姓制度，反对歧视妇女，反对斋戒、朝香、祭祀。这些派别的主张反映了低级种姓和广大下层妇女的要求，虽然不曾为正统派采纳，但仅仅是宣传本身，就强有力地帮助了印度教征服群众。8 世纪后众多的地区王国都成了印度教的天下。到 10 世纪，印度教已在全印占统治地位。

佛教为什么会在印度消失，印度教为什么能成为占统治地位的宗教？

这实际上是紧密联系在一起的一个问题的两个方面。可以说，佛教是被印度教吸收了。这个巨大变化有教派本身的原因，也与印度向封建社会转变密切相关。具体说，第一，从佛教本身说，寺院已成为大封建主，高级僧侣腐化享乐，佛陀当年制定的教义、教规被抛到一边，它的甘贫乐道的特质已经丧失。义净在《南海寄归内法传》中讲到寺院处理去世僧人遗物的办法时，列举了一个“应分”遗物与“不应分”遗物的清单。非常醒目的是，在“不应分”遗物中包括田宅、村园、屋宇、邸店、奴婢、象、马、驼、骡、驴乘等。讲到酒的处置办法是“应可倾弃，不合酤卖”。讲到契据的处置办法是“所有卷契之物，若能早索得者，即可分之。如未得者，卷当贮库，后时索得，充四方僧用”。讲到珍宝珠玉的处置办法是“诸有珍宝珠玉，分为二份，一份入法，一分入僧。……入僧者现前应分”。“若宝等所成床榻之属，应需出卖，现前应分。”“若诸金银及成未成器，贝齿诸钱，并分为三份，一佛，二达摩，三僧伽。”① 表明有些僧侣不仅是地主，而且是奴隶主，甚至兼营商业和放债，金银财宝一应俱全。既然佛教高级僧侣和婆罗门一样成了腐化享乐的上层，远远脱离群众，也就失去普通民众对他们的景仰。在人民心目中，他们和婆罗门不再有重大区别。

第二，佛教获得民众的支持，主要是因为它具有较为平等的社会观，它反对种姓压迫，反对婆罗门的特权地位，它没有婆罗门教那些烦琐而又花费巨大的祭祀仪式。然而这些方面的优势由于印度教的出现都渐渐失去。印度教改革了原婆罗门教的教义、教规，革除了烦琐的祭祀仪式，削弱了婆罗门以往那种过分的特权地位。虔诚派、性力派、林伽派呼吁种姓平等和男女平等的宣传又博得了民心。这样，佛教的上述优势便被剥夺。

第三，大乘佛教的出现使佛教在许多方面向印度教靠拢，失去了自己的特色。表现在：代替巴利文等俗语，大乘佛教用梵文写经讲经，大大加

① 华涛释译《南海寄归内法传》卷第四。

强了婆罗门教经典语言梵文的地位，脱离了使用俗语的普通群众；语言、文学、宗教是有密切联系的，既接受梵文，就不能不受印度教文学和宗教思想的渗透；大乘教义与印度教瑜伽派接近，大乘讲“般若”（智慧），讲“止观”（心专注一，由之产生智慧），和瑜伽派所说通过总制抑制心的作用从而生慧是一样的，大乘中也出现了像瑜伽派那样的禅师或行者，写了许多阐述亲证瑜伽诸地的著作；大乘把佛陀神化、偶像化，实际上是接受了有神论，背离了佛陀的因缘说，不仅佛陀成了神，还出现了众多佛、众多菩萨，形成多神崇拜；佛教本来是反对巫术、咒语，可是当它失去最初的伦理教义从而失去活力后，在教徒中咒术和荒诞的神秘主义便广泛流行起来，密教的形成表明它已呈严重病态，佛教的密教化也使它与印度教的密教难以区别。这样，佛教的鲜明特色便逐渐消失，在人们心目中它与印度教的界限越来越模糊。当印度教巧妙地宣布佛陀也是毗湿奴的化身后，就从整体上把佛教吸纳进印度教，一般佛教徒也就不知不觉地变成了印度教徒。

第四，佛教被印度教取代从更深层次上说，与印度社会封建关系的发展有密切关系。封建关系的形成相应地要求突出王权，加强社会等级制度。印度教的主神崇拜是人间王权在神学思想上的反映，有利于突出王权。印度教的种姓制度把世间等级神圣化，有利于加强社会等级制度。佛教比较起来在这两方面都起不了印度教的作用。大乘佛教虽把佛陀神化，但终究没有走到像印度教那样宣扬神创世说的地步。佛教的四民平等主张虽然不是反对种姓制的，却是不赞成种姓压迫的，不赞成婆罗门的特权地位的。对主要由刹帝利、婆罗门构成的封建上层来说，这当然是他们不喜欢的，因为这不能适应他们用等级制度牢固控制下层群众的需要。印度教的兴起伴随着强调种姓制度，强调婆罗门、刹帝利的特权地位，这正反映了封建统治阶层的要求。各国统治者都逐渐转到印度教一边，这是很能说明问题的。

地区性封建王国相互征战，都把领土扩张作为首要任务。佛教的非暴力信条封建统治者不会欣赏，印度教《薄伽梵歌》的“有为”主张却能被他们利用来鼓动对外战争，并为其辩护。这是各国统治者青睐印度教的又一原因。

封建关系的发展伴随地方势力的兴起，形成了统一文化与地方文化并存和互相影响的局面。佛教虽有大小乘和部派之分，但相对来说比较强调统一，不适应这种形势。印度教却很适应。它具有松散、多元、包容性强、适应性强等特点，能够灵活地吸收地方信仰因素，包括非雅利安人的某些信仰。只要宣布各地原来崇拜的神是毗湿奴、湿婆两大主神的化身或表现形式，就可以把它们包容进来，既无碍印度教大局，原来的居民也可以照旧信仰自己的神。种姓制度能够不费事地包纳外来民族和被征服的土著部落，外来民族的上层只要请婆罗门编造个家谱，就能跻身印度教上层种姓而不致改变自己的地位。这样，印度教就对外来民族上层、地方势力包括宗教势力上层敞开了大门，便于外来文化、地方文化与印度主体文化交融和共存。在封建关系的发展不断促使封建分裂加剧的情况下，印度教以其特有的灵活性、包容性起了维护文化统一、体现文化统一的巨大作用，对促进尽可能的政治统一，也是个积极因素。

总之，印度教同化佛教而成为全印占统治地位的宗教，有宗教本身的原因，也有社会原因。就后者而论，是印度走向封建化的需要，也是封建化过程在意识形态领域的表现。

六 种姓制度的强化

种姓制度作为婆罗门教观念的一部分，在佛教“四姓平等”主张的冲击下，特别是在阿育王、迦腻色伽王、戒日王等一系列君主崇信佛教以后，确实受到了冲击。尽管佛教、耆那教并不否认种姓制度，只是在自己教内实现四姓平等，冲击力是软弱的，对种姓制度构不成真正的威胁，但至少婆罗门所宣扬的种姓制的神圣性和不可置疑性在一些人心中引起了怀疑。在这种形势下，婆罗门上层和立法者推出了《摩奴法论》，企图以攻为守，用强行使种姓制度严格化的办法来稳住种姓制的地位。

但这是他们的一厢情愿，使种姓制度按《摩奴法论》规定那样严格化，事实上是做不到的。各国的君主不可能允许这样做，因为宗教法不等于国家的法律，它虽然在教内有权威性，对信仰者有惩罚权力，但它的惩罚不能违反国家的法律，不能不顾国家法律对本教派的信仰者任意实行惩罚，国家是不允许它成为凌驾于国家法律之上的国中国的。崇奉印度教的君主们对印度教自然是维护的，包括它在群众中的影响力，但维护印度教不等于认同宗教法的所有规定，同意实行宗教法。道理很明显，作为一国的君主是不能完全从宗教的狭隘角度决定政策取舍的，君主的视野必须是全局性的，必须把世俗性放在首位。

在印度，先前就不曾有哪一位君主用宗教法作为国家的法律，现在的君主并不都是信奉印度教，有些是信奉佛教或兼信佛教，怎么可能在司法实践方面遵循和实施《摩奴法论》的规定！所以《摩奴法论》的出现固然在印度教中被广为宣扬，产生很大影响，但并没有对哪个国家的立法产生什么影响，所以《摩奴法论》的种种严格的规定许多只能停留在纸面上，婆罗门上层和立法者不得不面对和承认这个现实。还有两个因素也是他们自己必需考虑到的，这就是：第一，对低级种姓压迫过甚，会把更多的下层群众推向佛教，有助于佛教传播，这对婆罗门、对印度教更不利。第二，在印度教内，反对种姓歧视的思潮也有兴起的端倪。为了巩固对广大低级种姓的控制，也为了不让佛教有进一步发展的机会，在《摩奴法论》如何落实的问题上适可而止，甚至做出某种让步姿态也是必要的。婆罗门立法者尽管心高气傲，也不得不接受现实，例如对首陀罗宗教权利的限制在实际上稍微有些放宽。

不过7~8世纪后，形势出现了有利于婆罗门的新变化。这时，印度教逐渐战胜了佛教，各国信奉佛教的统治者陆续转到印度教一边。婆罗门上层得到更多赠赐，随着印度教的稳居上风，自己的地位也重新得到巩固。各国的统治者需要婆罗门为他们服务，包括替他们编造家谱，这更抬高了婆罗门的地位。在这种有利的形势下，尽管《摩奴法论》的规定不能完全实行，但这不妨碍种姓制度的强化。在封建关系日益发展的情况下，种姓制度不但作为宗教等级制度存在，而且成了服务于封建压迫制度的重要工具。

婆罗门重新得势事实上从笈多帝国已经开始。由于得到大量土地赠赐，由于许多出身非刹帝利种姓的地区性王国统治者需要依靠他们编造家谱跻身刹帝利种姓，作为回报给以优厚的布施，婆罗门的社会地位陡然得到提高。神庙成了婆罗门权力的集中体现。它不仅握有大量土地，而且得到丰厚的财物布施，成为很有经济实力的封建主。有的神庙有数额巨大的资金，能向商业行会投资收取利润，有的向村社团体放债取利。朱罗国的一些大神庙就是这样，既向商业行会提供资金，又向农村提供信贷。这些神庙的管理机构甚至吸收当地商业行会和村社会议的代表参加。较大神庙有的雇用千百名奴仆，其工资都由神庙支付。神庙也是教育和知识中心。大的神庙能免费供养学者研修学问，吸引众多学者，成为学术基地。婆罗门上层许多人也相当富有，有的是享有永久赐地的大地主，有的还握有司法、行政权力，在政府部门担任官吏甚至大臣也是常有的事。参与商业的也不在少数，朱罗等南印国家的婆罗门有的投资商业，有的自己就经商，甚至无视教规和种姓制度的戒规，渡海到东南亚国家去经商或定居。这样，婆罗门不仅在精神、文化方面保持特权，而且在经济和政治领域也都成了有势力的特权等级。当然，并不是所有婆罗门都能获得这种地位，只有上层如此。有许多婆罗门陷于贫困，早已从事低级种姓的职业。

刹帝利虽然与婆罗门同属上层种姓，但在婆罗门教时期由于受婆罗门排挤，许多人支持佛教，反对婆罗门的特权地位。8 世纪后出现的新现象是，这个种姓的身价得到确认并进一步提高。在印度诸王国长期征战中，获取了王权或地方统治权的人多是刹帝利，但也有一些是非刹帝利种姓出身的冒险家。后者为了增强自己统治的合法性，通常都求助于婆罗门替他们伪造家谱，把自己的先辈说成是刹帝利种姓。《大唐西域记》讲道，羯若鞠阇国和波里夜呾罗国国王是吠舍种姓，秣底补罗国、信德国国王是首陀罗种姓。可以想见，他们都需要采取这个办法，为自己谋得刹帝利的合法身份。8 世纪后这种情况更为多见。既然那么多人热衷谋得刹帝利身份，就使刹帝利种姓在社会上身价陡增。刹帝利继续垄断大大小小主要官职，还因为得到食邑而成了世俗地主，这也是以往所没有的。

经济地位的一致性使婆罗门和刹帝利结合得更紧密。两者都认识到种姓制与切身利益密切相关，对维护这种制度表现了同样的关心。

吠舍种姓进一步分化。大商人相当富有，住在城市，使用舶来品，过着奢侈的生活。农民地位则日益恶化。由于商人和农民的地位越来越悬殊，也由于大量非雅利安人农民被纳入种姓制框架后成了首陀罗，大约从这一时期起，农民便成了首陀罗瓦尔那的一部分，而吠舍瓦尔那则成了商人的单独种姓。原来吠舍内的雅利安农民很可能也逐渐被视作首陀罗种姓。玄奘去印度时看到的情况就是这样。他记述道："若夫族姓殊者，有四流焉。一曰婆罗门，净行也，守道居贞，洁白自操。二曰刹帝利，王种也，奕世君临，仁恕为志。三曰吠奢，商贾也，贸迁有无，逐利远近。四曰戍陀罗，农人也，肆力畴垄，勤身稼穑。"[①] 吠舍不再包括农民，农民属首陀罗种姓，

① 《大唐西域记》卷第二。

玄奘是第一个记录这种变化的人。

种姓制度的强化表现在对首陀罗变本加厉的歧视上。首陀罗虽然被允许在一定限度内参加宗教生活，但依然不许听诵和学习吠陀，不许进神庙。以往所有关于婚姻、饮食方面的限制不仅原封不动地保留，而且更严格了。以前不能完全实行的，现在都必须实行。玄奘记载道："婚娶通亲，飞伏异路，内外宗枝、姻媾不杂。"[①] 这一时期的法论把高级种姓接受首陀罗食物、与首陀罗同坐一条板凳都说成是玷污。

种姓制度强化的最典型、最集中的表现是对贱民的压迫。贱民人数到这时已经大大扩充。这不仅是因为被征服的土著部落有些还从事狩猎采集，或农耕部落中那些被认为从事不洁职业者被定为贱民，还因为随着种姓制度的严格化，不少被认为违背婚姻戒规的人受到惩罚，所生的子女沦为贱民。贱民不但绝对被禁止参加印度教宗教生活，而且在世俗生活中受到非人待遇。他们仍然只能住在村外，连走路也要避开高级种姓的人，因为连他们的影子投到高级种姓的人身上也被说成是玷污。《大唐西域记》记载道："屠、钓、倡、优、魁脍、除粪，旌厥宅居，斥之邑外，行里往来，僻路于左。"[②] 种姓印度教徒如果因为与他们接触或被其影子投上受到玷污，都要视程度不同举行不同的净身仪式。对贱民的令人难以想象的排斥构成了印度种姓制度最黑暗、最丑陋的一面。

一个人的经济地位、政治地位、阶级地位都可以改变，但种姓地位却不能变，这是种姓制度僵化的最突出的特质，也是它加之于社会流动的桎梏。然而，改善自己地位，也即向上流动的愿望是人性所固有的，低级种姓不会甘心永远处于屈辱地位。怎么才能改变？在没有其他出路的情况下，人们只有寄希望在种姓制度的秩序内，通过传统所容许的途径争取向上流动。这就是"梵化"的道路。

"梵化"的理论是印度社会学家斯里尼瓦斯提出的。[③] 他指的是这样一种现象：许多地位低的亚种姓（贾提）希望改变自己的地位，他们或者宣称自己本来是从事别种职业的，地位较高；或者干脆宣称原来是高级种姓，

---

① 《大唐西域记》卷第二。

② 《大唐西域记》卷第二。

③ M. N. 斯里尼瓦斯：《现代印度的社会变化》，海得拉巴，1966，第 6 页。

只是由于这种或那种原因，才沦为今日的种姓。他们要争取恢复原来的种姓，方法是按照种姓制度规定，模仿该种姓的生活习惯，遵守该种姓的戒规，放弃现有的与该种姓不相符合的生活方式，希望以整个种姓成员的这种自我约束和不懈努力，争得别的种姓承认自己的改变。在种姓制度下，既然个人改变种姓地位的可能性不存在，人们只能谋求以种姓为单位的集体改变。这种情况虽然是在近代以后才大量出现，但古代绝不会没有。从已知的材料看，改变成功的个别例子也是有的，这多半需要别的因素的配合。如因为经济地位上升，在当地比较富有，其改变种姓的努力别人只好承认。但一般来说，这种谋求改变的努力很少能成功地引起向上流动。在多数情况下，不过是在原水平层面上有些许微小的向上的移动，变成了与原贾提多少有别，但仍属于原来瓦尔那的一个新的贾提。在等级森严的种姓制下，任何一个贾提都不愿别的贾提通过移动高于自己，更不用说高级种姓不愿低级种姓闯入他们的特权圈子。所以，不管一个贾提自我梵化多么努力，要想上下左右承认自己的“移动”难而又难，梵化这条道路是很难走通的。然而对低级种姓来说，要改变自己地位还能有什么别的路可走？所以人们仍不放弃，哪怕只有一丝一毫的希望也要坚持努力。一些低级种姓不屈不挠地争取实现梵化，虽然没有希望仍然坚持，这种悲壮的努力成了印度种姓社会十分突出的现象。

种姓制度的强化归根结底是封建关系发展的需要。当越来越多的农民成为私人佃农，和手工业者一起处在宗教和世俗封建主的剥削下时，保持对农民和手工业者的控制、压迫就成了封建主和国家统治者最关心的问题。种姓制度作为一种等级制度，和封建社会阶级划分在大的方面是一致的。封建主多数是婆罗门、刹帝利，而农民、手工业者多为首陀罗和贱民。这样，利用宗教化了的种姓压迫来控制农民、手工业者，把他们保持在从属和受奴役的地位，对封建主来说，不但是最便当的手段，而且有利于掩盖封建剥削的真面目。种姓压迫成了封建阶级压迫的支柱和补充，它本身也成了封建社会制度的一个组成部分。

七　教育和文学艺术

古代印度并没有今天这种学校，传授知识最初是通过个别传承，即跟婆罗门和佛教僧人学习。受教育者限于婆罗门、刹帝利、吠舍种姓的子弟。学习内容主要是宗教典籍、文法、算术等。

后来，有些佛教寺院向年轻僧人集中传授知识，也接受外来僧人住寺听讲，接受非僧人“学生”住寺学习。这样就形成了寺院教育中心。教育内容以宗教典籍为主，也包括部分世俗知识课程。那烂陀寺就是最著名的佛教教育中心。“寺内讲座，日百余所”，不同学术观点都可以在这里开讲和辩论，只有真正的“俊才高学”才能受到敬重。《大唐西域记》对那烂陀寺活跃的学术辩论气氛有一段生动的记述：“故异域学人，欲驰声问，咸来稽疑，方流雅誉。是以窃名而游，咸得礼重。殊方异域，欲入谈议，门者诘难，多屈而还，学深今古，乃得入焉。于是客游后进，详论艺能，其退飞者，固十七八矣。二三博物，众中次诘，莫不挫其锐，颓其名。”[①] 比哈尔的飞行寺、超岩寺也是有名的教育中心。在西印度的伐腊毗、南印度的建志，都有这样办教育的寺院。

印度教兴建庙宇后，也建立了附属于庙宇的教育机构。商羯罗建立的四座神庙都是教育中心。在其他地区，也有不少神庙兼办学校。

无论是佛教寺院还是印度教神庙的教育活动，通常都得到所在国家国王的支持。国王们封赠土地，捐助钱财，供作教育经费。

由于不同寺院、神庙属于不同派别，传授的知识限于本派经典，有局限性，故欲深入求知识者，常常是在一个寺院或神庙学习后，再去别的寺院或神庙，向更多派别的高僧求教。这成为一种传统，被认为是达到知识完善的必经途径。这种办法不但使参学者的学识得到提高，也起了促进各地交流、在宗教文化上加强次大陆的统一趋向的作用。

在语言方面，这一时期最重要的发展是现代地区语言的形成。10 世纪前后，多数地区语言趋向定型，其文字字体多采用天城体（婆罗米字体多次演变而成）。这是一个漫长的发展过程。雅利安人进入印度后，在不同地区形成不同俗语。又经过很多年，由于和地方原居民的广泛接触，俗语又有变化，逐渐形成了不同地区的地区语言。主要有印地语、旁遮普语、比哈尔语、孟加拉语、奥里雅语、古吉拉特语、马拉特语、阿萨姆语、克什米尔语、信德语等，其中印地语使用地区较广。同样的过程也发生在南印

---

① 《大唐西域记》卷第九。

度。南印达罗毗荼语族通用的泰米尔语，经过一个长时期的演化，在不同地区也形成有相当差别的地区语言：泰米尔语、泰卢固语、马拉雅兰语和卡纳达语。语言的这种演化，无论在北印还是南印，都是自发的过程，但人为的促进因素也不能完全否认。例如，在虔诚派的宣传鼓动中，印度教圣人在南印各地用地方语言宣讲和写作诗歌，就对地区语言的形成和传播起了重要作用。耆那教僧侣在西海岸用古吉拉特语传教对古吉拉特语的最后形成同样起了重要作用。当地区语言逐渐定型后，许多地区性王国的统治者便以该地区的语言作为宫廷语言，以取代梵语。其目的是把地区王国的统治建立在更牢固的地区根基上。这一行动使地区语言获得官方语言身份，更促进了它在本地区的流行。

地区语言的形成是10世纪印度社会文化领域最重大的变化。其影响是两方面的。一方面，它表明不同地区文化都得到了发展，并将因地区语言的形成而得到更大的发展，水平上的地区差别将会缩小；另一方面，地区语言的形成使文化活动地区化，后者又使已经存在的政治、经济活动地区化的倾向得到加强，为印度走向统一增添了困难。印度教文化是促进印度文化统一的重要因素，但它在文化活动地区化的倾向面前也无能为力。它只能包容、影响地区文化，不能取代、合并它们。统一的印度教文化与各地区的地方文化并存，是形成印度文化特色——统一中的多元（或多元统一）的最主要的因素。

在地区语言文学兴起之前，梵语文学继续有很大发展；地区语言文学兴起后，梵语文学趋于衰落。主要原因是梵语并非民间使用语言，梵语文学作品流行范围受到很大限制。8~12世纪，梵语文学的代表作者及其代表作品，属于史诗、传记方面的有毗尔诃纳的《遮娄其王传》、迦乐诃纳的《王河》、巴纳的《戒日王传》等。《遮娄其王传》讲西遮娄其国家的历史；《王河》讲克什米尔的历史，记载较为真实，文笔简朴生动；《戒日王传》提供了戒日王的重要史料，但它主要是文学性传记，夸张、渲染的色彩较浓。属于戏剧方面的，有毗舍佉达多的《指环印》、婆吒·那罗延的《结髻记》、薄婆菩提的《茉莉和青春》《大雄传》《罗摩传后篇》等。《罗摩传后篇》是以《罗摩衍那》的主人公故事内容为素材加以改编的，写罗摩休妻后认识到错误，与悉多破镜重圆，含有突破封建道德观念的思想，被认为是梵剧后期的优秀作品。据说戒日王也写了三个剧本——《妙容传》、《璎路传》和《龙喜记》，但有的学者不认为真的是他本人所写。属于故事方面的有：《五卷书》，相传为苏纽舍里曼编，实非出自一人之手，这是故事集，主要讲治国处世之道，采用故事中套故事的叙事方法，在世界故事文学中占有重要地位；苏摩提婆的《故事海》，是德富用毗舍遮语（温德亚山脉一带流行）写的《故事广记》的梵语改写本，有300多个故事。属于小说方面的有苏般度的《仙赐传》，巴纳的《迦丹波利》，檀丁的《十王子传》等。檀丁是帕拉瓦时期的小说家，又是文艺理论家，著有《诗镜》。梵语文学无论是诗、戏剧、小说，在迦梨陀娑之后都有流于程式化的倾向，用词雕琢堆砌，内容因袭模仿。这也是梵语文学衰落的内在原因。

大约10世纪后，各种地区语言文学逐渐兴起。印地语、孟加拉语、马拉特语、泰卢固语先后有了自己的文学作品。但总的来说，此时尚处于幼年时期，文学水平还不高。

建筑艺术这一时期有新的发展。一些王朝的宫廷建筑已相当壮观，有些文学作品对此做了描绘，如说到有多柱的大殿、多层的建筑，但没有留下任何遗址。这一时期建筑方面的另一重要发展是大量的印度教神庙的建造，北方南方都有。此时建造的神庙已不像早期建造的四方形平顶神庙那样简朴和结构单一，而是复杂的甚至气势磅礴的建筑物。较著名的有北印的卡久拉霍庙群、奥里萨湿婆庙、科纳拉克太阳神庙，南印的凯拉什纳特庙、巴达米石窟庙、马默拉普拉姆的七塔庙、布里哈迪斯瓦拉湿婆庙、霍伊萨利斯伐拉庙等。总的特点是均为石质大型建筑，气势恢宏，常常是建筑群，有高大的尖塔或主建筑作为标志，建筑体上有密密麻麻的精美雕刻。建筑形态各有特点，有的在主神殿之上建多层高塔，越往上越小，顶端有瓶状的或球形的塔顶，塔之前有大殿，供举行仪式用；有的寺院有多座塔体结构，连成塔群，整体看错落有致，宛如一座起伏跌宕的小山；有的寺庙无塔体，主要由殿堂组成，殿堂主次分明，主殿有宏伟的大石柱，雕刻华美；有的寺庙是沿山开凿的石窟群，或以整个石质山体为材料凿出的整座石庙；还有的有特殊形状，如科纳拉克太阳神庙就建造成太阳神苏利耶的战车形状，庙的主体坐落在一个平台上，平台两边各雕有12个车轮，庙的入口处是7匹飞奔的战马，象征拉着战车驰骋。这些建筑处在不同地区，代表不同地区的风格，无论从建筑学的角度、从雕刻美学的角度，都堪称世界的建筑瑰宝。各寺庙建筑物中都设有主神殿，供奉的印度教神祇以毗湿奴或湿婆两大主神之一为主，也有一些其他神包括女神。

图 8-3　卡久拉霍神庙

图 8-4　战车形状的太阳神庙

雕刻艺术这一时期有新的变化。神像的雕刻或铸造（用青铜）相当精美。各神庙的塔身、门楣等建筑物上都有精美的雕刻，其内容不仅有大史诗、往世书等宗教历史故事，也有反映世俗生活和爱情的故事，卡久拉霍等神庙还有大量表现男女性爱的雕刻。从技巧来说，人物的刻画比过去生动、细腻、传神，情景的布局多种多样。不过，这一时期雕刻风格无论印度教还是佛教艺术总的趋势都是从古典主义发展到矫饰主义，即追求浮华、新奇，画面上添加过多的装饰，破坏了古典主义的宁静、单纯。再往后，矫饰主义发展成巴洛克风格，这种风格到10世纪已风靡全印。其特点是用各种繁缛的装饰衬托画面主要人物，突出地反映了一种追求浮夸的审美情趣。如奥里萨12世纪一座恒河女神像，全身从头到脚珠光宝气，在其身后，还有成串的珍宝悬在空中。又如一尊孟加拉出土的12世纪的佛陀像，头戴宝冠，佩着大耳环、项圈和脚镯，俨然一副纨绔子弟的派头。到13世纪，追求繁缛装饰达到顶点，珠宝、花卉、动植物的装饰甚至比人物还突出，人物却湮没在五光十色的图案之中。这种变化与印度社会封建化是有联系的。封建主积累了大量财富，一味追求享乐，这种情趣影响了雕刻艺术。雕像成了显示财富的手

图 8-5　卡久拉霍庙石雕

图 8-6　穆克提斯瓦尔庙

段，似乎佩戴的金银珠宝越多就越高贵。其结果不可避免地是庸俗代替了典雅，浮华代替了素朴，雕刻艺术失去了生气。①

图 8-7 布巴内斯瓦尔庙石雕

八 南北文化融合与并存

雅利安人在北印形成的雅利安文化（吸收了原来土著居民的某些文化特点）早就渗透到南印，对达罗毗荼文化的形成和发展产生了很大影响。随着南北方接触的增多，雅利安文化与达罗毗荼文化进一步互相影响，并达到一定程度的融合。

达罗毗荼文化是在有了自己的文字后最终形成的。它受北印雅利安文化较大影响是在帕拉瓦王国时期。西德干诸王国是南北文化交流的桥梁。不过一定程度融合主要是发生在泰米尔人上层社会，在下层社会中，仍然保持着较强的达罗毗荼文化传统。

雅利安文化与达罗毗荼文化既融合又并存，这种现象在许多方面都表现出来。例如帕拉瓦早期（建志地方王朝时期）的铭文是用俗语写的，后改用梵文，再后是泰米尔文和梵文并用。8 世纪国王南迪跋摩命令颁发的一

① 这一时期印度雕刻艺术的发展趋向见查尔斯·法布里《印度雕刻》，第 21~27 页。

份授地文书很典型。它以一段对国王的梵文颂辞开始，随后是用泰米尔语写的授地细节，最后以一首梵文诗结尾。授地细节用泰米尔语而不是用梵文书写，这点值得注意。它表明上层统治者虽以使用梵文来显示宫廷文书的庄重，但授地书是晓谕百姓的，只有用泰米尔语书写才能使百姓明了。帕拉瓦早期统治者实行一系列吠陀祭祀，包括马祭。国王分发黄金给他的臣属，还分给耕牛和犁具，鼓励开荒。这都是上层接受雅利安文化的体现。国王摩晒陀跋摩一世（600~630年在位）积极保护和发展泰米尔文化，但对雅利安文化也是鼓励和吸收的，他先是接受了耆那教，后皈依印度教。在他统治下，修建了最好的泰米尔石窟寺庙，包括著名的摩诃巴利普拉姆庙。他给婆罗门以最高地位并大量赏赐土地。印度教寺庙成了教育中心，梵文成了主要教育媒介和宫廷语言。

然而在民间，不是梵语而是俗语继续广泛使用，并以此为基础，逐渐形成地区性语言——泰米尔语、卡纳达语、泰卢固语和马拉雅兰语（达罗毗荼语根，吸收了梵文语词）。泰米尔语、卡纳达语较早出现自己的文学作品。留下的泰米尔文史诗《脚镯记》和《玛尼梅格莱》的体裁类似梵文作品，但文字较朴实，没有当时梵语文学普遍出现的过分修饰倾向，说明虽受梵语文学影响但保持了自己的风格。卡纳达语早期的文学作品没有流传下来。7世纪西遮娄其一位国王在其铭文中说，卡纳达语是本地的俗语即自然语言，梵语是文化语言。这说明梵语文学限于上层，普通人民喜爱他们的自然语言。

泰米尔文化在南印保持长盛不衰还与泰米尔民间的虔诚派运动有一定关系。北方来的婆罗门是吠陀传统的保持者，得到南印国王们的支持，因为这有利于提高他们的地位。当王室倾心于举行吠陀仪式时，在民间，虔诚派运动作为一种反主流倾向的运动兴起。虔诚派圣人不是用梵语，而是用民众熟悉的泰米尔语讲道和写作颂诗，有力地巩固了泰米尔语的地位。不仅如此，虔诚派运动有许多不同于印度教主流的地方。如印度教圣人无例外地都是婆罗门，虔诚派圣人有少数是婆罗门，大多数是低级种姓的人；主流派对低级种姓掌握宗教知识持排斥态度，甚至要加以惩罚，虔诚派反对种姓歧视，呼吁广大下层人民，也即低级种姓的人都来参与宗教活动；主流派对妇女是歧视的，妇女参加宗教活动受到限制，虔诚派主张男女在宗教上平等，欢迎广大妇女参加。而且虔诚派圣人中就有女性，如安达尔，她自称是毗湿奴宠爱的人。这样，虔诚派的活动既有传播雅利安文化的一面，又有普通群众对雅利安文化的某些内容抗拒的一面。这后一面起了维护泰米尔文化个性的作用。婆罗门的主流派得到国王、富商的支持，财源充足，而虔诚派没有这种支持和力量，因而它的发展受到限制。不过经过虔诚派运动的推动，泰米尔文化在群众中扎根更深，不仅文学作品越来越多地涌现，流行的宗教颂诗和音乐也流传下来，成了寺庙仪式的一部分。连主流派也不得不做出妥协，大量的地方神甚至圣人的偶像都进了印度教神庙。

雅利安人文化渗入南印，与当地文化有交融的一面，有并立的一面。有些模式、制度、思想被吸收了，另一些则被排斥或修改。有些起了催化剂作用，促进了新的思想、形式的创立。南印泰米尔文化是全印文化的一部分，但始终带有自己鲜明的特色。

九 阿拉伯人和突厥人的入侵

随着伊斯兰教兴起，7 世纪末至 8 世纪上半期阿拉伯人在西亚、北非建立起一个伊斯兰大帝国。阿拉伯人的扩张也到了印度。早在 636 年，伊斯兰教第二任哈里发欧麦尔就派海军进攻印度西海岸的塔纳（今孟买以北），未能得逞。644 年又派军队从陆路穿过莫克兰海岸进攻信德西部边陲，也遭失败。此后几十年，阿拉伯人继续不断地试图从海路和陆路发动进攻，都没有结果。阿拉伯人侵略不仅为了扩大统治地区，也为了传播伊斯兰教，两者是结合在一起的。

阿拉伯人来印度沿海经商早已有之，一个伊斯兰国家对印度实行武力侵略这是首次。印度历史上屡遭外族的侵袭，从这时起，来自西亚和中亚的伊斯兰国家接二连三的侵袭和征服成了主要威胁。

阿拉伯人首先进攻信德是因为阿拉伯帝国版图已扩展到伊朗，与信德毗邻；阿拉伯商人常来这里经商，对这里情况比较熟悉。信德此时有一个印度教王国，国王叫达希尔，以阿洛尔为都城，但国力不强。661 年摩阿维亚即位为哈里发，定都大马士革，开始倭马亚王朝统治。倭马亚王朝东部省省督哈加吉一直在为侵略信德做准备。711 年，借口一艘海船被劫，哈加吉派穆罕默德-宾-卡西姆率军从陆路征伐信德。在莫克兰又得到增援，军队扩大到 5 万人。712 年春，穆罕默德-宾-卡西姆的军队攻占了德巴尔港，然后，渡过印度河，在拉瓦尔打败信德的军队，国王达希尔战死，阿洛尔被占领。713 年阿拉伯军队进攻木尔坦，当地军队抵抗两个月后失败。这样，信德和木尔坦就被阿拉伯人占领。

阿拉伯人能够征服信德，是因为信德在印度北路贸易衰落后经济凋敝，军事软弱，内部又充满矛盾。佛教徒、耆那教徒对达希尔倚重印度教的宗教政策不满，贾特、梅德等种姓不满高级种姓的欺压，他们中许多人不但不支持达希尔，反而帮助阿拉伯人。此外，阿拉伯人的兵力超过信德所能集中的兵力，武器、战术也胜过信德。此时的印度处于戒日王之后的分裂时期，没有哪个国家帮助信德抵抗侵略。

阿拉伯人征服信德是伊斯兰世界第一次把其统治权扩展到印度，这是外来的穆斯林第一次在印度建立政权，不过其侵占的地区还局限于印度河下游及木尔坦一隅。

信德成了阿拉伯帝国的一个新的省份。阿拉伯征服者做了如下规定：居民要改宗伊斯兰教，拆除印度教和佛教寺庙，强迫印度教徒缴纳人头税。在政权稳定后，实行的强迫政策稍为放宽，允许印度教、佛教寺庙保留。阿拉伯人建立了一套军事行政体制，各级都设军事长官治理。大片土地被分封给阿拉伯官兵，作为军事采邑（叫伊克塔，领有者叫伊克塔达尔）。采邑上的村社农民应把原缴纳给国家的地税缴给伊克塔达尔，税率为总产量的 1/4~2/3。印度教上层也有些人被吸收参加行政管理机构，但不过是做点缀而已。

阿拉伯人力图继续扩大征服。他们进攻卡提阿瓦、古吉拉特、拉其普他那，但都被普罗蒂诃罗、拉喜特拉库特等国家击退。阿拉伯帝国内部的政治变动（750 年阿拔斯篡权，建立阿拔斯王朝）也妨碍了他们实行扩张计划。阿拉伯统治势力在信德和木尔坦不久就都发生内部分裂。997 年，属于伊斯兰教伊斯迈尔派的势力攻占木尔坦，随后，信德也被伊斯迈尔派统治。普罗蒂诃罗和拉喜特拉库特两国都是比较强大的国家，按说他们是有能力把阿拉伯人赶走，收复信德和木尔坦的。但当时两者都忙于争夺北印霸权，顾不上那里；再则，它们对阿拉伯人占领信德和木尔坦并不重视，认为赶走阿拉伯人并不困难，但它们争夺北印一直没有停手，致使阿拉伯人得以在信德、木尔坦维持统治达 3 个世纪之久。阿拉伯人在这两地建立的政权是后来被从阿富汗斯坦入侵印度的突厥人灭亡的。

阿拉伯人的入侵使伊斯兰教开始传入印度，一部分印度人改宗了伊斯兰教。但由于他们的统治范围有限，对整个印度的影响也是有限的。不过，他们的征服对促进印度与世界的思想文化交流起了一定作用。印度的宗教、哲学、医学、数学、天文学等方面的知识和成就被阿拉伯人带回本国，又传播到欧洲，对世界文明的发展有重要影响。

真正对印度全局产生重大影响的穆斯林入侵，是发生在11~12世纪的中亚和阿富汗斯坦的突厥人的多批次入侵。突厥人此前已成为伊斯兰教信仰者。他们的入侵最初以掠夺财富为主，逐渐发展到侵占领土，最终至13世纪初德里苏丹国在印度建立和统治印度4个多世纪。德里苏丹国势力最强盛时领土几乎包括整个北印度和南印度的一部分地区。

在海路交通不甚发达的古代印度，对外的通道主要是陆路，即西北的山隘关口，从那里通向阿富汗斯坦、伊朗和中亚。阿富汗斯坦、伊朗和中亚政局变化频繁，各种势力此伏彼起，常常会驱使原在那里统治的某支势力或冒险家入侵印度，劫掠富庶的次大陆的财富，或者侵占其领土。这样，南亚次大陆的命运就不可避免地受到阿富汗斯坦和中亚政局变动的直接影响。

962年，中亚萨曼王朝呼罗珊总督，突厥人冒险家阿尔普提真因参与王位斗争失败，在阿富汗斯坦的伽兹尼自立为王，建立了伽兹尼国家，信奉伊斯兰教。到沙巴提真为王时，积极向外扩张。986~987年开始侵犯南亚次大陆西北边陲的沙希国家，遭到抵抗，但终于迫使其国王阿南达帕拉割让部分领土，并缴纳沉重的贡赋。997年沙巴提真去世，998年其子马茂德从弟弟手里夺取王位。

马茂德即位后，从1000年起，大举入侵印度。由于他在阿富汗斯坦和中亚的帝国已十分庞大，他入侵的主要目的是掠夺财富，扩大领土仅限于部分地区（旁遮普、信德、木尔坦等）。

1000~1027年，他征伐印度至少有12次（有的学者说有17次），最远深入卡瑙季、瓜辽尔、卡提阿瓦，每次都大肆劫掠，满载金银财宝而归。沙希国王一直奋力抵抗，一度还得到拉其普特一些王公的支援，但终究无法阻挡马茂德的攻势。这时，北印度是四分五裂的，在北印争霸的较大国家普罗蒂诃罗已瓦解，在其废墟上出现的一批小国忙于相互征战。虽然有些国家对入侵者也做了抵抗，但都是各自为战，缺乏联合行动。加之突厥人的军队以骑兵为主，总是在农作物收获季节来攻，无须携带军需辎重，作战机动灵活，因此，所有抵抗都失败。马茂德所到之处，金银珠宝被抢劫一空，不能抢走的常常被付之一炬。许多繁荣的城市被严重破坏，寺院庙宇顿成废墟。如马土腊是佛教和印度教圣地，有庙宇千余座，许多神像是用包括金银在内的材料塑成，里面装满珠宝。马茂德掠夺这个城市 20 天，运走或捣毁了所有神像，破坏了所有庙宇。又如 1009 年攻占纳伽尔科特堡后，劫走 700 万金第纳尔、700 芒特金银片、200 芒特金块、200 芒特散金和 20 芒特珠宝。卡瑙季是普罗蒂诃罗都城，成千上万的庙宇被洗劫一空。从这里运走的财宝加上归途所劫共值 300 万迪哈姆[①]。此外，还掠走 350 头大象，抓去 55000 人在喀布尔卖为奴隶。又如卡提阿瓦海岸的索姆纳特神庙是当时印度最富有的庙宇，有 1000 位婆罗门、500 名舞女，每天香客数十万人，拥有数以千计村庄的收入。庙中大钟以黄金做链子，柱子镶满宝石，帷幔嵌绣着珍珠，神像内装满香客奉献的宝石。所有这些 1025 年都被马茂德劫走或破坏。印度教徒为了阻止掠夺和破坏庙宇做了殊死的抵抗，被杀者甚众。1027 年马茂德最后一次入侵。这次是为了惩罚贾特人，因为他在运回索姆纳特庙虏获物的途程中遇到贾特人的袭击。贾特村镇被劫掠，男人大批被屠杀，妇女儿童沦为奴隶。马茂德的野蛮掠夺给北印度带来的破坏无法估量。

马茂德每次来犯都能长驱直入，所向无敌，表明了分裂的印度无力自卫。马茂德征服了沙希国家（1026），从伊斯迈尔派手里夺取了阿拉伯人占领的木尔坦（1008）和信德（1026），把这些地区兼并，作为深入侵略的基地。伽兹尼统治者在这些地区的统治持续了大约 200 年，许多印度教徒被迫改宗了伊斯兰教。旁遮普等地被马茂德长期占领，等于建立了进一步入侵印度的前沿阵地，为随后的穆斯林入侵者打开了前进的大门。

1030 年马茂德死去，伽兹尼国势衰落。这时，原为伽兹尼藩属的古尔王公崛起。古尔王公家族也是突厥人，信奉伊斯兰教。11 世纪初，这个家族就开始向外扩张。1173~1174 年征服了伽兹尼，建立了古尔王朝，定都古尔。这时国王是吉雅斯－乌德－丁·穆罕默德，他任命弟弟穆伊兹－乌德－丁·穆罕默德（文献上通常称他为穆罕默德·古尔）为伽兹尼省督。1175

---

① 迪哈姆为银币，8 世纪后发行。

年穆罕默德・古尔开始远征印度。中止了 140 多年的突厥穆斯林入侵又开始了，尽管换了主人。

和马茂德不同，古尔的入侵以征服领土为目的。这时在古尔国家的西邻波斯，花剌子模势力兴起，挡住了他向西扩张的通途。这是他把侵略矛头转向印度的原因之一。他的军队主要由突厥人、波斯人、阿富汗人组成，阿富汗人居多。

1175 年，穆罕默德・古尔攻占木尔坦（马茂德死后，伊斯迈尔派恢复了在这里的统治）。1178 年进攻古吉拉特，打算从西部侵入印度。古吉拉特和卡提阿瓦此时属恰鲁其统治，都城在安希尔瓦达。恰鲁其打败了穆罕默德・古尔，使之不得不改变计划，决定从传统的旁遮普路线进攻。旁遮普这时依然处在伽兹尼王朝后裔的统治下，首府在拉合尔。穆罕默德・古尔 1179 年开始进攻，到 1186 年占领了包括拉合尔在内的其全部领土。在这期间，1182 年占领了信德（马茂德死后，一个拉其普特家族在这里自立为王）。这样，穆罕默德・古尔的前锋就抵达印度斯坦。

印度斯坦此时存在一批主要由拉其普特人统治的国家。它们是乔汉（在阿季米尔）、加哈达瓦纳（在卡瑙季）、帕尔马拉（在马尔华）、昌德拉（在本德尔坎德）、卡拉乔瑞（在今贾巴浦尔附近）、恰鲁其（在古吉拉特）、图马尔（在德里）等。前三者力量稍强。这些国家大多处在彼此不断的战争中。如乔汉逐步把自己的领土扩张到古吉拉特，又占领德里和旁遮普部分地区，这使它和加哈达瓦纳发生了冲突。正是这些冲突使拉其普特诸王公不能联合起来把伽兹尼的后裔从旁遮普赶走。

穆罕默德・古尔侵入印度后，情况如旧。当他率领大军从旁遮普南下时，首当其冲的是统治德里和阿季米尔地区的乔汉。此时乔汉的国王是普里色毗罗阇三世。此前，他一直和周围的昌德拉、加哈达瓦纳、恰鲁其作战，所以，这三个国家在它面临强敌侵略的关键时刻，没有一个前来助战。普里色毗罗阇三世动员全部力量起来抗敌，也得到另一些拉其普特王公的援助，1190~1191 年在德里附近的塔莱战役中取得胜利，穆罕默德・古尔受伤逃走。1192 年穆罕默德・古尔再率 12 万大军前来征伐。在第二次塔莱战役中，乔汉的军队遭到惨败，普里色毗罗阇三世被俘，后被杀害。穆罕默德・古尔占领了德里。德里地处印度斯坦咽喉，这一战役的胜利不但为穆罕默德・古尔征服北印度奠定了基石，也严重动摇了其他国家抵抗穆罕默德·古尔的信心。1194年当加哈达瓦纳（都卡瑙季）国王伽耶旃陀罗面对穆罕默德·古尔5万大军的进攻时，他认识到当初不援助乔汉，现在该自食苦果了。伽耶旃陀罗孤军奋战，在朱木拿河岸昌德瓦尔的决定性战役中，被打得一败涂地，他本人也战死沙场。穆罕默德·古尔乘胜进军，占领贝拿勒斯。在这座圣城，大量印度教、佛教庙宇被拆毁，在其上建立了清真寺。掠夺的财宝被运回伽兹尼，仅骆驼就足足用了14000匹。此时，北印已没有任何国家可以和穆罕默德·古尔抗衡了。

1195年穆罕默德·古尔又进军瓜辽尔，迫使其统治者接受古尔国家的宗主权。穆罕默德·古尔征服印度是时来时去。他不在印度时，所征服领地交给其部将库特卜-乌德-丁·埃贝克管理。后者作为总督奉命不仅要巩固对所管辖地区的占领，还要伺机扩大征服。本德尔坎德就是被埃贝克征服的（1202~1203），那里的昌德拉国王帕拉马拉德瓦做了坚决抵抗，直到战死。埃贝克还征服了其他许多地区，至此，北、中印度所有拉其普特人统治的国家都被征服。

对比哈尔、孟加拉的征服是由一个冒险家伊克提亚尔-乌德-丁·穆罕默德·宾·巴克提亚尔完成的，他是驻奥德的一个军官。1197年袭击了比哈尔要塞奥达塔普尔，劫掠了大量财宝。这里有著名的佛教寺院飞行寺，数千名佛教僧侣被杀，寺院被破坏。这个意外成功使他野心猛烈膨胀。1202~1203年，他连续攻占那烂陀寺、超岩寺，劫掠并毁坏了这两座印度最著名的佛教寺院，许多僧侣逃亡他地。东印度是印度佛教最后保留的阵地，经此劫难，佛教在印度完全消亡。当时，孟加拉的森纳国都城在纳迪亚，国王是拉克什马拉·森纳。对于可能的入侵，他完全没有准备。1204~1205年，伊克提亚尔带领18人的小分队，乔装成贩马人，混入都城，突袭王宫。国王未弄明真相便仓皇出逃。伊克提亚尔的军队随后赶到，占领纳迪亚，并乘势向都城以外地区进攻，占领了孟加拉西南地区。这一冒险的成功使埃贝克惊喜不已。为奖励伊克提亚尔，埃贝克任命他为孟加拉省省督。伊克提亚尔得意忘形，又策划了更大的冒险。他率军沿布拉马普特拉河深入阿萨姆，探索进攻西藏的可能性。因队伍过于疲惫，不得不中途折返。回程中遭阿萨姆军队追击，损失惨重，他本人也被部下刺杀。不过他征服的比哈尔和孟加拉部分领土还是被保留下来。

1202年，古尔国王吉雅斯病逝，穆罕默德·古尔继承王位。1205年，西旁遮普部落民科卡尔人起来反对占领者，并试图进占拉合尔。穆罕默德·古尔急率大军前来镇压。1206 年 3 月 15 日，在稳定局面后回国途中，他遭到行刺，死于印度河岸的达姆雅克。刺客为谁，一直不得知晓。有学者推测为科卡尔人，也有人认为可能是伊斯迈尔派狂热分子。

穆罕默德·古尔对北印度的征服为随后德里苏丹国的建立奠定了基础。北印度在 30 年的时间内就被征服的主要原因如下：第一，政治上的分裂。小国林立，彼此征战不休，大敌当前，也不能团结一致，共同抵御入侵者。这种分裂是与封建主义的发展密切联系在一起的，这在以层层分封为特点的拉其普特社会中表现得特别明显，而北印度的主要国家正是由拉其普特人建立和统治的。

第二，印度社会的种姓压迫造成了社会的严重分裂，这就使整个社会缺乏应有的内聚力。在外来侵略面前，要实行全国力量的有效动员是不可能的，统治者也不会这样做。

第三，突厥军队当时在武器、军事组织和战术的运用上比印度军队优越。突厥军队领导统一，指挥统一，拉其普特军队则是建立在封建军事组织的基础上；突厥军队骑兵力量强，机动灵活，拉其普特则依靠不太灵便的战象；突厥军队善突袭，拉其普特则不能；突厥军队一直取攻势，拉其普特只知防守，不善于外线进攻；突厥军队多骏马，拉其普特军队的战马体质羸弱。更重要的是，拉其普特诸国是各自为战，兵力分散，突厥人则能集中兵力，以多对少，逐个击破。穆罕默德·古尔对接受其宗主权的王公国家，只在一些要塞驻军戍守，并不改变他们的统治地位，一般也不干预其内政。这种较灵活的政治手段使印度教王公易于就范，减少了征服阻力。

第九章

德里苏丹国时期

一　德里苏丹国的王朝变迁（上）

穆罕默德·古尔被害后，古尔帝国立即解体。由于他没有子嗣，他的侄儿和几个权大势重的部属各霸一方，自立为王。库特卜-乌德-丁·埃贝克被拉合尔一批军事贵族推选为穆罕默德在印度的领地的苏丹。这样，从1206年起，突厥人就在北印度建立了一个独立的穆斯林统治的国家，在继续对周边地区进行征服后，在卡尔吉王朝和图格卢克王朝统治时，一度发展成为全印性的大帝国。从“奴隶王朝”的伊勒图特米什苏丹统治时起，都城迁至德里，德里苏丹国即由此得名。

德里苏丹国共统治320年（1206~1526），前后有5个王朝。

“奴隶王朝”

第一个王朝史称“奴隶王朝”，从1206年到1290年，共统治84年。之所以叫“奴隶王朝”，是因为它的第一任苏丹库特卜-乌德-丁和此后两位苏丹伊勒图特米什、巴勒班曾是奴隶。但这个叫法是不准确的，因为这个王朝11任苏丹中曾是奴隶的只有他们三人，而且这三人在任苏丹前都已被解除了或事实上解除了奴隶身份（库特卜-乌德-丁1208年才得到正式解除奴隶身份的文书）。

库特卜-乌德-丁·埃贝克原为中亚一个突厥家族的后裔，被辗转卖给穆罕默德·古尔当奴隶。他才能出众，受到宠信和重用。穆罕默德带他南侵印度，让他指挥军队打仗，甚至把管理印度领地的重任委托给他，又授予他“马利克”称号。库特卜-乌德-丁在长期征战中培植了一批亲信，在军队中树立了威望，因此在穆罕默德去世后被贵族拥立为苏丹。

在他统治的时期，国内的任务是努力使那些素来高傲的突厥贵族承认他这个昔日奴隶在新建立国家中的领导地位，他做到了这点；其次，是花费很多精力镇压一些地区拉其普特国家的继续抵抗和努力设法使被征服的孟加拉和比哈尔保持安定。就外部形势而言，穆罕默德·古尔去世后另两个自立为王的总督伊勒迪兹（统治阿富汗斯坦至上信德）和库巴恰（统治乌奇和木尔坦）都对北印度抱有野心，特别是前者，他在占领伽兹尼后，宣称自己是古尔帝国的正统继承人，所有穆罕默德·古尔征服的土地包括北印度都属他的统辖范围，都要接受他的统治。这是库特卜-乌德-丁·埃贝克最为关注的事情，所以他在被拥立为印度的苏丹后，大部分时间仍住在拉合尔应对这个威胁。他宣布不承认伊勒迪兹的非法要求，决心切断与伽兹尼的任何政治联系，以维护在印度建立的独立国家。伊勒迪兹率军对旁遮普发动进攻，被他赶了回去，他甚至一度占领了伽兹尼。

埃贝克在位时间不长，1210 年就去世了。虽然没有来得及扩大疆土和创造显赫政绩，但他作为突厥人在印度建立的苏丹国的奠基人，其历史地位是得到普遍承认的。

他去世后，拉合尔的贵族立即宣布由他的儿子阿拉姆继承王位，阿拉姆当时在拉合尔，但德里贵族和高官们不承认。有人质疑阿拉姆身份的真实性，说埃贝克只有女儿没有儿子；有人认为他才能平庸；更主要的是，德里的贵族、高官不希望大权旁落，他们决定拥立库特卜-乌德-丁的女婿、当时任巴道恩总督的伊勒图特米什继任苏丹，随即迎接他来德里。

伊勒图特米什是突厥人，出生在中亚一个部落，幼年被卖为奴，辗转来到德里，被转卖给库特卜-乌德-丁。他因才能出众，深得主人宠信，被解除了奴隶身份，委以重任，并以女儿许配。即位（1211）后，打败了率军来讨伐的阿拉姆并杀了他。即位初的一段时期，政局动荡不定。当时面临的问题，一是伽兹尼统治者伊勒迪兹和乌奇统治者库巴恰继续声称自己对北印度拥有统治权，不断派兵侵犯旁遮普，要以武力抢夺地盘；二是来自西北方的蒙古人入侵的威胁，1221 年在对外扩张中所向披靡的成吉思汗亲自率领军队追击花剌子模残部，出现在印度河彼岸，对印度斯坦构成严重威胁；三是孟加拉省省督阿利·马尔丹汗 1211 年在拉克瑙提自立为王，他被贵族谋杀后，胡沙姆-乌德-丁·伊瓦兹在孟加拉、比哈尔建立了自己的统治，自称吉亚斯-乌德-丁苏丹；四是被征服的拉其普特诸王公有许多重占失地，宣布独立，河间区的巴道恩、卡瑙季、卡特哈尔、贝拿勒斯等的王公也不断反叛，有些宣布独立。面对这么多的威胁，伊勒图特米什沉着应对，处理有方。他励精图治，首先巩固了自己对朝廷的控制，然后率领军队彻底打败了伊勒迪兹和库巴恰，解除了对旁遮普的威胁。他又征伐宣布独立的乔汉、帕尔马拉、贾洛尔、巴亚纳、阿季米尔、坦吉尔、瓜辽尔、卡林加等拉其普特王公，重新占领那些地区；河间区反叛的诸王公也被镇压。又远征孟加拉，打败了自封的苏丹吉亚斯-乌德-丁，后者不久又反叛，被彻底镇压。

1221年，蒙古人在西北边境的出现对德里苏丹国来说威胁最大。成吉思汗是在征服了西亚的花剌子模后亲自率领蒙古大军出现在印度河对岸的。德里的统治者早已听说蒙古骑兵所向无敌，得到成吉思汗就要渡过印度河的消息着实吃惊。当探听到其主要目标是追击要来印度避难的花剌子模王位继承人贾拉-乌德-丁·蒙巴里后，伊勒图特米什采取灵活的外交手段，拒绝了贾拉-乌德-丁·蒙巴里的避难请求，从而避免了一次极有可能令他无力抵抗的蒙古军队的进攻。不过成吉思汗虽然离开了，而蒙古军队并没有远去，对德里苏丹国的威胁并没有根本解除。

伊勒图特米什的上述这些行动，使德里苏丹国在极其困难的形势下得以站稳脚跟。印度史学家普遍认为他对德里苏丹国的巩固起了关键作用。

伊勒图特米什由于只是前苏丹埃贝克的女婿，又仅仅是被部分贵族拥立的，在整个贵族、高官中必然有部分人特别是埃贝克家族的人，认为他的即位缺乏合法性，因而不断起来反叛。伊勒图特米什镇压了他们的叛乱，但清楚知道他们心犹未甘。为了防范叛乱再次发生，他不敢信任和重用他们，而是着手建立自己的心腹势力，作为自己统治的主要依靠和支柱。这就是他的"四十人团"，是由一批原为他的奴隶，后被解放且重用，成了高官、贵族的人组成。这批人因是受惠于他、因他的提携而发迹，故对他绝对忠诚。这个"四十人团"就成了他贯彻自己意志的工具，并在他去世后一段时期里继续操纵朝政。

1236年，伊勒图特米什去世。此前，他认为儿子无能，指定女儿拉济娅为继承人。由女儿继承王位，这在印度史上是没有先例的，遭到部分贵族和乌里玛①的强烈反对。伊勒图特米什屈服于这个压力，改变主意，让儿

① 乌里玛是伊斯兰教宗教法的阐释者、维护者，也是宗教法实施的执行者和监督者，属于社会上层的一部分。

子鲁克-乌德-丁·菲鲁兹即位。菲鲁兹沉溺享乐，不问国事，大权落在其母沙·土尔干之手。沙·土尔干专横跋扈，不择手段地剪除异己，引发叛乱。木尔坦、拉合尔等地省督密商后联合进军德里，以推翻菲鲁兹及其母的统治。菲鲁兹率军迎战，途中军队哗变。在德里，一批贵族趁菲鲁兹离京，逮捕了沙·土尔干，废黜了菲鲁兹，拥立拉济娅为苏丹。菲鲁兹外逃被捕，死于狱中。

拉济娅即位后面临兄弟的争位和部分贵族的反叛。她没有屈服，而是以惊人的魄力应对复杂的局面。她以高超的手段制服最初出面的反对者，确立了对朝廷的控制。她身着男装，丢掉面纱，亲自处理贵族的反叛，甚至带兵打仗，粉碎了一批省督和大臣对德里的进攻。许多人赞扬她、钦佩她，然而，女子为王且这样着装对正统的伊斯兰教徒来说是不能接受的。各地贵族和正统派的反叛接连不断。支持她的贵族也心存疑虑，力图约束和控制她，但她坚持自主施政，不受操纵。她任命自己信任的人做首相，并任命了一批大臣和省督。不满她统治的省督们鉴于她在德里支持者较多，就密谋用在外地发动叛乱的方式，把她引到外地铲除。1240 年拉合尔省省督卡比尔汗叛乱，拉济娅神速赶到，以闪电的速度镇压叛乱，迫使他最后投降。几天后，巴廷达省省督阿尔图尼亚再发动叛乱。拉济娅再率军前往平定，但这次叛乱势力做了较充分准备。在围攻巴廷达的过程中，拉济娅被叛乱的贵族以突袭方式俘获囚禁。在德里，伊勒图特米什的“四十人团”原来是支持她执政的，但对她不甘受控制甚为不满，得知她被擒后，就决定抛弃她。“四十人团”立即把伊勒图特米什的另一个儿子巴赫拉姆塞上王位。阿尔图尼亚发现朝廷大权已落在德里贵族手中，自己没有得到任何好处，反拉济娅的决心动摇。拉济娅就趁机设法与阿尔图尼亚接近和沟通，让他转到自己这边来摆脱困境。她采取了一个令人意想不到的措施：与阿尔图尼亚结婚，并成功地说服阿尔图尼亚和她一起立即进攻德里以夺回王位。阿尔图尼亚建立了一支由卡科卡尔、贾底人和拉其普特人组成的队伍。但他们的进攻被德里的军队击溃。拉济娅和丈夫在逃亡中一同遇害（1240 年 10 月）。她在位时间共三年半。

此后，德里苏丹国政局陷于混乱。穆斯林省督们和印度教王公们纷纷脱离苏丹控制。在朝廷内，“四十人团”贵族和乌里玛操纵一切，苏丹更换频仍，而且多遭谋杀。直到 1246 年巴勒班成为大臣掌握实权后，才有数十年相对平静。

巴勒班出身突厥贵族家庭，年轻时在一次战争中被俘，被卖为奴隶，后被转卖给伊勒图特米什，因表现突出被重用。他也是“四十人团”的成员，伊勒图特米什令其辅助其幼子纳西尔-乌德-丁·马赫穆德。他帮助后者登上王位，成了掌实权的大臣。失势的贵族反对他，施展阴谋一度把他撵下台。但他不久东山再起，重新掌权。1265 年苏丹马赫穆德去世，巴勒班自己登上王位，成了苏丹。

在巴勒班执政和统治时期，抵御蒙古军队的入侵成了头等重要的事。这时成吉思汗已经去世，蒙古帝国已被其儿子瓜分。驻守赫拉特、伽兹尼的蒙古军队 1242 年占领了拉合尔，洗劫了这个城市，1245 年占领木尔坦，1257 年、1279 年又两次侵入旁遮普。巴勒班率军抵抗，阻止了蒙古军队的深入，使之不能渡过比亚斯河，又收复了木尔坦，但不能把蒙古军队完全驱逐出旁遮普，比亚斯河以西的广大地区都处在蒙古人占领下。巴勒班下令修复、加固巴廷达、苏南姆、萨马纳等沿边要塞，置重兵防守，阻止蒙古军队越过比亚斯河。

镇压内部反叛是另一重要任务。1279 年，孟加拉省省督图格里尔汗叛乱。巴勒班派阿明汗率军前去镇压，但被打败。被激怒的巴勒班亲率大军前往讨伐。图格里尔从拉克瑙提逃跑，巴勒班追击，最终在东孟加拉杀了他，然后在拉克瑙提对其追随者进行了血腥的屠杀。他任命他的儿子布格拉汗为新的孟加拉省省督。对河间地、奥德、卡特哈尔等地反叛的省督和王公们，他逐一进行再征服，重新巩固了对北印度的控制。

巴勒班原为“四十人团”的一员，由于掌握了实际权力，逐渐成了“四十人团”的代表和首席。他登上王位，标志着“四十人团”在争夺权力的斗争中取得胜利。不过，在他成为苏丹后一切都发生了变化。作为苏丹，他要的是王权至上和绝对王权，不允许任何人分享他的统治权。如今，“四十人团”的存在在他看来不仅是多余的，而且成了潜在威胁。从这时起，他与“四十人团”的关系发生了根本性转变：“四十人团”成员不再有资格和他平起平坐，他要求他们对他绝对服从，绝对忠诚。为了维护他自己的至高无上的地位和绝对权力，对于胆敢违抗王法和他的命令的人，对继续谋求操纵朝政的人，不管地位多高，他一律严惩不贷，毫不留情。“四十人团”久已习惯作威作福，一时转不过弯来，结果，其成员有些被杀，有些被剥夺权力，有些受到羞辱与惩罚。如巴道恩省省督巴格巴格打死一个奴隶，巴勒班使他当众受到鞭刑。阿瓦德省省督海巴特汗因醉酒杀死一个奴隶被鞭笞 500 下，并责令其向死者遗孀支付一大笔赔偿金。海巴特汗感到屈辱，终生未再迈出官邸一步。阿瓦德省另一位总督阿明汗因镇压孟加拉图格里尔汗叛乱失败，被命令吊死在阿约迪亚城门上。另一名“四十人团”成员也因被怀疑有野心而被毒死。巴勒班这样做，不仅是为了杀鸡儆猴，也是要蓄意公开败坏“四十人团”的名声，使其威信扫地。这样，“四十人团”中较有势力的成员就因为这种或那种原因，被他一个个击垮、排除甚至杀掉，从而“四十人团”这个伊勒图特米什精心建立的，一直为他操纵、利用的，而且他本人也正是靠它最终登上苏丹宝座的势力集团，由于他此时不再需要，视为赘物，便由他亲手铲除了。巴勒班这样做就排除了他最大的内忧，因为没有人比他更清楚，这个势力集团正是宫廷内乱的主要根源。此次大清洗后，再没有人能在朝中成为他的障碍。在清除“四十人团”的过程中，巴勒班把自己新的亲信安置在一个个重要岗位上，这些人都是由他拔擢上来的，对他忠诚是受重用的首要条件，因此这些人只能是对他唯唯诺诺之辈。

巴勒班排除了内忧和外患，使德里苏丹国在几乎趋于解体的情况下又一次稳住了局势，这是他执政的主要成果。在他的统治下，德里苏丹国巩固下来，其疆域包括除克什米尔、马尔华部分、古吉拉特、阿萨姆外的整个北印，比穆罕默德·古尔征服时的版图还略有扩大。由于巩固现有领土是主要的任务，巴勒班未把精力用在扩大版图上。

1287 年巴勒班去世。此后的几任苏丹都是软弱无能之徒，贵族党争又起。巴勒班统治的特点是只用穆斯林担任高官；在穆斯林中，只重用外来者；在外来者中，只重用突厥贵族。他朝中的高官都由突厥人垄断，对其他外来种族的穆斯林和印度教改宗的穆斯林都不信任。这种狭隘的政策引起其他种族的穆斯林的不满。巴勒班去世后，趁着政局动乱，所有外来的穆斯林贵族都想方设法为自己争夺权力。1290 年，军队总监贾拉勒-乌德-丁在权贵们的激烈斗争中取得胜利。年幼的傀儡苏丹被谋害，贾拉勒-乌德-丁篡夺政权，宣布自己为苏丹，称号为贾拉勒-乌德-丁·菲鲁兹沙。“奴隶王朝”就此被推翻。

卡尔吉王朝

贾拉勒-乌德-丁也是突厥人，但他的氏族很早以前就迁居到阿富汗的卡尔吉地区，在生活方式上逐渐融入当地的阿富汗人，故这部分人被称为卡尔吉人，贾拉勒-乌德-丁建立的王朝也因之被称为卡尔吉王朝。卡尔吉人在穆罕默德·古尔入侵印度时大量参军，随军进入印度，不少人成了军官甚至高级军官，征服北印度后有的被任命为朝廷大臣或省督。但由于他们的生活方式已阿富汗化了，在“奴隶王朝”时期，掌权的来自中亚和阿富汗斯坦的突厥贵族不承认他们是突厥人，认为他们是阿富汗人，对他们持歧视、排斥态度。不过也有少数人因各种机遇逐渐被擢升，贾拉勒-乌德-丁就是其中之一。他由于才能出众，成了省督，后被召到朝廷中，担任军事总监。

卡尔吉王朝结束了“奴隶王朝”只信任突厥贵族的狭隘做法，从而结束了来自中亚和阿富汗斯坦的突厥贵族对权力的垄断。此时，不仅卡尔吉人上层进入了朝廷权力的核心，而且阿富汗贵族，甚至由印度教上层改宗的印度穆斯林也都受到重用，有部分人上升到权力高位。原来居统治地位的突厥贵族在朝廷和各省的势力大部分被保留，继续是统治上层的重要组成部分。卡尔吉王朝对依靠力量的这项调整，使它与“奴隶王朝”截然有别，其重大意义在于使德里苏丹国的统治基础扩大，为更广泛地揽用所需的人才增加了可能性。

卡尔吉王朝有 6 位苏丹，共统治 30 年（1290~1320）。

贾拉勒-乌德-丁是篡位者，为了少树敌，他施政温和，除安排自己的亲属和亲信到各重要岗位外，尽量让原担任高官的突厥贵族保持原位，不过仍有少数贵族发动叛乱。对被俘的叛乱者他也宽厚对待。这种做法引起许多卡尔吉上层的不满，他们原指望在得到政权后能满足他们那迅速膨胀的权力和财富欲望，现实却使他们失望。对贾拉勒-乌德-丁的怨恨情绪一天天升温，有人密谋废黜他，被他发现后镇压，但他无力阻止这个暗流的继续发展。在对外方面他也表现软弱，这加重了朝中上下的不满。拉其普他那的印度教王公们对穆斯林入侵和统治北印度一直持抵抗态度，“奴隶王朝”的苏丹们未能征服他们，贾拉勒-乌德-丁建立新王朝后，对他们也无能为力。1290 年，其中的乔汉王公对外扩张，打败了周边的贡达和乌贾因，声势大振。贾拉勒-乌德-丁为阻止其进一步扩张，率兵征讨。但当大军抵达兰塔姆伯尔堡后，发现攻占该堡并不容易。他不是积极筹划如何进攻，而是当天就下令撤兵。他解释这一决定的理由时说，这样做是为了避免穆斯林大量流血，还说在他看来，十个这样的堡垒也比不上穆斯林一根头发有价值。这一行动被贵族和军官们看作软弱、怯懦，他很快被众叛亲离。

贾拉勒-乌德-丁的女婿阿拉-乌德-丁·穆罕默德对岳父也早已不满。他有当苏丹的野心，意欲取而代之，不满者秘密聚集在他周围。阿拉-乌德-丁密切观察形势，筹划下一步行动步骤。当得知南印度的耶达婆国（都城在德瓦吉里）很富有后，他就请缨率兵攻打这个国家。其目的一则是显示自己的作战能力，二则能带回丰富的战利品收买更多的贵族和官员拥戴自己。在还没有得到苏丹批准的情况下，他迫不及待地于 1292 年擅自带领 8000 骑兵南征。德瓦吉里的王公拉姆旃多罗·德瓦不敌，被迫求和。阿拉-乌德-丁提出苛刻条件，得到大量财宝、战马、大象，王公还承诺每年以部分税收作为贡赋缴纳。阿拉-乌德-丁达到目的后，班师返国。他一面要求苏丹原谅他擅自行动，允诺把全部虏获物上缴，一面暗设圈套，准备诱杀苏丹。苏丹仍宽大为怀，不计较他的过错，并在他的归途中迎接他，结果惨遭杀害。贾拉勒-乌德-丁统治仅 6 年时间，王位就被阿拉-乌德-丁以阴谋手段篡夺。

1296 年 7 月 20 日，阿拉-乌德-丁在卡拉-马尼克普尔宣布自己为苏丹，并率军进入德里，废黜了德里贵族临时拥立的苏丹伊卜拉欣。他用掠夺来的大量金钱收买贵族和军队，取得支持，巩固了王位。

阿拉-乌德-丁虽然王位来的不光彩，但统治国家的能力很强。他是卡尔吉王朝最重要的国王，不但使德里苏丹国的疆域大大扩张，把穆斯林的统治扩展到南印度大部分地区，而且在内政上实行了一系列制度性建设或改革。他统治时期是 1296～1316 年，卡尔吉王朝的主要成就大都和他的名字联系在一起。

在阿拉-乌德-丁登上王位时，前苏丹贾拉勒-乌德-丁的直系亲属都拒绝接受他，他们不能在都城立身，便躲到外地，有的原来就在外地。前苏丹的大儿子阿尔卡利汗是旁遮普、木尔坦和信德的统治者，另一个儿子卡德尔汗及其随从便跑到阿尔卡利汗处避难。只要这支势力存在，阿拉-乌德-丁就感到威胁存在。所以他首先派军队征讨木尔坦。阿尔卡利汗不敌，被迫投降。他和他的所有主要随从被监禁，而后全被杀害。在讨伐的同时，阿拉-乌德-丁也采用区别对待的策略分化效忠前苏丹的人，宣布凡前苏丹任命的高级官员只要是现在对他表示效忠的，都允许保留原来的官位。这样，效忠前苏丹的势力要么被消灭，要么改变立场，局势也就渐渐安定下来。至于其他地方贵族，在他即位初期发生过几次反叛，都被他无情镇压。为了防止叛乱再度发生，他实行铁腕政策，颁布命令，规定贵族间社会交往和联姻必须得到他的批准；禁止酒类买卖，禁止贵族、官员喝酒，违者严惩，他本人带头戒酒，当众砸毁自己使用的酒具；还大大强化密探制度，严密监视贵族的言论和行动。这些措施使贵族屈从于他的淫威，再也不敢反叛。他统治的后期不再有反叛发生。

阿拉-乌德-丁统治的 20 年中，蒙古军队不仅继续盘踞在印度河西岸的旁遮普部分地区，而且不断侵犯内地，德里和恒河-朱木拿河河间地都成了其进攻目标。1297 年，一支 10 万人的蒙古军队侵入旁遮普，劫掠了拉合尔附近地区。阿拉-乌德-丁派军阻击，打败了蒙古军队。1299 年，另一支 20 万人的蒙古大军突破边境防线，直捣北印，前锋抵达德里城下。阿拉-乌德-丁率军在城外迎战。他的将军扎法尔汗突破蒙古军左翼防线，一度引起敌军混乱和逃奔，但敌军以优势兵力反攻，扎法尔汗战死。不过蒙古军队面对苏丹军队的英勇抗击对前景失去信心，仓皇撤退。1303 年，12 万蒙古军再次突进德里，当时正在拉其普他那指挥进攻奇托尔的阿拉-乌德-丁立即率军前来解围，驻扎在德里附近的西里，蒙古军围困西里，进展不得，两军对峙 2 个月，最终蒙古军不得不撤回。这两次击退蒙古军对德里的进犯意义重大，不仅拯救了德里，也增强了苏丹抵抗蒙古人进攻的信心。1305 年，5 万蒙古军队绕过都城防卫区攻打河间地，遭到惨败。为了报复，1307~1308 年，又有一支军队渡过印度河，又被打败。每次侵犯都伴随大量掠夺，造成经济上的严重破坏。阿拉-乌德-丁对抵抗蒙古军队的侵犯非常重视，做了长期准备，建立了一支强大的常备军，边境置重兵防守，沿蒙古人侵犯路线建立了一系列堡垒，在军事物资上为长期防御做了较充分的准备。正是由于采取了这些有效的应对措施，对于蒙古人每次侵犯虽然不能阻挡于初始，但最终都能击退。1306 年后还趁蒙古国内乱，收复了被其占据的旁遮普地区和拉合尔，彻底摧毁了蒙古军队以这里为基地再次发动进攻的可能性。蒙古军队对德里苏丹国的威胁到此时基本解除。坚定不移地抵抗蒙古军队的侵犯，这是阿拉-乌德-丁的重大功绩。

阿拉-乌德-丁另一突出的成就是扩张帝国领土。他广泛用兵，四处征服。在他统治时期征服了“奴隶王朝”未曾征服过的许多地区，使德里苏丹国的疆域大为扩展，成了一个大帝国。

西印度的古吉拉特是个富庶的国家，“奴隶王朝”对它的多次征服有失败，有成功，但即便成功也都不能持久。阿拉-乌德-丁即位后于 1298 年再次派军征讨。古吉拉特国王卡尔纳率军于阿默达巴德附近迎战，但被击败，逃至邻国避难。阿拉-乌德-丁的军队掠夺了古吉拉特的国库和许多地方，著名的印度教索姆纳特庙也被捣毁劫掠。这次征服使古吉拉特臣服了较长时间。

在拉贾斯坦，存在不少尚独立的或被征服而又宣布独立的拉其普特王公的国家。阿拉-乌德-丁对其中一些进行了征伐。乔汉国的兰特哈姆波堡位置险要，是个战略重地，曾在“奴隶王朝”时被伊勒图特米什占领，乔汉国也被兼并，后又宣布独立。阿拉-乌德-丁为重新占领这个要塞，1301 年派军进攻，但久攻不克。他本人亲自督战，经过长期围攻才得以拿下。守卫者全部战死，妇女自焚殉节，乔汉国再次被兼并。

美华尔是一个重要的拉其普特国家，其境内的奇托尔堡是一个易守难攻的要塞。1303 年，阿拉-乌德-丁率军进入美华尔，企图攻占这个堡垒，但围攻遇到很大困难。美华尔是拉其普特国家中较强的一个，在国王拉坦·辛格的领导下对抵御侵略做了充分准备。奇托尔堡建筑在崇山峻岭中，地势险要，阿拉-乌德-丁用了 5 个月才得以攻下。拉坦·辛格被杀，王后帕德米里及后宫女眷按传统做法全部自焚。阿拉-乌德-丁下令屠杀大量拉其普特人，充分表现了其残酷的一面。

帕尔马拉是另一个有一定实力的国家，它的西瓦纳堡也是一个重要的战略据点。阿拉-乌德-丁率军进攻，也是久攻不下，最后是反叛者从内部配合，才得以攻克，其国王被杀。离帕尔马拉不远的贾洛尔国也在阿拉-乌德-丁的征服名单中，他多次派军去征服，但每次都遇到顽强抵抗，战事断断续续迁延数年才最后攻克。阿拉-乌德-丁征服的其他拉其普特国家还有本蒂、曼多尔、汤克、焦德普尔、舍伐纳等。所有这些被征服的国家领土都被兼并。不过这些国家被兼并不等于拉其普特人真正接受了德里苏丹国的统治，零散的反抗还是接连不断地在许多地区发生，而且只要有机会，被推翻的王公及上层就会起而反叛，谋求恢复独立。

北印度另一国家马尔华虽多次受到德里苏丹们的征讨但始终未被征服。阿拉-乌德-丁即位后于 1305 年又派军攻打。这一次围攻曼杜堡是借助内应，以夜间突袭的方式才得以攻进城堡。国王马拉克·德瓦被杀，这个国家被兼并。

阿拉-乌德-丁在北印度只有对孟加拉的远征没有成功。孟加拉是在巴勒班去世后，趁德里苏丹国内乱而宣布独立的。1301 年，比哈尔统治者萨姆斯-乌德-丁夺得孟加拉王位，自称孟加拉苏丹。1303 年，阿拉-乌德-丁派兵讨伐，遭到失败。孟加拉保持独立直到 1324 年。

这样，除孟加拉、克什米尔外，北印度的统一到 1305 年底基本上完成。

阿拉-乌德-丁不仅在北印度实行领土扩张，还明确地把征服南印度作为自己的目标。从德里苏丹国建立以后，一位苏丹要征服南印这还是首次。征讨南印，既是为了掠夺南印令人垂涎的财富，充实国库，也是为了提高自己的声望和扩大帝国的版图。即位前，他就不经苏丹批准，擅自策划了对德瓦吉里的远征和掠夺，他的行动如愿以偿就更加坚定了他向南印扩张的决心。即位不久，他就开始筹划如何实现这个目标。考虑到南印距北印遥远，征服有困难，有效管理更难，他无意直接兼并领土，只打算派重兵征服，把被征服国变成藩属国，取得宗主权，每年得到藩属国的大量贡赋。此时，南印存在许多大小不一的国家，其中较大的有耶达婆（都城德瓦吉里）、特林加纳（都城瓦朗加尔）、霍伊萨那（都城德瓦尔萨姆德拉）和潘地亚（都城马杜赖）等。耶达婆原为西遮娄其的藩属，大约 12 世纪中期成为独立国家。特林加纳是在萨塔瓦哈纳瓦解后出现的国家，统治王朝是卡卡提亚王朝。霍伊萨那原为西遮娄其的藩属，12 世纪末争得独立。潘地亚此时是霍伊萨那的藩属国，但因地处偏远，后者对它是鞭长莫及。这四个国家国力都不强，彼此又不能联合，为阿拉-乌德-丁的征服提供了极有利的条件。

耶达婆由于阿拉-乌德-丁即位前那次远征已被迫每年纳贡。1305 年和 1306 年德瓦吉里的王公没有履行每年缴纳贡赋的诺言，阿拉-乌德-丁以此为理由 1307 年派马利克·卡夫尔率兵征讨。由于事先做了充分准备，军事行动比较顺利，耶达婆无力抵抗，表示愿意求和。阿拉-乌德-丁第一个目标实现。不过他没有兼并，而是让其王公拉姆旃多罗·德瓦以藩属身份继续统治其国土，每年缴纳贡赋，并采取怀柔政策，跨过宗教界限与之联姻（娶了王公的女儿）。此后，拉姆旃多罗对阿拉-乌德-丁征服南印其他国家的确给予了很大帮助，德瓦吉里成了阿拉-乌德-丁征服南印的门户和物资、兵源补充基地。

由于有这个方便，1310 年阿拉-乌德-丁派马利克·卡夫尔率 10 万大军征服特林加纳。特林加纳国王普拉塔普·鲁德拉·德瓦二世的军队英勇抵抗，因寡不敌众而失败。国王最后求和，承认阿拉-乌德-丁的宗主权，贡献 100 头大象、7000 匹马和大量金银珠宝，允诺每年缴纳贡赋。据记载，国王没有与阿拉-乌德-丁的将军卡夫尔会见，而是用黄金铸造了一个自己的等身像，颈上系着锁链，献给苏丹，表示自己的服从。

阿拉-乌德-丁受这次胜利的鼓舞，迫不及待地再次用兵，在不到 4 个月的时间里，又派卡夫尔率军征服另一个国家霍伊萨那，并授权卡夫尔相机征服潘地亚。卡夫尔的大军得到德瓦吉里国王在粮草供应上的全力协助，1311 年未经激烈战斗就占领了霍伊萨那的都城德瓦尔萨姆德拉。马利克·卡夫尔劫掠了富裕的神庙，从该国得到了大量战马、大象和珠宝。霍伊萨那承认是阿拉-乌德-丁的藩属国，每年缴纳贡赋。

此时，在半岛最南端，潘地亚国内正发生王子间争夺王位的内战，孙德拉·潘地亚被维拉·潘地亚打败，请求阿拉-乌德-丁派兵援助。这正好给了卡夫尔进军的良机，霍伊萨那国王也表示愿意提供帮助。利用这个好机会，卡夫尔率军侵入，占领了马杜赖。和他随后到达都城的拉姆斯瓦拉姆，他的军队大肆掠夺，拆毁神庙，在其上建清真寺，激起强烈的民愤，连邀请他援助的王子孙德拉也感到害怕，躲到森林中回避他。潘地亚另一王子维拉已在逃，卡夫尔追不到他，只得满载掠获的金银珠宝、大象和战马返国，没有得到潘地亚承认德里宗主权和缴纳年贡的承诺。卡夫尔撤走后，两王子的内战再起，孙德拉战败，再次求助于阿拉-乌德-丁。在德里军队的帮助下，孙德拉得以控制南阿尔科特一片区域。1314 年，阿拉-乌德-丁再派库斯劳汗率军征讨潘地亚，仍没有决定性的结果。

耶达婆的形势又发生重大动荡。国王拉姆旃多罗·德瓦去世后，其子山卡尔·德瓦即位。他一反父亲的做法，扣留应该上缴给卡尔吉王朝的年贡，企图摆脱藩属国的身份。马利克·卡夫尔受命讨伐。他率军急速进入耶达婆，重创山卡尔·德瓦的军队，山卡尔·德瓦被杀。大部分城市被马利克的军队占领，神庙和居民财富遭到疯狂掠夺。新即位的国王只得宣布继续承认阿拉-乌德-丁的宗主权。到哈拉帕拉·德瓦任耶达婆国王时又宣布独立，1317 年最终被德里苏丹国兼并（此时阿拉-乌德-丁已去世）。

南印国家轻易地被征服主要是因为它们之间长期不停地彼此征战，互相削弱，使任何一个国家都无力抵抗来自北方的进攻。阿拉-乌德-丁1296年进攻耶达婆时，后者的军力有很大部分正在南方与邻国霍伊萨那对峙。马利克·卡夫尔攻打霍伊萨那时，霍伊萨那的国王巴拉拉·德瓦不在都城，而是在邻国潘地亚，介入潘地亚的内战，要从中捞到好处。这两个国家长期以来精力都用在打别的国家或介入别国的内战，面对卡尔吉王朝大军压境怎么可能有效地组织抵御？由于长期相互征战，积怨很深，不存在联合对敌的可能性。不仅如此，先一步被征服的国家如耶达婆、霍伊萨那的国王还主动帮助卡尔吉王朝的军队去征服另外的国家。他们熟悉地理人情，又能保证物资供应，这样的便利条件正是阿拉-乌德-丁求之不得的，这是他能很快实现征服南印度目标的最重要的保证。

连年征服的结果是，南印的主要国家或臣属于德里或被兼并，德里苏丹国的版图扩大到南印大部分地区，成为覆盖北印度和南印度大部分地区的全印帝国。阿拉-乌德-丁因而被称为“印度第一个穆斯林皇帝”。

阿拉-乌德-丁对外抵抗蒙古人侵略，在次大陆统一了印度大部分地区，在武功方面，他的成就是德里苏丹国以往所有君主不能比拟的。在内政方面，他的建树也较先前的君主们突出，包括建立有效的常备军体制，实行税收制度改革，建立市场管理制度，在统治体制上把宗教与政治分开（以后章节中会分别叙述），改变“奴隶王朝”在用人上的狭隘态度（只信任来自中亚的突厥贵族）等，使国家大致保持安定近20年，这是他的卓著政绩。

不过他既过多忙于抵抗侵略和从事征服，在减轻人民负担、改善民生方面采取的措施不多。在发展经济方面他实行的一些改革也主要是与保持军队供应有关，有的措施（如土地税的提高）反而加重了农民的负担。他的统治是君主高度集权，在当时的环境下，他把权力集中于己是需要的，但他的专制、凶狠、残暴也非同一般，以至于除个别亲信外，整个朝廷官员没有人敢就国家大事在他面前坦率进言，更不要说提出不同的看法了。穆斯林诸苏丹中，像他这样正反两面都非常突出的确实少见，他也因此给后人留下了很深的印象和很大的争议。他的高度专制统治必然产生一个问题，这就是政局的安定和国家的安危全系于他一人，缺乏保持稳定的因素。1316年他病逝，他精心营造的大厦也顿时发生动摇。

去世前，在他的将军卡夫尔影响下，他任命他的小儿子、一个幼童继承王位，以卡夫尔为摄政王。卡夫尔是个野心勃勃的人，一掌权，就采取措施为随后篡夺王位做铺垫。在不长的时间内，他以各种编造的理由，大肆监禁、弄瞎、杀害前国王的亲属，并迫害有可能威胁到他的地位的政治对手。他的做法引起普遍反对。从这时起，朝廷内讧迭起，反对者也纷纷出手，卡夫尔不久就被已故苏丹的几个侍从刺杀。阿拉-乌德-丁的三子穆巴拉克监禁了年幼的苏丹也即他的弟弟，宣布自己即位。穆巴拉克沙毫无治国能力，朝廷一片混乱。不到四年，阿拉-乌德-丁实行的许多制度如常备军制、税制、市场管理制度等或被废除，或遭到破坏（有些还保留，被以后的统治者遵循）。穆巴拉克沙宠信一个改宗的印度穆斯林库斯劳，授命他率军在南印度作战，后提升其为首相，掌握朝中大权。库斯劳素有野心，1320年阴谋杀害了穆巴拉克沙，篡夺了德里的王位，称库斯劳沙。突厥贵族哪里会容忍一个印度教改宗者成为苏丹，他们立即集结在西北省省督加济·图格卢克周围，打出所谓的“伊斯兰在危险中”的旗号，讨伐这个篡位的改宗者。加济·图格卢克呼吁其他省省督率军加入他的讨伐队伍，得到乌奇省响应。讨伐军进抵德里，库斯劳沙在城外迎战，被打败并被杀死。1320年，加济·图格卢克在德里宣布自任苏丹，称号是吉亚斯-乌德-丁·图格卢克沙。这就结束了卡尔吉王朝的统治，图格卢克王朝的统治开始了。由于王朝奠基人的名字（不是姓）叫图格卢克，史上就把这个王朝称为图格卢克王朝。

二 德里苏丹国的王朝变迁（下）

图格卢克王朝

图格卢克王朝共9任苏丹，统治94年（1320~1414）。王朝创立者吉亚斯-乌德-丁是突厥人，在卡尔吉王朝担任官职。阿拉-乌德-丁执政后赏识他的才能，任命他做迪帕尔普尔省省督，守卫西北边境。库斯劳沙统治时，让他继续守卫西北边境。这才使他有机会率军打败库斯劳沙而登上王位。

吉亚斯-乌德-丁是一位有能力的君主，考虑到阿拉-乌德-丁的内政改革（税制、养兵制、军事采邑制、市场管理制等领域）已经废弛，重新实行不太可能，他在许多方面恢复了原来的制度。他重视发展农业，减轻农民税负。对臣属，他改变了阿拉-乌德-丁严厉的高压政策，实行较温和的政策。他的执政把德里苏丹国从阿拉-乌德-丁去世后的混乱和衰落中挽救过来，使它重新焕发活力。

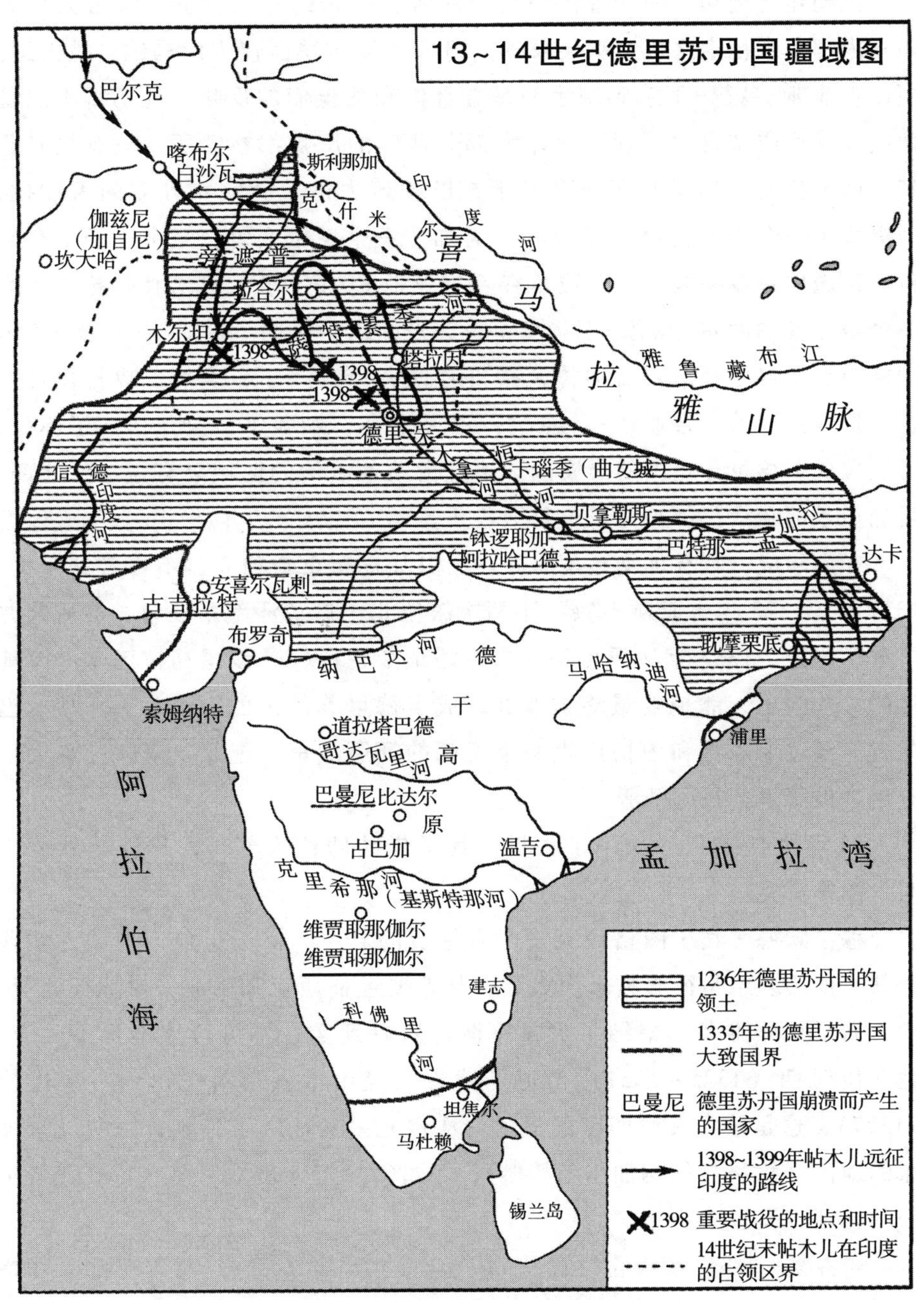

图 9-1　13~14 世纪德里苏丹国疆域

王朝建立之初，一些省督和南印的藩属国纷纷宣布独立，蒙古人也趁印度内部尚未稳定之机又举兵来犯。1324 年蒙古军队侵入萨马纳，被击退。更使吉亚斯-乌德-丁感到棘手的是省督们和藩侯们的反叛。他不得不三番两次地派兵或亲自去征伐。北印大部分地区的反叛都被镇压，只有拉其普特一些王公的反叛镇压不下。对于在巴勒班去世后就宣布独立的孟加拉，他等来了一个干预机会。1319 年，孟加拉发生王位之争，三个王子争夺王位。都城拉克瑙提被一个王位争夺者吉亚斯-乌德-丁·巴哈杜尔抢占，另一个争夺者纳西尔-乌德-丁请求德里苏丹国出兵援助。吉亚斯-乌德-丁·图格卢克亲自率兵来到孟加拉，在和纳西尔-乌德-丁汇合后，攻打拉克瑙提，打败并囚禁了吉亚斯-乌德-丁·巴哈杜尔。纳西尔-乌德-丁成了苏丹，孟加拉成了德里苏丹国的藩属国。不过留给他统治的区域只有孟加拉北部，孟加拉东部和南部都被德里苏丹国兼并。

在南印度，特林加纳趁德里苏丹国内乱宣布重新独立，不再缴纳年贡。1321 年、1323 年吉亚斯-乌德-丁两次派他儿子焦纳汗率军征讨，最后兼并了这个国家。1323 年又派焦纳汗进攻潘地亚，占领了该国马拉巴尔沿海地区的大片领土，潘地亚最终被兼并，成了德里苏丹国的一个省——马拉巴尔省。经过卡尔吉和图格卢克两个王朝的征服战争，至此，南印度绝大部分地区被德里苏丹国征服。

1325 年吉亚斯-乌德-丁去世，其子焦纳即位为苏丹，称穆罕默德·宾·图格卢克。

穆罕默德·宾·图格卢克是个有抱负的君主，富于想象力但缺乏实践智慧。他的理想是征服整个次大陆，甚至要远征西亚和中亚，对远征西亚、中亚做了具体准备，集结了大量军队，后看到实在不可行才不得不放弃。他在位时期（1325～1351）击退了蒙古人经由木尔坦对德里的一次进攻（1327），这是蒙古人对印度的最后一次侵犯。又征服了旁遮普一些尚未征服的地区（坎格拉的纳加尔考特堡），不过对拉贾斯坦地区一些拉其普特王公的再征服没有成功。

吉亚斯-乌德-丁在位时已兼并了孟加拉大部分领土，穆罕默德·图格卢克即位后，从狱中释放了吉亚斯-乌德-丁·巴哈杜尔，任命他为东孟加拉省省督，他不久叛变。穆罕默德·图格卢克这一次兼并了整个孟加拉。1337～1338 年孟加拉再度反叛，穆罕默德·图格卢克派法库尔-乌德-丁前往镇压，可是他在完成平叛后自己叛变，自立为孟加拉苏丹，称号为法库尔-乌德-丁·穆巴拉克沙。穆罕默德·图格卢克忙于其他事务，无力镇压。这样，在他统治的整个时期，只能看着孟加拉作为独立国家存在而无可奈何。

穆罕默德·图格卢克的主要战果是在南印。他兼并了坎皮利国（原为耶达婆国藩属，后独立）；还通过征服，迫使不久前宣布独立的霍伊萨那再次接受德里苏丹国的宗主权，这一次还兼并了其大部分领土。霍伊萨那国王维拉·巴拉拉三世在剩余的地区继续统治，他以提如伐纳马莱为新都，坚决抵抗图格卢克王朝兼并整个霍伊萨那的意图。至此，南印度除霍伊萨那是藩属国外，其他绝大多数国家都被兼并。兼并地区被划为5个省，即德瓦吉里、提林、坎皮利、多拉沙姆德拉和马拉巴尔，各设省督治理。

穆罕默德·图格卢克统治初期，是德里苏丹国版图扩张的最高峰。北印度大部分（只有克什米尔、孟加拉、拉贾斯坦、卡提阿瓦未包括进来）和南印度大部分地区（半岛南端未包括进来）都包括在德里苏丹国内，版图之大超过阿拉-乌德-丁统治时期。

当德里苏丹国变成全印的大帝国后，如何有效地管理南印，成了突出问题。为了便利北方和南方的交通，以及能就近加强对南印的控制，穆罕默德·图格卢克做出一个重要决定，即把在南方的具有重要战略地位的原耶达婆国的都城德瓦吉里加以扩建，改名道拉塔巴德，作为第二都城。这就是说，要在南印建立一个政治中心便于对南印的管理。他指示修建了从德里直达道拉塔巴德的道路，命令德里的穆斯林贵族、宗教学者及富裕居民迁居道拉塔巴德，迁移费用由国家提供。穆罕默德·图格卢克这一措施虽然用意没有什么不对，但他显然没有预见到此举会给奉命迁移的居民带来多么大的痛苦和灾难。德里距道拉塔巴德1500公里，路途遥远，在当时的交通条件下，不仅要长途跋涉，费时数十天，旅途艰辛，而且，要老幼妇孺都能适应南方的气候也是很困难的。被迁移者在高压强迫下不能不走，结果，许多人无助地死于途中，到达者染病的也很多。不少人强烈要求回迁，人心惶惶，有的甚至密谋反叛。苏丹终于认识到自己的失策，只好接受回迁的要求。然而，很多人已不再能踏上归途，而殷实繁荣的德里经过这一番折腾也百业衰落，很长一段时间不能恢复到原来状态。不过，在南印建立第二都城之举也留下了一些积极的结果。道路的修建便利了南北交通，一些宗教学者、贵族留居下来促进了南北文化交流和融合。

常年的战争和兴建第二都城的庞大花费造成财政严重耗竭。为了补充国库，穆罕默德·图格卢克在土壤肥沃的恒河—朱木拿河河间地区把地税税率提高到1/2，并以严厉的措施强制征收。这是他的另一重大失策，造成农民纳税后食不果腹，许多人被迫外出流浪，结果土地荒芜，饥荒连年，饿殍遍野，激起了民众的愤怒反抗，不止一个地方发生了杀死税收官的事件。最后，苏丹不得不暂停征税，赶忙采取措施帮助灾民度灾，恢复生产。

由于国库财政紧张，白银缺乏，正常发行货币有了困难，这导致穆罕默德·图格卢克采取了另一项极不得人心的政策，这就是发行代用货币（铜币），规定其具有相当于银币的价值，在市场使用。这一措施的动机是充实已经耗竭的国库，并为他的征战和庞大的行政开支增加财源。由于缺乏严格管理，不法分子趁机伪造，一时制造伪币成风；劣币、伪币充斥市场，正常的市场秩序被严重打乱，百姓损失巨大，怨声载道。苏丹无奈只好在实行四年后宣布取消。这是他这几年中第三个严重失误的决策。

这样，穆罕默德·图格卢克的强国计划一个接一个地落空了。在他统治后期（大约从1335年起），各界的不满汇集一起，各种矛盾骤然激化。一些省督和藩侯纷纷起兵反叛。朝廷顾此失彼，应接不暇。在德里苏丹国的历史上，还没有哪个苏丹遇到过这么多反叛，不到几年工夫，一个庞然的大帝国便发生了由盛而衰的急转弯。也就是从这时起，在此起彼伏的独立浪潮中，帝国逐渐解体的过程开始了。

解体的主要地区在南印度。这是因为德里苏丹国在这里统治的根基比北方浅，控制力量弱得多。这里被征服不久，印度教徒对新加在头上的外来的穆斯林统治者的抵抗情绪还很强烈，一有机会就要揭竿而起，而且有人文、地缘之便，容易形成连锁效应。

大多数零散的反叛被帝国镇压，但是镇压不了的越来越多。帝国最南端马拉巴尔省的省督赛义德·阿桑沙1335年宣布该省独立，奠定了马杜赖苏丹国的基础。在通加巴德腊河、特林加纳及克里希那河一带，印度教徒在卡帕亚·纳亚卡和克里希那·纳亚卡的先后领导下，开展了争取独立的运动，驱逐了特林加纳的穆斯林总督，占领了瓦朗加尔，建立了独立的瓦朗加尔国家。运动扩大到西部的坎皮利省。苏丹新任命的坎皮利总督哈里哈拉、副总督布卡原为印度教徒，后改宗伊斯兰教。他们被穆罕默德·图格卢克派来镇压这里的独立运动，在遭受失败和经历一段犹豫后，哈里哈拉兄弟决定改变立场，宣布回宗印度教，支持印度教群众的独立运动，并于1336年在通加巴德腊河畔的哈斯提纳伐提建立独立国家，这就是维贾耶那伽尔。印度教群众争取独立的运动越来越猛烈，在克里希那·纳亚卡的领导下，组织了一个联盟，其目的是要把南印各地的反叛势力团结起来，以共同的努力把穆斯林统治者从南印度赶走。在这种气氛下，道拉塔巴德的穆斯林贵族为了自保，趁局势混乱，也举兵反叛，脱离德里苏丹国，建立了独立的伊斯兰国家。起初贵族们推举伊斯迈勒·马赫为苏丹，穆罕默德·图格卢克亲自率军来镇压。但当他离去后，叛乱又起。1347年，这里的穆斯林上层把一个被称为扎法尔汗的更有活力的年轻贵族哈桑推举为新的苏丹，称号是阿拉-乌德-丁·巴曼沙。巴曼沙把都城改建在古巴加。

帝国解体也部分发生在北印度。孟加拉在穆罕默德·图格卢克镇压南方反叛时宣布独立。几年后，一个叫伊亚斯汗的贵族占领了拉克瑙提和绍纳冈，自立为王，称号是夏姆斯-乌德-丁·伊亚斯汗。他竭力推行扩张政策，把疆域向西推进到贝拿勒斯。除孟加拉外，奥里萨、信德和旁遮普部分地区也宣布独立。

1351年3月，在镇压叛乱途中，身心俱疲的穆罕默德·图格卢克染病去世。

穆罕默德·图格卢克的20多年的统治表明，他的想象力超乎常人，且有一定的观察力，眼界较为开阔。如在宗教政策上，他就相对开明，并不严格遵守伊斯兰教法的规定。他从不允许乌里玛干预朝政，甚至在司法方面，也不允许乌里玛主宰一切，当发现乌里玛办案有错时，他就纠正，还从乌里玛以外的人士中任命法官。对伊斯兰教以外的其他宗教他不但容忍，还常常参加他们的宗教仪式和节日。他是德里苏丹国君主中第一个参加印度教霍利节活动的人，还访问过印度教庙宇，经常与印度教、耆那教圣人交谈。这都是值得肯定的一面。但是，他在提出许多新想法和推行新做法时，虽然很大胆却常常脱离实际，在决策时多凭主观臆断，有的完全缺乏可行性。这使他的想象力的实用价值大打折扣，而且常常事与愿违，走向反面。这也是他的帝国最终陷于严重混乱和解体的重要原因。

穆罕默德·图格卢克的统治时期是德里苏丹国由盛而衰的转折点。他目睹了帝国版图达到最高峰，但也正是他的一系列决策的失误，摧毁了这个骄傲。从他统治后期起，帝国命运便急转直下，疆土大片大片地丧失，不少地区再次四分五裂。德里苏丹国从此步入下坡路，再也没有恢复版图的机会。

穆罕默德·图格卢克去世后，其堂弟菲鲁兹·图格卢克被贵族推举为苏丹。日益加剧的分崩离析趋势使这位继承者一筹莫展。菲鲁兹沙在军事意志和指挥才能方面是很欠缺的，面对严峻的形势，他承认，要恢复统一的帝国他无能为力。事实正是这样，他即位时北印度已有许多地区从帝国分裂出去，南印度几乎全部丧失。他所做的，只是对北印一些反叛的省督和藩属进行镇压，有的取得了成功。对孟加拉，菲鲁兹沙虽进行过两次征伐，但均无功而返。孟加拉地区的反叛根深蒂固，穆罕默德·图格卢克时未能镇压，此时要菲鲁兹沙征服是根本没有可能的。对奥里萨的贾杰纳加尔，菲鲁兹沙进行过讨伐，但未能兼并这个国家。这样，菲鲁兹沙统治的就不再是一个大帝国，德里苏丹国缩小成了北印度的众多国家之一，而且其版图仍有继续缩小之势。

菲鲁兹沙鉴于穆罕默德·图格卢克在位后期省督反叛者甚多，为了安抚他们和贵族，采取了讨好他们的政策。他下令领有伊克塔土地（详见本章土地制度一节）的贵族，其占有的土地可以世袭，这是朝廷首次正式承认世袭制，不过是否真正实行了，现有史料还不能说明。如果世袭制真正实行并推而广之，则意味着朝廷直接掌握的可分配的土地减少，其结果将是中央实力的进一步削弱，拥有土地和权力的分裂因素进一步增强。菲鲁兹沙还把世袭制适用于军队，规定军人身份及拨给他的替代薪金的土地可以世袭。这个办法若实行了，会使军队素质降低，严重损害国家利益。菲鲁兹沙对贵族和官员的态度也温和得多，不像穆罕默德·图格卢克那样有错必严惩。上层贵族比较安心，这也是在他任内叛乱较少的原因之一。

菲鲁兹沙既无意用兵收复分裂领土，便把主要精力放在内政上。把现有的疆土管理好，使社会安定、经济发展、百姓安居乐业，这是他施政的主要目标。为了解决国家面临的经济困难，他重视减轻人民负担，提振他们的生产热情，为此在发展经济方面采取了积极措施，取消了多种在宗教法规定以外征收的苛捐杂税，把土地税的征收建立在亲自考察各省税收资料的基础上，税率大为降低；又大量兴修水利工程，鼓励开垦荒地；在受灾地区，向农民提供贷款，免除他们所欠国家债务，帮助恢复和发展农业生产。这些措施很得人心，使德里苏丹国的经济得到恢复和相当程度的发展。不过他的受欢迎的政策仅限于这一个方面，在其他方面，如军事方面、宗教方面，他的政策存在严重问题。就军事政策而言，他不注重建立强有力的常备军，主要依靠贵族养兵，而且对军队的招募、装备、训练疏于监督，以往行之有效的兵员登记和战马烙印制度都任其废弛，兵员甚至可以世袭，致使军队战斗力丧失，面临强敌不堪一击。宗教政策方面的问题更严重。他推翻了穆罕默德·图格卢克较开明的兼容并蓄的做法，抱着极端的偏执和狂热重新回归宗教正统。他是德里苏丹国建立以后第一个正式宣布以伊斯兰教法为施政依据的苏丹，不但乌里玛在朝政中、司法中的地位得到提升，还实行严格的宗教区别政策。对印度教徒，他竭力压制、打击。在比哈尔的卡蒂哈尔印度教王公领地，发生了两名赛义德被杀害的偶然事件。他得知此消息后立即率军攻打卡蒂哈尔。在攻克后，根据他的命令，对印度教徒实行报复性的大屠杀，数千人被杀死，另有 23000 人被强迫改宗伊斯兰教。他还下令此项暴行持续进行 5 年。在伊斯兰教内部，对什叶派和其他非逊尼派他也不能见容。属于非逊尼派的伊斯兰教其他各派的教徒凡落入他手的也无不受到迫害。此种劣迹使他臭名昭著，引起普遍憎恨，也大大削弱了他的统治根基，加深了不同宗教群体的隔阂和对立。上述两方面的错误政策造成了他统治下的帝国经济上虽有发展，政治上却毫无起色，社会更加动荡，最终只能是在和平和繁荣的虚假外表掩盖下，一步步走向分崩离析的不归路。1388 年他去世后，连有限的安定局面也无法维持了。继任的几位君主只知享乐和内斗，毫无建树可言。

图格卢克王朝一蹶不振。不仅南印各地纷纷独立，北印度宣布独立的地区也越来越多。苏丹直接控制的领土到后来只剩下德里和周围地区。

1397 年起又面临新的外患：帖木儿在西亚建立以撒马尔罕为都城的大帝国后，把注意力转向南方。1397 年他派孙子皮尔·穆罕默德率军侵入印度，占领乌奇，包围木尔坦。1398 年，他亲率大军渡过印度河，进入旁遮普。皮尔·穆罕默德在攻占木尔坦后与他汇合。帖木儿继续南下，巴特尼尔堡守军抵抗后投降，然后直捣德里。沿路遭遇的抵抗都挡不住侵略者的铁蹄。帖木儿军一路烧杀劫掠，所到之处留下的是一片废墟。图格卢克王朝的苏丹马茂德于 12 月率领一支由 1 万骑兵、4 万步兵和 120 头战象组成的大军，在其首相马卢·伊克巴勒的指挥下，在德里城外与侵略者决战，但被击溃。马茂德逃往古吉拉特，马卢逃往巴伦。帖木儿12月18日进入德里，下令士兵洗劫德里。大量的德里居民不分穆斯林和印度教徒都被血腥屠杀，繁荣的城市毁于顷刻之间，多年积累的财富被劫掠一空，学者、艺术家、工匠被掳走，一段时期内德里几乎成了一座死城。15天后，帖木儿携掠夺的大量财宝离开德里返国（1399年1月），路上又洗劫了菲鲁扎巴德、米鲁特、哈德瓦尔、坎格拉，征服了查谟，克什米尔王公也表示臣服。在离开印度前，帖木儿任命归顺他的希兹尔汗为木尔坦、拉合尔和迪帕尔普尔总督，管辖这些地区。帖木儿的侵略不仅给了风雨飘摇的图格卢克王朝最后致命的一击，也为德里苏丹国在印度数世纪经营的统一霸业彻底画上了句号。在这之后，德里苏丹国的古吉拉特、马尔华和江普尔的省督们宣布独立，拉其普他那的众多拉其普特人国家也宣布不再是德里苏丹国的藩属，而是独立国家。

马茂德的首相马卢1401年回到德里后邀请逃亡的苏丹马茂德复位。马茂德作为傀儡君主活到1413年。此时，马茂德已无任何实力，1414年希兹尔汗从旁遮普出兵占领德里，自立为苏丹，建立了新的王朝。这就是赛义德王朝的开始，图格卢克王朝灭亡。

赛义德王朝

赛义德王朝有4位苏丹，共统治36年（1414~1450）。之所以叫赛义德王朝，是因为希兹尔汗自称是赛义德①，但并无实据证明。希兹尔汗原为图格卢克王朝的木尔坦总督，因参与王子间争夺王位的战争站错了队失利逃亡。帖木儿入侵后，他卖身投靠帖木儿，受到赏识。帖木儿回国前任命他为木尔坦、拉合尔和迪帕尔普尔总督。帖木儿回国后不久死去，其国内大乱，希兹尔汗也就趁机宣布独立，自己成了主人。由于重兵在握，势力强大，所以能攻占德里而一举登上王位。不过他抢到的这顶王冠，只在恒河上游、旁遮普和信德被承认。在除此之外的印度广大地区，王冠已经比比皆是了。这一时期兴起的主要国家有拉其普特人的美华尔和马尔瓦尔、奥里萨、孟加拉、江普尔、古吉拉特、马尔华、坎德什、巴曼尼、维贾耶那伽尔和冈德瓦纳等。其中拉其普特人的国家和维贾耶那伽尔是印度教国家，其他国家都是由伊斯兰教王朝统治的。赛义德王朝自始至终都无力改变这

① 赛义德据认为是先知穆罕默德的后裔。

种局势。希兹尔汗及其子穆巴拉克沙所能做的只是对德里附近反叛的小王公进行征伐，取得的成功也是暂时的。赛义德王朝无论在对内和对外政策方面都没有任何建树可言。在最后一个苏丹阿拉-乌德-丁·阿拉姆沙统治时，国土已缩小到只有德里周围数十里之地，旁遮普已被萨尔欣德的总督巴卢勒·洛蒂占领。1447 年巴卢勒进攻德里被击退。阿拉-乌德-丁·阿拉姆沙为躲避可能的再次进攻，把朝廷迁到巴达翁，留下首相哈米德汗驻守德里。后者恐周围国家乘机进攻德里，就邀请巴卢勒·洛蒂到德里担任军队总指挥。哈米德汗想用这种办法笼络并利用巴卢勒·洛蒂。这正好为觊觎德里王位的巴卢勒提供了机会，后者到达德里后不久，就杀了哈米德汗，1451 年宣布自己为苏丹。这就结束了赛义德王朝，开始了洛蒂王朝。

洛蒂王朝

洛蒂王朝有 3 位苏丹，共统治 75 年（1451～1526）。和以前几个王朝不同，这个王朝的统治者洛蒂家族是阿富汗人。巴卢勒·洛蒂的祖父在图格卢克王朝时就来到印度定居，在木尔坦总督下供职。他的伯父是赛义德王朝的萨尔欣德总督，这个位置后来由他继承。由于随赛义德王朝的苏丹穆罕默德沙对马尔华作战有功，苏丹把旁遮普也交他管辖。这样，在赛义德王朝后期，他实际上成了在地方上手握兵权、最有权势的人。他在德里建立新王朝使萨尔欣德和旁遮普重新进入德里苏丹国的版图。

洛蒂王朝建立后面临重重困难。首先，是北印度有一系列国家与它并存，如江普尔、马尔华、美华尔、马尔瓦尔、古吉拉特、奥里萨、孟加拉等。这些国家有些是图格卢克王朝的省督趁王朝势衰建立的；有些是拉其普特人的国家，是图格卢克王朝的藩属国，后来不再承认图格卢克王朝的宗主国地位。论实力，它们大多还比不上洛蒂王朝，但这些国家为提高自己的地位和威望，都对德里存有觊觎之心。如果出现多个对手，或出现联合势力，洛蒂王朝将难以应对。其次，德里苏丹国自建立以后，一直是突厥贵族在朝廷和各省势力中占优势地位，卡尔吉王朝起虽然有所改变，但突厥贵族仍然是贵族中最强的一支，何况卡尔吉人也是突厥人的一部分。如今德里政权落入阿富汗人手中，这是突厥贵族所不愿看到的。突厥贵族素来看不起阿富汗人，不愿屈居于他们之下，很快就采取了行动。巴卢勒即位当年，江普尔国苏丹马茂德·沙尔基进攻德里。马茂德·沙尔基是赛义德王朝苏丹阿拉-乌德-丁的女婿，他是在他妻子的要求下采取这一行动的。他自称作为赛义德王朝苏丹的亲属，最有权成为赛义德王朝的继承人。值得注意的是，马茂德·沙尔基这一侵犯行动居然得到洛蒂王朝许多突厥贵族的同情。巴卢勒的军队在德里郊区迎战，打败了江普尔的军队。经过多年的战战和和，巴卢勒·洛蒂最终征服并兼并了江普尔，把疆域推进到恒河中游。突厥贵族的希望落空，但不满在继续。他们在各省掌权的不少，作为一方之主本来就会对朝廷三心二意，朝廷落入阿富汗人手里更加剧了他们的离心倾向。洛蒂王朝建立后，其省督和地方官不少人已处于半独立状态，对朝廷若即若离。最后，阿富汗人内部因存在部落传统的影响缺乏向心力，洛蒂王朝没有足够的权威把阿富汗人整合为一支统一的力量，作为洛蒂王朝的支柱。面对突厥贵族的反对，这个弱点显得十分突出。

在这三重困难面前，巴卢勒·洛蒂苏丹认为出路是建立一个支持朝廷的强大的阿富汗人支柱。有这个支柱就可以对付不满的突厥贵族，增强阿富汗人的统治，并对周边国家形成威慑。阿富汗人在印度的人数太少，他认为这是个致命弱点，为改变现状，他鼓励阿富汗人大量来印度，在印度落户。对来印度的阿富汗贵族他优先重用，分封札吉尔给他们，任命他们担任高官。为取得贵族们的支持，他还表示尊重阿富汗人传统，对待他们不以国王自居，而是把自己当作同侪中的一位首领。在接见贵族时，他不坐王位，也不让朝见者在两边站立，而是同他们席地共坐。这样做带来的结果是两面的。阿富汗果然有很多人来到印度，其中包括贵族和上层人士。他们在朝廷内外逐渐占据主要地位，成了他的有力支柱。不过他既遵循阿富汗人的传统，就免不了同时接受这一传统的负面影响：君主不再有以前突厥人君主那样的绝对权威，贵族对君主不再唯命是从，而是骄横跋扈，我行我素，不把君主看在眼里。负面影响一开始还不明显，当时突出的是正面作用，所以巴卢勒·洛蒂很为能得到阿富汗贵族们的拥戴而高兴。在他们的支持下，他对周围的一些小王公实行征服，迫使多普尔、卡尔比、巴里、阿利普尔等王公承认其宗主权，缴纳年贡；也曾进攻瓜辽尔，勒索到大批贡物。在他统治时期，德里苏丹国的疆域比他即位时有所扩大。

1489年，巴卢勒病逝。根据他生前的任命，其第三子尼扎姆汗在多数贵族支持下继任苏丹，称号为西坎达尔沙。江普尔地区札吉达尔叛乱，他前往镇压，在追击中兼并了为江普尔叛乱者提供避难所的比哈尔，比哈尔统治者逃到孟加拉。当西坎达尔沙追军来到孟加拉边境时，孟加拉苏丹阿拉-乌德-丁·胡赛因沙提议和平解决。西坎达尔也知道自己资源有限，双方签订协议，胡赛因允诺不接收比哈尔逃亡者避难，承认比哈尔是德里苏丹国的一部分，双方互不侵犯对方领土。西坎达尔沙又利用拉其普特人内乱，征服了杜尔普尔、乌特杰尔、纳尔瓦尔、纳古尔等几个拉其普特人的小国家。1506 年在阿格拉建立一座新城（见图 9-2），以控制东拉贾斯坦及通向马尔华和古吉拉特的道路。阿格拉成了洛蒂王朝的新都城。西坎达尔沙采取政治手段力图控制马尔华，未能成功。

图 9-2　阿格拉城堡

此时，阿富汗贵族的骄横和不遵王命越来越突出。西坎达尔沙认识到继续奉行阿富汗传统对王权的巩固有害无益。他一改父亲的做法，把提高王权、恢复苏丹的威望、保证政令的推行作为头等重要的任务。在宫廷礼仪上恢复了以往王朝的君臣仪轨，朝廷议事时，大臣只能站立在他面前，以显示苏丹的至高无上地位；所有拥有札吉尔土地的人都必须向苏丹禀报财务收支情况；苏丹下达的命令，各省省督必须出城迎接；对藐视王权、不遵王命的省督和贵族实行惩罚；还建立了庞大的密探系统监视贵族的言行。贵族极为不满，蠢蠢欲动。有 22 个贵族阴谋叛乱，他发现后给予严惩，多人被杀。这些措施有效地遏制了贵族的骄横行为，保证了他在位时政局的相对稳定。

西坎达尔沙关注社会的安定和经济的发展。他强调司法要保持公平，道路要保证安全，市场价格要维持稳定。他还关心农业发展，取消了某些加征的税赋。对学者、文化人他也很重视，给予资助保护，结果有不少阿拉伯人和伊朗人学者、文化人来到他的宫廷。在他的政策鼓励下，一些文化人把梵文音乐著作译成波斯文。这些措施使洛蒂王朝的行政治理在他统治时期有所改善。不过他的宗教政策过于正统、偏执（详见本章宗教政策一节），造成新的社会不安，在很大程度上抵消了他在其他方面取得的效果。

1517 年西坎达尔沙去世，其子伊卜拉欣在新都城阿格拉即位。朝廷当权的贵族们专断地决定把江普尔交给他兄弟贾拉勒汗治理，以防止后者争夺王位。伊卜拉欣不满这种做法，当时不敢反对，在即位后立即改变态度，得到部分贵族支持。他命令贾拉勒汗回德里，后者拒绝，并自称苏丹。于是他亲自率军去讨伐贾拉勒汗。后者逃走，被抓获后被杀害。伊卜拉欣又征服了瓜辽尔，但 1517 年、1518 年两次征服美华尔的努力都受挫，这对他的威望是个沉重打击，贵族的不满势力趁机抬头。为了强化自己的地位，他开始采取严厉措施打击操纵朝政的阿富汗贵族，结果引发多次叛乱，他的镇压也越来越严酷。阿富汗贵族分成两个营垒，一方支持苏丹，另一方参与叛乱。两方都有很多重要的贵族参与，在一场场战斗中死伤惨重，还有一些贵族在伊卜拉欣每次战胜后被杀。苏丹的军队也数次被打败。洛蒂王朝的支柱被严重削弱，伊卜拉欣对身边贵族不再信任。由于感到形势险恶，他诏令旁遮普总督道拉特汗·洛蒂进京商讨对策。道拉特汗不明伊卜拉欣意图，心怀恐惧，先派他的儿子前往探听消息。在德里，他的儿子受到怀疑，被关进监狱，但有幸逃出。回到旁遮普后，他儿子把自己的经历报告给父亲。道拉特汗·洛蒂立即决定反叛。他自觉力量不足，便派他儿子邀请印度邻国、阿富汗斯坦的喀布尔国的统治者巴布尔进攻印度，推翻洛蒂王朝，以使他能保持在旁遮普的统治地位。几乎与此同时，一直觊觎王位的伊卜拉欣的叔父阿拉姆汗也从古吉拉特来到喀布尔，向巴布尔发出同样的邀请，冀图借助巴布尔的兵力将伊卜拉欣从王位拉下，自己取而代之。

巴布尔作为喀布尔国的君主，一直想扩张领土，不用说，他不会放过这个送上门的邀请机会。1524 年他率军做试探性进攻，进入印度境内，打败了洛蒂的军队，占领了拉合尔。使道拉特汗感到惊讶的是，巴布尔并没有帮助他保持在旁遮普的统治，而是在返回喀布尔前任命自己的官员治理。巴布尔又和阿拉姆汗秘密商定进攻德里的条件是阿拉姆汗承认旁遮普由巴布尔统治。这也是一种障眼法，其实，巴布尔何止要占领旁遮普，他的真正目标是夺取印度的统治权。之后他返回喀布尔，为远征德里、阿格拉做准备。阿拉姆汗和道拉特汗终于都认识到依靠巴布尔是不可靠的，便决定自己动手。双方组成联军进攻德里，但被洛蒂的军队打败。而此时，巴布尔已做好了远征的准备。1525 年 11 月，他亲率大军再度进入印度，渡过印度河，向德里进发。苏丹伊卜拉欣率军亲往迎战。1526 年 4 月 21 日，两军在旁尼帕特决战。洛蒂王朝的军队号称 10 万，有 1000 头战象，实际上精兵约 4 万。巴布尔军队约 25000 人，在兵力上处于劣势。然而战斗结果却是巴布尔大胜，洛蒂军队全军覆没，伊卜拉欣战死。巴布尔趁胜直捣德里和阿格拉，建立了自己统治的国家，即莫卧儿国家。洛蒂王朝灭亡。

洛蒂王朝覆灭的根本原因是其内部政治上的分裂。这个王朝领地已经很狭小了，而作为王朝统治支柱的阿富汗贵族又四分五裂，同床异梦，各地统治者不断叛乱，使伊卜拉欣左支右绌，应接不暇，资源消耗殆尽。长期的内部纷争，导致政局极不稳定，军心民心恐慌不安，经济发展受到破坏，王朝的基础几近坍塌。在这种情况下，纵然军队人数处于优势，但士气不振，徒有数量也无济于事。其次，从军事上说，洛蒂王朝的军事组织是贵族亲兵制，缺乏训练，指挥也不统一，士兵只效忠于自己的首领。巴布尔的骑兵精良，火炮较有威力，这都是洛蒂的军队所不及的。这样的军队面对素质更强的莫卧儿军队，不堪一击是必然的。

随着洛蒂王朝的灭亡，德里苏丹国 300 多年的统治史也到了尽头。德里苏丹国的衰亡过程从图格卢克王朝晚期就开始了，以后的发展不过是最终覆亡前的挣扎而已。

三　维贾耶那伽尔和巴曼尼的兴衰

德里苏丹国的统治地区最初是在北印度，从卡尔吉王朝起开始向南印度扩张。卡尔吉王朝和图格卢克王朝时，版图扩展到南印大部分地区，达到鼎盛，从而使德里苏丹国成为以北印度为重心的全印性帝国。但这样的大帝国只是昙花一现，前后不过数十年。德里苏丹国一直未能征服整个次大陆，即便在它最兴盛的时候，在它的版图之外，仍存在一些独立国家。从 14 世纪 30 年代起，也就是图格卢克王朝的后期起，大帝国日趋解体，从它的辽阔版图中，分裂出一批又一批独立国家，德里苏丹国的空间则被压缩得越来越小。源源不断的新独立国家出现，加上原来就与德里苏丹国并存的独立国家，使北印度和南印度都重新陷于四分五裂、列国林立的局面。到赛义德王朝和洛蒂王朝时，印度历史似乎又回到数百年前。德里苏丹国尚在，但大帝国已无踪影，德里苏丹国成了众多国家中的普通一员。

新的分裂局面如果说与穆斯林进入印度前相比有什么不同，那就是现在的分裂多了个宗教因素：和以前不同，这次分裂的局面是，在众多独立国家中，如果从宗教角度看，有些是伊斯兰教国家，有些是印度教国家。这是必然的。德里苏丹国是穆斯林建立的，它的分裂自然会导致一系列较小的伊斯兰国家建立，又因为它是在被压迫的印度教徒争取独立的浪潮中解体的，随之而起的必然是出现一系列印度教徒统治的国家。至于这两种因素如何交织，导致的结果是什么样的，就取决于宣布独立的或领导独立斗争的是什么力量。如果新建国家原是德里苏丹国的一个省区，由原来的穆斯林省督或其他穆斯林上层宣布独立，这样独立的国家就是伊斯兰教占统治地位的国家，如孟加拉、古吉拉特、马尔华、江普尔、坎德什、马杜赖、巴曼尼等。如果新建国家是原被征服的印度教国家，印度教王公在被征服后成为德里苏丹国的藩属，独立斗争是由他们领导的，这样独立的国家当然是印度教占统治地位，如拉其普特人的美华尔和马尔瓦尔，南印度的霍伊萨那、瓦朗加尔、维贾耶那伽尔，马拉巴尔海岸的卡利库特、科钦等。出现两种不同宗教的国家，这是穆斯林统治印度一段时期后带来的结果，是德里苏丹国的统治使伊斯兰教在全印大部分地区上升到政治统治地位；又是它的式微使伊斯兰教的政治力量分散化，出现了不平衡，在一些地区势力微弱，使印度教徒得以在政治上重展身手。在分裂中出现不同宗教的国家，在国与国的关系中，除了经济、政治因素外，多了个宗教因素，这对印度政治的未来发展有重大影响。

这种情况无论在北印、南印都存在。不同的是，在北印度，由于这里是德里苏丹国的核心地区，新建国家中占主要地位的依然是伊斯兰国家；而在南印度，出现了印度教国家与伊斯兰教国家并立的局面。在随后的长时间内，直至莫卧儿帝国建立前，虽然双方势力互有涨落，但谁也压倒不了谁。

所有这些独立国家不但都曾与德里苏丹国有过征服与反征服、镇压与反镇压之争，而且它们之间也是战争不断，弱肉强食。不过，虽然政治版图变化不定，但没有出现能控制全印的、特别有实力的国家。所以，次大陆的平衡一直在维持，分裂的基本格局谁也改变不了。直到16世纪初，从喀布尔来的新的伊斯兰教势力进入印度，建立莫卧儿国家，才逐渐地把北印度和南印度的几乎所有国家一一征服，再度实现了次大陆的统一。

在莫卧儿国家建立前，在北印度，德里苏丹国的最后两个王朝——赛义德王朝和洛蒂王朝虽然版图已大大缩小，但仍以正统自居，抱着恢复先前威望的野心，不时地对周边国家用兵，以扩大自己的地盘和影响。但除了失败，几无收获。这表明德里苏丹国已是枯木朽株，再生无望。

可是在南印度，情况却多少有些不同。南印度14世纪中期后，从最初的分裂得比较零碎的混乱局面中，形成了两个相对来说实力较强、影响较大的国家，即维贾耶那伽尔和巴曼尼。前者是印度教国家，后者是伊斯兰国家。两者都是新建国家，在挣脱了德里苏丹国的统治后有一定的内生力和对外经略的强烈冲动。它们在各自国内发展经济，保持社会较长期稳定，成了这一时期印度舞台的亮点。但不幸的是，两者成立不久就开始了战争，而且断断续续、旷日持久地进行了一百多年，使两国的发展进程都受到严重破坏。这种你死我活的对抗除了经济原因——争夺领土和资源，政治原因——争夺南印霸权，也有宗教原因——争夺本宗教在南印的优势地位。两者的长期战争暴露了新分裂时期宗教因素在其中所起的负面作用，同样成了14~16世纪印度政治舞台最刺眼的场景。

两个国家的形成有其深刻的背景。穆斯林进入印度后，主要聚集在北印度，对南印度的渗透和经略比较弱。在通加巴德腊、特林加纳、克里希那河一带广大地区，德里苏丹国的控制停留在表面，只是派来少数高级官员，驻扎的军队也不多。这里的印度教上层所受的打击和摧残不如北印度那么重，还保留较强的政治势力、经济势力和社会影响，在广大群众中还有相当大的号召力，而印度教民众对穆斯林的统治和宗教政策非常愤恨，摆脱德里苏丹国的统治一直是他们的强烈愿望。这就是维贾耶那伽尔国家出现并成为南印大国的背景。

南印之所以能出现巴曼尼这样一个较大的伊斯兰国家，与图格卢克王朝建立道拉塔巴德第二都城有直接关系。正是建立这个都城，把大量穆斯林迁来此地，其中包括很多贵族。他们掌握了这片地区的统治权，又得到大量土地封赠，成了这片地区的主要势力和伊斯兰教利益的坚决维护者。

14 世纪中期，穆罕默德·图格卢克的一系列政策失误在德干地区最强烈地反映出来。第二都城的放弃和代用币使用的失败引起了各阶层的不满，人心惶惶，连迁来南印、对在这里发展抱有无限希望的穆斯林贵族也认为自己的利益受到严重损害。穆罕默德·图格卢克建立第二都城原是要加强自己在南印的控制力，而第二都城的放弃无疑是向南印的所有人，不仅是印度教徒，还有穆斯林，清楚地昭示，德里苏丹国对南印的控制已力不从心了。这不仅使印度教上层有理由认为，摆脱德里苏丹国统治、恢复独立的时机来临了，而且也使南印的穆斯林上层知道德里苏丹国大势已去，不得不做自保的准备。当印度教徒争取独立的斗争果然如人们预料的那样激荡而起后，为了保住自己在南印的利益，他们便也逐浪前行，举起了自立的旗帜，建立独立的伊斯兰国家——巴曼尼国。

维贾耶那伽尔和巴曼尼，两者在南印度一北一南，各自雄踞一方。维贾耶那伽尔代表了从德里苏丹国统治下挣脱出来的印度教势力，他们的理想目标是在整个印度恢复印度教王朝的统治，现实目标是在南印度重建印度教的政治统治，把伊斯兰教势力驱逐出去。巴曼尼则代表穆斯林势力，要在南印继续维护穆斯林的统治。两者反复较量，因力量处于均势，谁也不能压垮对方。巴曼尼曾把对维贾耶那伽尔的战争宣布为圣战，也于事无补。结果只能是在相互毁损和无尽的消耗中两败俱伤，先后衰落和分裂，最终都走向灭亡。

维贾耶那伽尔和巴曼尼两强在南印度长达一百多年的争霸，是 14～15 世纪印度最重要的历史事件之一。从印度发展的历史长河看，这是穆斯林在印度建立统治权后印度教徒进行的一次显示力量的集中努力，但力量有限，只能以失败告终。

维贾耶那伽尔

维贾耶那伽尔是出身刹帝利种姓的哈里哈拉和布卡兄弟于 1336 年创建的。两兄弟原为瓦朗加尔的卡卡提亚王朝的藩属，后为南印坎皮利国（今卡纳塔克境内）的大臣。穆罕默德·图格卢克征服坎皮利时，将他们掳往德里，他们皈依了伊斯兰教。当南印形势不稳时，他们被穆罕默德·图格卢克派回，哈里哈拉被任命为坎皮利总督，布卡被任命为副总督，他们的任务是镇压反叛。然而，受当地和南印其他地区独立运动气氛的强烈鼓舞，哈里哈拉和布卡经过一段时间的犹豫，在印度教圣人伐德亚拉里亚的鼓励下，改变立场，决定支持并领导当地的印度教上层争取独立的斗争。他们在坎皮利宣布回宗印度教。1336 年哈里哈拉在通加巴德腊河畔的哈斯提纳伐提建立了独立的印度教国家。不久，新建了都城维贾耶那伽尔，这个新建立的国家也就叫维贾耶那伽尔。哈里哈拉为首位统治者，1356 年他去世后，由布卡即位。

哈里哈拉在位时就利用南印度局势的混乱积极向外扩张，布卡统治时继续进行扩张。两位统治者的征服战争为维贾耶纳伽尔逐渐发展成南印的一个大国奠定了基础。对外征服的主要对象是周边的几个国家。首先控制了通加巴德腊河谷、孔坎的一部分和马拉巴尔海岸。1346 年向南征服，兼并了迈索尔的霍伊萨那国，疆域扩大到北起克里希那河，南至科佛里河，东西抵海。另一个重要扩张是 1377 年征服和兼并了科佛里河以南的马杜赖苏丹国，使维贾耶那伽尔的南部边界进一步伸展到次大陆极南端的拉姆斯瓦拉姆。半岛南端泰米尔人国家哲罗国的部分领土也被占领。

向北扩张遇到了主要对手巴曼尼国，1352 年起和巴曼尼的长期战争开始。双方主要是争夺三片地区：通加巴德腊河与克里希那河河间区，这里是南印主要产粮区，富庶而且繁荣；克里希那河—哥达瓦里河三角洲，这里不仅土地肥沃，还具有多个良港，是对外贸易的重要吞吐口；孔坎及通向它的通道，孔坎是西高止山和西海岸之间的狭窄地区，这里有大片良田沃土，而且有果阿港，伊朗和伊拉克的良种马从这里进口，印度产品大量从这里出口，谁控制这片地区，谁就能掌握西印度外贸的命脉。巴曼尼国也是很早就觊觎上述三片地区，维贾耶那伽尔与巴曼尼的拼死争夺势不可免。

两国在长期战争中，互有胜负，相互多次进入对方领土。除了掠夺财富外，还经常大肆屠杀无辜平民，烧毁城市，亵渎宗教圣地，把年轻女子掠掳为奴，其中许多还以宗教为名义。1367 年那次就很典型。这年，维贾耶那伽尔国王布卡率军攻下存在争议的通加巴德腊河河间区的姆德卡尔堡垒后，屠杀全部穆斯林戍军，只有一人幸存。巴曼尼苏丹穆罕默德沙一世大怒，发誓报复，声言不杀十万印度教徒剑不入鞘。他第一次率大军渡过通加巴德腊河，进入维贾耶那伽尔国土，借助火炮和机动的骑兵打败了布卡。后者被迫撤退到森林区，伺机不时出击。战争持续数月，巴曼尼不能取胜。在整个战争过程中，巴曼尼的军队进占哪里，就把大屠杀带到哪里，妇孺老少均不能幸免。双方精力和资源耗尽，不得不缔结和约，规定河间区还像先前那样由两国分管，两国今后若发生战争，不得再屠杀无辜的百姓。尽管这个规定后来一再遭到破坏，但整体来说还是起了约束作用，使战争的残酷性多少得到减轻。

布卡在位时，在东部也对奥里萨和特林加纳实行征服，但均告失败。

1377 年布卡去世，新王是他的儿子哈里哈拉二世。他主要致力于向东海岸扩张。这时的东海岸存在一系列印度教小国，较强的是克里希那河—哥达瓦里河三角洲上部的瑞迪国和三角洲下部的特林加纳。北面的奥里萨国和东面的巴曼尼国也觊觎这片地区，巴曼尼抢先动手，派军队侵入特林加纳，占领了考拉斯要塞和戈尔孔达的山间堡垒。巴曼尼允诺不再向纵深推进，作为交换，特林加纳国王把一个特制的、镶嵌着珍珠的王座献给巴曼尼苏丹，据说这个王座原是准备献给德里苏丹国君主穆罕默德·图格卢克的。巴曼尼就这样用和特林加纳结盟的手段，保持自己在东海岸的优势地位约 50 年，有效地阻止了维贾耶那伽尔进占这片地区。而维贾耶那伽尔的国王哈里哈拉二世在这里受挫，却从别处找到了补偿：他从巴曼尼国家手里夺得西海岸的果阿和比尔高姆，这大大增强了维贾耶那伽尔在西海岸的战略地位。

哈里哈拉二世去世后，王位更换频仍，到德瓦·拉雅一世（1406~1422 年在位）即位时才稳定下来。此时，在通加巴德腊河河间区战端重启。德瓦·拉雅一世出师不利，被巴曼尼苏丹费罗兹沙打败，屈辱地赔款媾和，还把女儿嫁给苏丹，把河间地的班卡普尔作为嫁妆割让。在维贾耶那伽尔城附近举行的婚礼上，巴曼尼苏丹受到隆重的接待，两位君主并辔而行，上演了貌似友好的一幕。其实，对维贾耶那伽尔的国王来说，喜庆仪式下隐藏的是满心酸楚，这种作秀是不得已而为之。联姻并不能消除两国的尖锐矛盾，未久两国的战事又起。1420 年巴曼尼和维贾耶那伽尔的又一场战争的结果是巴曼尼失败，后者的将军战死，苏丹逃走。维贾耶那伽尔的军队进占了巴曼尼的东部和南部。

在德瓦·拉雅一世和其后的几位君主统治时期，维贾耶那伽尔在其他方向继续扩张，又兼并了卡纳拉、特里契诺波里等，控制了包括达波尔在内的许多海港，还一度侵入锡兰，勒索巨额贡赋。但对巴曼尼的战争时胜时败，总的来说处于劣势。位于维贾耶那伽尔东北的特林加纳站在巴曼尼一边，对维贾耶那伽尔在东部的扩张是个严重的障碍，虽然它有时也表示支持维贾耶那伽尔，但站在巴曼尼一边的时间更长。维贾耶那伽尔千方百计离间其与巴曼尼的关系，终于以共同侵占和分割东海岸的领土为诱饵，诱使特林加纳转到维贾耶那伽尔一边。特林加纳立场的转变打破了维贾耶那伽尔与巴曼尼在东印度的均势，使前者在对巴曼尼作战中变劣势为优势，取得了数次较大的胜利，兼并了直到克里希那河河口的大片土地。

国王德瓦二世 1430 年即位后，为了抵消巴曼尼骑兵的优势，还雇用约 2000 名善于骑射的穆斯林参加他的军队，命令士兵向他们学习箭术，使军队的作战能力有新的提高，这也是维贾耶那伽尔能接连取胜的重要原因。不过巴曼尼虽然失利，也有取胜的时候。阿赫默德沙任苏丹时，巴曼尼打败并兼并了特林加纳，使维贾耶那伽尔在东印度的地位受到削弱，但并未造成根本性改变，双方的对峙态势仍继续保持。

1443 年，德瓦二世率军渡过通加巴德腊河，力图收复早先被巴曼尼占领的克里希那河以南的地区姆德卡尔、班卡普尔等。发生了三次激烈的战役，双方互有胜负，相持不下，最后只得议和，双方同意回到战前状态。

德瓦二世之后，维贾耶那伽尔国内发生重大变动。宫廷内斗不断，地方势力纷纷自立，朝廷像走马灯，改朝换代接连发生。1509 年克里希那·德瓦（1509~1530 年在位）继任维贾耶那伽尔国王。他励精图治，增强国力，不仅恢复了国内的秩序和法律，强化了中央政权，而且又重新开始了对外领土的争夺与扩张。在东北部，他打败了此前趁维贾耶那伽尔内乱侵入的奥里萨，迫使其从占领的所有维贾耶那伽尔领土上撤出。之后，他把主要精力放在对付维贾耶那伽尔的老对手巴曼尼上，力争重新控制整个通加巴德腊河河间区。此时巴曼尼帝国已经瓦解，它的废墟上建立起五个国家——比贾普尔、阿马德纳加尔、高康达、比达尔和贝腊尔。克里希那·德瓦打败了比贾普尔和奥里萨的联盟，从比贾普尔手里夺占了维贾耶那伽尔原来与巴曼尼长期争夺的通加巴德腊河与克里希那河河间区。又攻打奥里萨，取得胜利，迫使其统治者求和，割让大片领土。这样，克里希那统治时就把维贾耶那伽尔的疆域向东推进到维沙卡帕特姆，向西推进到孔坎，向南推进到半岛最南端东部（南端西部仍有些独立的小国）。他因而获得了“王中之王”“三海和大地之王”的称号。也就在这时，他开始关注已侵入印度西南海岸的葡萄牙人势力，关注他们在那里对维贾耶那伽尔一些小附属国的侵略和海盗活动，开始考虑采取应对措施。从这段时期直到他去世（1529）是维贾耶那伽尔势力最强盛的时期。

克里希那·德瓦去世后，宫廷内斗和地方叛乱又起，且愈演愈烈，导致国势日衰。国王萨达希瓦统治时（1542~1570），与周边国家的关系更趋恶化。他是个傀儡君主，掌实权的大臣罗摩拉雅为分化在巴曼尼废墟上建立的五个伊斯兰国家，插手比贾普尔、阿马德纳加尔、高康达、比达尔之间的领土争夺与战争。1557年罗摩拉雅加入比贾普尔和高康达的联盟，对阿马德纳加尔宣战，要求其归还抢占的土地，遭到拒绝。于是开始战争，三国军队进入阿马德纳加尔的领土，大肆烧杀劫掠，屠杀百姓。这中间，维贾耶那伽尔军队中有些人得意忘形，不仅对穆斯林居民态度残暴，还破坏清真寺，侮辱妇女，完全忘记了和比贾普尔、高康达不同，它是个印度教国家，结果激起所有穆斯林的愤怒，连比贾普尔、高康达也与它反目成仇。比贾普尔、高康达与阿马德纳加尔把它们之间的仇恨暂时搁置，对伊斯兰教的忠诚重新让它们站到一起。1564年，高康达、比贾普尔、阿马德纳加尔和比达尔四个国家联合起来，在维护伊斯兰教的名义下宣布共同讨伐异教徒的国家维贾耶那伽尔。1565年1月塔利科塔战役中，维贾耶那伽尔军队遭到惨败，罗摩拉雅被杀。四国联军进占维贾耶那伽尔城，大约10万印度教居民遭到屠杀，金银财宝被洗劫一空，著名的神庙、建筑物、雕塑被焚毁，城市变成一片废墟。这一战役成了维贾耶那伽尔历史的转折点，从此，它踏上了衰落、瓦解的不归路。

而穆斯林四国联盟也未能持久。当共同的敌人不再存在时，它们之间的争斗又开始了。这种情况使维贾耶那伽尔获得了喘息时机。四国军队撤回后，罗摩拉雅的弟弟提鲁马拉掌管了朝廷的权力，他把都城迁到皮努贡达。1570年他篡位自立为王。在他的努力治理下，国力得到某种恢复。后继的几位君主竭力维持现有的局面，但这时又开始了统治上层的内斗。趁此机会，维贾耶那伽尔的藩侯们和地方首领纷纷拥兵自立。1612年，印度教王公后裔德雅尔建立了独立的迈索尔国家。接着，马杜赖、坦焦尔等地方首领宣布独立。17 世纪初，显赫一时的维贾耶那伽尔只剩下都城及其周围的一小块地区，最后被比贾普尔和高康达瓜分（1614～1615）。比贾普尔和高康达也分别兼并了那些之前脱离维贾耶那伽尔自立的小王公国家。

维贾耶那伽尔的建国是印度教徒在德里苏丹国时期在南印重建印度教统治的最大一次努力。它使一个较大的印度教国家在南印存在 200 多年，保留了印度教的政治传统和影响，但最终未能成功地维持下来。

巴曼尼

14 世纪中期，就在南印度各地印度教徒纷纷进行独立斗争的浪潮中，在穆罕默德·图格卢克建立的第二都城道拉塔巴德，对穆罕默德·图格卢克政策不满的穆斯林贵族夺取了要塞，也宣布建立独立国家。此举不仅是为了自保，更是为了在南印度维护穆斯林的地位和利益。起初他们推举伊斯迈勒·马赫为苏丹。穆罕默德·图格卢克亲自率军前来镇压。但当他离去后，叛乱又起。1347 年，一个被称为扎法尔汗的年轻贵族哈桑被宣布为苏丹，取代年迈的、无所作为的伊斯迈勒·马赫，称号为阿拉-乌德-丁·巴曼沙，建都古巴加。他领导的国家依其姓氏被称为巴曼尼王国。也有学者认为，阿拉-乌德-丁·巴曼沙领导的国家被称为巴曼尼王国，是由于他自称波斯英雄巴曼的后裔。

阿拉-乌德-丁·巴曼沙利用当时南印度的混乱局势，迅速向周围扩张，征服了一些印度教和伊斯兰小国，包括达波尔、科拉普尔、特林加纳等。对这些国家，他只是要它们承认自己的宗主权，缴纳年贡，并未实行兼并，所以征服过程没有遇到太激烈的抵抗。不到几年，王国疆域扩展到北以温甘加河为界，南抵克里希那河，西起道拉塔巴德，东至邦吉尔，成了德干地区另一个势力强大的国家。

1358 年巴曼沙去世，继任苏丹是穆罕默德·沙一世。此时，与西南方邻国维贾耶那伽尔的长期战争已开始。维贾耶那伽尔是南印度另一个大国，是印度教国家。双方既有领土、利益的争夺，又有宗教的对立，形成长期的势不两立之势。两国军队你来我往，都不止一次地进入对方国土，都在对方的领土上实行过屠杀和宗教迫害政策。战争断断续续，在以后几任苏丹统治时期，一直是巴曼尼国家的头等大事。两国的战争巴曼尼虽略占优势，但也无力压垮对方。与维贾耶那伽尔的长期战争使双方资源消耗巨大，社会经济和国家治理都受到严重影响。

巴曼尼还不断与位于东南方的自己的藩属国特林加纳发生冲突。特林加纳对考拉斯堡有领土要求，与巴曼尼也欲占领该堡的战略意图冲突，被巴曼尼拒绝。此后，巴曼尼占领了考拉斯堡，以不进入特林加纳领土为条件，换得特林加纳允诺与巴曼尼结盟，共同应对维贾耶那伽尔对这片地区的侵占意图。特林加纳未能信守约定，后来被维贾耶那伽尔拉拢过去，改变了立场。在阿赫默德沙任苏丹（1422～1436年）时，巴曼尼为了报复，侵入特林加纳，打败并杀了其统治者，最终兼并了特林加纳。由于领土向东大大扩张，阿赫默德沙把都城迁到了比达尔。巴曼尼还不断向北部和西部扩张，引起与邻近的古吉拉特、马尔华的持续战争，彼此互有胜负。

1463年，穆罕默德沙继任苏丹，他任命马赫穆德·加万为首相。马赫穆德·加万出身伊朗商人家庭，后被引荐给苏丹，因才能出众，受到特别器重。加万主持朝政的20年内，不仅使巴曼尼在对外扩张方面取得了新进展，对内也实行了一些改革措施，加强中央对地方的控制力。巴曼尼在这段时期成为南印最强大的国家。

马赫穆德·加万继续进行与维贾耶那伽尔的战争。这一时期，巴曼尼处于优势，不仅占领了与维贾耶那伽尔长期争夺的通加巴德腊河河间地，而且一度突进到维贾耶那伽尔领土纵深地区直到建志。此外，在东、西、北三个方向，他都积极推行扩张政策。在东部，把奥里萨的势力从科罗曼德沿海地区赶走，占领了那些地区。在西部，从维贾耶那伽尔控制下夺占了果阿和达波尔港，沉重地打击了这个老对手，使自己对西亚的外贸有了更方便的进出口港。在北部，为争夺对贡德瓦拉、贝腊尔和孔坎的控制，早就和同样觊觎那些地区的马尔华进行战争，此时，巴曼尼竭力利用马尔华与古吉拉特的矛盾，争取到后者的支持。马尔华无法应对巴曼尼与古吉拉特的两面夹击，与巴曼尼妥协，达成了双方分割争议领土协议，规定贡德瓦拉部分地区归马尔华，资源更丰富的贝腊尔归巴曼尼。不过，马尔华对得不到贝腊尔一直不甘心，此后又多次对巴曼尼发动战争，但始终未能得逞。

这段时期巴曼尼似乎是风光无限，不过，这是表面现象。在对外强大的背后，其实隐藏着日益恶化的国内危机。早在穆罕默德·沙一世去世（1375）后，朝廷就开始陷于严重的不稳定状态。到15世纪，随着领土的扩大，贵族之间争权夺利的斗争日趋激烈。这时在朝廷内外，形成了两个集团：德干派和外来派。前者包括早就来德干居住的穆斯林（突厥人、中亚人、阿富汗人等）的后裔和由印度教改宗的穆斯林。早就来德干居住的穆斯林当然也是外来者，但来得比较早，已把德干看成自己的家园。他们和由印度教上层改宗的穆斯林一样，都要维护自己在德干的既得利益，不愿与新的外来者的竞争。外来派指新近由国外来德干的各国的穆斯林，包括波斯人、突厥人、阿富汗人、中亚人、阿拉伯人等。他们是在巴曼尼苏丹鼓励国外穆斯林来巴曼尼的政策吸引下大量来到德干的，有雇佣兵、工匠、商人，也有上层人士包括大量军官和学者。这些人主要是来寻求个人的发迹，或做高官，或挣钱发家，不一定要在德干永远定居。德干派在巴曼尼建国之初是朝廷的主要掌权者。随着外来派人数增多，他们也掌握了部分权力，虽然不及前一派显要，但人多势众，力量不在前一派之下，有时甚至有少数人上升到首要地位。在宗教信仰上前者多为逊尼派，后者什叶派居多（外来者因为巴曼尼统治者是什叶派才来的）。两派一旦形成，因为利益各有侧重，在政策主张上自然会有分歧，为壮大自己的势力，都要努力争取苏丹信任，借苏丹的支持张自己的声威，哪派上台都要打击对方。这种局面愈演愈烈，打击手段越来越残酷，谁也无法收拾，以致苏丹常常成了他们手中的傀儡，或废或立，完全由他们摆布。两派政治斗争常常转变成阴谋陷害和暴力手段的较量，随之而来的是不断发生的血腥屠杀。连马赫穆德·加万也未能幸免。他是波斯人，属于外来派。尽管作为一位忠诚的有作为的大臣，他为国家发展做出了重要贡献，对两派斗争，他也态度开明，并不偏袒外来派，在安排重要官员职位时，考虑到了两派平衡，尽量做到对等，但德干派仍把他视作眼中钉，他越得到苏丹器重，对他的妒忌心越重，越要千方百计除掉他。为此他们不惜卑鄙地伪造了一封信陷害他。先是他的印章的监护人被收买，在一张空白的信笺上盖了章，然后派人模仿他的笔迹写了一封密信，内容是邀请奥里萨国王率军来攻打巴曼尼。信故意落到苏丹手里。结果苏丹信以为真，马赫穆德被处死（1482）。这样一位德高望重的 78 岁高龄的大臣不幸成了两派厮杀的又一个牺牲品。外来派不服，发动叛乱，被血腥镇压。朝廷的情况既已如此，各省省督也就坐地自大，不再把朝廷放在眼里。

到马哈穆德沙统治时期（1482～1518），省督们纷纷宣布独立，苏丹能行使权力的辖区越来越小，最后只剩下都城比达尔周围。又经过了四个软弱的苏丹，1538 年，随着最后一位苏丹卡利姆·乌拉沙的去世，存在了近 200 年的巴曼尼国家从历史舞台上消失。

巴曼尼国家消失前，在它的废墟上已出现了由它的省督或贵族建立的五个伊斯兰国家，即比贾普尔（阿迪勒王朝，1489 年建立）、阿马德纳加尔（尼扎姆王朝，1490 年建立）、贝腊尔（伊马德王朝，1490 年建立）、高康达（库特卜王朝，1512 年或 1518 年建立）和比达尔（巴里德王朝，1526 年建立）。

这五个国家对外要一起对付维贾耶那伽尔这个共同的敌人。但即使在这种情况下，彼此仍然是战争不断。阿马德纳加尔和比贾普尔为争夺土地肥沃的休拉普尔地区争战不休，多次战争没有结果，联姻手段也无济于事。两国也都对比达尔抱有贪心，都要征服这个弱小的国家。阿马德纳加尔的野心最大，其统治者尼扎姆沙希认为自己是巴曼尼王室后裔，是巴曼尼帝国的正统继承者，理应得到更多遗产。除比达尔外，他还要征服贝腊尔。然而他不知道，对这片土地抱有野心的，不仅有比贾普尔，还有北方的大国古吉拉特。那里的统治王朝不仅紧盯着贝腊尔，还对阿马德纳加尔富裕的孔坎地区垂涎三尺。古吉拉特的统治者已在暗中帮助贝腊尔抵御阿马德纳加尔可能的入侵。比贾普尔和高康达也有矛盾，它们都想占有纳尔古戈地区。

它们的矛盾被维贾耶那伽尔利用，后者在不同国家间挑拨离间，甚至兵戎相见。这以后发生的最重要的事件就是阿马德纳加尔、比贾普尔、高康达和比达尔四国联合对维贾耶那伽尔作战。详细情况前面已经叙述。

1572 年古吉拉特被莫卧儿王朝征服。北方竞争者的消除鼓励阿马德纳加尔与比贾普尔于 1574 年达成协定，比贾普尔默许阿马德纳加尔吞并贝腊尔，作为交换，阿马德纳加尔默许比贾普尔在南方占领维贾耶那伽尔领土以扩大国土。这个协定的结果就是贝腊尔被阿马德纳加尔兼并。高康达似乎受到比贾普尔向南蚕食维贾耶那伽尔领土的刺激，采取同样的行动扩大领土。

五个国家变成了四个国家，它们之间的争斗并没有停止。1618~1619 年比达尔被比贾普尔兼并。这样，四个国家又变成了三个国家。这三个国家相互间继续争斗，直到三国先后被莫卧儿帝国兼并（阿马德纳加尔 1600 年被阿克巴兼并部分，剩余部分被沙贾汗 1633 年兼并。比贾普尔和高康达分别被奥朗则布于 1686 年、1687 年兼并）。

四　德里苏丹国的统治体制

随着德里苏丹国的建立，印度历史进入了主要由穆斯林王朝统治时期，这对政治、经济和社会各方面都带来了重大变化。

就政治方面来说，最集中的表现是建立了有印度特色的伊斯兰教的统治体制。

按照伊斯兰教传统，伊斯兰国家应该是一种政教合一的神权政体。哈里发的统治体制是它的理想体制，哈里发作为神的代表既是整个伊斯兰世界的宗教领袖，又是世俗国王。哈里发所在国由其直接统治，在其他伊斯兰国家，除奉哈里发为宗教领袖外，其苏丹也只是作为哈里发的代表统治该国。治国的最高依据是《古兰经》，法律和政策的最高准则是沙里阿。政治统治和传播伊斯兰教同为建国宗旨。贵族、官吏、军队和乌里玛同为国家的统治支柱。

沙里阿是伊斯兰教根本法，其根据是《古兰经》、圣训以及对这些经典的推理性解释。沙里阿的内容不仅包括法律宗教理论，还包括政治、经济、社会、伦理等各方面的基本原则和行为规范。对沙里阿的解释权属乌里玛，他们的解释连哈里发、苏丹都要遵从。各种立法都要以此为据。

不过，这些规定并不是每个伊斯兰国家都能做到，特别是那些虽由穆斯林统治但非伊斯兰教徒占居民多数的国家。德里苏丹国既然是在印度这样一个不仅印度教徒占人口多数，而且印度教有悠久历史根基的国家立国，就不能不考虑这个现实。机械地照搬伊斯兰教的理论上的规定，完全不顾多数人的信仰和原有传统，在这里是绝对行不通的。德里苏丹国各王朝的主要君主都认识到了这一点。虽然理论上说他们还是遵循神权政治理论，但在实行上一般都打了折扣，有了不同程度的偏离。最主要的表现就是，苏丹在决定国家各项政策和行动时并不是唯沙里阿的规定是从，而是以现实的政治需要为主要的依据，从世俗的政治利益出发，权衡轻重，决定取舍。这样的政权当然不能说是完全的神权政治，把它称为以现实政治利益为主要追求的伊斯兰政权更为贴切。

德里苏丹国的政治体制虽是伊斯兰教国家类型，但在一定程度上吸收了印度原有体制的因素。德里苏丹国的统治者来自中亚、阿富汗斯坦的不同民族，早期都受到发展程度较高的波斯文化的影响，当他们把本民族、本国的特点带到印度时，也都带来了波斯文化和体制的特点，并在此基础上吸收印度因素。这样，德里苏丹国的政治体制和各种制度就不是纯粹伊斯兰教的，而是以突厥、波斯因素为主，吸收了印度原有特点的多种因素的混合体。我们可以把它称为有印度特色的伊斯兰体制。

在苏丹和哈里发的关系上，大多数苏丹名义上都还是宣布效忠于哈里发，自称作为哈里发的代表统治印度。换言之，还是承认哈里发的最高宗教和世俗领袖地位。他们不但在诵读库特巴（每礼拜五中午祈祷念的祷文，必须念哈里发之名，为之祝福）时要念哈里发的名字，而且把哈里发的名字铸在发行的钱币上。有几任苏丹还受到哈里发封赐，如阿拔斯王朝的哈里发穆斯坦西尔·比拉赐给“奴隶王朝”的伊勒图特米什荣誉长袍和证书，封他为统治所征服的全部领地的苏丹。伊勒图特米什发行了铸有哈里发名字的钱币，并自称“哈里发的助手”。苏丹和哈里发的这种主从关系是由伊斯兰教的国家理论所规定的，具体到德里苏丹国，则正是由伊勒图特米什统治时起正式实行的。图格卢克王朝的穆罕默德·图格卢克、菲鲁兹·图格卢克也得到了同样的封赐。他们也发行了印有哈里发名字的钱币。其他苏丹虽然并非都得到哈里发的证书，但基本上都认可这种关系。

不过，尽管伊勒图特米什、穆罕默德·图格卢克、菲鲁兹·图格卢克等苏丹都把哈里发的封赐看作最高荣誉，竭力炫耀，但在实际上，他们也只是在口头上对哈里发表示忠顺而已，其实际目的都只是借助哈里发的声望，一方面增强自己对穆斯林臣民统治的合法性、权威性，另一方面和外部伊斯兰世界联系在一起，壮大印度的伊斯兰声威，以加强对非穆斯林臣民的统治。穆罕默德·图格卢克就很典型。他即位初期，并不把哈里发放在眼里。他常说，苏丹就是神挑选的，是神的影子，是直接和神交往的，“神是苏丹的支持者”。他不提哈里发，他发行的钱币上没有哈里发的名字。但到他统治后期，由于他的一些政策失误，威望降低，反叛迭起，这时需要借助外力提高自己的威望，他想到了哈里发。突然间他变得对哈里发无比尊敬和崇拜。他请求埃及的哈里发确认他为德里的苏丹。此后，所有他的政令都以哈里发的名义发布。1344 年，当哈里发的使者哈吉·赛德·萨尔萨里来到德里时，他以从未有过的最高礼仪欢迎他。除他本人外，朝廷所有高官、高级乌里玛和知识界头面人物都出场迎接。穆罕默德·图格卢克谦卑地向使者行吻脚礼。使者的讲话被记录和反复引用，以表明哈里发是如何看重他、支持他。这一切作秀说到底就是要将哈里发的权势作为一个有分量的砝码，为自己增加重量。

也有少数苏丹并不认为有这个必要，他们认为，伊斯兰教在印度的命运是由统治印度的穆斯林自己把握的，决定权在自己手中。他们不把伊斯兰的国家理论放在眼里，把哈里发抛在一边不去理会。最典型的是卡尔吉王朝的阿拉-乌德-丁·卡尔吉及其子库特卜-乌德-丁·穆巴拉克。后者干脆宣布他自己就是哈里发。不过这样的苏丹很少，到图格卢克王朝的菲鲁兹沙时，又回到多数苏丹的立场，也就是伊斯兰国家理论所规定的立场。

苏丹王位继承制度，按照伊斯兰教传统，是一种贵族和乌里玛推选制。虽然推选多半局限在王室子弟范围，儿子继承的多，都由苏丹提名，但并没有形成定制，更不是严格的长子继承制。如伊勒图特米什是作为库特卜-乌德-丁的部将、女婿被推选继承王位的，库特卜-乌德-丁的儿子阿拉姆沙宣布继承王位，贵族们不承认。而伊勒图特米什撇开儿子，提名女儿拉济娅为继承人，又是一个说明继承制度不规则的例子。事实上，当一个苏丹威望甚高时，他的提名具有决定性作用；而如果苏丹本人实力不够强，继承权往往决定于争夺王位者拥有的实力特别是军事实力，取决于他们的支持者——宫廷贵族包括乌里玛在内的派别斗争，甚至取决于战场上的较量。推选常常不过是对既成事实的确认。所以，只要苏丹软弱，王位争夺者有实力或少数贵族专权，推选制就成了王位争夺者手中的工具，或贵族派系操纵朝政的合法手段。这在德里苏丹国的整个时期是屡见不鲜的事。

苏丹理论上握有国家的最高行政、立法、司法和军事权力，这和以往印度的君主没有什么不同，只不过立法时都要考虑沙里阿的基本规定。按照伊斯兰教理论，王权要受沙里阿约束。乌里玛对沙里阿的解释，苏丹也要服从。如果真的实行这个规定，就等于把立法权交给一般是思想比较偏狭、总是把宗教考虑置于一切之上的乌里玛，这对于在印度这样的国家实现政治统治是不利的，甚至可以说是行不通的。所以，各个王朝的苏丹们只要有力量，都不遵从这个规定。在多数情况下，苏丹们总是把对沙里阿的解释权握在自己手里，并根据维护统治的需要自行颁布法令，有的从沙里阿中找“根据”解释，有的则置沙里阿于不顾，乌里玛们只好认可。阿拉-乌德-丁·卡尔吉的做法就很典型，在和一名法官穆吉斯-乌德-丁谈话时，他说："我根据有利于国家及谨慎从事的原则颁布命令。我不知道它们是否符合沙里阿的规定，我也不知道在末日审判时，神会对我怎么样。"① 这就是说，他实行立法是以统治利益为出发点，即便有悖宗教法也在所不惜。阿拉-乌德-丁从不允许乌里玛以任何理由干预朝政。穆罕默德·图格卢克也是王权至上理论的坚决奉行者。他从不允许乌里玛插手政务，还打破了乌里玛对司法权的垄断，从非乌里玛的学者中任命法官。乌里玛对案件的判决，他如果发现不公允，就予以改变。对乌里玛犯罪者，他也像对普通人犯罪一样给予惩办。别的苏丹虽没有像这两位苏丹那样走得那么远，但完全拘泥于宗教法的可以说是没有。

按照沙里阿规定，君主只是神的仆人，不能说成神。但突厥人对君权神化并不陌生（通过波斯萨珊王朝的做法可知），而印度则有此传统。所以，德里苏丹国的有些君主参照这种做法，也力图把自己神化。最典型的是巴勒班。他强调他登上王位是神的意志，王权是神授予的，他是神在这个世界上的代表，在神性上仅次于先知。因而他认为贵族和乌里玛不能评判、约束他的行动。他还强调，正因为王权神授，国王有无限的专制权力，从而，他也必须具有超人的威严和地位，以保证人民的服从。他对他的儿子布格拉汗说，王权就是专制主义的化身，只有让臣民对具有神性的国王心生敬畏才能保证他们的服从。他还把这套主张落实到礼仪上。他强调宫廷礼仪必须体现君主的威严。他总是身着隆重的帝王朝服接见官员，处理政务。官员觐见他时也必须着正式朝服，除给予少数高级大臣座位外，其余的官员只能站立侍候。官员朝见他时必须匍匐跪行吻脚礼。他本人也始终摆出一副庄严的仪表，从不流露自己的感情。有一次他正在朝堂，内侍来报他长子去世，他装出若无其事的样子，继续处理政务，直到退入内室才放声痛哭。为了增加苏丹的威严，他的卫队形影不离地环绕着他，每次出行都是手执脱鞘的明晃晃的利剑护卫在他的左右。他还宣称自己是突厥神话英雄的后裔。对这种种在沙里阿里找不到任何根据的说法和做法，大臣们和乌里玛们敢怒而不敢言，只好默默屈从。

卡尔吉王朝的阿拉-乌德-丁苏丹是君权神授论的另一个狂热的鼓吹者和力行者。他说君主就是神在世界上的代表，神赋予君主高于一切人的智

① L. P. 夏尔玛：《印度中世纪史》，德里，1981，第 88 页。

慧，他的意志就是法律。所以在处理朝政中，他不许任何贵族或乌里玛干预，而且绝对不允许违抗。大臣们和乌里玛都非常怕他，以至于他提出的任何主张、实行的任何措施，几乎没有人敢说半个不字。

持君权神授主张的苏丹还有穆罕默德·图格卢克。他也说他成为苏丹是神的意志，他就是神在人间的体现，他做出的决定就是传达神的意志。大臣们在他面前只有唯唯诺诺，没有人敢主动提出动议。

德里苏丹国的政权主要依靠以下几种力量统治。

官僚系统　朝廷设大臣辅佐苏丹，大臣由苏丹本人任命，基本上都是从外来的穆斯林贵族中挑选。“奴隶王朝”时有 4 名大臣，即首相，着重管理国家财政收支并负责高级官员的任免；军队总监，负责军事管理，包括兵员补充、训练、装备、军饷供应等；枢密大臣，负责苏丹与各省及外国的文书往来等；宗教大臣，负责监督伊斯兰教法的实施、宗教宣传、宗教捐赠等管理方面的事务。有的王朝也设副王，通常是空头荣誉职位，但有的副王受苏丹信任，握有实权，如巴勒班就是一例。后来，掌管司法的大法官和情报部门首脑也取得大臣地位。这样，通常就有七八名大臣管理全国政务。除朝廷大臣外，还有宫廷内官系统，其最高层是王室总监、侍卫总管、司马总管等。这些内官因多是苏丹亲信，虽地位不及朝廷大臣，有时掌握的实权和所起的作用比朝廷大臣还要大。

全国划分为省，最多时有 23 个。省的首脑为省督，叫穆克提。较重要的省及新征服地区设立的省省督叫瓦里，有更大权力。省督由苏丹任命，其职责是：在所管辖范围内维持法律和秩序；征收土地税和其他税收；供养和维持一支军队，随时听候苏丹调遣；每年向苏丹提出财政收支报告。省督全权处理地方事务，但未经苏丹同意，不能卷入战争。当然，这些规定只有在王权强大时才能被执行；在相反的情况下，省督常常自行其是，不听朝廷调遣。省也设有各个部门，由中央相应部门管理，其官员由朝廷任命。省下为县，县下为税区。德里苏丹王朝用穆斯林垄断县以上所有官职，印度教徒只有改宗伊斯兰教才能跻身这个圈子。但收税要靠印度原来的税收机构和人员，所以税区的官员和办事人员基本上全是印度教徒。最基层的单位是村。村保留原来世袭的收税人，作为政府和农民间的中介负责收税，还保留原来的评议会（潘查雅特），管理村内事务，调解纠纷。

德里苏丹国的官方用语是波斯语。这是德里苏丹国引进的外国语言，表明了外来穆斯林上层受波斯文化的强烈影响。对印度人来说，这是他们一无所知的语言。

司法系统 德里苏丹王朝中央设有审判庭、申诉庭，有时还有惩戒庭。审判庭审理民事和刑事诉讼，受理上诉，并负责任命各省法官。申诉庭审理控告官员案件，而惩戒庭则处理谋反案件。苏丹是司法的最高权威，重大案件由他亲自审理。大法官是他的助手，苏丹不能亲自审案时，由大法官主持审理。有时也组织一批法学家供咨询。判案主要依据沙里阿和苏丹的法令。民事案件若原告被告都是穆斯林，依据沙里阿判案；若都属别的宗教，则参照他们各自的宗教法审理；若一方是穆斯林，一方不是，则仍按伊斯兰教法判案。各省和重要城市有审判庭和申诉庭。审判庭由省里的法官主持，申诉庭由省督、管理财政的迪万和法官联合审案。高级法官都是穆斯林，中低级法官穆斯林、印度教徒兼有。从司法制度来看，虽然伊斯兰教法占主要地位，但并非完全以伊斯兰教法为国家法律，朝廷的法令同样是司法的重要依据甚至是更主要的依据；在原被告都是非穆斯林的民事案件中，当事人所属宗教的宗教法也成为依据，这些都表明德里苏丹国与完全的神权政治体制有一定的差别。

德里苏丹国还没有单独的警察部门，警察的职能由行政部门或驻地的军队行使。

军队 德里苏丹国始终保持一支人数众多的军队，不仅是为了抗御外来侵略，也是为了镇压国内的反叛、下层起义和实行领土扩张。骑兵是军队中主要的组成部分，步兵是基础，象军也是重要兵种，战象由苏丹垄断。这一时期，开始将火药用于军事，军队中成立了使用火器的工兵团。还有少量战船，主要用于运输。骑兵、工兵主要由穆斯林组成，象军和步兵多为印度教徒。苏丹是全国军队的最高统帅，战时由他亲自率兵或任命统帅。

养兵体制和军事组织不同王朝有所不同。“奴隶王朝”时是苏丹、省督和部分贵族都养军队，谁养的军队由谁负责招募、发薪、装备。苏丹养的军队，薪金和装备费用由国库支付；省督养的军队，费用从省税收中支付；贵族养兵，费用则从拨给的土地收入中支付。国家养的常备军数量不多，紧急需要时征召省督和贵族的军队。这种分散养兵的办法固然使朝廷的负担较轻，但有很多缺陷，如军队素质难保证，军队不能有效地统一指挥、不能机动灵活地调动和投入使用等。

卡尔吉王朝的阿拉-乌德-丁统治时，鉴于平叛、征服和抵御蒙古人侵犯的需要，对养兵制度进行了重大改革。不再允许贵族有军队，改为国家建立常备军，由国家统一招募、组织、训练，国家负担全部军事费用。骑兵人数最多时达 47.5 万人，步兵还多于此数。国家建立士兵和战马登记册，并首次实行战马烙印制度，以防在兵源、战马的数额和质量上弄虚作假。

图格卢克王朝的吉亚斯-乌德-丁和穆罕默德·图格卢克继续保持庞大的常备军，这种制度延续到菲鲁兹沙统治时才有变化。菲鲁兹沙统治时由于国库匮乏，无力支持庞大的军费，又把军队组织改为主要由贵族养兵的体制。苏丹只有 8 万~9 万常备骑兵，战时征召贵族的兵员补充。洛蒂王朝的军队也是贵族养兵，有的甚至是建立在氏族的基础上，没有统一的编制，也没有统一的训练和补充兵员的办法。不可否认的事实是，由国家统一建立常备军是比分散养兵优越得多的制度，但这需要许多先决条件，包括国家的财力、苏丹的驾驭能力等，不是每个王朝、每位苏丹都能做到。

对于军队建制各王朝也不尽相同。有的依突厥人的旧制以十进制为基础，千人长称阿密尔，万人长称马利克，十万人长称汗。有的模仿蒙古人的办法按 50 人、100 人、500 人、1000 人的进位制编制。前者实行较普遍。

军队薪饷的支付办法，不同王朝也不同。早期苏丹国以分封采邑代替薪饷，也有现金支付的。阿拉-乌德-丁·卡尔吉取消了军事采邑，改为全部由国家支付薪金。图格卢克王朝菲鲁兹沙统治时，对军人又改为以土地收入代替军饷。这意味着军人或者自己到该土地上收取土地税（这很少可能），或者把收税的事交给中间人去办。中间人多从中扣下一部分，甚至一半。这对军人的利益及军队战斗力的保持都是严重的损害。赛义德王朝、洛蒂王朝继续实行这个办法。无怪乎这些王朝的军事力量都是软弱不堪的。

在军事布防上，通常是苏丹的军队和省的军队分别负责全国和省的军事要津的守卫。阿拉-乌德-丁统治时，由于实行军队国家化，在布防上也有独特的做法。他对全国主要军事重镇统一安排驻兵，视其重要程度和地理特点安排不同的兵种和兵力。此外，为了阻止蒙古人的不断侵犯，又特别在西北边境修复和新建了许多堡垒，有戍军常驻，粮草储备始终保持充足状态，一旦有突发事件发生，就可以起应急作用。

从上述可以看到，在军队体制方面，德里苏丹国和以往印度王朝并没有重大不同，只有卡尔吉王朝的阿拉-乌德-丁做了较多改变，动作最大，做的事情最多。这是因为抵御蒙古人的侵略、实现征服全印度的理想都要求他保持一支苏丹可随时支配的强大军队；作为一个有绝对权力的君主，只有他有力量通过自上而下的改革，实现军队国家化和满足这支庞大军队的花费。从他抵御蒙古人入侵的成果和征服整个北印南印的成果看，他的改革确实取得了实效，军队实力有了很大提高。自图格卢克王朝中期以后，国势日衰，而后继的赛义德王朝、洛蒂王朝，更是夕阳西下，由国家保持一支强有力的军队成了奢望，军事体制也就不可避免地回归老路。

军队既是德里苏丹国维持统治的主要工具，掌握军权的高级军官就成了国家政治生活中一支很有势力的力量，在历次争夺王位和贵族争权夺利的斗争中起重要作用，有的本人就成了王位篡夺者。高级军官都由穆斯林充任，只有在德里苏丹国的印度教藩属国，军权仍保留在原来的将领或贵族手中。

穆斯林贵族 从广义上说，高级官员和军官都属贵族。贵族最高头衔是汗，次为马利克，再次为阿密尔。也有的贵族未担任官职或军职，没有头衔。他们中有的是部落、氏族首领和上层，有的是皇亲国戚，有的是前朝元老，有的是养兵的地方头领。由于他们有地位，有经济实力，有社会影响，故只要有机会，他们总想干预朝政，维护贵族的利益，他们的权势是任何苏丹也不敢轻视的。有的苏丹为达到自己的目的，也想利用他们，把他们组织起来，这恰恰给了他们更好的机会来左右苏丹，操纵朝政，形成尾大不掉之患。伊勒图特米什时建立的“四十人团”就是一例。这个贵族集团把持了朝廷的主要大臣和各省省督职位，能把不听控制的苏丹拉下马，以致后来的苏丹巴勒班即位之初就把除掉“四十人团”作为首要任务。

贵族中有不同的势力圈子。其一是种族区分。“奴隶王朝”时外来的突厥贵族垄断全部权力，卡尔吉王朝时除突厥贵族依然是贵族中的重要部分外（卡尔吉人也属突厥人，此时在政治上占主要地位），其他外来穆斯林贵族，如阿富汗人、伊朗人、阿拉伯人等也受到重视，但他们属于少数。图格卢克王朝、赛义德王朝继续保持以突厥贵族为主的态势。到洛蒂王朝时发生了变化。洛蒂王朝是阿富汗人建立的，阿富汗贵族占主导地位，突厥贵族把持的各重要职位大都被阿富汗人取代。不过，外来的穆斯林无论哪个种族居主导地位，贵族始终是印度社会的上层，掌握政治、军事权力并且是全国土地的主要占有者。

贵族又分为不同派别，主要是以人划线或以利益的区分划线，各个时期彼此不断明争暗斗，都采取种种手段扩大本派利益，影响甚至控制苏丹。贵族的利益诉求是苏丹制定政策时首先要考虑和照顾的，换言之，是苏丹决策的决定因素。不仅如此，由于德里苏丹国实行的是贵族和乌里玛推选苏丹制度，贵族常常成为制造苏丹的参与者，在决定苏丹的废立上起重要作用。苏丹和他们的关系取决于苏丹本人的强弱，只有强势的苏丹才能使他们多少受到约束。

贵族上层由于是既得利益者，在政治上是最保守的，几乎任何改革都受到他们中这部分或那部分人的反对，发动叛乱是常有的事。在整个德里苏丹国时期，属于贵族发动的叛乱几乎每个朝代都有，成为苏丹们最感棘手的问题。

随着德里苏丹国的建立，皈依伊斯兰教的印度封建主人数有所增多。渐渐地，他们也进入贵族圈，成为穆斯林贵族的一部分，但除少数人外，基本上都属二等角色，在地方上有些势力，在中央则受到排斥和歧视，能升任到大臣和省督职位的是极少数。如穆罕默德·图格卢克任命一名印度教改宗者为上信德的省督，菲鲁兹·图格卢克时宫廷大臣中有一名是印度教改宗者，卡尔吉王朝后期印度教改宗者库斯劳汗不但深受苏丹宠信，掌握宫廷大权，还篡夺了王位，后被突厥贵族联合起来推翻。

乌里玛　德里苏丹国规定伊斯兰教为国教，乌里玛是宗教法的阐释者、维护者和宗教法实施的执行者、监督者，属于社会上层的一部分。苏丹中虽有不少人不愿受他们限制，但需要他们在宗教领域发挥作用，帮助巩固政治统治。理论上说，不但普通百姓，而且贵族、高级官吏甚至苏丹的行动都要受他们约束。当出现违反沙里阿的情况时，会受到他们反对。苏丹实行某些重大行政措施，为了减少阻力，顺利推行，也需要得到他们从宗教角度的认可。虽然在多数情况下，苏丹不按沙里阿行事，如果苏丹很强势，乌里玛也只好屈服于压力，予以默认；但当苏丹软弱时，他们的反对常常能掀起汹涌波澜。由于沙里阿规定乌里玛可以参与推选苏丹，他们在干预朝政上也是一支不可小觑的力量。

乌里玛既是宗教法的维护者，势必墨守成规，在一切问题上都从维护逊尼派宗教正统出发，对印度国情和苏丹统治面临的政治形势是很少考虑的。对有些强势苏丹规定不许他们干预苏丹决策，他们是非常反对的，虽无力正面阻挠，但也从不给予积极支持。他们在观念上是属于最保守的，因此对苏丹的任何改革都不满，与苏丹发生分歧是经常的事。贵族叛乱常常得到他们的暗中支持甚至直接参与。因此，如何处理与乌里玛的关系，使乌里玛既能发挥在宗教方面的作用又驯顺听话，一直是历任苏丹感到为难的问题。

上述5个支柱构成了德里苏丹国统治体制的上层结构。这是穆斯林建立自己的统治后自上而下安排的。高、中级官员、军官、法官基本上都由穆斯林垄断，它意味着中央、省甚至县的全部权力（除印度教附属国外）已全部转移到穆斯林上层手中。各种安排的总目的，是确保穆斯林世俗和宗教上层在印度政治和宗教舞台上的统治地位。如果说在上层结构，这一点可以做到，那么，当涉及统治体制的下层结构时，要实现穆斯林的垄断就完全不可能了。这不仅因为穆斯林人数有限，更因为在像印度这样大的国家里，在税收和司法方面，要撇开传统的程序、习俗和机构另搞一套，是绝对行不通的。所以，整个德里苏丹国时期，县以下结构除增加税区一级外，基本未动，税收人员、基层管理人员也基本上是印度教徒原班人马，这都是不得已而为之。

这样，穆斯林王朝的统治体制就分成上下截然不同的两段。上层的结构是新建的，完全排斥印度教徒。上层结构中也吸收了某些印度教因素（如王权神化观念、司法方面涉及印度教徒沿用印度教法典等）。下层结构则近乎全盘利用了原印度教国家体制的基础。这看来似乎是矛盾的，其实并不矛盾，因为德里的穆斯林统治者认识到，没有这种利用，伊斯兰国家体制的上层结构就无以支撑。这是当时唯一可行的安排，尽管它与伊斯兰神权政治的模式已有相当距离。这是一种妥协，为了实现在印度的统治，这一点不大的让步是必不可少的。

五 德里苏丹国的宗教政策

德里苏丹国建立后，伊斯兰教被宣布为国教。按沙里阿的规定，君主在宗教方面的任务，是把非穆斯林领土伊斯兰化。非伊斯兰信仰虽允许存在，但对非穆斯林采取区别对待的政策。德里苏丹信奉逊尼派，对伊斯兰教的什叶派和其他派别也同样持区别对待的态度。

对非穆斯林，要征收一种人头税，作为得到国家承认和保护的条件。德里苏丹国是这样做的：规定所有非穆斯林，除妇女、小孩、婆罗门及担任国家公职者外，都要缴纳人头税。人头税最初是和土地税一起征收，从菲鲁兹统治时起，成为一项单独税收，而且规定婆罗门也要缴纳。对印度教徒朝拜圣地也征收香客税。德里苏丹国的税制在土地税、工商业税等方面对穆斯林、非穆斯林也实行区别对待，实行不同的税率，对印度教徒征收的税率比穆斯林高得多。印度教徒如改宗伊斯兰教可免除人头税并在其他税收方面得到优待。印度教徒只有改宗伊斯兰教才能担任中、高级官职。当一个案件诉讼双方中有一方是穆斯林时，要按伊斯兰教法判案。这些规定的目的是要确保穆斯林的特殊地位。乌里玛们不放弃任何机会，劝诱印度教徒改宗。在战争时期，改建印度教寺庙是经常的事。征服之初，有些印度教寺庙被改建为清真寺。最典型的是德里的库瓦特-乌尔-伊斯兰清真寺，原为毗湿奴庙，因改建匆忙，还保留了许多原来的建筑痕迹。在德里苏丹国稳定后，改建印度教庙宇的做法就不多了。但在有清真寺的地方，不再兴建印度教寺庙。印度教徒只能在现有的寺庙内或自己的家中举行宗教仪式，只能在没有清真寺的农村修建新的寺庙。

伊斯兰教进入印度前，印度也有多种宗教，虽然君主个人倾向各有不同，但作为国家的宗教政策，都是采取兼容政策，从不把某一种宗教宣布为国教。德里苏丹国把伊斯兰教宣布为国教，改变了以往的宗教政策。

虽然德里苏丹国总的来说都实行大致相同的宗教政策，但在不同的苏丹之间，具体规定方面还是有些差别。这取决于苏丹个人的宗教观和政治远见，取决于他们如何处理政治责任和宗教义务的关系。

虽然他们总的来说也是宗教政策的执行者，但在他们的观念中，对苏丹的政治责任比较看重，把执行宗教义务摆在第二位，认为后者不能影响前者。因此他们处理问题时，多数情况下是从王朝政治的需要出发，从现实状况出发，不受伊斯兰教法的严格约束。图格卢克王朝的穆罕默德·图格卢克就很典型。他常常参加其他宗教的仪式和节日活动。他是穆斯林君主中第一个参加印度教霍利节活动的人，据说还访问过印度教庙宇。在处理具体问题时，他总是把政治考虑置于宗教考虑之上。例如他认为帝国的基础需要加固，一个重要的手段是广泛吸收有才能的人参加国家管理，而不要过分受宗教、出身的拘束。正是抱着这样的想法，他不顾反对，任命了一些印度教徒担任高官。他还经常与印度教和耆那教的圣人交谈，对他们持尊重态度。对诗人、文学家和学者，他不分宗教一律实行保护政策。有材料说，他的宫廷里住有一批说阿拉伯语、波斯语和印地语的诗人。然而像穆罕默德·图格卢克这样的君主少之又少，和他态度相同的还有他之前的卡尔吉王朝的阿拉-乌德-丁苏丹。他们的特立独行，虽然当时没有人敢阻止，但事后还是受到许多宗教正统派的非议。

大多数苏丹都是正统的，但也有程度的不同。多数人虽然不像穆罕默德·图格卢克和阿拉-乌德-丁那样特立独行，但在他们的观念中，君主的世俗责任和宗教义务至少是具有同等地位的，不能太偏重于执行宗教义务。只有少数苏丹在处理具体问题时常常把宗教义务摆在首位。图格卢克王朝的菲鲁兹沙、洛蒂王朝的西坎达尔沙最为典型。这少数极端正统派苏丹在对待印度教的态度上，接近于接受沙里阿作为治国指导原则和立法依据。菲鲁兹沙就公开承认伊斯兰教法是他治国的基本依据和原则，虽然处理朝政和立法时并不完全按照伊斯兰教法办事，但在处理具体问题时，有不少时候他是把控不了自己的。他任命多名乌里玛担任高官和法官，把司法权、教育权交由他们掌管，在处理朝政时重视乌里玛的意见和作用。例如他就兴修渠道后是否要向受益农户征收灌溉税，先征求乌里玛的意见，得到同意才实行。他一反穆罕默德·图格卢克的做法，对他认为是伊斯兰教正宗的逊尼派表示异乎寻常的尊重。在他即位不久，一次在从查塔至德里的回程路上，他凭吊了沿路每一个逊尼派圣人的墓地，拜访了每一位健在的逊尼派圣人，表示自己永远恪守逊尼派的原则。他这样做，就是为了向推举他为苏丹的贵族和拥护他的正统派表明，不会辜负他们的信任和拥护。在自传中，他写道："我鼓励我的臣民接受先知的宗教，并允诺改宗者可免除人头税。"① 所谓鼓励的手段，除免除人头税外，还包括给予采邑、现金报酬、称号、荣誉、官职等。他还描述了位于奥里萨的杰吉纳加尔有一座著名的印度教普利神庙，在东印度远近闻名。为破坏这座神庙，菲鲁兹沙专门进行了一次对杰吉纳加尔的远征，那里的军队抵抗失败，统治者巴努·德瓦三世逃走，结果，神庙被菲鲁兹沙下令摧毁，所有神像被砸。巴努·德瓦三世最终降服，接受每年向菲鲁兹沙进贡的屈辱条件。坎格拉

① L. P. 夏尔玛：《印度中世纪史》，第 157 页。

的伐拉姆克神庙也是他下令毁坏的，所有偶像被砸碎。也正是他，首次规定婆罗门也必须缴纳人头税，理由是伊斯兰教法没有说婆罗门可以不缴。之前，他召开乌里玛会议，对他们说：“婆罗门是偶像崇拜链条的关键环节……因而，他们正应当首先缴纳人头税。”[①] 他还下令当众烧死一名婆罗门，罪名是这个婆罗门在穆斯林中宣扬印度教。菲鲁兹沙甚至对逊尼派以外的伊斯兰教其他派别也同样区别对待，把他们称为异教徒。他的自传中就提到他曾命令烧毁什叶派的大量典籍。洛蒂王朝的西坎达尔沙是另一个具有突出宗教狂热的苏丹。他下令破坏了大量印度教庙宇，在有的上面建立了清真寺。在破坏纳加科特的印度教神庙后，还下令砸毁所有神像，把其碎片交给屠夫作为称重的砝码使用；禁止印度教徒在朱木拿河沐浴。他鼓励印度教徒改宗伊斯兰教，开出种种优惠条件。孟加拉有个婆罗门在比哈尔的一个公开场合说，印度教和伊斯兰教都是真理，两条路哪一条都可以证悟到神，言外之意是没有必要改宗。这话被西坎达尔沙认为是宣扬异教，亵渎伊斯兰教。在神学家参与决策下，两个选择摆在婆罗门面前：承认错误，声明只有伊斯兰教是真理并改宗伊斯兰教；如果拒绝，死路一条。这位婆罗门拒绝认错，结果被处死。西坎达尔沙的类似暴行不可胜数。他的做法激起印度教徒和伊斯兰教逊尼派以外所有人的愤恨，加深宗教鸿沟。

六 德里苏丹国的土地制度

德里苏丹国的土地制度与印度先前的土地制度大同小异。要说有什么根本的区别，那就是穆斯林如今成了最主要的上层土地占有者。

随着德里苏丹国政治统治的建立，苏丹们作为君主，也继承了印度以往君主所享有的全国土地的最高所有权。国家掌控了全国的土地，一部分留作王室土地，另外相当大的部分（其中很多是原来印度教国家的贵族、官员、军官的领地）被苏丹们以各种形式封赐给穆斯林上层，使他们不但取得政治、司法、军事权力，而且取得了大片土地的占有权。在德里苏丹的统治下，穆斯林封建主在很大程度上取代了原印度教封建主，成了印度封建主阶级中的主要部分。不过那些被德里苏丹国征服作为藩属国继续存

① V. D. 马哈江：《印度史，从远古到1526年》，第211页。

在的国家，其土地制度没有被触动。

德里苏丹国的土地占有形式有以下几种。

哈里萨 是国家（或苏丹）直接领有的土地，由国家派官员收税，农村的世袭中间人协助征收。其收入用于国家和王室开支。哈里萨是国家直接掌握的资源库，每次对外征服，新占领的土地一律归入哈里萨，各种名目的分封则统一从哈里萨中拨出。一个王朝哈里萨土地的多少是这个王朝财政实力是否雄厚的重要指标之一。

伊克塔 这是德里苏丹国土地占有的主要形式之一，是与行政管理制度和养兵制度联系在一起的，多在离帝国核心地区较远的地区实行。德里苏丹国建立之初，把征服的地区划分为若干个伊克塔。每个伊克塔任命一位贵族成员管理，叫伊克塔达尔。伊克塔达尔就是伊克塔土地的占有者。他的任务是：在辖区内征收土地税和其他税收，征税的名目、数额、办法由朝廷规定；供养一支军队并负责其装备，供苏丹调遣，费用从税收收入中开支；负责伊克塔的法律秩序和行政管理。伊克塔达尔的薪金也从总收入中扣除，剩余的部分上缴中央政府。伊克塔达尔对土地的占有以任职时间为限，不能世袭。这个制度是从“奴隶王朝”的苏丹伊勒图特米什统治时开始实行的。最初朝廷管理宽松，以后逐渐严格，苏丹在每个伊克塔任命一位官员，专司监督土地税的征收和上缴。此外还布置了密探暗中监视。伊克塔达尔是最大的土地占有者，虽然占有是有条件的，违犯者会受到严厉惩罚，但只要王权对他们的控制力减弱，他们就会力图缩小上缴朝廷的税收数额，并把伊克塔变成世袭领地。围绕这个问题，每个王朝都会发生苏丹与伊克塔达尔的冲突，常常发生伊克塔达尔反叛。后来，全国建立了省，原来的伊克塔也都变成了省，伊克塔达尔成了省督，但其对伊克塔土地的占有制仍保留。

卡尔吉王朝的阿拉-乌德-丁即位后，为了充实朝廷的财政实力和强化中央对农民的直接控制，实行改革，下令取消伊克塔制，土地一律收归哈里萨，对原伊克塔达尔改发现金薪俸，军队也一律改为国家供养，但这个改革在多大程度上实行了，不得而知。他去世后，他的继承者否定了他的改革，又恢复了伊克塔制，因为新制要求中央有强大的控制能力，这是能力平庸的苏丹想做也做不到的。图格卢克王朝的菲鲁兹沙统治时，甚至更倒退一步，为取得伊克塔达尔们对朝廷的效忠，正式允许伊克塔土地世袭。

但图格卢克王朝不久就被推翻，伊克塔世袭制度并未能真正实行，以后的王朝也未正式实行，尽管在实际上这种情况的发生并不少见。

官吏食邑 德里苏丹国其他官员的薪金最初都是现金支付，逐渐地改变为以分封食邑（札吉尔）代薪的办法。受封者得到一片收益相当于薪金的土地，该土地上的农民把原上缴政府的税收缴给受封者。食邑大小由官职的高低决定。最初，强调食邑是职田，只有供职才能享用，去职后要退还给国家。但不久就出现了变食邑为世袭地的趋向。阿拉-乌德-丁·卡尔吉任苏丹时，为防止官员凭借土地占有形成地方势力，规定停止实行分封食邑的办法，要尽可能地把已分封的土地收回，改发现金。但实行起来困难很大，实际收回的只是部分对国家已无力提供服务的人所持有的食邑。有材料表明，大部分分封的食邑继续存在，不过食邑土地的税收权转到政府手里，即享有食邑的官员只得到规定的食邑税收收入，具体收税事宜由政府派员办理，据认为，这样可以避免享有食邑的官员对农民的额外榨取。不过在他去世后，这个新办法未能继续实行，继任苏丹恢复了分封食邑的老办法。到图格卢克王朝时，据记载，所有官员的薪金都由分封食邑土地替代。菲鲁兹·图格卢克统治时，对贵族高级官员更大规模地实行以地代薪的办法。食邑有的很大，包括几个县或者更多。还规定其持有者对其负有管理之责。这种办法助长了分离倾向。菲鲁兹·图格卢克去世后有些这样的大持有者就割断了与朝廷的联系，把其封地变成了独立王国。洛蒂王朝时，又对阿富汗贵族大片分封食邑土地，使王室土地急剧减少。这个王朝的苏丹穆扎法尔二世甚至还明确规定，食邑土地可以世袭。

军役田 对军队官兵实行以地代薪的办法是德里苏丹国首次引进印度的。从“奴隶王朝”的伊勒图特米什起，对国家的常备军就部分地采取了分给军役田代替薪金的办法。最初不能世袭，后来实际上成了世袭领地。巴勒班任苏丹时通过调查，发现军役田持有者很多都是退役的老兵或原军人家属，他们或他们家不再有服役能力。他命令所有这些人的军役田由国家收回，改发现金补贴。对那些由现役军人持有的军役田，也规定统一由政府官员管理，估计收益，折合现金给军人作为薪俸，但这个改变未能实行下去。那些退役军人和原军人家属强烈反对收回军役田，认为改发现金不能保障他们的家庭生活，要求苏丹考虑他们的困难。巴勒班为防止扰动军心，只好恢复军役田制度。阿拉-乌德-丁·卡尔吉统治时由于实行全部军队由国家供养，再度取消军役田，统一由国库发给薪金。但在菲鲁兹·图格卢克统治时又予以恢复，而且规定军役田可以世袭。中央常备军有80%都改发了军役田。菲鲁兹·图格卢克的理由是，军役田世袭有利于形成世代军人家庭，从而提高军队素质。这样做带来一个负面结果：许多低级军官和战士分得的军役田不大，不可能自己去收税，只好转交给中间人收税，而中间人都要从中再增加榨取，结果使农民的负担加重。洛蒂王朝继续了这种做法。

瓦克夫和伊纳姆 这是伊斯兰教宗教赐地。瓦克夫是赠赐给清真寺的，伊纳姆是赠赐给伊斯兰教神学家的，均免除地税及国家的一切要求，可以世袭。阿拉-乌德-丁统治时，颁令收回先前统治者封赠的各种土地，其中也包括瓦克夫和伊纳姆土地。不过究竟在多大程度上实行了，没有确切材料可以说明。菲鲁兹·图格卢克苏丹时期，赠赐瓦克夫和伊纳姆的制度又恢复了，而且规模还有所扩大。后来的王朝再没有触动此类宗教赐地。

印度教宗教土地 随着部分印度教神庙被摧毁，印度教神庙土地有很大部分被收归国有。由于印度教还有大量神庙存在，其土地未被触动。婆罗门个人原来得到的大量赐地大部分也被保留。

印度教藩属国的土地 德里苏丹国各王朝在对外征服中都或多或少保留了一些印度教藩属国。只要这些藩属国没有被兼并，其原来的各种土地占有关系就保持不变。

这样，德里苏丹国建立后，尽管乍看起来，土地制度较之以往似乎变化不大，但实际上非常重要的是，土地的最高所有者和占有者变了，最高所有权转到德里苏丹手里，土地很大部分的占有人现在是穆斯林封建主。原来印度教君主直接领有的国有土地成了苏丹政权直接领有的国有土地；原来数量巨大的印度教官吏食邑被没收，分封给了穆斯林官吏；原来印度教庙宇土地的相当部分，也随着寺庙的被摧毁而被没收，其中有些转赐给了新建的清真寺。这样，在德里苏丹国，穆斯林封建主已成了封建主阶级的主要部分。

印度教封建主还保留了原来占有土地的一部分，仍然是印度封建主阶级中一个有相当实力的组成部分。

土地的封建占有者虽说在很大程度上转换了，但耕种土地的人依然是农民，依然生活在村社内。农民对份地的世袭占有和使用权没有因占有者的更换而受到影响。穆斯林统治者一般不干预村社事务。所以无论土地的封建占有权转给谁，对农民来说没有什么区别。对他们影响更直接的是税制和税率，也就是他们应缴的地租税数额。在整个德里苏丹统治时期，租税呈增高趋势，这就导致了农民地位的恶化。

村社内部也有分化。村社上层侵占公地而成为小地主者增多。他们多占的土地通常是让无社员权利的外来人耕种。以往在村社内外通过少量土地买卖而形成的小地主也仍然存在。土地买卖仍不发展，但个别购买土地的事例也是有的。南印度出土的1427年的铭文提供了一个例子。这是通达曼达拉旃德拉基利省的维洛达依村，世居该村的穆图-纳雅克诸兄弟把属于他们的该村土地的一半卖给当地的一个属吠舍种姓的家族，卖价是双方议定的，现金支付。文书中没有说明买主是什么职业。从种姓看，是商人的可能性很大。[①] 这种土地买卖，依然只是占有权的买卖，而且只是偶然事例。土地买卖关系不发展反映了农村卷入商品经济的程度仍比较低。

总之，穆斯林统治印度后，土地的上层占有者有很大变化，但土地制度基本未变，租佃关系依然如旧。这就使印度的封建社会形态照原样延续下来，只是到莫卧儿帝国时期才有些新的变化。

七　德里苏丹国的税收政策

德里苏丹国庞大的统治机器要靠充足的财政收入来运转。巨大的宫廷花费和战争花费也必须有源源不断的收入来填充。它的税收政策肩负着开辟财源、保证供应的重任，故为历朝君主所重视，一直被摆在议事日程的最重要的位置上。

德里苏丹国的税收政策奠基于逊尼派法学家哈纳菲派的理论。根据这个理论，伊斯兰国家税收来源分为两类：宗教税和世俗税。宗教税称天课，只由穆斯林缴纳，征税对象是拥有财产一年以上者。纳税被认为是一种自愿的宗教虔诚行动。税率约为财产价值或重量的1/40，可用金银、牛羊和商品缴纳。国家专门设有单独的天课国库，其收入完全用于宗教目的。世俗税是国家向所有有产者征收的，不论属于哪个教派都要缴纳，但在税目

① 《中世纪史文选》第2卷，第180页。

上有的是专为非穆斯林制定的；税率上，对穆斯林和非穆斯林有所区别。世俗税按伊斯兰教法的规定只包括土地税、战利品税和对异教徒征收的人头税。实际上，征收的世俗税远不止这些，还有如商业税、牧场税、房屋税、森林税、果园税、水税等，不同王朝、不同苏丹都不相同，有的苏丹的税收名目多达数十种，使人民不堪重负。当然，除了征收名目的多少对百姓有直接影响外，税率的轻重尤其是土地税率的轻重影响更大，特别是对农民。所以历代王朝、历代苏丹实行什么样的税收政策历来是治史者研究的重点之一。

土地税 是国家收入来源的第一位。“奴隶王朝”建立后，王朝奠基者库特卜-乌德-丁·埃贝克规定国家征收的税率为总产量的1/5，这和原来印度教王朝时征收的税率接近。后来的历任苏丹统治时，税率时有变动，高的时候达到1/3。巴勒班执政时确定一条原则，即不能估产过高，也不能估产过低，要按中等水平估定。按他的想法，过高会造成农民生活困难和农村贫困，影响安定；过低会使农民年年有余，农民一旦有积蓄，生活好了就会懒散，从而助长不服从，容易滋生动乱。这其实是穆斯林统治者治理印度教臣民的总的原则。对其他教派，穆斯林统治者也是奉行这个原则。

至于土地税的征收，除政府设有主管财政和负责征税的官员外，在基层，直接负责收税的仍是原来介于政府和村社之间的一些税收中间人，他们征收后上缴国库。这些人都是印度教徒，在地方上或者有较多土地和较大势力，或者是村社长老，收税权常常是世代相承的。其中很多人在印度教王朝统治时就有这个身份，穆斯林来印度以后，就继续利用他们为伊斯兰政权服务。作为工作的酬劳，他们像以往一样，被允准自己的土地免缴地税，还享有其他一些优惠。由于农民是直接和他们接触，这些人在征收中就有一定的作弊空间。他们常私自巧立名目额外收费，最大限度地从农民那里征收，最小限度地向国家缴纳，从中克扣。德里苏丹们很不情愿用这些印度教徒中间人，但因为征税工作量太大，需要太多熟悉情况的人手，所以德里苏丹们离不开他们的服务。

卡尔吉王朝的阿拉-乌德-丁统治时，决定一改既往的做法，他要尝试革除这个他认为的利用中间人收税的弊端。当时的形势促使他下这个决心。当时，国家面临严重的内忧外患，需要供养一支强大的常备军，为了保证有充足的军费，就需要增加税收，充实国库。正是在这样的背景下，他下令实行新的土地税征收办法。规定实行土地丈量，确定实际面积，把国家征收的税率提高到产量的50%，现金缴纳，在河间区和德里附近地区，以实物缴纳，这个规定是为了保证军粮的供应。税额都确定到户。除此之外，不再征收其他税赋（牧场税和房屋税照常征收）。作为新制的重要部分，他规定取消所有税收中间人，废除他们享有的土地免税权和其他优惠，规定他们应同样纳税。征税此后由专门的政府官员负责，每个税区有专人主管。收税工作由村长协助，村长统一征收后上缴。阿拉-乌德-丁的这个新办法使国库收入增加了，保证了军费的需要。取消中间人的做法不但堵塞了税收漏洞，增加了税收收入，还削弱了印度教徒在国家税收体系中的势力和影响，这也是他希望做的，这样可以加强国家对农民的直接控制。

新的税制是否真的给农民带来了好处呢？理论上说，免除了中间人的额外榨取，不再缴名目繁多的杂税，对农民肯定是有利的；不过税率过高在很大程度上抵消了这些好处，使农民的实际负担不但没有多大减轻，反而是加重了。何况为了及时缴税，不管市场粮食价格被压得多么低都必须赶紧卖出粮食。无怪乎农民对改革的反应不是感到庆幸，而是怨声载道。税率这样高要维持长久事实上是很难的。在阿拉-乌德-丁去世后，他的这套改革措施基本上都被继承王位的穆巴拉克沙废止了，原来的简单分成的税收制度以及利用印度教徒中间人收税的老办法都恢复了。

图格卢克王朝开始后，土地税率恢复到1/5~1/3，征税办法也是采用旧的分成制，阿拉-乌德-丁时期采取的征收土地税的办法废止了，印度教徒税收中间人的税收权利和他们享有的免税权都恢复了。这样做是因为他们深知阿拉-乌德-丁的新办法实行起来太困难，税收收不上来，而按老办法实行既方便又省力。吉亚斯-乌德-丁·图格卢克苏丹还规定，任何省土地税提高的幅度一年都不得超过1/11~1/10。

不过穆罕默德·图格卢克统治时又出现新的波动。在他任苏丹时，由于连年战争，国家财政异常拮据。为了增加国库收入，他重新实行阿拉-乌德-丁的办法，在土地丈量的基础上征税，把恒河、朱木拿河河间地区的税率提高到1/2，而且不顾灾荒照样征收，结果激起了农民的反抗。大量农民逃亡，土地荒芜，有的进行暴力抵抗。政府无税可收，穆罕默德·图格卢克不得不改弦更张，转而实行鼓励农民恢复生产的新措施。但农民遭受重税打击，元气大伤，农业生产岂是短期内就能完全恢复的！

菲鲁兹·图格卢克继任苏丹后，针对已经形成的情况，采取了多种措施发展农业生产。土地税恢复了 1/5～1/3 的税率，不再实行土地丈量，而是粗略估产。他还把王室土地上的地税税额固定化。其做法是：参考该土地历年的收成估计出该土地的年产量，按国家规定的税率计算出税额，这个税额永久不变。菲鲁兹的做法特别是税率的降低使农民负担有所减轻。不过，1/5 税率的时候少之又少，此后直到德里苏丹国最后的王朝洛蒂王朝统治结束，税率都是基本上保持在 1/3 或稍多。此外还有陆续增加的杂税。对农民来说，负担依然是沉重的。

对穆斯林农民征收的土地税税率远远低于印度教农民的税率，大约仅为产量的 5%（土地为人工灌溉的）至 10%（土地有自然水源灌溉的）。这是宗教区别的一个明显标志。

人头税 这是向非穆斯林征收的。据穆斯林法学家解释，这项税收是出于非穆斯林获得穆斯林统治者的保护和免服兵役。向非穆斯林征收人头税实际上是驱使非穆斯林改宗伊斯兰教的手段之一。德里苏丹国的前两个王朝，还特许印度教婆罗门免缴人头税，菲鲁兹·图格卢克统治时，规定连婆罗门也要缴纳。这种做法引起印度教徒的极大反感，特别是婆罗门的强烈反对，德里的婆罗门绝食抗议，菲鲁兹·图格卢克拒绝让步。最后德里的富商许诺代缴德里婆罗门的税额，至于其他城市和地区的情况，没有材料说明。人头税的税率分为三等，按地位和收入高低税额有所差别。菲鲁兹·图格卢克在宗教方面是个极端正统派君主，他的所作所为是极端正统派君主宗教观和宗教政策的典型体现。

商业税 对穆斯林商人从事一般性商品贸易者，规定税率为 2.5%，从事马匹贸易者，税率为 5%。对印度教商人，税率则一律加倍。卡尔吉王朝的阿拉-乌德-丁统治时，对穆斯林商人的税率是货物总值的 5%，印度教商人为 10%。洛蒂王朝的西坎达尔沙统治时，对穆斯林从事谷物贸易者取消税收，对印度商人照样征收。除商业税外，对印度教商人还常常征收其他捐税。在有些情况下，各种商业捐税加在一起，总计达商品价值的 25%。商业税和土地税一样都明显带有宗教区别性质。

矿产税 按宗教法规定，国家有权得到矿产收益的 1/5，4/5 归开采人。实际上，由于采矿的业者基本上都是印度教商人，真正按宗教法规定的收益分配比例实行的不多。有的王朝对开矿加征其他名目的税收，致使税收总额远远超出 1/5 的规定，使有意从事矿业开采的人望而却步。

战利品税　根据伊斯兰教法，所有战利品应按如下比例处理：1/5 上缴国库，4/5 由参与作战的官兵分配。后来在实际分配中这个比例被翻转，国家所得比例上升到 4/5。菲鲁兹沙时，乌里玛们指出这种做法违反宗教法，奉行宗教正宗的菲鲁兹沙接受这种说法，颁令改变，恢复伊斯兰教法规定的分配比例。不过他统治时征服战争很少，没有多少战利品。后来的王朝又恢复了 4/5 上缴国库的老办法。

一个王朝财力的强弱，税收收入多少是个决定性因素。德里苏丹国整体来说对发展经济重视不够，财源增加的途径有限，于是许多苏丹便更多着眼于增加战争掠夺和增加税收。就后者而言，哈纳菲派理论规定的税收项目是有限的，许多苏丹认为，若照此规定实行，国家就会陷于寸步难行的境地。因此他们常常撇开这个纯理论上的规定，自行其是。事实上德里苏丹国历任苏丹不论是哪个王朝的，都没有百分之百地按这个规定行事。常见的情况是增加税收名目，有的能增加数十种。更常见的情况是，当一个王朝势衰时，不但朝廷会巧立名目大量加税，各省也会竞相增加，强行摊派。农民、手工业者和商人承担的税负最为沉重，是最主要的受害者。这种情况势必影响社会稳定。有讽刺意味的是，连图格卢克王朝的菲鲁兹沙都起而指责这种做法了。作为一个极端正统派君主，他是从维护宗教法的角度起来纠偏的。他即位后，就把纠正这个偏差列为自己的首要任务。他明确指出，伊斯兰教法的规定苏丹必须执行，在它规定的税收项目之外加征各种名目的税收是违反宗教法的。他下令严格执行伊斯兰教法的规定，只征收天课、土地税、人头税和战利品税 4 种税，取消所有其他的税收，据记载被取消的达 24 种。这样做，减轻了群众的负担，受到农民、手工业者和商人的拥护。不久后，他自己提出要向农民加征一种附加税——水税，理由是国家出资兴修许多渠道后，有不少农民得以引水灌溉，受益很大，理应付出一定的报偿。他提出的税率为土地税的 1/10。加征水税违反了他自己只征 4 种税的承诺，不过他曾事先就此事征求过乌里玛的意见，得到了肯定的答复后才去实行。菲鲁兹沙本人的想法是明确的，他认为国家税收既要符合伊斯兰教法，也要力求减轻百姓的负担，但该负担的也不能规避。所以他取消那么多种税收却又加征水税既是为了执行伊斯兰教法规定，又是作为一种惠民的公平的措施去实行的。不过，菲鲁兹沙的规定只是朝廷的规定，事实上，许多地方官员继续非法征收一些附加税（至少一部分），禁而不止是较普遍的现象。其他苏丹没有人像菲鲁兹沙那样拘泥于宗教法的规定，所以他去世后，按宗教法只征4种税的做法也就再没有哪个君主实行了。

八 13~15世纪社会经济的发展

穆斯林统治者征服印度之初，给印度的社会经济带来了严重的破坏。但当他们的统治稳定后，情况就发生了变化。毕竟与专门来掠夺财富的入侵者不同，他们在印度定居，成为印度的统治者。作为统治者，为了保证国家机器的正常运转，也为了抵御外敌，巩固国防，他们不能不担负起发展经济的责任。相对统一的出现为社会经济发展提供了有利的客观条件。德里苏丹国后期，许多地区脱离出去，新建立的国家如巴曼尼、维贾耶那伽尔等的统治者中也有些人对发展经济比较重视。现实使他们认识到，要在众多国家彼此不断征战中生存下去并得到发展，加强国家的经济实力是必不可少的。

德里苏丹国始终处在外族不断入侵和内部反叛迭起的威胁下，要维持一支庞大的军队，时时感到财政拮据。为了增加国家收入，阿拉-乌德-丁·卡尔吉统治时采取增税和控制物价的办法。他把土地税提高到总产量的1/2，把商业税提高1倍，又增加了牧场税和房屋税。这些措施固然能使国库增收于一时，但都是消极的办法。群众负担大大加重，特别是农民，要把年收入的一半以上缴税。沉重的榨取使很多人生活难以为继，有的税收不能按时完成。阿拉-乌德-丁对相关欠税人和税收不力的官员实行严惩。这样的高压政策对国家经济发展起了非常有害的作用。

一些较有眼光的统治者认识到，除了增税之外，发展农业和贸易很重要，认为这是开源创收的主要途径。持这种主张的君主不多，较突出的有“奴隶王朝”的库特卜-乌德-丁·埃贝克，图格卢克王朝的吉亚斯-乌德-丁·图格卢克、穆罕默德·图格卢克、菲鲁兹·图格卢克等。库特卜在给他的省督的诏令中强调，他们的职责之一是扩大耕地面积，增加生产，促进经济繁荣。还讲到要保护农民免受过度的压榨和暴虐。“奴隶王朝”和卡尔吉王朝时兴修了一系列水利灌溉工程。吉亚斯-乌德-丁·图格卢克重视开垦荒地，把提高了的土地税降下来，恢复到总产量的1/5～1/3。规定各省土地税的提高只能是逐渐的，提高的幅度一年内不能超过1/11～1/10。还提倡兴修水利，扩大种植面积。穆罕默德·图格卢克统治时，最初偏重增加税收，把河间地区的地税增加到50%，因税赋过重，加上灾荒和动乱，土地大片荒芜。他转变认识，决心大力发展生产，建立了农业部，促进开垦荒地和改善农业生产条件。兴修了一批水渠，挖掘了许多水井。还在恒河—朱木拿河河间地实行一项种植高产作物的计划。这里土地肥沃，适宜高产作物的生长。根据穆罕默德·图格卢克的命令，从这里挑选了一块60平方英里的土地作为国家的试验田，这片地区又被划成若干片，每片设一名官员指导，其任务是根据不同土质，提倡种植最适合的高产作物，如适合种小麦的不再种大麦，适合种甘蔗的不再种杂粮，适合种果树的不再种甘蔗等，还提供贷款，以解决改种高产作物所需要的资金。穆罕默德·图格卢克对这项计划有很高的期望，可惜由于缺乏经验，任命的指导官员大多能力差、工作效率低下，取得的成绩有限，没有产生预期的结果。穆罕默德·图格卢克去世后，这项计划也就不了了之。但他建立的农业部继续存在下来，而且他改进农业生产的想法对后继的苏丹有积极影响。菲鲁兹·图格卢克任苏丹后，继承穆罕默德·图格卢克的想法，对改进农业比较重视。他鼓励人民开垦荒地，扩大种植面积，对新开垦的土地只征收轻微的地税。又成立了公共工程部，大力促进兴修水利，有的工程由国家兴办，为农民提供灌溉便利。最突出的是，他开辟了5条运河，其水源引自朱木拿河、萨特累季河、加格腊河等，短的数十公里，长的有200公里。虽然有的是以供应新建城市用水为主，但运河所经之处，大片土地受益，提高了农业产量。他还建造了50个小水坝、30个贮水池、150口公用井。对从这些水利设施中受益的农民，征收相当于产量1/10的水税，如果是开荒灌溉，水税减半。他还用国家经费开辟了1200个果园，以增加国家收入。

一些苏丹对发展农业、兴修水利的重视和提倡，鼓励了民间兴修水利和改进农业条件。民间工程规模虽小，但形式多样，因地制宜，效果显著。结果，灌溉面积在耕地总面积中的比重大为增加，也促进了荒地的垦殖。农业工具也在逐渐改进。例如一种经过改进的波斯水车在奥德、孟加拉和旁遮普广泛使用。在阿格拉地区，使用大皮桶灌田，提高了效率。选择和培育良种受到重视，土壤改良和施肥方法也得到了改进。更为突出的是，经济作物种植面积有了增加，出现了地区种植专业化的趋向。例如，马拉巴尔海岸的胡椒、生姜，卡瑙季的甘蔗，马尔华的小麦和蒟酱叶、萨尔苏提的大米，道拉塔巴德的葡萄和安石榴等都以产量高、质量好闻名遐迩。经济作物种植的扩大，表明已懂得因地制宜利用土地条件，较好地掌握了根据土质种植适合作物的技术。不过农业虽有发展，但战乱和重税政策带来的危害极大，几乎每个较大的发展都有较大的破坏紧跟其后，抵消其成果。无论德里苏丹国还是其他国家都是如此。所以整体来说，农业经济处在很不稳定的状态。

德里苏丹国和部分独立的国家对手工业都实行鼓励政策。这一时期，一方面由于城市人口的增加，日用品市场扩大；另一方面，封建贵族奢侈欲望增长，对高级消费品有了越来越多的需求。这些都促进了手工业生产的发展。大量军队的存在，对某些与军需有关的手工业部门的发展也是个刺激。德里苏丹国建立了许多官营作坊，以满足宫廷、贵族和军队的需求。如穆罕默德·图格卢克在德里建立了各种作坊，有一个丝织作坊有 4000 余名工人。最发达的手工业部门还是纺织业，棉纺织业为主，其次是丝织业。纺织和印染都达到很高水平。古吉拉特和孟加拉的棉纺织品制作精细，花色优美，不但国内有很广的销路，在国外也很受欢迎。红海和波斯湾是主要的外销通道，并通过东南的海路远销东南亚和中国。达卡、摩西达巴德、德里、康拜、德瓦吉里和摩诃提婆-纳加里都是著名的纺织品产地，产出规模都很大。制糖业、制革业、造纸业、玻璃制品业、金属制品业、珠宝首饰业和造船业是除纺织业以外比较发展的几个部门。造纸技术是突厥人带进来的。自中国发明了造纸技术后，5 世纪传到阿拉伯世界，14 世纪才传到欧洲。突厥人可能是从阿拉伯人那里学到这项技术的。突厥人大量进入次大陆后，骑兵对马镫和甲胄的需求量很大，推动了冶金和金属制造业的发展。玻璃制造工艺此时也传了进来，出现了玻璃制品业这个新的手工业部门。葡萄牙旅游者就说，印度造船技术很高，商人有自己的船队，在马尔代夫有很大的造船场。

德里苏丹国和部分独立国家对商业实行既鼓励又控制的政策。穆斯林在印度建立统治后，没有改变印度现存的商业体制。穆斯林经商的不多，在西海岸、孟加拉、德里、木尔坦有一部分，商业活动的绝大部分依然掌握在印度教商人手中。德里苏丹鼓励商业既是为了满足宫廷贵族和军队的需要，也是为了增加国库收入；而控制商业主要是控制物价，是蒙古入侵期间为了保证军需供应和社会安定采取的措施。阿拉-乌德-丁·卡尔吉是首个在城市实行物价控制制度的苏丹。他统治时，由于蒙古军队不断入侵，也由于征服和平叛的需要，国家保持的常备军仅骑兵就有 40 多万人，步兵更多。保证军需供应是保障国家安定、社会安定的重要条件。物价的过高或波动不仅会影响军心民心，还会影响国家的财政收入，影响统治机构的正常运转。所以他比任何人都最先感受到保证供应和稳定物价的必要性。国家规定了粮食和各种商品的价格。农民要把粮食按规定的价格卖给专门的收购商人，由他们运到城市，按国家规定的价格在市场上出售，不准囤积，不得提价。所有收购商人要登记在册，违反规定者予以严处，甚至其家庭也要被累及。在城市市场，所有商人要登记，按国家规定的价格出卖商品。凡擅自提价者、出售伪劣产品者、在度量衡上弄虚作假者都要受到严惩。资金不足者国家给予贷款。为便于市场管理，规定在德里分别建立三个市场，一个是粮食市场，一个是衣服等日用品市场，另一个是牲畜、马匹市场。三个市场各设官员管理，官员负责商人的登记、价格监督和市场秩序的维护。阿拉-乌德-丁·卡尔吉还经常过问市场管理情况，给予指导。这种严格管控市场的办法在当时紧迫的情况下，限制了商业投机，保证了城市和军队的基本供应，有积极意义的一面；但国家严格控制商业是难以持久的，商人的积极性受压抑，对商业发展不利的一面也是显而易见的。这种办法是仅仅在德里及其周围地区实施，还是推及更广地区，不得而知。在阿拉-乌德-丁·卡尔吉之后，随着蒙古侵略威胁的解除，控制商业的政策也停止了。

在德里苏丹国相对统一的时期里，商品运输的渠道基本上保持畅通，修复了主要商业干线，改进了驿站系统。以往数世纪那种地区性为主的经济格局开始被打破，全国性的经济联系开始恢复和加强。菲鲁兹·图格卢克统治时，还取消了对商人加征的一系列杂税。这些措施都直接促进了商品流通。私人开矿的也增多了，按规定，开矿需要经过国家允许，并要把产量的 1/5 作为税收缴给国家。

德里苏丹国为便利商业运转，在伊勒图特米什时期发行了标准货币。这些货币沿用了以前乔汉国家和加哈达瓦纳国家的货币形式，甚至原货币上与崇拜湿婆有关的公牛图像也保留下来，不过加上了用天城体书写的苏丹的名字。最基本的货币是：莫胡尔，金币；坦卡，银币；吉塔尔，铜币。1坦卡等于50吉塔尔。坦卡是标准货币单位，是现代印度卢比的前身。金币主要用在大宗贸易上，在一般市场上较少流通。标准货币的发行对促进商品流通和全国经济联系是非常有益的。不过由于统一的时间短促，大部分时期是多国林立，所以从整个次大陆看，统一货币并未能实现。这对全印经济发展是个重大障碍。

13~16世纪出现了一批新兴城市。它们是德里苏丹国的省会和其他国家的都城或省会，其中有些是新建的，如菲鲁兹沙时期建立的就有法特哈巴德、希沙尔、菲鲁兹普尔、江普尔、菲鲁扎巴德等。这些城市既是行政中心，又集聚了越来越多的商人和手工业者，逐渐成为各地区新的商业中心，有的还成为全国商业联系的重镇。原来的城市凡处于交通要道上又是行政中心的也都成了人口较多的繁荣城市。德里是最重要的商业中心。14世纪初来印的摩洛哥旅行家伊本·巴图塔称它为伊斯兰世界东方部分最堂皇富丽的城市，说这里住有最富裕的商人，有大量官营手工工场，全国各地的产品这里都可看到。拉合尔、木尔坦、阿拉哈巴德、道拉塔巴德、赫尔沙-菲鲁兹、维贾耶那伽尔、拉克瑙提、康拜等，分别是各地的商业中心。阿拉伯旅行家阿菲夫记载说，赫尔沙-菲鲁兹是一个人口众多的繁荣的商业城市，与德里有频繁的商业往来。两城市间的道路宽阔，能容纳多辆马车并行。每天黎明就有马车和骆驼队往返运货。道拉塔巴德以珍珠贸易中心著称。它是德干最大的商品集散地之一，与其他城市有密切的贸易联系。维贾耶那伽尔的商业繁荣受到葡萄牙旅行家佩内吉第、陶尔多·巴尔博萨的称赞。他们指出，它是世界上货物贮备最充足的城市。

印度商人此时已形成几支最大的势力，其中有古吉拉特班尼亚商业种姓、拉贾斯坦的马尔瓦利商人、西海岸的袄教徒商人。他们在许多城市开设商号，商队穿梭于次大陆各地，活动领域逐渐扩大到全印。不少商人兼营钱庄，成为银行家。在南印，切提商人势力最强，活跃于迈索尔、安得拉和德干等地，有的还往来于印度与锡兰、东南亚国家之间，从事大宗转运贸易。

德里苏丹国时期印度外贸较前有了发展，主要是海路贸易。德里苏丹国、巴曼尼、维贾耶那伽尔等国都重视对外贸易。维贾耶那伽尔的克里希那·德瓦国王实行积极鼓励外贸的政策。他强调要改善港口设施，鼓励对外贸易，促进马匹、象、宝石、珍珠、金银、檀木的自由输入。要使外商有利可图，外国产品输入税仅定为2.5%~5%。但对食油、布匹输入，税率定为10%~15%，不鼓励这两种商品输入，目的是保护本国的生产。

13~15世纪，东西两海岸有许多良好的吞吐港。其中有信德的德巴尔，古吉拉特的布罗奇、康拜、苏拉特、兰德尔，马哈拉施特拉的塔纳、达波尔，孟加拉的吉大港、萨特加昂，维贾耶那伽尔国家的芒格洛尔，马拉巴尔海岸的卡利库特、科钦、奎隆等。这些港口和东南亚国家、中国、阿拉伯国家、非洲国家间都有频繁的商船往来。西海岸的兰德尔、奎隆和孟加拉的吉大港是中国商船常到的港口，郑和下西洋就到过其中一些港口。出口品仍以纺织品、珠宝、象牙、蓝靛、蔗糖、硝石、香料、铁器为主，进口货物主要是马匹、中国丝织品、瓷器、贵金属、宝石等。由于出口大于进口，一直有大量金银输入。这就是不少欧洲旅行家把印度描述得异常繁荣和富有金银的原因。不过，在与西亚、北非的贸易中，此时阿拉伯人所起的中间作用越来越大，印度商人直接去西亚、北非贸易的逐渐减少，多半是把产品在印度港口卖给阿拉伯商人，由后者运出海外。早先，印度船从东南亚贩运香料到西亚，此时印度船继续去东南亚，但把香料在印度港口转手给阿拉伯人，由阿拉伯人贩到西亚。这主要是因为阿拉伯帝国几个世纪的强盛使阿拉伯商人在海上贸易中异常活跃，对各地的情况十分熟悉，力量日益强大，而印度商人缺乏这些条件，在与阿拉伯人的竞争中处于劣势。在与东南亚贸易方面，印度商人继续处于主导地位。孟加拉和南印的商船经常往返于马六甲海峡，把纺织品、蓝靛、铁器等输往那里，回程带的货物主要是香料、檀木、樟脑等。尽管印度船运货去海外的领域已有所缩小，印度造船业仍在继续发展。欧洲的旅行家对印度船交口称赞，说印度造的船比意大利造的船要大得多。

对西亚、中亚贸易的陆路通道基本上保持畅通，不过陆路贸易的规模和活跃程度已远低于海上贸易。陆路贸易主要掌握在木尔坦和呼罗珊商人手中，前者主要是印度教徒，后者是阿富汗人、伊朗人。这些陆路商人有的就住在德里，把这里作为货物的集散地。

总之，德里苏丹国时期印度经济发展的总趋势是，在封建分裂五六百年后，相对统一的出现促进了经济增长和全国各地区间经济联系的加强。开始出现了全国性商业城市，主要商业集团的力量向全印扩展。这就削弱了以往数世纪经济发展的地区性倾向，使印度重新朝着形成全国性经济联系的方向迈出了一步。这是封建地区性经济发展到一定阶段的必然趋势。毋庸置疑的是，德里苏丹国和其他国家的有些君主采取的发展经济的政策，对推动这个趋势起了有益的作用。不过，转变还只是刚刚开始。外患不断，统一的时间短暂，政局时常动荡不稳，贵族奢侈靡费，再加上统治者对印度教徒政策上的区别，种种负面因素使全国经济联系的发展受到很大限制，相对统一等正面因素不能充分有效地发挥作用。从整体上看，次大陆此时仍然未完全从以地区性经济活动为主的阶段走出来，封建分裂的模式还没有得到根本改变。

九　封建压迫和人民起义

在印度历史文献中，穆斯林编年史家第一次留下了较多关于人民起义的材料，使我们对封建压迫和人民的反抗有了较多的了解。

苏丹和贵族过着骄奢淫逸的生活。宫廷通常豢养着大量奴隶，菲鲁兹沙时有 4 万人，部分在国家作坊做工，部分在宫廷服役。还有大批放鹰人、乐师、舞女等。贵族觐见苏丹要贡献厚礼，其中包括貌美女奴和从各地掠夺的稀有珍宝。每次征服战争，将军们要把获得的最珍贵的战利品送到都城，用来装饰宫廷。宫廷的豪华奢侈令所有来到印度的外国旅行家感到惊异。大贵族以及小王公在自己的领域内一切都模仿苏丹宫廷。一些欧洲旅行家记载，进入省邑和一些小国家的都城也像进入德里一样。商品货币关系的发展刺激了所有封建主的奢望，追求享乐、比阔气成了贵族的时髦风尚。

德里苏丹国由于面临蒙古人的不断入侵和内部藩侯与省督的不断叛乱，始终维持一支庞大的军队。在一段时期内，军饷是用现金支付的，这就极大地增加了国库的负担。即便后来改用分给军役田的办法，浩大的战费开支也始终是个财政重担。军役田分出的越多，国家手中掌握的财源就越少。

德里苏丹国为了军事和政治的需要，新建、扩建了好几座城市。这也是一项很大的开支。所有这一切费用都只能靠增加税收，从农民、手工业者和商人身上榨取。然而，由于开支过于浩大，税收的增加也弥补不了财政亏空。穆罕默德·图格卢克曾试验发行代用币（用铜币法定银币价值），结果引发通货膨胀。投机者大量制造伪币充斥市场，代用币贬值，不啻废铁。物价上涨数倍，使城市下层人民蒙受重大损失。在进出口贸易面临中断危险的情况下，苏丹不得不下令以金银换回铜币。回收的铜币堆积如山，使国库仅存的金银又白白流失。国库近乎一无所有，于是，又只能通过加征新捐税，把所有的损失转嫁到人民头上。

各种新捐税越来越多，人民负担沉重，民心动乱。图格卢克王朝的菲鲁兹沙统治时，为了安定民心，保证统治秩序的稳定，实行了税制改革，取消了 24 种捐税，只征 5 种税，即土地税、人头税、宗教税、战利品税和水税。这个改革稍微减轻了人民负担，但国库紧张的问题未能解决。他去世后，这种规定就被抛到一边，各种苛捐杂税又猛增起来。

德里苏丹国各王朝都有人民起义发生。西北地区、恒河与朱木拿河河间地、卡瑙季、瓜辽尔、古吉拉特、奥德、孟加拉和南印度都爆发过起义。起义主要矛头是反对苏丹的苛重榨取。“奴隶王朝”时期主要起义有：1259～1260 年在旁遮普和拉其普他那东北部爆发的农民起义，领导人是摩尔加，起义武装劫夺德里军队的军需辎重，威胁德里；1265 年，德里附近爆发农民起义，切断了德里与外界的交通线，德里不得不紧闭城门。这两次起义都被军队镇压。

卡尔吉王朝主要的起义发生在 1301 年 5 月阿拉-乌德-丁出征兰坦波尔时。当时，人民非常穷困，反对加捐加税，而官府实行高压，逼得民众铤而走险。德里的贫民在下级军官哈吉·毛拉的领导下，杀死警察总监，砸开监狱释放囚犯，占领国库，把坦卡分发给贫民。起义者把一位赛义德立为国王，控制德里整整 7 天。后被贵族的武装力量镇压，哈吉·毛拉被杀。

图格卢克王朝的主要起义，是 1327～1330 年在恒河与朱木拿河河间地区接连不断发生的农民起义，主要是由穆罕默德·图格卢克提高地税引起。农民应缴纳给国家的份额虽然还是产量的一半，和阿拉-乌德-丁统治时期一样，但收税官员不是根据实际情况核定每户产量，而是专断地估定，总是比实际产量高得多，结果留给农民的粮食根本不足以糊口。历史学家巴兰尼记述道：“河间地的租税”增加了一二十倍，王室官员又乘机巧立税目，苛刻勒索，因此农民元气大丧，贫困不堪，四面八方都有农民造反。

农民逃离农村的情况更普遍。[1] 他的说法虽然过于夸张，但也反映了对农民压迫的沉重。穆罕默德·图格卢克采取严厉措施镇压起义，抓捕逃亡农民。当发现荒芜的土地过多，严重影响税收时，又赶忙采取措施补救，发放贷款，让农民购买种子、牲畜，挖掘水井，招抚农民返乡种地。图格卢克王朝后期，由于税收加重，农民起义再度爆发。14 世纪末，伊塔瓦、阿利加尔、科尔、坎尔皮、卡瑙季都有起义发生，苏丹纳西尔-乌德-丁不得不亲自率领军队镇压。

赛义德王朝的突出事件，是西北地区由贾斯腊特·科卡尔领导的科卡尔族农民起义，苏丹穆伊兹-乌德-丁·穆巴拉克亲自前往镇压。旁遮普的巴廷达等地也爆发了农民起义。1420～1424 年苏丹前去镇压，农民逃入丛林，实行游击战，过了很长时期才被镇压。

洛蒂王朝时，1465～1470 年尼姆萨尔的农民起义断断续续，时起时伏。1490 年江普尔农民起义，参加者有 10 万人之多。1492～1493 年今北方邦东部地区农民在朱加领导下起义，处死了德里委派的、民众憎恨的卡腊总督。

十 苏非派与虔诚运动

如果说，人民起义是阶级矛盾的爆发，伊斯兰教苏非派的活动和印度教虔诚运动则是对德里苏丹国宗教政策的一种异议和抗议。两者也具有反正统派的宗教改革性质。

德里苏丹国及由它分解出的众多伊斯兰小国的统治者大都属于伊斯兰教逊尼派，什叶派在印度势力很弱。7 世纪占领信德和木尔坦的阿拉伯人是什叶派，后来，两地政权转到什叶派内的伊斯迈尔派手中。11 世纪两地被入侵印度的伽兹尼国王马茂德征服，什叶派很多人被迫放弃信仰。此后，什叶派只在少数地区存在。“奴隶王朝”时曾发动过一次反叛，遭到镇压。南印度的巴曼尼国家成立后，什叶派在那里有较强的势力。后来在其废墟上出现的小国，如比贾普尔、高康达，其统治者家族属什叶派。什叶派在印度始终是处于少数派地位。

还在 11 世纪伽兹尼国王马茂德不断入侵印度期间，伊斯兰教苏非派就

---

① 巴兰尼：《菲鲁兹王史记》卷 3，加尔各答，1862，第 473 页

跟着征服者进入印度。最早进入印度的是苏非思想家胡吉伟利，他被称为印度苏非派的鼻祖。德里苏丹国建立后，更多的苏非派传播者来到印度。

苏非派作为伊斯兰教正统派的挑战者和异端，产生于7世纪末的阿拉伯帝国，主要在下层人民中流行，10世纪前后在伊朗有很大发展。进入印度后，受到印度教和佛教的很大影响。其教义主张真主是万物的创造者，万物都是他的一部分。崇敬真主不在于外部形式，而在于内心信仰，在于对真主的爱以及对作为真主一部分的每个生命体的爱。还认为物质享受欲望是人的天敌，欲望越强，爱心越少。因此，必须放弃尘世享乐，奉行禁欲、守贫的原则。只有这样，才能最终达到人主合一。还强调虔信真主离不开师尊（称为皮尔或谢赫）的指导和帮助，并认为在宗教活动中，音乐有助于激发爱心。他们的教义中也有一些神秘主义的信条，例如神智说，认为神智是源自真主的有关真主的神秘知识，不是个人努力所能得到的，是在修炼过程中，在入迷的状态下达到与真主合一时，真主恩赐的。要全身心爱真主才能获得神智。来印度以前和来到印度后，苏非派的思想主张都或多或少受到印度流行的宗教的影响，无论是教义方面还是修行方面。所以苏非派的教义和印度教神学体系有很多相近点，如苏非派信仰“人主合一”，印度教主张“梵我合一”，苏非派相信“寂灭”，印度教主张“解脱”等。在修行方式上，苏非派吸收了瑜伽的因素，不过不主张去森林中修行，而是主张在城市附近或乡村集体活动，影响和教导下层群众。这个派别一般不主张参与政治，甚至不愿与当政者接触。德里苏丹国建立后，他们对苏丹的一些政策持批判态度，也同样反对乌里玛，认为他们屈服于世俗诱惑，追随苏丹做违背《古兰经》的事并为之辩解，是背离了《古兰经》的教旨。他们不参与上层活动，而是在下层群众中传教，主张宗教宽容，与印度教徒友好相处。乌里玛谴责苏非派是异端，但他们的主张却得到许多穆斯林和印度教徒的称赞和尊重。

与逊尼派不同，苏非派组织了教团。每个教团由一个谢赫（或称皮尔）主持。教团下建立了一系列修道院，修道院既是集体生活单位，又是活动单位和传教中心。在印度建立的教团最主要的有契什提教团和苏哈拉瓦迪教团，两者在印度的出现几乎和德里苏丹国的建立同时。在短时期内，它们就在从旁遮普到孟加拉的广大地区内建立了许多修道院。仅德里及其周围就有2000多个，孟加拉建立的更多。契什提教团创建人是姆因丁·契什提。他大约是1192年来到印度的，先在拉合尔传教，后来到德里、阿季米尔一带及南印一些地区传教。该教团著名的圣人还有哈米德丁·纳高里、顾突卜丁·布赫迪亚尔·卡吉、法利德丁·甘吉·谢格尔、哈迦·尼扎姆丁·奥利亚等。教团主要活动地区在德里和河间地区，在旁遮普、拉贾斯坦、比哈尔、奥里萨、孟加拉和南印都有其组织和活动。苏哈拉瓦迪教团主要在旁遮普、信德活动，创建人是泽格利亚·木尔坦尼，著名的圣人有萨达尔丁·阿利夫、赫斯拉特·鲁昆丁·阿布费德赫、巴哈-乌德-丁·扎卡利亚、萨德尔-乌德-丁·阿里弗等。除这两大教团外，还有些较小的教团，如卡迪利亚教团、纳格西本迪教团等。卡迪利亚教团和纳格西本迪教团传入印度都较晚，大约是在15世纪中期到16世纪初，前者传播地区在乌奇、北信德和旁遮普，后者在拉合尔一带活动。

苏非派过着简朴的生活，用地方语言传教，主张伊斯兰教、印度教友好相处，很受群众欢迎。许多印度教下层群众也来修道院听讲。在这里，印度教徒受到平等对待，生活困难的可以得到赈济和帮助。苏非派一视同仁的态度与乌里玛、贵族和官员对他们的欺压形成鲜明对比。苏非派并不注重劝诱改宗，但它的教义和活动特点易于为印度教徒了解，甚至接受，这样，在客观上它就促进了印度教徒的改宗，很多人正是受了苏非派的影响才改宗伊斯兰教。正如唐孟生教授所说："如果说是马茂德为伊斯兰教进入打开了印度的北大门，那么把伊斯兰教传遍印度，并使伊斯兰文化扎根印度的是苏非派。"①

在支持伊斯兰教征服印度和巩固对印度的统治方面，在传播和扩大伊斯兰教的影响方面，苏非派与逊尼派并没有不同。从伊斯兰教内部说，它是异端，是镇压对象，但在印度少数穆斯林统治占人口多数的印度教徒的特定环境下，穆斯林上层需要他们的配合和协助：他们宣扬的容忍、守贫、友爱思想是用宗教的伦理道德来调整统治者和被统治者之间的关系，在促进印度教徒接受穆斯林统治和改宗方面起到了乌里玛们起不到的作用。因此，印度的苏丹和贵族对苏非派的活动持默许态度，有些苏丹和贵族还给予积极支持，如封赐土地给修道院，捐赠经费、提供资金帮助修建道堂、圣徒陵墓，馈赠厚礼等。整个苏丹国时期几乎每一位苏丹都与苏非派保持

① 唐孟生：《印度苏非派及其历史作用》，经济日报出版社，2002，第25页。

密切关系。在重大国事活动时，苏丹们都会让苏非为他们祈祷求福。在一定程度上，苏非成了苏丹们的精神支柱。这一点是与其他伊斯兰教国截然不同的。随着时间的推移，苏非派有部分人对来自上层的捐助习惯于接受了，有的教团本身逐渐发生了变化。如苏哈拉瓦迪教团有些人不再主张禁欲主义，不再认为占有财富、与君主和贵族往来是达到修行目的的障碍了，甚至有人还接受苏丹委派的职务。契什提教团仍不愿与苏丹有密切关系，苏丹们则想方设法与他们接近，在钱财上给予支持。不过，整体来说，苏非派仍与上层保持一定的距离，对苏丹出于自己的目的利用苏非派保持一定的警惕。

正统派乌里玛与苏非派，一个在上层，一个在民间，以不同的指导思想和形式活动，其结果是越来越多的印度教徒改宗。促使他们改宗的原因是多种多样的。第一，伊斯兰教没有种姓制，主张在神面前一律平等，这对于深受种姓歧视煎熬的印度教低级种姓来说，具有很大的吸引力。他们希望通过改宗，摆脱这副在印度教内怎么也摆脱不了的镣铐。第二，一些人改宗是屈服于苏丹的宗教政策，尤其是征服之初的压迫政策。第三，某些印度教上层包括藩属王公改宗是为了保住自己的原有地位和既得利益，并希图跻身于穆斯林上层圈子。第四，佛教衰落后，大批佛教徒转而投身伊斯兰教，这比回到印度教种姓社会更易于接受。这种情况在孟加拉表现得最突出。改宗人数较多的地区是信德、旁遮普和孟加拉。信德、旁遮普是伊斯兰教统治最早建立的地区，两者和孟加拉都是苏非派活动的主要地区。这三个地方后来也就成了印度穆斯林人口最密集的地方。在德里及其周围地区和南印道拉塔巴德周围地区，改宗的人也较多。

这样，在德里苏丹国时期，伊斯兰教在印度就得到了发展。除外来穆斯林外，本地改宗者日益增多。伊斯兰教既包容了大量印度教改宗者，它的种族成分、社会成分也有了变化。它虽然没有种姓制度，但阶级制度、等级制度是存在的，此时就更强化了。外来穆斯林构成贵族的主要部分。本地改宗者只有少数原来的上层能进入贵族圈子，但只是二等角色。改宗伊斯兰教的下层人民，在经济上、政治上仍然处于无权地位。原来是低级种姓的，实际上仍然受到歧视。贱民改宗伊斯兰教的，虽然理论上不再是贱民，实际上仍受到其他人漠视，很少人愿意与他们接近。低级种姓把改宗看作踏入了平等的圣殿，然而，种姓制的阴影仍伴随着他们，和改宗前相比并没有根本区别。

改宗虽然是一个势头日益加强的趋势，但人数毕竟是有限的。德里的苏丹们和乌里玛们没有人相信印度会伊斯兰化，不得不承认，与印度教共存是不可回避的现实。

宗教兼容和共存可以说是印度的传统，但穆斯林统治者安排的共存与以往的共存却有重大区别。历史上的共存，例如佛教、耆那教、印度教的共存，虽然不同王朝君主都有个人的偏爱，但并没有国教、非国教之分，并没有谁向谁征人头税的问题，并没有对哪个教派的宗教活动、兴建庙宇加以限制的规定，那时的共存是平等的。然而此时，伊斯兰教与印度教的共存附有种种条件，实际上是统治宗教与被统治宗教的共存，因而是不平等的。

但是，在德里苏丹国统治时期，伊斯兰教和印度教两大教派没有爆发激烈的冲突。这是因为穆斯林统治者在建立了统治秩序后，暴力破坏的做法基本上停止了，使客观环境变得宽松一些；苏非派的活动起了某种缓冲作用，创造了有利于促进两教派群众接触的氛围；大量印度教徒改宗带来了两教派下层群众的沟通。改宗者不可能一下就抛弃原有生活习俗，断绝所有旧的联系，他们势必会把传统生活方式和许多印度教的因素带到伊斯兰教中，并把伊斯兰教的观念、习俗传导给自己的亲朋好友。这样，完全陌生的两个宗教就有了彼此了解、相互渗透的契机。上述这些因素共同作用的结果，是两教派下层群众在实际生活中，开始逐渐地创造一种相互接触的气氛。例如许多宗教节日活动，不论是伊斯兰教的还是印度教的，两教派的群众都一起参加，甚至节日的庆祝方式也相互模仿。如圣纪节是伊斯兰教的节日，也学习印度教的胜利节、灯节使用烟花。印度教许多群众把安拉也看作神，同样，不少穆斯林也对印度教的一些神表示崇敬。

这种来自下层的互相渗透，无论乌里玛还是婆罗门都持反对态度。乌里玛强调要保持伊斯兰教的纯洁，婆罗门则惊呼这样做会腐蚀印度教。乌里玛重申，伊斯兰教的教义教规不容破坏；婆罗门则提出，当务之急是保卫印度教。两教派下层群众的接近友好，却招来两教派正统势力的进一步敌对。印度教虽然是处于被统治地位，但正统派因循守旧的僵化态度绝不是维护印度教利益的正确道路。

对于两教派正统保守势力的僵化态度，两教派的有识之士都很反感，发出了要求改革的呼声。与苏非派在伊斯兰教内兴起相呼应，在印度教内，14、15世纪虔诚运动也再度发展起来。它与苏非派一起共同体现着这一要求改革的思潮。

虔诚派作为一个印度教内的改革运动，7世纪曾在泰米尔地区兴起，它主张无须婆罗门的中介作用、无须烦琐的仪式，而是通过皈依和专心虔敬神就可以达到解脱的目的，后逐渐扩大到南印度更广的地区。最初它是以增强印度教的活力、遏制佛教的传播为目的，在佛教衰落、印度教兴起后，它失去了先前的那种冲击力和吸引力，一度沉寂下来。此时它重新兴起是与印度教内外的新形势密切相关的，是新形势提出的要求。表现在：第一，外来伊斯兰教统治的建立使印度教面临生存危机。伊斯兰教正统派为了把这个印度教徒占人口多数的国家变成伊斯兰国家，一面从政治上、经济上、宗教上对印度教实行打压，一面在政策上优待改宗者，诱使印度教徒改宗伊斯兰教。由于现实环境的威逼利诱，再加上印度教的种姓压迫逃脱不掉，印度教徒特别是贱民大批改宗。印度教如果要生存下去，就必须增强自身的内聚力和自信心，避免堡垒被从内部攻破。第二，婆罗门教演变成印度教后，固然，原来的婆罗门教弊端如婆罗门至上、烦琐的祭祀仪式等革除了不少，但种姓压迫不但依然存在，而且有变本加厉之势，内部的鸿沟更深了。有识之士认识到，这个弊端如果不消除，则印度教在伊斯兰教压迫面前不可能筑起坚固壁垒，不可能堵住贱民改宗的潮流。第三，苏非派在民间的活动已产生很大影响，使印度教徒逐渐看到，和苏非派接近是可取的，如果苏非派的主张得以实行，印度教徒与普通穆斯林群众就有可能建立友好相处的关系。加之德里苏丹国建立一段时期后，穆斯林统治者认识到要消除印度教事实上不可能，再加上他们成了印度统治者后地位和思考问题的角度改变了，在对待印度教的态度上多少有放宽的迹象（至少有的君主如此），使两大宗教群众的接近客观上有了一些有利条件。在这种情况下，需要的是在两派群众之间架起一座桥梁，营造更好的气氛，使印度教徒和穆斯林群众有可能沟通和接近。苏非派在伊斯兰教内部已经在起这种作用，在印度教方面，能起这种作用的就是虔诚派。

新兴的虔诚运动是以往虔诚运动的继续，在一定程度上也受了苏非派的影响。这一运动在印度教内迅速扩展开来，不但得到广大印度教徒的积极响应和参与，有少量伊斯兰教徒也受到影响，被卷了进来。非常明显的是，这一运动是把打破宗教壁垒的要求和改革宗教本身缺陷的要求紧密结合在一起的，表明这一运动不仅有反对宗教区别的性质，而且有反对封建压迫的性质。

重新兴起的虔诚运动12、13世纪依然是首先在南印度获得声势，逐渐扩展到北印。它的思想家有罗摩努阇（12世纪）、尼跋迦（12世纪）、摩陀婆（13世纪）、拉马德瓦（1270~1350）、伐拉巴阇梨（1479~1531）、阇多尼耶（1485~1534）等。而最杰出的思想家和领导人是罗摩难陀（约14世纪后半期至15世纪上半期，在恒河平原）及其弟子卡比尔（1440~1518，在贝拿勒斯）。在旁遮普，主要代表人物是那纳克（1469~1539），他成了后来锡克教的创始人。

这些思想家除卡比尔外都是印度教徒，多为婆罗门种姓，也有出身低级种姓的，如拉马德瓦是裁缝的儿子，那纳克出身卡特里种姓，其成员多从事商业。卡比尔是伊斯兰教徒，据说他是贝拿勒斯一婆罗门寡妇的私生子，被遗弃，由一穆斯林织工拾去，抚养成人，也成了一名织工。

虔诚运动并没有统一的组织，也不是一个教派，而是由一批生活在不同时期不同地区、持基本相同主张的思想家所共同传播的一种思潮，由于获得广大群众热烈支持而成为运动。主要活动地区在北印度和南印度马哈拉施特拉地区。无论是思想家还是参加运动的普通群众，都没有脱离各自原来的宗教，只是在活动上不拘泥于原来的小天地。

虔诚运动的主张包括：第一，只崇拜专一的大神，如毗湿奴、湿婆、克里希那等；或提出神只有一个，卡比尔就说，罗摩、克里希那、拉希姆、安拉、哈里、库达、戈宾德、湿婆等是一个神的不同名字，崇拜任何神都是对唯一神的崇拜，还说印度教徒与穆斯林崇拜的神虽然不一样，但都是对唯一神的崇拜，实质上没有不同。第二，认为求得解脱的途径不是举行仪式或脱离尘世，而是对神虔诚和坚定不移的爱。说神就在人心中，敬神爱神是人人都能做到的。卡比尔、那纳克还认为，去庙宇或清真寺拜神、朝拜圣地、偶像崇拜或去圣河沐浴等，都是不必要的。第三，主张在神面前人人平等，没有种姓差别，也没有男女的不同。第四，主张对神的爱与对人类的爱一致，印度教与伊斯兰教应和睦相处，反对宗教区别对待。第五，认为要做到虔诚和爱神需要心灵和身体的纯洁，为此，需要师尊或先知的指导。第六，宗教信仰的最终目的是追求实现与神的合一。这些思想的素材并不是新的，一神思想、反对偶像崇拜见于吠陀、《奥义书》；强调虔诚作为解脱道路是毗湿奴派在公元最初几个世纪就提出了的主张，也见于《奥义书》；佛教、耆那教早就提出反对种姓歧视。但把这些思想集中成一个体系，认为适用于两大宗教，却是首次。

上述主张在卡比尔思想中表现得很典型。他接受了师尊罗摩难陀的思想，也受了苏非派的影响。他用方言传教，写了大量诗歌，形象地表达他的主张。这些诗歌在他去世后被汇编成集，流传下来。他强调，神就在人心中，敬神爱神不在于外部形式。他写道，如果崇拜石头就能亲证神，那还不如崇拜大山；如果解脱可以通过沐浴获得，青蛙首先会得到；如果裸体的游方僧能做到与神合一，森林中的野鹿也能做到。人只要真正爱神，就能证悟神，何需种种外在的形式？他还反复强调说，印度教和伊斯兰教本质上是一样的，只是名字上有差别，就好像同样是金子，制成首饰后有不同名称。印度教徒和穆斯林同样能证悟神，不存在差别，因此，为教派利益而互相仇视和争斗是愚蠢的。这些对宗教狂热和形式主义的尖锐讽刺在下层群众中非常受欢迎。他的诗歌不胫而走，广泛流行。那纳克的思想与卡比尔有很多相似之处。他也尖锐地批评教派偏执、种姓歧视、偶像崇拜和仪式主义，呼吁印度教徒和穆斯林抛弃分歧，共同虔信唯一的神。他还特别强调心灵和行为的纯洁，认为这是敬爱神的首要条件。

虔诚派思想家对上述主张，大多数都是身体力行的，虽然在程度上不尽相同。多数人接纳弟子和信徒都是不分种姓、性别和社会地位的。如罗摩努阇强调，通过虔敬，每个人都能获得解脱或达到与神合一，不分性别和种姓。他允许首陀罗在一年中固定的几天进入庙宇参拜，并向他的首陀罗信徒保证，只要内心真诚，通过导师的引导，他们都能够达到解脱的目的。罗摩难陀自己是婆罗门，但欢迎任何种姓的人接受他的主张。他不拒绝和低级种姓的人共食。他的弟子包括皮匠、织工、理发匠、农民。他不用梵语而是用印地语传教，对妇女也一视同仁。孟加拉的阇多尼耶有个弟子哈里达斯是贱民，当阇多尼耶拥抱后者时，哈里达斯说别碰我。他回答道："你现已追随我，你的身体就是我的，其中蕴藏着无限的牺牲和爱的精神，像庙宇一样神圣。为什么还认为自己是不洁的？"① 他的弟子中有一些

① V. D. 马哈江：《印度史，从远古到1526年》，第368页。

是穆斯林。卡比尔的弟子有穆斯林，也有印度教徒，多为下层人民。那纳克的弟子也是这样，他说：“阶级和种姓区分毫无意义。所有人生来是平等的。”①

虔诚派的改革宣传在下层群众中获得强烈共鸣，在13～15世纪，成了印度教内最受欢迎的新思潮，在伊斯兰教内也得到下层群众拥护。然而，这一运动并没有达到思想家们的预期目的。印度教和伊斯兰教上层都对它持鄙夷和敌视态度。乌里玛认为这一运动的目的，是企图使印度教取得与伊斯兰教分庭抗礼的地位。婆罗门则认为，这是穆斯林以伪装公正的形式瓦解印度教的手段。他们都利用自己的地位和影响千方百计地阻挠运动的开展，对圣人们所提出的改革要求完全不闻不问。运动虽然有广大群众参加，但由于采取的是和平形式，对两教派的上层并未构成威胁，不足以迫使他们做出让步。主要是这两方面的原因，加上洛蒂王朝濒临瓦解，巴曼尼国家分崩离析，政局动荡，战火连绵，运动未能进一步发展下去。虔诚派关于虔诚信仰的主张继续流行，但关于种姓平等和宗教团结的呼吁则被弃置。而且，以不同圣人为核心，逐渐又向着形成新的派系的方向发展。如那纳克的信徒形成以他为第一任师尊的锡克教。卡比尔去世后，他的信徒也分裂为两部分，一部分把他看作穆斯林圣人，一部分则认为他是印度教神的化身。

虔诚运动也有些负面影响。由于强调无限地爱神，在有些地区，人们不顾思想家们反对注重外在形式的教导，大修神庙，使偶像崇拜进一步发展。有的地区盛行把女孩献给神的做法，助长了神庙僧侣的腐化趋向。这是对运动初衷的偏离，也对运动的深入开展产生了有害影响。

但虔诚运动的意义是应该充分肯定的。第一，对印度教群众来说，它使他们看到了、得到了一个简化的宗教。虔敬神是拯救的唯一道路，这通过每个人的自我努力就能做到，不需要烦琐的仪式、朝拜圣地或盲目遵守某些宗教信条，不需要依靠婆罗门和神学家的主持或主导，出家、超世都不是必需的，只要内心虔诚，在正常的生活中就能逐步达到与神合一的目标。和印度教的现行状况相比，这无疑是一个巨大的进步，既满足了群众的宗教情感需要，又革除了种种形式的、教条的弊端，鼓励

① V. D. 马哈江：《印度史，从远古到1526年》，第370页。

人们相信自己，依靠自身的努力去实现精神目标。第二，在印度教内部，它也是一次强烈的呼吁社会平等的宗教改革运动。种姓歧视和对妇女的压迫受到谴责和否定，朴素的平等观念得到提倡。圣人们身体力行，树立了光辉的榜样：出身高种姓的圣人平等对待一切人，出身低种姓的可以通过自己的努力成为圣人，如卡比尔的弟子丹纳是普通农民，赛恩是理发匠，莱达斯是皮匠，他们都成了受下层群众欢迎和尊敬的圣人。这使受歧视、受压迫的人感到温暖，看到了光明。在以社会不平等为天经地义的印度教内，这一运动引发了对旧观念、旧习俗的一次大冲击。虽然没有立竿见影的成效，但留下的影响是磨灭不了的。第三，它和伊斯兰教苏非派的活动相呼应，力图缩小印度教、伊斯兰教两大教派的鸿沟，消除德里苏丹国宗教政策造成的宗教对立，引导两大宗教群众相互接近，建立友好和谐的关系，这是印度社会进步必须搬除的障碍，虔敬运动和苏非派同样功不可没。第四，参加运动的多为农民、手工业者等下层群众，他们不仅在印度教内是受歧视者，更是社会的被压迫阶层。生活的困苦、在社会上的受歧视使他们渴望改变，渴望得到改善。他们积极参加运动从某种意义上说就是以宗教形式表达他们争取社会改革、争取改善处境的愿望。第五，思想家和圣人们都是用地方语言宣传和写作诗歌，对地方语言的进一步传播和地方语文学的发展做出了贡献。第六，他们关于一神的主张和宗教和谐的主张虽不被当时的统治者接受，但因为受广大群众欢迎，统治者不能完全视而不见。德里苏丹竭力要利用苏非派间接反映出他们对苏非派和虔敬运动的某种重视。有远见的统治者更是从中有所领悟，影响到他们制定政策。后来莫卧儿王朝阿克巴大帝奉行开明的宗教政策不能否认与这个因素有一定关系。

苏非派圣人和虔诚派改革家相互配合、携手并肩，传播宗教和睦思想和平等观念。他们顺应历史潮流，做了人民希望做的事，道出了人民的心声，他们因而理所当然都受到广大群众跨越宗教的尊敬和支持。固然，宗教与宗教的关系和两大宗教内的戒规都不是他们所能改变的，但他们和广大拥护者的振臂高呼和带头身体力行在社会上产生了强大震动力，在人们心中留下了深刻印象，对形成社会新风气起了一定的昭示和引领作用，直到今天人们还可以清晰地感受到其强大的感染力。

十一 巴曼尼王国和维贾耶那伽尔王国状况

德里苏丹国后期的众多独立国家（包括原有的和新出现的）就政治体制和奉行的政策来说，可以分成两类：统治者属于伊斯兰教的国家，各种制度都沿袭或模仿德里苏丹国的模式，只不过是微型版而已；统治者属于印度教的国家仍沿用印度古代的政治模式。巴曼尼和维贾耶那伽尔就是这两类国家的代表。

巴曼尼

巴曼尼建国后就以德里苏丹国在南印的继承者自居，继续以弘扬伊斯兰教为建国的宗旨。德里苏丹国的政治体制、对统治权力的垄断和区别对待的宗教政策基本上都被继承下来。苏丹有大臣会议辅佐，最重要的大臣是首相，首相职位有的苏丹设置，有的不设。各个权力部门都掌握在穆斯林贵族手中，印度教徒完全被排除在国家权力的中上层之外。

全国分 4 个省，后增加到 8 个。各省设省督治理。和德里苏丹国一样，省督在其省内负责征收土地税及其他税收，并用税收所得供养一支军队，省督的薪金也从税收中扣除，余下的部分上缴国库。当发生战争时，朝廷下令征召军队，省督必须率其供养的军队为君主征战。省督在其统辖的地区握有最高行政权和军事权，包括任命文武官员。朝廷对省一级的控制较弱，对各省的施政基本上不过问。这种制度在朝廷强势的情况下尚能正常运作，只要中央势衰，就极易形成省督割据，后来巴曼尼王国四分五裂就是明证。

除省督外，贵族也可以养兵。马赫穆德·加万首相掌权时规定，凡养 500 匹马的骑兵，每年可得到 10 万洪①的薪俸。薪俸或以现金支付，或分给一块土地，以其相应的地税收入代薪。

印度教徒在政治上被剥夺担任中高层官员的权利，在各种税收方面要接受高于穆斯林的税率。他们是二等臣民，但如果改宗伊斯兰教，就会改变境遇。这些都和德里苏丹国一样。可贵的是在巴曼尼国的统治者中，也有少数苏丹突破陈规，对待印度教徒实行较开明的政策，如塔杰·乌德·

---

① 洪，金币名称。该金币在巴曼尼和维贾耶那伽尔使用。

丁·菲鲁兹沙就很典型。在他统治时（1397~1422），因为有不少外来者，为了使各种势力保持平衡，他把许多官职、军职对印度教徒开放。从那时起，印度教徒有不少人进入政府机构和军队，其中少数人成为中高级官员和中高级军官。至于税收部门的官员，印度教徒依然构成绝大多数，征税是直接与广大农民打交道的工作，穆斯林统治者只有依靠印度教徒才能完成。对被征服的印度教首领，他规定只要承认巴曼尼宗主权和缴纳人头税，就允许保留原来的领地。如他占领了贡德瓦拉的克里亚，在其国王纳尔辛·莱承认巴曼尼宗主权、缴纳大量贡献并把女儿嫁给苏丹后，就把克里亚归还，继续由纳尔辛·莱统治。印度教徒只有在这样较开明的政策下才感到所受的区别对待有所减轻。

伊斯兰教被宣布为国教，不允许新建印度教神庙。印度教徒要缴人头税，是作为土地税的一部分缴纳的。不过和德里苏丹国不同的是，这里的宗教压迫主要是针对印度教徒的，在伊斯兰教内并不突出。这是因为这里并非逊尼派占绝对统治地位。在外来的穆斯林中有很多来自伊朗的什叶派，因而这里有很多什叶派信仰者。朝廷掌权的大臣有时是逊尼派，有时是什叶派，正因为这样，形成了一个无言的约定，即无论哪派掌权，对对方教派都持开明的态度，两派信仰者都可担任官职。

巴曼尼的商业比较活跃。果阿、达波尔、乔尔是重要的海港，与波斯湾和红海沿岸国家有频繁的贸易往来，从这里也进口穆斯林贵族使用的来自世界各地的奢侈品。菲鲁兹沙很重视这些港口的管理。

巴曼尼苏丹和掌权的大臣对弘扬伊斯兰文化艺术和发展教育十分重视，竭力争取使这个国家成为穆斯林文化艺术的新的中心。塔杰·乌德·丁·菲鲁兹沙就是一位较突出的苏丹。他本人在语言文学方面有很深的造诣，不仅精通波斯语、阿拉伯语、突厥语，而且对泰卢固语、卡纳达语和马拉提语都有相当了解。他的后宫妻妾来自印度不同地区和许多国家，其中也有印度教徒，他能分别用她们的地区语言与她们交谈。他是诗人，写有不少诗篇，还对自然科学有浓厚兴趣。这种广博的知识使他眼界开阔，成为各种文化艺术的积极弘扬者和保护人。他要把巴曼尼变成南印度甚至全印度新的文化中心，鼓励北印度的学者和文化艺术人士移居巴曼尼。对于来到这里的名流，他都在宫廷接待，给予鼓励和支持。在德里苏丹国衰落后，他的这一号召有很强的吸引力，结果不仅从德里、从北印度其他地区迁来的学者和文化人络绎不绝，有些伊朗、伊拉克的学者和文化人也远道赶来。一时人才云集，使这里成了文化艺术的荟萃地。菲鲁兹沙常常与学者、文化人畅谈到深夜。

苏丹穆罕默德沙的首相马赫穆德·加万在发展文化教育方面也是功不可没。他在都城比达尔建立一所穆斯林学院，学院的教室和宿舍可容纳千余人，学生食宿免费提供。他还邀请国内和伊朗、伊拉克的许多知名学者来校任教。如果说菲鲁兹沙是巴曼尼在发展文化教育方面贡献最大的一位君主，马赫穆德·加万则是最有建树的一位大臣。经过他们的努力，巴曼尼果然成了印度穆斯林又一个文化中心，成了连接北印度和南印度的文化桥梁。

虽然穆斯林牢牢把持了这个国家的政治和军事权力，但穆斯林总人口在德干地区仍是非常有限的，这使统治上层不免有一种不安全感。为了弥补这个缺陷，统治上层一面使用种种手段，劝诱印度教徒改宗伊斯兰教，以期使穆斯林的人口比例有所提高；一面敞开大门，竭力吸引西亚、中亚的穆斯林到巴曼尼来。这样做，不仅是为了扩大穆斯林的人口规模，更是为了充实可以作为王朝依靠的社会中上层力量。被吸引来的大量外来者中，有不少贵族、军人和有技能的专业人士，朝廷以优厚的物质待遇和工作安排奖励他们；还有些人是各行各业的一般从业人员，他们来这里是为这里较好的工作机会和待遇所吸引。

大量移民迁入对巴曼尼国来说固然是好事，却也带来了另一个问题。外来者人数越来越多，经过一段时期的发展，逐渐形成了势力，其中的贵族不少人受到苏丹器重，担任了重要的官职和军职，甚至有的成了朝廷掌实权的大臣。这样一来，社会上层的规模是壮大了，但成分却日益庞杂。来自四面八方的人，在种族、文化上存在差异，他们被吸纳进了原来的穆斯林上层行列，但和原来的贵族貌合神离，加之在官场中原来的既得利益者和新加入的上层有不同的倾向和利益追求，很容易分别集结而形成不同的宗派和势力集团。人们的担心很快就成了现实。这就是后来巴曼尼政坛德干派和外来派两大派形成的土壤和导因。两派的恶斗不仅限于政治场合，还时常转变成武力的较量。这种没完没了的你死我活的相互厮杀成了巴曼尼政坛挥之不去的阴影，也是最终断送巴曼尼王国命运的决定性因素。

巴曼尼王国虽是南印度大国，但真正强大的时期并不长。最重要的原因是，除了菲鲁兹沙、马赫穆德·加万外，大多数君主和大臣缺乏远见，在统治理念、制度建设上，乏善可陈。前后18位君主及其朝廷大臣中真正杰出的人物很少，所以，尽管它宣称的目标是要在南印强化伊斯兰教的阵地，进而恢复伊斯兰教在全印的统治，却是有心无力，除在文化教育方面有所建树外，看不见其他方面的实际结果。这也是必然的，因为大多数君主和大臣的所作所为无非是模仿德里苏丹国的旧制，在这种情况下要想有突出的成就是很困难的。

维贾耶那伽尔

与巴曼尼不同，维贾耶那伽尔是印度教徒在争取独立斗争的基础上重建的印度教国家。这里原来存在的印度教国家坎皮利国被德里苏丹国图格卢克王朝兼并为时不久，伊斯兰教的统治还停留在表层，没有来得及深入，要恢复原来印度教国家的体制和政策并不是件困难的事。

建国后，现行的穆斯林体制和政策都被废除，按传统印度教国家的模式进行了重建，恢复了穆斯林统治前印度教国家实行的制度。

印度教国家与伊斯兰国家最大的不同点在于政权和宗教分离，政权不以传播和弘扬宗教为宗旨，政权和立法司法不受宗教法的支配。而以德里苏丹国为代表的印度伊斯兰国家虽然不是完全的神权政治，可是在很大程度上还是受宗教的强烈制约，宗教法的影响仍清晰可见。

维贾耶那伽尔建国后，在宗教政策上一仍印度教国家的旧惯，实行的是兼容并蓄政策。虽然居民都信仰印度教，但朝廷并没有独尊印度教，更没有把印度教树立为国教，而是对各宗教采取平等的政策。国家司法系统在处理民事纠纷上重视印度教宗教法，但并不把它作为国家法律付诸实施。在用人政策、税收政策、国家赞助，政府对各宗教臣民一视同仁。维贾耶那伽尔建国后用各种形式宣传新政权奉行宗教平等政策。如第二位国王布卡就颁布诏书，宣布所有宗教一律平等，都享受国家保护和赞助。还指令将此诏书镌刻在石碑上，竖立在各重要中心地域，以便广为人知，并为此后历任国王所遵行。布卡不受德里苏丹国长期宗教政策的影响，恢复印度教宗教宽容政策的传统，为实现社会宗教和谐重新奠定了基石。在朝廷的强调和身体力行下，维贾耶那伽尔所有非印度教臣民，无论是穆斯林还是佛教徒、耆那教徒、基督教徒，都能享受信仰自由。当然，君主和君主也是有差别的，也可以举出个别君主越轨的事例。如马利卡如那统治时（1446~1465），得知巴特卡尔城的穆斯林商人供应马匹给巴曼尼统治者，盛怒之下，下令灭尽全城的穆斯林。结果1000人被杀，更多的人逃到果阿。这种残暴行为招致巴曼尼的血腥报复。不过这只是偶然事件。

布卡个人信奉湿婆神，自称是代表神统治人间。不过在维贾耶那伽尔流行的不仅有湿婆崇拜，也有印度教其他大神崇拜。虔诚运动兴起后，国王克里希那·德瓦看到了它的力量，承认它是印度教的一部分。为结好虔诚派，他采取的一项重要措施，是把虔诚派影响下的广大群众在民间崇拜的神祇也纳入印度教的神祇之列，这相当于给了虔诚派群众的信仰以合法地位。这一举措进一步提高了国王在广大印度教群众中的威望。虔诚运动从这里向整个北印传播，迅速发展成为全国性的宗教改革运动。

在政治体制方面，和传统印度教国家一样，国王具有最高的行政、军事和司法权力，是国家的最高主宰。朝廷有大臣会议辅佐国王主持政务，大臣分别任各职能部门首脑。从种姓上说，担任高官的大都是上层种姓，不过，根据南印度的特点，除婆罗门和刹帝利外也有一些吠舍种姓担任高官。全国分成6个省。省督在省内掌管最高行政、司法和军事权力。和伊斯兰国家省督不同的是，他们的任期无时间限制，权力也更大一些，如有权加征新税、取消某种现行的税收等。省督权力过大，使得省有一定的自主成分，这是日后国家分裂的重要原因之一。省督要按规定把省税收收入的1/3上缴朝廷，定期向朝廷呈报省的收支账目。省督要养一定规模的军队，包括供给装备，当朝廷需要时提供军事服务。省以下分成若干层不同级别的行政单位，类似县、区，最基层的单位是乡村。县、区单位官员由上级单位任命。乡村是自治单位，由长老、最有影响力的商人和其他头面人物组成乡村会议，行使管理权。朝廷通过委派的专门官员与乡村联系，实行监督。

除了直辖领土外，维贾耶那伽尔也有一些藩属王公，他们是被征服的周边国家统治者，在承认维贾耶那伽尔的宗主权后被允许继续统治其原来领土，维贾耶那伽尔朝廷对其内政不加干预。

国王拥有王室领地，此外，把土地的很大部分分封给高官和贵族，受封者把收入的一半上缴国库，另一半自己留用，但要为国王养一支军队。国王的军队有常备军，还有步兵和其他兵种，均由国库供养。军队总人数全国约 60 万人，24000 匹战马。军种有骑兵、步兵和象军，也有少量火炮兵及更少量的海军。后两者是国家常备军的一部分，不过是最弱的环节，没有引起历任国王重视。

每逢国家的吉庆日或国王有重大活动，所有有封地的贵族必须到宫廷参加。每年 9 月是贵族向国王上缴税收的时间，国王对忠诚的表现好的贵族给予奖励；对不按规定时间和数额上缴税款的，给予惩罚，重则没收封地。对藩属王公规定只需缴纳贡赋，不必到宫廷出席节庆活动。

维贾耶那伽尔君主对发展经济比较重视。国家定的土地税税率为 1/6～1/3，土地视土质好坏分成不同等级，不同的土质、不同的农作物税率不同。使用国家灌溉水渠、牧场的，要另缴水税和放牧税。其他的税收有财产税、营业税等。这些制度基本上是以往印度教国家税制的延续，几乎没有什么变化。

维贾耶那伽尔历任国王中，在内政方面建树最突出的是哈里哈拉、布卡和克里希那·德瓦。哈里哈拉作为王国的创建者建立了完整的制度，这套制度一直被后来的历任统治者继承。他还重视发展农业生产，鼓励垦荒，规定新开垦的土地在租种条件上和税收上都给予优惠。克里希那·德瓦重视发展经济。他命令开垦荒地，扩大种植面积，多建水坝，多挖河渠，使更多农田得到灌溉。又取消了多种苛捐杂税，减轻臣民负担。他还每年一次巡视全国，亲自接触百姓，了解民情，听取呼声。他在位的 20 年被认为是百姓生活条件最好的时候。

农业发展也带来了城市商业和手工业的繁荣。许多寺庙的周围都兴起了集市，甚至发展成新的商业、手工业中心。有不少富裕的寺庙也积极参与内贸和外贸活动。15～16 世纪不少外国旅游者来到这个国家，如葡萄牙人努尼兹、意大利人尼科洛·孔蒂、波斯人阿卜杜尔·拉扎克、葡萄牙人多明戈斯·帕埃斯等。他们访问了它的都城维贾耶那伽尔城和一些城镇，留下的文字记录了他们的深刻印象。对这个国家的繁荣他们无不交口称赞，对城市的富庶表示惊叹。他们都讲到这个国家都城宏伟，人口稠密，街道上可以看到来自各地甚至外国的商人，集市上到处是驮着货物的牛群。商人和手工业者各由自己的行会，经济生活的活跃不逊于同时期欧洲任何国家的都城。

商业的发展是外国旅游者印象最深、提及最多的一点。他们都提到，贸易有内地贸易、沿海贸易和海外贸易之分，各由专门的组成行会的商人经营。1442~1443年从波斯来的商人阿卜杜尔·拉扎克记载说，这个国家有300个海港。除进行沿海贸易外，还与锡兰、马来群岛、缅甸、中国、阿拉伯国家和波斯有频繁的贸易往来。输出品以棉纺织品、香料、硝石、糖、大米为主，进口品主要是马匹、象、丝织品、铜、珍珠等。海外贸易使用的船只是在马尔代夫群岛建造的。外国旅游者还记载说，这个国家使用的钱币种类很多，金币、银币、铜币都有。钱币上的图像有神的形象和动物形象。

关于社会和宗教生活方面，外国旅游者也留下了不少记载。总的状况是，印度教的规则和习俗仍然被恪守，有一些变化，但不是很大。杀牲祭祀的做法仍在沿袭。妇女的社会地位不高，富裕阶级中存在多妻制，童婚很普遍，妆奁制依旧，萨蒂制仍在上层流行。婆罗门继续受到尊崇，在社会生活中起重要作用，对人们的精神世界有很大影响。这说明，宗教观念根深蒂固，不可能轻易改变。宗教上层会竭力维护它，不让改变。也许还有一个因素在起作用，这就是经历了穆斯林统治者的宗教压迫，对婆罗门来说，似乎抵御外来宗教压迫、坚持自己信仰的最好办法就是一切按宗教陈规办事。他们坚持这样做，普通的印度教群众也只能遵从。原来的印度教著名庙宇如哈札拉庙、维塔拉斯瓦米庙等都维护得很好，依然庄严、宏伟，参拜者络绎不绝，见证了广大印度教徒对自己宗教信仰的坚持。

如果说社会宗教生活方面缺乏生气，在文化生活方面则是另一番景象。维贾耶那伽尔国家有辉煌的文学和艺术成就，这是与朝廷对各种语言（梵语、泰米尔语、泰卢固语、卡纳达语等）的文学艺术都大力保护和支持分不开的。克里希那·德瓦苏丹就是一位关注和鼓励文化艺术发展的杰出君主。他本人具有很高的泰卢固语和梵文文学修养，写了许多著作，包括政论、诗歌和戏剧，有少数流传至今。如他的泰卢固文诗集《阿姆克塔马利亚达》是讲怎么治国、怎么待民的，无论思想性还是艺术性都堪称佳作。他对泰卢固语、泰米尔语和卡纳达语的诗人都给予保护和鼓励，授予土地和丰厚的礼物。他的宫廷里有8位文学巨匠和著名学者。在他的热心倡导下，出现了泰卢固文学繁荣时期。大量涌现的作品，无论在思想内容上还是写作风格上都有重大创新，被认为是南印度文学史上一个崭新时代的开始。维贾耶那伽尔的宫廷语言是卡纳达语，泰卢固语作为文学媒介在知识界和民间广泛流行。维贾耶那伽尔的统治者还鼓励学者和文化人撰写各种著作，除文学外，还包括舞蹈、绘画、音乐、语法、哲学、逻辑等多种科目，一时间学术界百花齐放，异常活跃。

维贾耶那伽尔存在了200多年，是德里苏丹国统治时期印度教徒新建立的最强大的地区性独立国家，它成了印度教在政治上、宗教上与全印的穆斯林势力抗衡的主要阵地。它的命运不仅受到南印印度教徒的关注，也受到全国印度教徒的瞩目。印度教徒不但希望维贾耶那伽尔能够抵抗住巴曼尼的扩张压力，坚持生存下来，而且能显示出，作为一个印度教国家，它比伊斯兰国家具有更强的活力，以此来重振长期受损的印度教的声望。维贾耶那伽尔对巴曼尼的战争一直不断，这也是目的之一。它尽了自己最大的努力，也取得了一定的成效，不过和穆斯林在印度已经形成的势力比较起来，它的力量相对弱小，最终还是被自己周边的多个伊斯兰国家压垮。而此时，在北印度，又出现了一支更强大的穆斯林势力——莫卧儿人的势力，它带着新的生命力登场了，很快成了印度的新主宰。

第十章
莫卧儿帝国时期

一　莫卧儿国家的建立和最初的领土扩张

莫卧儿帝国是由来自中亚的察合台突厥人建立的。察合台突厥人是穆斯林，属逊尼派。帝国创建者是札西尔-乌德-丁·穆罕默德·巴布尔（1526~1530年在位）。其父是帖木儿的四世孙，母亲是成吉思汗的十三代后裔，因有蒙古血统，故在印度历史上被称为莫卧儿人，莫卧儿是蒙古一词的音变。

1494年，巴布尔从父亲那里继承了中亚的费尔干纳小国的王位。他雄心勃勃，希望重振两位祖先的征服事业，便积极向外扩张，两次占领帖木儿原首都撒马尔罕，但都被乌兹别克人逐出。后来，连费尔干纳都失掉，不得不过流浪生活。但他终于得到一个机会，利用喀布尔统治势力内讧，占领了喀布尔（1504），接着占领了伽兹尼，成了阿富汗斯坦的主人。1510年乌兹别克人被伊朗国王伊斯迈尔沙打败，巴布尔乘机与伊朗结盟，得以重占撒马尔罕，但不久又被乌兹别克人夺去。在北部的扩张一再受挫后，他开始把注意力转向南方，准备以喀布尔为基地，进攻他的祖先曾进入并占领其部分领土的印度斯坦，并声称要继承这份遗产。

印度此时是由德里苏丹国最后的王朝洛蒂王朝统治。洛蒂王朝的软弱和北印度的四分五裂为巴布尔入侵提供了可能。1519年起，他就数次率军对旁遮普边境发动试探性进攻，占领过一些地区，不过都没有持久。1524年洛蒂王朝的旁遮普总督道拉特汗和洛蒂王朝伊卜拉欣苏丹的叔叔阿拉姆汗向他发出进攻印度的邀请，给了他求之不得的好机会。而且当时拉其普特人的美华尔国家的国王拉纳·桑加因惧怕伊卜拉欣苏丹征服拉其普他那，也允诺在巴布尔进入旁遮普后给予帮助。1524年，巴布尔率军进入旁遮普，击败了苏丹军队，占领拉合尔、迪帕尔普尔等城市。同道拉特汗的愿望相反，他在这里任命了自己的行政官员，意欲永久占领，又把迪帕尔普尔给了阿拉姆汗。当巴布尔返回喀布尔后，道拉特汗夺回了一些城市，包括迪帕尔普尔。1525年底，巴布尔再次率领大军进入旁遮普，道拉特汗投降并被囚禁。这一次，巴布尔的目标是一举征服北印度，成为印度的新主人。在顺利占领旁遮普后，他随即向德里推进。洛蒂王朝苏丹伊卜拉欣亲率大军迎战。1526年4月21日，两军在旁尼帕特决战。巴布尔靠火炮的威力和骑兵的机动战术战胜了数量占优势的洛蒂军队。洛蒂军队全军覆没，伊卜拉欣苏丹战死。巴布尔乘胜占领德里、阿格拉，建立了自己的国家，以阿格拉为都城，这就是莫卧儿国家。巴布尔自称帕迪沙（皇帝）。

占领德里和阿格拉还只是初步的胜利。要真正确立在北印度的统治，还必须征服北印的两大势力，一是拉其普特人诸王公，一是洛蒂王朝的阿富汗人势力以及实际在各地割据的阿富汗人地方军事首领。完成对这两者的征服是比征服洛蒂王朝更为艰巨的任务。

拉其普特诸王公此时联合在美华尔王公周围，成了北印度一支强大的势力。这些印度教王公对德里苏丹国的穆斯林统治者一直持抵抗态度，即便被武力征服，也是一有机会就宣布独立。图格卢克王朝后期，这些拉其普特王公都宣布独立了。由于洛蒂王朝不甘心王国疆域萎缩，时刻想向外扩张，拉其普特诸王公就一直想方设法削弱洛蒂王朝，以摆脱其对自己的威胁。这就是前面提到的美华尔的王公拉纳·桑加曾主动向巴布尔允诺在他进攻印度时给予援助的原因。然而从巴布尔进入印度以来的行为中，拉纳·桑加逐渐认识到，巴布尔的目的不仅仅是要占领旁遮普和掠夺财富，而且要征服整个印度。拉纳·桑加迅速改变方针，一面积极准备以拉其普特王公的联合力量抗御巴布尔的侵略，一面联合阿富汗军事贵族，共同抵抗莫卧儿人。在洛蒂王朝君主伊卜拉欣战死后，其弟马茂德·洛蒂自立为新苏丹，他的势力集中在东印度。拉纳·桑加承认他为君主，对另一些分散的阿富汗贵族的军事力量也给予支持。他还为洛蒂王朝的逃亡贵族提供避难所。

拉其普他那距阿格拉和德里不远，巴布尔首先感受到来自拉其普特人的威胁，决定把征服拉其普特诸王公作为首要目标。他派军队分别占领多普尔、瓜利亚和卡尔比，打通通向马尔华和东拉其普他那的道路。拉其普特人得知这个消息后便在拉纳·桑加的领导下，组成联军，主动发动进攻，向巴亚纳和阿格拉推进。参加联军的有 7 个王公、104 个首领的军队，马茂德·洛蒂和一些阿富汗贵族也加入联军的行列。联军宣布的目标是驱逐巴布尔，恢复洛蒂王朝。在巴亚纳的战斗中，拉其普特人取得了初战胜利。巴布尔看到形势严峻，认识到拉其普特人的联合是个可怕的力量，便宣布圣战，鼓动伊斯兰教徒都起来为宗教的神圣使命而对印度教徒作战。1527 年 3 月 17 日，两军在离阿格拉不远的坎奴阿决战。拉其普特军队在数量上超过巴布尔军一倍（8 万对 4 万），但巴布尔军队的火炮威力强大，再次显示出优势。战斗激烈地持续了 10 个小时，拉纳·桑加在关键时刻受伤离开战场，拉其普特军队发生混乱，最后被击溃，拉纳·桑加逃回奇托尔，后来被贵族害死。这次战役打垮了拉其普特联盟，也摧垮了拉其普特人—阿富汗人的联盟尝试，使莫卧儿人巩固了旁尼帕特胜利的成果，确立了在北印度的统治地位。巴布尔又乘胜征服了拉其普特人的昌德里国家。此后，虽然美华尔和其他一些拉其普特国家继续一起抵抗莫卧儿的扩张，也仍然是北印度存在的一支较强大的势力，但他们始终是各自为战，再也没有形成统一的、强大的力量。

坎奴阿战役后，巴布尔开始征伐东印度的阿富汗首领。比哈尔的马茂德·洛蒂势力最大，许多阿富汗贵族集结在他的旗帜下，准备重新占领德里和阿格拉，驱逐莫卧儿人。他也得到孟加拉的统治者努斯拉特沙的支持。1528 年，马茂德·洛蒂的军队向西移动到卡瑙季。巴布尔率军前往阻击，马茂德撤回比哈尔。巴布尔还同时运用外交手段，力图和孟加拉的努斯拉特沙订约，以不进攻孟加拉的保证稳住孟加拉，努斯拉特沙允诺中立，不过最后未能订立协约。在做了这些准备后，巴布尔率军直取比哈尔。1529 年 5 月 5 日，在格格拉河岸一战打败了马茂德，后者逃到孟加拉，很多阿富汗贵族投降。巴布尔占领比哈尔一部分，另一部分分给了归顺的阿富汗首领们作为领地。格格拉战役的胜利把莫卧儿的疆土推进到比哈尔。这样，巴布尔进入印度不到四年，就占领和控制了北印度大部分地区，莫卧儿的疆域从阿姆河流域一直延伸到比哈尔。不过，巴布尔只是削弱了阿富汗人的势力，阿富汗人的军事、政治势力在比哈尔和东印度继续存在。

巴布尔之所以能取得胜利，原因在于北印度的力量是四分五裂的，匆忙拼凑的联盟既不能充分发挥其潜力，又不能持久；莫卧儿人从伊朗人那里学会了使用火器的技术，有较强的炮兵，与骑兵配合作战具有强大威力；巴布尔本人身经百战，有卓越的军事才能；他还注重政治攻势，如占领德里后安抚洛蒂王朝的王族和贵族，吸引他们为莫卧儿王朝服务，进攻马茂德·洛蒂时，对放弃抵抗的一律赦免，并设法拆散比哈尔、孟加拉的联盟等。巴布尔虽曾宣布圣战，但那是出于一时的紧迫需要，是为了达到政治目的，当目的达到后即宣布撤销。他不是宗教狂，即便在征服中，破坏印度教庙宇的事也很少发生。

巴布尔 1530 年去世。他是莫卧儿帝国的奠基人，他的主要功绩是初步开疆拓土，为他的后人建立印度古代史上最大的帝国打下根基。美中不足的是，由于他在位时间短促，一直忙于征战，内政建设无暇顾及，在这方面来不及有任何开创之举。

巴布尔去世前，指定长子胡马雍为继承人。胡马雍的三个兄弟都是王位觊觎者，他的亲戚中也不乏争夺王位的人，各地势力日益强大的权贵们也都有割据的趋向。胡马雍为防止出现内讧，特别是王室内讧，给他的三个弟弟分别封赐了领地：喀布尔和坎大哈封给卡姆兰，桑巴尔（洛希尔坎德）封给阿斯卡里，梅瓦特封给信达尔。他以为这样可以使他们各得其所，各安其分，岂料分封领地却使他们的野心有了新的政治沃土和物质基础。分封也削弱了国家的财源和军事力量。

这时，在莫卧儿疆域内外，反莫卧儿的势力重新发展。最主要的是阿富汗人的势力。他们对丧失德里政权极不甘心，一直进行反抗。阿富汗人的势力此时集中在比哈尔和古吉拉特（古吉拉特统治者巴哈杜尔沙是阿富汗人）。比哈尔的阿富汗军事首领不止一个拥兵自立，抵抗莫卧儿的征服，已归顺的又举起叛旗。马茂德·洛蒂在格格拉河战役中被击溃后逃到孟加拉，后回到比哈尔，不久就同两个阿富汗贵族首领比班和巴亚齐德重新集结成一支势力。胡马雍在勒克瑙附近的德澳腊击溃了他们，比班和巴亚齐德战死，马茂德逃亡。

在西印度，古吉拉特的统治者巴哈杜尔沙利用巴布尔去世留下的空隙，逐渐向拉其普他那扩张势力。1531 年攻占马尔华，1532 年攻占莱森堡，迫使美华尔的统治者接受一项割地赔款的条约。胡马雍不愿看到巴哈杜尔沙夺占巴布尔的领土，在西部发展壮大成为威胁，决定派军队征讨。巴哈杜尔沙在掠夺大量财物后撤走。胡马雍然后在德里建立新城，以备日后阿格拉受巴哈杜尔沙威胁时作为第二都城使用。他没有追击巴哈杜尔沙，巴哈杜尔沙则在此时期不仅征服了阿季米尔和东拉贾斯坦，还提供武器、人员给前洛蒂王朝君主伊卜拉欣的部将塔他尔汗，支持他进攻阿格拉。塔他尔汗集合了一支40000人的武装力量，发动多路进攻，占领了比亚纳等地。胡马雍派军迎击，击溃了塔他尔汗的进攻。之后，胡马雍决定乘势铲除巴哈杜尔沙的势力，便率军进入马尔华，打败了他，并跟踪追击，进入古吉拉特，占领了阿默达巴德，劫掠了国库的无数金银珠宝。巴哈杜尔沙逃到卡提阿瓦半岛。胡马雍任命他的弟弟阿斯卡里为古吉拉特省省督。阿斯卡里管理无能，巴哈杜尔沙旧部叛乱，阿斯卡里无力镇压。巴哈杜尔沙也回到古吉拉特，收复失地。阿斯卡里战败，撤回阿格拉，古吉拉特被巴哈杜尔沙全部收回，马尔华也被他重新占领。古吉拉特和马尔华两省的面积相当于胡马雍余下的领土的总和，战略位置重要，在艰难地夺取后这样轻易地丧失，足以表明胡马雍在军事上运筹帷幄的能力和用人能力不足。不过此役使古吉拉特受到沉重打击，资源损耗巨大，此后，古吉拉特作为一个国家虽然存在，但对莫卧儿帝国的巩固不再构成威胁。

这时，在比哈尔又崛起一支新的强大的阿富汗人反莫卧儿势力，这就是后来建立了苏尔王朝的谢尔汗。谢尔汗名法里德·苏尔，其父在洛蒂王朝的军队中供职，获得大片札吉尔。法里德22岁时去江普尔（东印度的文化中心城市）学习阿拉伯语和波斯语知识，回来后替父亲管理札吉尔多年，从中获得了管理经验。后去比哈尔的布克萨尔，为一个在南比哈尔拥兵自立的贵族巴哈尔汗服务，获得谢尔汗称号（谢尔，虎之意。据说他打死了一只虎）。巴哈尔汗对他的才能十分赞赏，任命他为自己的助手，并担任自己的儿子贾拉尔汗的导师。洛蒂王朝垮台后，很多阿富汗贵族宣布独立，巴哈尔汗也自称穆罕默德苏丹。他去世后，贾拉尔汗即位。他的母亲任命谢尔汗为贾拉尔汗的辅政，实际上大权由他掌握。贾拉尔汗身边贵族不能容忍，企图谋杀他，失败后挟持贾拉尔汗逃到孟加拉。这样，谢尔汗就成了这支势力的真正领导人。

1530年谢尔汗攻占了北印至东印间的要冲丘纳尔堡，随后招募了一支人数众多的队伍，在比哈尔南部立定了脚跟，成了在比哈尔的阿富汗贵族公认的领导人，远近的阿富汗贵族都来投奔他。胡马雍注意到阿富汗人这支力量的兴起，1532年，在德澳腊打败马茂德·洛蒂后，他趁势攻打丘纳尔堡，希图一举除掉东印度的所有阿富汗人势力。但围攻 4 个月未拿下，而他亟须前往古吉拉特制止巴哈杜尔的扩张。此时，谢尔汗在胡马雍眼里还算不得威胁，胡马雍打算把对谢尔汗的征服先放一放，便提议媾和，条件是谢尔汗承认是莫卧儿朝廷的藩属，派一支军队为朝廷服务，胡马雍允许谢尔汗控制南比哈尔，包括丘纳尔堡。谢尔汗接受。此后，他虽然口头上表示忠于莫卧儿帝国，实则暗地里策划和积极准备发动进攻，以期把莫卧儿势力驱逐出印度，恢复阿富汗人的统治。他和古吉拉特的巴哈杜尔沙有密切接触，后者在强盛时给了他大量的资金援助。正是在古吉拉特的援助下，他得以壮大自己的军队，仅战象就有 1200 头。谢尔汗认为孟加拉的统治者（这时孟加拉苏丹努斯拉特已去世，新苏丹是马姆德沙）对自己怀有敌意，1536 年派兵征讨孟加拉，包围其都城高尔堡，强迫其纳贡 130 万第纳尔（金币）。这段时期由于胡马雍忙于古吉拉特的战事，谢尔汗得到了绝好的机会壮大自己的势力，俨然成了南部比哈尔和孟加拉的主人。

谢尔汗的种种活动终于使胡马雍感到担心了。为解除这个威胁，1537 年他率军进攻比哈尔，用了 6 个月的时间，艰难地攻占了防守坚固的丘纳尔堡。谢尔汗把兵力撤入孟加拉，占领了其都城高尔堡。胡马雍过低估计了谢尔汗的力量，在没有做充分准备的情况下，就仓促追击谢尔汗至孟加拉，进占高尔堡。谢尔汗则在此前把高尔堡国库掠夺一空后，迅速通过一条捷径绕道折回南比哈尔。他让胡马雍无阻挡地进军孟加拉，却在他背后占领交通枢纽，切断了他的军粮供给和回师阿格拉的道路。胡马雍花了 8 个月时间在孟加拉建立秩序，却忽略了保持至关重要的回程交通线的畅通。当他要班师回朝时，却发现已被困在孟加拉欲返不能。他期望几个弟弟中有人兴兵援助，但他们一概坐视不救，信达尔甚至在阿格拉称王（后放弃）。胡马雍忧心如焚，决定不顾一切回师阿格拉（1539 年 3 月启程）。部队行军困难，沿途又不断受到阿富汗人袭击，士气低迷。而胡马雍另一个弟弟卡姆兰此时从拉合尔兴兵讨伐信达尔，却不派一兵一卒去解救胡马雍之危。胡马雍的军队最后在比哈尔西部边境布克沙尔附近的乔沙与谢尔汗的阻击部队对峙 3 个月，谢尔汗故意拖延决战，等待雨季来临，最后发动突袭（1539 年 6 月），致胡马雍军损失惨重，约 7000 人丧命，他本人侥幸脱险。

谢尔汗从此自称苏丹，称号是谢尔沙，开始铸造钱币，并以自己的名义宣读库特巴。他占领了孟加拉，然后回到卡瑙季，开始筹划如何实现夺取莫卧儿政权的目标。

胡马雍返回阿格拉后，准备再次征讨谢尔沙，但几个弟弟各有打算，半年议而不决。待到他率兵出征时，谢尔沙已大大扩充了自己的力量，并采用外交手段，有效地把各地方势力拉到自己一边，孤立了胡马雍。1540年3月，胡马雍率军渡过恒河，在卡瑙季附近的比尔格兰与谢尔沙对阵。5月17日，谢尔沙趁胡马雍不备，发动进攻，大获全胜。胡马雍逃到阿格拉，在谢尔沙军队追击下，继而逃到拉合尔。

1540年，谢尔沙进占德里和阿格拉，建立了苏尔王朝，以德里为都。胡马雍的弟弟卡姆兰为保全旁遮普，不是与谢尔沙作战，而是谈和。其余的弟弟也各有盘算，不能联合一致。许多军事将领背叛。胡马雍不得不再逃到信德，在那里依然得不到援助。最后，他带领22人来到波斯，依靠波斯国王的帮助，从弟弟卡姆兰手里夺得坎大哈和喀布尔，算是取得一块立身之地。波斯国王帮助他是希望胡马雍接受什叶派信仰，并把坎大哈交给波斯。胡马雍三个弟弟的最终结局是：卡姆兰和阿斯卡里因多次背叛，被迫去麦加，死在外乡，信达尔在与阿富汗人作战中阵亡。

莫卧儿王朝初建的政权就这样被胡马雍在不经意间失掉了。胡马雍的失国主要是由于内部分裂和他自己军事指挥的失当。其次，莫卧儿人刚立国未久，还没有除去阿富汗人在印度东部的军事力量。分散在各地的阿富汗人一旦联合，并得到杰出领袖的领导，就能形成强大的势力。而莫卧儿国家根基浅，势力分散，内部又不和，不能以团结的力量应付危急局势。

二 一段插曲——苏尔王朝

谢尔沙的苏尔王朝是继德里苏丹国洛蒂王朝之后阿富汗人在印度建立的又一个王朝，统治时间为1540~1555年。这是莫卧儿国家建国之初的一段小插曲。

谢尔沙继承了胡马雍治下的北印度大部分疆土，又有所拓展。在西北部，从部落民手里收回了木尔坦。马尔华也被征服。马尔华此前被古吉拉特的巴哈杜尔沙占领，任命省督管辖。巴哈杜尔沙去世后，省督宣布独立，拒绝承认谢尔沙的宗主权。谢尔沙率军征伐，省督投降，马尔华领土大部分被兼并。

拉贾斯坦的拉其普特王公们是谢尔沙在北印度扩大征服的主要对象。其中马尔瓦尔国势最强，控制了整个拉贾斯坦的西部和北部。有两个较弱的王公因受马尔瓦尔国王马尔德瓦欺压，请求谢尔沙帮助，谢尔沙便以此为借口于1544年率8万大军征伐马尔瓦尔。马尔德瓦率军迎击，在焦德普尔以北的萨米尔两军对峙。谢尔沙知道拉其普特人作战英勇，不可能一战而胜，而自己后勤供应困难，在有足够保障前不敢轻易开战，便先行施展离间计。他令人伪造马尔德瓦部下拉其普特首领给他的密信，内容是允诺捉住马尔德瓦献给他。信按预定安排到了马尔德瓦手里，马尔德瓦果然中计，怀疑部下拉其普特首领的忠诚，决定撤兵。拉其普特首领们无端受辱十分愤怒。有些首领为自证清白，拒绝撤兵，单独进攻谢尔沙，直到全部战死。马尔德瓦此时才了解到真相，后悔已晚。结果，军心涣散，仓皇撤退，被谢尔沙追杀得溃不成军。马尔瓦尔的领土大部分被谢尔沙占领，马尔德瓦被迫撤入沙漠。接着，谢尔沙兵锋转向另一重要的拉其普特国家美华尔。此时，美华尔国王拉纳·桑加已去世，国内政局动荡，掌握实权的大臣决定不战而降。这样，谢尔沙在10个月的时间内未经严重战斗就轻易地征服了拉其普特人的两个主要国家。其他一些较小的王公也接受了谢尔沙的宗主权。除马尔瓦尔外，谢尔沙一概保留原王公的王位和领地，只把它们降为附属国。不过重要的堡垒都由谢尔沙派军镇守。

1545年，谢尔沙又率兵征服本德尔坎德的卡林贾尔国，卡林贾尔堡地势险要，具有战略重要性，他要控制这个要塞。要塞是最终攻克了，但他不幸负伤去世。

这样，除了克什米尔、古吉拉特和阿萨姆外，谢尔沙基本上征服了整个北印度。

谢尔沙的军队包括15万骑兵、5万步兵、5000头战象和一支规模不大的火炮兵。国内重要的堡垒、要塞都驻有重兵把守。

谢尔沙在位时间虽只有5年，除武功外，他在政绩上也是非常突出的。他是一位有卓越的行政组织才能的君主。他实行的体制、田赋等方面的改革，以及注重修筑道路、促进贸易发展的政策，不仅促进了苏尔王朝的经济发展，还在很多方面为后来莫卧儿帝国阿克巴大帝的改革提供了宝贵借鉴。

他通过严厉镇压对他不服从的贵族、地方首领和拒不缴税的札吉达尔，通过打击拦路打劫的强盗和窃贼，保证了社会的安定，为其制定和实施各项改革的法令提供了保障。

他关心经济发展，积极采取措施促进商业和贸易发展。考虑到保证交通方便和道路安全是商业和贸易发展的首要条件，他对道路建设给予极大的关注。他恢复了从印度河到孟加拉的横贯北印度的老的交通干道，又新建了两条重要的干道，即从阿格拉到焦德普尔和奇托尔的干道，把这广大地区和古吉拉特的海港相连；从拉合尔到木尔坦的干道，进一步发挥木尔坦作为印度陆路与西亚和中亚国家贸易枢纽的作用。这样，就使全国的物资交流得到很大便利，同时促进了内外贸易的发展。为了给商人和旅客提供方便和安全，这些交通干线的沿途设有旅店，供旅客休息、饮食、住宿和保存货物。穆斯林和印度教徒有各自的饮食和休息区。这样的旅店共建有 1700 个。

谢尔沙促进商业和贸易发展的措施还有：铸造优质的统一标准的货币，替代在很多地区现行使用的混合金属的劣质货币，其中的银卢比因分量足、成色好，成了以后数百年的标准货币；力求在帝国全境建立统一标准的度量衡，但这一努力只取得有限的成果；改革关税制度，规定在帝国东部，对海外进口的货品，统一在孟加拉边境或比哈尔征收关税，在帝国西部，对从西亚和中亚进口的货品，统一在印度河征收关税，此外，不许在任何道路、关隘、渡口、城镇征收关税，这就有效地阻止了对进口货品乱收税；还规定对商人货物遭抢劫的，地方官要负责追查，商人受到损失的，地方官要负连带责任。

谢尔沙对农业发展和改善农民生活也非常关心。他采取的最重要的措施是改革土地税制度，这方面的做法，显示了他的智慧和卓越的行政才能。当初在他替父亲管理札吉尔时和随后在比哈尔处理行政事务时，他对土地税制度本身和征收中存在的种种弊端有深刻的了解，知道应改革的要点所在，所以在建立苏尔王朝后，他把改革土地税制度作为最重要的工作，精心地进行准备。在一个有力团队的协助下，制定出了改革方案，并立即着手实施。他的改革抓住了要害，详见本章促进经济文化发展的措施一节。

在行政体制方面、用人政策方面和宗教政策方面，谢尔沙基本上继承了德里苏丹国的旧制。他的朝廷主要由阿富汗人担任高官，从某种意义上说，苏尔王朝可以看作是德里苏丹国洛蒂王朝的延续。宗教政策也大致相同，伊斯兰教被宣布为国教，对印度教徒照样征收人头税，宗教口号被用来作为政治行动的辩护词，谢尔沙在这方面没有什么进步的改革。有所差别的是他本人和其继承人不是狂热的正统派，不像洛蒂王朝的西坎达尔沙苏丹那样破坏印度教庙宇，迫害印度教徒。对乌里玛，他很尊重，但在立法中并不依赖他们，也就是说并不严格遵照伊斯兰教法的规定行事。

谢尔沙工作勤勉，常常日夜辛劳。他还经常巡游全国各地，了解他的法令执行情况。不过也有弱点，这就是过于集权。他称帝时已 67 岁，没有考虑到培养继承人的问题，没有给继承人以充分的历练机会。这样做的后果很快就显现出来。

谢尔沙生前指定长子阿迪勒汗为继承人，但他去世后，谢尔沙身边的阿富汗贵族显要认为阿迪勒汗缺乏才能和智慧，不如谢尔沙的次子贾拉勒汗更勤勉、更有才干，决定拥立后者即位。他们把贾拉勒汗急速接到卡林贾尔，就在那里宣布他为苏丹，称伊斯拉姆沙。这一行动自然招致阿迪勒汗及朝廷中和各地拥护他的贵族的强烈反对。很快，部分贵族就联合兴兵讨伐，但在阿格拉附近被打败，阿迪勒汗逃亡。伊斯拉姆沙下毒手铲除所有反对他的贵族，对他们实行残酷迫害，同时把自己的亲信安插在各重要岗位，这激起了更多贵族接二连三的反叛和两次暗杀他的图谋。反叛都被镇压，他也躲过了暗杀。在高压下，帝国维持了数年的强盛，而且这期间还完成了对东孟加拉的征服，但从长远看，高压和内乱的结果却是葬送了帝国的前景。整个阿富汗贵族严重分裂，彼此猜忌，相互倾轧，人人自危。1553 年伊斯拉姆沙去世，宫廷发生内乱，即位的幼主被其舅舅杀害，后者篡位，称穆罕默德·阿迪尔沙。趁此机会，各省省督和地方势力纷纷拥兵自立，有的宣布自己是苏丹。这样，苏尔王朝昙花一现，转瞬间就陷于瓦解。

这种形势对一直在伺机反攻复国的胡马雍极其有利。1554 年 11 月，胡马雍进占白沙瓦，次年初占领拉合尔。1555 年 5 月至 6 月，在马奇瓦拉和塞尔信德击溃前来阻挡他前进的苏尔王朝的军队，7 月进占德里和阿格拉。苏尔王朝被推翻，丧失了 15 年的莫卧儿政权得以恢复。

不过胡马雍从苏尔王朝收回的已不是当年的版图，而只是范围有限的地区。除都城阿格拉和德里、旁遮普外，大部分地区都宣布独立了。他必须进行艰难的战斗，重新征服那些宣布独立的地区。这项任务胡马雍没有完成，他在重登王位的第二年不慎从楼梯上摔下跌死。这个任务是由阿克巴完成的。

三　阿克巴的目标——统一印度

阿克巴是胡马雍的长子，1542 年 10 月 5 日生于阿玛尔科特，幼年随父亲过着流亡的生活直到 5 岁。父亲安排他接受文化教育，但他对学习武艺和骑射有更大的兴趣。父亲把伽兹尼和拉合尔交由他管理。胡马雍去世时他刚 13 岁多，正和辅佐他的贝拉姆汗在旁遮普同苏尔王朝的残余势力作战。胡马雍逝世的噩耗传来，贝拉姆汗立即拥戴他加冕为莫卧儿帝国皇帝。1556 年 2 月 14 日，他在旁遮普的卡拉瑙尔（在古达斯普尔附近）即位。贝拉姆汗被任命为摄政大臣、首相。实际上，阿克巴即位的最初几年是贝拉姆汗在替他决策。

阿克巴这时得到消息，在比哈尔还拥有实力的谢尔沙的侄儿阿迪勒沙已派部将赫穆率军占领了阿格拉和德里。德里省省督塔尔迪·比格汗稍事抵抗后弃城而逃。贝拉姆汗下令处决这个省督，然后和阿克巴一起率军向德里和阿格拉推进，在旁尼帕特与赫穆的军队相遇。1556 年 11 月 5 日的决战，最初赫穆军占优势，后赫穆眼部中箭，不再能指挥，其军队陷于混乱，以致最后全军覆没。失去意识的赫穆被俘处死。阿克巴的大军收复德里和阿格拉后没有停歇就回师旁遮普，消灭了苏尔王朝在这里的残余势力。1560 年阿克巴摆脱了权大势重的摄政大臣贝拉姆汗，意欲亲自执掌国事。但此后两年又受乳母影响，1562 年才独立自主处理政务。

图 10-1　阿克巴

从这时起，在 40 多年的执政中，他表现了雄才大略、深谋远虑，成为莫卧儿王朝甚至整个中世纪印度最杰出的君主。

胡马雍去世时，留下的版图只有旁遮普、德里和阿格拉，其他地区都宣布独立了。阿克巴执政后，在几十年时间里，莫卧儿帝国领土有极大扩张，不仅对胡马雍被苏尔王朝取代前的地盘尽行收复，而且征服了许多新地区。数十年间，在他的运筹帷幄下，帝国军队南征北剿（其中有些是平叛），马不停蹄，几乎所向披靡，许多战役都是他亲自指挥的，表现了他卓越的军事才能。

首先选定的征服目标是马尔华。阿克巴以马尔华曾是胡马雍时期莫卧儿帝国的领地为由，1561 年派阿达姆汗率军收复。马尔华国王巴兹·巴哈杜尔率军迎战，不敌逃亡。阿达姆汗占领其都绍拉普尔，尽杀战俘，大肆劫掠国库并把大量珠宝据为己有。阿克巴对阿达姆汗的做法甚为不满，亲自来绍拉普尔制止，不过并未严办。阿达姆汗和其后继者的行为引发当地人不断起来反抗，巴兹·巴哈杜尔趁势赶走守军复位。阿克巴又派军前来征讨，巴兹·巴哈杜尔再逃亡。经过一段时期的流亡，巴兹·巴哈杜尔最终归顺阿克巴，被授予曼沙布达尔的品级，为帝国服务。马尔华被兼并。

下一个目标是冈德瓦纳。冈德瓦纳在纳巴达河以南、哥达瓦里河以东，幅员较广，此时实际掌权人是国王的母亲杜尔加维蒂。她是一位勇敢的、有魄力的领导人，自知不是莫卧儿的对手，小心谨慎地避免与帝国发生冲突，还主动派大臣与莫卧儿谈判，但谈判没有成功。1564 年，阿克巴派阿萨夫汗率军进攻该国，杜尔加维蒂不顾大臣劝告，拒绝撤到内地，率军英勇迎战。结果冈德瓦纳军队被击溃，杜尔加维蒂负伤自尽。莫卧儿军队占领了乔拉加尔堡，冈德瓦纳被兼并。马尔华和冈德瓦纳的并入使帝国南部边界扩展到纳巴达河和哥达瓦里河，形成与德干诸国家毗邻之势。

莫卧儿帝国此时主要是在北印度扩展疆域。在北印度的西部、西北部和东部，还有广大地区待征服。这些地区的对手大都比马尔华和冈德瓦纳强大，要完成这个任务，对阿克巴来说，还是相当艰难的。

在西部，主要的征服对象是拉其普特诸王公。拉其普特人骁勇善战，是北印度一支强大的军事政治势力。但由于存在众多大大小小的拉其普特国家和首领，他们的力量分散，容易被外来势力分别征服。巴布尔进入印度后，通过发动圣战在坎奴阿战役打败了拉其普特联军，但也只是打败而已，他们的国家除昌德里外都依然存在。胡马雍时期没有顾上征服拉其普他那地区，苏尔王朝谢尔沙征服了马尔瓦尔和美华尔，不过两国在谢尔沙去世后就恢复了独立。莫卧儿复国后这个征服任务留给了阿克巴。阿克巴深知解决拉其普特人问题的重要性：拉其普特人勇敢顽强，如果征服不了他们，他们在离都城不远的地区存在和不断反抗就永远是帝国的心头之患；而如果成功地征服他们并能利用他们的军事力量，对帝国完成征服整个印度的任务将有极大的好处。在如何征服的问题上，阿克巴表现出了高度的政治智慧。和先前的所有征服者不同，他并不仅仅依靠武力，而且是军事政治两手并用；并不以兼并为目标，而是以使他们承认莫卧儿的宗主权为目的；并不是为了使他们敬畏，而是为了使他们心悦诚服。换言之，与其说阿克巴是要征服领土，毋宁说是要征服人心。这种高明的手段果然取得了预期的结果。在 1561～1569 年的 10 年内，除美华尔一个国家继续抵抗外，没有费太大的力气，拉其普他那所有国家和首领都被莫卧儿帝国征服，绝大多数接受了莫卧儿的宗主权。其中有少数国家是开始时拒绝接受宗主权被用武力征服的，但这些被征服的王公在承认莫卧儿的宗主权后绝大多数都被留在其原来的统治位置上，只有少数国家被帝国兼并。对一直坚持抵抗的美华尔，阿克巴在攻占其都奇托尔堡和大片领土后，也曾派已归顺的拉其普特王公曼·辛格、巴格万·达斯和托达尔·马尔，前往劝说归顺，但美华尔国王乌达亚·辛格不理会劝说，坚持拒绝接受莫卧儿的宗主权。1576 年，阿克巴只得再派大军征讨。此时乌达亚·辛格已经病故，新王普拉塔普继续抵抗，失败后退到深山。他去世后，其子阿马尔·辛格即位，抵抗仍坚持下去。这是唯一一个阿克巴始终未能征服的拉其普特国家。归顺的拉其普特王公都被授予曼沙布品级，为帝国提供军事服务，阿克巴后来多次对内平叛和对外征伐都是委派他们统率大军去完成的。

拉其普他那西南部是古吉拉特国家，这是阿克巴征服的下一个目标。古吉拉特此时的国王是穆扎发汗三世。他是个无能的统治者，朝政不修，贵族派系林立，纷争不断。古吉拉特是著名的贸易中心，也是印度从西部出海与西亚、欧洲国家贸易的主要通道，沿海有多个港口，地理位置十分重要。在征服了拉其普特人诸国家后，征服古吉拉特就有了便利条件。1572 年阿克巴亲率大军攻打古吉拉特。没有遇到强烈抵抗，只经过一次小战役就占领了都城阿默达巴德，穆扎发汗投降。阿克巴对古吉拉特实行兼并，任命总督治理，然后班师返回阿格拉，途中攻克了苏拉特堡。1573 年当得知古吉拉特首府被叛军占领后，又星夜赶来，镇压了叛乱。

拉其普他那和古吉拉特的征服是阿克巴扩张帝国疆域最重要的战果，至此，帝国西部边界到达了阿拉伯海，帝国的统治地位得以牢固树立。

在北印度东部，存在孟加拉国家。在苏尔王朝时期，孟加拉、比哈尔都属苏尔王朝的版图。苏尔王朝垮台后，原比哈尔总督苏莱曼·卡拉尼宣布独立，成了孟加拉、比哈尔的统治者，以坦达为都城。他去世后，王位由其子达乌德汗继承。原印度东部的阿富汗人势力大都集结在他的旗帜下。达乌德汗自恃有众多兵力，蠢蠢欲动，甚至侵犯莫卧儿帝国东部边境。阿克巴看到了潜在危险，但因忙于在古吉拉特用兵，一时无暇东顾。在处理完西部事务后，1574 年他率大军东征。先攻占了比哈尔，又追逐达乌德汗至孟加拉。但因有急事要处理，他赶回阿格拉，把继续追逐的指挥权交给孟加拉总督穆里姆汗。穆里姆汗占领其都坦达，达乌德汗逃到奥里萨。穆里姆汗继续追杀，1575 年在图卡拉奥战役中打败达乌德汗，后者请和，同意接受莫卧儿的宗主权。但穆里姆汗不久去世，达乌德汗利用这个时机反叛，重新占领坦达。阿克巴委派新总督，再次兴兵讨伐。1576 年 7 月在比哈尔进行的莱吉马哈尔战役中再次打败达乌德汗，达乌德汗战死。这样，孟加拉和比哈尔最终被兼并。

孟加拉和比哈尔以南的奥里萨由另一阿富汗贵族奥图恩汗盘踞，他死后，其子尼萨尔汗继承。1590 年阿克巴令比哈尔总督曼·辛格率军进攻奥里萨，尼萨尔汗在稍做抵抗后投降。阿克巴让他做奥里萨总督，但他两年后反叛，被打败。1592 年奥里萨被帝国兼并。这也是阿富汗人最后势力的消亡。至此，阿富汗人在东印度的政治军事势力基本上被除尽。

在北印度西部，木尔坦已处在帝国版图中，信德还是独立国家。为了打通从坎大哈到木尔坦和沿印度河出海的通路，1591 年阿克巴派木尔坦总督进攻信德。信德统治者扎尼·比格抵抗，但被打败。信德被兼并，扎尼·比格表示愿意为帝国服务。

克什米尔在印度最北部，此时也是独立国家，统治者是于苏夫汗。他知道莫卧儿帝国势力强大，早晚会触及克什米尔。为了应付阿克巴，他派儿子觐见皇帝，表示愿意结好，自己却避免露面。阿克巴认为他缺乏诚意，1586 年派兵征讨。但因气候恶劣，行动困难，双方同意订立协约，于苏夫汗接受莫卧儿的宗主权，允诺以阿克巴的名义诵读库特巴和铸造钱币。阿克巴对这个条约不满意，于苏夫汗现身莫卧儿宫廷后被囚禁。其子亚库布汗即位后拒绝来宫廷朝见，并企图挑起对莫卧儿帝国的战端。阿克巴趁机派兵征讨，亚库布汗逃走，莫卧儿帝国的军队占领斯利那加。亚库布汗投降被囚禁，1586 年克什米尔被帝国兼并。

这样，在北印度，剩下的未征服地区就是西北偏远地区和东部偏远地区的一些国家和地区了。在西北偏远地区，由于这里存在一些小国和部落，时常对周边发动侵袭，也由于与波斯的领土争夺，这片地区一直战乱不断，归属变迁不定。

在俾路支斯坦，没有较强的国家存在，整个地区由一些首领分别盘踞。1595 年，阿克巴派兵征讨，没有遇到太大的抵抗，整个俾路支斯坦就被兼并。

坎大哈在阿克巴即位不久就被波斯夺去。坎大哈的总督穆扎法·米尔扎因不受波斯统治者信任，缺乏安全感。1595 年他决定归顺莫卧儿帝国，主动献出了城堡，他本人同意为帝国服务，被阿克巴授予五千人长曼沙布品级。

开伯尔山口及附近地区道路被邻近的一些阿富汗部落封锁，他们趁机扩大势力范围。阿克巴派军讨伐，这些部落被并入莫卧儿帝国。

东部偏远地区（阿萨姆、奥里萨部分地区）阿克巴还无暇顾及。

当阿克巴在北印度东征西讨时，不断有贵族集团发动叛乱。阿克巴不得不分出时间、精力和军力去应对这些叛乱。较早发生的有乌兹别克人的叛乱和米尔扎人的叛乱。乌兹别克人是贵族中的一支，其上层在今北方邦东部、比哈尔和马尔华等地担任要职，因协助莫卧儿朝廷镇压剿灭阿富汗人势力有功，变得傲慢，轻视年幼的阿克巴。为了谋取更多利益，1564 年开始多次叛乱。每次被镇压后都得到阿克巴的宽恕，但他们并没有感动。米尔扎人是随莫卧儿人进入印度的帖木儿后裔，主要居住在今北方邦以西地区，有一定势力。他们的叛乱使该地区陷入混乱。不过，这两起叛乱都属局部性问题，影响范围有限，阿克巴并没有放在眼里，没有彻底追剿。接着发生的叛乱使他高度警惕起来，这就是他的异母兄弟、喀布尔统治者米尔扎·哈基姆的反叛。米尔扎·哈基姆早就想抢夺王位，也许是受了上述叛乱的鼓励，1566 年他利用北印度的战乱局势，发动叛乱，目标是占领德里，篡夺王位。他率军进入旁遮普，攻打拉合尔。伺机而动的乌兹别克贵族立即起而响应，再度叛乱，宣布承认米尔扎·哈基姆为他们的领导人。哈基姆渡过印度河后，得知阿克巴亲自前来迎战，又发现并没有他预期的印度各地群起支持他的局面，便失去胜利的信心，慌忙折返。阿克巴的军队一路追逐至拉合尔，迫使他撤返喀布尔。阿克巴没有再追赶，而是从拉合尔回师江普尔，在大雨中渡过朱木拿河，直扑乌兹别克叛军所在地，彻底击溃了叛军（1567）。叛乱领导人命丧战场，其他乌兹别克人表示臣服。

这就最终结束了时断时续、迁延六七年的乌兹别克人叛乱。在此前后，米尔扎人的叛乱也被镇压，部分米尔扎人逃往古吉拉特。

阿克巴在位的后期，又不断发生新的叛乱。1580~1581 年，阿克巴不得不把主要精力放在镇压叛乱上。这时期仍是上层内部的叛乱，多与不满阿克巴的改革有关，如阿克巴的宗教平等政策、重用印度教徒政策、土地税政策等，都被一些贵族认为是侵犯了他们的利益。心存不满的他们一直在等待叛乱的机会。不过这一时期，缺乏有一定实力和影响能领头发难的人，于是，有些叛乱的贵族知道米尔扎·哈基姆仍持反阿克巴的立场，就继续打着他的旗号。这一次，叛乱势力的发难地在孟加拉和比哈尔。孟加拉和比哈尔被阿克巴兼并后设省督治理，那里的莫卧儿贵族有许多人对阿克巴的政策不满，加之那里存在大量失势的阿富汗贵族，两股势力结合使发动叛乱有了适合的土壤。叛乱势力也宣布承认米尔扎·哈基姆为他们的领导人。阿克巴全力以赴应对这种形势。他派一支军队在托达尔·马尔指挥下去比哈尔和孟加拉镇压，另一支在曼·辛格指挥下去西北部防止米尔扎·哈基姆发动攻势。托达尔·马尔很快控制了孟加拉和比哈尔的局势，阻止了叛乱的进一步扩大。在西北印度，米尔扎·哈基姆果然发动了对拉合尔的新进攻。由于曼·辛格已做了战前准备，加强了城防工事，米尔扎·哈基姆攻城不下。旁遮普的贵族也没有如他期望的那样起而响应。这时(1581)，阿克巴亲率 50000 骑兵赶来拉合尔增援。米尔扎·哈基姆没有别的选择，只好撤退。阿克巴命曼·辛格率军紧紧追赶，直到占领喀布尔。米尔扎·哈基姆仍坚持反叛立场，拒不承认莫卧儿宗主权。这一次为了一劳永逸地解决米尔扎·哈基姆的反叛问题，阿克巴剥夺了他对喀布尔的统治权，把喀布尔交给他姐姐治理。不过米尔扎·哈基姆不久后回到喀布尔，事实上夺回了统治权，后来他死于饮酒过量。喀布尔被并入莫卧儿帝国，阿克巴任命曼·辛格为其省督。

这样，阿克巴不仅收复了原为胡马雍统治的疆土，而且把版图扩大到北印度绝大部分地区以及今阿富汗的一部分。新征服地区绝大部分属兼并性质，也有部分地区保留了原王公的领地，成为附属国，这种情况原拉其普特人的国家较多。北印度统一在一个国家版图内的程度达到了历史上的高峰。

阿克巴的更大目标是统一整个印度。南印度的情况也和北印度一样，此时是一大批国家并存，彼此战争不断。离北印度较近的地区和德干地区，存在坎德希国和由巴曼尼王国崩溃分解出的一批较小王国，这些王国经过变迁，此时存在的是阿马德纳加尔、比贾普尔和高康达三国。阿克巴向南印度扩张首当其冲的是这几个国家。

从北印度到德干路途遥远，行军困难很大。阿克巴最初的目标是：让南印度国家接受莫卧儿的宗主权，每年缴纳年贡。1591 年，他派遣 4 名使节，分赴坎德希、阿马德纳加尔、比贾普尔和高康达 4 国探明态度。坎德希因为离莫卧儿帝国最近，直接暴露在帝国剑锋之下，其国王阿里汗表示愿意接受莫卧儿的宗主权，并同意每年缴纳贡赋。阿马德纳加尔抱有敌意，苏丹布尔汗故意怠慢和侮辱阿克巴的特使，另两国仅表示愿意友好相处。

阿克巴决定派军进攻阿马德纳加尔。1595 年机会来了，这年阿马德纳加尔苏丹布尔汗病故，有 4 个王位争夺者在各自势力的支持下争夺王位。其中最强的是已故苏丹的年幼儿子巴哈杜尔，他得到了姑姑、比贾普尔前苏丹的遗孀昌德·比比和比贾普尔现任苏丹伊卜拉欣·阿迪尔沙二世的支持，继承王位。昌德·比比是个很有魄力的女性，她来到阿马德纳加尔，插手其事务，支持她的外甥巴哈杜尔。其他王位争夺者见巴哈杜尔背后有比贾普尔支撑，便邀请莫卧儿帝国干预。阿克巴不失时机地派出军队，在王子穆拉德率领下进入阿马德纳加尔。昌德·比比领导进行抵抗但战败，莫卧儿军队随即进入都城阿马德纳加尔城。昌德·比比和苏丹据守一座堡垒，莫卧儿军围攻 4 个月不下。莫卧儿军也遇到供给的困难无力继续战争，1596 年双方议和。阿马德纳加尔被迫割让贝腊尔给莫卧儿帝国，并接受莫卧儿帝国的宗主权，莫卧儿帝国承认巴哈杜尔为阿马德纳加尔的苏丹。

但和约未能维持长久。许多贵族反对割让贝腊尔，昌德·比比对割让领土也不甘心，要求比贾普尔并呼吁高康达给予援助。这两国的统治上层担心莫卧儿占领贝腊尔会得到一个永久的基地用来在南印扩大征服，也唆使阿马德纳加尔毁约，并与其共同组织联军，进入贝腊尔，阻止莫卧儿军队进占这块地区。1597 年，联军与莫卧儿军激烈战斗，联军人数多于莫卧儿军队三倍，但仍被后者击败。比贾普尔和高康达退出。尽管昌德·比比表示将遵守 1596 年和约，但不断发生贵族武装袭击莫卧儿驻军事件，这导致阿克巴再次派军征讨阿马德纳加尔。昌德·比比孤立无援，只好表示愿意谈判，主战的贵族指责她背叛并杀害了她。1600 年 8 月，莫卧儿军占领了阿马德纳加尔，巴哈杜尔苏丹被流放。主战的贵族退到腹地，另立新苏丹，继续抵抗。阿克巴兼并了阿马德纳加尔的部分国土，留一支军队驻守阿马德纳加尔城。

在进攻阿马德纳加尔时，阿克巴得知坎德希新任苏丹米兰·巴哈杜尔沙有摆脱莫卧儿宗主权的意图，对率军路过其境的莫卧儿王子达尼雅尔态度不恭，就向坎德希王兴师问罪。其实阿克巴早就想征服坎德希了，因为阿西加尔堡以其坚固险要闻名德干，阿克巴意欲占领，而坎德希又是北印度通向西海岸重要港口苏拉特等的通途，控制这条道路很重要。在占领了其都城布尔汉普尔后，阿克巴的军队包围了坎德希王退避的阿西加尔堡。1601 年坎德希苏丹投降，坎德希领土也被并入莫卧儿帝国版图。

阿克巴留下他的小儿子达尼雅尔负责统率在德干的莫卧儿军队，达尼雅尔为稳定阿马德纳加尔的形势，与贵族拥立的苏丹穆尔塔扎达成协议。协议规定苏丹把阿马德纳加尔城、巴拉加特和特仑甘纳部分割让给莫卧儿帝国，其余一小部分领土由苏丹穆尔塔扎统治，但以忠于莫卧儿帝国为条件。

阿克巴将新兼并的比拉尔、阿马德纳加尔部分领土和坎德希划作 3 个行省，连同原来北印度的马尔华、古吉拉特一起共 5 省，设立德干总督辖区，派总督统辖。

这样，阿克巴统治时，莫卧儿帝国的领土除覆盖了次大陆北部绝大部分地区外，在南方，边界达到了德干地区的哥达瓦里河以南，为后来奥朗则布统治时把莫卧儿帝国版图扩大到最大程度奠定了坚实基础。阿克巴戎马倥偬数十年的成果是把莫卧儿国家变成了一个名副其实的大帝国，朝着统一印度的目标前进了一大步。

阿克巴还是一位有远见的政治家，一位伟大的改革者。他一反德里苏丹国的做法，在许多方面创立了新制，巴布尔、胡马雍来不及做的内政建设都由他完成了。他最重要的成就是认识到作为穆斯林，要在印度建立稳固的统治必须打破狭隘的宗教观念，以平等的态度对待所有宗教；必须打破政治上的排他观念，尽可能把印度教封建主吸收到统治阶层中来。他实行的各种新政策，包括宗教平等政策、联合印度教封建主的政策就是为了达到这个目的。他的施政成果累累，创造出了自穆斯林在印度建立统治以后从未有过的新气象、新局面。史学家称他为阿克巴大帝，他当之无愧。他的新政详见本章以后有关各节。

1605 年，阿克巴病逝。

四 帝国版图扩张达到最高峰

阿克巴逝世后，其子萨利姆即位，称号为贾汉吉尔（见图 10-2）。阿克巴在位时他曾经叛乱，后表示悔过，获得阿克巴原谅。

阿克巴逝世后，贾汉吉尔即位之前，曾有一部分贵族主张拥立贾汉吉尔的儿子库斯洛即位，因多数贵族反对未能得逞。库斯洛不服，在贾汉吉尔即位不久就发动叛乱，带领一批追随者，离开阿格拉去拉合尔，企图以那里为基地，夺取父亲的王位。贾汉吉尔闻讯后立即派兵追击，打败了他，迫使他逃亡，后抓获囚禁。库斯洛后来被另一王子谋杀。

库斯洛发动叛乱途中，旁遮普的锡克教第五代师尊阿尔琼曾为他祈福。因为这事，贾汉吉尔即位不久就与锡克教势力发生了冲突。贾汉吉尔对此事耿耿于怀，又看到了阿尔琼在群众中影响扩大，拥护者日益增多，就以罚款处罚他。阿尔琼拒绝，被下令处死。这是锡克教遭受莫卧儿王朝打击之始。阿尔琼的儿子哈尔·戈文德继任师尊后，贾汉吉尔又下令逮捕他。锡克教势力把这解读为莫卧儿皇帝迫害他们的宗教。他们退到喜马拉雅山麓，逐渐积蓄力量，从此转变成了一支反莫卧儿的政治武装势力。

图 10-2 贾汉吉尔

贾汉吉尔在对外方面，继续实行扩张政策。他的首要目标是完成对拉其普他那的美华尔的征服，以实现阿克巴的遗愿。在拉其普他那，拉其普特人的国家此时只有美华尔尚保持独立，虽然美华尔部分领土已被莫卧儿帝国兼并。此时，美华尔的国王是普拉塔普的儿子阿马尔·辛格，他继续实行先辈奉行的抵抗政策。贾汉吉尔即位不久就数次派大军前往征讨，未能如愿。1613 年贾汉吉尔亲往阿季米尔督战，这一次把阿马尔追逼得无处安身，不得不求和。贾汉吉尔接受了提议，1615 年缔结了和约。其中规定，美华尔承认莫卧儿帝国的宗主权，莫卧儿帝国不向美华尔提出联姻的要求，派王子卡兰而不是国王本人到莫卧儿宫廷服务，贾汉吉尔把以往征服的美华尔的领土包括奇托尔堡交还。对美华尔来说，这是最大限度体现它坚持抵抗成果的和约，是为他们保留了最大面子的和约，也是双方都能接受的和约。这样就结束了与美华尔的长期迁延的战争局面，最终实现了对美华尔的征服，美华尔从此成了莫卧儿帝国的藩属国。贾汉吉尔继续执行阿克巴的怀柔政策，给卡兰以高级曼沙布品级，在宫廷里可在皇帝右侧入座，这样的优厚待遇是其他拉其普特王公享受不到的。如此虽败犹荣的安排很得人心，拉其普特人普遍感到宽慰。征服美华尔标志着征服拉其普特诸国家的全部完成。

南印度的四个主要国家中比贾普尔和高康达仍是独立国家，阿马德纳加尔的国土虽被兼并大部分，但仍保持独立，对南印度的征服任重道远。阿克巴只是在这个征途上迈出了第一步，所以贾汉吉尔把征服德干作为他最重要的使命。能否继续完成阿克巴的未竟的统一事业，这是个考验。

在南印度首先要做的，是完成对阿马德纳加尔的征服。从 1608 年起，贾汉吉尔先后几次派兵进攻阿马德纳加尔王国尚拥有的领土。阿马德纳加尔此时有一位很有能力的宰相叫马利克·安巴尔。他革新税制，扩充兵力，采取游击战术，大量吸收熟悉地形、擅长打机动战的马拉特人参加他的军队，莫卧儿军的几次进攻均告失败。马利克·安巴尔还非常重视外交努力，他要联合比贾普尔、高康达共同抵御莫卧儿的入侵。比贾普尔和高康达的统治者也了解唇亡齿寒的道理，认为支持阿马德纳加尔抵御莫卧儿军队的进攻，保留阿马德纳加尔继续作为莫卧儿帝国与自己之间的缓冲国对自己是有利的。比贾普尔派 1 万骑兵支持马利克·安巴尔，高康达也出兵相助。因此安巴尔的军队得以与莫卧儿军队长期周旋，一度几乎收复全部失地。1615 年，形势逆转，莫卧儿军统帅汗-伊-卡拉重创阿马德纳加尔、比贾普尔、高康达联军，一度占领了阿马德纳加尔的新都克尔克。安巴尔仍未放弃努力，虽丢城失地，仍坚持抵抗。1616 年，贾汉吉尔又派他的儿子库拉姆率大军前来增援，他本人随后到曼杜亲自督战。面对这种形势，安巴尔只得求和。根据 1617 年协议，阿马德纳加尔割让巴拉加特和附近堡垒给莫卧儿帝国。马利克·安巴尔并没有停止斗争，暗地里又与比贾普尔、高康达约定，于 1620 年共同围攻阿马德纳加尔堡。直到联军再次被 1621 年派来的沙贾汗（库拉姆此前被贾汉吉尔授予的称号）打败，才被迫签订最终和约。按规定，除交还 1617 年协议后从莫卧儿军队手里抢得的土地外，另把一块年税收收入为 140 万卢比的土地割给莫卧儿帝国，此外缴纳赔偿金 500 万卢比。比贾普尔和高康达也要分别向莫卧儿帝国缴纳 120 万卢比和 200 万卢比的赔款。贾汉吉尔本想一举灭亡阿马德纳加尔，但他不得不中途收手。这是因为他知道，有比贾普尔和高康达的支持，阿马德纳加尔是灭亡不了的，在有能力正面遭遇比贾普尔和高康达前，征服阿马德纳加尔的条件还不成熟，在这个时候深陷其泥沼中并非明智之举。这样，在贾汉吉尔统治时期，南印度三国尽管对莫卧儿帝国割地（阿马德纳加尔）、赔款（三国都赔款），但都保持独立，没有哪个国家承认莫卧儿帝国的宗主权。

贾汉吉尔在征服德干领土方面收效甚微，但从在北印度对一些死角完成征服中得到一些补偿。除前面已讲到的征服美华尔外，还有就是在印度东部对一些零星地区的征服。东孟加拉的阿富汗首领们和一些印度教王公在阿克巴逝世后又起而反叛。贾汉吉尔把很有魄力的伊斯拉姆汗派到孟加拉任总督。伊斯拉姆汗采取软硬兼施的办法平定了反叛，在孟加拉重建了和平与秩序。为了加强对东孟加拉的控制，他把省的首府由拉吉马哈尔迁到了达卡。对阿萨姆地区的扩张也开始了。阿萨姆东部有个阿豪姆国，阿萨姆西部和孟加拉北部存在库奇-比哈尔国。17 世纪初库奇比哈尔势衰，成了莫卧儿帝国藩属国。1612 年莫卧儿军队进入西阿萨姆。从这时起，与阿豪姆国的长期战争开始。1611 年，莫卧儿的军队征服了卡尔达（奥里萨），其国王普鲁斯塔姆·达斯承认莫卧儿帝国的宗主权，把女儿嫁给贾汉吉尔。1617 年普鲁斯塔姆·达斯反叛，该国被兼并。

贾汉吉尔统治期间对外较大的损失是坎大哈 1622 年被波斯夺去。坎大哈是莫卧儿帝国西北边陲重镇，波斯统治者沙·阿巴斯一直要夺取。利用库斯洛叛乱之机，他唆使坎大哈周边贵族攻打坎大哈，1606 年坎大哈被围攻，莫卧儿帝国的省督沙·比格汗誓死守卫。1607 年初帝国援军到达，围攻者逃走。沙·阿巴斯一面派使臣携重礼至莫卧儿帝国宫廷道歉，一面做直接进攻的准备，伺机发动。贾汉吉尔被他的假象蒙蔽，放松了警惕。1621 年波斯发动进攻，1622 年初占领坎大哈。这样，这个极其重要的边境重镇就被波斯夺走。这使莫卧儿王朝失去了对阿富汗、波斯和中亚的重要商道的控制，并使印度的西北边防能力受到很大削弱。

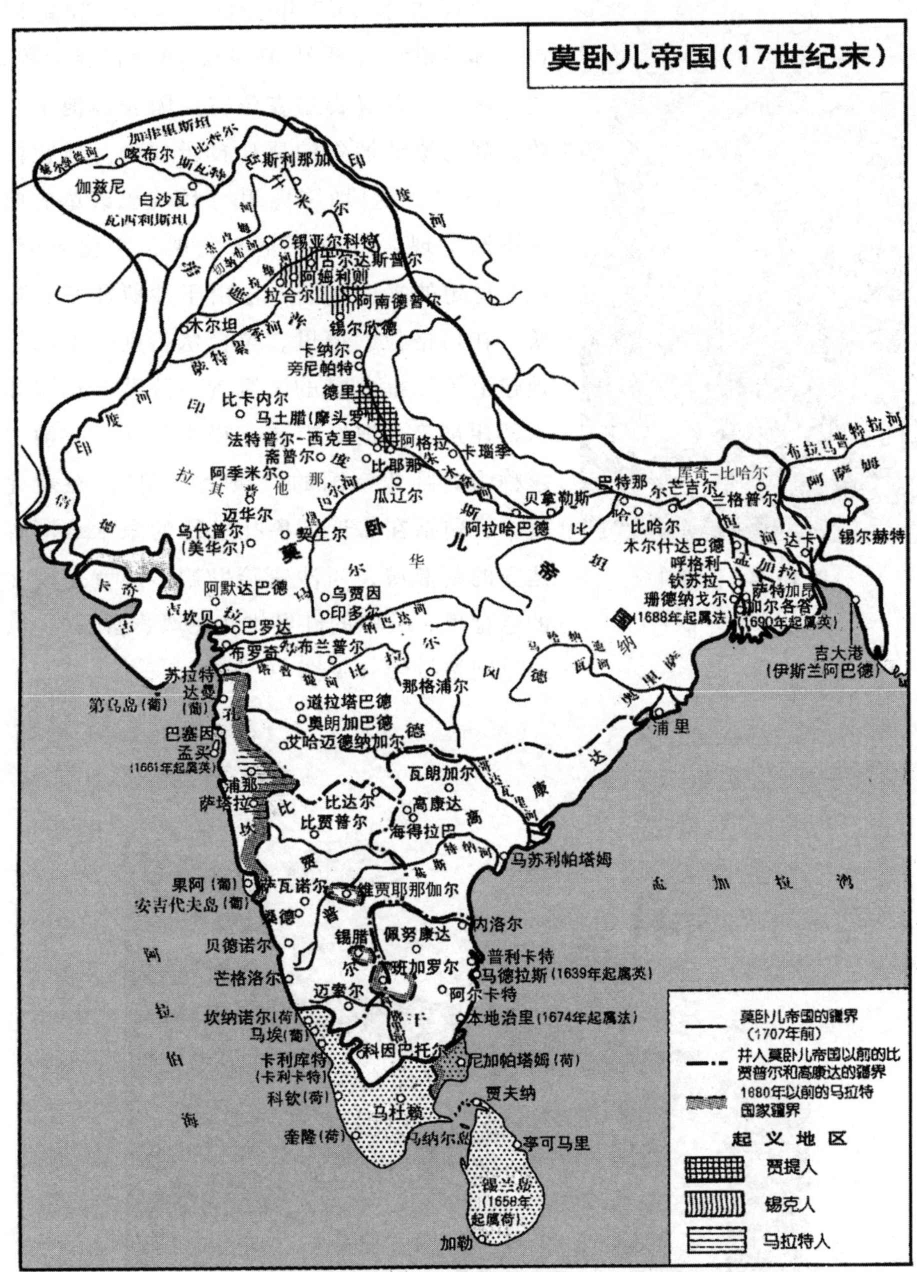

图 10-3　17 世纪末莫卧儿帝国

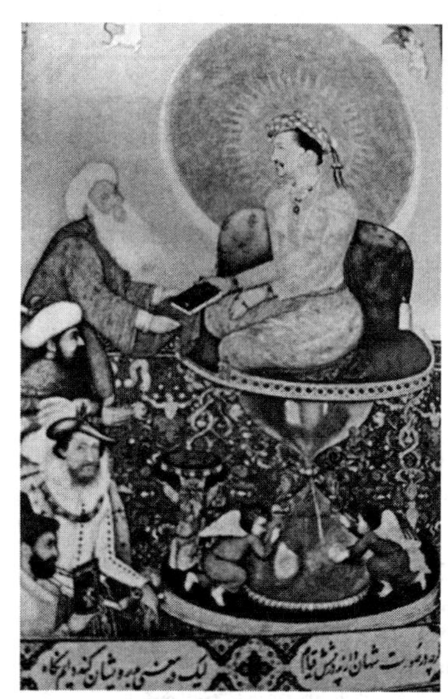

图 10-4 沙贾汗

贾汉吉尔 1627 年去世。其子库拉姆即位，称沙贾汗（见图 10-4），意为世界无敌。这个称号是贾汉吉尔在位时，因表彰他率军攻打阿马德纳加尔的战功授予他的。他在位至 1658 年，这段时期，由于阿克巴改革的成果逐渐呈现，出现了经济发展、文化繁荣、社会稳定的兴盛局面，也由于沙贾汗倾心建筑，在阿格拉、德里、拉合尔、克什米尔等地建造了一批典雅的清真寺、陵墓、花园和宫殿建筑等，把城市装点得更美丽，故被史家称为莫卧儿帝国的“黄金时期”。在新建筑中，包括在靠近菲鲁扎巴德的朱木拿河畔建立的新都城，叫沙贾哈巴德，这就是现在的老德里，其中的红堡雄伟庄严、富丽堂皇，胜过阿格拉堡（见图 10-5）。

图 10-5 红堡一角

沙贾汗统治时期，在领土扩张方面有新的进展。在帝国东部，1638 年与阿豪姆国签订条约，后者同意以巴尔纳迪为两国国界。也就是说，阿豪姆国承认了莫卧儿军队已经占据的西阿萨姆是莫卧儿帝国领土。

在西北方，沙贾汗一度用政治手段使伊朗坎大哈省省督来降，收复了坎大哈，又曾派王子穆拉德和奥朗则布先后率大军长途跋涉远征中亚，企图夺取撒马尔罕和布哈拉，但遭到失败。利用这个时机，伊朗于 1648 年重新夺占坎大哈。后来莫卧儿帝国多次出兵企图收回，均告失败。

然而，可作为北方远征失败和坎大哈丧失的补偿的是，在征服德干方面取得了新的进展。在 1621 年马利克・安巴尔与莫卧儿帝国签订和约后，德干的政治形势发生巨变。莫卧儿帝国的威胁告一段落，德干诸国的内斗又浮出水面。阿马德纳加尔与比贾普尔因争夺绍拉普尔重开战端。安巴尔率军打败了比贾普尔，并突进到比贾普尔都城，放火焚烧其宫殿，迫使比贾普尔苏丹躲进附近堡垒避难。1622 年后，趁莫卧儿帝国内部发生库拉姆叛乱，安巴尔出兵收复了部分割让给莫卧儿帝国的领土。不过好景不长，1626 年马利克・安巴尔去世，阿马德纳加尔国内随即陷入混乱。

沙贾汗在东部和西北部的战事告一段落后，便把注意力转向南印度。他得出结论，只要阿马德纳加尔存在，莫卧儿帝国在南印的扩张就总受阻碍。他决心搬除这个障碍。为了孤立阿马德纳加尔，他写信给比贾普尔苏丹阿迪尔沙，呼吁他合作，许诺在成功后把阿马德纳加尔国土的 1/3 分给比贾普尔。比贾普尔苏丹接受了提议，派出军队驻扎边境，准备与莫卧儿帝国合作。1629 年沙贾汗派两支大军，一路进入特仑甘纳地区，一路进入巴拉加特地区，从东西两面进攻阿马德纳加尔，他本人坐镇布尔汉普尔指挥。莫卧儿的攻势猛烈，迅速占领了阿马德纳加尔大片领土。阿马德纳加尔苏丹尼扎姆沙面对不利形势，呼吁比贾普尔转变立场，勿受莫卧儿人蒙蔽，晓以唇亡齿寒的大义。比贾普尔苏丹对莫卧儿军队的深入也颇为担心，再看到沙贾汗并无意兑现先前的分给比贾普尔国土的允诺，而阿马德纳加尔的尼扎姆沙允诺把比贾普尔梦寐以求的绍拉普尔让给他，因此，他改变立场，决定站到阿马德纳加尔一边，抵御莫卧儿军队的进攻。沙贾汗对形势的突变毫无准备，一时慌了手脚，决定撤兵。但之后不久，阿马德纳加尔突发内乱，1630 年被苏丹尼扎姆沙任命为首相的马利克・安巴尔的儿子法特汗谋杀了苏丹，另立幼主，自己总揽大权。他要以莫卧儿为靠山，强化自己的地位，宣布承认莫卧儿的宗主权。阿马德纳加尔自此成了莫卧儿帝国的附属国。法特汗对做附属国并不甘心，立场摇摆。莫卧儿的德干总督马哈巴特汗不满他的三心二意，1633 年率军进攻道拉塔巴德，占领了该城。沙贾汗随即宣布取消阿马德纳加尔的藩属国地位，兼并其领土。少数贵族坚持抵抗，也被镇压。

高康达和比贾普尔两个独立国家是沙贾汗下一个征服目标。1635 年沙贾汗要两国承认莫卧儿帝国的宗主权，定期纳贡。1636 年他调集 5 万大军，亲临道拉塔巴德，做进攻两国的准备。慑于莫卧儿的威力，高康达苏丹阿布德拉·库特卜沙承认了莫卧儿帝国的宗主权，承诺每年缴纳年贡 80 万卢比，并以沙贾汗的名字铸印钱币和宣读库特巴。莫卧儿帝国允诺，在高康达此后遭到比贾普尔或马拉特人入侵的时候帮助它。

下一个目标是比贾普尔。比贾普尔苏丹阿迪尔沙一直在利用阿马德纳加尔面临的危险局势左右逢源，从中取利。它时而与莫卧儿帝国结盟反对阿马德纳加尔，时而又站在阿马德纳加尔一边抵御莫卧儿帝国的进攻。直到阿马德纳加尔发生内乱前，它还在暗中支持尼扎姆沙坚持斗争。沙贾汗清楚地看到比贾普尔的这种消极作用，1631 年，派阿萨夫汗攻打比贾普尔，遭到失败。在兼并阿马德纳加尔后，他决定对比贾普尔进行最后清算。

1636 年，沙贾汗要比贾普尔承认莫卧儿的宗主权，遭到拒绝。沙贾汗随即派出三路大军夹攻比贾普尔。比贾普尔的军队奋勇守住了都城，但其他地区则被莫卧儿军队占领。自知抵御无力，苏丹阿迪尔沙不得不求和。1636 年双方缔结和约。其中规定，比贾普尔承认莫卧儿的宗主权，向莫卧儿朝廷缴 200 万卢比的赔款；不得干涉高康达的事务，今后若与高康达发生争执，应提交莫卧儿朝廷裁决；莫卧儿帝国把占领的比贾普尔的帕兰德拉堡、比达尔、古巴加、绍拉普尔等地交还比贾普尔。阿迪尔沙同意与沙贾汗合作制服正崛起的马拉特人势力，作为交换，莫卧儿帝国把每年可产出 800 万卢比的原属阿马德纳加尔的领土拨让给比贾普尔。这样，比贾普尔就成了莫卧儿帝国在德干的另一个藩属国。

沙贾汗对高康达和比贾普尔的征服实现了阿克巴使南印主要国家都承认莫卧儿宗主权的构想，是向着帝国最后兼并那些地区迈出的又一步。

高康达和比贾普尔成为莫卧儿帝国藩属国带来了一个出人意料的结果，

这就是为两国向半岛最南端扩张创造了有利条件。由于暂时解除了莫卧儿兼并的后顾之忧，又由于赔款造成财政紧张，两国都期望向南扩张，一则扩大国家版图，二则能增加财富，缓解财政困难。战争一结束，就像发令枪响，两国立即争先恐后地开始行动，主要目标是抢占富裕的和土地肥沃的卡纳塔克地区，包括从克里希那河到坦焦尔以南的广大区域。

比贾普尔和高康达的南面即半岛的最南端，存在许多各霸一方、各自为政的小王公，没有较大的国家。这些小王公有坦焦尔的纳雅克、金吉、马杜赖等，它们先前臣服于维贾耶那伽尔国，后者灭亡后就处于自在的状态。对比贾普尔和高康达的武力抢占，它们毫无抵抗能力。沙贾汗了解这个情况，他支持、鼓励两国这样做，因为他的计划是将来要兼并这两个国家，他乐意看到这两个国家此时向南征服扩大版图，那等于是替莫卧儿帝国做未来应该做的事。比贾普尔和高康达竞相抢占的结果是，一批这样的小王公领地被两国分别占领。在沙贾汗的斡旋下，两国达成协定，被占土地的 2/3 归比贾普尔，1/3 归高康达。这样，在很短的时间内，这两个国家的版图就扩大了一倍以上。半岛最南端还有一片地区未被征服。

沙贾汗任命儿子奥朗则布为德干新总督，以奥朗加巴德为驻地。奥朗则布两次任此职，直到 1657 年。他不满足于仅仅把高康达和比贾普尔变成藩属国，想要兼并它们。他知道这也是沙贾汗的愿望。在任职期间，他最为关注的是，等待时机，寻找发动进攻的最合适的理由。

此后不久，高康达国内发生动乱，这给奥朗则布发动进攻提供了机会。该国首席大臣米尔·朱姆拉征服邻近的卡纳塔克后，擅自把其大片领土划作自己的札吉尔，拒绝上缴。被激怒的苏丹库特卜沙决定监禁他。米尔·朱姆拉闻风逃到奥朗则布驻地请求庇护，他的儿子被库特卜沙监禁，财产被没收。奥朗则布不问是非，决定就此向高康达兴师问罪。沙贾汗支持奥朗则布的决定，1656 年派军队进入高康达。莫卧儿的军队占领了海得拉巴并包围高康达堡，库特卜沙被迫释放了米尔·朱姆拉的儿子，允诺和平解决内部问题，请求沙贾汗仁慈罢兵。沙贾汗下令奥朗则布撤军。但奥朗则布没有立即服从这个命令，而是继续进攻，占领了海得拉巴并围攻高康达堡，直到库特卜沙接受他提出的撤军条件。同年双方缔结的和约规定高康达继续承认莫卧儿的宗主权，库特卜沙同意把一位公主嫁给奥朗则布的儿子穆罕默德，给予 100 万卢比的嫁妆，缴纳 150 万卢比的战争赔款，补缴应缴年贡的尾欠，退还米尔·朱姆拉的家产。沙贾汗对取得这样的结果表示满意，对奥朗则布拖延执行撤军命令没有深究。

1656年，比贾普尔国内也发生动乱，给奥朗则布的征讨提供了机会。同年底，国王穆罕默德·阿迪尔沙去世，国家陷入混乱。奥朗则布以新立的苏丹来历不明，非原苏丹之子为由，征得沙贾汗的允准，于1657年初对比贾普尔发动了进攻。经过长期围困，攻下了比达尔堡和卡利阿尼堡。比贾普尔向沙贾汗求和。沙贾汗命令奥朗则布停止军事行动，与比贾普尔媾和。这年双方缔结的和约规定比贾普尔继续作为莫卧儿的藩属国，比贾普尔缴付1000万卢比的战争赔款，比达尔堡、卡利阿尼堡和帕伦达继续留在莫卧儿军队手中。此外，比贾普尔应把根据1636年条约得到的原属于阿马德纳加尔的领土交还给莫卧儿帝国。沙贾汗提出的理由是，莫卧儿帝国对比贾普尔和高康达向南扩张持支持态度理应得到报偿，高康达增加了纳贡数额就是报偿，比贾普尔得到的土地更多，更应这样做。

奥朗则布兼并高康达和比贾普尔两国的希望一个也没有实现。沙贾汗作为最高决策者没有坚持实现这个目标，是因为他认识到在当时的形势下兼并虽然不是没有可能，但兼并后维持安定将会困难重重，对帝国来说这样做未必有利。考虑到马拉特人势力的崛起，应该说他的决策是有道理的。这项任务只有留待以后去完成了。

1658年沙贾汗重病缠身。他有四个一母所生的儿子，都被任命为掌握数省大权的总督。他们早就开始为王位的争夺做准备，一听说父亲生病，有的就要称帝。四兄弟中力量较强的是长子达拉·舒库和三子奥朗则布。沙贾汗预见到王位的争夺不可避免，就宣布长子达拉·舒库为其继承人。伊斯兰教法对王位继承本无一定之规，也不存在长子继承的传统，况且，达拉的三个弟弟各踞一方，舒贾在孟加拉，奥朗则布在德干，穆拉德在古吉拉特，都是一方之主，手握兵权，都以为自己最有资格继承帝位，所以对达拉·舒库被指定为继承人谁也不承认。一场残酷的争夺王位的战争（1658~1659）随即拉开序幕，持续了两年多。结果，奥朗则布打败了达拉·舒库，进占阿格拉，软禁了沙贾汗，于1658年7月在德里宣布自己继承帝位，称号是阿拉姆吉尔（意为世界征服者）。他的另两个兄弟也被打败。奥朗则布三个兄弟的最终结局是两个（达拉·舒库、穆拉德）被他杀死，一个（舒贾）战败逃亡而死。像这样为争夺王位亲人间互相残杀的惨剧屡屡出现，奥朗则布继位之争可以说是最典型的，充满腥风血雨。被软禁在阿格拉堡的沙贾汗处境凄凉，只有他的女儿贾汉·阿拉侍候陪伴，至1666年去世。

达拉·舒库和奥朗则布的战争是为争夺王位，但同时也带有不同政见之争的性质。达拉·舒库的宗教观比较开明，拥护阿克巴在宗教上的兼容并蓄政策，对阿克巴联合印度教上层的政策也完全支持。如果他成为胜利者，阿克巴的改革可望延续。而奥朗则布则以宗教正统的维护者著称，对阿克巴的改革素有不同看法。从宗教观出发，他自然对阿克巴联合印度教封建主的政策有所保留。如果他最终得胜，则阿克巴的改革可以说前途未卜。两位争夺者的大旗下，都集结了大量的拥护者，这是两人的决死搏斗，也是印度两种前途的严峻较量。最终，奥朗则布戴上了王冠。

图 10-6　奥朗则布

奥朗则布统治时期，继续进行征服战争。莫卧儿帝国版图进一步扩大，达到了历史最高峰。扩大的主要地区在印度东北部和南印。在东北印度，与阿萨姆东部的阿豪姆国的战事是主要事件。当1612年莫卧儿帝国的军队进入库奇-比哈尔国，占领了整个阿萨姆西部，把库奇-比哈尔变成帝国的藩属国后，莫卧儿帝国就直接面对东阿萨姆的阿豪姆国了。阿豪姆国王查亚德瓦吉·辛哈力图把莫卧儿军队驱逐出西阿萨姆，而莫卧儿的孟加拉总督则要征服阿豪姆国，把整个阿萨姆都置于莫卧儿的版图内。战争长期持续，其间库奇-比哈尔也趁机宣布不再承认莫卧儿的宗主权。奥朗则布即位后继续进行对阿豪姆国的战争，首先是进攻库奇-比哈尔，占领了这个国家（1661）。奥朗则布的军队又进入阿豪姆国，占领其都城加尔冈（1662）。阿豪姆国王因敌不过莫卧儿军队，被迫于1663年签约，许诺割让大片领土，缴纳战争赔款，每年贡献20头象，并把一位公主献给莫卧儿后宫。1667年阿豪姆王毁约，占领高哈蒂。奥朗则布随即派军队征讨，但因力量不足，未能征服阿豪姆。双方最终议定重定边界，莫卧儿帝国在西阿萨姆的地盘缩小，库奇-比哈尔继续作为莫卧儿帝国的藩属国存在。

奥朗则布一直把更大的注意力放在完成对南印的征服上，目的是要最终兼并比贾普尔和高康达。1665 年以比贾普尔未完全履行 1657 年和约关于战争赔偿的规定为由，派贾伊·辛格率军进攻比贾普尔。奥朗则布的行动再次促使德干地区这两国联合起来，共同抵御莫卧儿的征服。高康达立即派兵援助比贾普尔。贾伊·辛格打到比贾普尔堡附近，比贾普尔方面实行坚壁清野措施，莫卧儿军队物资供应困难，短期内没有战胜的可能，只好退军。此次战役一无所获。1676 年，利用比贾普尔苏丹阿里·阿迪尔沙去世后的内乱，莫卧儿的德干总督再次率军进攻比贾普尔，又遭失败。比贾普尔和高康达不仅联合起来，还和正在兴起的马拉特人领袖西瓦吉联系，建立抵抗莫卧儿帝国的三方联盟。1679~1680 年莫卧儿军队再次进攻比贾普尔，又告失败。奥朗则布召回德干总督迪列尔，改派王子阿扎姆为新总督。1681 年奥朗则布追击他叛乱的儿子阿克巴来到德干。他看到比贾普尔、高康达和马拉特人领袖沙姆巴吉三方联合的危险性，便下很大力气做分化瓦解的工作，重点是让比贾普尔和高康达离开马拉特人，但几无收效。奥朗则布只好诉诸强力手段解决问题。

1684 年，他直接要求比贾普尔苏丹作为莫卧儿帝国的藩属应该尽义务，协助帝国粉碎马拉特人对帝国的侵袭。具体要求是：为帝国军队提供军需物资，允许帝国军队过境，派 5000~6000 骑兵，和帝国军队一起对马拉特人作战，对比贾普尔国内反对莫卧儿帝国的贵族要实行镇压。这样咄咄逼人的要求等于最后通牒，在比贾普尔苏丹拒绝的情况下，战争不可避免地爆发了。高康达和马拉特人领袖沙姆巴吉响应阿迪尔沙的请求迅速派兵协助比贾普尔御敌。但这次奥朗则布有充分准备，投入的兵力强大，比贾普尔、高康达和马拉特人三方合力也抵挡不住莫卧儿军队的攻势。帝国军队很快深入比贾普尔腹地，1685 年围攻比贾普尔堡，1686 年奥朗则布亲自前来督战。戍军誓死防守，围攻持续 18 个月，比贾普尔苏丹西坎达尔沙于这年 9 月投降。比贾普尔被莫卧儿帝国兼并。为安抚比贾普尔贵族，西坎达尔沙被授予汗的称号和每年 10 万卢比的年金。

尽管高康达按时缴纳年贡，奥朗则布还是决定兼并它，部分原因是它此前派遣了一支 40000 人的军队支持比贾普尔抵御莫卧儿军的进攻，并曾支持马拉特人领袖西瓦吉对帝国边境的侵袭。1685 年奥朗则布派军进攻高康达，虽遇顽强抵抗，但还是很快占领了海得拉巴。国王库特卜沙逃到高康达堡，提议媾和。奥朗则布提出了苛刻条件，包括割让土地、缴纳大笔赔款、罢黜被库特卜沙重用的两名印度教徒大臣等，尽管库特卜沙接受了，奥朗则布最后还是拒绝媾和。1687 年高康达堡被围攻。戍军坚守 6 个月后，一名内奸打开了城门。高康达也被并入莫卧儿帝国。苏丹被监禁，但每年给予 5 万卢比的年金。这样，兼并德干最后两个国家的任务终于在奥朗则布手中完成。

兼并这两个国家是奥朗则布一直的主张，他比他的父亲沙贾汗更急于求成，也不像沙贾汗考虑得那么多，所以一旦机会来了他绝不放过。奥朗则布为取得这样的成功满心欢喜，但很快就发现，这个成功不等于南印度被征服了，伴随这个成功而来的却是巨大的困难，是他遇到的真正的难题。

上面已经提到，奥朗则布即位后在德干的劲敌不只是比贾普尔和高康达，在德干西部还有一支独立的力量，即西瓦吉建立的马拉特国家。讨伐马拉特国家的过程艰难曲折，马拉特人和德干的国家互相配合，抵御莫卧儿的攻势。在数十年时间里，奥朗则布有成功也有失败，令他印象更深刻的是失败。他曾迫使马拉特人承认莫卧儿的宗主权，曾于 1689 年俘获了当时的马拉特国王沙姆巴吉，占领了它的领土，但每次成功都是短暂的。马拉特国家一直存在，并且越来越壮大，从侵袭莫卧儿帝国的边境领土到深入内地，占领大片土地。在兼并了比贾普尔和高康达后，奥朗则布发现，征服马拉特人是比征服比贾普尔和高康达更为棘手的任务。他用尽心血要达到目的，却直到去世也对它无可奈何。(马拉特人的发展史后文另述)

17 世纪 80 年代，莫卧儿帝国在兼并德干国家后疆域扩展达到了极限。此时，帝国的版图东起孟加拉，西达东俾路支，北起克什米尔，南跨科佛里河，换言之，整个次大陆的绝大部分都处于莫卧儿王朝中央集权的统治下，印度历史上没有哪个王朝在统一程度和规模上可以和它相比。此时尚置身于帝国之外的只有阿萨姆东部、南印度德干西部的马拉特国家和半岛最南端的一片不大的地区。半岛最南端处在帝国版图之外的不大地区，此时处在一批大大小小的封建首领的割据下，碎若散沙，没有统一的国家。奥朗则布不是故意要留下这一角空白，而是因为对比贾普尔和高康达的征服以及与马拉特国家的连绵不断的战争已经牵制了他的全部精力并耗尽了帝国财力，他纵然有意走完统一的这最后一小步，也是力不从心了，何况只要马拉特人的问题得不到解决，征服半岛南端就根本提不上日程。1707年奥朗则布在与马拉特人没有尽头的纠缠中积劳成疾，于南印度的奥朗加巴德去世。印度的政治形势也在不久之后发生巨变，起义和独立战争此起彼伏，几代君主所缔造的大帝国面临解体，整个次大陆的完全统一更成了莫卧儿帝国永远实现不了的梦。

五　莫卧儿帝国的统治体制

到 17 世纪末，这个幅员辽阔的大帝国建立起了从中央到地方，从税务、行政到司法、军队的一整套有效的体制。全国划分为省，最多时有 21 个，主要官员由中央任命。印度的人口此时约 1.5 亿，使用多种语言，其中使用人口较多的有孟加拉语、印地语、旁遮普语、乌尔都语、古吉拉特语、拉贾斯坦语、马拉提语、泰卢固语、泰米尔语等。宫廷语言为波斯语。居民中印度教徒占总人口的近 3/4，次为伊斯兰教徒，占 1/4，此外还有耆那教徒、袄教徒等，人数较少。

莫卧儿帝国既然也是穆斯林王朝，其统治体制和政策就和德里苏丹国有许多共同点，但也有显著的不同点。这些不同点在巴布尔、胡马雍创立帝国基业之始就已见端倪。但当时形势动荡，他们忙于南征北战，无暇顾及内政的建树。这些不同点的形成和发展主要有赖于阿克巴的努力。阿克巴是一位伟大的政治家，眼光远大，思想开明。他认识到要在印度教徒占人口多数的这个国家建立稳固的穆斯林王朝统治，就必须使自己的统治体制和政策突破狭隘的宗教偏见，适应印度的特点，易于为印度教各阶层所接受。从德里苏丹国的动荡和衰亡中他也看到控制穆斯林贵族势力、防止内讧对巩固帝国政权的重要性，看到了改善下层人民境遇的必要性。他一面征服，一面改革，对不合时宜的旧制大刀阔斧地破除。他的改革范围广泛，从君权理念到统治体制，从各项政策到军事制度，成果显著，多有创新，结果形成了一种独特的可称为莫卧儿型的穆斯林政权体制，即穆斯林统治下的准世俗政体。改革的思想源泉来自他和他的一些卓越的大臣对客观形势的认识，也多少借鉴了谢尔沙改革的经验。

（一）王权至上的准世俗政体

莫卧儿帝国君主（以阿克巴为代表，不包括奥朗则布）的治国理念和准则较之德里苏丹国有很大变化。如果说，德里苏丹国是一种半神权政治，莫卧儿帝国则基本上是一种王权至上的准世俗政体，虽然伊斯兰教还是国教，统治王朝还是穆斯林王朝。这主要应归功于阿克巴，是他关于君权的新观念，是他的立国治国准则和他实行的一系列新政策特别是宗教平等的政策把莫卧儿帝国带到一个全新的欣欣向荣的局面。

德里苏丹国多数君主至少在理论上接受了沙里阿规定的立国治国的准则，虽然在实行上打了折扣，主要是按照自己的意志办事，并不完全遵循沙里阿的规定。乌里玛一般束缚不了苏丹，而是对苏丹曲意逢迎。莫卧儿帝国的君主们除奥朗则布外，连理论上也不接受沙里阿至上的原则，而是把王权摆在高于一切的地位，处理国事政务不受沙里阿规定限制，而是由君主根据现实需要，自行做出决定，君主的政令就是最高法律。阿克巴宫廷史家阿布尔·法兹尔在《阿克巴则例》一书序言中写道："在真主的眼中，没有比王权更为崇高的东西。""王权是真主所发出的灿烂光辉，是太阳所射出的光芒，是宇宙的光源，是至善之书最有说服力的证据，也是一切美德的宝库。"①

王权至上的根据是君权神授说。这本是一种非伊斯兰概念，德里苏丹国时就被一些苏丹利用，阿克巴时则进一步强调这种理论。阿布尔·法兹尔在同一篇序言中写道："国王的职位由真主授予一位杰出的人物"，"不需要什么中间人的推荐"。② 这就打破了沙里阿关于君主由贵族、乌里玛推选的规定，这种规定德里苏丹国基本上奉行，为贵族和乌里玛插手王位之争提供了合法根据。莫卧儿帝国则废置了这种做法，王位继承人基本上由君主生前指定。

不仅如此，阿克巴再前进一步，使乌里玛服从于君权。他规定，在乌里玛们对沙里阿解释发生分歧时，他是最高裁定者。这是1579年一份由谢赫穆巴拉克提出请求，经他批准，而由5位著名神学家签署的仲裁请求书宣布的。

① 阿布尔·法兹尔：《阿克巴则例》第1卷，布罗奇曼译，加尔各答，1939，第2~3页。

② 阿布尔·法兹尔：《阿克巴则例》第1卷，第3页。

其中说道："今后穆扎希德们因宗教问题而意见分歧时，伏望陛下明察秋毫，择善而定。……倘陛下所颁法令符合《古兰经》之教义及国家利益，举国上下均将受其约束，违者逐出宗教，没收财产。"① 这意味着，解释宗教法的最高权力转移到国王手中。这在伊斯兰教历史上是没有先例的。这一权力的获得意味着阿克巴不但是国家领袖，事实上也成了解释宗教法的最高权威。不过阿克巴避免行使这种最高权力，他采用了另一种办法：把所有正统派法官免职，停付正统派乌里玛俸禄，而以拥护他改革的人来接替。

德里苏丹国大多数苏丹承认哈里发的最高宗教和世俗地位，莫卧儿君主们则不承认。从巴布尔起，就自称"帕迪沙"（皇帝）。它意味着不承认哈里发甚至作为名义上伊斯兰教的宗教和世俗领袖的权力。这样，莫卧儿君主们就完全确立了自己的自主地位，摆脱了德里苏丹国那种对哈里发的半承认关系。

阿克巴这些做法使莫卧儿政权不再像德里苏丹国那样以伊斯兰教法为统治准则（至少在理论上），这样，它就不再受伊斯兰神权至上原则的支配，而是树立了王权至上的原则。这样做的意义在于使君主有绝对的权力按照国家利益，也就是封建统治阶级的全局利益实行改革，破除宗教陈规，打破保守势力的阻挠，为创立新制开辟道路。当然由于莫卧儿统治集团的核心是外来的穆斯林，他们是靠伊斯兰教维护其特权地位的。阿克巴的改革只能破除宗教对政治的支配权力，不可能一点不考虑宗教利益，把伊斯兰教完全排除于决策视野之外。所以宗教的影响在某些方面（用人方面、司法方面、教育方面等）依然保留，这与近代世俗政体仍然是不一样的。

（二）强有力的中央集权制

阿克巴年幼登基，最初一切不得不依赖他的老师、首相贝拉姆汗，造成贝拉姆汗大权独揽的局面。阿克巴看到德里苏丹国时首相权势过重，成了贵族争夺的目标，往往造成政局不稳，所以在亲政后，他以加强君主集权为行动方针，把军、政、司法最高权力收到自己手中。贝拉姆汗去职后，一切重大决定由君主直接做出。

阿克巴统治时，只设 4 名大臣，即首相、财政大臣、军队总监和大法

---

① 阿布尔·法兹尔：《阿克巴则例》第 1 卷，第 196 页。

官。贝拉姆汗任首相时，由于他也是阿克巴的监护人，权力很大，监管各大臣的工作；他下台后，继任的首相权力缩小，不再起政府首脑作用，重大决策都由皇帝亲自做出。财政大臣主管国家财政收支，由数名高级官员协助，分管王室土地、官吏薪金、札吉尔税收和财政审计等。军队总监是军事行政的总负责人，主管军队的招募、装备、训练、军饷支付等，有时也被国王指定统率军队作战。他有副手 2~3 人，协助他分管部门的工作。大法官是司法部门首脑，也负责宗教事务和教育。此外的重要官员有都城大法官、道德监督和市场管理的负责人、情报部门首脑和王室总管等。这些职位后来都被提升到大臣等级。大臣在权力上是互相牵制的。如各大臣所辖部门的财政开支都要经财政大臣审查，而财政大臣涉及军事的部分财权战时要交军事总监掌管，大法官所决定的土地赐赠须经其他大臣同意等。这样，就可以防止任何一个大臣权力过大。除朝廷大臣外，阿克巴还重用亲信担任秘书，如阿布尔·法兹尔，他作为阿克巴的喉舌具有很大影响。

阿克巴的中央结构是在德里苏丹国的结构的基础上发展的，但对部门职能都重新做了规定，制定了实施办法，从而能使之更有效地运转，成了贯彻君主意旨、处理具体事务的中央各部。

阿克巴时帝国划分为 15 个省。后随着领土的扩大，又逐步增加，奥朗则布时已增加到 20 个。省的行政机构是中央机构的缩影。省督只有行政权力，阿克巴并没有像德里苏丹国那样，赋予省督该省的土地占有权。省督下有财政、军事、宗教事务、情报等部门以及法官，业务上都受中央相应部门的领导。省主要官员由皇帝任命。阿克巴赋予省财政主管较大权力，他的地位仅次于省督，但不属省督而直属中央财政大臣管辖。这样做是为了以其牵制省督，防止省督权势过重。阿克巴在征服南印一些国家后，在南方德干设一总督，统辖南方各省。这一职位高于省督，通常任命王子充任。

省下设县。县行政官归省督领导，但任免权属于皇帝。其他官员有税收财政主管、法官、警察长等。县以下设税区，这是德里苏丹国开始实行的办法。税区主要负责税收。在主管之下，有若干低级官员负责田赋的估算、征收、记录等具体事务。

农村依然是基层行政单位。农村的管理和税收、司法仍由村长和村社选出的评议会（潘查雅特）负责。他们执行传统的职能，也被莫卧儿政权作为在农村的基层权力的代理人。国家政权不干预农村内部的事务。

城市设有行政官，负责市政管理并执行警察长职能。其下有一系列机构和官员协助他工作。

司法制度：皇帝是最高司法权威，既受理来自各省的上诉，也直接受理大案件的申诉。皇帝之下是大法官法庭，受理重大案件。各省和城市、县都有法官，审理财产和宗教案件。常常任命伊斯兰教法学家协助办案。但当民事诉讼双方都是印度教徒时，任命印度教法学家协助审理。刑事案件由省督、城市行政官、县行政官等负责审理。省、城市、县财政官则负责审理税收案件。农民财产纠纷仍由村社潘查雅特处理。这样，就有不同的司法系统处理不同性质的案件，它们的分工不是很明确，时常造成混乱。司法没有完全脱离宗教法，没有编制国家的法典。这都是司法制度方面的缺陷。

阿克巴就这样自上而下地建立起了一套组织严密的、以强有力的中央集权为特征的行政、司法统治体系。这不仅防止了因朝廷大臣或省督过分集权可能出现的分离倾向，也为他实行各种改革提供了较为得心应手的国家机器。

强有力的中央集权还表现在以下三个方面：一是莫卧儿时期对征服地区除拉其普特一些王公外，都直接兼并。全国实行统一行政区划，统一管理，阿克巴规定的政策措施适用于全国。从德里苏丹国建立以后到莫卧儿帝国，像这样彻底的全国行政管理统一还是第一次。二是对省督，阿克巴不再实行伊克塔制，而是实行全国统一的曼沙布达尔制。伊克塔制是把一个省的军权、政权、财权都交给省督，省督权力过大，在朝廷处于弱势时，极易形成尾大不掉的状态，是地方割据甚至国家分裂的重要因素。三是官员的薪俸采取两种方法支付，即现金支付或授予札吉尔。对于文官，阿克巴倾向于现金支付，他认为札吉尔制赋予地产持有人的权利容易被滥用，造成农民负担的加重。至于军官薪俸，因涉及养兵制，需要统一安排。

（三）军队和曼沙布达尔制

莫卧儿帝国的军队以骑兵为主，其次是步兵、象兵。巴布尔时开始有炮兵；阿克巴时炮兵数量增加，大量使用火炮，由大象、骆驼拉运，还建立了一支不大的海军。军队总人数在贾汉吉尔和沙贾汗时约为 30 万人，阿克巴时不会少于此数。帝国军队分为两类。一类为国库供养的常备军，阿克巴时约为12000人，其招募、训练、装备、指挥由中央和省负责，费用由国库支付，他们是帝国军队的核心，以骑兵为主，象兵、炮兵和海军都包括在内。都城卫戍和各省重镇、要塞的驻守主要由他们承担。另一类更大量的是由贵族招募、供养和指挥的军队，战争时期应朝廷征召出征，或担任主力，或作为补充力量。贵族招募和供养的军队由国家通过曼沙布达尔制统一实行规范管理。

曼沙布达尔制是一种规范的军事品级制度，是关于养兵体制和军官薪俸支付办法结合为一的制度，也是全国统一的贵族和官员的品级制度，是阿克巴的首创。

阿克巴之前（包括德里苏丹国），大多数君主实行的是贵族养兵制度，贵族受封札吉尔，负责养一支骑兵，养兵和分封采邑是结合在一起的。但分封采邑大小的根据是什么，受封者应该养多少兵，都没有一定之规，带有相当的随意性。个别君主（卡尔吉王朝的阿拉-乌德-丁苏丹）曾实行全国统一养兵，由国库现金付酬，但因开支过大很难坚持下去。阿克巴创设的曼沙布达尔制具有以往实行的办法所没有的优点：既把养兵制规范化了，也把军官的薪俸支付办法规范化了，使两者很好地结为一体。这个制度也同时为全国贵族设立了统一的标志地位高低的品级制度。

设立全国统一的曼沙布是这个制度的基础。曼沙布意为品级，原意是指军官的等级，共分66级。所有被授权养兵的贵族和军官都在曼沙布框架内具有某个品级，他们被称为曼沙布达尔。这个制度1573~1574年开始实行。按照这个制度，一个曼沙布达尔品级的高低由朝廷决定，品级高低决定薪俸的高低，同时也决定了他应该养多少兵。薪俸并非以现金支付，而是拨给相应的土地即军事采邑，以采邑上的税收代薪。军事采邑上的税收收入全由曼沙布达尔收取，他应根据其品级高低按规定招募、供养一支骑兵，负责装备、训练，听候征召，为国家征战。所需费用在其税收收入中开支，多余部分归曼沙布达尔所有。曼沙布达尔的最低等级为十人长，最高等级阿克巴时是一万二千人长，贾汉吉尔和沙贾汗时是四万人长。五千人长（后改为七千人长）以上品级只授予皇族成员。印度有些学者认为，品级标出的多少人长就是规定的养兵数。多数学者不同意这种看法，认为要求的养兵数比品级标出的人长数要少，品级标出的可能是理论上的最高要求。阿克巴执政后期，又把品级分为扎特和沙瓦尔两种。每个曼沙布达尔有一个扎特级，一个沙瓦尔级。对于这种区分的含义，学者们迄今仍是众说纷纭。有人认为扎特级表示品级要求供养的骑兵数，是理论上的，沙瓦尔级表示实际需要供养的数额。有人认为扎特级表示要求养兵总数，沙瓦尔级表示要求供养的骑兵数。还有人持别的主张，如认为扎特是品级，表示这个曼沙布达尔在曼沙布系列中的地位，沙瓦尔表示要求的养兵数。究竟哪种说法正确，现有的材料无法确定。阿克巴还规定对每个曼沙布达尔供养的骑兵都要登记注册，对其战马要统一实行烙印制度。还专门成立一个部门，负责此项工作。他还定期亲自抽查、检阅曼沙布达尔的军队。这些做法是为了防止曼沙布达尔弄虚作假，规避义务，如虚报养兵数、马匹数，以劣马冒充良马等。

曼沙布达尔养兵制是莫卧儿帝国在军事制度上的一大改革。这项新制是成功的，既避免了由国家统一养兵不可避免地会带来的财政困难，又改变了以往贵族养兵的无序状态。这种办法也保证了君主对军权的较牢固的控制。

曼沙布达尔制不仅仅涉及军官，也把高、中级文职官员包括在品级系列中。不过对他们来说，品级只标志一个官员地位和俸禄级别。他们不承担养兵义务，他们的俸禄由国库用现金支付。之所以把文职人员也包括在品级系列中，与当时军事官员和文职人员的区分不甚严格有关。有些大臣和高官会被皇帝临时指定带兵打仗，有些文官在战时会被抽调参与部分军事工作。有统一官员品级制在出现这些情况时比较方便。

随着帝国的扩张，曼沙布达尔的人数在贾汉吉尔、沙贾汗和奥朗则布统治时不断扩充。阿克巴在位末年为1658人，贾汉吉尔时2069人，沙贾汗时8000人，奥朗则布时11456人（1690）。不过增加的多为中等级别的曼沙布达尔，高级曼沙布达尔增加较少。奥朗则布时有7999个曼沙布达尔领取现金薪俸，约占总人数的2/3；3452人受封采邑，约占总人数的1/3。莫卧儿帝国的领土扩张在阿克巴时已基本完成，对南印两国的征服时间又较晚，所以对增加的曼沙布达尔分封采邑相应减少。奥朗则布时期财政困难已很突出，曼沙布达尔薪俸被降低，全国实际养兵数也因之大幅度减少。

六　莫卧儿帝国的土地制度

莫卧儿时期的土地关系较德里时期又有新的变化。德里苏丹国时期土地制度不稳定，波动较大，莫卧儿时期则正规化了，形成札吉尔制和柴明达尔制，使得印度的封建土地关系有新的发展。

莫卧儿君主们同样宣布自己是全国土地的最高所有者，同样，君主（或国家）只直接领有部分土地，叫哈里萨。这部分的税收收入供国家开支（其中包括文官薪金、常备军军饷）和王室使用。由于哈里萨不断因征服而扩大，又不断因分封而缩小，所以它的数量一直变动不定。但大体上可以说，它只占全国土地的一小部分，大部分分封出去。这里有一些税收收入的材料能说明问题。在阿克巴统治后期，由于他收回了许多封地，哈里萨土地税收入占全国土地税收入的1/4；贾汉吉尔时期大量分封，哈里萨收入下降到不足全国税收总收入的1/20；沙贾汗时因征服了许多新地区，又上升到1/7；奥朗则布统治时期，同样由于征服南印两国，上升到近1/5。哈里萨是莫卧儿国家和君主的主要收入来源，收缩得过小，国家财政就有很大困难。所以莫卧儿君主们既要保证必要的分封以确保必要的军事力量，又要竭力扩大哈里萨总面积，这也是他们不断发动战争扩张领土的原因之一。

莫卧儿时期的土地分封主要是军事采邑形式，这是和以往不同的。军事采邑叫札吉尔（波斯语，意为得到一块土地），它的领有者（曼沙布达尔）叫札吉达尔。札吉达尔只享有札吉尔的土地税收入，其义务是按品级规定供养和保持一支骑兵队伍为君主服务，包括人员和马匹。札吉尔制从巴布尔入印后就开始实行，胡马雍时继续。但那时札吉尔的分封办法和供养军队人数并无统一规定。在阿克巴实行曼沙布达尔制后，有了统一标准。札吉尔分封是以曼沙布品级及其相应的薪金数折合土地税收入决定的。高级曼沙布达尔的札吉尔有成千上万比加，低级的只有数十至数百比加。

这里有一份1647年（沙贾汗时期）五百人长以上高级曼沙布达尔薪金表，其中分级别列举了各类的薪金数及其札吉尔领地税收收入占全国土地税总收入的百分比（见表10-1）。

表 10-1 1647 年五百人长高级曼沙布达尔薪金情况

类别	人数	薪金数（百万达姆）	其土地税收入占全国土地税总收入百分比（%）
7000 扎特等级以上的王公	4	724.0	8.2
5000～7000 扎特等级的曼沙布达尔	21	1417.7	16.1
3000～4000 扎特等级的曼沙布达尔	43	1080.2	12.3
1000～2500 扎特等级的曼沙布达尔	151	1454.0	16.5
500～900 扎特等级的曼沙布达尔	226	735.0	8.1
共计	445	5410.9	61.2

当时，全国曼沙布达尔总人数是 8000 人。其中有 7555 人品级在 500 扎特以下，不属高级曼沙布达尔。这 445 个高级曼沙布达尔只占曼沙布达尔总人数的 5.5%，可是其领地土地税收收入却占全国土地税总收入的 61.2%。这就表明莫卧儿掌握的全国土地的大约同样比重集中在这 445 个大札吉达尔手里。其中作为这个金字塔顶端的头三种人人数只有 68 人，其札吉尔收入却占全国土地税总收入的 36.6%。这表明土地占有的集中程度是相当高的。不过，和德里苏丹国后期承认伊克塔世袭不同，莫卧儿君主严格规定札吉尔不能世袭，札吉达尔死后土地要由国家收回。札吉达尔得到的不是土地，只是土地税收入，税率由国家规定。为防止札吉达尔坐地生根，形成地方势力，札吉达尔的领地定期被调换，最严格时每三四年调换一次。从莫卧儿君主的角度说，希望把土地所有权垄断在国家手里，不希望札吉达尔成为土地所有者。但理想是一回事，现实却是另一回事。札吉达尔们总是千方百计把札吉尔变成世袭所有。当中央权力削弱时，札吉达尔死后土地要收回是相当困难的，常常不得不承认世袭或变相世袭（名义上国家收回，实际上留下很大部分给继承人）。按规定，札吉达尔只能收取国家规定的土地税额，但实际上，他们往往自行提高税额，而且大都向农民征收杂税，如放牧税、池塘税、砍柴税等。阿克巴及沙贾汗都曾明令禁止征收杂税，但未能贯彻执行。札吉达尔们还经常征用农民的无偿劳役，成了事实上的封建地主。

还有一种札吉达尔，是某些被莫卧儿朝廷授予曼沙布品级的藩属王公，这些藩属王公也要根据其品级供养一支军队在需要时为莫卧儿君主服务。其札吉尔领地是由莫卧儿朝廷从帝国哈里萨土地中拨出的。这样的札吉达尔有拉其普他那、索拉施特拉、中印和喜马拉雅山麓的一些藩侯，没有被授予曼沙布品级的藩属国王公不在此列。

莫卧儿时期另一种较普遍兴起的封建土地占有者是柴明达尔（意为土地持有者）。这个名称是这一时期普遍使用的，但它所反映的占有关系则在德里苏丹国时期就已出现。那时，被穆斯林征服的印度教王公首领只要纳贡和提供军事服务，就被允许保留土地，并可世袭；那时，负责农村征税的某些印度教官员被赋予得到税收总量中的一定份额的权利，而村社负责收税上缴的村长除自己的土地免税外，也得到为自己向农民加征某种杂税的权利；那时，已经出现了一些包税人，他们以一定的出价从国家或伊克塔达尔手里取得一定地区的包税权，他们长期包下去，久而久之俨然成了其包税土地的占有者。这些因素合在一起，在德里苏丹国时期逐渐形成一种有别于札吉尔的新的封建占有形式。这个过程到莫卧儿时期之初完成。莫卧儿君主保留了这几种人的权利。于是，各种因素的老名称被一个更广泛使用的新名称代替，这就是柴明达尔。一系列地方名称仍保留，如德斯穆克、帕提尔、纳雅克、达鲁克达尔、马古扎瓦尔等，它们都是柴明达尔在各地的不同称呼。

莫卧儿时期柴明达尔主要包括三种人。第一种是一些边远地区的印度教小王公或原来的部落酋长。他们承认莫卧儿统治，答应每年纳贡，必要时提供军事服务，被允许保留半自主地位，继续领有其土地，可以自行规定赋税额，自行征税。他们对土地的领有可以世袭，但继承要得到皇帝的批准。第二种是原来的各种地方封建势力，如部落氏族首领、种姓首领、受封赐者、权力篡夺者等，还包括某些负责农村征税的印度教官吏、组织垦荒者以及成了小封建主的村社上层。他们此前在一定的村庄或地区享有对土地收入的这种或那种权利。莫卧儿帝国建立后，为利用这支势力收税和维持统治，就把他们转变为其原来享有一定权利的土地上的土地税征收人。如果这些土地是王室领地，他们就代王室收税，上缴国库；如果是札吉尔土地，就为札吉达尔收租税，缴给札吉达尔。作为报酬，他们除被允许保留原来的一定权利外，还可享有税收收入的一部分，从 1/10 到 1/4 不等。有的还获得一块土地，免税或减税 10%～25%。柴明达尔不但负责收税，有的还被授权在其负责收税的土地上处理民事纠纷，甚至还可拥有武装人员。这样，他们的包税区实际上也就成了他们的封建领地，对土地他们虽只有占有权，却可世袭在土地上的权力。第三种是新的包税人。莫卧儿王朝后期无论中央政府还是札吉达尔为了从农民身上榨取更多，都热衷于实行包税制，新的包税人通常是商人，他们也逐渐被授予柴明达尔权利。上述三种人中，第一种是少数，第二、第三种人数远远多于第一种，是柴明达尔的主体。

柴明达尔的共同点可归结为：第一，其权利都不是来自国家拨给的采邑，大都是莫卧儿帝国建立之前就有，得到了莫卧儿帝国承认，权利又有所增加。第二，他们中除少数王公的土地可以世袭外，其他人甚至连法律上的土地占有者都不是。但在事实上，他们不但成了其包税土地的占有者，而且地位比札吉达尔稳定，享受的权利常常世代相传，不像札吉达尔死后土地还要收回。第三，他们中绝大多数是印度教徒。除王公藩侯外，多数属中下层封建主。有的处在国家与农民中间，有的处在札吉达尔与农民中间，与直接生产者农民的接触较多。

在今北方邦一带还有一种特殊的柴明达尔，即拉其普特人氏族公社。拉其普特人从外地进入这一地区后，集体占据原农民村社的土地，除有的留下小部分作为自营地雇工耕种外，其他都还让原来的村社农民耕种，向他们收租。这种公社被称为柴明达尔公社，公社成员即集体地主。莫卧儿帝国承认柴明达尔公社的世袭占有权利。

柴明达尔封建主阶层的形成意味着封建土地占有关系的复杂化，因为许多由地方头领、包税人、税吏和村社上层形成的柴明达尔处在札吉尔范围之内。这就是说，许多柴明达尔并非单独占有土地，他们在其中享有权利的土地其实是札吉达尔占有的土地，他们是第二层封建占有者。这就使得在许多地区，在封建占有者与农民之间形成了一种多层的封建占有关系。

柴明达尔阶层的形成是莫卧儿政权对印度教封建主让步和利用的结果。对印度教王公，通过承认他们对领地的世袭权取得他们的效忠和服务；对农村已经形成的中小封建主，则通过承认他们包税收税的权利，利用他们为莫卧儿政权的税收服务。

和德里苏丹国一样，莫卧儿王朝也赠赐土地给清真寺（叫瓦克夫）、伊斯兰教神学家、苏非派圣人（叫苏尤加尔）等。前者是永久性的，后两者为终生享用。以往德里苏丹国时期存在的印度教寺庙和婆罗门封地都保留下来。阿克巴时其他宗教的有些僧侣也得到赐地。宗教土地在整个封建占有的土地中所占比重已大大降低，阿克巴时这类土地税收在各省地税中的比重为2%~5%不等。由于世袭倾向的发展，1690年奥朗则布宣布这类土地一律世袭，但不准买卖转让。

莫卧儿帝国时期的土地占有关系标志着印度封建土地关系的进一步发展。在国王继续保有土地的最高所有权的框架下，形成了多层的封建占有。由于封建占有关系的普遍化，全国农民的绝大部分已成为受封建剥削压迫的佃农。不过和以往一样，上层占有关系的重新调整，对农民世袭占有和使用自己份地的权利仍然影响很小。他们要向新的占有者缴纳租税，提供劳役。只要做到这点，没有人能把他们从土地上赶走。这一时期由于农村人口增长，雇工和分成制佃农人数增加。分成制佃农租种新垦荒地、寺庙土地和村社上层的土地，所受剥削重于一般的佃农。一般佃农租税率为1/3，加上杂税约为近2/5。分成制佃农一般是对半分，相当于1/2，如果主人提供耕畜、农具，分成比例还要高于此数。分成制佃农对土地的耕种是没有保障的，地主可以随时收回土地自耕或另租给别人。雇工的工资都很低，常常是按月付给实物，有的是收获后一次性支付。这不是真正的雇佣关系，毋宁说是封建租佃关系的一种补充形式。分成制佃农和雇工有些是本村社的贫困户或手工业者，有些是外来者（因战争、灾荒等原因），他们在新居处享受不到一个村社成员通常所享有的传统权利。

七　宗教平等政策

在一个印度教徒占人口绝大多数的国家里，像德里苏丹国那样实行区别对待的宗教政策只能使自己的统治陷于孤立。宗教政策牵动每个人的思想感情。一个外来的异教政权对印度教不能宽容，印度教居民就决不会宽容加在他们头上的外来统治。这是莫卧儿君主特别是阿克巴从德里苏丹国失败的教训中看得很清楚的。巴布尔在征服过程中有时不得不诉诸圣战，也拆毁过印度教庙宇，胡马雍也有过毁庙行为。但征服是一回事，统治又是一回事。这两位君主都不是狂热的宗教徒，他们在战争中表现的行为主要不是宗教性的，而是政治性的，是为了在特殊条件下激发穆斯林的斗志，达到政治目的。所以在非战争时期他们对印度教的政策都有所缓和，巴布尔甚至还说过要实行宗教宽容和文化整合。不过，受历史环境和视野的局限，他们都还没有在宗教政策方面有根本的突破。阿克巴希望在印度的统治长久下去，希望莫卧儿王朝成为印度的而不再是外来的王朝，他不能不考虑争取广大印度教徒支持的问题。联合印度教封建主的政治需要也要求改变德里苏丹国君主们所持有的对印度教的态度。另一方面，德里苏丹国后期伊斯兰教徒与印度教徒要求互相接近的潮流使他看到了实行新的宗教政策的可能性。苏非派和虔诚运动关于宗教团结的宣传鼓动对他也有一定影响。阿克巴一反传统，决定实行宗教平等政策。当然，作为一个伊斯兰国家，伊斯兰教是国教，这个底线他不能突破。

1563 年，他首先取消了对印度教徒朝圣征收的香客税。据《阿克巴本纪》记载，向朝圣香客索取钱财，在印度已经成为一种惯例。阿克巴“废除了这些高达数百万的税收。他认为这样攫取财物应受到谴责，颁令在他所有的统治区内禁止征收这种税”。[①] 1564 年，他又下令取消对非穆斯林居民征收人头税。这种税收是广大印度教徒所深恶痛绝的。这两种税收都是沿袭德里苏丹国的旧制，从莫卧儿建国起就征收的。两者的取消震动很大，受到了所有非穆斯林居民的欢迎。取消这两种税是他在宗教政策方面非常得人心的措施，增进了伊斯兰教、印度教两大宗教及其他教派的平等共存，也减轻了人民的负担。他是冒着财政上减少大量收入、宗教上受到正统派强烈反对的风险的，当时就遭到国家财政部门和正统派乌里玛的激烈反对。但他冲破一切阻挠，坚持实行，表现了一位政治家的远见卓识和非凡魄力。他还取消了在土地税、商业税和其他所有税收方面一直实行的穆斯林与非穆斯林的差别待遇，废除了任命政府官员的宗教身份限制，取消了对印度教建造寺庙的限制，允许穆斯林与印度教徒跨教通婚并保留原宗教信仰，禁止强迫战俘改宗伊斯兰教，还明确宣布：“印度教徒在年轻时被迫改宗为穆斯林者，允许恢复其祖上的信仰，任何人不得干涉宗教信仰。……如果人们希望建立礼拜堂、祈祷室、偶像庙和拜火寺，不得干扰。”[②] 还颁令撤销因批评伊斯兰教和先知而处以死刑的法律。这些规定实际上是宣布了信仰自由、建立寺庙自由、宗教活动自由。为了照顾印度教徒的宗教感情，

---

① 阿布尔·法兹尔：《阿克巴本纪》卷 2，第 295 页。

② 阿布尔·法兹尔：《阿克巴则例》卷 1，第 217 页。

阿克巴对宰牛也做了适当限制，并且自己带头停止食用牛肉。他的宫廷既举行伊斯兰教节日活动，也举行印度教节日活动。他还时常做印度教徒的打扮，额上画着刹帝利种姓标志，佩戴耳饰。在阿格拉附近的西克里建新都时，宫殿有些部分仍照印度教宫廷式样建造，清真寺也吸收了印度教庙宇特点，还专门修建了印度教寺庙。这些措施都是为了倡导一种穆斯林与印度教徒亲近和互相尊重的风气，也反映了他力图促进文化的融合以营造两大教派平等相处的氛围。所有这些改革措施不仅在社会领域构成了一场具有重大意义的革命，而且为他政治上联合印度教封建主的开明政策奠定了坚实的基础。

教义上的沟通和互相理解对僧侣和知识界是十分重要的。他下令将印度教吠陀经典、两大史诗、六派哲学的典籍译成波斯文。1575 年又在法特普尔-西克里城（他的新都）建立了祈祷厅，开始时主要是供伊斯兰教各派学者讨论使用。莫卧儿君主是逊尼派，他对伊斯兰教其他派别也一视同仁。1578 年起，印度教、耆那教、祆教等各教派的学者也都被邀请参加。1580 年，还从果阿邀请了两位耶稣会神父参加讨论。阿克巴聆听各派的讲道和讨论，把坦诚的讨论看作各教派彼此沟通思想的好机会。但这种讨论总是以相互激烈指责结束，1582 年他停止举行讨论。此后，改为邀请各教派的学者分别到宫中长谈，向他们了解各宗教的真谛。从与各派的接触中他发现，尽管各派教义差别很大，但都有一些好的思想，而这些好的思想常常在激烈的争论中被湮没，如能都强调这一面，将对促进宗教协调大有好处。他又认识到，尽管各派神的名称不同，但各派对神的崇拜都体现为一种真诚信仰，说真理就只在一种宗教手里是没有什么道理的。正是对各宗教教义的进一步了解，推动他走上了要创建一个跨越现有教派的新的宗教团体的道路。

1582 年阿克巴建立了这个团体，叫丁-伊-伊拉希，意为神圣信仰。他的指导思想是，既然各个宗教都有真理，各种信仰的人就应不囿成见，互相接近，互相理解，和睦共处，共同信仰神和效忠君主。他要在上层社会传播这种主张，并为持这种主张的人提供一个组织实体。阿布尔·法兹尔成了他的顾问和这个团体的主要负责人。阿布尔·法兹尔是阿拉伯人，谢赫穆巴拉克的儿子，思想开明，他认为所有道路都通向神，所有宗教都有真理。他的思想与阿克巴接近，对后者必定有一定影响。神圣信仰团体要求其成员：第一，一神信仰。阿克巴没有说这个神叫什么。他认为叫什么名字不是重要的，重要的是对神的真诚信仰。他把太阳、火都看作神的体现。成员见面都要呼“神是伟大的”口号。第二，提倡道德理性主义，强调多做善事，生活简朴，素食，不娶老妪和幼女。第三，把敬神和效忠皇权联系起来，以效忠皇帝作为信仰神的重要体现。规定每个参加者都要能为君主牺牲财产、生命、荣誉、宗教。能做到这四种牺牲的是一等成员，只能牺牲其中三种的是二等成员，其余依此类推。无论什么宗教的人只要赞成这几点，都可参加这个团体。手续也很简便，凡愿参加者，随时可见阿克巴，把自己的头巾放在他的脚上。阿克巴给他一个写有“神是伟大的”口号的夏斯特，表示批准。直到阿克巴去世，其成员总共只有几千人，绝大多数是伊斯兰教徒，印度教徒不多。对阿克巴最为效忠的拉其普特王公曼·辛格、巴格万·达斯都没有参加。曼·辛格说，除了印度教和伊斯兰教外，“我不知道其他任何宗教”。[①] 在伊斯兰教方面，建立这个团体引起的反对更为强烈。乌里玛谴责阿克巴此举是要建立新的宗教，是离经叛道。许多伊斯兰教徒以怀疑的眼光看待他的行动，对他的做法困惑不解。随着他的去世，神圣信仰也烟消云散。阿克巴此举是失败的。这并不奇怪，虽然他并不是要建立一个新的宗教取代现有宗教，但在存在伊斯兰教和印度教两大宗教的情况下，要建立一个跨越教派的新的宗教团体是违背大多数人的宗教感情的；把对神的信仰和效忠皇权联系在一起，甚至规定为效忠皇帝可以牺牲宗教更是标新立异，违背一般宗教原则。多数史学家批评他此举是多余的、不现实的，不仅没有为他的平等的宗教政策增色，反而为正统派攻击他的改革提供了新的借口。

阿克巴的宗教政策虽然也有缺陷，但整体来说是积极的、进步的。他是穆斯林入主印度后第一个把宗教政策建立在平等基础上的君主，为伊斯兰教、印度教两大宗教群众的互相接近和文化上的互相渗透与融合开辟了较为宽阔的道路。

然而，这种获得多数人拥护的政策却遭到伊斯兰教正统派的激烈反对，他们甚至称阿克巴为“异端皇帝”。1580 年，江普尔的法官穆罕默德·亚兹迪公开宣称，反叛异端皇帝是合法行动。1581~1582 年，孟加拉、比哈尔发

---

① 阿布尔·法兹尔：《阿克巴则例》卷 1，第 215 页。

生叛乱。连阿克巴的异母兄弟米尔扎·哈基姆也打起了维护宗教正统的旗号，率军由喀布尔进攻旁遮普。反叛者满以为可以一呼百应，煽起伊斯兰教徒的宗教狂热，推翻阿克巴的改革和他的统治。然而，完全出乎他们的意料，反响寥寥，他们遭到了失败。

在做了上述介绍后，这里还应说明，阿克巴实行开明的宗教政策，并非因为他放弃了伊斯兰教的信仰。他的信仰没有改变，在那个时代也不可能改变。他并不是世俗主义者，而只是开明的穆斯林君主。作为一位穆斯林君主，维护伊斯兰教的利益对他来说是基本立场所在，这是没有任何疑问的。但作为印度帝国的君主，他认为伊斯兰教的利益只有通过扩展帝国的统治根基，使占人口多数的非穆斯林能较顺从地接受统治才能得到维护，而实行开明的宗教政策正是达到这个目标所必需的。他高明于其他君主之处，就在于他不仅是最早透彻地认识到这个必需的人，而且能用他手中的至高无上的权力和政治威望，排除种种干扰，去实行这个方针。对宗教正统他有选择地维护，并不是盲目地一律坚持，更没有极端正统派那种狂热。由于伊斯兰教内对改革存在强大的反对势力，排除对改革的阻挠自然是矛盾的主要方面；但作为穆斯林君主，他未曾疏忽于表现自己的宗教虔诚和对伊斯兰教利益的忠诚维护。这在他果断实行开明的宗教政策的同时，也清楚地表现出来。1571 年，在距阿格拉不远的西克里村，阿克巴建立了新都法特普尔-西克里，此后他曾长期居留在这里（1598 年重回阿格拉）。建立新都是出于政治和安全的需要，阿克巴充分利用这个机会，把它变成伊斯兰教神圣性和骄傲的宣示。城市标志性建筑是两座气势雄伟的伊斯兰建筑：一座庄严的清真寺和一座令人肃然起敬的苏非圣人陵墓。两者交相辉映，显示了帝国的正统穆斯林基础。置身其中的阿克巴，一边为王朝的巩固运筹帷幄，一边像普通的穆斯林那样虔诚地参与宗教活动，包括祈祷、打扫清真寺等。离法特普尔-西克里不远的阿季米尔有苏非派契什提教团创始人、著名圣人科瓦加·姆因-乌德-丁·契什提的陵墓，阿克巴每年（直到 1579 年）和普通穆斯林一样，步行至那里朝拜，有时还带着王子一起去，匍匐跪拜，并慷慨捐赠金银财物，表现十分谦恭。去麦加朝觐是正统穆斯林最神圣的功课。阿克巴每年组织官方朝觐，由官员带队，还带去大量献金和贵重礼品，甚至有过亲自前往朝觐的打算。这些展示他的虔诚形象的举措赢得了广大穆斯林的尊敬和好感。可以说，阿克巴这样做确实是出于信仰，但又不仅是信仰。他这样做也有一定的政治目的：激发伊斯兰臣民的宗教自豪感，增强莫卧儿政权的政治根基；也能在一定程度上缓和正统派势力对他的开明宗教政策的反对。维护信仰和改革，这两者要拿捏适度并不是容易的事，但他很清楚的是，把个人信仰和国家政策区别开来，这是个原则。他正是这样做的。只要恪守这个原则，历史评论是不会过分苛求细节的。

贾汉吉尔和沙贾汗基本上遵循了阿克巴的宗教政策，但没有像他那样坚定，主要是因为他们缺乏阿克巴那样的思想深度和政治远见，也缺乏他那样的魄力和定力。

贾汉吉尔也像阿克巴一样，宣布尊重不同的宗教，对各宗教的活动不加干涉，禁止强迫改宗，禁止在任命官员、税收政策上实行宗教区别对待。他也仿效阿克巴重视与不同宗教的圣人、学者保持接触，其途径之一是重视寻访其他宗教的知名的圣人。毗湿奴派苦行僧戈萨因·扎德鲁普就是其中之一。当年阿克巴曾造访过这位圣人。贾汉吉尔数度邀请他去阿格拉，在未能成行的情况下，他亲往这位圣人的隐居地拜访，此后又数次造访，与他交谈。穆斯林正统派人物谢赫·阿玛德·希尔辛迪名噪一时，贾汉吉尔召见他，但和他谈话后，留下的印象非常负面。事后谈到这次谈话，他不仅没有赞美之词，反而指出希尔辛迪肤浅、缺乏真诚。这也表明他并不因为希尔辛迪是穆斯林学者就跟着夸赞他。在宫廷里继续举行许多印度教节日活动，他本人常常参与，与印度教徒臣属共乐。他也在旁遮普禁止宰母牛，印度教徒新建庙宇被允许，如在贝拿勒斯就有许多新的庙宇建立。贾汉吉尔也给印度教圣人、学者和庙宇大量现金和实物布施和捐赠。

贾汉吉尔和阿克巴不同的是，他本人的宗教观时常摇摆，有时显示自由的一面，有时又表现为宗教正统的维护者，特别是在即位初期，至于这种混乱的立场在政治上会造成什么影响他并不去考虑。如为了征服拉其普特国家美华尔，他宣布实行圣战，在讨伐中很多印度教庙宇被摧毁。征服坎格拉堡（1620）后，他下令宰牛庆祝，有些人还在狂欢中把印度教神像抛到河里。对跨教通婚，他赞成穆斯林娶印度教女子，却禁止相反的婚姻，克什米尔拉居里的印度教徒因为娶穆斯林女孩并使她们改宗印度教而受到惩罚。再如他下令把古吉拉特的耆那教徒驱逐出省，因为不满意有些耆那教徒对伊斯兰教的态度。

沙贾汗的宗教正统观念比贾汉吉尔更突出，在日常生活中更注意遵循伊斯兰原则，常常拿伊斯兰教法做标准审视现行的政策，甚至改变某些政策。在他统治时期特别是早期，在很大程度上偏离了阿克巴的平等政策。如他曾经下令重征阿克巴废除的对印度教徒征收的香客税，只是在印度教学者力劝下才放弃。1633 年他违反阿克巴的政令，颁令禁止印度教等其他宗教新建神庙和修缮老的神庙。贝拿勒斯、阿拉哈巴德、古吉拉特、克什米尔等地很多新建的印度教庙宇被拆除。贝拿勒斯有几座印度教神庙尚未完工，印度教徒希望允许修建完成。他得知后勃然大怒，竟下令拆毁这个城市所有新修建的神庙，结果贝拿勒斯有 76 座未竣工的庙宇遭到拆毁。这种做法引起了很多人的不满和疑虑，后来在其长子达拉·舒库的积极影响下才撤销了这项禁令。又如，在取得对本德尔坎德的军事和外交胜利后，沙贾汗为了表示这是伊斯兰教的胜利，把比尔·辛格·德奥在奥尔恰兴建的富丽堂皇的印度庙宇拆毁，在其废墟上建立起一座清真寺。和阿克巴的态度相反，他明确规定语言上对伊斯兰教有不恭者为犯罪。对跨教通婚，他也和贾汉吉尔一样，允许穆斯林娶印度教女子，却宣布相反的婚姻为非法。在克什米尔，那些嫁给印度教徒并随夫改宗了印度教的伊斯兰教女子被命令与丈夫离婚，返回父母家并改回信奉伊斯兰教。他还下令在宫廷中停止举行印度教宗教节日活动。沙贾汗热衷于诱导印度教徒改宗伊斯兰教，许多战俘被强制改宗，罪犯改宗的给予自由，女子嫁给穆斯林男子前必须先改宗伊斯兰教，印度教徒改宗伊斯兰教的可以继承父亲的财产。他甚至建立一个单独的机构专职负责推动改宗伊斯兰教的事宜。

这两位君主这种举动主要是受了正统派（如萨尔欣德的穆贾迪德等）的负面影响，这些人在阿克巴去世后一直在攻击他的宗教政策和苏非派的宗教团结主张，强烈要求回到正统原则，以伊斯兰教法作为治国最高准则。他们的主张在贵族中影响很大。贾汉吉尔和沙贾汗都错误地认为，为了稳住贵族，在政策上对正统派做一些妥协、改变是必要的，所以他们违背阿克巴的宗旨，做出一系列错误的行动。好在在他们统治的后期，两人的态度都有了改变，倾向于认真遵循阿克巴的宗教平等政策而不再动摇。沙贾汗由于先前在偏离的道路上走得更远，变化也更明显。他先前做出的许多错误的规定在统治后期事实上都不了了之，不再执行。例如，破坏印度教庙宇的做法停止了，允许阿拉哈巴德的钦塔马尼庙重新修建，在康拜，应印度教居民要求禁止宰母牛，对为莫卧儿朝廷服务有功的印度教官员给予优厚待遇等。

两位君主之所以能改变有多方面的原因。阿克巴的宗教平等政策已经在全国上下产生积极的结果，受到拥护，对走回头路的做法广大人民群众是强烈反对的。16~18世纪苏非派在民间继续发展，最活跃的教团是卡迪利亚和纳格西本迪教团。他们中多数人继续宣传宗教团结，从下面继续促进伊斯兰教和印度教群众的互相接近，这对两位君主都有影响。而国内的政治形势也要求必须把联合印度教封建主的政策持续下去。这都要求对阿克巴制定的宗教平等政策必须继续维护和遵循。现实政治中主张开明的力量毕竟还是很强大，使这两位君主不敢完全偏离阿克巴的既定方向。再则，这两位君主虽然表现出宗教偏激，但他们都还不是宗教狂，在处理政务上还是现实的、理智的，所以在执政后经过一段时期的历练能够成熟起来，克服偏执情绪，回到正确的施政道路上。

对阿克巴的宗教政策实行大逆转的是奥朗则布，他的倒行逆施最终导致了莫卧儿帝国的解体。详细情况以后专节叙述。

八 联合印度教封建贵族的政策

德里苏丹国时期穆斯林贵族垄断全部政治权力、对印度教上层一味打压的做法事实证明是不成功的，印度教封建主在北印度势力较强的是拉其普特人，他们即便向德里苏丹国纳贡称臣，也未尝不想恢复独立。所以在整个德里苏丹国时期，印度教首领的反抗不断发生，而终于乘中央政权衰落之机，纷纷宣布独立。巴布尔征服印度遇到他们的强烈抵抗，尤其是美华尔的拉纳·桑加和昌德拉的麦迪尼·莱。拉纳·桑加联合大部分拉其普特王公拼死抵抗，使巴布尔不得不宣布圣战，大量拉其普特人遭到杀戮。但巴布尔也知道单靠高压政策只能激起更强烈的仇恨，为缓和矛盾，他给儿子胡马雍娶了一位拉其普特公主做妻子，又吸收一些拉其普特人参加他的军队。巴布尔这种前后矛盾的做法说明他统治时，在如何对待印度教封建主问题上还没有形成明确的政策。胡马雍即位后也是这种情况。他没有重视这个问题，没有采取新的措施。当美华尔受到古吉拉特的入侵压力时，当马尔瓦尔受到谢尔沙的入侵压力时，它们的王公都曾请求胡马雍援助，这给了胡马雍结好拉其普特王公的机会，但都被他白白放过。结果是当他被谢尔沙跟踪追击时，没有一个拉其普特藩属援救他。相反，这些藩属乘机纷纷宣布独立。

阿克巴与他的爷爷和父亲不同，在这个问题上表现了他的智慧和远见。当他展开对北印度的征服时，面临拉其普特人的抵抗，他不是就事论事，把它作为一个局部战争处理，而是上升到政策层面，考虑对印度教封建主应采取什么样的政策。可以说，在实施征服前他已有全面的盘算，精细的计划。对拉其普特封建主究竟应采取什么方针？他得出的结论是：不要用武力去征服，而是要联合他们，把他们转变成帝国的支持力量。他看到，拉其普特贵族在北印度建立的大大小小国家有多年的历史，其人民骁勇善战，是一支不可轻视的军事力量。如能把这支力量联合到自己一边，近则有助于彻底孤立和消灭仍在负隅顽抗的阿富汗贵族残余势力，这是阿克巴当时面临的主要敌手；远则有利于调整伊斯兰教和印度教封建贵族的关系，扩大莫卧儿王朝统治的基础，减小印度教徒接受穆斯林王朝统治的思想阻力；而且拉其普特人的军事力量未尝不可加以利用，拉其普特这把利剑使用得当，对莫卧儿未来征服南印度和其他地方，以及守卫帝国边疆都是绝对有好处的。阿克巴确立了对拉其普特封建贵族的具体策略：制服与怀柔并用，吸收其加入莫卧儿王朝统治集团。这个策略不是一开始就十分明确的，他先试探拉其普特贵族的反应，了解其可行性。他坚定不移地朝着这个方向前进，在征服过程中，逐渐形成了三项原则：第一，对愿意承认莫卧儿宗主权的，保留其原有领地不兼并，保留王公的统治地位，授予曼沙布品级，其原有领地仍由其领有，每年缴纳年贡。第二，对坚决抵抗的，以武力征服，但除特殊需要外一般不兼并，而是迫使其承认宗主权和缴纳年贡。第三，无论哪种情况，其境内重要的堡垒都由莫卧儿军队进驻，这是为了预防可能的叛乱（见图 10-7）。

承认莫卧儿帝国宗主权的王公由少到多，最终占了大多数。有些是自愿承认的，大多数是在阿克巴友好先例的感召下或在镇压抵抗的威慑下承认的。这些承认宗主权的王公有的被任命为朝廷重臣，有的与皇家结为姻亲。阿季米尔王公巴拉·马尔 1562 年就自愿承认莫卧儿宗主权，并把女儿哈尔卡·芭依嫁给阿克巴为妻。阿克巴允诺其婚后保留自己的信仰，并表示尊重其信仰。她就是贾汉吉尔的母亲。这是阿克巴与拉其普特人联姻之

图 10-7 拉其普特王公城堡遗址

始。阿克巴授予巴拉·马尔及其子巴格万·达斯、孙子曼·辛格五千人长到七千人长的曼沙布高级品级。此后，莫卧儿王朝得到这个王公家族最忠诚、最有力的支持。又如比卡尼尔、斋萨迈尔等王公 1567 年自愿承认莫卧儿帝国宗主权，阿克巴都授予曼沙布品级，并和有的王公联姻。这种做法产生了连锁效应，越来越多的王公效仿，结果大多数王公都自愿承认了莫卧儿的宗主权。阿克巴对藩属王公的要求是：每年缴一定年贡，必要时应皇帝征召为帝国提供军事服务。对其内政和宗教信仰都不加干预。

在拉其普特诸王公中，坚决不承认莫卧儿宗主权的是美华尔。美华尔是拉其普特诸王公中势力较强、影响较大者，它的动向受到所有拉其普特王公的关注。对阿克巴的提议美华尔王公乌达亚·辛格不接受，对已接受的王公他表示蔑视，还为帝国的反叛者提供避难所。无论从什么角度说，对这种抱有敌意的国家，征服势在必行。1567 年，阿克巴亲自率军攻打美华尔，国王乌达亚·辛格退到乌代普尔，把守卫奇托尔堡垒的任务交给部将贾伊马尔。莫卧儿军队包围奇托尔堡。贾伊马尔防守严密，阿克巴围攻 5 个月不下。后贾伊马尔在一次巡视时偶然中火枪而死。拉其普特贵族女眷自焚，男子在法特·辛格的领导下，出城与莫卧儿军队决战，直至全部阵亡。盛怒之下的阿克巴在攻占堡垒（1568）后下令屠杀抵抗者，近 3 万人被杀害。这是他戎马生涯中一次越轨的残暴行为。事后，他感到后悔，下令为贾伊马尔和法特·辛格各立一座骑象铜像，竖立在阿格拉堡门前，以表示对拉其普特人英勇顽强精神的尊敬。奇托尔堡虽然丢失，乌达亚·辛格仍继续抵抗至1572年病故。阿克巴总结经验教训，改变策略，先后派拉其普特的三位王公曼·辛格、巴格万·达斯和托达尔·马尔劝说美华尔新王公普拉塔普接受莫卧儿宗主权，希望用拉其普特人说动拉其普特人。在这些努力都失败后才于1576年派曼·辛格率大军征讨。新王普拉塔普在哈尔迪-贾提英勇抵抗失败，退到深山，继续战斗。他死后，子阿马尔·辛格坚持抵抗。阿克巴终未能征服这个国家，只是占领了奇托尔堡和部分地区。不过有些王公因为看到了美华尔抵抗失败的例子，自知没有能力像美华尔那样抵抗，也就放弃了此种打算，承认莫卧儿的宗主权。班斯瓦拉、本迪、奥尔恰等王公都是在哈尔迪-贾提战役后承认莫卧儿宗主权的。

阿克巴按预定计划占领所有重要的拉其普特人的堡垒，不管处在哪个国家，这个计划都完成了。有的是武力攻克的，有的是迫使拉其普特王公交出的。1562年从美华尔藩属手里夺取米尔塔堡，1568年从美华尔夺取奇托尔堡，1569年王公苏尔贾·莱被迫交出兰塔姆伯尔堡，王公拉姆·昌德拉自愿交出卡林贾尔堡。

阿克巴的制服和怀柔并举的政策使他得以仅用对个别国家的少数几次战斗，就使先前对德里苏丹国一直持敌对态度的拉其普特绝大多数王公归顺了莫卧儿王朝并转而为它竭诚效力。这是极大的成功，是以往所有的穆斯林统治者做梦都不敢想的。拉其普特诸王公当年被征服纯粹是被武力压服，但处在德里苏丹国统治下敌意未消；如今，他们承认莫卧儿帝国宗主权是出于友善和信任，乐意出力为帝国服务。这两种征服是大不相同的。阿克巴做到的是人心的征服。

阿克巴信任并重用拉其普特王公，用不同方式把他们吸收到莫卧儿贵族圈子里来。他授予比哈里·马尔五千人长品级，授予曼·辛格七千人长品级，这样高的品级本来是只授予皇族的。阿克巴称曼·辛格为“弗占德”（意为儿子），让他率大军征服古吉拉特、喀布尔和奥里萨。在征服奥里萨后，任命他管理比哈尔和孟加拉。据说在阿克巴病重之际，有关皇位继承问题还跟他商量过。阿克巴时五千人长至七千人长的曼沙布达尔共32人，其中拉其普特人就有4人，一千人长至四千人长共93人，拉其普特人10人。拉其普特王公为莫卧儿征服全印提供了优秀的指挥官和精锐的部队，在征服古吉拉特、马尔华、比哈尔、孟加拉、克什米尔、奥里萨及德干诸国中都立下了汗马功劳。有些贵族叛乱甚至是莫卧儿王公叛乱，阿克巴也让拉其普特王公率军镇压，足见对他们的信任程度。如阿克巴的异母弟弟米尔扎·哈基姆叛乱，就是让曼·辛格、莱莱·辛格（比卡尼尔的王公）率军追击和平定的，而且叛乱平定后的善后安排也是交给拉其普特王公处理的。拉其普特王公贵族还有一些人被任命担任朝廷大臣、省督、省财政官等重要职务，在治理国家方面也发挥了重要作用，如巴格万·达斯被任命为旁遮普省省督，罗伊·辛格被任命为苏拉特总督，罗伊·苏尔江被任命为贝拿勒斯省省督等。

拉其普特王公绝大多数能接受莫卧儿帝国的宗主权，甚或与之结盟并为其服务，当然与阿克巴的开明宗教政策有密切关系。自德里苏丹国建立以后，印度教一直受到区别对待和压迫，如今被一位穆斯林君主尊重，第一次得到较宽松的生存环境，这对多年受欺压的印度教徒来说，具有什么样的感召力是不言而喻的。如果阿克巴不是这样，而是继续采取区别对待、打击和迫使印度教徒改宗的政策，在虔诚而又骁勇的拉其普特人那里会收获到什么是可以想见的。

与拉其普特封建主的联盟为在更广大范围联合印度教封建主创造了条件。阿克巴统治后期，415 名高级曼沙布达尔中印度教徒有 51 人。担任朝廷大臣和地方长官的印度教徒也有不少。最著名的是印度教王公托达尔·马尔。他做了 10 年财政大臣，领导进行田赋改革，取得了显著成就。雷伊·帕特尔·达斯担任过孟加拉、比哈尔和喀布尔等省的财政官，被授予五千人长品级。1596 年阿克巴任命的 12 个省财政官中，就有 8 人是印度教徒。印度教徒逐渐被吸收到莫卧儿帝国统治集团，成为其中一个重要组成部分。1575～1595 年，在 500 扎特以上的 184 个贵族中，拉其普特人和其他印度教徒占 16.3%。莫卧儿王朝得到了拉其普特人及其他印度教上层的支持和服务，这对帝国的巩固起了决定性作用。

阿克巴此项政策在贾汉吉尔和沙贾汗时继续得到遵循。贾汉吉尔继续实行与拉其普特王公联姻政策，在阿克巴在世时就娶了一位卡恰瓦哈公主和一位佐德普尔公主，这两位公主的父兄都官居显位，继承帝位后又娶了多名拉其普特公主。贾汉吉尔最终征服了阿克巴未能征服的美华尔并得到其承认莫卧儿的宗主权后，给予其王公优厚待遇，授予他五千人长品级，所有莫卧儿军队先前占领的美华尔领土包括奇托尔堡都交还给美华尔，还特许美华尔王公无须去都城觐见皇帝。贾汉吉尔时期拉其普特王公担任总督、副总督的不少，如罗阇托达尔·马尔的儿子罗阇卡里恩被任命为奥里萨省省督，莱·拉延·帕特尔·达斯被任命为古吉拉特的省督。

沙贾汗时期这样的做法继续。如任命贾·辛格为阿格拉省省督，罗阇比塔尔·达斯·高尔为阿季米尔省省督，贾斯旺特·辛格为阿季米尔代省督等。在军事方面，对拉其普特王公的倚重有增无减，几乎所有在德干、坎大哈和西北其他地区的征伐，无论是征服还是平定叛乱，都离不开拉其普特军事力量的参与，都是任命久战沙场的拉其普特王公担任统帅或主要指挥官。拉其普特人立下赫赫战功，成了莫卧儿手中战无不胜的利剑。

在南印，莫卧儿统治者也很重视吸收各地的上层为帝国服务，特别是重视抚慰和争取马拉特封建主，结果有部分马拉特封建主站到莫卧儿帝国一边，在南方各省担任官职，被授予相应品级。据统计，1656 年在莫卧儿王朝 500 扎特以上的 518 名高官、贵族中，有拉其普特人 87 人，马拉特人 12 人，其他印度教徒 7 人。当然，这方面的工作成效还不能和北印度比，毕竟马拉特封建主对莫卧儿帝国总体上说还是持不信任态度的。

由于阿克巴的正确决策，印度教王公贵族成了莫卧儿王朝统治集团的重要组成部分，特别是拉其普特王公，甚至成了不可或缺的部分。以下数据可使我们了解印度教贵族在莫卧儿王朝各时期 500 扎特品级以上的高官、贵族中的比重：阿克巴时（1595）帝国高官、贵族共 123 名，其中印度教徒 22 人，内拉其普特人 20 人，分别占帝国贵族、高官总数的 17. 89%、16. 26%。贾汉吉尔时（1621）共 242 人，其中印度教徒 41 人，内拉其普特人 34 人，分别占 16. 94%、14. 05%。沙贾汗时 1647～1648 年统计共 443 人，其中印度教徒 90 人，内拉其普特人 73 人，分别占 20. 32%、16. 48%；1656 年统计共 518 人，其中印度教徒 106 人，内拉其普特人 87 人，分别占 20. 46%、16. 8%。[①] 这充分说明，阿克巴联合印度教封建主的政策，特别是争取拉其普特封建主的政策取得了极大的成功。由于大量吸收印度教徒上层参加帝国的统治上层，莫卧儿帝国的统治基础大大扩大了。

不幸的是，奥朗则布即位后，联合印度教封建主这项极其重要的政策

① 萨提斯·昌德拉：《中世纪印度，从苏丹国到莫卧儿帝国》第 2 卷，第 261 页。

也受到他的倒行逆施的宗教政策的累及，发生了严重的逆转，从而动摇了帝国的统治基础，成了帝国最终解体的原因之一。这方面的情况以后另述。

九 促进社会经济文化发展的措施

阿克巴对社会经济和文化的发展是很重视的，采取了一系列积极的措施。

他指示各级农业官员采取有力措施发展农业生产。《阿克巴则例》中讲道，阿克巴要求各省省长“应把注意力集中于发展农业生产，提高土地利用率上”。[①] 17 世纪初，印度人口约 13500 万人，荒地还很多。阿克巴提供贷款鼓励开垦荒地。他指令各级官员要鼓励扩大耕种面积，保护农民的合法利益，不得任意勒索。还提到对贫困的农民要给予帮助，使他们能继续从事耕种。兴修水利受到重视，阿克巴要求各级官员把鼓励农村兴办水利当作一项重要任务去完成。

地税改革是阿克巴时期的一件大事，对促进农业发展起了重要作用。对莫卧儿帝国来说，地税同样是国家的主要财政来源。巴布尔和胡马雍统治时，从德里苏丹国留传下来的地税制度十分混乱，他们没有来得及建立自己的系统的税制。苏尔王朝的谢尔沙在短暂的统治时期曾对税制实行整顿，做出了突出成绩。他的税制是：在其统治的大部分地区，由国家派官员直接向农民征税；将可耕地依产量高低分成优、中、次三等，定出每等的平均产量，税率为各等土地平均产量的 1/3；对每户的土地用绳尺逐块丈量，确定等级，按不同等级的税率确定税额；此外有附加税，税额约为产量的 2.5%～5%；国家希望土地税以现金缴纳，规定了不同地区不同粮食品种的折价，农民愿意以实物缴纳亦可；估定产量从宽，征收地税从严。这套税制对保证国家财政收入、取消中间层的勒索、减轻农民的负担起了重要作用。但苏尔王朝很快垮台，这个制度未能实施下去。胡马雍恢复统治以后，税制又陷于混乱。他大量分封札吉尔，把全国土地的 4/5 分出去，王室土地只剩 1/5，国家财政收入受到影响，而札吉达尔对农民的榨取常常不受法定规则的约束，使农民负担加重。在王室土地上，国家税收官吏横征

① 阿布尔·法兹尔：《阿克巴则例》卷 2，第 37 页。

暴敛，中饱私囊。税收办法朝令夕改，变动不定。这样榨取的结果是，农民糊口尚且困难，更谈不到有任何抵御自然灾害的能力。1556~1557 年、1573~1574 年两次发生大灾荒和瘟疫，恒河中下游广大地区土地荒芜，人口流散，农民生活无着，国家财政处于枯竭边缘。札吉达尔们势力膨胀，经常反叛。据统计，阿克巴在位的头 26 年，就发生了 13 次札吉达尔的叛乱。这一切，使阿克巴决心整顿税制，建立正规的地税制，以增加国家财政收入，减轻农民负担，削弱札吉达尔势力，促进国家的政治稳定和经济发展。

阿克巴亲临朝政不久，就为改革做准备。1563~1570 年首先对王室土地的税收制度做出规定：实行土地丈量，估定产量，确定税额，以现金纳税，各地区各种粮食的现金折价由朝廷规定。1570 年起，规定札吉尔土地也实行这种制度，同时对土地的质量、产量、税额和粮食折价标准都一一登记。1580 年起把全国划分为 182 个税区。这就为 1580 年实行扎卜塔制（标准课税制）奠定了基础。

在新制的创立和实行上，托达尔·马尔起了重要作用。他是阿克巴的财政大臣，是印度教徒。这个制度是他根据阿克巴的思想提出，得到阿克巴批准的，他也是这次改革的总负责人。这个制度的主要内容为：国家直接派官吏向农民征税，在最基层，他得到村社头人或原收税中间人的协助，作为报酬，他们自己可减免部分税收；对土地实行准确丈量，用由铁箍连接的竹竿代替绳子作量具，土地单位定为比加①；土地分为四类，即年年耕种的土地、休耕一两年再种的土地、休耕三四年再种的土地、休耕五年以上的土地，只有耕种中的土地缴税，前三种地每种又分上、中、下三等；在每一税区，根据以往十年的产量，分别确定各类土地每比加的平均产量，这个平均产量就是国家征税依据的标准产量；税率为标准产量的 1/3；以现金纳税，中央根据各地价格的差异，定出各地区各类粮食的折价，税率和标准折价十年不变；国家发给农民纳税证书，上面注明土地数量、质量和应缴税额；遇到自然灾害可以减免。这种制度既实行于王室土地，也实行于札吉尔土地，后者也由国家派官吏负责征税，不过税收缴给札吉达尔而不是国库。这个制度还规定所有持有宗教土地 500 比加以上者，应接受皇帝审查，不服从者没收土地。此后为慈善目的赠赐土地要由皇帝本人批准。

① 1 比加通常少于 0.4 公顷，但各地不一，且不同时期也有变动。

标准课税制实行地区包括比哈尔、阿拉哈巴德、马尔华、奥德、阿格拉、德里、拉合尔等省和木尔坦部分地区。在帝国其他地区，实行了另外的税制：坎大哈、克什米尔、信德和木尔坦部分地区实行了班泰制；孟加拉、古吉拉特实行了坎库特制，即按照估计的产量征税。之所以实行不同的制度，在很大程度上是考虑到了各地的不同传统和不同条件。

在实行新的税制时，取消了各种地方附加税，也取消了买卖牲畜税、盐税、树税、鱼税、牛税、皮革税等杂税。税收单一化，简单明了。

新税制的实施取得了很大成功。它使国家的地税收入不但得到稳定，而且有很大的增加。据 12 个省的材料，1580 年地税总额是 90743881 卢比，1605 年增加到 145867258 卢比，增长 60%。税额十年不变、取消一切附加税和取消包税人中间剥削都激发了农民的生产积极性，促进了农业发展和经济繁荣。国家财力的增加也为阿克巴实行其他制度，如发行标准货币、取消工商业方面的苛捐杂税提供了物质基础。

新税制也有缺陷。货币税的实行使农民必须在收获季节到市场低价求售，这就使他们不可避免地受到商人、高利贷者的盘剥。由于农民都要卖粮，也由于产量增加，谷价过低成了农民深以为苦的大问题。阿克巴在 1586 年、1589 年、1591 年多次减免地税，以减少谷贱伤农的现象。减免率从 1/10 到 1/4 不等。但整体来说，这仍抵消不了商人盘剥和谷价下跌给农民带来的损失。

阿克巴的土地税制在贾汉吉尔和沙贾汗统治时期继续实行，不过逐渐松弛，偏离原来的轨道。贾汉吉尔时，札吉达尔（即曼沙布达尔）要求更多权利，虽然对农民影响不大，但国家的收入减少。沙贾汗时，税率被提高到 33%～50%，显然加重了农民的负担。更有甚者，被征税的土地不再如阿克巴时规定的那样分成四类，休耕地免征，而是不论是否休耕，一律征税。沙贾汗还开始实行包税制，即把收税任务以合同方式包给中介人，这就为包税人从中盘剥农民中饱私囊提供了条件。这些做法背离了阿克巴的初衷，对农民的利益造成很大损害。不幸的是，沙贾汗的这些偏离都被其后的君主奥朗则布继承，奥朗则布还把税率进一步提高，农民当年从阿克巴税制改革中得到的好处丧失殆尽。

在手工业、商业方面，阿克巴取消了一系列苛捐杂税，如手工艺人税、港口税、集市税、货物税、货币汇兑税、房屋买卖税等，减轻了手工业者和商人的负担。他还撤销了一系列关卡，并重视修筑道路，便利了商品流转。他还亲自想办法、提建议、过问发展的细节。例如，他对缫丝业很感兴趣，下令在拉合尔、阿格拉、法特普尔-西克里、古吉拉特建立一批缫丝手工工场，从克什米尔以及波斯、土耳其斯坦引进高水平技师来工场培训技术人员，还派专业人员去果阿观摩，派人到国外采购产品，了解、学习别人的技术。他还时常去宫廷附近的手工工场，观看工人的操作，夸赞他们的技术，给他们以鼓励。除缫丝业得到发展外，阿克巴还鼓励大力发展披肩业、地毯业。为了扩大这些产品的销路，他甚至规定高官、贵族都要穿本地产品制造的服装。仅这个规定就使一大批披肩工场在拉合尔建立。为了提高印度地毯产品的质量，能够和进口的波斯产品竞争，他还提供优惠，吸引国外专业人员到拉合尔、阿格拉、法特普尔-西克里等地定居和生产，并培训当地人员。

货币进一步标准化是另一项意义深远的措施，这也是阿克巴促进经济发展的措施之一。他发行了一套由不同面额构成的金、银、铜质货币，成色固定，形状美观。最高面额的金币叫山萨布或萨含萨，重 101 托拉①，用于大额贸易。通常用的金币叫伊拉希，相当于 10 卢比。银币叫卢比，重 172 格令。还有半卢比、1/4 卢比、1/8 卢比、1/16 卢比、1/20 卢比的银币。铜币叫达姆（派萨），40 达姆为 1 卢比。最小的铜币叫吉塔尔，是 1 达姆的 1/25。各种货币上都印有阿克巴的名字、铸币厂的名字和发行时间。这套货币的发行使全国朝着货币规范化的方向迈出了一大步，极大地便利了商品交易。

莫卧儿君主们对教育比较重视。巴布尔和胡马雍在德里等地建立了伊斯兰教学院，这些学院除设立伊斯兰教神学课程外，还有地理、数学、天文学等课程。苏尔王朝的谢尔沙只鼓励研究伊斯兰教神学。阿克巴认为仅仅教授神学对教育与社会发展是不利的。他鼓励建立大量的伊斯兰教学校和印度教学校，都给予资助，规定除神学课程外，还要把地理、历史、数学、天文等都列入教学内容。对儿童教育，阿克巴很关心，称儿童是“生命之园最娇嫩的幼芽”，要求对基础教育课程进行改革。这一切努力，使整个教育体系出现了初步突破纯宗教教育的倾向。贾汉吉尔和沙贾汗继承了这个改革，推动这个倾向继续发展。莫卧儿时期虽然国家没有设立专门的

① 托拉是印度金银重量单位，1 托拉金重量是 180 格令或 11.6638 克。

教育部门，但拨出一定款项用于教育，对著名的教师和学者给予补助和捐助，而且不限于伊斯兰教。这种对教育的积极态度是德里苏丹国时期所不能比拟的。莫卧儿时期学校之多超过历史上任何时期。

阿克巴竭力促进伊斯兰教和印度教两种文化的接近和融合，在这方面他的贡献是任何印度穆斯林君主都无法相比的。他尽了最大努力，使伊斯兰教从突厥-波斯外来文化特点的状态中解放出来，使之与印度文化相结合，成为印度的伊斯兰教，适应他统治印度的需要。伊斯兰教和印度教文化上的接近在德里苏丹国时期是在下面自发地进行的，阿克巴则自觉推进这个过程，使之成为自下而上与自上而下相结合的接近。他积极鼓励文学、艺术、建筑等方面两大宗教不同流派、不同风格的融合，并努力促进在融合的基础上创立印度特色的新的风格、新的流派。这方面是有成绩的，在建筑、绘画、音乐等方面表现得特别明显，可以说都形成了新的风格和流派。文化上的互相渗透、吸收和某种融合为帝国政治上的统一增加了一定程度的文化心理基础。

阿克巴对社会问题也给予关注。他下令禁止把战俘的妻子、女儿变为奴隶，禁止奴隶买卖。奴隶收养和奴隶贸易的制度在印度起源于古代，穆斯林进入后带来了他们在中亚的养奴习俗，使这种情况在贵族中更加盛行，在整个德里苏丹国时期一直存在。奴隶用于生产的很少，主要用于家庭服务或作为主人的侍役。虽然奴隶中有极少数人可能受主人青睐，被特别提携使用，甚至委以重任，招为女婿，成为高官，但在主人解除其奴隶身份前，他还是主人的奴隶。至于数量广大的普通奴隶，他们是主人的财产，是其役使工具，没有任何社会地位和人的权利。阿克巴认为这是一项应该革除的社会弊端，但考虑到问题的复杂性，他先迈出第一步，以取消奴隶贸易来限制它的发展，缩小奴隶来源。

妇女地位和婚姻方面的弊端是他关注的重点，这方面他做了许多新规定。他下令取缔寡妇殉夫（即萨蒂）、溺婴（针对女婴）、童婚等陋习，规定最低婚龄为男 16 岁，女 14 岁，禁止近亲结婚，允许寡妇改嫁合法化。这些陋习主要是印度教的，有的在伊斯兰教中也存在。他的禁令适用于所有臣民，无论信仰什么宗教。他是从社会角度而不是从宗教角度考虑问题的，针对的不是哪个宗教，而是社会弊端。当然，这些陋习并非一纸法令就能取消的，他的诏令只不过是表明了他的认真态度。他还主张实行一夫一妻制（妻子不育的可再娶），不过对伊斯兰教法允许穆斯林娶 4 个妻子的规定他无能为力。在帝王们和印度教王公们本身就嫔妃成群的情况下，他这方面的规定不可能有什么效果。

阿克巴的这些政策贾汉吉尔和沙贾汗基本上继续执行。如贾汉吉尔针对有些地方统治者榨取商人无度，颁布法令规定商人财产不受侵犯，保护其后代的继承权，无论是穆斯林商人还是非穆斯林商人都要一体对待。1651 年他开始实行一项建造海船计划，造了 4～6 艘海船，远航西亚，既减少了外贸运费，又使印度高超的造船技术得以应用和流传。在社会领域，他保留了阿克巴革除社会弊端的大多数改革，但关于一夫一妻、近亲结婚和最低婚龄等规定实际上都没有执行。沙贾汗的态度大致上同于贾汉吉尔。

阿克巴不但是莫卧儿帝国最杰出的君主，也是印度古代和中世纪史上最有远见、最具雄才大略的皇帝。他的上述政策和改革，使莫卧儿政权具有了较突出的进步性，外来成分减弱，本土成分增强；宗教性质减弱，世俗成分增强。因此，它能获得包括印度教徒在内的广大群众的支持，从而能在推动印度的社会发展和历史前进方面起更大的积极作用。阿克巴的政策基本上为贾汉吉尔和沙贾汗继承，所以尽管他去世，他的各种改革在以后一个世纪里继续开花结果。

十 16～18 世纪上半期印度的社会经济发展

印度的统一、相对较长时期的稳定和阿克巴改革，为社会经济的进一步发展创造了非常有利的条件。16 世纪到 18 世纪上半期，印度社会经济特别是商品经济有了较大发展，出现了难得的繁荣，到沙贾汗时期达到高峰。在此基础上，少数部门出现了新的经济结构因素——资本主义萌芽，印度封建社会进入了它的繁荣阶段。

这一时期促使商品经济发展的因素有：第一，农业生产的发展不但使封建主的收入增加，消费需求增加，也使农民的经济地位得到相对改善，使他们对市场产品有可能有多一些的需求。第二，农业种植地区专业化的趋势使各地区间产品交换的必要性空前增强。经济作物的种植面向市场，其产品是手工业的原料，手工业的发展靠商业提供原料、销售产品。市场需求越大，手工业越发展，越是推动经济作物种植面积的扩大。经济作物种植区的农民和各地的手工业者不但要卖自己的产品，还要在市场上购买粮食和生活用品，这就有力地推动了商业的繁荣。第三，莫卧儿帝国地税以货币征收把所有农民推向市场。据估计，农民仅仅为了以现金纳税，就要把农产品总量的 20% 以上拿到市场销售。尽管对他们绝大多数人来说，进入市场只是卖粮纳税，然而一旦与市场接触就不能不受影响。既然市场上有从事家庭副业需要的各种原料，在可能的条件下，有些人会买进一些，增加生产，把多余的产品拿到市场去卖。这样，他们的家庭手工业也逐渐被卷入市场。第四，相对和平的环境与法制秩序的建立，使商品有较大可能在全国流动。第五，16 世纪以来，欧洲各国东印度公司对某些印度产品的大量求购，使许多产品产量大大增加，更多产品进入销售环节。

以下就农业、手工业和商业情况分别进行叙述。

（一）农业和土地关系的变化

17 世纪，印度农业生产工具虽没有明显改进，但就农作物的多样性、农作技术的精细、使用肥料的普遍、轮作制的复杂以及灌溉面积的规模而言，都比德里苏丹国时期有了明显进步。欧洲旅行家来印度的无不赞颂有加，普遍认为，印度此时的农业就技术水平而言，与同时期欧洲先进的国家相比并不落后。

农业工具以犁为主，但有些地区已开始使用简单的播种工具，如在植棉区，使用点播器播种棉籽，比欧洲许多国家用得还早。欧洲旅行家说，农作物种植种类之多超过欧洲。阿克巴的大臣、宫廷历史编纂学家阿布尔·法兹尔在《阿克巴则例》中列举了阿格拉省的 16 种春季作物和 25 种秋季作物的税率，说明在那个地区种植的作物有数十种之多。最主要的农作物是小麦、水稻、大麦、小米、豆类，经济作物主要是棉花、甘蔗、黄麻、亚麻、蓝靛、桑树等。此外还有多种多样的水果和蔬菜。

水利灌溉的普遍和小型水利设施的多样化也给当时来印的欧洲旅游者留下深刻的印象。直到 18 世纪，印度未开垦的荒地还很多。莫卧儿帝国建立后就鼓励垦荒和兴修水利。17 世纪至 18 世纪中期，耕地面积扩大了。从 1594 年到 1720 年，印度耕地面积由 1.27 亿比加增加到 2.78 亿比加，增长

119%，其中德里省由2060万比加增至6900万比加，阿格拉省由2790万比加增加至5590万比加，阿拉哈巴德省由390万比加增加到1900万比加。兴修水利很普遍，在印度河、恒河流域，以人工渠道为主，还有大量水井；在中印度和南印度，蓄水库起重要作用。沙贾汗时期修建的纳尔-伊·法伊兹大运河长150英里，另一条近100英里。17世纪50年代，莫卧儿政府计划贷款4万~5万卢比给坎德什和比拉尔农民修筑水坝。在北印、南印都有一些规模很大的水库。美华尔的巴德尔水库周长36英里，1687~1691年进行了加固。另一个17世纪在美华尔建筑的水库叫拉吉沙卡，也因其规模宏伟壮观被记载在《阿克巴则例》一书中。在北印平原地区，掘井灌溉盛行。一个叫美尔达的税区，1660年前后有6000多口水井。水利工程大的由国家兴建，小的由村社集体修建或由富裕的土地占有者自行修建。国家兴建的是少数。

灌溉面积扩大和耕作技术改进提高了农业产量，这从各省地税收入的增长中就可以看出。例如德里省的地税1594年是1500万卢比，1700年增加到3000万卢比，增长一倍。同一时期，阿格拉的地税从1300万卢比增加到2400万卢比，增长85%。阿拉哈巴德、马尔华、阿季米尔、旁遮普、比拉尔、克什米尔等省税收都有很大增长。

灌溉面积扩大不仅使小麦、水稻种植面积增加，也使因地制宜更多种植经济作物有了可能。总耕地中，棉花、甘蔗、蓝靛等经济作物种植面积所占比重增大，以至17世纪形成了许多农作物专业化种植地区。例如古吉拉特和木尔坦的棉花，拉合尔的甘蔗，阿格拉西南比耶那和卡尔皮地区的蓝靛，南印度沿海的胡椒、椰子等都以产量高、质量好闻名全国。孟加拉是重要粮食产区，德里、阿格拉的用粮即由其供应。孟加拉桑树种植也很普遍，以致不再需要从中国进口生丝。16~17世纪烟草、玉米传入印度，种植越来越多。大米、蔗糖等产量充足，已向周边国家出口。

农民的产品进入市场的过程早就开始了。莫卧儿帝国货币税的实行把农民和市场更直接地联系起来。但农民最初只是卖出，很少买进。农业地区专门化的形成则使部分农民的卖出带有真正商业性质。卖出增加带动了买进，这就使农业商品经济得到加强。

商品货币关系日益渗入农村。农民和市场的联系有的是通过中间商人收购，有的直接到市场销售。以往农民种庄稼只考虑吃饭和纳税，如今也开始考虑市场价格。耕地凡是土质适合种植经济作物的，就拿出部分种植经济作物，以求售个高价，增加收入。农民手中有了一些货币，也会购进某些廉价的原料，发展家庭副业生产。商品经济的发展也使农民的分化加强。有些农民由于作物歉收或某种天灾人祸，凑不齐税款，只好借债。高利贷在农村迅速发展。为了借债而抵押、出卖土地有日益增多的趋势。

商品经济渗入农村的另一突出表现是封建主奢侈欲望的增加和封建剥削加重。札吉达尔和柴明达尔为了获得更多货币，竭力把对领地的有条件占有变为世袭占有，对农民的剥削变本加厉，使农民不得不把更多产品拿到市场销售，留作口粮的部分减少。阿克巴、贾汉吉尔和沙贾汗时，中央力量强大，对世袭倾向和税率严加控制。到奥朗则布时，中央权力减弱，控制无力，以致不仅土地国有制面临危机，农民的基本生活也失去保障。

与此紧密相连的是17世纪后半期到18世纪上半期土地关系中一种新趋势的出现，即封建土地国有制逐渐遭到破坏，封建土地私有制因素有了发展。换言之，印度土地制度从国有制向私有制转变的长过程又向前跨了一步。

首先，是札吉达尔力图把他们的札吉尔变成世袭领地。札吉尔制是莫卧儿帝国封建土地占有制的主要形式。按规定，札吉达尔只享有土地上的税收权，税率由国家规定。对其领地，札吉达尔没有所有权，其占有权也不能世袭和转卖，本人死后由国家收回。他们也不像欧洲领主那样，被授予在其领地上的行政权和司法权。这是一种有条件的、非世袭的封建土地占有制。17世纪，随着商品货币关系的发展，札吉达尔们为了攫取更多金钱挥霍，一方面非法地在其领地加征各种杂税，如放牧税、池塘税、砍柴税等，还经常征用采邑上农民的无偿劳役。沙贾汗、奥朗则布都曾明令禁止征收杂税、劳役，但都未能贯彻执行。对朝廷的命令他们越来越置之不理。另一方面，札吉达尔们竭力规避军事义务，千方百计地谋求把对札吉尔的有条件占有变成世袭占有。当朝廷力量强大时，他们还有所顾虑；朝廷权力衰落后，便不再惧怕惩罚，放肆地为所欲为。在许多情况下，软弱的君主不得不接受既成事实，如同意以供军职为条件由儿子继承父亲的札吉尔。莫卧儿帝国末期官方文书中出现了“世袭札吉尔”一词，说明这种情况已非个别现象。当然，没有任何君主允准无条件的札吉尔世袭。

其次，是柴明达尔力图成为其包税土地的所有者。作为莫卧儿帝国另一种主要的封建土地占有形式，柴明达尔领地覆盖面越来越大。据有的学者估计，到莫卧儿王朝后期，柴明达尔总收入相当于土地税总额的2/5。[①]柴明达尔与土地的联系远较札吉达尔密切，在存在柴明达尔的地区（有些地方没有），尽管上面有国家税收机关或札吉达尔，实际却是他们对其征税范围的土地具有更实实在在的支配权。17世纪末以来，随着朝廷权力的衰落，各类柴明达尔都力图巩固并扩大对其领地的权力。王公、酋长柴明达尔规避缴纳贡献；其他所有柴明达尔都把包税地看作自己的私有地，力图获得世袭权。虽然他们并没有得到梦寐以求的法律保障，但税收承包权和从中享有的土地税份额显然已被看作某种形式的财产权，继承、抵押甚至出售都已得到官方的默许。[②]

最后，在全印大部分地区，村社上层日益演化为小地主。18世纪上半期在印度大部分地区存在对土地有集体占有使用权的村社，不过共同耕种土地、共同担负地税的已经很少，绝大多数是土地分户占有，世袭使用，只有荒地、牧场、森林归村社集体占有使用。材社集体承担纳税责任，由各户缴给村社，村社缴给收税人。作为报酬，村社长老的土地被允许减税或免税。17世纪以来，由于封建剥削加重、商品经济渗入农村以及自然灾害等原因，农民发生分化。一方面，村社上层把被人弃荒的土地或某些公有荒地占为己有，或购买、租种别人的土地，雇工经营；另一方面，一些村社农民因出现无法抗拒的天灾人祸，无法照原样生活下去，只能转让或抛荒自己的份地，去别的地方谋生，以分成制形式租种那里村社上层的多占的、购买的、租得的土地或新垦荒地，有的成为农业雇工。这样的租佃和雇佣关系在村社内部越来越多地出现。这样，一些村社上层就演化成了小地主。从法权上说，他们对土地也只有占有权，只是在多层封建主占有的结构中又增加了一个层次，一个最低的层次，但在事实上，他们也成了实至而名未归的地主，成了莫卧儿时期封建土地结构的基层。

（二）手工业发展和资本主义萌芽的出现

商品经济的发展在手工业生产方面表现得更为明显。农业、手工业直

---

① 塔平·莱乔杜里、伊尔凡·纳比布主编《剑桥印度经济史》第1卷，剑桥，1982，第245页。

② 塔平·莱乔杜里、伊尔凡·纳比布主编《剑桥印度经济史》第1卷，第176~177、246页。

接结合是古代社会的一个普遍特点。印度更突出之处在于，这种结合不但存在于家庭范围内，而且存在于村社范围内。在每个村社中，除家家耕织结合外，还有专门的各种手工业者，如木匠、铁匠、裁缝等。他们与外界很少联系，主要是为村社成员服务，制作农具和简单的家庭用品。作为报酬，他们或者从村社得到一块土地免税耕种，或者由村社成员给予一定数量的粮食。独立于村社之外的手工业者在16世纪前已经存在，如有专门的手工业村，更多人是住在城镇，其产品面向市场，以满足城镇人口的需要。有些手工业者生产较高档的产品供封建主使用和供应输出。

17世纪以后，随着商品经济的发展和市场需求的增长，独立手工业者数量增加。许多村社手工业者逐渐脱离村社而成为独立手工业者，其中不少人迁到交通较为便利的新地点居住，形成了新的手工业集镇或村落。17世纪初访问纳拉萨普尔地区（在南印高康达国）的一个英国人记载道："紧靠着城市，在整个沿岸地带，住着许多织工和生产花布的手工业者。这里还有其他一些手工业者：铁匠、木匠、首饰匠、裁缝等。"① 又据记载，旁遮普有一个村庄，其居民"主要是织工和染工，为周围的农村服务"。② 在村社内，对于手工业者的服务，有的开始改用货币付给报酬或兼用实物、货币支付；有的村社手工业者，在为村社成员服务之外，开始为市场生产。这意味着，这些手工业者已开始向小商品生产者转化。不过，整体来说，这个过程只是开始，农业手工业在村社范围的直接结合还没有根本改变。

印度最主要的手工业是棉纺织业。手纺车和简单的织机遍及全国农村和城镇。主要产棉区成为主要的棉纺织业中心并常有其特色的产品，如北印和北科罗曼德海岸地区主要生产白细布，德干和孟加拉以生产平纹细布著称（达卡地区产品最好），最优良的印花布产自南科罗曼德海岸地区，丝棉混纺布则出产于古吉拉特。这些特色产品不但在国内供封建主消费，还远销东南亚、西亚、北非，后来在欧洲也有很大市场。孟加拉棉纺织品产量最高，品种最多，以至欧洲旅游者称孟加拉不但是印度而且是亚洲的纺织工厂。丝织业是另一重要部门，中心在古吉拉特。孟加拉、克什米尔及阿格拉、拉合尔也是重要产地。毛纺织品以披肩、地毯为主，销售于国内

---

① 转引自安东诺娃等主编《印度近代史》上册，北京编译社译，三联书店，1978，第35页。

② 安东诺娃等主编《印度近代史》上册，第36页。

外。在与农产品有关的手工业中，最主要的是蓝靛加工和制糖（蔗糖）。蓝靛主要产于阿格拉、比哈尔、古吉拉特和科罗曼德海岸地区，是纺织品主要的染料，在国内外有很大市场。蔗糖主要产于孟加拉、阿格拉、木尔坦、奥里萨，在城市有很大消费量，也是远销国外的产品。其他主要的产品有铁、钢、硝石、钻石等。造船、造车业也是重要的手工业组成部分。

17 世纪以来，印度手工业在使用工具和工艺上虽然较过去没有大的改进，但是，独立手工业者的专业分工更细了，特别是市场需要量较大的手工业产品部门。例如棉纺织业，不仅纺纱、织布分别成为独立工种，原来的漂白、印染工序也分别成为独立的专业，出现了专职的漂白工、印染工。丝织业中缫丝也成了专门工种。分工细化使生产者专业化，更有利于发挥其娴熟的技术能力，在质量上精益求精，增加花色品种，提高产量。

印度手工业产品因消费对象不同有各种档次。供封建上层使用和供出口的高档次产品有一些质量是相当高的。某些棉纺织品因工艺精良，质地卓越，早已享誉国外。17 世纪许多欧洲旅行家和商人都以羡慕的口吻夸赞印度的织造品。法国人特维尼尔说，印度的细纱布“织得太好了，你拿在手上简直感觉不到它”，又说，“在色康吉（位于西印度马尔瓦）织造的一种布精细异常，穿在身上就像没有穿衣服似的”。① 17~18 世纪，仅孟加拉就有 95 种棉织品、丝织品和混纺织品出口。生铁和钢的冶炼、锻造质量也较高。南印度冶炼的钢锭因为质量好，被波斯商人运回国制造武器。欧洲人来印度者也有人带一些回国内馈赠亲友，用于制造刀剑和带刃工具。造船技术更是得到欧洲旅游者的称赞。迟至 1811 年，法国人巴尔塔札·苏文斯还说，在造船方面，“印度人至今仍堪作欧洲人的楷模”，英国人“向印度学会了许多新工艺”。②

当然，这些只是印度工艺园中几朵突出的奇葩，它们是印度手工匠人在漫长的岁月里呕心沥血练就的精湛手艺的结晶，而不是革新技术、使用新工具的结果。在生产组织上，依然是家庭劳动性质或者是简单的劳动协作。职业划分依然保持在种姓框架内，种姓制决定职业世袭，使不同专业成为封闭的集团。种姓组织对本专业成员的权益起维护作用，但同时严格

① 爱德华·拜尼斯：《大英帝国棉纺织工业史》，伦敦，1966，第 57 页。

② 苏瑞德尔纳特·吉普塔：《英国人——印度最大的剥削者》，新德里，1979，第 4 页。

限制外种姓成员进入本专业，对生产发展起妨碍作用。17～18 世纪，随着分工的扩大，有些手工业者甚至农民开始突破种姓限制，改变职业，从事别种手工业活动，或由亦农亦工变成以手工业为主。不过这主要发生在商品经济发展的地区。总的来说，手工业发展依然被种姓绳索牢牢捆住。

在商品生产发展和需求增长的基础上，17 世纪中期以后，在手工业生产组织方面，新的变动出现了，一种新的生产组织形式——以雇佣劳动为基础的资本主义手工工场在一些部门产生。例如孟加拉、迈索尔出现许多棉纺织手工工场，织机从三五台到十多台不等，雇工生产，按件付酬。迈索尔税法还专门规定了对具有不同数量织机户的征税办法。孟加拉、古吉拉特等地的缫丝工场，有的有 30 口锅，每口锅由两人操作，实行计件工资。北印度和孟加拉的制糖工场，有的雇工 50 多人。旁遮普、克什米尔的披肩工场常常雇用数百名工人。迈索尔的冶铁工场有几道工序，各种工作工资不等，部分用现金、部分用实物支付。资本主义性质的手工雇佣劳动规模更大的是造船业和采矿业。造船业中心是西海岸的苏拉特、东海岸的吉大港等。造船通常由专人承包，再雇用各类手工工人，往往多达数百人，分别完成各种工序。如高康达造船业 17 世纪 70 年代雇用木匠、铁匠等 100 多人。采矿业主要在南印，有铁矿、钻石矿等。高康达的钻石矿由私人向国家租赁矿山，雇工开采，实行计件工资。每个矿场少者数百人，多者数千人，有个矿有 6000 人，有个矿区工人总数达 60000 人。在纺织、缫丝、制糖等部门，资本主义手工工场是小型的，工场主多为手工业者转化而来。像造船、采矿这样大规模的生产，其组织者只可能是商人，他们拿经商赚的钱投资，成了造船场主和矿主。到 18 世纪中期，资本主义手工工场数量还很少。

在手工业生产领域发生的另一种变化是包买商制度的产生，它开始在不同程度上控制手工业者以及许多农民的手工业生产活动。国内外贸易的发展对印度某些手工业产品（如棉、丝织品）提出越来越多的需求，商人为获得足够的产品，便借助于包买这种形式。最普遍采用的形式是提供预付款订购，交付产品时再行结算。在手工业者和农民普遍贫困的情况下，许多人只有拿到预付款才有钱购买原料，这样就形成了这些手工业者和农民在生产上对包买商的依赖。他们自己与市场的直接联系被切断，对包买商收购产品时的压价盘剥只好忍受。这样的包买商大中小都有。大的如南印的卡济·维兰纳控制了从马德拉斯到阿尔马冈的整个区域的纺工织工。[①]据欧洲旅游者记载，17世纪70年代的马苏利帕塔姆地区，手工业者和农民如果得不到预付款，就无法维持正常的生产。还有些包买商直接提供棉纱给生产者，收取棉布，付给工资，或提供棉布给漂白工、印染工加工，按件付资。在这两种情况下，生产者购销两方面与市场的联系都被切断，完全依赖于包买商，实际上成了包买商指挥下的一系列生产过程中的加工者，失去了独立的小商品生产者的身份。包买商提供给生产者生产工具的不多，把生产者集中起来的更少，在当时生产工具简陋全靠手艺的情况下，并没有集中生产的必要。这样，他们在向手工工场主转化的道路上就停留在中途。这也是印度资本主义手工工场数量不多的原因之一。当然，对印度手工业生产来说，包买商制度是在分散的小生产基础上组织较大的生产，对产量的提高和分工的发展还是有积极作用的。包买商对小生产者的控制是资本主义萌芽另一种较低级的表现形式。

资本主义萌芽的出现是印度封建社会内部经济变动的一个重要标志。它说明印度封建社会在缓慢的发展进程中也开始出现未来社会的新质因素。当然，这只是刚破土的嫩弱的幼芽，沉重的封建压迫、自然经济的统治像板结的土层使它的生长困难重重。它发展缓慢，对封建社会母体还起不了震动作用。

（三）商业和金融业的发展

莫卧儿帝国时期相对和平和统一的局面及社会生产力的发展、劳动分工的加强，为印度国内外贸易的发展提供了条件。

国内的发展呈现不同层次。17世纪以后各地城乡间贸易与集市贸易一天天活跃，反映了农民与市场联系增强的趋势。城里有各种各样的农产品售卖，城市生产的手工业品也开始到了农村。如在马拉巴尔海岸，“商人常常向农民预购胡椒和生姜，而用他们从海港采购的棉布和其他商品来交换，以谋取厚利”。[②] 大小节日集会成了城乡物资交流市场。据历史学家哈菲汗记载，在纪念伊斯兰教圣人和在寺庙附近庆祝节日时，经常“有数十万人

---

① 福塞特：《在印度的英国商馆》第2卷，牛津，1952，第176页。

② 杜瓦特·巴尔博沙：《著作集》卷2，伦敦，1921，第56页。

汇集在那里，买卖各种商品”。①

国内贸易发展更明显地表现为各地区之间商业往来的加强。农作物种植的地区专业化倾向以及手工业生产的地区专业化倾向使许多地区大规模输入粮食和手工业原料。这些地区种植的大量经济作物或制造的大量手工业产品也必须远销他乡。这就促进了全国各地区间互通有无的大宗商品流通，形成一批区域性市场。如孟加拉的大米、蔗糖运往印度斯坦和科罗曼德海岸地区，比哈尔的小麦供应阿格拉、德里，古吉拉特丝织业中心依靠孟加拉供应生丝，孟加拉的棉织品、古吉拉特的丝织品、克什米尔的披肩、阿格拉的蓝靛则行销全国。

商品运输有陆路、水路两途。莫卧儿帝国的主要陆路干道北起白沙瓦，东、西分别至孟加拉和古吉拉特，南至德干，德里是中心。这一干道成为联系全国的动脉。运输主要靠牛车和骆驼。17 世纪的欧洲旅游者记载，他们在印度时常能碰到庞大的商队，由成百上千辆牛车或数百峰骆驼组成，浩浩荡荡，蔚为壮观。水路运输主要是靠印度河、恒河及其支流。外国旅行者记载说，在一些内河港口，可以看到停泊的货船鳞次栉比，河面上行船络绎不绝。南印度许多河道水势湍急，不宜航行，但沿海运输较为便利。沿海贸易不但把南印度各地联系起来，还溯海岸北上，把南印度与孟加拉、古吉拉特联结起来。孟加拉和古吉拉特的产品有很大部分都是通过沿海运输进入南印的。

国内贸易的发展还表现在作为商品集散中心的城市的发展上。城市作为封建统治中心和王公贵族消费中心的作用固然依旧，但 17 世纪以后作为商业中心的作用有了明显增强。处于交通要道上的城市很自然地成了商品集散地和区域性市场的中心，人口迅速增长，商业繁荣。阿克巴统治时，帝国大城市约有 120 个，市镇约有 3200 个，城市人口占总人口的 15%。17~18 世纪，德里人口达 50 万，阿格拉 80 万，拉合尔 75 万，苏拉特、达卡、阿默达巴德各 20 万。西方旅游者说，这些城市论规模与繁荣程度，较之欧洲大城市毫不逊色。1585 年菲奇在其著作中评论道：“阿格拉和法特普尔是两个非常大的城市，其中任何一个都比伦敦大得多，而且人口非常稠密。阿格拉与法特普尔相距 12 英里，沿路有销售食品和其他物品的区域，

① 哈非汗：《精华录》，加尔各答，1869，第 88 页。

其供应之充足仿佛和城市一样，人口多得也好像在市场上一样。”① 另一个旅行家蒙塞拉特 1581 年断言，拉合尔“不亚于欧洲或亚洲任何一个城市”。② 17 世纪中期访问印度的法国医生贝尔尼也说，德里不小于巴黎。

16~17 世纪以后，印度的海外贸易有发展且有重大变化。16~17 世纪，西方殖民者的东来给印度外贸带来重大影响。葡萄牙人、荷兰人先后控制西方至东方的海道，实行垄断，排挤阿拉伯中间商人，切断了印度与外部世界传统的贸易往来。欧洲商人在印度与欧洲、西亚、北非的外贸中逐渐占据主导地位，欧洲商船逐渐取代了印度商船。印度商人有些继续从事对西亚、北非的贸易，但相对于欧洲商人来说，处于次要地位。欧洲商人从印度输出香料、棉纺织品、蓝靛、硝石等，使这些产品出口量激增。他们从本国拿不出适合印度的产品来交换，只得输出金银块，结果，大量金银流入印度。这种情况一直延续到 18 世纪中期。这种畸形发展的海外贸易造成双重结果，一方面是印度商人在外贸中的地位和能力受到限制和削弱；另一方面，印度的对外贸易在欧商越来越大的需求下，被动地得到了发展。沿海形成了一批繁荣的外贸港口，包括古吉拉特的苏拉特、布罗奇、坎贝，马拉巴尔海岸的古里、科钦，东海岸的尼加帕塔姆、马苏利帕塔姆，孟加拉的吉大港、琐纳儿港等。此一时期，印度与东南亚各国的周边贸易仍在继续，这种周边国家贸易虽然欧洲人也已插手进来，但印度商人还是主要角色。造船业继续发展，中心在西海岸的苏拉特和东海岸的吉大港。在苏拉特，17 世纪中期有 50 艘货船，17 世纪末至少有 112 艘。

内外贸易的发展对金融信贷业务提出了越来越高的要求。16~17 世纪印度经济生活中的突出现象之一，是出现了兼营商业和信贷业务的大商人。他们开出的商业汇票可以在全国许多地方承兑，甚至可以在国外承兑。有了这种汇票，商人进行大宗贸易时无须携带巨款，对贸易发展甚为有利。16~18 世纪初，印度商人、金融家中最有势力的是西印度的古吉拉特商人、帕西商人和东印度的马尔瓦利商人，比他们弱一些的是泰米尔的切提商人、马拉巴尔海岸的穆斯林商人、木尔坦的穆斯林商人。这些商人有些是印度教商业种姓，有的是长期以经商为职业的祆教徒和穆斯林，在 18 世纪以前，

---

① R. C. 马宗达等：《高级印度史》第 1 卷，商务印书馆，1986，第 616 页。

② R. C. 马宗达等：《高级印度史》第 1 卷，第 617 页。

他们的势力已扩展到印度各地，凌驾于地方中小商人之上。例如在孟加拉，马尔瓦利商人占支配地位，势力远胜过孟加拉原来的商人；在马哈拉施特拉，古吉拉特商人占主导地位。古吉拉特商人支配着印度许多地区的工商业，而且势力扩大到中东、东南亚和南部非洲。马尔瓦利商人是主要的内贸商人和金融家。他们的汇票在印度以及伊朗、阿富汗、中亚的塔什干都可兑现。孟加拉最大的金融家贾格特·塞特就是马尔瓦利商人，是从西印度去孟加拉的。贾格特·塞特是“世界银行家”之意，这是奥朗则布皇帝赐给他的称号，表示对他富有的赞赏，后来就被作为姓名使用。又如古吉拉特商人威尔吉·乌霍拉支配苏拉特港口的进出口贸易，有一支很大的船队，是西印首富，在全国许多地区，甚至在西亚都设有商号和代理店。另一古吉拉特商人穆斯林阿卜杜尔·加富尔·布霍拉去世时遗产有550万卢比现金和商品，还有一支有17艘海船的船队。阿格拉、德里和孟加拉都有不少类似的富商。这些大商人操纵印度国内外贸易，欧商来印后，就成了他们营业上的主要合作者。他们在农村、市镇建立了庞大的商业网，收购产品卖给欧商，甚至向欧商提供贷款，支持他们的贸易活动。他们还通过提供信贷，控制地方中小商人，把后者变成自己的商业网的中间和基层环节。

17~18世纪，这些商人兼金融家的特点是，在经营商业和信贷业务的同时，还为封建统治者服务，担负其财政金融机构的某些职能。如有的受权铸造货币，有的承办税收汇兑，有的受托代征地税，有的负责供应军需。在财力上资助王公，甚至担任王公财政大臣的，也不乏其人。可以说，他们经济上发迹在一定程度上是得力于封建统治势力的扶植。还有些人既是贵族，也是商人。如奥朗则布时期一个叫米尔·朱姆拉的大贵族就有一支很大的船队，从事与波斯、阿拉伯半岛和东南亚国家的贸易。甚至奥朗则布的一名大法官也秘密参与外贸活动。大商人与封建统治势力联系密切是封建社会的常见现象，表明印度商业资本发育还不成熟，尚未脱离封建主义的窠臼。

17世纪至18世纪上半期印度社会经济发展是封建社会内部的发展，是进步的历史现象。商品货币关系的发展，封建土地国有制的破坏，资本主义萌芽的产生，这一切都表明，印度封建社会已进入成熟阶段，并开始显露出某些向后期转变的征兆。就社会发展程度而言，印度落后于当时的英国、荷兰等欧洲先进国家，但在发展的长远方向上，和它们没有根本的不同。印度封建社会自身的特点决定了它发展速度十分缓慢，但它也在前进中。17~18世纪的发展就是一个引人注目的进步。

西方许多学者强调印度社会发展停滞，这是把发展的缓慢过于夸大了，缓慢不等于停滞，这无须更多的批驳。相反，苏联和印度有些学者认为，17~18世纪印度的危机是封建制度发生的危机，印度已进入向新的社会形态转型的时期。这是把当时的经济发展程度估计过高了。在封建土地私有制真正形成前，在商品经济形成对自然经济的强大冲击力前，就不能认为封建制度已有了充分发展，因为它自身的基础就没有充分发育。17~18世纪虽然商品经济有较大发展，但自然经济依然占统治地位。至于资本主义萌芽，那不过是沙漠中的点点绿洲。自给自足经济的板块依然十分结实，就是有了裂缝也是微乎其微的。莫卧儿帝国君主们在观念上依然停留于农本思想，没有欧洲先进国家那种重商主义的观念和政策。科学技术没有受到重视，在生产组织上缺乏创新。统治势力的行政管制和种姓制度的戒规使商业和手工业的发展受到重重束缚。在农村，土地私有权的缺位限制了封建主和商人向土地投资，土地占有者没有人关心改进经营。外贸流入的大量金银不是被挥霍掉了就是被窖藏地下，很少被用作扩大再生产的资金。说此时封建制度已发生危机，进入了社会转型时期，是与历史事实不相符合的。

十一　社会矛盾的尖锐化和奥朗则布的倒行逆施

17世纪至18世纪上半期的经济变动在印度社会内部造成了两大矛盾。其一是封建剥削空前强化，致使广大下层群众对上层的不满加深，人民反抗不断发生。其二是封建主与中央对利益的争夺超出控制，渐趋白热化。奥朗则布即位时正是这两大矛盾变本加厉之际。

阿克巴的各项政策促进了商品经济的发展和社会进步，经济繁荣持续了一个多世纪。当人们庆幸一个新时代到来时，社会却在经历着由商品经济发展引起的复杂的变化。

17世纪以来，商品经济的发展和大量金银的流入极大地刺激了封建主的贪欲，导致整个封建统治阶级上自皇帝（特别是沙贾汗）、王公、大臣，下到地方官员和封建主，都竞相追求排场和享乐。奢侈靡费之风盛行，浮夸和豪华被当作荣耀。国家有许多官营作坊，专为朝廷和王公大臣制作镶珍珠的服饰和各种奢侈品。每年从国外进口大量珠宝奇石供封建主赏玩。沙贾汗令匠人为他制作了著名的孔雀宝座。“这个宝座的形态像个吊床架，由金制的脚柱支撑。彩色的华盖由 12 根绿宝石柱子撑持，每根柱子有两只用宝石镶嵌的孔雀。每对孔雀间矗立着一棵树，它的枝叶上披满了钻石、绿宝石、红宝石和珍珠。”① 制作这个宝座用了七年时间，其价值有人估计为 800 万卢比。沙贾汗还大兴土木，在阿格拉、德里、拉合尔等几个大城市修建豪华宫殿、城堡、花园、清真寺，总开支达数亿卢比。其中最突出的，是为纪念他死去的妻子穆姆塔兹・马哈勒在阿格拉修建的堂皇富丽的泰姬陵，每日用工 22000 人，历时 22 年，耗费 4000 万卢比。奥朗则布连年发动征服德干的战争，每次出征，随军的都有数以百千计的仆人、乐师、鹰师、舞女。军队扎营就像一座城市平地而起，费用开支之大可想而知。国库多年积累的财富就这样很快被挥霍殆尽。

封建主奢侈花费的激增导致封建剥削加重，对农民、手工业者和商人的榨取勒索变本加厉。阿克巴时土地税率为总产量的 1/3，沙贾汗时已提高到 1/2，到奥朗则布时期超过 1/2。德里省的税收 1594 年是 1500 万卢比，1700 年增加到 3000 万卢比。耕地面积扩大固然是税收增加的主要原因，税率的提高也是重要原因。札吉达尔们越来越置中央的规定于不顾，随意提高租税额，或另立名目，加重对农民的榨取。进入 17 世纪以后，也就是从贾汉吉尔统治后期开始，到沙贾汗时期，包税制越来越广泛地实行。不仅许多属于王室的土地包给私人征税，包税时定下的总税额常常高于正常征税的总税额，连札吉达尔的土地也采取这个既省力又常常可以提高税收收入的办法。而包税人一旦权力在手，为了捞回成本，更是任意加征各种杂税，加重农民负担。阿克巴精心建立的土地税新体制逐渐瓦解。为了弥补财政亏空，沙贾汗统治后期，开始对手工业者和商人加征各种名目的新捐税。各地统治者则在各自境内非法设立关卡，向过往商人征税。据奥朗则布时期的历史编纂学家哈菲汗记载，苛捐杂税数量之大往往使商品价格增加数倍。奥朗则布即位时，曾宣布废除数十种杂税，其中包括向手工业者和商人非法征收的许多种，但地方官吏阳奉阴违，大部分照征不误。商人

① R.C. 马宗达等：《高级印度史》第 1 卷，第 636~637 页。

们害怕在官员面前露富，很多人不得不把大量钱财深窖地下。苛重的剥削引起农民、手工业者、商人的强烈不满，17 世纪 60~70 年代不断爆发下层人民起义。

封建主奢侈花费的激增还导致中央和各地封建主之间争夺经济利益斗争的加剧。土地的封建国有制是莫卧儿帝国中央财政收入的主要依托。17 世纪以后封建土地私有倾向的发展和封建主贪欲的激增，导致札吉达尔、柴明达尔都千方百计地逃避对国家的义务，该纳贡的不纳贡，该缴税的不缴税，同时千方百计地要把土地变成世袭领地。札吉尔一旦分封出去，就很难再收回。封建主的这些行动肥了自己，损害了国家，造成中央财政拮据。莫卧儿皇帝欲压不能，想从对外征服中获得补偿。帝国连年对德干的比贾普尔、高康达两国用兵，一方面是为了扩展疆域，另一方面也是为了增加国家控制的土地。战争旷日持久，靡费巨大，使国库负担雪上加霜。不仅如此，每次征服得到土地后，在将军、贵族们的压力下，不得不把征服土地的大部分以札吉尔形式分封出去。新札吉达尔一旦土地在握，又同样是竭力规避义务，力图把札吉尔变成世袭领地。扩大征服的结果只是扩大再生产中央和各地封建主争夺利益的矛盾，中央权力和利益不是得到维护而是被削弱。当中央欲强制某些封建主履行规定的义务时，他们不但拒不执行，还常常兴兵反叛。封建土地私有倾向的发展埋下了封建分离主义的种子。

札吉尔制即军事采邑制是莫卧儿帝国军事实力的基础。皇帝出征时，兵员的相当部分是从札吉达尔征召而来。如今札吉达尔不按规定数量养兵，遇征召时提供不出兵员就临时从市场上雇人顶替。这样帝国军事实力便被蛀空，既无力镇压人民起义，对封建主的抗命也无力讨伐。

17 世纪以后经济变动引起的上述矛盾使新即位的奥朗则布陷入困境。奥朗则布是个极端自信，意志力又很强的君主。他登基后，面对窘迫的财政形势，着力提倡简朴、节约，反对浮华奢侈。他身体力行，减少铺张，紧缩开支。鉴于大量增加的苛捐杂税已沉重到使人民不堪承受的地步，他下令取消了一批非法征收的捐税（有些是先前的统治者已明令取消但仍在征收的）。为了开辟新的财源，也为了完成国家的统一，他继续进行对南印比贾普尔和高康达两国的征服战争。然而，战争旷日持久，靡费甚巨，反而加重了国家的财政困难。

为了找到进一步的出路，奥朗则布很快就表现出了他本性的另一面。他在作为王子时就有种错误的思维，并深陷这个泥潭中不能自拔。这就是他固执地认为，当今这种贪婪、浮华、奢侈的风气和国库经济拮据的局面完全是印度教徒造成的，印度教徒是罪魁祸首，是他们的行为腐蚀了穆斯林，腐蚀了整个社会。还认为以往几位莫卧儿君主在政策上对印度教徒过分宽容，过分照顾他们的利益，必然使穆斯林利益和国家利益受到损害。他认为这样的政策是错误的。

他的这种认识不是偶然产生的，而是来自他那特有的根深蒂固的、狭隘的宗教观念。他是个极端偏执的正统教徒（逊尼派）。还在争夺王位时，他就打出了维护伊斯兰教正统的旗号，指责其长兄和竞争对手达拉·舒库有偏离伊斯兰教正统的倾向，把狂热的宗教正统的拥护者都集结在他的旗帜下。他拒绝承认伊斯兰教以外的其他宗教有合理的内容，甚至认为伊斯兰教除逊尼派以外的其他派别也都是异端邪说。继承帝位后，他更是以维护宗教正统的君主自居，无怪乎被狂热的正统派称为“活圣人”。他认为，作为一位穆斯林君主，其使命不仅在于按伊斯兰教利益的要求治理国家，更在于传播和弘扬伊斯兰教，鼓励异教徒改宗伊斯兰教。具体到印度，就是要把这个印度教徒占人口多数的国家变成伊斯兰的家园。为此，必须严格按伊斯兰教（逊尼派）的教法施政和规范社会生活。他把这作为终生职志，要利用作为帝王的一切权力实现这个目标。他多次公开讲到国内政治和社会领域出现的种种矛盾是印度教徒造成的，并把这归罪于阿克巴，认为是阿克巴的宗教政策偏离伊斯兰教原则的恶果，还责怪阿克巴的继承者们不该追随这种错误政策。按他的说法，偏离既表现在放弃维护伊斯兰教在国家中的优势地位，对印度教过于宽容，也表现在对穆斯林上层追求享乐之风未加遏制，丢掉了伊斯兰的宗旨和本色。他宣称要进行彻底的整顿，纠正错误，重新树立伊斯兰的治国原则和社会风尚，最终目的是使莫卧儿帝国成为基础牢固的伊斯兰国家。

不过，出于保持政治稳定的现实考虑，最初一段时间，他没有把矛头直接指向印度教，主要是整顿穆斯林内部风气。如任命了一个由学者组成的委员会，把伊斯兰神学家对伊斯兰教法的解释、法律裁决和判例编纂成一部权威著作，即《阿拉姆吉里法论》，作为穆斯林行动的指南；恢复了乌里玛被阿克巴剥夺的特权，使他们在宗教、司法甚至政治事务中重新享有以前的地位；新设立了“穆塔希布”即监察官职位，从乌里玛中选任，其职责是监督实施伊斯兰教法，保证其得到贯彻执行，对违犯教法各项规定者、有“异端”言行者、疏于实行祈祷功课者和违反斋戒规定者，监察官都有权惩罚；在宫廷内部他带头过清淡俭朴的生活；禁止宫廷音乐和绘画，把以往请来的乐师和画师尽行解雇；宫廷内禁止再举行庆祝印度教宗教节日的活动。此外，他也不许再用国库的钱大兴土木。这些行动带有鲜明的回归伊斯兰教正统的性质。

但这只是第一步，紧接着，他的打击目标转移了，重点凸显出来。他要通过颁布新的政策，对印度教开展全面打击来缓解日益加剧的社会矛盾。保持政治稳定的考虑不再对他的行动起约束作用，他公开宣称，在国家面临严重困难的时刻，印度教徒的效忠是靠不住的，唯一可以信赖的是穆斯林，特别是穆斯林上层封建主。基于这种认识，他决定采取的方针是：通过打击印度教和印度教封建主及商人的势力来巩固伊斯兰教封建主的地位，解决国家财政困难，并借此增强伊斯兰教封建主对朝廷的效忠，解决统治危机。这样，他就踏上了一条危险的道路，一条最终葬送了莫卧儿帝国的道路。一大批不满阿克巴改革的正统派从他争夺王位时起就聚集在他的周围，对他制定这样的极端错误的政策无疑起了推波助澜的恶劣作用。

他下令今后只有印度教老的庙宇可保留、重修，禁止新建印度教神庙，命令拆毁所有违反伊斯兰教法重修和新建的印度教神庙，有些印度教神庙其神像先前曾被命令搬出，凡擅自搬回重新供奉的，连同庙宇统统拆除。禁令虽然不是每个地方都执行了，但执行的地方也不少，古吉拉特著名的索姆纳特神庙就被拆毁，仅拉其普他那地区被拆毁的印度教神庙就达186座。1669年，在得知木尔坦、贝拿勒斯、拓塔等地有些神庙经常有众多印度教徒聚合听婆罗门讲道，许多人从很远的地方赶来听讲，其中甚至有穆斯林，他命令这些省的省督，把这些神庙一律拆毁。结果，一大批神庙被夷为平地。贝拿勒斯的维斯瓦纳特神庙、马土腊的凯夏夫·迪奥神庙，这些著名的大庙也都被拆毁，还在两者废墟上建起了清真寺。毁坏这些神庙除了宗教原因外，显然还带有防止这种讲道变成政治煽动的政治动机。在奥里萨，禁令也执行得很卖力，连禁令下达前10~12年重修和新建的很多庙宇也都在被毁之列。1679~1680年是奥朗则布派军征服马尔瓦尔和乌代普尔的战争时期，在战争气氛下，在被莫卧儿军队占领地区，拆毁印度教神庙的做法更为普遍和狂热，连先前允许存在的焦德普尔、乌代普尔等地的许多老神庙也被拆毁。拆庙行动伤害了印度教徒感情，令他们感到受辱。

奥朗则布的更多措施既涉及宗教政策，也涉及政治经济利益。其中包括：把农民（主要是印度教徒）应缴给国家或札吉达尔的租税率提高到总产量的1/2，使农民的负担大大加重；许多印度教神庙享有的免税土地被没收，其中一部分被作为札吉尔分给了穆斯林封建主；下令关闭印度教的学校，虽未能执行，但对印度教徒是个威胁；命令国家机关大幅度裁减雇用的印度教徒职员，1671年下令将王室领地税务机关中的印度教徒工作人员尽行裁撤；鉴于札吉达尔（多为穆斯林）大量向商人高利贷者（多为印度教徒）借贷，欠债情况普遍，颁令取消所有债务；1665年又颁令恢复有区别的税收法，穆斯林商人缴纳的关卡税率为商品总值的2.5%，印度教商人则需缴5%，两年后更免除穆斯林商人的关卡税，对印度教商人照样征收。影响更大的是，1679年下令对异教徒重征人头税（妇女、14岁以下儿童、乞丐、奴隶免征，政府官员免征），这项为广大非穆斯林群众深恶痛绝的税收是被阿克巴大帝特意废除的；对印度教朝拜圣地征收的香客税也被恢复。奥朗则布还把宗教压迫扩大到社会习俗领域，1688年禁止印度教徒（除拉其普特人外）骑好马和坐轿，同年，还颁令禁止举行洒红节等印度教节庆活动。对于印度教徒改宗伊斯兰教的，则给予不同形式的鼓励。所有这些倒行逆施叠加在一起，引起全国印度教徒、锡克教徒（因为许多禁令也适用于锡克教）的强烈反对。1679年4月21日，德里印度教徒数千人集合于大清真寺前，抗议重征人头税。奥朗则布下令镇压，出动战象冲撞、驱散人群，伤亡甚众。这种暴行对当时已经激化的矛盾只能起火上浇油的作用。

综上所述，奥朗则布所有这些措施都是为了解决莫卧儿帝国17世纪后半期面临的社会危机，巩固和强化穆斯林上层在全国的统治地位。奥朗则布还期望，这些措施可同时营造一个强大的气场，驱使更多印度教徒改宗伊斯兰教。必须指出，奥朗则布出于宗教狂热实行的这些政策是开历史的倒车。宗教宽容、联合印度教封建主以缓解对立、发展社会经济减轻人民负担，这是阿克巴建造帝国大厦的三大基石，奥朗则布的反动政策把这些基石都损毁或彻底拆除了。其恶果是，从政治上说，重新树起了宗教壁垒，制造宗教对立；从经济上说，损害商人利益，破坏商业发展，加重农民负担，阻挠社会经济在新趋势上的发展。阿克巴经过艰苦的努力使穆斯林政权摆脱神权政治阴影，具有了准世俗政权性质，奥朗则布又向回归宗教正统的政权迈进了一大步，与阿克巴大帝的立国原则背道而驰，而且在实践上比以往所有正统的穆斯林君主都有过之而无不及。印度刚刚开始的经济转变要求采取向前看、推动经济发展新趋势前进的政策，奥朗则布不但没有在这方面做出应有的努力，反而使商人利益受到损害，使人民负担加重，从而破坏了经济的正常发展，排除了社会较快进步的可能性。

当然，不能把奥朗则布的所作所为完全归结为宗教狂热。作为君主，他不但要制定宗教政策，还要处理国家面临的政治问题和社会问题，这涉及国家利益、统治王朝利益，其表现更多的是在世俗性层面。只能说，他是把两者结合起来处理，他的上述倒行逆施政策是他的宗教观和他对王朝现实利益考虑两方面结合的产物，只不过由于他的宗教偏执更突出，影响了他对现实的看法，所以他的整套政策带有极其强烈的宗教色彩。

有学者认为他的目的是要在印度建立完全的神权政治，这是言过其实了。他纵然有这样的愿望，也不敢把它作为政策目标去实施。从德里苏丹国建立以后，所有穆斯林君主都从实践中知道，在印度这样的国家完全实行神权政治是不可能的，这已是基本共识。德里苏丹国做不到，莫卧儿帝国又怎能例外？何况在阿克巴实行改革，建新制、立新策 90 多年后，一整套较适合印度的政治体制已在正常运行，在这种情况下，有谁能妄言将其完全推翻，另起炉灶搞神权政治？奥朗则布虽然狂热，也并非如此幼稚。他固然推翻了阿克巴的许多政策和做法，但有些政策和做法他不敢推翻，他知道必须实行。例如，吸收印度教徒加入高官行列的政策在奥朗则布在位时期不但未废除，反而使印度教徒高官占比有了增加。在帝国全部高级官员中，印度教徒所占比重在沙贾汗时期约为 1/4，奥朗则布时期上升到约 1/3。这并非因为他对印度教徒的不信任有了改变，而是出于应对战事频繁的需要。他的先人从阿克巴起无论是征服还是平叛在很大程度上都是借助拉其普特人的力量，奥朗则布要完成在南印的征服有另外可以借助的力量吗？奥朗则布不是不懂得阿克巴采取开明政策的必要性，他的困境在于，当他感觉某些这样的政策和他的宗教狂热剧烈冲突时到底做何选择。悲剧就在于，他所做的选择有的是让后者服从国家利益的大局，在大多数情况下则恰恰相反。

奥朗则布以为他的一套措施能解除国家的经济困难和社会危机，巩固帝国，结果恰恰相反。财政枯竭变本加厉，而政治上则是民怨沸腾，烽火遍地，起义接二连三爆发。莫卧儿帝国遭到严重打击，从此一蹶不振，迅速走向分崩离析。

十二 反对莫卧儿统治的起义和独立斗争

17 世纪下半期爆发的起义和独立战争主要有：1656 年开始的马拉特人起义，1669~1723 年的贾特人起义，1627 年的萨特纳米教派起义，1675~1715 年的锡克教徒起义，1678~1709 年的拉其普特人独立战争等。值得注意的是，这些起义和独立战争都是非伊斯兰教徒发动的，都有下层人民参加，既带有反对封建压迫的性质，又带有反对宗教压迫的性质。

马拉特人起义 马拉特人居住在德干西部今马哈拉施特拉一带，是印度教徒。17 世纪处于南印的比贾普尔统治下，大部分是农民，有部分小封建主，少数人在比贾普尔朝中担任高级官职，被授予札吉尔。17 世纪后半期，莫卧儿帝国在对比贾普尔的战争中开始进入部分马拉特人地区，马拉特农民所受的压迫更加沉重，小封建主的利益也受到损害。马拉特农民要求减轻负担，小封建主要求维护和发展自己的经济力量，这一切只有摆脱比贾普尔的统治和莫卧儿的侵略才有可能。这样，他们便在争取建立马拉特人独立国家的旗帜下联合起来，西瓦吉成了他们的领袖。马拉特人不仅要彻底摆脱比贾普尔对他们的统治，还要赶走莫卧儿这个后来的征服者和统治者。奥朗则布打击印度教的政策使他们的宗教感情受辱，更加强了他们反抗莫卧儿征服和统治的决心。

西瓦吉的父亲沙吉在比贾普尔朝廷中做高官，获得大片札吉尔领地。马拉特人中像沙吉这样在比贾普尔王朝中服务而获封札吉尔的还有一些别的家族。沙吉和这些家族对他们的领地有管辖权，还有自行建立的武装力量，形成一定的势力。莫卧儿帝国和比贾普尔在作战中都努力争取他们的支持，作为一支辅助力量，这就使许多马拉特人有参与作战的实际体验。西瓦吉住在位于浦那的一块父亲的领地上，被父亲授权负责领地的管理。正是在这里，他反映小封建主和农民的要求，开始采取行动。他用谋略把周围马拉特人家族和其他家族的札吉尔夺过来，建立了连成一片的领地，其边界达到浦那附近。又占领了比贾普尔的一些堡垒和地区，包括辛加、帕伦达、乔坎、普兰达尔、赖加尔、苏帕等，形成了一支拥有大片领土的武装势力。这种行动自然为比贾普尔统治者所不容，也是正要征服比贾普尔的奥朗则布（他那时还是沙贾汗的德干总督）所不愿看到的。不过，当时比贾普尔苏丹阿迪尔沙身染重病，顾不得派军队前来征讨。1656 年底，阿迪尔沙去世，奥朗则布以新立的苏丹来历不明为由出兵攻打比贾普尔，比贾普尔新苏丹要求西瓦吉协助抗敌。西瓦吉不愿看到莫卧儿帝国势力深入马拉特人毗邻地区，危及马拉特人的安全，便同意协同抵抗。西瓦吉率军突入莫卧儿帝国西南边境，劫掠了一些地区，虏获大量财物。这是西瓦吉第一次和莫卧儿帝国发生战争。在比贾普尔与奥朗则布议和后，西瓦吉也停止了军事行动。马拉特人的出动想必给奥朗则布留下了深刻印象。在与比贾普尔谈判缔和条件时，奥朗则布建议比贾普尔苏丹驱逐西瓦吉的势力，如果要用他，最好在卡纳塔克安排他，离莫卧儿帝国的边境要远些。双方议和后奥朗则布离开德干。西瓦吉利用这个时机进一步向比贾普尔境内扩张，他进入孔坎地区，占领这狭长沿海地带的北部地区和一些山地堡垒。

西瓦吉势力的迅速发展引起了比贾普尔苏丹的恐惧，在与奥朗则布签订和约后，他便回过头来镇压马拉特人势力。1659 年，派著名将领阿夫扎尔汗率 10000 人大军进攻西瓦吉的领地，给他的指令是采取一切手段抓住西瓦吉。西瓦吉迎战。阿夫扎尔汗在攻占一些地区后改变策略，以议和为名，约西瓦吉会面，设陷阱欲智擒西瓦吉。这个阴谋被西瓦吉看穿，在做了充分准备后，西瓦吉与阿夫扎尔汗在约定地点会见。阿夫扎尔汗在拥抱时伸出暗藏的匕首行刺，幸亏西瓦吉在袍内穿有盔甲，保护了自己。他眼明手快，立即用暗藏的钢爪反刺阿夫扎尔汗，使他受伤倒地，西瓦吉的卫兵迅速结束了他的性命。西瓦吉趁势追击，占领很多地区，取得大胜，收获大量战利品。西瓦吉名声大振，参加他的队伍的人从此越来越多。

1660 年，已经是莫卧儿帝国皇帝的奥朗则布不安地注视着西瓦吉势力在帝国南部边境的兴起。根据他的旨意，莫卧儿德干总督沙伊斯塔汗派军队攻打西瓦吉，占领了浦那、恰坎、卡尔岩等地，控制了北孔坎。西瓦吉处于不利形势，他采取策略，与比贾普尔订立和约，解除了后顾之忧，然后集中力量应对莫卧儿军队的追击。得知沙伊斯塔汗雨季驻营浦那后，一天夜里（1663），西瓦吉带领少数精兵化装进入浦那，突袭他的驻地，后者负伤侥幸逃走，其子被杀。随后，西瓦吉军队攻下浦那，占领数日后撤出。西瓦吉还侵袭了莫卧儿帝国西海岸重要商业港口苏拉特，掠夺了大批财物，使帝国朝野感到震惊。1665 年，奥朗则布派罗阇贾伊·辛格率大军讨伐西瓦吉。贾伊·辛格做了充分准备，动用所有外交手段，把比贾普尔和一切反对西瓦吉的势力包括一些马拉特首领都争取到自己一方，或至少持中立态度。大军进占浦那，然后集中兵力围攻西瓦吉的基地帕伦达堡，击败了前来援救的军队。西瓦吉自知不敌，只得求和。

1665 年 6 月双方签订的《普兰达尔条约》规定，西瓦吉交出他的 35 个堡垒中的 23 个和其周边大片领地；接受莫卧儿的宗主权；西瓦吉保留占领的比贾普尔领地孔坎和巴拉加特，两地赋税年收入为 90 万洪①，作为交换，西瓦吉分 13 年缴纳 400 万洪的贡赋给莫卧儿帝国；在德干为帝国提供军事服务；派儿子沙姆布吉去莫卧儿帝国宫廷服务。奥朗则布面对比贾普尔这个劲敌，还无力完全征服马拉特人，只能这样妥协，不过保留西瓦吉势力也有一个好处，即牵制比贾普尔，使两者在领土争夺中两败俱伤。

1666 年，西瓦吉按照贾伊·辛格的强烈建议，去阿格拉朝觐皇帝。贾伊·辛格建议奥朗则布联合西瓦吉共同攻打比贾普尔，但奥朗则布没有采纳，他轻视西瓦吉，完全不认为有与他联合的必要性。他只授予西瓦吉五千人长的曼沙布品级。西瓦吉认为受辱，拒绝接受，结果被软禁。但他和儿子设法逃回。经过近三年准备，到 1670 年又恢复作战，这次不仅收复了先前交出的堡垒的一部分，还转入进攻，打到了莫卧儿帝国南部境内，占领部分地区，并再次袭劫苏拉特。同时，对比贾普尔派来的讨伐军也多次给予重创。

朝觐插曲无疑成了西瓦吉与莫卧儿帝国关系的转折点。1674 年 6 月 16 日，在战事顺利的喜悦气氛下，西瓦吉隆重宣布建立马拉特独立国家，自

① 洪：西瓦吉国家发行的金币。西瓦吉发行的货币有金币和铜币之分。奥朗则布为抹掉对西瓦吉的不愉快记忆，在西瓦吉去世后，下令把这种金币收集起来完全熔解销毁。

己加冕为王，以赖加尔为都城。他此时已是马拉特人诸首领中最强大的势力，诸首领也表示接受他的领导。建国后利用莫卧儿帝国忙于与比贾普尔交战之机，他继续扩大领地，把势力延伸到了南印坎纳拉等地。1676 年他率军远征比贾普尔所属的卡纳塔克，占领该地区。他还受到高康达苏丹库特卜沙的隆重接待，并与之订立一项协定。库特卜沙同意给西瓦吉财力和军力的帮助，交换条件是分享西瓦吉所占卡纳塔克的土地和财富。这个对西瓦吉有利的协定帮助他又从比贾普尔夺得金吉和维洛尔等地。这是他戎马一生中最后一次远征。

在内政方面，西瓦吉建立了中央集权的行政体系。中央设立了 8 个大臣职位，分管财政、安全、宗教事务、军事、司法、外事、枢密等。没有设大臣会议，大臣都直接对国王负责，国王认为需要时可集体咨询他们。大臣中最重要的是佩什瓦，他实际上是首相，负责国家财政和整个行政管理。大臣虽然是文官，但在需要时大都可派上战场指挥军队。全国划分为 3 个省：北方省、南方省和东南省。各设省督治理，省督下有各种官员。省下划分为县。官员都领取现金薪酬，以札吉尔税收作为薪酬的很少。原来这里在比贾普尔统治时存在的札吉尔制被取消。

国家的主要固定收入是土地税。土地税税制大致模仿马利克・安巴尔在阿马德纳加尔实行的办法，即丈量土地，估定产量，国家要求产量的1/3，由政府官员在地方头人协助下直接征收实物或现金，原来的中间人取消。后来西瓦吉取消了几乎 40 种地方税，把土地税率提高到 2/5，禁止再加征任何其他名目的税费。由于取消了中间人的盘剥，取消了过多的杂税，在新的制度下，农民的负担较过去有所减轻。不过，也不是所有地区都做到了取消中间人，也就是说，柴明达尔制并非完全取消了，分给札吉尔的办法也不是不再存在，一切取决于形势变化，但这不是主流，而且这些领地持有者的权力行使受到监督。如果是国家分给札吉尔代薪，土地税的征收也由政府官员负责。

为了扩大种植面积，发展农业生产，增加税收，西瓦吉积极鼓励毗邻国家的人来马拉特国家定居当农民，国家拨给土地，土地有较好产出前免税。还向他们提供耕牛、种子，其费用可分期偿还。

为了满足军事开支的巨大费用，增加国家收入，西瓦吉采取了一项特殊措施，即对邻近马拉特势力范围的莫卧儿帝国领土和比贾普尔领土的居民征收乔特和沙尔德什姆克。前者又称“四一税”，即征收相当于土地税 1/4 的赋税，作为马拉特军队不再侵袭的代价，实际上是种保护费。后者是另加征 1/10，作为传统的给收税人的报酬。这两种税收都是在暴力逼迫下征收的，当时固然是用于军费，但无疑加重了那些地区农民的负担，是后来非马拉特人占领区农民不欢迎马拉特人的重要原因，也是后来马拉特国家性质改变的原因之一。

军队分为正规军和辅助力量，正规军有骑兵 30000～40000 人，还有步兵和少量战象及火炮兵。军官、战士都有不同级别的固定薪俸，偶尔对高级首领有以札吉尔收入（土地税）代薪者。军队纪律严格，在战斗中的掠获物要登记，每个堡垒有同级别的 3 名军官镇守，防止叛乱。不允许包括舞女的任何女性随军。还建立了一小支海军，保护商船，守卫海岸和港口。

西瓦吉为印度教徒，但他奉行开明的宗教政策，对待穆斯林和其他宗教徒丝毫不歧视。在马拉特国内有大量的穆斯林人口，他们的宗教信仰和生活习惯都得到保护。在西瓦吉宫廷的近旁就专门建立了清真寺，供穆斯林祈祷。他的官员和军官中有不少穆斯林，姆拉·海德尔是他的心腹秘书，他的海军中穆斯林担任重要指挥官的就有好几位。对他们，他都非常尊重和信任，就像对待印度教徒官员一样。对伊斯兰教圣人和学者他同样给予保护和资助，穆斯林圣人克尔西的巴巴·雅库特被他看作是精神导师之一。正因如此，他强烈反对奥朗则布的反动的宗教政策。他给奥朗则布写了一封公开信，严厉谴责他违反阿克巴的宗教政策，不仅肆无忌惮地拆毁印度教庙宇，侮辱印度教徒的宗教感情，还对印度教徒重征人头税，使本已负担过重的臣民生活更加艰难。他的指责反映了马拉特人和所有印度教徒对奥朗则布倒行逆施的愤怒。

西瓦吉高举马拉特民族主义旗帜，把马拉特人团结成一个整体，为争取独立长期斗争，终于成功建国。他的国家包括马哈拉施特拉、孔坎和卡纳塔克大部分地区。此外，周围还有很大的地区处在他的势力范围下。他是马拉特人的民族英雄，是马拉特人反侵略、反压迫的旗手。他不但领导马拉特人建立了自己的国家，更重要的是，把马拉特人组织成一个民族，给他们灌注了不畏强敌、敢于斗争的自信心。建国以后，又为国家行政体系的建立和各项开明政策的实行奠定基础。这有力地说明，他不仅是英勇的战士，也是杰出的国家管理人。他的历史功绩不仅受到马拉特人敬重，也受到全印度人民的景仰。

1680 年 4 月 14 日，西瓦吉病逝。

西瓦吉的儿子沙姆布吉继承王位。沙姆布吉既没有他父亲那样的雄心壮志，也没有他父亲的智慧和才能。他贪恋酒色，治国无能。他即位时马拉特国所处的环境依然是严峻的。一直对马拉特势力的兴起抱有敌意，认为能越早扼杀它越好的奥朗则布非常后悔让西瓦吉逃走，以致事情迅速发展到这般地步，超出了他能控制的程度。马拉特势力的增强使他征服整个南印度的计划可能破产，这是他最不愿看到的。从西瓦吉建国后他就一直在筹划如何镇压。比贾普尔面临莫卧儿帝国的压力，虽然认为马拉特人的建国牵制莫卧儿的力量对自己有利，但终究是害怕出现这个足以压倒自己的强邻，因此也在密切注视，寻找阻遏它发展的方法和时机。在这样的形势下，沙姆布吉做了什么强兵抗敌的准备呢？完全没有。即位后他所做的只是不断侵袭莫卧儿的领土，强征乔特，此项行动此时已转变成一种掠夺，使受害地区人民感到愤恨。奥朗则布不止一次派兵讨伐，希图摧垮马拉特人势力，最初只是取得一些小胜。1687 年，奥朗则布在征服了比贾普尔和高康达后，倾其全力进攻马拉特国家。沙姆布吉抵抗乏力，接连失利，国土大部分被占领，1689 年沙姆布吉本人也被捕并被处死。

但是，马拉特人并未屈服，不久又恢复了元气。沙姆布吉遇害后，由于他的儿子沙胡当时还被莫卧儿当局监禁，马拉特上层拥立沙姆布吉的弟弟拉贾拉姆为新国王，拉贾拉姆则把自己看作沙胡的代理人。在他的领导下，马拉特军队转入分散活动。他本人从一个要塞转到另一个要塞，最后转移到远离马哈拉施特拉、靠近东南海岸的金吉要塞，以那里为基地，继续对莫卧儿帝国作战。此时，几乎马拉特国整个领土都被莫卧儿军队占领，但这也使其军力分散，顾此失彼。在新的形势下，马拉特首领们被要求各自组织军队，各自为战，到处发动袭击。拉贾拉姆宣布各首领从莫卧儿军队手里夺回的领土就作为札吉尔分给他们。这样就开始了游击战争，许多马拉特人失去的堡垒被夺回。莫卧儿的军队最后攻陷金吉，拉贾拉姆又转移到马哈拉施特拉的萨塔拉堡继续斗争。尽管在正面战场较量中失利，此时马拉特人的游击战争已开展得有声有色，拉贾拉姆在萨塔拉堡附近还打了胜仗，俘虏了莫卧儿的一位将军。马拉特人的势力也扩展到原比贾普尔国家的领土上，1699 年甚至渡过纳巴达河，深入莫卧儿帝国领土乌贾因、古吉拉特等地。一份文件清楚地讲述了马拉特人斗争的目标，其中说：战争的目的不仅要使马哈拉施特拉获得自由，而且“要征服德里，使整个印度次大陆对印度教都是安全的”。[①] 奥朗则布不得不再次亲率大军前来讨伐。他可以夺取一个个堡垒，但只要他离开，堡垒就又失去。事实证明，在强敌面前游击战是最灵活、最具有持久力的战术，也正因为转入四面开花的游击战，既在马拉特国境内开展，也深入莫卧儿帝国境内发动，莫卧儿军疲于应对，纵有强大军力，也难以捕捉到目标，徒然消耗时间、精力和资源。

1700 年拉贾拉姆去世，他的妻子塔拉·巴伊立幼子为王，自己掌权，在提议媾和被拒绝后，继续领导对莫卧儿的战争。塔拉·巴伊是一位有魄力的女领导人，不仅管理朝政，而且常常参与指挥军事行动。在她的领导下，马拉特人的锐气一如既往。这场战争就这样长期迁延下去，使莫卧儿帝国财竭力尽，消灭马拉特国家的梦想最终也未能如愿以偿。

奥朗则布为最后征服马拉特人的国家被困在德干作战，长期不得脱身。这期间他干脆在皮马河东南岸边的布拉马普里选定了一个地方设立永久性营帐，这里成了他居留和指挥作战的基地。他为了攻占和永久占领马拉特人的 8 个主要堡垒和 5 个次要堡垒，花了整整 5 年半的时间（1699~1705）。连年鞍马劳顿使他精疲力竭，却依然除不掉从这个要塞转移到那个要塞、出没无常的劲敌。马拉特人的国家继续存在下来，马拉特人越战越勇。奥朗则布则于 1707 年 3 月 3 日病逝于德干阿马德纳加尔的大营中。在他困在阿马德纳加尔养病的这段时间，由于摆脱了羁绊，马拉特人的侵袭可以无拘无束了，不仅重新打到古吉拉特，还掠夺了巴罗达这个莫卧儿帝国内的重要贸易中心。就连奥朗则布所在的阿马德纳加尔也未能幸免，马拉特军队追到这里实行包围，守军费了很大力气才把围攻的马拉特军队打退。

奥朗则布对马拉特国家的征服就这样以失败告终，马拉特国家继续存在。

马拉特人之所以能胜利建国并在莫卧儿大军进剿下坚持下去，是因为西瓦吉采取了依靠农民作战的政策。他为了减轻农民负担，驱逐了穆斯林札吉达尔，废除了包税制，改为国家直接向农民征税，建立地籍簿，防止

① 转引自 A. 萨克西纳《印度历史百科》第 21 卷，第 54 页。

收税中营私舞弊。这些措施把土地税额减少到只占总产量的30%~40%，国家的收入反而稍有增加。西瓦吉的军队由农民构成，战争的解放性质和西瓦吉减轻农民负担的政策，使这支队伍具有较强的战斗力，打起仗来相对机动灵活，能深入敌后，随时分散和集中，应对自如，出奇制胜。马拉特人获胜还因为他们相对团结一致，这不仅是因为这时马拉特人中还很少有大封建主，还因为奥朗则布的宗教压迫政策大大加强了他们团结对敌的决心。西瓦吉的开明宗教政策使他也得到穆斯林的拥护，穆斯林军官的忠诚服务对加强他的军队特别是火炮兵的战斗力起了重要作用。

马拉特国家的存在和常年不断地在德干对莫卧儿作战，是奥朗则布晚年帝国政治陷于困局的最重要原因。

贾特人起义　贾特人居住在朱木拿河两岸，信奉印度教，大部分是农民，有少数人是柴明达尔。17世纪60~70年代土地税被提高到总产量的1/2，使农民不堪忍受。此外，这里的穆斯林官员阿卜杜尔·纳比根据奥朗则布的命令拆除印度教神庙，并在其废墟上建立清真寺，使人民的宗教感情受到损害。1669年马土腊的贾特人在当地柴明达尔郭克拉的领导下起义，杀死了阿卜杜尔·纳比。1670年奥朗则布命令拆毁另一座神庙——凯夏夫·莱神庙，更激起贾特人的愤恨，起义武装迅速扩大到2万人。当地政权派军队来镇压起义，都被击溃。贾特人居住的地区位于都城德里到德干和西海岸的通道中途，具有战略重要性，这里的情势受到奥朗则布高度重视。奥朗则布决定亲领大军前来讨伐。在英勇抵抗后，起义遭到镇压，郭克拉被俘并被处死。

然而，反抗的火焰在人们心中并未熄灭。1686年在柴明达尔拉贾拉姆领导下，起义再度爆发。拉贾拉姆对贾特青壮年农民进行军事训练，他的军队装备了火枪，在森林深处建立了堡垒，准备长期作战。在两年时间内，贾特人采取游击战术，打败了当地来镇压的军队，并一度向南推进，对阿格拉构成威胁。更使当局感到不安的是，附近重要的交通要道经常遭到贾特人的袭击，莫卧儿运送的物资被劫夺，使身在南印度征战的奥朗则布感到有如后院起火，危及他在南印度的战局。奥朗则布派他的孙子比达尔·巴克特率军攻打贾特人，尽管贾特人顽强抵抗，但终不敌莫卧儿的优势兵力。1688年拉贾拉姆阵亡，两个主要堡垒1690年、1691年先后被攻陷。

不过贾特人并没有就此屈服，1702年，拉贾拉姆的弟弟楚拉曼又起来继续领导斗争。他新建了一支队伍，在阿格拉以西 150 公里的地方修筑了新的堡垒，短短几年时间内，周围约 80 个农村都处在他的控制下，他的队伍扩大到约 15000 人。奥朗则布直到去世也未能把贾特人的起义镇压下去。楚拉曼后来利用莫卧儿帝国的衰落，建立了一个小王国，都城在巴拉特普尔。

萨特纳米教派起义 萨特纳米派是东旁遮普纳尔诺尔地方的一个小宗教教派，大部分成员是农民和手工业者。他们信仰真神萨特拉姆，自称萨特纳米派。1672 年农民和地方官员发生冲突，迅即转变为起义，占领了纳尔诺尔镇。地方政权无力应对，奥朗则布派 10000 人的军队来此镇压。萨特纳米派顽强抵抗，2000 人战死，起义终于被镇压。

锡克教徒起义 锡克教创始人是那纳克。前已述及他是虔诚运动的圣人之一，出身于旁遮普拉合尔一商人家庭，属卡特里种姓。他曾在国内外广泛游历，伊斯兰教苏非派对他有一定影响。虔诚运动中，他在旁遮普一带活动宣传虔诚派主张。他认为神是一，世界万物包括人都由他创造、支配，在神面前人人平等，任何人只要始终虔诚于神，就可得到解脱。他反对种姓歧视，要求信徒打破不同种姓不能共食的规定；反对隐居和遁世观念，号召积极行动追求和促进人的幸福。对偶像崇拜、朝圣及其他仪式，他都认为是无意义的行动，主张印度教徒、伊斯兰教徒互相接近，友好相处，反对宗教歧视。晚年，他学习苏非派教团方式，建立教派组织，创立了锡克教（锡克意为弟子）。

最初，锡克教只是印度教内的一个教派，后来逐渐发展成为独立的宗教。其追随者包括城市商人、手工业者和贾特种姓的农民。那纳克要求信徒完全服从他的精神领导，强调一个人追求品质和行为的纯洁没有师尊的指导是不行的。他成了锡克教第一任古鲁（师尊）。在去世前，他把宣传他的思想的责任指派给弟子列纳，列纳成了第二任古鲁（即安加德古鲁）。第三任、第四任古鲁分别是阿马尔·达斯和拉姆·达斯，也都是前任古鲁去世前指定的。阿克巴对锡克教持友善态度，他会见过阿马尔·达斯，并在他的女儿结婚时赐赠 500 比加土地给他女儿做结婚礼物，她就是第四任古鲁拉姆·达斯的妻子，阿姆利则城的金庙就是在这片土地上建立的。拉姆·达斯 1581 年去世，此前，任命其子阿尔琼为第五任古鲁。从这时起，古鲁职位变成世袭。阿尔琼建立了金庙，作为宗教圣地，并把历任古鲁的教导编辑成锡克教经典。从此，锡克教有了最重要的圣地和经典。

阿尔琼由于为莫卧儿王朝的反叛者库斯洛祈福并给予资助，激怒了贾汉吉尔。他对阿尔琼处以罚款，后者拒绝支付，就下令逮捕他和他的所有家庭成员，没收财产，最终把他折磨致死。从此，锡克教与莫卧儿朝廷关系恶化，锡克教开始采取反对莫卧儿朝廷的立场。1606 年哈尔·戈文德继任古鲁后，开始把锡克教变成武装集团。他自称真理国王，以腰佩双剑象征拥有宗教和世俗的全权，建立了骑兵队伍。这样，锡克教派就在莫卧儿政权的迫害下由一个教派发展转变成一支反莫卧儿的武装势力。莫卧儿的军队被派来讨伐锡克人，哈尔·戈文德战败，逃入山林。

继承古鲁的哈尔·莱在奥朗则布与兄弟争夺王位的战争中支持其长兄达拉·舒库，奥朗则布即位后对其不信任，迫使古鲁把长子送到宫廷做人质。特格·巴哈杜尔成为第九任古鲁时，正是奥朗则布推行反动的宗教政策的时期。帝国官员按照奥朗则布的命令，拆毁新建和重修的印度教寺庙，这个规定同样适用于锡克教。特格·巴哈杜尔坚决反对这种政策，在公共集会上谴责奥朗则布的倒行逆施。奥朗则布命令他去德里，在德里监禁了他，要他改宗伊斯兰教，遭到拒绝。奥朗则布把他残酷处死（1675）。特格·巴哈杜尔去德里前任命其子戈文德·辛格为继承人。1675 年，戈文德·辛格被立为第十任古鲁后，积极准备与莫卧儿帝国作战。成千上万的农民、手工业者加入教派。在群众的推动下，1699 年戈文德·辛格在阿兰德普尔宣布建立锡克教徒公社，把古鲁的权力转交给公社，公社内部实行民主制度，所有成员一律平等。他要求每个锡克教徒在名字上加上辛格（意为狮子）一词，要求人人蓄长发长须、佩剑、穿短裤、戴梳子和铁手镯，是为五项教规，以此来加强教徒的自我意识和群体观念。还要求所有成员放弃种姓区别和在饮食、婚姻方面的限制，强调平等和团结。戈文德·辛格强烈反对奥朗则布的宗教狂热，反对莫卧儿帝国对锡克教的迫害。他宣布要粉碎压迫者莫卧儿帝国，建立一个从白沙瓦到拉合尔的锡克教国家，这样就举起了锡克教徒起义的旗帜，武装力量最多时达 8 万人。奥朗则布多次派军队前来镇压。虽然双方军事力量悬殊，但锡克教徒英勇作战，在戈文德·辛格领导下，多次打败奥朗则布派来镇压的军队。然而，受到追击，他的队伍不得不一再撤退、转移。他的儿子有两人战死，两人被害，他本人 1708 年被帕坦人杀害，起义受挫。他是最后一位古鲁，此后不再设古鲁职位。锡克教徒的起义有进步性，但他们的宗教狂热使起义局限在锡克人范围内，妨碍了吸收印度教和伊斯兰教农民参加斗争。起义规模受限，对强大的莫卧儿帝国自然不足以形成威胁，这是它受挫的重要原因。不过，从全局看，由于多处发生起义，它对奥朗则布晚期困局的形成还是起了一定作用。起义被镇压只是暂时的，锡克武装力量此后化整为零，继续进行斗争。

拉其普特人的独立战争 奥朗则布即位之初，和拉其普特王公的关系仍保持安定状态。由于在王位继承战争中倚重拉其普特王公的支持和参与统领军队，在继承王位后，奥朗则布为了回报，还给了一些拉其普特上层比贾汉吉尔和沙贾汗时更高的优遇。如曾在奥朗则布一方统领军队、立下显赫战功的安巴尔国王贾伊·辛格被任命为德干总督，这个职位以往是只有莫卧儿王子和皇帝最信任的穆斯林高级贵族才能担任的。和美华尔国王拉杰·辛格的关系也很典型。由于在王位继承战争前夜，他通过通信把拉杰·辛格争取到他的旗帜下，为他作战，在继承王位后，他按事先约定，把1654年对美华尔征服战争中莫卧儿帝国占领的部分领土归还，恢复他对顿加普尔、班斯瓦拉等小王公的宗主权，还把他的曼沙布品级提高到六千人长等级。这样的优厚待遇很少给予莫卧儿王室血统以外的人。与另一些重要的拉其普特国家的王公也保持先前时期那样的友好关系。如比坎尼尔、本蒂、科塔的王公在王位继承战争中或没有支持奥朗则布，或参与他的竞争者一方作战，奥朗则布一概不予追究。显然，在即位之初，稳定大局是首要任务，他要通过这样的行动传达一种善意，以安定整个拉其普特王公。

然而，奥朗则布从骨子里是不信任印度教徒的，对拉其普特王公的忠诚也并不真的信任。他所做的一切都是权宜之计，是为我所用。当然，如果能够保持为我所用，觉得现行安排确实需要，他也不会轻易改变。在与拉其普特王公的关系上他并不想全盘推翻现行的做法，知道那是做不到的，而且会引起政治上的大动荡。但只要他觉得某种安排的为我所用的作用已经发挥完，或已经不大了，他就会毫不手软地摁下删除的按钮。

奥朗则布即位时，原拉其普特王公有的已被兼并，处在莫卧儿王朝直接统治下，更多王公是藩属国，只接受莫卧儿的宗主权，每年缴纳年贡。这样的藩属国此时实力较强、影响较大的有三个，即美华尔、马尔瓦尔和安巴尔。前已述及，马尔瓦尔的罗阇贾斯旺特·辛格和安巴尔罗阇贾伊·辛格都在莫卧儿帝国朝中担任高官，是朝廷倚重的具有赫赫战功的将领。美华尔的罗阇莱·辛格由于在王位继承战争中对奥朗则布有功，也被给予特殊待遇，而且他曾与贾汉吉尔订立条约，允诺必要时为莫卧儿朝廷提供军事服务。然而奥朗则布虽然使用他们，对他们却并不信任。他的愿望是寻找时机，兼并这些藩属国，再进一步，使拉其普特人改宗伊斯兰教。他认为只要这个目标还没有达到，也就是说拉其普特诸藩属王公的印度教国家还存在，把印度伊斯兰化这个更大目标就无从实现。

1678 年底，被奥朗则布派往帝国西北边境作战的马尔瓦尔国王贾斯旺特·辛格死于阿富汗斯坦。当这位具有军事才能、被他长期倚重的王公去世后，他认为笼络这个藩属国的重要性已经降低，便开始寻找时机实施自己的兼并计划。这种背信弃义、卸磨杀驴的做法激起了这个国家拉其普特人的愤恨，从而驱使他们在承认莫卧儿帝国宗主权多年之后重新掀起了争取独立的斗争。

贾斯旺特·辛格去世时，他的两个儿子已经病故，这样就没有自然的继承人。奥朗则布把这个不幸看作好机会。他以贾斯旺特·辛格无嗣为借口，派大军占领马尔瓦尔，宣布取消马尔瓦尔的藩属国地位，对其实行兼并。他自己亲率军队来到阿季米尔，安排有关事宜。可是这时，贾斯旺特·辛格随军的两位妻子都已有孕，两位都生下遗腹子。其中一子夭折，存活的叫阿季特·辛格，他理所当然是王位的合法继承人。贾斯旺特·辛格的将军杜尔加·达斯要求奥朗则布承认其王位继承权，却遭到奥朗则布拒绝。奥朗则布宣称要在宫中抚养这个孩子，长大后委以高官，而且要其改宗伊斯兰教。杜尔加·达斯感到气愤，便在焦德普尔对奥朗则布宣战，驱逐奥朗则布委派的官员。阿季特·辛格被立为王，由杜尔加·达斯辅佐，得到全民拥戴。奥朗则布派军队来讨伐，占领了焦德普尔等地。军队所到之处，城市遭到破坏，印度教寺庙尽被拆除。杜尔加·达斯退到山区领导人民坚持进行游击战争。

这期间，美华尔国王拉杰·辛格认清了奥朗则布的兼并意图，同样感到气愤，便主动出兵帮助马尔瓦尔，奥朗则布本来就有意在兼并马尔瓦尔后兼并美华尔，马尔瓦尔幼主阿季特·辛格的母亲是美华尔的公主，奥朗则布担心美华尔会派兵支援马尔瓦尔，一直密切关注美华尔的动向。拉杰·辛格的主动出手给了他求之不得的兼并借口。他立即派兵攻打美华尔，本人也从阿季米尔（1679）来美华尔。奥朗则布的军队很快占领了乌代普尔和奇托尔。在这里，拆毁印度教庙宇的疯狂暴行又一次上演。乌代普尔有173座庙宇被毁，奇托尔有63座庙宇被毁，奥朗则布的宗教狂热再一次暴露无遗。拉杰·辛格对奥朗则布的进攻事先没有做充分准备，仓促应战，被奥朗则布的突然进攻打败（1680），他本人侥幸逃走。莫卧儿军队的继续征服到处遇到抵抗。之后，奥朗则布派他的三位王子各率一支队伍对美华尔实行三路夹击。不过由于他们不能有效配合，进攻以失败告终。奥朗则布由于同时与美华尔和马尔瓦尔作战，应接不暇，从策略考虑，1681年与美华尔订立和约，美华尔割让部分领土给帝国，奥朗则布允诺不改变美华尔的附属国地位，授予美华尔新国王加伊·辛格五千人长曼沙布品级，加伊·辛格派儿子去莫卧儿宫廷服务。

为了牵制奥朗则布，美华尔前国王拉杰·辛格和马尔瓦尔的将军杜尔加·达斯都曾与奥朗则布的反叛的儿子阿克巴王子有密切联系，支持他的行动。反叛虽被镇压，但一度给奥朗则布造成很大威胁。

美华尔被迫与奥朗则布议和后，马尔瓦尔与奥朗则布的战争仍在进行。马尔瓦尔的游击战使莫卧儿军队疲于应对，但要战胜莫卧儿军队也不可能。1694年、1698年，杜尔加·达斯主动示好，先后把由他照管的叛乱的阿克巴王子的女儿、儿子（即奥朗则布的孙女、孙子）交还给奥朗则布，营造缓和气氛。既然双方都不存在很快取胜的希望，于是都同意罢战，订立和约。奥朗则布不得不承认阿季特·辛格是马尔瓦尔统治者，授予大片札吉尔土地，杜尔加·达斯被授予三千人长曼沙布品级。和约规定马尔瓦尔的都城焦德普尔留在莫卧儿帝国手中。马尔瓦尔不甘心失去焦德普尔，1701年又起战端，马尔瓦尔又败，又有大片领土被莫卧儿帝国军队占领。凡被占领的城市，几乎所有印度教庙宇都被拆毁。1704～1705年双方再度议和。1707年，在得知奥朗则布去世的消息后，马尔瓦尔趁莫卧儿帝国发生内乱之机，迅速夺回了都城焦德普尔，并逐渐收复所有被占领土。

这样，奥朗则布兼并马尔瓦尔和美华尔的计划最终落空。帝国前几位君主经过长期努力和这两国王公建立起的友善和信任关系被他彻底毁灭。这两国在拉其普特诸王公中是势力最强的，它们的政治取向对所有拉其普特人都具有影响力。拉其普特人对莫卧儿帝国的信任和好感自此逐渐减弱。不仅如此，奥朗则布违背历史潮流的宗教政策也使他们更加失望。固然，拉其普特王公中有部分人如比坎尼尔、安巴尔、本蒂、科塔等王公仍在为帝国服务，但起而反叛的人逐渐增多了，暗中同情反叛的人更为普遍。这支莫卧儿王朝长期依靠的忠诚势力已无可挽回地一步步向它的反面转化，继续为莫卧儿王朝服务的拉其普特人越来越少了。

上述这些起义和战争此起彼伏，使奥朗则布疲于应对。更为严重的是，各省穆斯林省督并不是如他预期的那样在危机时刻成为帝国支柱，而是各自拥兵自立，在他去世后即不再听从朝廷命令，处于独立半独立状态。而马拉特国家则日益强大，开始对外扩张，占领莫卧儿帝国在中印的大片腹地。这样，莫卧儿帝国几代君主艰辛缔造的统一，在18世纪上半期便又面临崩溃。

帝国的危机有经济、政治、军事多方面的原因。商品经济的发展会带来社会矛盾的尖锐化，会削弱中央的财政、军事实力，这是个客观的发展过程，不能全归结为奥朗则布的错误。但毋庸置疑的是，正是奥朗则布的错误（宗教政策的压迫性、政治上对印度教王公的不信任、旷日持久的德干战争、经济上违背商品经济发展规律的倒行逆施的政策等）使各种矛盾急剧尖锐化，并迅速发展到无法控制的地步，终于使帝国一蹶不振，无可挽回地走向瓦解。

莫卧儿帝国解体归根结底是封建社会内部经济发展的新趋向（土地私有倾向增强、商品经济发展、资本主义萌芽出现）与旧的统治体制发生矛盾的结果。新趋向要求对现有统治体制和政策中不适应的一面进行调整和改革，以促进经济发展。奥朗则布不但不能审时度势，采取顺应潮流的方针，反而南辕北辙，竭力维护旧体制。结果不但对新趋向的发展起阻碍作用，也导致了帝国本身的解体。本来是发展的好形势，由于统治者的昏庸和政策错误，结果竟变成了不可收拾的局面。奥朗则布的错误政策和统一帝国的瓦解使一直虎视眈眈地等待有利时机的殖民主义势力得到了征服印度的大好时机。对印度来说，实现历史正常发展的一个重大机遇就这样丧失了，这就最终决定了其未来沦为殖民地的命运。

十三　莫卧儿帝国的解体

（一）帝国分崩离析

奥朗则布去世后，在其三个尚存的儿子间发生了王位争夺战争，结果，穆阿扎姆获胜即位，称号巴哈杜尔沙。他统治5年（1707～1712）后去世，又是一场残酷的王位争夺战，最后由贾汉达尔沙即位（1712~1713）。巴哈杜尔沙和贾汉达尔沙都是平庸无能的君主，不过他们在宗教观上都不像奥朗则布那样偏执顽固。就在他们在位期内，奥朗则布推行的正统宗教政策被逐步翻转。贾汉达尔沙统治时，佐勒菲加尔汗被任命为首相。他采取了一些复兴内政的措施，包括取消了对异教徒征收的人头税。此后的君主法鲁克西亚尔又取消了香客税。奥朗则布在宗教方面的其他歧视措施虽未正式废除，但实际上不再执行。对拉其普特王公的政策也有明显改变，如不再实行兼并藩属国的政策，对有贡献的王公继续授予较高品级的曼沙布、任命担任省督等高级官员等，目的是希望重新得到他们对朝廷的信任。不过乱局已经形成，补救为时已晚，昔日的相互信赖已成为过眼云烟。

贾汉达尔沙之后又换了多位皇帝。某些掌权者也曾扮演佐勒菲加尔汗的角色，做出了一些努力，但收效并不更好。

结果，朝中一天比一天混乱，帝国式微，在不到 20 年内，印度就又倒退到封建分裂局面。除独立的马拉特国外，拉其普特藩属国纷纷独立。1708 年，势力较强的拉其普特国家美华尔、马尔瓦尔和斋普尔联合起来，力图把莫卧儿帝国的势力彻底驱逐出拉贾斯坦，取得一定的成功。在德干和其他地区也有些势力趁机自立。一大批莫卧儿省督就地称王，实际上处于独立或半独立状态。莫卧儿王朝虽然仍存在，但有效管辖范围越来越小。18 世纪 30 年代在北印、西印还保有大片领土，到 50 年代只剩下德里、阿格拉一隅。奥朗则布的后继者们对到处崛起的分离势力无力征剿，所能做的，只是设法多保留一些地盘和尽力抵御来自马拉特人的势不可挡的侵袭。

当初奥朗则布实行他那一套反动政策，是希望借助那些措施增强穆斯林大札吉达尔阶层的势力，靠他们巩固帝国的根基。在这关键时刻，大札吉达尔们起到这种作用了吗？没有。事实表明，尽管奥朗则布的后继者们都想方设法笼络他们，效忠朝廷者仍然极少。巴哈杜尔沙在位期间把剩下不多的王室领地尽量地分给他们，以换取支持。贾汉达尔沙随后也是滥赐权臣，把帝国全盛时期积累的财富耗费殆尽。此后，国库空虚，财力枯竭，连维持军队和行政机关的必要经费都成了问题。但这些慷慨恩赐换回了什么？只不过助长了他们的贪心、自私自利和无限膨胀的权力欲。为了达到自己的目的，大封建主们明争暗斗，争夺对皇帝的控制权，完全置王朝的全局利益于不顾，该实行的政策不支持实行，该纠正的错误不纠正。他们拉帮结派，相互倾轧，挟持皇帝，诛除异己，把朝政搅得乌烟瘴气。形成的派别主要有三：一派是从中亚来的逊尼派贵族，称为土兰派，一派是从波斯来的什叶派贵族，称为波斯派，这两派统称为莫卧儿人；另一派称为印度穆斯林派，主要是在印度定居已久的穆斯林。三派使用种种手段不停恶斗，结果是接连不断地废立皇帝。从 1707 年到 1837 年，换了 14 个皇帝，1719 年就四易帝位，其中被杀、被废、被弄瞎眼的就有 4 个。至于他们之间因争夺权位而进行的杀戮，更充斥朝野。这些贵族派别有时还利用帝国以外的势力，以壮大自己一派的力量。莫卧儿后期诸皇帝既多是被作为傀儡举立起来，也就多为懦弱无能之辈或沉溺酒色之徒，个别想自主的，也被废黜。朝廷被一直保留下来，并不是因为它还有生命力，而是因为它还有做傀儡的价值。在宫廷权贵间的争夺中和割据势力间的争夺中还没有哪方拥有绝对优势的情况下，每一方都要利用朝廷，挟天子以令诸侯，借以抬高自己的地位。朝廷事实上只是个空躯壳。

通过不同途径出现的独立、半独立的封建国家 18 世纪 20~30 年代就有了一批，40~50 年代更多。这时有两种发展趋势，一方面，一些新出现的封建国家由于对外征服，疆域越来越大，如马拉特联盟、迈索尔等；另一方面，在统一瓦解后的极端无政府主义局面中，大小封建首领和冒险家只要有可能就霸踞一方，坐地为王。昔日大一统的国家到 18 世纪 50 年代真正成了群龙无首的一盘散沙。

50 年代较大的封建国家如下。

马拉特联盟　它是由马拉特国家发展演变而来，是马拉特国家发展的新阶段。由单一的马拉特国家演变成马拉特联盟这个转变发生在 18 世纪上半期。18 世纪 40~50 年代，马拉特联盟成了印度封建割据势力中领土最广、势力最强的国家，其统治地区和势力范围包括几乎整个德干高原和印度斯坦大部分地区，一度连德里的朝廷也在其控制之下。

马拉特人的起义本来是正义的，但进入 18 世纪后，其对外战争在性质上发生了变化，成了侵略和掠夺战争。他们趁莫卧儿中央政权衰落，深入德干地区和莫卧儿帝国北印度腹地，榨取和掠夺财富。各地的莫卧儿官员抵挡不住，只好任其掠夺，或与之订约，同意向他们缴纳乔特和沙尔德什姆克，以求免其侵袭。随着马拉特势力的增强，它侵袭的地区越来越广，使得越来越多的地区被迫向他们缴纳乔特和沙尔德什姆克，不能按时缴纳的就派兵讨伐。这样，他们在其侵略所及地区就成了又一个剥削者、压迫者。那些地区的民众除了继续受莫卧儿官员和地方势力的统治、榨取外，还要受马拉特人的榨取、掠夺，人民的负担更重，加之马拉特军队不时讨伐侵扰，对地方造成很多损害，其结果激起各地人民普遍憎恨，“马拉特人来了!”在民间成了灾难降临的同义语。

1700年马拉特国王拉贾拉姆去世后，由于沙胡仍被莫卧儿帝国监禁，其妻塔拉·巴伊扶立自己的幼子为王，自己掌权理政，继续进行反莫卧儿的战争。马拉特人此时夺回一个又一个堡垒，在战场上逐渐得势。奥朗则布感到绝望，提议媾和，被马拉特人拒绝。1707年奥朗则布逝世后，莫卧儿宫廷把沙胡放回，目的是让他这个受过莫卧儿宫廷熏陶的正宗的王位继承人夺取王位，从而改变对莫卧儿帝国的政策，使马拉特国成为莫卧儿帝国友好的藩属国。沙胡回来后，得到许多马拉特首领的支持，塔拉·巴伊拒绝交权，沙胡打败了她，加冕为王。

沙胡不是一位有智慧、有魄力的君主，他主要是依靠佩什瓦（首相）治理国家。不过他并不准备做莫卧儿帝国的藩属，那不过是莫卧儿宫廷里的决策者们的一厢情愿罢了。

此时，马拉特国内的最大变化是军事首领们成了大封建主，并逐渐半独立化。原来在拉贾拉姆任国王时，为鼓励马拉特诸首领四出作战，恢复了札吉尔制，那些在战争中征服大片领土的军事首领，其征服土地都被作为札吉尔分封给了他们，且授予在土地上的世袭统治权力。这样，这些首领就变成了有统治权的大封建主。拉贾拉姆和塔拉·巴伊统治时期，这些首领在对莫卧儿帝国各自为战的过程中形成了越来越强的势力，逐渐独霸一方。当莫卧儿帝国势力衰落后，他们的对外战争成了扩张和掠夺的战争。随着地盘扩大、地位上升，这些首领的贪婪欲望也急剧膨胀。他们不愿再受马拉特朝廷的约束，实际上成了一个个拥有实力的半独立的力量。

在沙胡为王以后，鉴于大封建主各霸一方的局面已经形成，要回归到西瓦吉时的中央集权制已不可能，他只有顺应形势，肯定了札吉尔制，不但军事首领得到札吉尔，对一般官员，也授予札吉尔，以地代薪，这就使得马拉特国家封建化进一步形成。随着对外战争的扩展，占领的地区越来越多，马拉特的诸军事首领得到的札吉尔土地也越来越广。这些土地上的行政管理权也归他们。此外，他们还对其周边地区的土地征收乔特和沙尔德什姆克，只需把很少部分上缴国库。这样，这些军事首领管辖的地区事实上就转变成了马拉特国家内的半独立王国。至于佩什瓦，他掌握中央权力，但其政令只能在中央控制区域实行，各大军事首领在管辖区自行其是。

这样的半独立的王公家族较大的有信地亚（在瓜辽尔）、霍尔卡（在印多尔）、朋斯拉（在那格浦尔）和盖克华（在巴罗达），还有一些较小的。大约从 18 世纪 20 年代起，马拉特国家就演变成马拉特联盟。

浦那的马拉特国王是联盟名义上的最高领导人，实际权力掌握在佩什瓦手中。联盟的核心区域是最初的马拉特国家，也即此时由中央直接控制的地区，半独立的王公主要处在新征服的北印度广大地区。半独立的王公对中央政权的义务是为朝廷提供军事服务以及把征得的乔特和沙尔德什姆克按一定比例缴纳给中央，而在事实上，应缴纳的数额很少能够兑现。在内部事务上他们完全自主，他们联合在中央周围只是在国王有对外作战需要的时候，甚至在那时也不是百分之百地响应征召，仅仅是在与自己利益一致的情况下才听从中央征召。可以说，这是一个既有中心又无中心的极为松散的联盟。1749 年沙胡去世后，掌握实权的佩什瓦成了事实上的君主，后来新立的一个个国王都只是傀儡而已。从这时起，半独立的王公们更加我行我素，连佩什瓦也不放在眼里，和完全的独立几乎没有两样。

在沙胡为王时，比较幸运的是，他的前后三位佩什瓦都是很有能力的人，是他们撑起了局面，使马拉特联盟成为莫卧儿帝国衰落后印度封建割据下最强的国家，在印度政治舞台上着实风光了数十年。由于莫卧儿帝国的迅速式微，马拉特联盟相对强大，有的史学家甚至把这段时期称为印度史的“马拉特时期”。

1713~1720 年是沙胡的首任佩什瓦巴拉吉・维斯瓦纳特掌权时期。维斯瓦纳特担任过税吏和浦那、奥朗加巴德等地区的行政官，沙胡获释后追随沙胡，因组织能力出众，特别是在帮助沙胡夺取王位的斗争中起了决定性作用而深得沙胡信任。作为佩什瓦，他的主要功绩是说服马拉特诸首领接受沙胡国王，这样就阻止了他们分立为独立国家，维持了马拉特国家的统一。由于马拉特军队在莫卧儿帝国所属德干地区不断侵袭，当地无力抵抗，朝廷又鞭长莫及，1718 年，莫卧儿帝国的德干总督胡赛因・阿里在朝中掌权的大臣赛义德兄弟授意下，与维斯瓦纳特举行和谈。最终商定的结果为：莫卧儿皇帝承认沙胡是马拉特国王，授予沙胡在莫卧儿帝国德干各省征收乔特和沙尔德什姆克的权力；马拉特承认莫卧儿帝国的宗主权，养骑兵15000人，为帝国服务。莫卧儿皇帝法鲁克西亚尔认为这些协议使莫卧儿君主颜面扫地，不同意签订这个条约。赛义德兄弟极为不满，立即命令胡赛因·阿里率军回德里兴师问罪，维斯瓦纳特也率马拉特军同行。结果，废黜了法鲁克西亚尔，另立一个傀儡为帝。新帝1719年批准了条约。这样，马拉特征收乔特和沙尔德什姆克的权力就得到了莫卧儿皇帝正式承认。不仅如此，通过这次德里进军和支持废黜皇帝，马拉特人的势力开始渗透到莫卧儿帝国的朝廷中。马拉特人现场看到了帝国虚弱的真实情景，这大大坚定了他们进一步扩张的决心和信心。

维斯瓦纳特1720年去世，沙胡任命其子巴吉·拉奥一世继任佩什瓦。佩什瓦职位从此变成世袭。由于沙胡威望不高，佩什瓦逐渐成了马拉特国家真正的统治者。巴吉·拉奥一世是一位强有力的军事统帅，正是在他执政的20年（1720~1740）里，马拉特人的对外扩张进入了一个新阶段。

在南印度，莫卧儿的德干总督尼扎姆-乌尔-穆尔克趁朝廷势衰之机，这时实际上处于半独立状态。尼扎姆-乌尔-穆尔克拒绝承认莫卧儿皇帝与马拉特人1719年签订的条约。马拉特人征收乔特和沙尔德什姆克时遭到攻击。巴吉·拉奥派兵攻打尼扎姆，在战场上取得上风，迫使尼扎姆求和，1728年与马拉特人缔结和约，允许马拉特人在德干诸省征收乔特和沙尔德什姆克。

鉴于莫卧儿帝国势力极度衰弱，对广大北印度地区的控制已摇摇欲坠，巴吉·拉奥不顾朝廷中部分人的反对，决定暂停在南印度的侵袭活动，集中马拉特人的主要兵力攻击北印度的莫卧儿势力。他说："砍断枯树干，枝叶自然会死亡。"① 结果，经过几次不太激烈的战斗，马拉特人在北印度取得很大进展，占领了莫卧儿帝国的古吉拉特省，也侵袭到马尔华省以及恒河与朱木拿河河间地，在有条件的地区强征乔特和沙尔德什姆克。

1737年，巴吉·拉奥率军突袭德里城郊，打败了莫卧儿军队，在那里纵兵掠夺，满载战利品而归。这次北征使德里以南的莫卧儿帝国领土全部处于马拉特人控制之下。莫卧儿皇帝受到极大震撼，急忙求助于尼扎姆-乌尔-穆尔克，委派他作为统帅，统领莫卧儿军队讨伐马拉特人，把马拉特军

---

① A. 萨克西纳：《印度历史百科》第15卷，新德里，2006，第291页。

队驱逐出纳巴达河。尼扎姆也担心马拉特势力过分增强对自己在德干的未来发展不利，接受了这个任务，但在博帕尔附近他被巴吉·拉奥打败。1738年1月尼扎姆请求与马拉特议和，在杜拉哈-萨莱签订了和约。根据该和约，莫卧儿帝国把马尔华省割让给马拉特人，另外允许马拉特人在纳巴达河与昌巴尔河之间的整个地区征收乔特和沙尔德什姆克，此外向马拉特支付500万卢比战争费用。为了打开一条从德干去德里的通道，巴吉·拉奥又以武力相逼，迫使尼扎姆把纳巴达河以南的两个县割给马拉特。在西海岸，马拉特人也从葡萄牙人手中夺得了萨尔塞特和巴塞因。这年，马拉特国家的都城从萨塔拉迁移到浦那。巴吉·拉奥1740年去世。巴吉·拉奥的主要成就是通过不断的征战胜利，使马拉特的军事力量延伸至北印度广大腹地并在莫卧儿朝廷中加强了影响力。

巴吉·拉奥的继承人是他的儿子巴拉吉·巴吉·拉奥。他在任时期是1740~1761年。他执行父亲的政策，继续着力于北印度扩张。由于莫卧儿皇帝没有批准博帕尔和约草案，巴拉吉·巴吉·拉奥率军攻打马尔华，迫使莫卧儿皇帝于1741年把马尔华割给马拉特，巴拉吉·巴吉·拉奥允诺提供500骑兵常驻德里为皇帝服务，在皇帝需要时，再派4000人。这意味着马拉特人在莫卧儿宫廷的政治影响力进一步加强，实际上成了皇位的保护人。佩什瓦和马拉特的首领之一朋斯拉还分别侵袭河间地区、奥德、比哈尔，甚至孟加拉，从莫卧儿皇帝那里取得在这些地区征收乔特和沙尔德什姆克的权力。佩什瓦和朋斯拉为争夺地盘和利益有时各支持一方，互不相让，甚至闹到兵戎相见，最后由国王沙胡主持划分势力范围。在拉其普他那，一些拉其普特国家如斋普尔、焦德普尔、本蒂、科塔等因内部王位之争或彼此的斗争无法解决，处于弱势的一方常常求助于马拉特人，条件是缴纳一定的贡赋。马拉特人无论是佩什瓦还是各军事首领，为了得到诱人的贡赋，都乐意出兵帮助。有时不问是非，哪一方出钱多就支持哪方。这样，整个拉其普他那就都处在马拉特的影响下。

巴拉吉·巴吉·拉奥在南印度的目标是消除或至少大大削弱德干的尼扎姆势力，征服卡尔那提克和德干边远地区。

尼扎姆名义上是莫卧儿的德干总督，实际上处于半独立状态。他虽然承认了马拉特人在他管辖的德干各省有征收乔特和沙尔德什姆克的权力，但始终心犹不甘，总想削弱马拉特的力量，摆脱这个重负。南印度的马拉特首领们与佩什瓦间关系不和，尼扎姆自知正面对抗马拉特人力量不足，就采用挑拨离间的办法，在他们中制造矛盾，以至在佩什瓦讨伐尼扎姆时有的马拉特首领公开站在尼扎姆一边。佩什瓦虽然在多次战斗中取胜，但都不能给予尼扎姆决定性的打击。直到 1759～1760 年才最后打败尼扎姆（尼扎姆-乌尔-穆尔克的后继者），后者割地赔款，得以保留在德干的统治权和部分领地。

尼扎姆和马拉特人的冲突还表现在对卡尔那提克的争夺上。卡尔那提克位于德干南部东南沿海地带，原为莫卧儿帝国德干总督管辖的诸省之一，后地方势力兴起，已非帝国所能控制。1740 年马拉特人打败了这里的统治者，控制了卡尔那提克。尼扎姆以恢复莫卧儿对这里的主权为由，1743 年趁佩什瓦忙于征伐孟加拉之机，从马拉特人手里夺占了卡尔那提克。但两年后佩什瓦派兵重占大部分地区。

到这时，马拉特的兵锋无论在北印还是南印，都已无人能够抵挡。马拉特人的目标已不再限于局部扩大地盘，征收乔特和沙尔德什姆克，而且要操纵莫卧儿朝廷，在实际上取代莫卧儿帝国，成为整个印度的主宰。马拉特的扩张到此时期达到极盛。

然而，这个极大地膨胀起来的国家，其不可一世只是外表，内部却已酝酿着深刻危机。札吉尔是世袭的，这顺应了大封建主的土地私有倾向，却不可避免地带来了国家的分裂。对外大量掠夺虽使他们在内部压迫农民方面稍有放松，却使广大非马拉特人居住区的人民陷于极端困苦之中，阻碍了那些地区经济的正常发展。到处掠夺也腐蚀了军队，军官热衷挥霍，士兵纪律松弛，军队出征跟随的各种仆役越来越多，机动性丧失殆尽。莫卧儿帝国后期的许多弊端都在马拉特联盟重演。不仅如此，这个庞大国家实际上是一盘散沙，神经中枢起不到应有的作用，所有行动都是各自进行，无统一目标，无统一指挥。他们所想的、所擅长的也就是军事行动和掠夺，至于如何建立一个富有生气的新国家，这方面从不在他们思考的范围之中，这样的庞然大物占领的地盘再多还能有什么未来？风光是暂时的，其政治前景其实阴云密布。

旁遮普锡克教徒国家 奥朗则布去世不久，锡克人反对莫卧儿统治的起义再掀高潮。最后一任古鲁戈文德·辛格在世时，就宣布要建立一个从白沙瓦到拉合尔的锡克教国家。在戈文德·辛格遇害后，班达被推举为领导人。此时，参加起义的人数量更多。班达的队伍在德里以北的索利帕特打败了当地的武装力量，然后，他带领 5 万人攻占了安巴拉附近的萨道拉。1710 年班达的军队又大败锡尔欣德的莫卧儿军，占领了锡尔欣德全境，赶走莫卧儿帝国官吏和当地封建主。班达又率军逼近拉合尔，但未能攻下这座城市。莫卧儿统治者接连派大军前来征讨，奥朗则布的继承人巴哈杜尔沙也亲自率军前来，占领了萨道拉。班达转移到洛加尔堡，在这里以自己的名义铸造钱币。巴哈杜尔沙进攻洛加尔堡，他又撤走。不久，班达重占了萨道拉和洛加尔堡。法鲁克西亚尔在位时，命令他的拉合尔省省督清剿班达的势力。后者集结了大量军队，在做了充分准备后开始行动，但进展并不顺利。班达的队伍以游击战形式数次避开敌人主力，撤至山林，最后退到古达斯普尔堡，以图固守。锡克军队坚持了 8 个月，因弹尽粮绝不得不投降。班达被俘，押至德里，被残酷处死（1715）。但是起义只是暂时被镇压下去，到 18 世纪 30 年代锡克人又重新开始了斗争，在阿富汗人入侵时不断给侵略军以打击，60 年代逐渐占领了旁遮普全境。军事领袖们在旁遮普建立了事实上的锡克教国家。

孟加拉、奥德、海得拉巴、卡尔那提克　这些都是莫卧儿帝国的省督利用帝国衰落时机坐地称王形成的国家，虽未公开宣布脱离莫卧儿帝国，但实际上都是独立国家。孟加拉国家的奠基人是穆尔希德·库利·贾法尔汗，他是 1717 年被朝廷任命为省督的。他实行一系列内政改革，加强手中的政治权力和军事实力，其中最重要的是取消札吉尔制，把札吉尔变成国有土地；保留柴明达尔制，依然让柴明达尔负责征税；军队改为由国家供养，统一指挥。莫卧儿皇帝后来把奥里萨和比哈尔也划归孟加拉省省督管辖。1740 年孟加拉省省督的位置被比哈尔副省督阿利瓦迪汗篡夺，后者对莫卧儿朝廷名义上仍表示忠顺，实际上是独立行事。莫卧儿皇帝被迫承认现实。孟加拉是印度经济发展较好的地区，特别是对外贸易较为发达。马拉特军队受诱惑，年复一年袭击掠夺，阿利瓦迪汗抵抗不住，只好同意缴纳 120 万卢比的年贡，并把奥里萨部分地区的岁入让与他们。

奥德王国的创立者是萨达特汗，他是 1722 年被任命为奥德省省督的。从一开始他就以独立的君主自居，不过名义上还听命于莫卧儿朝廷。奥德和莫卧儿朝廷保留较多关系，后来的省督苏查-乌德-朵拉还一度兼任过莫卧儿帝国的首相。

海得拉巴王国的创立者是米尔·卡马尔-乌德-丁。1713 年他被莫卧儿皇帝法鲁克西亚尔任命为德干总督，并被授予尼扎姆-乌勒-穆勒克·巴哈杜尔·法特·贾的称号。1722 年，他在莫卧儿朝廷中任首相，因与朝臣不和，1723 年未经皇帝允许，擅自离开德里去德干，后迫使皇帝承认他为德干副王。大约从这时起，尼扎姆事实上就处于独立地位，他的德干副王辖区就成了海得拉巴王国。

卡尔那提克原为德干副王统辖下的一个省，由省督治理。在海得拉巴事实上成为独立国家后，卡尔那提克事实上也获得半独立地位，不过海得拉巴的尼扎姆仍力求保持对它的控制权。

上述这些国家，在事实上独立后基本上都还是实行先前的政策，实际上是莫卧儿帝国的缩影和碎片。只有孟加拉有些改变，但成效有限，没有特别的起色。

迈索尔 这是莫卧儿帝国解体中南印度的印度教上层建立的一个印度教国家。在随后的演变中，王公逐渐被剥夺了实权，大权掌握在军队司令手中。1760 年起，军队司令由穆斯林将领海德尔·阿里担任，他成了国家事实上的统治者。海德尔·阿里实行军事改革，废除了札吉达尔养兵制度，由国家招募军队，统一发饷，统一训练，统一指挥；用高薪聘用欧洲籍军官，教授新的战术，按欧洲军队方式训练；除增强骑兵外，重视步兵，配备火炮，又建立炮兵部队。结果迈索尔军队成了印度诸王公中装备最优良的，人数约为 55000 人，内有步兵 26000～31000 人。海德尔·阿里用这支军队积极向四周扩张，兼并很多小封建首领的领地，使迈索尔成为南印最强的国家之一。势力最盛时，北抵克里希那河，南跨科佛里河，东部与卡尔那提克接壤，西部到达海岸。

这些封建国家无论是印度教的还是伊斯兰教的，没有哪个再实行宗教迫害政策了，但也没有哪个采取了符合经济发展新趋向的政策。所以，它们和莫卧儿帝国后期一样抱残守缺，缺乏生气。

（二）波斯人、阿富汗人入侵

印度的内乱对西北方邻国波斯、阿富汗的统治者是个极大的诱惑。1738 年，波斯国王纳狄尔沙率 5 万大军入侵印度，占领白沙瓦，翌年兵抵德里。莫卧儿军队战败，皇帝穆罕默德沙投降。纳狄尔沙纵兵洗劫德里，屠杀居民 2 万人，抢走财富价值 7 亿卢比，包括沙贾汗的那个价值连城的孔雀宝座。10 年后，阿富汗国王阿赫迈德沙·阿卜达利又大举入侵。1748 年起的 10 多年中，阿富汗军队先后 12 次入侵，多次到达德里，其劫掠破坏程度较狄纳尔沙更为严重，运走的掠夺物价值无法估计。兵祸连年的印度又遭此反复洗劫，国穷财尽已到了无以复加的地步。

18 世纪上半期，由莫卧儿帝国分解出的许多封建国家在不同地区彼此无休止地征战，争夺领土、资源和地区霸权。大国周围的小国首先是牺牲品，大国之间也直接交锋。争夺最激烈的地区是北印度腹地和南印度德干地区。在北印度腹地，主要的争夺目标是莫卧儿帝国残存的领土。马拉特联盟当时野心最大，洛希尔坎德、奥德也参与争夺。在巴吉·拉奥任佩什瓦时，马拉特联盟已进军到古吉拉特、马尔瓦、比拉尔和冈德瓦纳，劫掠了京畿地区。巴拉吉·巴吉·拉奥继任佩什瓦后，马拉特联盟进一步在北印度扩张。与军事进攻同时，此时期的新特点是利用莫卧儿宫廷派别斗争，竭力加强自己的政治影响力和控制力。1752 年巴拉吉·巴吉·拉奥与莫卧儿君主签订新约，内容为：马拉特得到在全印范围征收乔特和沙尔德什姆克的权力，作为交换，当莫卧儿君主有需要时，马拉特应为之提供军事服务。从这时起，马拉特作为一支势力直接参与了莫卧儿朝廷的派别斗争，力图影响和控制皇帝。当时，宫廷分成两派：外来穆斯林派和本地穆斯林派。巴拉吉·巴吉·拉奥支持后者，前者便求助于阿富汗国王阿赫迈德沙·阿卜达利，以牺牲印度的利益为代价，换得其对自己的支持。在外来派指使下，皇帝阿赫马德沙甚至把旁遮普和木尔坦割给阿赫迈德沙·阿卜达利。马拉特人与本地派于 1754 年共同废黜了阿赫马德沙，另立阿拉姆吉尔二世为帝，这表明马拉特人已扮演皇帝制造者的角色。1757 年莫卧儿皇帝要求马拉特人帮助朝廷摆脱外来派的控制，马拉特军队与外来派的军队战斗，打败了后者，在朝廷中占了上风。1758 年马拉特的军队又北进旁遮普，打败了镇守该地区的阿卜达利的军队，对这片新征服地征收贡赋。但 1759 年旁遮普又被阿富汗人夺去。

在南印德干地区，争夺主要发生在马拉特联盟、海得拉巴和迈索尔之间，三者除争夺周边小国领土外，经常互相征伐，占领对方领土。马拉特人军事力量较强，海得拉巴屡遭失败。迈索尔的对外扩张不可避免地与马拉特联盟冲突，1757 年马拉特军攻占迈索尔大部分地区，迫使对方割地赔款。马拉特联盟身兼南北两个争夺中心的主角，其雄心是征服和统一印度。正如1720年佩什瓦巴吉·拉奥所说，要让马拉特的旗帜“从克里希那河飘扬到印度河”。[①] 这是它的极盛时期。然而，它其实是色厉内荏，只能在侵袭、掠夺上威风一时，绝没有征服和统一印度的力量。

阿富汗人入侵对希望在北印度建立霸权的马拉特人是个严重挑战。1756年阿卜达利领导的一次新的入侵到达德里城下，莫卧儿皇帝阿拉姆吉尔二世被迫把旁遮普、信德、克什米尔和锡尔欣德都割给阿卜达利。马拉特人在北印度的扩张受到阿富汗入侵者的严重干扰和限制，冲突不可避免。在莫卧儿皇帝把旁遮普和木尔坦交给阿富汗国王以后，马拉特军队从阿富汗人手中夺回了旁遮普，但不久又被阿卜达利率军夺去。在旁遮普的初步交锋对马拉特人来说是个失败。

1760年阿卜达利再次率大军侵入印度。参加他的队伍的还有他的印度盟友——恒河河间区的洛希拉阿富汗人。为了把阿富汗人驱逐出印度，为了挽回自己的声望，实现自己的最终目标，马拉特人组织了一支45000人的大军，在萨达西夫·拉奥·巴奥的统率下北上，迎战阿富汗人。1760年8月马拉特军进占德里。越是北上，马拉特军队的后勤供应越是困难。萨达西夫·拉奥·巴奥虽然宣称这是印度教徒驱逐穆斯林的决战，呼吁各印度教王公参加到自己这一方，却没有得到任何响应。阿富汗人—洛希拉人联军却得到奥德纳瓦布舒贾-乌德-道拉军队的加入。这边是无任何盟友可资依靠，那边却有北印一些穆斯林王国统治者和首领的支持（加上印度盟友提供的军队共6万人）；这边军需供应不足，那边则粮草充足，供应方便。双方在士气和力量对比上就出现了落差。1761年1月14日，马拉特军与阿赫迈德沙·阿卜达利率领的阿富汗军在帕尼帕特决战，马拉特军遭到惨败，几乎全军覆没，大部分士兵战死，主帅阵亡。这次战役使马拉特受到毁灭性的打击，彻底暴露了它的外强中干。这个雄心勃勃要统一印度的国家原来也不堪一击，它在人们心目中的威望顿时一落千丈。拉其普他那和本德尔坎德的许多小王公不再承认它的宗主权，它对北印度的控制力从此大大削弱。后来在马德夫·拉奥任佩什瓦时虽然1771年重新进军北印度，一度重振雄风，但也只是昙花一现。马拉特国家在印度政治舞台上的地位从此

---

① R.C. 马宗达等：《高级印度史》第1卷，第589页。

下降，成了诸侯割据中的普通一员。阿富汗人也未能在印度立足，由于国内政局不稳，也由于不断受到此时已经再度活跃的锡克教徒军事力量的袭击，阿富汗军队最后不得不撤出印度。

印度的割据势力互相削弱，这种形势正好为英国侵略印度提供了便利。正如马克思所形象描绘的："大莫卧儿的无限权力被他的总督们打倒，总督们的权力被马拉提人打倒，马拉提人的权力被阿富汗人打倒；而在大家这样混战的时候，不列颠人闯了进来，把所有的人都征服了。"①

① 《马克思恩格斯选集》第2卷，人民出版社，1972，第69页。

第十一章

西方殖民者在印度的早期侵略活动

15 世纪末 16 世纪初，西方国家开始拉开世界性殖民扩张的大幕。葡萄牙、西班牙一马当先，前者由西而东，后者由东而西，从两个方向探索来印度、中国的新航道。此前，意大利人马可·波罗在中国住了多年，也到过印度。他的游记把中国、印度描述得甚为富庶，对西方人很有吸引力。中国、印度的精美手工艺品很早就得到欧洲人喜爱。产自马鲁古群岛和印度的香料在欧洲销路广阔，欧洲人离不开它，香料售价甚高，利润丰厚。15 世纪奥斯曼帝国的建立切断了经由地中海与印度、中国贸易的通道，欧洲人急于找到另外的来东方的通道，既为了建立对香料贸易的垄断权，也为了来东方掠夺财富。于是，就有了划时代的地理大发现。

西方的资本主义发展此时处于原始积累阶段，迫切要求对外扩张，开辟资本积累的新源泉。印度是殖民者最早的侵略目标之一。1498 年，葡萄牙航海家瓦斯科·达·伽马绕过非洲南端的好望角，借助一个古吉拉特人的领航，从非洲东海岸到达印度马拉巴尔海岸的港口卡利库特，这是西方殖民主义势力进入印度之始。继葡萄牙人之后来印度的有荷兰人、英国人和法国人等。印度成了这些殖民者激烈角逐的场所。

西方殖民者初到印度是在德里苏丹国的末期，利用当时的分裂局面，他们设法在印度沿海站稳脚跟。不过，当莫卧儿帝国出现后，特别是 16 世纪后半期至 17 世纪帝国统一、强盛时期，这些殖民者谁也不能为所欲为。英国人曾轻举妄动，但碰得头破血流。只是莫卧儿帝国瓦解、印度重新出现分裂局面，才为他们实现梦寐以求的掠夺和领土征服大开了方便之门。在列强的角逐中，最后占优势的是英国殖民者，它一步步扩张势力，挤掉对手法国殖民者，最后通过武力征服，蚕食鲸吞，成了印度的主宰。印度人民进行了英勇的抵抗，但由于四分五裂，不能团结御敌，最终难以逃脱被统治和奴役的厄运。

一　葡萄牙殖民者的侵略活动

达·伽马到来时，德里苏丹国已处在严重的衰落中，当时是洛蒂王朝统治，它只是在北印度尚保有以德里为中心的很小的版图，之外是众多独立的国家。在南印，德里苏丹国前期兼并的大片疆域已脱离帝国，代之而起的是许多新独立的国家。巴曼尼和维贾耶那伽尔是两个最大的国家，但两国疆域都没有达到完全控制东、西两海岸的程度。两海岸特别是西南海岸当时有一系列小国存在，各以一个港口为首府。卡利库特就是其中之一。

卡利库特是一个对外开放的繁荣的商港，各国商人来往频繁。达·伽马像其他国家外商一样受到卡利库特国统治者（国王称号是扎摩林）的友好接待，并被允许通商。达·伽马带回了满船印度货（胡椒等），震动欧洲。葡萄牙人的到来引起了一直在这里进行贸易的阿拉伯商人的嫉妒，他们原是印度与埃及和地中海国家间贸易的主要中间商，害怕自己的地位被葡萄牙人取代，就竭力设法阻挠，包括怂恿扎摩林拒绝葡萄牙人提出的建立商馆的要求。

葡萄牙人与印度的贸易是直接由王室控制的。路线既已开通，商船便接踵而至。1500 年，葡萄牙王室派佩特罗·卡布拉尔率 13 艘商船来卡利库特。与卡利库特当局的谈判又遭阿拉伯商人阻挠，商船队还遭到后者策划的穆斯林的攻击。卡布拉尔实行报复，烧毁阿拉伯人停泊在港口的商船，还迁怒卡利库特统治者，对该城进行炮击，而后转往邻近的另一港口国家科钦，谋求在那里发展。科钦与卡利库特有矛盾，卡布拉尔在科钦受到友好接待，允许在科钦建立商馆，这是葡萄牙人也是欧洲人在印度建立的第一个商馆。卡布拉尔船队带回香料等大量印度产品，获利甚丰。1502 年，葡萄牙国王又派达·伽马率一支船队来印度西南海岸。这次，他捣毁遇到的所有阿拉伯商船，抢劫其货物，要求卡利库特的扎摩林惩罚该城的所有阿拉伯商人和穆斯林，还留下一些战船监视印度西南海岸。此后葡萄牙来的船队除贸易外，还都同时肩负着打击阿拉伯商船的任务。阿拉伯人在西南海岸各港口的商船或者被炮击，或者被抢夺。1503 年卡利库特军队进攻科钦，葡萄牙人帮助后者解围，进而炮轰卡利库特，给其造成很大破坏。事实清楚地表明，葡萄牙人不仅要来印度经商，他们还要在印度洋建立霸权。

在印度洋建立霸权，凭军事力量把欧洲对印度洋地区的贸易控制在自己手里，这正是葡萄牙宫廷的战略目标。他们早就在酝酿，如今要付诸实施了。1505 年，葡王任命阿尔美达为葡萄牙东方事务总督，着手建立东方海上殖民帝国，其范围包括东非海岸、红海口、波斯湾、印度西海岸和香料群岛（今印尼马鲁古群岛）等。葡萄牙人依靠该国的地理位置和海上优势，控制了欧洲至印度和香料群岛的海路，在沿途实行封锁，袭击一切它遇到的外国商船，垄断香料贸易。这是一种葡萄牙王室的垄断，连葡萄牙的私商也不能参与贸易。印度商人和其他国家商人都不再被允许进行香料贸易。除香料外，葡萄牙王室垄断的还有武器弹药和马匹贸易。印度商人和其他国家商人从事其他产品的海路贸易也需要得到葡萄牙许可，并缴纳巨额通行费。印度沿海国家基本上没有海军，有的有少量战船、少量火炮，质量都很差，不是葡萄牙的对手，不能抗御葡萄牙人的恣意妄为。葡萄牙人还凭借武力肆意对印度商船和其他国家商船进行搜查，借故劫掠其货物，甚至把船击沉，把船上男女贩卖为奴。从此，印度商人与西亚、北非、东非的直接海上贸易就基本被阻断。1509 年，古吉拉特的苏丹巴哈杜尔沙联合埃及苏丹及卡利库特的扎摩林，共同派出战船，攻击葡萄牙船队，力图赶走葡萄牙势力，但遭到失败。

1509 年，阿丰索·德·阿尔布凯克被葡萄牙政府任命为新的总督。他是个狂热的殖民主义者，他采取一系列行动落实葡萄牙建立海上帝国的战略计划，在印度西海岸至非洲东海岸建立一系列武装据点，凭借军事力量，在这广大区域建立葡萄牙霸权。1510 年，他用武力从比贾普尔手里夺取了西海岸港口城市果阿，把它变成设防城市。果阿是一个天然良港，位于南印西海岸中部，地理位置十分重要，占领果阿就能控制整个西南海岸。葡萄牙人把它作为其东方海上帝国的首府，常驻一支舰队在这里，以这里为基地，巡弋印度西海岸海域，控制印度整个西海岸出海口。这不仅使印度西海岸的外贸受到致命打击，也使波斯湾和红海地区的国家深感不安。古吉拉特国的巴哈杜尔沙呼吁奥斯曼帝国苏丹共同驱逐葡萄牙人，得到响应。

1529 年，奥斯曼帝国派战船来支援古吉拉特，受到友好接待。但此时古吉拉特受到莫卧儿征服的威胁，为了抵御莫卧儿人，转而与葡萄牙人结盟，把巴塞因岛割给葡萄牙人。莫卧儿进攻的威胁解除后，巴哈杜尔沙再次要求奥斯曼帝国帮助驱逐葡萄牙人，后者 1536 年又派来了船队，但再次无功而返。阿尔布凯克的继任者又逐渐取得西海岸的第乌、达曼、萨尔塞特、孟买、乔尔等据点，并使科钦王公受其控制。除在印度西海岸站稳了脚跟外，葡萄牙还把势力伸向东海岸，在马德拉斯附近的圣汤姆和孟加拉的胡格利建立了商馆。

葡萄牙人在印度西海岸的统治延续到 17 世纪初。它是一种赤裸裸的暴力统治。葡萄牙人名为贸易，实际上是借助暴力不仅独占对欧洲的商路，而且垄断西海岸港口与港口间的贸易及印度与伊朗海岸和马鲁古群岛的贸易。利用手中的垄断权，他们用压价收购、直接掠夺等手段取得马拉巴尔海岸的胡椒及其他地区的棉布，输往欧洲转卖，获取暴利，此外，还把印度的棉织品及其他产品向亚洲国家输出。在果阿，葡萄牙统治当局强征高额赋税，肆意盘剥百姓，并强迫居民改宗天主教，对抗拒者实行血腥屠杀，焚烧其村庄。他们的掠夺、海上封锁和残暴统治使马拉巴尔海岸的经济发展受到严重破坏，16 世纪一些繁荣的港口包括卡利库特、坎贝等到 17 世纪都趋于衰落。

德干地区的一些国家对葡萄牙人盘踞西海岸，阻挠印度的对外贸易越来越感到不安。在一段时期里，这些国家忙于与南部的维贾耶那伽尔作战，顾不了这里。维贾耶那伽尔衰落后，1570 年，比贾普尔、阿马德纳加尔和卡利库特订立同盟，决定同时对葡萄牙人占领的果阿（由比贾普尔进攻）、乔尔（由阿马德纳加尔进攻）发动进攻。但葡萄牙人有强有力的海上力量支持，联合攻势未能成功。

葡萄牙人自知无力深入印度腹地，在内陆扩张很难，他们的预定目标是把整个马拉巴尔海岸地带置于自己控制下，能直接占领的直接占领，不能占领的也要使其统治者屈从于己。西海岸中部地区已处在其控制下，当他们从这里进一步向南扩张时，与势力已达到东海岸的南印大国维贾耶那伽尔遭遇。维贾耶那伽尔那时主要的敌人是其北部的巴曼尼，双方长期处于战争状态。维贾耶那伽尔的第一愿望是从垄断了海路的葡萄牙商人手里得到军队需要的良种马，所以尽量避免和葡萄牙人发生正面冲突，还给予一些让步，如允许在巴特卡尔建立一个堡垒。但葡萄牙人所到之处，继续肆无忌惮地进行掠夺。最初，维贾耶那伽尔希望以和平的方式约束他们，1547 年与葡萄牙人签订条约，给他们的贸易提供许多方便。然而，条约签订不久就被葡萄牙人破坏，他们继续勒索抢劫，一切暴行依旧。维贾耶那伽尔决定给予惩罚。1558 年，在朝中掌实权的大臣罗摩拉雅同时派两支军队攻打葡萄牙人在西海岸的据点。一支由他亲自率领，进攻圣汤姆，这是这次战役的主要打击方向；另一支派手下将军率领进攻果阿，目的是分散葡萄牙人的注意力，防止其从果阿增援圣汤姆。罗摩拉雅这边顺利占领了圣汤姆，葡萄牙人求和，获取一大笔贡赋而返。进攻果阿的军队也给予了葡萄牙人应有的惩罚。葡萄牙人经过此一战役，更清楚自己在陆战方面处于劣势，此后一段时期在沿海岸掠夺方面也不得不有所收敛。

莫卧儿帝国兴起后，与葡萄牙人也逐渐有了接触。1537 年，葡萄牙人利用胡马雍即位之初的不稳定局势，从孟加拉统治者那里得到了在濒海的胡格利建立定居点的权利，随即建立了一个设防堡垒。以此为据点，不断在沿海进行海盗活动，并对周围农村和市场进行骚扰。1573 年，阿克巴围攻西海岸的苏拉特时，葡萄牙人从果阿派代表团觐见他，表示希望建立友好关系。阿克巴对葡萄牙人在西海岸的扩张是关注的，不过最初还无力处置。他倒是希望自己以后在征服南印时能得到葡萄牙人的帮助，为此，他邀请果阿的葡萄牙总督派使节来朝廷会谈。葡萄牙总督希望能通过接触，劝说阿克巴改宗天主教。1580 年、1591 年有两个葡萄牙耶稣会使节团来到阿克巴的都城，1595 年第三个使节团来到拉合尔。阿克巴友好地接待他们，向他们了解天主教情况，允许他们在印度建立一所学校和一座教堂。阿克巴无意改宗天主教，葡萄牙总督也无意给予阿克巴任何帮助，双方的关系没有进一步发展。当得知葡萄牙人强占苏拉特附近的布尔萨尔村庄后，阿克巴对葡萄牙人产生了反感和憎恶情绪，不再与其联系。沙贾汗统治时期，葡萄牙人在孟加拉沿海的海盗活动更为猖獗。葡萄牙人已经得到了在孟加拉经营食盐贸易的垄断权，并享受多年这种特权。但他们不满足于此，还在沿海岸进行海盗活动，在陆上侵犯帝国领土，强迫居民改宗天主教，并支持阿拉干的统治者与莫卧儿帝国敌对。沙贾汗决定给予惩罚，1632 年派军攻占葡萄牙人建立的胡格利堡，葡萄牙人仓皇从海上逃走。

整个16世纪，葡萄牙独占东方航线，垄断印度与欧洲的贸易，在东方海上处于无敌地位。17世纪初，形势才发生变化。此时葡萄牙国势衰落，已无力阻止其他国家商船进入东方海道。荷兰人捷足先登，率先闯入香料群岛，取代了葡萄牙的地位；又来到印度，抢占葡萄牙的商馆，排挤它的商业势力。英国人也很快跟进，不仅在印度抢占葡萄牙人商馆，还夺占葡萄牙人在波斯湾的基地霍尔木兹。葡萄牙在印度的阵地逐渐丧失，只保留果阿、达曼、第乌等据点和少数商馆。到17世纪末，其在印度的商业活动基本停止。

葡萄牙人在印度始终未能深入次大陆内地，他们没有这种力量。莫卧儿帝国出现后，他们面对这个强大的对手更不能轻举妄动。

二　荷兰殖民者的侵略活动

荷兰商人16世纪末就成立了一些公司来东方贸易，1602年这些小公司联合成为荷兰东印度公司，由国家授权垄断对东方的贸易，并授予宣战、媾和、占领领土、建立要塞等特权，开授予贸易公司政治、军事特权的先例。荷兰人来东方的重点在于夺占东南亚的香料群岛，取代葡萄牙人垄断香料贸易，来印度贸易是第二位的任务。1605年，荷兰人经南印高康达国王同意，在东南海岸的马苏利帕塔姆建立了在印度的第一个商馆（见图11-1）。在以后的数十年内，又在古吉拉特、马拉巴尔海岸，孟加拉、科罗曼德海岸建立一批商馆，其中重要的有（包括夺占葡萄牙人的）：普利卡特、苏拉特、宾利帕坦、卡里卡尔、钦苏拉、卡锡姆巴扎尔、巴拉纳戈尔、巴特那、巴拉绍尔、尼加帕塔姆和科钦等。普利卡特是其总部所在地，后迁移到尼加帕塔姆。荷兰人还在香料群岛

图11-1　荷兰东印度公司商馆

掌握了贸易主导权。这样，荷兰人就取代了葡萄牙人，在欧洲与印度、东南亚的香料贸易中处于主导地位。和葡萄牙人比较起来，荷兰人在印度主要是扩张贸易，直接的暴力掠夺相对少些。这是因为：第一，环境不同了，印度已建立强大的莫卧儿帝国，它正在北印度进一步拓展领土，南印有比贾普尔、高康达两个较大国家，分裂程度相对减弱；第二，葡萄牙船只、人员是国家派的，是皇家经营的事业，而荷兰人是私人商业公司，靠国家支持，公司力量有限，不敢轻易造次；第三，荷兰是新教国家，没有葡萄牙人那种宗教狂热。这当然不是说荷兰人就不搞暴力掠夺了，例如它以武力推行胡椒贸易垄断，对一些王公发动战争，其掠夺性不亚于葡萄牙人。

荷兰人来印度海岸最初主要是追逐香料，很快他们就发现，科罗曼德海岸制造的精细棉布在东南亚很受欢迎，把这里的棉布运往东南亚本身利润就很高，而且可以补充在那里收购香料的资金。这样，印度棉织品就成了荷兰人贸易的另一主要商品。荷兰人此后每年从科罗曼德海岸、孟加拉、比哈尔、古吉拉特输出纺织品、生丝、动植物油、硝石、大米等，从马拉巴尔海岸输出香料。香料和部分纺织品输往欧洲，其他产品输往香料群岛和附近亚洲国家。17 世纪后半期，荷兰从印度输出的商品总值超过其他所有国家。

三　英国东印度公司的早期侵略活动

英国王室和大商人早就怀着羡慕、嫉妒的心情注视着葡萄牙、西班牙的海外扩张。国王也曾派航海家探索来东方的航路，但失败了；也曾派商人从海路、陆路来东方要求贸易，但多半中途受阻。1588 年英国歼灭西班牙无敌舰队，成为海上大国后，极欲冲出大西洋，改变在殖民扩张中的落后地位。荷兰人在东方新近取得的成功刺激了英国商人，荷兰人在欧洲提高香料价格也惹恼了他们，促使他们下决心也要直接参与东方贸易与竞争。此时，来东方的海路已不存在垄断，荷兰人打破葡萄牙人的垄断后自己也无力垄断，这使英国人来东方不存在障碍。

1599 年 9 月 24 日，伦敦大商人集会，决议建立一个对东印度贸易的公司，向国王提出申请。1600 年 12 月 31 日，英国女王伊丽莎白允准，授予特许状。公司定名为“伦敦商人对印度贸易的总裁和公司”。参与申请的

215 名商人、贵族、市议员等获准为公司成员。按规定，应从中选出一名总裁和 24 名董事，负责安排对印航行贸易和管理一切相关事务。第一任总裁是伦敦市议员兼黎凡特公司总裁托马斯·史密斯。英王的特许状授权公司垄断从玻那·埃斯佩兰萨角至麦哲伦海峡间广大地区的贸易十五年。1609 年国王詹姆士一世续延了特许状，并把十五年期限改为永久性的授权。

最初的公司是约章公司性质，无固定资本，每次航行由公司的成员自行出资准备货船，谁出资谁受益。1612 年起，公司改组为股份公司，有固定资本。最初股东限于作为公司创立成员的那 200 多人，后因资金不足扩大招股，突破了成员的限制，又建立了股东大会和董事会。从此公司具有了近代商业组织形式。

但东印度公司不是普通的商业公司。除有贸易垄断权外，在它成立以后数十年中，还逐渐从国王那里得到贸易以外的特权，而且范围越来越大，不但国王授予，议会后来也授予。

第一，是对公司职员的立法和司法权。1600 年特许状就允许公司制定法律，约束自己的职员，对违犯者可以处以罚款、监禁。1615 年国王又授权公司可对罪犯判各种刑罚以至死刑（要有陪审团的裁决），条件是公司颁布的法律不得违背英国现行法律。授予公司立法、司法权被认为是在远洋贸易情况下保证内部秩序所必需的。

第二，是建立要塞、武装防卫、任命官员管理的权力。1661 年国王查理二世颁发的特许状准许设防和建立武装力量守卫，还规定公司有权任命官员管理要塞。这被认为是保卫商业利益的需要。后又允许派遣战船，运送弹药，保卫商馆和贸易点，并可任命指挥官。

第三，建立军队的权力。1669 年特许状允许英国的军官和士兵为公司服务。据此，公司建立了最早的军队。1683 年允许招募军队。1686 年允许建立海军。

第四，1677 年特许状允许公司建立铸币厂，铸造印度货币供公司在印度使用。

第五，对非基督教国家宣战媾和的权力，即对东方国家发动侵略战争的权力。这是 1683 年特许状规定的。

第六，有权自行处理战争得到的领土，包括占有及其他处置，即授予公司占领领土权，但国王保留对公司所占领土的最高领有权，这也是 1683

年特许状规定的。

第七，建立政府和法院，即授予统治权。这是后来在马德拉斯、孟买等地建立殖民据点后得到的授权（见1687年特许状和1726年特许状）。

东印度公司既得到这样多的贸易以外的权力，就不再是纯商业组织，而且成为一个商业、政治、军事、司法四合一的组织了，其特权比荷兰东印度公司得到的还要广泛。这样一个组织正是英国对东方进行殖民侵略所需要的工具。

英王和英国议院这样做的好处是：在政府还没有足够的实力直接从事海外扩张的情况下，支持公司进行海外扩张，有利于迫使东方民族就范，有利于击败国际竞争者；海外贸易能带动英国手工业、商业、航海业的发展，并从海外大量掠夺财富，这正是英国资本原始积累的迫切需要；由公司出面抢占殖民地，扩大势力范围，英国统治者既可坐收渔人之利，又无须为侵略战争担负费用和风险。可见，这是一举数得的事，东印度公司在前台活动，其幕后指挥就是英国统治当局。

17~18世纪，不断有英国商人反对东印度公司的贸易垄断权，要求有分享利益的机会。东印度公司为维护既得利益大肆行贿，有时也应政府之求贷款给政府。英国革命后，国王颁发的特许状失效，需要有议会的特许状。克伦威尔以公司保证借款给政府作为更换特许状的条件，开政府强迫公司借款的先例。以后政府的要求越来越高，公司无力全部应承。1698年，议会通过法案，允许能向政府贷款200万英镑的个人或团体成立新的对东方贸易的公司。一批商人答应贷款，成立了“英国对东印度贸易公司”。原来的公司按议会规定三年后要解散。后来经过调解，新老两公司决定合并，1708年成立“英商东印度贸易联合公司”，简称“联合东印度公司”。新公司根据议会1698年特许状存在，各种先前由国王授予的特权都被保留。此后，在印度扩张、征服、统治的就是这个联合东印度公司。

东印度公司1601年开始派船来东方贸易。最初的目标是得到香料，目的地是东南亚的香料群岛（东印度群岛）。第一、第二次航行只到爪哇和香料群岛，第三次航行公司才派员来印度。1608年第三次航行的主要目的地仍是香料群岛，但三艘船之一的“赫克托尔”号船长霍金斯奉公司董事会之命，在由班达岛返航途中，把船驶到印度西海岸的苏拉特，从那里赴阿格拉觐见莫卧儿皇帝贾汉吉尔，递交英国国王书信，要求通商。霍金斯1609年才见到皇帝，在宫廷住到1611年11月。贾汉吉尔有意答应，但葡萄牙人从中作梗，霍金斯一无所得。直到1612年公司第十次航行时，有两艘船来印，在苏拉特附近海面遭遇葡萄牙战船并击败它，公司才得到贾汉吉尔允准1613年在苏拉特设立商馆。这是英国人在莫卧儿帝国境内设立的第一个商馆。此前，公司1611年派人来南印的高康达国要求通商，经国王允准，在马苏利帕塔姆建立了商馆。

公司进入印度后，经过调查，对在印贸易的远景有了新的认识：马拉巴尔地区盛产胡椒，可输欧洲；印度棉布在欧洲畅销，利润很高；印度棉布在香料群岛和印尼其他岛屿销路更广，可在那里销售，用其所得就地购买香料，转销欧洲。总之，在印贸易既可支持香料贸易，本身又有独立发展的广阔前景。东印度公司深受鼓舞，经营印度的积极性空前提高。

方针既定，首要的任务是争取莫卧儿帝国和南印国家统治者允许其在印度建立更多商馆。英国东印度公司来印度，在时间上晚于荷兰人，更晚于葡萄牙人。其时，葡萄牙人和荷兰人已在印度东、西两海岸建立了大批商馆，在不同的地区分别掌握了贸易主导权，英国人必须和他们竞争，或打败他们，或用各种办法取悦莫卧儿帝国统治者和地方统治者，取得他们的好感，才能为自己争取到立身之地。1614年，公司的船队在苏拉特发现莫卧儿帝国的地方官不满葡萄牙人的专横，就支持他们打败葡萄牙船队。莫卧儿皇帝贾汉吉尔很高兴，颁令允许英国东印度公司与莫卧儿帝国建立长久贸易关系。葡萄牙传教士在莫卧儿宫廷不断耍阴谋阻挠英印贸易的开展。1615年英王詹姆士一世任命托马斯·罗为大使，常驻莫卧儿宫廷。托马斯·罗1616年初觐见贾汉吉尔，建议英印签订友好通商条约，贾汉吉尔不愿，但在英国使臣的反复要求下，1618年颁布敕令，允许英国人在莫卧儿帝国境内自由贸易和开设商馆，条件是照章纳税。托马斯·罗1619年带着这个成果回国。

到这时为止，英国东印度公司还是以经营香料贸易为主要目标，期望同时在印尼、印度两地发展贸易。公司在爪哇的万丹有一商馆，主要经营胡椒。荷兰人此时已通过与各土王订约，逐步控制了整个香料群岛的贸易，不愿英人插手进来。英国人想争取安汶岛统治者同意，在那里建商馆，经营丁香、肉豆蔻的贸易。荷兰人认为这是威胁，便利用自己在那里已取得的优势地位打压英人。1623 年发生了“安汶事件”，9 个英国人被杀。英国东印度公司在香料群岛无论军事上还是经济力量上都不是荷兰人的对手，不得已，只好退出在香料群岛的竞争，从此便集中精力经略印度。对英国人来说，“安汶事件”发生之前他们已有此考虑，事件的发生促使他们下定决心。他们怎么也没有想到，这一退却是因祸得福。英国人从此以印度为主要侵略目标，最终得以独吞了这块最大的肥肉。

欧洲和印度贸易的重要通道有两条：一条是绕非洲航线，另一条是通过波斯湾或红海。当英国人有了把经略重点集中在印度的考虑后，很快就认识到，印度的精细棉织品将是他们的大宗输出品。在西海岸，古吉拉特是棉织品的主要产地和输出的重要出海口。这里离波斯湾和红海较近，海程较短。东印度公司已在苏拉特设立商馆，早就考虑要尽快在波斯湾和红海设立据点，以介入这条通道的贸易并设法控制这条重要通道。1622 年，在“安汶事件”发生前，在波斯人的帮助下，英国东印度公司就夺占了葡萄牙人在波斯湾的基地霍尔木兹，并增设防卫，从此在波斯湾占据上风。

为了迅速扩张自己的商业势力，东印度公司抓住每个机会在印度东、西海岸甚至内地大量建立商馆。在科罗曼德海岸，1626 年在高康达国的阿尔马冈建馆。1639 年，东印度公司以每年 600 英镑，从昌德拉吉里罗阇（前维贾耶那伽尔王国统治者后裔）手中租得沿海土地和一个小岛，建立圣乔治堡，后发展为马德拉斯市（1653），成为其在科罗曼德海岸的主要基地。在该罗阇被高康达国王征服后，这块地的主权归高康达。在孟加拉湾沿岸，1633 年在奥里萨的哈里哈普尔、巴拉绍尔分别建馆。1651 年得到莫卧儿皇帝沙贾汗允准在孟加拉胡格利建馆，后又在卡锡姆巴扎尔和比哈尔的巴特那建馆。1658 年，所有孟加拉、奥里萨、比哈尔以及科罗曼德海岸的商馆都被置于圣乔治堡管辖下。1690 年公司在孟加拉胡格利河口的苏塔纳提建商馆，1698 年在这里建立威廉堡，后发展成加尔各答市。从 1700 年起，处在孟加拉、奥里萨、比哈尔的商馆不再归圣乔治堡领导，转归威廉堡管辖。在西海岸，1668 年得孟买（原为葡萄牙人侵占，1661 年葡王作为公主陪嫁礼物赠送给英王查理二世，英王转赠给东印度公司），1687 年以后公司在西海岸的中心由苏拉特迁到孟买。所有在西海岸的商馆归孟买管辖。这样，到 18 世纪初，英国东印度公司在印度各地的商馆就连成三片，在此基础上，形成了马德拉斯、孟加拉和孟买三个商业管区，每个管区辖一批商馆。1647 年公司有 23 个商馆，18 世纪初，远远超过此数。

图 11-2　孟买海面的英国商船

17 世纪中期，公司在印度的地位初步巩固后，就开始谋求贸易特权，这是它早就觊觎的。1632 年，高康达的苏丹颁发给公司一个“黄金诏谕”，允准它每年缴纳 500 帕戈达（南印金币）即可以在该国所属各港自由贸易，无须缴税。这等于只征收少量固定关税，对公司十分有利。公司又力图从莫卧儿帝国得到这种特权，但莫卧儿统治者不愿轻易给予。1651 年，孟加拉纳瓦布（原为省督称号，此时是国王称号）沙·舒贾因公司医生治好了他的病，特许英国人在每年缴 3000 卢比的象征性税款后，可在孟加拉境内贸易，免除一切税收。这对公司是极大的优惠。1656 年，纳瓦布另一个命令重申不得向公司另外征税，不得干预公司的贸易。公司承认这个命令是“收买的”。但沙·舒贾的后继者并不打算受这个命令的约束，从增加税收考虑，他们要求英国人和别国商人一样缴税。不过，他们最后还是做了让步，同意保留这个特权。

公司滥用这一特权，为了规避在苏拉特等港口缴纳关税，他们尽量使英国货物在孟加拉进口，这严重损害了莫卧儿帝国的财政收入。1680 年奥朗则布颁令规定，英国商品和其他国家的商品一样，要缴 2%的关税，另收 1.5%的人头税，合计征 3.5%，此外不应再有别的索求。这意味着撤销了孟加拉纳瓦布给公司的免税权，对公司是个打击，何况对地方索求的限制事实上根本不起作用。公司恼羞成怒，不惜以战争逼迫莫卧儿皇帝让步。公司董事会主席此时是乔赛亚·蔡尔德，他是个狂热的殖民主义分子。他对奥朗则布的敕令极为不满，于1686年从英国派来10艘战船和1000名士兵，10月对胡格利、希季里、巴拉绍尔等莫卧儿要塞发起攻击，挑起了战争。孟加拉纳瓦布谢斯特汗最初失利，很快转败为胜。1687年公司又从伦敦增派战船来印，进攻吉大港。为配合孟加拉英人行动，公司的孟买管区总督约翰·蔡尔德在1688年12月封锁西海岸莫卧儿帝国港口，掳掠船只，并派船到红海、波斯湾扣截朝圣香客船只。奥朗则布大怒，下令对英国商馆实行全面攻击。巴特那、卡锡姆巴扎尔、马苏利帕塔姆、维札伽帕塔姆、苏拉特等地的商馆都被占领。公司认识到自己显然低估了莫卧儿帝国的实力，不得不向奥朗则布谢罪乞和。根据1690年缔结的和约，公司赔款17000英镑，保证以后要规规矩矩地贸易，不得再兴祸端。奥朗则布允许公司继续在印贸易，但要英撤换约翰·蔡尔德，后者被撤换前就死了。奥朗则布这时在国内的处境困难，为安抚英人，稳定局势，1691年主动让步，恢复英国人在孟加拉每年缴3000卢比免税的特权，换言之，恢复1651年的秩序。这种退让是英国人求之不得的。

奥朗则布去世后，公司见他的继任者们软弱，便趁机要求得到更多特权。1715年孟加拉管区派约翰·苏尔曼觐见皇帝法鲁克西亚尔，提出种种要求。法鲁克西亚尔本身软弱，怕出现动乱，加之随苏尔曼前来的医生治好了他的病，就于1717年颁布敕令，肯定了公司在孟加拉和原高康达国①境内得到的缴固定税款特权，又规定在古吉拉特每年缴1万卢比税款免除一切关税和税收。还允许公司铸造印度货币，在印度通用。这就使公司在贸易上处于特权地位，不但其他国家商人无法相比，就是印度商人也望尘莫及。莫卧儿皇帝把这么多特权拱手相送，十足表现了封建统治者的昏庸。

在谋取商业特权的同时，公司开始在印度建立据点，作为日后扩大侵略的基地。

17世纪中期由圣乔治堡发展而成的马德拉斯是第一个这样的基地。圣乔治堡驻有军队。这个新城市除了英人居住，还有印人居住区。商馆成了政府，商馆主管人成了统治者，其职员成了主持行政、司法机关的官吏。

① 高康达国家1687年被莫卧儿帝国兼并，成为莫卧儿帝国领土的一部分。

他们利用土著上层，给予一定职责，令其维持社会秩序。商馆还以分摊防务费的名义向印度居民收费，这就是最早的税收。显然，马德拉斯已经成了一块小型殖民地，尽管这块土地是租来的。当马德拉斯逐渐发展起来使公司看到好处后，其占领领土的野心更得到发展。1685 年，当高康达面临莫卧儿帝国的征服，希望得到英国人帮助时，公司提出的条件是，高康达苏丹承认公司对马德拉斯拥有主权。这个无理要求没有被接受。高康达 1687 年被莫卧儿帝国兼并。

孟买的获得使公司有了第二块小型殖民地。公司每年缴给英王 10 英镑租金，象征承认英王对这块地的主权。在公司看来，这块土地是英王赠与的，与印度毫不相干。它在这里建立了政权，苏拉特商馆的主管人兼任孟买总督，印度居民要向公司纳税。1686 年公司在这里建铸币厂，铸造印度货币。奥朗则布对此曾经很生气。

这两个小型殖民地的建立给公司带来了新的经济利益——税收收入。附近许多印度人，包括商人，为避免战乱迁居两地，使两地人口不断增加，税收也随之增加。

两个小型殖民地的建立，展示了在印度建立殖民帝国的诱人前景，大大刺激了公司决策者们占领领土的贪欲。17 世纪 80 年代起，公司在指导思想上已明确地把占领领土、建立殖民帝国作为与贸易同等重要的任务。1688 年公司董事会通过决议，要其在印度的代理人努力在印度“建立一种行政和军事权力的体制，并设法获得大量的税收，作为未来在印度建立一个广大、巩固和安全的英国领地的基础”。[①] 在另一份文件中又说，事态的发展“正创造条件，使我们成为印度的主权国家”。[②] 公司 1686～1688 年冒险对莫卧儿帝国发动战争也与这种指导思想有关，这次挑衅的策划者、公司董事会主席乔赛亚·蔡尔德在一本小册子中公开鼓吹把公司从一个纯粹商业组织变成一个“在印度的主权国家”。[③] 公司在 17 世纪 80 年代提出这样的目标，是因为看到奥朗则布统治后期，起义接二连三，统一局面有可能瓦解。但那次战争的可耻失败使他们认识到，实现这个目标的时机还没有成

---

① C. L. 雷德：《商业和征服》，伦敦，1971，第 47 页。

② 汤普逊、戈拉特：《英国在印度统治的兴衰》，阿拉哈巴德，1958，第 37 页。

③ C. L. 雷德：《东印度公司内幕》，伦敦，1979，第 49 页。

熟，还需要等待。

17 世纪，在扩大殖民侵略基地方面的新进展，是威廉堡的建立，后发展为加尔各答市。公司在孟加拉内地有一些商馆，但在胡格利河出海口没有，它一直要求在那里设立商馆，直到 1690 年才被允准在苏塔纳提设立。1698 年公司以 1200 卢比从一个王公手里买到商馆所在地和附近另两个乡村的柴明达尔权，在这块土地上建立了威廉堡（1698），逐渐形成新的居民区。公司以柴明达尔权为依据对当地居民实行统治和征税，商馆成了政府，这就形成了公司的第三个小型殖民地——加尔各答。1735 年加尔各答居民达 10 万人，1744 年孟买居民约 7 万人。

四 法国东印度公司的早期侵略活动

法国商人 17 世纪初来过印度，但没有站稳脚跟。1664 年法国东印度公司成立，才真正着手在印度发展商业势力。法国公司与荷兰、英国的公司不同，它是专制制度的产物。公司由国家控制，贷给资金，主要人员由政府任命。来自巴黎的事无巨细的指挥和监督，妨碍它在印度发挥主动性和灵活性。巴黎的指挥常常是过时的、脱离实际的，但公司不能不听从，所以其早期活动进展迟缓。1668 年，公司在苏拉特建立第一个商馆，1669 年在马苏利帕塔姆建立了第二个。法国人看到自己在印度的角逐中落后，急于赶上。1672 年公司以武力占领了高康达国的圣托梅，次年，被高康达与荷兰人的联合武装击败，只得放弃。但这一年他们从卡尔那提克的比贾普尔领地的省督那里买到沿海一小片土地和村庄，在这里建立了据点，奠定了法国人后来在印度的基地——本地治里的基础。17 世纪 90 年代，他们在孟加拉建立了昌德纳戈尔商馆，18 世纪 20～30 年代又在马拉巴尔海岸的马埃和科罗曼德海岸的卡里卡尔建立了商馆。荷兰与法国在欧洲的角逐对法国人在印度的地位有不利的影响。本地治里 1693 年被荷兰人占领，1697 年才归还。18 世纪初该地人口达到 4 万人。法国公司财政拮据，18 世纪初把在苏拉特、马苏利帕塔姆的商馆都放弃了。直到 18 世纪 40 年代初，法国人在印度的角逐中一直处于很不显眼的地位。

五　英、法殖民者侵略野心的增长和激烈角逐

到18世纪中期，在印度的西方殖民主义势力中，葡萄牙人已经衰落，只保有果阿、第乌、达曼等少数据点；荷兰人一直与英国人进行激烈的商业竞争，但显然处于下风，因为英国人获得了商业特权，荷兰人却没有，在军事力量和外交能力方面，他们也不是英国人的对手；法国人更处于次要的地位。英国人本来是独具优势的，岂料法国人18世纪40年代后在新的形势下突然活跃起来，势力迅速膨胀，使局面突变，对英国人的优势构成挑战之势。这样，18世纪殖民列强在印度的角逐便主要表现为英法互争雄长，如今已不是商业竞争，而是争夺在印度的殖民霸权了。

18世纪上半期印度割据局面的出现和波斯、阿富汗人的入侵极大地刺激了英法殖民者的侵略野心。英国人一直在等待这一天，现在认为时机终于来到，便准备采取行动。可是，就在他们采取行动前，却突然发现，法国东印度公司已早于他们抢先动手了。

法国人突然变得迅速起来与杜布莱克斯任总督有直接关系。他是一个野心勃勃而又精于盘算的殖民主义者，1742年被法国政府任命为本地治里总督后，鉴于印度的风云突变，便积极筹划如何趁印度内乱之机，在南印度建立一个殖民帝国。他几乎是未经踌躇便得出了应该立即行动的结论。他认为只要有一支按欧洲军队方式训练的印度雇佣军，就可以征服或控制处于混乱中的印度小封建国家。此前（1740），法国人已开始建立一支印度雇佣军队伍，由法国军官指挥。杜布莱克斯立即扩大其规模，不过他认为，在诸侯纷争的情况下，最有效的扩张途径是设法利用诸侯的内部纷争和诸侯间的纷争，实现政治控制，必要时再使用武力。杜布莱克斯首先插手海得拉巴的王位之争，实现政治控制。他的这套谋略使法国东印度公司的活动急剧转向，建立殖民帝国的目的超过商业考虑，成为公司首要任务。

当发现法国人已走到自己前面时，英国人便迅即仿效法国人建立印度土兵队伍（1746），同时开始插手印度封建王公的内争。

英法殖民者怀抱同样的野心，都不愿让对方占据优势，这就不可避免

地要发生尖锐冲突。这种冲突迅速演变成战争，这就是卡尔那提克战争[①]。卡尔那提克战争进行了三次。第一次（1746~1748）是奥地利王位战争扩展到印度。英国海军捕获法国船只，法国舰队来印度报复，1746 年法军攻克马德拉斯[②]。卡尔那提克的纳瓦布认为在他的领土上出现法军占领英国据点的情况是不能允许的，派兵助英，也被击败。英国人从陆海两路进攻本地治里，以图改变战局，但没有成功。这时奥地利王位继承战争结束，英法在印度的战争遂即停止。根据在欧洲签订的《亚琛条约》，马德拉斯归还英国人。第二次卡尔那提克战争（1749~1754）完全是由英、法东印度公司在印度的争夺引起的。法国人积极地在海得拉巴扩张势力，1748 年分别插手海得拉巴和卡尔那提克王位继承争端，希望借扶植傀儡控制这两个国家。海得拉巴的统治者尼扎姆这年去世。儿子纳西尔·贾即位，外孙穆扎法尔·贾起而争夺王位，得到法国人支持。在卡尔那提克，此时也发生了王位争端，法国人支持前纳瓦布的女婿昌达·萨希布争夺王位。杜布莱克斯与海得拉巴、卡尔那提克的这两个王位争夺者结为同盟。1749 年在安布尔击败并杀死了卡尔那提克的纳瓦布安瓦尔-乌德-丁，昌达·萨希布成了纳瓦布。安瓦尔-乌德-丁之子穆罕默德·阿里逃到特里契诺波里，被法军包围。英国人立即采取针锋相对的行动，支持卡尔那提克的穆罕默德·阿里和海得拉巴的纳西尔·贾，并派一支 300 人的队伍站在纳西尔·贾一方作战。1750 年，纳西尔·贾被杀，法国支持的穆扎法尔·贾成了海得拉巴的统治者。为感谢法国盟友，他任命杜布莱克斯为克里希那河以南至科摩林角之间广大地区的省督，并让与本地治里附近及奥里萨部分沿海地区领土，一支法国军队被要求常驻海得拉巴。杜布莱克斯在南印建立帝国的美梦似乎就要实现了。

在卡尔那提克，两派斗争的结果与海得拉巴正好相反。英国人全力支持穆罕默德·阿里，为解特里契诺波里之围，公司职员克莱武提议突袭昌达·萨希布的都城阿尔科特。在得到上级同意后，他率领一支 800 人（包括土兵 500 人）的军队，于 1751 年 9 月 12 日突袭成功，占领了阿尔科特。昌达·萨希布急速返兵攻城，53 天未下。英军又打败进攻马德拉斯的法军。

---

① 因战场在卡尔那提克，故得名。

② 莫卧儿帝国分裂后，马德拉斯在卡尔那提克境内。

1752年，昌达·萨希布向坦焦尔罗阇投降被杀，穆罕默德·阿里成了卡尔那提克的纳瓦布。1754年英法两方签约，承认穆罕默德·阿里的合法地位。这样，英、法争夺的结果等于打了个平手：法国人强化了对海得拉巴的控制，而英国人在卡尔那提克取得了支配地位。法国人被迫放弃所占据的北西尔卡尔（即奥里萨沿海地带），其成了英国人的势力范围。

1756~1763年发生了第三次卡尔那提克战争。这是英法在欧洲进行的七年战争（1756~1763）在印度的扩展。此时由于英国人已在孟加拉得势，英法在印度的力量对比显然有利于英国人。1757年3月，法国人在孟加拉的据点昌德尔纳戈尔被英军占领。1758年英法两国都派军队来印。法军攻占大卫堡，但围攻马德拉斯失败。英国舰队打败法国舰队，然后全面反攻。到1761年，本地治里、金吉、马埃等法国的据点一个接一个投降，法国人丧失了一切据点。根据七年战争结束签订的《巴黎条约》，本地治里等5个据点交还法国，但不能设防。从此，法国人在印度仅保留商业势力，不复成为英国的政治竞争对手。杜布莱克斯在印度建立法国殖民帝国的美梦最终破灭。

法国在印度角逐的失败是必然的，这不仅是因为法国东印度公司实力逊于英国东印度公司，更重要的是法国的实力逊于英国。可以说战争的结局主要不是在印度决定的，而是由英法世界商战中的实力对比所决定。

殖民主义者是打着贸易旗号来印度的，但从一开始就把贸易和掠夺结合在一起，把商业活动和武力侵略结合在一起。在他们早期商业活动中，其侵略野心和行动就已暴露出来。他们攫取特权，觊觎领土，处心积虑地掠夺印度的财富。没有什么是他们不想做的，唯一的限制是环境不允许，力量达不到。乔赛亚·蔡尔德之流在17世纪末就敢以微末之力对印度发动战争，足以证明在利益的诱惑面前他们丧失理智会达到何等程度！只有碰得头破血流，才能使他们睁眼面对现实。

在一段时期内，他们唯一可行的是暂时进行正常的贸易活动。他们不得不这样做。只要事情局限在这个范围内，应该说，他们的贸易活动对印度来说并非全然无益。他们对棉纺织品、香料、生丝、硝石、蓝靛等的大量需求和订购，刺激了印度经济作物的种植和手工业生产；各国公司通过印度商人网络，深入农村、集镇，提供预付款，收购产品，促进了商品货币关系在城镇和农村的发展，对自然经济产生了强烈冲击；大量金银的流入，就像古代印度的外贸一样，使印度的财力增加。这些，对印度经济发展客观上不失为有利之举。17 世纪中期印度资本主义萌芽的出现与这种形势是密切相关的。

然而，这绝不是他们来印度的初衷。在商业活动的掩盖下，他们没有一天不在为实现殖民征服做准备。他们逐渐摸清了印度情况，制订了扩张和征服计划。在南印度卡尔那提克和海得拉巴的行动只是初试锋芒。就像一群凶猛的狼，他们目不转睛地恶狠狠地紧盯印度政局，只要机会来临，就会一跃而起，发动猛扑。

第十二章

穆斯林王朝统治在社会和文化方面带来的变化

一　在社会方面带来的变化

穆斯林王朝（德里苏丹国和莫卧儿帝国）统治给印度社会打上了伊斯兰的烙印，不过由于无力征服印度教，它远远做不到同化印度教社会，只能使伊斯兰教和印度教两个社会平行共存，靠行政权力把伊斯兰教宣布为国教，凌驾于印度教之上。这样，其对印度社会的影响就只能是局部的、有限的。有些方面带来的改变大一些，有些方面则改变很小。

在穆斯林王朝的统治下，印度的教育制度依然是以宗教教育为主，不过世俗基础教育内容开始受到重视，教育有所发展，阿克巴统治时尤其显著。

直到莫卧儿帝国时期，印度都还没有官办的教育机构。教育附属于宗教，以寺庙（佛教寺院、印度教神庙、伊斯兰教清真寺）办学为主，有学问的婆罗门、佛教高僧和伊斯兰教学者也招收弟子，私人传授。德里苏丹国和莫卧儿帝国时期，印度教、伊斯兰教都有各自的基础教育学校和高等学院。一般是本宗教的子弟上本宗教的学校。基础教育学校就近招收男女儿童入学，高等学院的学生来自不同地区。德里苏丹国时期因对印度教采取压制政策，穆斯林教育受到支持，印度教寺庙办学遭到削弱。莫卧儿帝国时期，这种现象得到扭转。莫卧儿君主们虽没有建立统一的教育制度，也没有成立专门的教育主管机构，但一般来说对教育是重视的，在财力上给学校以资助，不论是伊斯兰教的还是印度教的，都鼓励发展，对各宗教的学者都实行积极保护的政策。因此，直到奥朗则布实行打击印度教的反动政策以前，无论伊斯兰教的教育还是印度教的教育都得到了较大发展。

德里、阿格拉、法特普尔-西克里、勒克瑙、安巴拉、瓜辽尔、克什米尔、阿拉哈巴德、拉合尔、江普尔、锡尔科特等地是穆斯林高等教育中心。教学语言是波斯语。不同的高等学院在教学研究领域方面各有专长，并因其专长而享有盛名。如德里的沙·瓦利·乌拉学院以研究传统的生活价值闻名。勒克瑙的法兰吉·玛哈尔学院以法学教育的高水平著称。学院都还没有考试制度，学生的升留级全由教师根据自己对学生的了解决定。自然，一个学校教育水平的高低取决于教师水平的高低，最著名的学校和教师受到最大的尊敬。印度教的学校教学用语是梵语或地区语言。贝拿勒斯、阿拉哈巴德、马土腊、纳迪亚、米提拉、阿底亚、斯利那加等地是印度教高等教育的主要中心。其中贝拿勒斯的学院因在宗教、语言、文学的研究方面取得较高成就而享誉全国。基础教育学校在城乡都较普遍。儿童一般5岁入学，男女并招，四年结业。如果继续深造，再申请进高等学院。女孩进高等学院的很少，低级种姓的女孩通常家长不再让其上学，高级种姓的殷实家庭一般选择延请家庭教师，而不让年轻女子去学校抛头露面。无论伊斯兰教学校还是印度教学校，本来主要是教授与宗教有关的课程，阿克巴统治时特别规定，数学、历史、地理等非宗教科目也要列入教学范围，表明教育开始突破纯宗教教育的局限，世俗基础教育开始受到重视。虽未能在全国推行，有些学校还是实行了。这是一个重要变化，拓展了知识传授的范围，对学生开阔眼界是非常必要的。既然教学已不限于宗教内容，有的学院吸收学生也开始打破教派界限，伊斯兰教高等学院接受印度教学生，印度教高等学院也招收伊斯兰教学生。不过这种情况只限于少数学院，两大宗教的正统派强烈反对跨宗教混合办学。莫卧儿帝国时期，都城和有些大城市设有图书馆。1641年阿格拉图书馆藏书有24000册。

穆斯林王朝统治几乎没有对印度妇女地位带来改善。无论在印度教内还是伊斯兰教内，妇女都仍然是受歧视的。固然，社会上层或高种姓的妇女由于有机会接受高等教育，出现了一些才智杰出的人物，如穆斯林方面，巴布尔的女儿高尔巴丹贝加姆著有《胡马雍本记》，胡马雍的侄女萨莉玛·苏丹娜写了一些波斯语诗歌，泽卜-温-妮萨是阿拉伯语和波斯语学者，又是书法家等，她们的文化修养都达到了很高水平。但整体来说，女子不能参政，在学术、艺术领域的才华至多也只能在家内、在社会的小圈子内显露一下而已。女子在家庭内普遍处于依附地位，在上层社会则成为君主、贵族、富人们的玩物或花瓶。阿克巴后宫有5000嫔妃和宫女，阿克巴的重臣拉其普特王公曼·辛格后宫有1500人。高官、贵族虽不能和君主、王公相比，但也都拥有众多妻妾，女仆成群，前呼后拥。印度教高级种姓中有的流行一夫多妻制，如孟加拉有的婆罗门种姓娶多少不受限制。由于允许顺婚和向女方索取嫁妆，一夫多妻成为常见现象。伊斯兰教则规定穆斯林男子可以多妻，逊尼派允许同时拥有4个妻妾，什叶派则允许更多。虽然，这些规定都是理论上的，照规定实行的是少数，大多数还是一夫一妻，但这些规定本身也能说明问题。印度教和伊斯兰教上层都实行深闺制，后者更严格，所以妇女参加社会活动的机会很少。印度教高级种姓中盛行的萨蒂制（丈夫死后火化时妻子火堆殉葬）继续保持。寡妇再嫁实际上被禁止。女儿出嫁要陪上丰厚的妆奁，否则在夫家会受歧视，甚至会被折磨致死。穷苦人家陪不起嫁妆，把生女儿看成灾祸，导致溺婴（女婴）盛行。童婚也与此有密切关系，因为童婚要求的嫁妆要少得多。穆斯林妇女童婚较少，在寡妇再嫁和遗产继承方面的规定较为宽松，但也有一定限制。越是社会上层和高级种姓妇女无权问题越是突出。下层群众中妇女由于必须跟男子一起干活谋生，顾不了那么多清规戒律，所以处境要好得多。萨蒂在下层妇女中很少实行，深闺制则根本行不通。阿克巴虽然颁布了一些改善妇女地位的法令，但社会宗教习俗绝非一纸法令所能改变，何况还有不同宗教的问题。印度教正统派认为阿克巴的法令是干涉印度教内部事务，伊斯兰教正统派也不赞成王权干预伊斯兰教宗教生活。改革法令几乎没有效果。歧视妇女的习俗相叠加，使印度妇女所受的压迫分外沉重。

穆斯林王朝的统治给印度教种姓制带来了冲击。伊斯兰教没有种姓制，虽然内部有等级制，但和印度教种姓制还是大不相同的。穆斯林统治者在印度建立统治后，虽没有用立法手段触动种姓制，不过由于以伊斯兰教为国教，又让穆斯林垄断了几乎全部政治权力和大部分土地、财富资源，对印度教上层来说，这种打击是前所未有的。自然种姓制也受到冲击。固然，阿克巴不歧视别的宗教，但婆罗门在穆斯林王朝里已不可能像以前那样受到统治者支持，拥有许多特权。从德里苏丹国时期到莫卧儿建国之初，他们的土地已部分被剥夺，神庙部分被拆除，对教育和知识的垄断也已被彻底打破，就社会地位而言，已是今非昔比，在种姓等级塔顶上的光环和荣耀大为褪色。刹帝利种姓的地位更是一落千丈。随着穆斯林统治的建立，他们在中央和省、县的统治权力全被剥夺，而且伴随统治权力的丢失，对土地的占有权也在很大程度上丧失。他们作为传统的统治者、管理者和主要世俗封建主的地位就受到严重削弱。阿克巴统治时期虽然吸收了一批刹帝利封建主加入统治行列，使他们的地位有所改善，但参与掌权的毕竟是少数人，与昔日由他们独揽政权的局面有天壤之别。婆罗门、刹帝利以往处在社会顶端，如今不但多数人被撵出昔日的特权殿堂，还有不少人由于失去权力和财源，经济地位下降，被迫从事低级种姓的职业。种姓制度一向由婆罗门、刹帝利这两个高种姓来维护，两者势力的削弱是种姓制度遭受强烈冲击之直接结果。

对种姓制的打击还来自另一方面，这就是大批贱民和低级种姓改宗伊斯兰教。由于在印度教内，贱民和低级种姓永远看不到出头之日，改宗伊斯兰教便成了他们唯一的希望所在。虔诚运动对种姓歧视的公开批判客观上加快了这个进程。

种姓制度要继续保持原来的严格性已经没有可能。当然，这并不意味着种姓制度发生了生存危机，还不是这样。婆罗门、刹帝利封建主在莫卧儿帝国仍然是上层的一部分，而在所有印度教附属国里仍然掌权。只要他们的势力依然存在，就会在印度教社会里继续维护种姓压迫。由于婆罗门的长期灌输，种姓约束在印度教广大群众中已成了根深蒂固的宗教意识的一部分，要改变并不容易。更重要的是，种姓制度是建立在自然经济的基础上的，只要自然经济没有根本改变，社会仍固守成规，人口很少流动，它就依然存在，光凭外部力量的冲击是不足以使它动摇的。

由于改宗伊斯兰教者日益增多，穆斯林在印度的人口增长很快。17 世纪末印度人口达到 1.5 亿，穆斯林约占印度总人口的 1/4。穆斯林人口最集中的地区是旁遮普、信德、孟加拉、今北方邦部分地区和南印度中部部分地区。各省首府及附近也都有相当多的穆斯林居民。穆斯林贵族、官员、宗教上层主要是外来的莫卧儿人及德里苏丹国留下的阿富汗人、突厥人、伊朗人。不过这两部分人数量都有限。由于印度教改宗者数量巨大，17 世纪他们的后代已构成了印度穆斯林人口的大多数，其中绝大部分属于下层群众。外来穆斯林中有部分人和改宗的穆斯林上层通婚，逐渐融合。不过这个过程才刚刚开始。

穆斯林统治印度后，受印度种姓制影响，伊斯兰教内部的等级制有强化的趋势。贵族、官员、宗教上层自恃血统纯正，不但轻视改宗的下层群众，就是改宗的上层也被他们视为庶支旁系，只配充当二等角色。中央和省一级的统治核心主要是由外来穆斯林上层构成。而改宗者上层对于广大改宗者下层群众原来抱有的根深蒂固的种姓偏见，同样也并未因为改换了门庭就顿时消失，所以，下层改宗者就是在伊斯兰教内也仍然处于种姓制阴影的笼罩下。

印度教与伊斯兰教两大宗教由德里苏丹国时期的不平等共存转变为莫卧儿帝国时期的基本平等共存，这是有进步意义的。两大宗教在文化方面、在群众的衣食住行等生活方面，逐渐相互了解，共同点也逐渐增多。特别是大量印度教徒的改宗，在群众的衣食住行方面，在文化方面，拉近了两大宗教的距离。改宗者不可能彻底改变生活方式，他们的亲戚朋友还是印度教徒，不可能断绝与他们的联系，这样他们就不期而然地成了两大宗教的联系媒介，把不同宗教的生活习俗带过来或传播出去，促进两大宗教群众的感情沟通，增进相互了解。下层群众的接近对两大宗教的上层，至少对其中比较开明的部分也会产生积极的影响。

然而，两大宗教间鸿沟仍存，这不仅是因为印度教上层与伊斯兰教上层之间存在权力和利益之争，而且因为两大宗教在教义、习俗上有许多直接抵牾之处，很容易被怀有敌意者利用。如印度教实行偶像崇拜，伊斯兰教反对偶像崇拜；印度教崇敬母牛，伊斯兰教禁食猪肉、宰母牛；印度教宗教游行鼓乐喧天，伊斯兰教做礼拜要保持安静；等等。这些正相反对之处很容易被双方正统势力用来煽动宗教狂热，加剧对立。所以，即便在阿克巴的宗教平等政策下，两大宗教也仍然是两个社会，虽然平行地共同生活在同一片国土上，彼此却有着相当深刻的隔阂。如果说，阿克巴的政策是沿着努力减少隔阂的方向前进，而且确实取得了成果，奥朗则布的所作所为，则是故意把宗教对立的沉渣重新搅起，使阿克巴改革的一切成果化作灰烬。两大宗教间鸿沟的加深对印度后来的历史发展影响巨大，为英国殖民统治者利用宗教矛盾提供了可乘之机。

二　在文学艺术方面带来的变化

德里苏丹国和莫卧儿帝国统治在语言、文学、艺术等方面给印度带来的影响具有两重性。一方面，它使梵语、梵语文学和印度教艺术的发展受到阻碍和削弱，因为它以波斯语代替梵语作为官方语言，波斯语文学和伊斯兰艺术成了受推崇、保护和促进的主体，梵语、梵语文学和印度教艺术虽然还在一定范围内存在和发展，但显然失去了原先的势头；另一方面，它又对印度文化艺术的发展起了丰富和促进繁荣的作用。穆斯林带来了伊斯兰文化艺术，特别是已有较高发展水平的波斯文化艺术，包括语言、文学、建筑、绘画、音乐等，给印度的文化艺术宝库增添了新的内容、新的色彩、新的风格，使原来就已多样化的印度文学艺术更加丰富。莫卧儿帝国时期的发展比德里苏丹国时期更明显，正是在莫卧儿帝国前期，出现了文化艺术园地百花盛开的繁荣局面。

这种繁荣的客观条件是：德里苏丹国前期及莫卧儿帝国前、中期经济的较大发展；14 世纪，特别是 16 世纪以来相对统一与稳定局面的出现；苏非派活动、虔诚运动和阿克巴的宗教政策推动了印度教、伊斯兰教两大宗教接近的趋向；德里苏丹和莫卧儿君主以及有些地区国家（如巴曼尼、维贾耶那伽尔等）的君主对发展文学艺术采取支持和促进的政策；大批波斯和中亚的学者、艺术家、工匠为躲避蒙古人侵略集聚德里。这一切使德里成了 13 世纪后期以后穆斯林东方世界最重要的文化中心。

文学 波斯语文学在德里苏丹和莫卧儿君主们的积极推崇下，得到了最突出的发展。许多因避难从波斯、中亚来的诗人、作家对这种文学的兴起起了重要作用。德里苏丹国时期最杰出的诗人是阿米尔·霍斯陆（1253~1325）。他在诗歌、散文、音乐和文艺理论等方面都有很高造诣，是一位多产的作家。阿拉-乌德-丁·卡尔吉在位的 20 年是他文学生涯中最辉煌的时期。据传属于他的作品有 99 种之多。除主要用波斯语写作外，有少量作品是用印德维语和乌尔都语写的。在他之前，波斯语作家、诗人严格地遵循地道的波斯风格。他在创作中开始吸收印度文学的内容、风格，为形成印度化的波斯语文学奠定了基础。他的叙事诗《赫哲尔故事》《恩惠的宝库》等，抒情诗集《青春的赠礼》等，被认为是波斯文学的精华。他因而获得了桂冠诗人的美名。另外的著名诗人有阿米尔·哈桑·迪哈尔维、巴德尔-乌德-丁·穆罕默德等。在散文文学方面，齐阿·纳赫沙比（死于 1350 年）擅长写流畅简练的散文。他的《鹦鹉书》和《旅途》被认为是波斯语散文的名著。波斯语文学家重视历史题材。明哈杰-乌德-丁·西拉兹写的《纳西尔通史》，齐亚-乌德-丁·巴兰尼写的《菲鲁兹王史记》，沙姆斯-伊-西拉杰·阿菲夫写的《菲鲁兹王朝史》，亚希亚·宾·阿赫默德·萨尔欣迪写的《穆巴拉克王朝史》都有重要的史料价值，成了研究德里苏丹国历史的主要依据。莫卧儿时期波斯语文学继续发展。最著名的诗人有克扎里·麦什哈迪、萨义德·贾马勒-乌德-丁·乌尔菲等。最著名的史学家及其著作有：毛拉·达乌德，著有《阿勒菲史》；阿布尔·法兹尔，著有《阿克巴则例》《阿克巴本纪》；巴道尼，著有《史乘选萃》；尼扎姆·乌德·丁·阿赫默德，著有《阿克巴王朝通史》；费济·萨尔欣迪，著有《阿克巴本纪》等。其中，阿布尔·法兹尔最负盛名，他的上述两部著作具有很高的史料价值。他还是诗人、散文作家和评论家，在文坛上有相当地位。莫卧儿时期大量梵文的典籍、著作，包括部分吠陀文献、两大史诗等都被译成波斯语。在这方面，阿克巴起了推动作用，是他下令这样做的。这使外来的穆斯林学者和贵族第一次有机会接触印度教典籍和文学作品。

梵语文学在穆斯林入侵前已呈衰落趋势。德里苏丹国时期，在某些印度教王公统治的国家尚有较多作品问世。但既然梵语丧失了帝国宫廷语言地位，梵语文学整体上说失去了支柱，从此也就一蹶不振。

一方面，梵语文学日渐衰落，另一方面，印度教知识界并不打算接受波斯语及波斯语文学。这种情况促使各地方的知识分子倾注全力，普及地区语言和文学，提高其水平。因此，13 世纪后一个突出现象是各地区语言文学的勃兴。虔诚运动的圣人们用通俗易懂的地区语言讲道和写作诗歌，对地区语言文学的发展起了有力的促进作用。今日印度主要的地区语种除乌尔都语外，在 10 世纪前后都已形成。乌尔都语是在德里苏丹国时期形成的。由于伊斯兰教徒和印度教徒相互往来的种种需要，一种共同语言的产生有了必要和可能，这就形成了乌尔都语。它起源于德里西部的一种由俗语演变的方言。这种方言在德里和米鲁特地区已通用了几百年，穆斯林到来后，吸收了波斯语因素，逐渐变得波斯化了，但原来的方言成分仍部分保留。结果这种语言成了北印穆斯林的民间语言，印度教徒也有部分人使用。

各地方语文学都或多或少地继承了梵语文学的传统，或受了它的影响。两大史诗、《薄伽梵歌往世书》以及迦梨陀娑等诗人和剧作家的作品被各地方语的诗人、作家翻译成地方语言。两大史诗和往世书的内容被加工改写成各种作品，从其中取材创作新作品的也不胜枚举。所以它们的发展并非从零开始，而是有一定的起点。从它们的早中期作品中已能看到一些较成熟之作，例如印地语英雄史诗作品和以格比尔达斯、加耶西、苏尔达斯、杜勒西达斯等著名作家为代表的虔诚文学不同流派的作品；乌尔都语杰出诗人法赫路丁·尼扎密、毛拉阿塞杜勒·瓦基里的叙事诗和韵体散文以及德里诗派苏达、密尔、达尔德和密尔·哈森四大诗人的叙事诗；孟加拉语“孟格尔”（颂体诗）作品，特别是杰出诗人钱迪达斯的《黑天颂》；马拉特语杰出诗人埃格那特、达索本德、杜格拉姆、斯摩勒特·拉姆达斯的作品等。其他语种也都各有一些有才华的诗人、作家，成就了一批好作品。文坛上这种百花齐放的兴盛局面自笈多王朝后已经好几百年未曾有过。

艺术 穆斯林统治带来的艺术方面最突出的成就要数建筑和绘画了。印度原有的建筑是横梁式的，支柱很多，缺乏曲线美。如今保存下来的宫殿建筑极少，较多的是庙宇。由于穆斯林入侵的破坏，北方庙宇留下的已不多，南方保留的较多，其中许多在农村而不在城市。今日印度德里、阿格拉、拉合尔、木尔坦、阿拉哈巴德及其他许多城市矗立的雄伟、壮丽的城堡、宫殿、清真寺和陵墓，都是德里苏丹国，特别是莫卧儿帝国时期营造的。穆斯林把从中亚、波斯带来的伊斯兰建筑风格运用于印度。这些建筑架构是穹隆式的，广泛采用拱券结构，以花卉图案、几何图案和《古兰经》语句的精美雕刻为装饰，具有优美的曲线。这种伊斯兰独特风格，是以往印度建筑所没有的。当德里政权初建时，利用印度工匠较多，因此在建筑中保留较多印度成分。如库特卜-乌德-丁·埃贝克在一个印度教湿婆庙的废墟上修建了库瓦特-乌尔-伊斯兰清真寺，并开始建造库特卜尖塔。伊勒图特米什把清真寺扩大一倍，完成了尖塔建造。新的建筑式样，特别是尖塔都是伊斯兰风格，但印度建筑的某些结构仍被保留，从砖瓦和墙壁上也可明显看到原来印度教雕刻装饰与伊斯兰雕刻装饰并存的痕迹。

卡尔吉王朝时，从中亚、波斯避难来的大批建筑师和工匠带来了高超的伊斯兰建筑技术。从这时起，伊斯兰风格便在印度风行开来，特别是在德里、阿格拉等北印大城市。阿拉-乌德-丁·卡尔吉扩建了库瓦特-乌尔-伊斯兰清真寺，修建了伊斯兰风格的阿来门，使其更臻完美。另一座清真寺贾马阿特·哈纳清真寺在苏非派圣人尼扎姆-乌德-丁·奥利亚的墓地上建立起来。它完全是按照伊斯兰风格设计的，是次大陆最早的一座典型的伊斯兰风格的清真寺。图格卢克王朝在建筑方面做的事情更多，特别是菲鲁兹沙。他兴建了菲鲁兹巴德宫殿堡垒，还建立了许多清真寺、陵墓、要塞和城池。不过这一时期的建筑没有卡尔吉王朝时期生动活泼，而是较为简朴和平淡。这与图格卢克的正统宗教思想和较困难的财政形势有密切关系。赛义德王朝和洛蒂王朝由于版图有限，政局不稳，建筑方面的建树不大。德里苏丹国时期，孟加拉、江普尔、马尔华、古吉拉特及德干各国统治者也都模仿德里苏丹，竞相兴建宫殿、陵墓、清真寺。如果说在德里、阿格拉建筑中虽多少吸收了印度传统因素，但伊斯兰风格显然占压倒优势，那么在其他地区和其他国家，伊斯兰建筑中吸收的印度传统成分就多得多，以至于在不同地区形成了伊斯兰教与印度教混合而成的不同风格。如孟加拉由于缺乏石料，伊斯兰建筑也采用了传统的砖瓦式结构，其特点是倾斜的半圆形屋顶，用琉璃砖镶嵌，并有雕刻精细的飞檐，图案常为莲花，印度传统特色清晰可见。

莫卧儿帝国时期，建筑艺术达到了精美的高峰。长时期的相对和平、昌盛以及可供利用的资源的丰富，使莫卧儿人能够大兴土木，使用贵重材料，在艺术上精益求精。在建筑风格上，伊斯兰艺术和印度教艺术混合的趋势加强。同样，在德里、阿格拉是伊斯兰风格占压倒优势，在地方上，则是印度教色彩较多保留。莫卧儿建筑的特色是轮廓鲜明的圆顶、带石柱的宫殿大厅、巨型拱顶的大门和有流水的花园。建筑材料来自印度各地，工匠也是从各地招募来的。阿克巴时期到沙贾汗时期是莫卧儿帝国最繁荣的时期，也是建筑艺术最繁荣的时期。德里的胡马雍陵墓是莫卧儿风格发展的里程碑（见图 12-1）。在这里首次采用双层圆顶结构。陵墓的建筑使用了大量的印度教建筑常用的白色大理石，很少用彩色砖装饰，这与波斯建筑风格迥然不同。阿克巴在建筑中吸收某些印度教风格是有意为之，这是他的治国理念在艺术领域的体现。对于一座大型建筑，他常常是亲自提供设计创意，再让技师和工匠们具体实施。除陵墓外，这一时期建筑都或多或少吸收了印度建筑的传统特征，如方柱、栋梁、门楣、底层平面设计、印度教雕饰图案和耆那教建筑的小阁等。阿克巴在阿格拉、法特普尔-西克里、拉合尔、阿拉哈巴德都筑有城堡。阿格拉城堡是用红砂石建造，有四个大门，气势恢宏。法特普尔-西克里是阿克巴新建的都城，其城堡宫殿是一个风格各异的建筑群，依山傍水，庄重美观，主要建筑材料也是红砂石。

图 12-1 胡马雍墓

伊斯兰教和印度教建筑风格融合的趋势在贾汉吉尔和沙贾汗时期继续发展。贾汉吉尔时期建筑物数量较少，但有两座很突出。一是锡坎达拉的阿克巴陵墓，一是阿格拉的伊蒂马德-乌德-道拉（努尔·贾汗皇后的父亲）墓。前者由五层自下而上逐渐缩小的平台构成，用白色大理石建成的最高一层上有一个拱状的屋顶；后者完全是白色大理石建成，上下两层，镶嵌有组成各色图案的宝石，四角耸立着四座圆顶八角塔楼。沙贾汗时期莫卧儿建筑无论在数量上还是艺术上都达到顶峰。这一时期建造的宫殿、城堡、清真寺、花园是最多的。在建筑的多样化和新颖方面虽不及阿克巴时期，但在气势上，在装饰的巧妙上，在炫耀豪华上，都远远胜过前一时期。大理石被广泛使用使建筑物更富美感，更显得壮丽。阿格拉城堡中心的清真寺是重要建筑之一，因系白色大理石建造，晶莹清澈像是珍珠，被誉为珍珠清真寺。它设计精妙，比例匀称，色调清新，被认为是世界上最美的清真寺。而最辉煌的建筑是阿格拉的泰姬陵（见图 12-2）。这座沙贾汗为纪念故去的爱妻穆姆塔兹·马哈勒而修建的大理石陵墓花费了国库相当于 450 万英镑的钱财，1631 年动工，每天用工 2 万余人，直到 1653 年才完成。洁白如玉的墙壁上镶嵌着组成花卉图案的五颜六色的宝石，对称的尖塔烘托着轮廓优美的巨大圆顶。整个建筑仿佛是在蓝天白云间绘就的美丽的图画。其建筑的雄伟、外形的优美和构思的富有想象力，都堪称绝

图 12-2　泰姬陵

世佳作。无怪乎人们形象地称它为“大理石之梦”，是“写在云际的诗篇”。这是莫卧儿帝国乃至整个印度建筑艺术史上最光辉的成就。德里红堡也是沙贾汗建造的。高大的红砂石墙内矗立着雄伟壮丽的宫殿群，花园、水池点缀其间，在城堡宫殿建筑方面未有超过此者。正如镌刻在建筑物上的题词所说：“如果人间有天堂，它就在这里，就在这里，就在这里。”奥朗则布时期，新的建筑几乎没有了。盛开的建筑艺术之花趋于凋谢。

绘画　在绘画方面，莫卧儿时期的突出发展，是细密画的出现，形成了新的画派——莫卧儿画派。

印度早前时期的绘画作品可能是由于气候潮湿，大部分没有保存下来，现存的只有少量壁画。虽然从中可以看到绘画艺术的发展有一定水平，但详情不知。德里苏丹国时期，因统治者拘泥于宗教法的有关禁令，没有致力于发展绘画艺术。莫卧儿人入主印度后，突破了教法束缚，才使绘画艺术发展起来。

绘画大师一开始是外请的，正因如此，最初绘画艺术是处于波斯风格的直接影响下，由于有越来越多的印度教徒参与学画作画和与外聘画家合作，不可避免地逐渐把印度的特色带了进来，与波斯风格结合，如写实主义、立体画法，采用印度特有的印度红、孔雀蓝颜料等。这样，就像建筑艺术一样，莫卧儿时期的绘画艺术也是波斯风格与印度本土风格逐渐融合的产物，形成独具特色的莫卧儿风格。

莫卧儿画派的形成首先要归功于胡马雍和阿克巴的积极鼓励。胡马雍具有很高的艺术品位，在流亡喀布尔期间，他不顾宗教戒规，聘请两位波斯画家米尔·赛义德·阿里和赫瓦贾·阿卜杜勒·萨马德来他的宫廷，他自己和儿子阿克巴都跟着两位老师学画。胡马雍还提出请两位画家为《阿米尔·哈姆扎的故事》抄本作插图，这需要与其他画家合作，有几位可能是来自波斯与印度的画家。这些艺术家成了莫卧儿时期发展绘画艺术的先行者，构成了莫卧儿画派的核心，而胡马雍就是创始人。胡马雍复位后，这些画家跟着来到印度，在喀布尔种下的种子在印度有了开花结果的土壤。

图 12-3　细密画：阿克巴看表演

阿克巴继帝位后，为《阿米尔·哈姆扎的故事》抄本作插图的工作全面铺开，这两位画家带领一批印度人一道工作。抄本需要1000多幅插图，需要很长时间才能完成，因而完成这项工程就等于开办一个画家长期培训班，培养印度画家。此后，为文学著作（包括两大史诗的波斯文译本）配插图的做法逐渐流行开来，绘画需要量越来越大，使一代画家成长起来，形成一个生气勃勃的莫卧儿画派。其中，除穆斯林外，更多的是印度教徒。当时最著名的17位艺术大师中，印度教徒不少于13人，包括巴萨万、拉尔和达斯万特等。有一百多位画家在法特普尔-西克里一个大厅里，在皇帝的直接关心和支持下工作。对于高质量的作品，阿克巴都给予奖励。阿克巴画派的许多文学著作插图的精品如今在印度和英国的博物馆中可以看到，如斋普尔博物馆的《拉兹姆本纪》、大英博物馆的《阿克巴本纪》等。

贾汉吉尔统治时，由于他的热心支持和赞助，绘画风气进一步兴盛，从为文学著作作插图发展到特地为集锦画册作画。王公、淑女、花卉、禽兽、宫廷生活风趣、狩猎情景、战斗场面都成了绘画题材，而且很多画是实地写真。画家的艺术水平进一步提高，流传下来的大量作品中，有许多高质量作品，无论在构思上，在人物描写的逼真和传神上，还是在色彩的搭配和使用上，都处理得天衣无缝，恰到好处，表明了莫卧儿绘画风格的成熟。贾汉吉尔在宫廷建立了画廊，展示优秀作品。不仅如此，他还是艺术评论家，对每位著名画家的特点都了如指掌，评论一语中的。他在位时期可以说是莫卧儿画派发展的顶峰时期。沙贾汗统治时，他本人对建筑艺术更感兴趣，对绘画艺术兴趣较小，所以绘画艺术得到的推动不如前两位君主时期，宫廷画家的数量也削减了，但他对有限的艺术家还是提供赞助，给予支持。到奥朗则布时期，一切都发生了变化。奥朗则布基于正统宗教观念，反对穆斯林从事绘画、音乐，撤销了对绘画艺术的赞助，把画家赶出宫廷，使刚刚兴盛的绘画艺术遭到严重挫折。虽然这是一个逐步实行的过程，因为他统治时期仍有一些绘画作品包括他本人的肖像画和活动情景画流传下来，这很可能是得到他允许创作的，但整体来说，到18世纪中期这门艺术已经衰落。只有在拉其普特印度教国家和奥德、海得拉巴等少数伊斯兰国家里，还继续受到保护，有些被遣散的宫廷画家转移到这些国家，故在这些国家仍有一段时期的兴盛。

音乐舞蹈　德里苏丹国时期，苏非派在其宗教活动中引进了音乐，乌里玛是反对的。莫卧儿时期的前几位君主不顾正统派的反对，邀请穆斯林音乐家、舞蹈家来宫廷，给予赞助，鼓励发展音乐、舞蹈。穆斯林音乐家、舞蹈家带来了独具特色的伊斯兰音乐、舞蹈，引进了新的乐器和歌唱、表演风格。这些新的因素逐渐与印度传统的音乐舞蹈相融合，形成了印度新的音乐舞蹈风格，增加了流派，使这两门艺术都得到了丰富和发展。阿克巴时有 36 名音乐家享受朝廷的资助，最著名的音乐家是米安·坦森·卡拉万特和巴兹·巴哈杜尔。由于艺术水平高，前者从阿克巴那里得到 20 万卢比奖金，后者甚至被授予一千人长品级的曼沙布。阿克巴本人有非常渊博的音乐知识，从师学过声乐，而且还会演奏乐器，他对音乐的热爱超过所有君主，对鼓励发展音乐艺术有特别的热情。宫廷里有大量音乐家，有男有女，除印度穆斯林和印度教徒外，还有来自伊朗等国外的音乐家，他们被安排在七个组里，七天一循环，每天有一个组演奏。皇帝的鼓励受到广泛推崇，贵族们竞相模仿，有不少有音乐才能的人投身到发展这门艺术中来。贾汉吉尔和沙贾汗基本上继承了阿克巴的做法，除了每天的宫廷表演之外，遇到特别的喜庆日子，宫廷也举行招待会，上演音乐节目。到奥朗则布即位后，宫廷音乐舞蹈被禁止，音乐家、舞蹈家也遭到了和画家同样的命运。失去生计的大量音乐家不甘此种厄运，曾有 1000 人联名上书请愿，要求皇帝收回禁令，但被拒绝。

伊斯兰教与印度教文学艺术之间互相影响与吸收是个自发而又必然的过程。伊斯兰文明和印度教文明在当时都是发展程度较高的文明，各有自己的优点和不足，在印度接触后必然要相互影响和渗透，使两者都得到丰富、发展，并在某些领域达到融合。这是一个进步现象，伊斯兰教和印度教的文学家、艺术家、建筑师和工匠都自觉不自觉地参与了这个使人类文明得以丰富、发展的过程，都对此做出了自己的贡献。德里苏丹和莫卧儿帝国君主们虽然始终以保持伊斯兰教的支配或主导地位为指导思想，但其中部分开明者如阿克巴大帝，自觉地奉行促进两大文明交流和结合的政策，对于推动这个历史过程的发展所起的积极作用，是尤其值得称颂的。

附录一

《大唐西域记》对印度历史学的贡献[*]

林承节

印度人没有写史的传统，古代留下的史书很少，戒日王时期也是这样。这时期的主要史籍，印度人写的只有巴纳的《戒日王传》。巴纳是戒日王的宫廷诗人，是个婆罗门。这本书第一章是讲述作者自己的生平和家庭，中间几章讲戒日王的家族，第六至七章讲戒日王的战争和征服，最后一章叙述当时在温德亚森林中生活的各宗教派别。全书讲戒日王家族事情较多，讲他为王时期的活动较少；讲政治演变较多，关于当时印度的社会、经济生活记述较少。除这本书外，在印度一些地方发现了戒日王时期的铭文。如马杜般铭文（631）追溯了戒日王的四代家谱，索恩帕特铭文有助于编制戒日王年表，还有般士克拉铭文（628）等。这些铭文也是珍贵的史料，然而只是星星点点，三言五语。光靠巴纳的书和这些铭文是不足以反映这段历史时期的面貌的。

由玄奘指授、弟子辩机撰成的《大唐西域记》在很大程度上弥补了这个缺陷。这部著作主要记载的是佛教兴衰、圣迹巡礼及有关佛教的历史和传说，但对各国的政治、经济、社会、文化等情况也或多或少做了描述。正因为这样，这部游记带有历史著作性质，成了公认的记述当时全印各方面情况的权威史料。今日印度学者和各国学者研究戒日王时期的印度史以至7世纪前的印度史，无论是政治方面、经济方面、社会方面、宗教方面还是文化方面，没有一个人不引用《大唐西域记》的材料。已故著名印度历史学家R. C. 马宗达主编的《印度人民的历史与文化》系列著作的第3卷

---

[*] 原文载于《南亚研究》1994年第4期。

《古典时代》（从320年笈多王朝的建立到740年卡瑙季国王亚苏瓦尔曼的去世）提到或引用《大唐西域记》的地方有123处之多（包括某些不同看法的讨论）。马宗达写道："中国取经者简略地记载了他访问的各国的情况。虽然作为佛教徒，他主要记载的是重要的佛教圣地和事件，但他对各国的政治状况也做了扼要描述，这就赋予他的著作以一定程度的历史重要性。"① 他还在另一本书《古代印度》中写道："我们记述的有关曷利沙·伐弹那的绝大部分事实都来自一个游方僧的惊人的记载。此外，这些记载还给我们描绘了一幅印度当时情况的图画，这种图画是任何地方都找不到的。"② 在古代史研究方面成绩卓著的著名史学家罗米拉·塔帕在她的《印度史》中介绍戒日王时期的重要历史文献时说："巴纳写了一部关于他的保护人的生动传记——《戒日王传》。我们还有一位中国佛教巡礼者的记载，他那时正在印度。"③ 书中关于戒日王时期政治、经济和社会情况的论述，就是以这两部著作提供的材料为依据展开的。另一位著名史学家V.D.马哈江在他写的《印度古代史》一书中也指出：关于曷利沙·伐弹那和他的时代，"我们的知识比我们对以往印度任何时期的了解都更精确。我们很幸运有玄奘和巴纳的著作，其记述得到了出土的碑铭和钱币的证实和补充"。④ 还有个史学家提婆胡蒂博士1970年出版了《戒日王：政治研究》一书，这是研究该时期印度的最主要的专著之一。作者在介绍研究所依据的史料时，也是首先列举巴纳和玄奘的著作，并说："这些都是重建戒日王统治时期历史的主要基石。"⑤

《大唐西域记》获得这样高的评价是因为它的记述范围广泛，内容丰富而又翔实。巴纳的《戒日王传》主要是以戒日王统治的兴起和扩展为主线，范围主要在北印度和孟加拉一部分，实际上只是覆盖一部分地区；因为是以戒日王家族为叙述主体，对这一地区的其他国家，除政治变迁外，也讲得极其简单。《大唐西域记》记述的国家和城市不仅包括上述地区，也包括旁遮普西部、孟加拉、阿萨姆、奥里萨、安得拉邦至泰米尔纳杜邦北部东海岸地区、马哈拉施特拉以及古吉拉特、信德等地区，也包括中印度部分

---

① R.C.马宗达主编《印度人民的历史与文化》第3卷，孟买，1954，第111页。

② R.C.马宗达：《古代印度》，贝拿勒斯，1952，第266页。

③ 罗米拉·塔帕：《印度史》第1卷，新德里，1966，第143页。

④ V.D.马哈江：《印度古代史》，新德里，1981，第290页。

⑤ 提婆胡蒂：《戒日王：政治研究》，牛津，1970，第3页。

地区。对照一下地图就可以看到，印度大部分地区都在该书叙述范围之内。《大唐西域记》的内容是多方面的，举凡山川气势、政治经济、宗教文化、社会风情，该书应有尽有。这样就为历史研究提供了多方面的信息。有些方面的情况，《戒日王传》或出土铭文或以往的史籍也提到了；有些方面，它的记载是独一无二的，或者比别的史料更确切具体，为这一时期的印度史的研究提供了新的或更充分的根据，这就是它对印度历史学的贡献所在。关于后者，可归纳为以下几方面。

一 关于7世纪上半期印度的政治形势

笈多帝国瓦解后，出现诸侯割据局面，这是许多史料都有说明的。但分裂的具体情况如何？分裂与戒日王的统一是什么关系？别的史料不能提供一个全景图。《大唐西域记》解决了这个问题。它告诉人们，在玄奘访印期间，印度分裂成70多个国家。不但西北印度、北印度和东印度小国林立，南印度、西印度、中印度也分裂得很细碎。这部著作同时告诉人们，这些小国有强有弱，有的成了地区霸主，有些则处于依附地位，在扑朔迷离的印度政治星空中，构成一个个地区势力。如在印度河以东，迦湿弥罗国是个较强的国家，其版图不仅包括整个克什米尔，也扩大到旁遮普的一部分。呾叉始罗国、僧诃补罗国、乌剌尸国、半笯蹉国、曷罗阇补罗国都是其属国。玄奘说它"因为龙护，逐雄其境"。[①] 在旁遮普，最主要的国家是磔迦国，木尔坦及其东北的钵伐多国是其"役属"国。又如在西印度，最强的国家是摩腊婆，它对阿难陀补罗、契吒、索拉施特拉等国行使控制权。在信德，信度国拥有属国阿点婆翅罗和臂多势罗。卡提阿瓦半岛的伐腊毗则拥有属国苏剌侘。关于戒日王国家由一个小国兴起成为北印度广大地区的统治者，《大唐西域记》的"羯若鞠阇国"做了较多的叙述。其中说：曷利沙即王位后，"遂总率国兵，讲习战士，象军五千，马军二万，步兵五万，自西徂东，征伐不臣。象不解鞍，人不释甲，于六年中，臣五印度"。臣五印度之说显系夸张，但是从曲女城之会的记载，可见戒日王在北印度确实

---

① （唐）玄奘、辩机著，季羡林等校注《大唐西域记校注》，中华书局，1985，第321页。以下引文皆依此书。

建立了霸权。戒日王征服许多国家，但并没有全部兼并它们，对多数国家来说，是使之臣服于己。《大唐西域记》提到北印度还有那么多国家，其中有些就在羯若鞠阇国附近，说明了它们作为一个国家的地位并没有被取消。这样，《大唐西域记》就清楚地勾画出 7 世纪上半期印度的政治形势图：就全印说，处于分裂状态；北印度相当大部分已处在戒日王统治和控制下，但这种统一并没有完全消除分裂，戒日王国家与被征服的国家在多数情况下只是霸主与臣属国的关系。史学家罗米拉·塔帕就此得出的结论是：戒日王在北印度建立的国家“是靠封建纽带松散地联结起来的大王国，而不是像孔雀王朝那样由多样体紧密结合的帝国”。①

二 关于戒日王国家的版图

曷利沙·伐弹那家族最初统治的国家是旦尼沙，但戒日王帝国是以羯若鞠阇为核心。最先记载曷利沙·伐弹那成为羯若鞠阇国国王的是《大唐西域记》，尽管具体过程没有说明。戒日王的帝国究竟范围多大，玄奘没有明确指出，很可能是因为依附于戒日王的国家，其依属程度不一，很难画出依附与独立的界线。但是由于玄奘对所访问国家的政治情况都或多或少做了描绘，仔细研究这些记述，可以画出一条大致的界线来。R. C. 马宗达做了这项研究。曾经有两位印度学者艾廷古森和潘尼迦认为戒日王帝国统治范围包括整个印度北部。潘尼迦更具体指明是从迦摩缕波到克什米尔，从喜马拉雅山到温德亚山脉。英国史学家 V. A. 史密斯据《大唐西域记》不同意这种看法，认为克什米尔、旁遮普、信德、拉其普他那和迦摩缕波不应包括在内，因为玄奘是把它们作为独立国家记述的，甚至还提到它们本身有的还有附属国。他同意除这几个国家外，印度北部地区都是戒日王帝国版图。马宗达在深入研究玄奘记述的基础上，对史密斯的说法也提出异议。他沿着玄奘的路线，一片片地区、一个个国家进行分析，得出的结论是：“根据玄奘的明确说明仔细研究北印度的重要国家，可以肯定地说，戒日王帝国的版图主要包括联合省、比哈尔、孟加拉、奥里萨，不会超出这

① 罗米拉·塔帕：《印度史》第 1 卷，第 144 页。

个范围很多。”[①] 在另一个地方，他把东旁遮普也包括在帝国版图内。与史密斯不同，他不赞成帝国领土包括古吉拉特和卡提阿瓦半岛的说法。

印度史学家断定戒日王帝国疆域不包括南印度，也是依据《大唐西域记》提供的材料。在“摩诃剌侘国”条目中说：“今戒日大王东征西伐，远宾迩肃，唯此国人独不臣伏。屡率五印度甲兵及募召诸国烈将，躬往讨伐，犹未克胜。”戒日王不得不放弃征服南印度的计划。这个记载得到了遮娄其王朝的补罗稽舍二世的胡阿乐铭文的证实。正如马哈江在他的书中所说：“玄奘告诉我们，戒日王亲率大军征讨补罗稽舍二世……但不能取胜。补罗稽舍二世的后继者们把这个对戒日王的胜利看作最重要的事件并引以为荣。”[②] 这就说明，戒日王帝国的南部疆域没有超过纳巴达河。

三 关于戒日王的治绩

《大唐西域记》记叙，戒日王实现对北印度的征服后，“垂三十年，兵戈不起，政教和平，务修节俭，营福树善，忘寝与食”。还说他“巡方省俗，不常其居”，“每以一日分作三时，一时理务治政，二时营福修善，孜孜不倦，竭日不足矣”。对他轻徭薄赋、施赈济贫、褒奖学术和保护宗教等方面也做了记述。这就提供了关于戒日王治国的基本材料，印度史学家正是根据这些素材，参考其他材料，来评定戒日王的功过的。如马宗达说：“戒日王必须被看作是一位伟大的、强有力的君主。”[③] 他“在和平与战争的艺术方面都是才华出众的”。[④] 马哈江说：“玄奘告诉我们，戒日王在治理国务上是位不知疲倦的君主，他每年用大部分时间巡视各地，体察百姓疾苦，为他的大臣们以及其附属国的国王们做出了榜样。”[⑤] 还说，戒日王鼓励宗教讨论，但他并不偏执于某一宗教，他的这种态度很像莫卧儿大帝阿克巴。尽管有明显的缺点，但他“无疑是一位开明君主，值得被看作是印度最伟大的统治者之一”。[⑥]

---

① R. C. 马宗达主编《印度人民的历史与文化》第 3 卷，第 112 页。
② V. D. 马哈江：《印度古代史》，第 297 页。
③ R. C. 马宗达主编《印度人民的历史与文化》第 3 卷，第 115 页。
④ R. C. 马宗达主编《印度人民的历史与文化》第 3 卷，第 116 页。
⑤ V. D. 马哈江：《印度古代史》，第 294 页。
⑥ V. D. 马哈江：《印度古代史》，第 304 页。

四 关于7世纪上半叶印度的社会经济状况

由于史料缺乏，印度古代土地制度的演变一直是学者们感到闹不清楚并且很有争议的问题。300~500年编纂的《布梨哈斯跋提法论》讲到国王赐地和封建食邑制（“王之侍从”的份地）在当时已有发展。5世纪初游历印度的法显在其《佛国记》中描述印度的土地制度时也说：“诸国王、长者、居士为众僧起精舍供养，供给田宅、园圃、民户、牛犊、铁券书录。”这是指对僧侣的赐地（连同其民户）、赠地。又提到“王之侍卫左右，皆有供禄”。这里的供禄，可能是《布梨哈斯跋提法论》中所讲的“王之侍从”的份地即食邑，不过《佛国记》没有明确点出来。自那以后，赐地制和食邑制又有什么变化呢？印度的史籍没有说明，《大唐西域记》却做了记载。它写道：“王田之内，大分为四：一充国用祭祀粢盛；二以封建辅佐宰臣；三赏聪睿硕学高才；四树福田，给诸异道。”又说：“宰牧、辅臣、庶官、僚佐各有分地，自食封邑。”这就告诉人们，赐地制和食邑制都发展为普遍的制度。后来一些地方发现的赐地铭文可以作为印证。印度史学家多数认定4世纪到7世纪是印度封建关系确立时期，《大唐西域记》提供的材料成了他们做出此项判断的基本依据之一。如罗米拉·塔帕在研究印度古典模式演变时，对戒日王时期以分封食邑替代俸禄特别重视，认为这是这一时期最显著的特点之一。

关于农民的处境，《大唐西域记》记述道：“户不籍书，人无徭课。”“赋敛轻薄，徭税俭省。各安世业，俱佃口分。假种王田，六税其一。”玄奘并未直接接触农民，这些可能是从官方听来的，不免有美化的成分。但他也提供了重要的信息，这就是农民仍像以往那样耕种自己长期占有的小块土地；直接纳税给国库的，税率为1/6；政府仍没有编制户口册，这反映出农民仍以村社为单位纳税。这些材料对分析研究当时的农民状况和农村经济状况都是很宝贵的。

7世纪上半叶印度工商业的发展给玄奘留下了深刻印象。《大唐西域记》卷第二中写道：“商贾逐利，来往贸迁，津路关防，轻税后过。国家营建，不虚劳役，据其成功，酬之价值。”这里又讲到对商人也是赋敛轻薄。玄奘反复强调这点，说明很可能戒日王统治时期的税收政策就是这样，反映了

30年兵戈不起的某种相对的太平景象。关于国内贸易，玄奘特别提到恒河是重要的水上商道，沿岸有许多繁华的商业城市。关于海外贸易，他讲到与东南亚、中东和非洲都有贸易往来，特别提到在东海岸的耽摩栗底国，“国滨海隅，水陆交会，奇珍异宝，多聚此国，故其国人大抵殷富”。也讲到西海岸的苏剌侘国“国当西海之路，人皆资海之利，兴贩为业，贸迁有无”。还讲到伐腊毗国“居人殷盛，家室富饶，积财百亿者，乃有百余室矣。远方奇货，多居其国”。说明商业发展和大商人资财的雄厚。玄奘的记载还告诉人们，昔日繁荣的波吒厘子城和吠舍厘城已经衰败，曲女城不仅成为新的政治中心，也是工商业中心，“异方奇货，多聚于此。居人丰乐，家室富饶”。印度学者认为，曲女城的繁荣是戒日王时期经济发展的一个缩影。

五 关于种姓制的变迁

关于种姓制度，《大唐西域记》印度总述部分记载道：“若夫族姓殊者，有四流焉：一曰婆罗门，净行也，守道居贞，洁白其操。二曰刹帝利，王种也，奕世君临，仁恕为志。三曰吠奢，商贾也，贸迁有无，逐利远近。四曰戍陀罗，农人也，肆力畴垄，勤身稼穑。凡兹四姓，清浊殊流，婚娶通亲，飞伏异路，内外宗枝，姻媾不杂。”这个记述说明，种姓歧视的实践在当时印度社会仍占上风，与以前印度史料关于这方面的记载没有多大区别。印度总述部分另外一个地方又说“屠、钓、倡、优、魁脍、除粪，旌厥宅居，斥之邑外，行里往来，僻于路左”，说明贱民遭受非人待遇一如既往。但玄奘对四瓦尔那职能的解释却有与印度传统说法不一致的地方。如按照传统说法，吠舍种姓的职能是经商和务农，首陀罗是指为前三个种姓服务的人。可是玄奘却告诉人们，吠舍只是商贾，农人是首陀罗，这就说明到7世纪上半期，吠舍种姓发生分化，农民由于经济地位普遍下降，已经被视作首陀罗，与原来的首陀罗混而为一了。商人由于经济地位上升，在种姓上取得了比农民高一等的地位。

该书在叙述各国情况时，也讲到一些现实与传统理论脱节的事例。如刹帝利以外种姓的人也有当国王的，还不是一个两个。例如，羯若鞠阇国的波理夜呾罗国国王，“吠奢种也”；邬阇衍那国、掷枳陀国和摩醯湿伐罗补罗国国王，“婆罗门种也”；秣底补罗国、信度国国王甚至是“戍陀罗种也”。又如高级种姓下降为农为工的也不在少数。这反映出到7世纪上半期，在种姓与职业的关系上，尽管婆罗门法典制定者力求一仍旧贯，但由于经济发展和政治纷争造成的实力地位的变化，就职业而言，传统理论的框架已有被突破之势，职业的选定不再唯种姓是从，由于实力地位升降而发生的越位已不是个别现象。这方面的记述为印度史学家分析种姓制度变迁与经济变化的关系和种姓制的未来发展趋势提供了线索。

六　关于7世纪上半期印度佛教的状况

在这方面，玄奘的记载更具权威性。这是他关心的重点，也是《大唐西域记》记叙的重点。材料之丰富，描述之具体，是任何其他史料所不及的。

正因为几乎所有最重要的佛教圣地他都去了，并且对所访问的每个国家的佛教发展状况都做了记录，他便以目睹耳闻得到的第一手材料，为人们提供了一幅佛教在印度各地区的兴衰图，揭示了佛教发展的总的趋势。从他的记载中可知，迦湿弥罗国、羯若鞠阇国、阿逾陀国、摩揭陀国、乌荼国、达罗毗荼国、恭建那补罗国、摩腊婆国、伐腊毗国、信度国等是当时最主要的佛教中心。羯若鞠阇国有伽蓝百余所，僧徒万余人。摩揭陀国伽蓝50余所，僧徒万余人。乌荼国伽蓝百余所，僧徒万余人。摩腊婆国伽蓝数百所，僧徒2万余人。那烂陀寺院是全印最大的佛教寺院，有僧徒3000多人，而且是最重要的佛教学术中心，与西印度的伐腊毗、南印度的建志并为佛教三大学术中心。戒日王、摩揭陀国王、伐腊毗国王等倾向或皈依佛教，同时实行宗教兼容政策，鼓励学术讨论，使佛教在这些地区保持昌盛局面。从他的记载中也可知道，从全印看，和印度教比起来，佛教已在走下坡路。许多昔日佛教寺庙甚至是佛祖圣地都已衰败，伽蓝毁倾，庙宇荒凉，僧徒稀少。相反，“异道”（主要是指印度教）兴起，信徒日众。如羯若鞠阇伽蓝百余所，天祠200余所；伐腊毗国伽蓝百余所，天祠数百所。他估计当时羯若鞠阇国异道与佛教信徒的人数对比为“邪正二道，信者相半”。羯若鞠阇国尚且如此，其他国家可想而知了。甚至佛祖圣迹所在地的婆罗尼斯国，僧徒有3000余人，异道信徒却有万余人。此情此景使玄奘甚感悲伤。在记述各国情况时，常少不了写上一笔“外道实众”，或“异道甚多"，或"伽蓝虽多，僧侣寡少"。外道中除印度教外，还有耆那教。玄奘在记叙恒河下游、东印度和南印度国家时，多次讲到这个宗教信徒很多。如三摩呾吒国，"露形尼乾，其徒甚盛"；羯陵伽国，"异道甚众，多是尼乾之徒"；珠利耶国，"天祠数十所，多露形外道也"。这为印度学者研究耆那教的发展提供了重要线索。

玄奘访印时，佛教内部大小乘并存，又各分为许多部派。他记载道："部执峰持，诤论波腾，异学专门，殊途同致，十有八部，各擅锋锐，大小二乘，居止区别。"内部如此分裂，互相争论不休，从好的方面说，表明了佛教保持思想的活跃；但同时也清楚地显示，佛教已失去内聚力，它走向衰落的过程在日益加速。书中对大小乘分布和势力消长也做了介绍。

玄奘的记述不限于叙述现实，有时也根据得到的材料回溯历史。例如，对佛教史上的许多重要活动和重要人物都有记载。关于佛教史上几次结集他大都讲到了，对迦腻色伽王召集的第四次结集记述得尤为郑重；对大乘的许多大师——马鸣、龙猛（树）、提婆、无著、世亲等人的活动也都有所叙述。这些记载不仅为佛教典籍关于这方面的材料做了印证和补充，也对史学家确定印度古代史上某些有争论的重大事件的年代（佛陀生卒年代、迦腻色伽王在位年代、阿育王在位年代等）有很大助益。

印度史学家辛哈、班纳吉在他们合著的《印度通史》中，高度评价《大唐西域记》的史料价值。关于佛教史方面，他们说："中国的旅行家如法显、玄奘，给我们留下了有关印度的宝贵记载。不利用中国的历史资料，要编一部完整的佛教史是不可能的。"①

七 关于印度各地山川地形、风土习俗、岁时物产、语言文学等的记载

《大唐西域记》因系作者的亲身游记，其描述的翔实、生动和细致入微是一般写史者做不到的。如卷第二"邑居""衣饰"部分关于居宅、垣廓之制、社会各阶层服饰的描述，不但是研究古代建筑、城市结构、居民服饰的珍贵文字材料，也是研究当时社会发展，了解穷富分野的重要依据。

---

① 辛哈、班纳吉：《印度通史》第1册，张若达、冯金辛等译，商务印书馆，1973，第31页。

“邑居”部分写道：“至于宅居之制，垣廓之作，地势卑湿，城多垒砖，暨诸墙壁，或编竹木。室宇台观，板屋平头，泥以石灰，覆以砖墼。”又写道：“黎庶之居，内侈外俭。隩室中堂，高广有异；层台重阁，形制不拘。”“至于坐上，咸用绳床。王族、大人、士庶、豪右，庄饰有珠，规矩无异。君王朝坐，弥复高广，珠玑间错，谓师子床，敷以细氎，蹈以宝机。凡百庶僚，随其所好，刻雕异类，莹饰奇珍。”“衣饰”部分讲道：“国王、大臣，服玩良异，花鬘宝冠，以为首饰；环钏璎珞，而作身佩，其有富商大贾，唯钏而已。”从这一长段引文中可以看到，王公贵族的豪华奢侈已成风尚，与庶民百姓的清贫俭朴形成鲜明对照。马哈江的《印度古代史》几乎全部转引了这些段落，显然他认为没有什么比直接转引这些细致的描绘更具有说服力的了。

《大唐西域记》关于稼穑、物产的详细记载，也是印度史学家很感兴趣的部分。印度以往的文献关于这些方面有许多记载，但比较零散，像这样集中而细致列举的并不多见。从玄奘的记载中他们还了解到，在贸易中除使用金银货币外，贝珠小珠仍充货用。法显在《佛国记》中讲到这点，表明到7世纪上半期还没有改变。

玄奘作为虔诚的佛教徒，在记述与佛教有关的事物及佛教与其他宗教的竞争时，不免有所偏向；对那些在保护、鼓励佛教方面表现热心的君主，不免抱有特别的崇敬。然而，总的说来，他在记述其广见博闻时，是持一种客观的公正态度。这一点是印度史学家和各国史学家公认的。提婆胡蒂在《戒日王：政治研究》一书中说：“尽管玄奘在写到他的同宗者的活动时热情洋溢，而在描述信奉印度教和小乘佛教的国王们时热情不足，但他给了我们大量例证，表明他持平衡态度。他既不盲目偏向信奉佛教的印度统治者，又不抹杀那些非佛教徒统治者的美德。佛教徒统治者，如阇烂达罗、憍萨罗和掷枳陀的国王，由于仁慈睿智受到他的赞美；印度教徒统治者，特别是摩醯湿伐罗补罗、波理夜呾罗和鄔阇衍那国的国王，也因勇敢或有学识受到他的称颂。小乘佛教的赞助者，像伊烂拏钵伐多和瞿折罗的国王在他笔下是聪慧和仁慈的；伐腊毗的国王尽管本人就是佛教徒和戒日王的女婿，但被玄奘描述为情性躁急、智谋浅近的人。”① 为了进一步表明玄奘的公正

① 提婆胡蒂：《戒日王：政治研究》，第7页。

态度，他还特别举出了《大唐西域记》对摩诃剌侘国王补罗稽舍的赞扬作为例证。补罗稽舍既非佛教徒，又不是玄奘的保护人，相反，是玄奘最敬重的戒日王的宿敌。可是玄奘却赞扬他“谋猷弘远，仁慈广被，臣下事之，尽其忠矣”。这表明玄奘对人物和事件的评价并不为个人信仰所左右。提婆胡蒂抱着尊敬的心情就此写道：“这位佛教巡礼者关于摩诃剌侘的记载在这方面（指公正）是很能说明问题的。”①

正是由于玄奘持这种态度，《大唐西域记》材料的可靠性，从总体上说，是任何人也不曾怀疑的。当然，正如一切史书或游记一样，由于客观上和主观上的种种原因，这部著作也有缺陷。其记述的细节有不尽确实之处，转述的佛教故事，多为神话传说，有的荒诞不经。这些都是难免的。今日学者写史或作游记，有谁能保证所有细节都准确无误呢？

《大唐西域记》因其内容的丰富，材料的翔实，被印度史学家视作史籍珍品，成了古代印度政治史、经济史、社会史、宗教史研究者的必读书。印度官方规定的中学历史教科书也对该书做了介绍。还有一件事进一步证实了《大唐西域记》珍贵的史料价值：当阿旃陀石窟这个被湮没近千年的艺术宝藏重见天日后，人们打开《大唐西域记》，在“摩诃剌侘国”条目中发现有一段关于石窟寺的清楚记载。它写道：“国东境有大山，叠岭连障，重峦绝巘。爰有伽蓝，基于幽谷，高堂邃宇，疏崖枕峰；重阁层台，背岩面壑，阿折罗阿罗汉所建。”多数学者研究认定，这里讲的就是阿旃陀石窟寺。从此，玄奘的记载又成了印度考古学家从事考古发掘和辨认古迹的宝贵线索。

印度史学家 R. K. 穆克吉说：“玄奘留给我们的记载，就其范围之广、材料之丰富详细，很像是一部地理大辞典。”② 马哈江也说：“玄奘的游记给了我们 7 世纪印度的社会、经济、政治、宗教、行政管理和人民生活等多方面的丰富翔实的材料。其重要性特别在于，这些材料是一位长期旅居印度的人所提供的，而这个人精通这个国家的语言，所写的又都是他耳闻目睹的亲身经历。”③

---

① 提婆胡蒂：《戒日王：政治研究》，第 7 页。

② 转引自 V. D. 马哈江《印度古代史》，第 290 页。

③ V. D. 马哈江：《印度古代史》，第 290 页。

附录二

印度古代史大事年表

约公元前 2300~前 1750 年	哈拉帕文明（或称印度河流域文明）
约前 1500 年	雅利安人进入南亚次大陆
约前 1200~前 800 年	雅利安文化扩展到恒河流域。末期，婆罗门教形成，种姓制度产生
约前 600 年	北印度存在“十六国”
约前 599~前 529 年	耆那教创始人大雄的生卒年（有不同说法）
约前 563~前 483 年	佛陀的生卒年（有不同说法）
约前 544 年	瓶沙王开始统治摩揭陀国
前 516 年	波斯国王大流士率军入侵印度
前 327 年	亚历山大入侵印度
前 322 年	孔雀王朝建立
前 305 年	塞琉古国王率军入侵被击败
前 273~前 232 年	阿育王统治
前 185 年	孔雀王朝灭亡
前 2~前 1 世纪	大夏-希腊人、塞种人、安息人先后侵入，在印度西北部建立一些小国 德干高原北部的萨塔瓦哈纳国兴起
公元 1 世纪	大乘佛教兴起
1 世纪中	大月氏建贵霜王国，南下侵入次大陆
78~101 年	贵霜国王迦腻色伽统治
3 世纪	贵霜王国衰落

	萨塔瓦哈纳衰落
319 年	笈多王朝建立，旃多罗·笈多一世统治开始
335~375 年	沙摩多罗·笈多统治
375~415 年	旃多罗·笈多二世统治
402~409 年	法显访印度
460~6 世纪初	白匈奴人多次入侵
5 世纪末 6 世纪初	德干的伐卡塔卡强盛
6 世纪中	笈多帝国灭亡
6 世纪	南方帕拉瓦国兴起
606~647 年	戒日王帝国
630~644 年	玄奘在印度游学
673~685 年	义净游学印度
712 年	阿拉伯人占领信德
8 世纪中~10 世纪末	普罗蒂诃罗、帕拉、拉喜特拉库特在北印争霸
9 世纪末~10 世纪末	朱罗帝国兴起，与拉喜特拉库特在南印争霸
10 世纪末	拉喜特拉库特灭亡
11 世纪下半期	朱罗帝国瓦解
986~987 年	伽兹尼王沙巴提真入侵
1000~1027 年	伽兹尼王马茂德多次入侵
1175 年	古尔国穆罕默德·古尔开始入侵，征服领土
1190~1191 年	塔莱战役
1192 年	第二次塔莱战役
1206 年	穆罕默德·古尔被刺，“奴隶王朝”建立，德里苏丹国开始
1241 年起	蒙古人不断入侵
1265~1287 年	巴勒班统治
1290 年	德里苏丹国“奴隶王朝”灭亡，卡尔吉王朝建立
1292 年起	蒙古人不断入侵
1296~1316 年	阿拉-乌德-丁·卡尔吉统治
1320 年	卡尔吉王朝灭亡，图格卢克王朝建立

1325~1351 年	穆罕默德·宾·图格卢克统治
1336 年	南印维贾耶那伽尔国建立
1347 年	南印巴曼尼国建立
1398 年	帖木儿入侵
1414 年	图格卢克王朝灭亡，赛义德王朝建立
1451 年	赛义德王朝灭亡，洛蒂王朝建立
1498 年	瓦斯科·达·伽马航海至印度
1524 年	巴布尔率军进入旁遮普
1526 年 4 月 21 日	第一次旁尼帕特战役，洛蒂王朝灭亡
1526 年	莫卧儿帝国建立
1527 年 3 月 17 日	坎奴阿战役
1527 年	巴曼尼国瓦解，在其废墟上出现了比贾普尔等五个国家
1530 年	巴布尔去世，胡马雍即位
16 世纪初	锡克教出现
1540 年	谢尔沙在比尔格兰战役击败胡马雍，建立苏尔王朝
1555 年	胡马雍推翻苏尔王朝，恢复莫卧儿帝国
1556 年	阿克巴即位
1556 年 11 月 5 日	第二次旁尼帕特战役，阿克巴击败赫穆
1565 年	塔利科塔战役，维贾耶那伽尔走向衰落
1568~1595 年	阿克巴占领奇托尔、兰塔姆伯尔、古吉拉特、克什米尔、信德、奥里萨和俾路支斯坦等地
1600 年	英国东印度公司成立
1602 年	荷兰东印度公司成立
1605 年	阿克巴去世，贾汉吉尔即位
	荷兰东印度公司在高康达国的马苏利帕塔姆建立第一个商馆
1608 年	霍金斯来印
1609 年	荷兰人在普利卡特开设商馆
1611 年	英国人在马苏利帕塔姆建立商馆

1613 年	贾汉吉尔准许英国人在苏拉特设立商馆
1615 年	英王使臣托马斯·罗来到印度
1616 年	荷兰人于苏拉特设立商馆
1618 年	英国东印度公司被允准在莫卧儿帝国境内贸易
1627 年	沙贾汗即位
1632 年	英国人从高康达国王那里得到“黄金诏书”
1639 年	英国人建圣乔治堡
1651 年	纳瓦布给东印度公司贸易优惠权
1656~1674 年	马拉特人反莫卧儿起义，1674 年建立马拉特国家
1658 年	奥朗则布即位
	法国东印度公司成立
1668 年	英国东印度公司得到孟买
	法国人在苏拉特开设商馆
1669~1723 年	贾特人反莫卧儿起义
1673 年	法国东印度公司建立本地治里据点
1675~1715 年	锡克教徒反莫卧儿起义
1680 年	奥朗则布颁发关于英国人在印贸易的诏谕
1686 年	比贾普尔并入莫卧儿帝国
	英国东印度公司发动对莫卧儿帝国的战争
1687 年	高康达并入莫卧儿帝国
1690 年	英国人在苏塔纳提设商馆
1698 年	英国人建立威廉堡
1707 年	奥朗则布去世，莫卧儿帝国走向衰落与解体
	联合东印度公司成立
1717 年	法鲁克西亚尔颁发敕令，给英国东印度公司贸易优惠权
1738 年	波斯国王纳狄尔沙入侵
1746~1748 年	第一次卡尔那提克战争
1748 年起	阿富汗人开始多次入侵印度

1749~1754 年	第二次卡尔那提克战争
1756~1763 年	第三次卡尔那提克战争

注：印度古代史缺乏准确纪元，各家说法不一，此表选取多数人接受的说法。

主要参考书目

一 中文著作

常任侠：《印度与东南亚美术发展史》，上海人民美术出版社，1980。
陈峰君主编《印度社会述论》，中国社会科学出版社，1991。
崔连仲：《从佛陀到阿育王》，辽宁大学出版社，1991。
杜继文主编《佛教史》，中国社会科学出版社，1991。
方广锠等：《印度》，上海辞书出版社，1988。
耿引曾：《汉文南亚史料学》，北京大学出版社，1991。
华中师大印度史研究室：《简明印度史》，湖南人民出版社，1991。
黄宝生：《印度古典诗学》，北京大学出版社，1993。
黄心川：《印度哲学史》，商务印书馆，1989。
季羡林：《罗摩衍那初探》，外国文学出版社，1979。
季羡林：《中印文化关系史论文集》，三联书店，1982。
季羡林：《中印文化交流史》，新华出版社，1991。
季羡林主编《印度古代文学史》，北京大学出版社，1991。
金克木：《梵语文学史》，人民文学出版社，1964。
金克木：《印度文化论集》，中国社会科学出版社，1983。
金克木：《中印人民友谊史话》，中国青年出版社，1957。
刘国楠、王树英：《印度各邦历史文化》，中国社会科学出版社，1982。
刘欣如：《印度古代社会史》，中国社会科学出版社，1990。
培伦主编《印度通史》，黑龙江人民出版社，1990。
王树英编《中印文化交流与比较》，中国华侨出版社，1994。
王树英：《印度文化与民俗》，四川民族出版社，1989。

王树英:《宗教与印度社会》，中国华侨出版社，1994。

薛克翘:《佛教与中国文化》，中国华侨出版社，1994。

姚卫群:《印度哲学》，北京大学出版社，1992。

郁龙余编《中印文学关系源流》，湖南文艺出版社，1987。

张光璘、李铮编《季羡林论印度文化》，中国华侨出版社，1994。

朱明忠:《恒河沐浴·印度教概览》，四川民族出版社，1994。

二　古籍校注、汇编

北京大学南亚所:《中国载籍中南亚史料汇编》（上、下册），上海古籍出版社，1994。

（东晋）法显著，章巽校注《法显传校注》，上海古籍出版社，1985。

（唐）慧立、彦悰著，孙毓棠、谢方点校《大慈恩寺三藏法师传》，中华书局，1983。

（唐）玄奘、辩机著，季羡林等校注《大唐西域记校注》，中华书局，1985。

（唐）义净著，王邦维校注《大唐西域求法高僧传校注》，中华书局，1988。

（唐）义净著，王邦维校注《南海寄归内法传校注》，中华书局，1995。

三　外文书中译本

〔印〕A. L. 巴沙姆主编，闵光沛等译，涂厚善校《印度文化史》，商务印书馆，1997。

〔英〕C. A. 贝利著，段金生、蒋正虎译《新编剑桥印度史：印度社会与英帝国的形成》，云南人民出版社，2015。

〔苏〕奥西波夫著，李稼年译《十世纪前印度简史》，三联书店，1957。

〔英〕查尔斯·埃利奥特著，李荣熙译《印度教与佛教史纲》第 1 卷，商务印书馆，1982。

〔英〕查·法布里著，王镛、孙士海译《印度雕刻》，文化艺术出版社，1987。

崔连仲等选译《古印度帝国时代史料选辑》，商务印书馆，1989。

〔美〕大卫·卢登著，资谷生译《新编剑桥印度史：南亚农业史》，云南人民出版社，2015。

〔印〕德·恰托巴底亚耶著，黄宝生、郭良鋆译《印度哲学》，商务印书馆，1980。

〔印〕杜勒西达斯著，金鼎汉译《罗摩功行之湖》，人民文学出版社，1988。

〔印〕高善比著，王树英等译《印度古代文化与文明史纲》，商务印书馆，1998。

郭良鋆、黄宝生译《佛本生经故事选》，人民文学出版社，1985。

〔德〕赫尔曼·库尔克、迪特玛尔·罗特蒙特，王立新、周红江译《印度史》，中国青年出版社，2008。

季羡林译《罗摩衍那》1~7卷，人民文学出版社，1980~1984。

蒋忠新译《摩奴法论》，中国社会科学出版社，1986。

金克木、赵国华、席必庄译《摩诃婆罗多》第1卷，中国社会科学出版社，1993。

〔印〕马宗达、赖乔杜里、达塔著，张澍霖等译《高级印度史》（上、下册），商务印书馆，1986。

〔印〕尼赫鲁著，齐文译《印度的发现》，世界知识出版社，1956。

〔印〕潘尼迦著，吴立椿、欧阳采薇译《印度简史》，三联书店，1957。

〔美〕斯图尔特·戈登著，李永芬译《新编剑桥印度史：1600~1818年的马拉塔》，云南人民出版社，2014。

孙用译《腊玛延那·玛哈帕腊达》，人民文学出版社，1962。

〔印〕塔帕尔著，林太译，张荫桐校《印度古代文明》，浙江人民出版社，1990。

〔印〕辛哈、班纳吉著，张若达、冯金辛译《印度通史》1~4册，商务印书馆，1973。

〔美〕约翰·F. 理查兹著，王立新译《新编剑桥印度史：莫卧儿帝国》，云南人民出版社，2014。

张保胜译《薄伽梵歌》，中国社会科学出版社，1989。

四 外文著作（有中译本的不列在内）

Abul Fazl, *Ain-i-Akbar*, tranls. by Blochman, H. (Vol. 1) and Sarkar, J. (Vols. 2-3), New Delhi, 1977.

Abul Fazl, *Akbar Namah*, transl. by Bereridge, H., New Delhi, 1977.

Agrawal, A., *Studies in Mughal History*, Delhi, 1983.

Aiyangar, S. K., *Some Contributions of South India to Indian Culture*, Calcutta, 1942.

Aiyankar, K. V. and Rangaswami, *Ancient Economic Thought*, Banaras, 1934.

Altekar, A. S., *State and Government in Ancient India*, Banaras, 1955.

Ashraf, K. M., *Life and Conditions of the People of Hindustan, A. D. 1200-1550*, Delhi, 1959.

Aziz, Abdul, *The Mansabdari System and the Mughal Army*, Delhi, 1972.

Banerjee, A. C., *A New History of Medieval India*, New Delhi, 1983.

Barodia, *History and Literature of Jainism*, Delhi, 1909.

Basham, A. L., *The Wonder that was India*, New York, 1959.

Benerji, R. D., *Age of Imperial Guptas*, Beneras, 1933.

Chanana, D. R., *Slavery in Ancient India*, New Delhi, 1960.

Chandra, S., *Medieval India, from Sultanat to the Mughals*, New Delhi, 1997.

Chopra, *Ravindran and Subrahmanian*, *History of South India*, Vol. 1, S. Chand, 1979.

Davids, R., *Buddhism: Its History and Literature*, Putnam, 1901.

Devahuti, D., *Harsha, A Political Study*, Oxford, 1970.

Eliot, H. M. and Dowson, J. (ed.), *The History of India as Told by Its Own Historians*, Cambridge, 2013.

Ghoshal, U. N., *The Agrarian System in Ancient India*, Calcutta, 1930.

Ghosh, A., *The City in Early Historical India*, Simla, 1973.

Gopal, L., *The Economic Life of Northern India C. 700-1200 A. D.*, New Delhi, 1977.

Habib, I. , *The Agrarian System of Mughal India*, New Delhi, 2014.

Habib, M. , *Politics and Society During the Early Medieval Period*, ed. by Nizami, K. A. , New Delhi, 1981.

Hultzsch, E. , *Inscriptions of Asoka*, Delhi, 1969.

Ishwari Prasad, *Medieval India*, Allahabad, 1952.

Jayaswal, K. P. , *Hindu Polity*, Bangalore, 1978.

Jha, D. N. , *Feudal Social Formation in Early India*, Delhi, 1987.

Jha, D. N. , *Revenue System in Post Maurya and Gupta Times*, Calcutta, 1976.

Kosambi, D. D. , *An Introduction to the Study of Indian History*, Bombay, 1956.

Lane-Poole, *Medieval India*, Delhi, 1980.

Liu Xinru, *Ancient India and Ancient China*, *Trade and Religious Exchanges*, New Delhi, 1988.

Liu Xinru, *Silk and Religion*, *An Exploration of Material Life and the Thought of People*, Delhi, 1998.

Mahajan, V. D. , *History of India*, *From Beginning of* 1526 *A. D.* , New Delhi, 1981.

Mahalingam, T. V. , *Administrative and Social Life under Vijayanagar*, New Delhi, 1951.

Mahalingam, T. V. , *Economic Life in the Vijayanagara Empire*, New Delhi, 1951.

Majumdar, R. C. , *Ancient India*, Banaras, 1952.

Majumdar, R. C. , *The History and Culture of the Indian People*, Vols. 1-7, London, 1951-1969.

Markovits, Claude, ed. , *A History of Modern India*, *1480-1950*, London, 2002.

Marshall, J. H. , *Mohenjodaro and the Indus Civilization*, London, 1931.

Max Weber, *The Religion of India*, London, 2002.

Mccrindle, J. W. (transl.), *Ancient India as Described by Megasthens and Arrian*, Calcutta, 1926.

Mehta, J. L. , *Advanced Study in the History of Medieval India*, 3V. , Sterling

Publishers, 1980–1983.

Mookerji, R. K., *Chandra Gupta Maurya and His Time*, Banaras, 1966.

Mookerji, R. K., *Harsha*, London, 1926.

Mookerji, R. K., *The Gupta Empire*, Bombay, 1952.

Moreland, *India from Akbar to Aurangzeb*, Delhi, 1990.

Moreland, T., *Agrarian System of Muslim India*, Delhi, 1968.

Nilakantha Sastri, K. A., *A History of South India*, London, 1958.

Nilakantha Sastri, K. A., *The Cholas*, Delhi, 1955.

Pannikar, K. M., *Malabar and the Portuguese*, London, 1945.

Piggott, S., *Prehistorical India*, Baltimove, 1950.

Possehl, G., *Harappan Civilization*, New Delhi, 1982.

Puri, B. N., *India under the Kushanas*, Bharatiya Vidya Bhavan, 1965.

Qureshi, I. H., *The Administration of the Sultanate of Delhi*, Pakistan Histical Society, 1958.

Radhakrishnan, S., *History of Indian Philosophy*, London, 1923.

Rapson, E. J. (ed.), *The Cambridge History of India*, V. 1, Cambridge, 1922.

Raychaudhuri, H. C., *The Political History of Ancient India*, Delhi, 1996.

Sardesai, G. S., *New History of the Marathas*, Bombay, 1946.

Sarkar, J. N., *History of Aurangzeb*, Vols. 1–5, MC. Sarkar, 1925.

Sarkar, J. N., *Mughal Polity*, Delhi, 1984.

Sarkar, J. N., *Shivaji and His Times*, Sarkar & Sons Ltd., 1929.

Sastri, N. K., *The History of South India*, London, 1958.

Shamasastri, R. (transl.), *Kautailiya's Arthashastra*, Sri Raghuveer Print Press, 1956.

Sharma, L. P., *Ancient History of India*, New Delhi, 1981.

Sharma, L. P., *Medieval History of India*, New Delhi, 1981.

Sharma, R. S., *Shudras in Ancient India*, Delhi, 1980.

Sharma, S. P., *Indian Feudalism, C. 300–1200 A. D.*, Delhi, 1980.

Sharma, S. R., *The Religious Policy of Mughal Emperors*, London, 1962.

Sherwani, H. K., *The Bahmani Kingdom*, New Delhi, 1953.

Sinha, B. P., *The Decline of the Kingdom of Magadha*, Bankipore, 1954.

Sinha, N. K. , *Rise of the Sikh Power*, Calcutta, 1946.

Smith, V. A. , *Akbar the Great Mughal*, Oxford, 1917.

Smith, V. A. , *Oxford History of India*, Oxford University Press, 1981.

Spear, Percival, *Oxford History of India*, New Delhi, 1974.

Srivastava, A. L. , *Delhi Sultanate*, Agra, 1953.

Tapan Raychandhuri and Irfan Habib, *The Cambridge Economic History of India*, New York, 1982.

Tarachand, *Influnce of Islam on India Culture*, Allahabad, 1954.

Thakur, V. K. , *Urbanization of Ancient India*, New Delhi, 1981.

Thapar, R. , *A History of India*, Vol. 1, Baltimore, 1966.

Thapar, R. , *Asoka and the Decline of the Mauryas*, London, 1961.

Thapar, R. , *From Lineage to State*, Oxford University Press, 1984.

Thomas, E. J. , *The Life of Buddha, as Legend and History*, London, 1931.

Tripathi, R. P. , *Rise and Fall of the Mughal Empire*, Allahabad, 1963.

Wagle, N. , *Society at the Time of the Buddha*, Bombay, 1966.

Wheeler, M. , *The Indus Civilization*, Cambridge, 1968.

Wolpert, Stanley, *A New History of India*, New York, 1993.

Yasin, M. , *A Social History of Islamic India*, Lucknow, 1958.